Ute Grümbel

Abendmahl: »Für euch gegeben«?

Erfahrungen und Ansichten von Frauen und Männern.
Anfragen an Theologie und Kirche

Calwer Verlag Stuttgart

Die Deutsche Bibliothek – CIP-Einheitsaufnahme

Grümbel, Ute:
Abendmahl:»Für euch gegeben«?: Erfahrungen und Ansichten von
Frauen und Männern; Anfragen an Theologie und Kirche /
Ute Grümbel. – Stuttgart: Calwer Verl., 1997
(Arbeiten zur Theologie; Bd. 85)
ISBN 3–7668–3511–4

ISBN 3–7668–3511–4

Satz: Karin Klopfer, Calwer Verlag
Umschlaggestaltung: ES Typo-Graphic, Stuttgart, unter
Verwendung eines Bildes von R. Barbara Nelle, Hamburg
Druck und Verarbeitung: Weihert-Druck, Darmstadt

Inhalt

Vorwort

Das Buch ist die Drucklegung der überarbeiteten Fassung meiner im Sommer 1995 abgeschlossenen Dissertation. Wie akuell die zentrale Fragestellung der Arbeit, die Auseinandersetzung über Abendmahlsverständnis und Abendmahlspraxis im Zusammenhang der Stichworte: *Erfahrungen* mit dem Abendmahl, *Opfer* und *Sühnetheologie, Blutritus* und *weibliche Spiritualität,* ist und wie brisant, signalisiert u. a. die 1996 erschienene Veröffentlichung württembergischer Frauenarbeit: »Wir Frauen und das Herrenmahl«[1] mit dem Tenor: »Das Abendmahl ist in seiner Symbolik neu interpretierbar und neu erlebbar«[2] und die Reaktion darauf, die Leidenschaftlichkeit und Schärfe im Für und Wider.[3]

Die Fragen, wie in der Gegenwart das »Für euch gegeben« zu verstehen ist, ob Frauen und Männer unterschiedliche Akzente setzen, und wenn ja, welche Konsequenzen daraus für Theologie, Kirche und Glauben zu ziehen sind, provozieren. Umso notwendiger ist es, sich den konkreten Ansichten und Erfahrungen von Frauen und Männern zu stellen, und auf diesem Hintergrund Abendmahlsverständnis und Abendmahlspraxis neu zu überdenken. Das vorliegende Buch, in dessen Zentrum die Interpretation von *52 Interviews* steht, möchte in diese Richtung Anstoß sein. Ein Anstoß, trotz aller Unterschiede und mit allen Unterschieden gemeinsam Abendmahl zu feiern, vielstimmig und vielfältig.

In diesem Sinn richtet sich das Buch nicht nur an Theologinnen und Theologen, auch wenn einzelne Passagen des Buches diesen Eindruck erwecken können. Die Lektüre bleibt auch dann sinnvoll, wenn Leserinnen und Leser eine Auswahl treffen, sich z. B. nur auf die thetischen Zusammenfassungen konzentrieren oder ausschließlich auf die Auswertung der Interviews.

---

1 AaO; mit der Veröffentlichung, einer Zusammenstellung von Texten, Bildern, Liedern und Zitaten, will die Frauenarbeit erklärtermaßen sagen: »was viele Frauen heute für hilfreich halten, auf welchem Weg sie ihre Kirche und die Kirchen unterstützen und wo sie Einspruch erheben wollen«, s. Vorwort, aaO S. 4.

2 Elisabeth *Moltmann-Wendel,* eine der Verfasserinnen, in ihrem Artikel: »Ich, ich und meine Sünden«, aaO S. 17.

3 Im Zentrum steht dabei die Auseinandersetzung mit der Position von Elisabeth *Moltmann-Wendel,* die im Herbst 1995 mit ihrem Vortrag beim Württembergischen Pfarrertag: »Abendmahl aus feministischer Sicht – Abendmahl als Problem« die Diskussion auslöste; vgl. Dokumentation, aaO.

11

An dieser Stelle möchte ich den 28 Frauen und 24 Männern danken, die sich auf ein Interview eingelassen haben, obwohl manche von ihnen kaum noch Kontakt zur Kirche haben. Daß sie bereit waren, von ihren Erfahrungen mit dem Abendmahl zu erzählen, und die eigenen Gedanken und Bedenken so offen geäußert haben, hat diese Untersuchung überhaupt erst möglich gemacht.

Ausdrücklich danken möchte ich in diesem Zusammenhang auch Prof. Dr. Peter Cornehl. Sein Interesse auch an feministisch-theologischen Fragestellungen, seine Fachkompetenz und seine Kritik haben mir über manchen Berg geholfen. Mit großer Selbstverständlichkeit hat sich Prof. Dr. Tim Schramm auf die Lektüre der Arbeit eingelassen, ich verdanke ihm nicht nur wichtige exegetische Hinweise. Die umfangreiche Dokumentation der Interviews wäre nicht denkbar gewesen ohne die Mitarbeit von Gertraude Kuchel. Sie hat die vielen Tonbandaufnahmen transkribiert. Ich danke ihr sehr, wie auch Helma Langeloh, die die Hauptlast des Korrekturlesens auf sich genommen hat. Dankbar nennen möchte ich an dieser Stelle nicht zuletzt auch meine Eltern, Elisabeth und Theodor Grümbel, ohne deren »Vorgaben« es zu diesem Buch wohl kaum gekommen wäre.

Dem Calwer Verlag danke ich für die großzügige Drucklegung des Buches in verlegerisch schwierigen Zeiten, Karin Klopfer für einen Satz, der das Lesen erleichtert, Hans-Jörg Gabler für sein eindeutiges Ja zur Intention des Buches und so manchen hilfreichen ›Lektorendienst‹.

Mein Dank gilt darüber hinaus allen in nächster Nähe und in der Ferne, die meine Arbeit begleitet haben, die nachgefragt, zugehört, mitgedacht haben, die mich auf den Boden zurückgeholt, an den Himmel erinnert und das Brot des Lebens mit mir geteilt haben.

Hamburg, im Frühjahr 1997   *Ute Grümbel*

Einleitung: Motivation. Intention. Aufbau

Motivation

In 15jähriger pastoraler Praxis in einem übergemeindlichen Arbeitsbereich kirchlicher *Frauen*arbeit[1], – in den letzten Jahren unter der Überschrift »Neue Gemeinschaft von Frauen und Männern« offen auch für Männer –, ist mir im Laufe der Jahre immer deutlicher geworden, daß es höchste Zeit ist, in Kirche und Theologie vom Menschen differenziert zu reden, d. h. von Frauen und Männern, von männlich und weiblich, und nicht nur und von vornherein von dem Menschen und dem Menschlichen an sich. Die unterschiedlichen Erfahrungen, Gefühls-, Denk- und Sprachmuster von Männern und Frauen lassen sich nicht vorschnell auf einen ›menschlichen‹ Nenner bringen. Und die Anfragen feministischer Theologie, ihr Hinweis auf die *Andro*zentrik in Theo-logie, Anthro-pologie und kirchlicher Praxis sind nur allzu berechtigt. Daß alles, was mit Gleichberechtigung, Frauenbewegung und einer neuen Gemeinschaft von Frauen und Männern zusammenhängt, zur Zeit wenig gefragt ist, gesamtgesellschaftlich wie kirchlich gesehen, läßt diese Anfragen umso notwendiger erscheinen.[2]

Das aber bedeutet, daß auch *mit* Männern und vor allem auch mit *Frauen* zu sprechen ist, daß sie, die sogenannten Laiinnen und Laien, mehr als bisher Gehör finden müssen mit ihren Erfahrungen, ihren Gedanken, ihrer Sprache, auch im gottesdienstlichen Leben, im Altarraum und auf der Kanzel. Es gilt, Männer und *vor allem Frauen* als Subjekte wahrzunehmen und nicht so gut wie ausschließlich als Objekte von Verkündigung und Lehre[3]. Die Bereitschaft, sich zu äußern, ist bei vielen gegeben und

---

1 »Referat Frau im Beruf« im Gemeindedienst der Nordelbischen Evang.-Luth. Kirche
2 So spricht z. B. die Frauendirektorin des Ökumenischen Rates der Kirchen, *Aruna Gnanadason*, im Blick auf die UN-Frauenkonferenz im September 1995 in Peking von »Rückschlägen« für die Rechte der Frauen, die dem allgemeinen negativen Trend gegen die Frauenbewegung entsprächen (EvKomm 6/95, S. 371); In diesen Negativ-Kontext gehört auch die Tatsache, daß die evangelisch-lutherische Kirche Lettlands als weltweit erste Kirche *die Frauenordination wieder abgeschafft hat.* Begründung (lt. EvKomm 6,95, S. 372): »Die Mehrheit der Pfarrer in dem baltischen Land wolle keine Pfarrerinnnen«, sic!
3 »Ich denke, wir sollten neu hören lernen, aufhorchen lernen, uns um eine neue Wahrnehmungsfähigkeit bemühen ..., weil damit endlich einmal diejenigen zu Wort kommen, über die sonst viel nachgedacht und geschrieben wird, deren Stimme sich aber doch in den seltensten Fällen Gehör verschaffen kann«, so Petra *Zimmermann*, S. 7ff.

fraglos auch die Kompetenz. Daß sich angesichts einer pluralistischen, demokratischen Gesellschaft und zunehmender Individualisierung Evangelium immer weniger monologisch übersetzen und vermitteln läßt, kommt dazu. In unserer Gegenwart zeigt sich vielfältig, daß kirchliches Leben, auch das gottesdienstliche, ohne die Vielstimmigkeit des Priester(innen)-tums aller Gläubigen je länger desto mehr erstarrt.[4] Das gilt nicht zuletzt auch im Blick auf die kirchliche *Abendmahlspraxis*, in der wie in einem Brennspiegel bestehende Anliegen und Anfragen zusammenkommen. Zum einen ist der Bedarf nach mehrdimensionaler, ganzheitlicher Glaubenserfahrung, nach spürbarer Glaubensvergewisserung groß und besonders unter Frauen mit der Suche verbunden nach *lebens*nahen Abendmahlsritualen. Zum andern werden im Zusammenhang damit die Anfragen gerade von Frauen an Abendmahlsverständnis und Abendmahlspraxis immer unüberhörbarer, nicht nur, aber sehr ausdrücklich von seiten feministischer Theologinnen. Und nicht nur die Abendmahlsgestaltung wird hinterfragt, sondern auch zentrale Inhalte. Beides trifft im Abendmahl zusammen, *Anliegen und Anfragen*:

☐ Die Feier des Lebens und die Opfer- und Sühnevorstellung.

☐ Das leibhaftig zu Schmeckende: Brot und Wein und die dogmatische Deutung von Brot und Wein als Leib und Blut Christi.

☐ Das sinnenfällig Leibhaftige und das dogmatisch Kopflastige.

☐ Die Integration aller:»Nehmt, eßt ... Trinkt alle daraus« und Aussagen christologischer Ausschließlichkeit:»Das ist mein Leib ...«.

☐ Die Gleichwertigkeit aller und ein weithin hierarchisches Amtsverständnis.

☐ Die geschwisterliche Gemeinschaft an einem Tisch und die Androzentrik in Sprache und Inhalt[5].

Daß die Anfragen von Frauen ausdrücklicher und weitreichender sind als das, was von seiten der Männer geäußert wird, obwohl bekanntlich weitaus weniger Männer an kirchlichen Abendmahlsfeiern teilnehmen als Frauen, war mein Eindruck aufgrund folgender Äußerungen, die mir so oder ähnlich in den letzten Jahren immer wieder begegnet sind:

»Der Opfergedanke ist für mich unerträglich, Blut kann doch nicht be-

---

4 »Religion gilt nicht länger unter Absehung von den Subjekten, die die ›Aussagen‹ der Religion zu den ihren machen können müssen. Religion ist nun mehr auf das ›Dabei-sein-Können‹ der Subjekte angewiesen«, Henning *Luther*, S. 24; Vgl. S. 12ff.

5 Vgl. z. B. die mit den neutestamentlichen Einsetzungsworten scheinbar gegebene Fixierung auf Jesus und seine *Jünger*, die die Deutungs- und Wirkungsgeschichte des Abendmahls bis heute bestimmt.

freien! Ich kann aus diesem Grund die herkömmlichen Abendmahlsfeiern kaum noch aushalten« (Frau).

»Ich brauche das mit dem Fleisch und Blut und mit der Verwandlung, das Handgreifliche, Fleischerne dieses Mysteriums« (Mann).

»Je mehr ich selbst beteiligt werde, desto mehr bin ich auch beteiligt und kann etwas von dem Geheimnis aushalten. Ich finde es nicht gut, wenn das Heilige vorne im Alleingang inszeniert wird, das scheint mir eine ungute Konstellation von Macht zu sein« (Frau).

»Früher war es für mich etwas Besonderes, etwas Heiliges. Heute ist es mehr die Gemeinschaft, da ist das nicht mehr so« (Mann).

»Wenn ich jetzt zum Abendmahl gehe, kann ich eigentlich nur ein Drittel von dem, was da gesagt wird, akzeptieren, und im übrigen münze ich es für mich um« (Frau).

»Für mich ist das Abendmahl kein Problem, ich verstehe das symbolisch« (Mann).

»Mir macht dieses ›Geheimnis des Glaubens‹ Schwierigkeiten. Ich habe Angst davor, fühle mich davon ausgeschlossen, weil ich nie ein Geheimnis sein durfte. Ich fühle mich, als Frau, ständig ›einnehmbar‹« (Frau).

Diese und ähnliche Stimmen von Frauen und Männern haben mich dazu gebracht, *Abendmahl* zum Thema einer *empirisch* ausgerichteten praktisch-theologischen Untersuchung zu machen und nach einer in der Gegenwart verantwortbaren Abendmahlslehre und Abendmahlspraxis zu fragen, nach dem zu fragen, was essentiell ist und vorgegeben bleibt und nach dem, was im Sinne des »Für euch gegeben«, – das Männern wie Frauen gleichermaßen gilt –, notwendig zu verändern ist.

Intention

Intention der vorliegenden praktisch-theologischen Arbeit ist, Abendmahls-lehre und Abendmahlspraxis aufgrund der Erfahrungen und Ansichten von Frauen und Männern neu zu überdenken. Geschehen soll dies dies im Sinne induktiver Option als »Suche nach der Erfahrung, die hinter oder unter dieser oder jener religiösen Tradition, dieses oder jenes von der reli-giösen Reflexion hervorgebrachten Ensembles theoretischer Behauptungen liegt«[6] und unter der Maßgabe, daß zu »jedem geschichtlichen Zeitpunkt ein differenzierter Zusammenhang zwischen Abendmahlslehre, Abend-

---

6 Peter L. *Berger*, S. 77

15

mahlserfahrung und gottesdienstlicher Gestaltung der Abendmahlsfeier besteht«[7].

Meine *Hypothese* ist: Es gibt einen *geschlechtsspezifischen*[8] Zugang zum Abendmahl (ohne daß dieser absolut zu setzen wäre) und ein Abendmahlsverständnis, das von Frauen und Männern *geschlechtsspezifisch* unterschiedlich akzentuiert wird.

Insofern Abendmahlslehre und Abendmahlsgestaltung ausdrücklich in Beziehung gesetzt werden zur Abendmahlserfahrung und Akzentsetzungen herkömmlicher Theologie ausdrücklich mit den Anfragen und Re-Visionen Feministischer Theologie konfrontiert werden, wie umgekehrt, möchte die Arbeit zum Dialog beitragen und dazu, daß Einseitigkeiten in der inhaltlichen Akzentsetzung wie der liturgischen Abendmahlsgestaltung korrigiert werden zugunsten einer lebendigen Vielfalt, die Frauen wie Männern gleichermaßen Zugang zum Abendmahl ermöglicht.

Aufbau

Der Intention entsprechend stehen im Mittelpunkt der Arbeit Interviews mit Frauen und Männern. Ausgangspunkt der Arbeit und Folie, auf der die Interviewaussagen zu lesen sind, ist der Blick auf Abendmahlslehre und Abendmahlspraxis in der Gegenwart (A.). In einem Rückblick wird zunächst nach den Anfängen und den Auswirkungen der *Abendmahlsbewegung der siebziger und achtziger Jahre (A.I.)* gefragt, in der das Abendmahl in mancher Hinsicht für die Gegenwart neu entdeckt wurde, ohne daß sich die intendierte und erhoffte Abendmahlsreform in der Kirche durchgesetzt hätte. Ein schwerpunktartiger Überblick über die *Exegese der neutestamentlichen Abendmahlsüberlieferung* der letzten beiden Jahrzehnte *(A.II.)* schließt sich daran an. Nach einem Blick auf gegenwärtige *gesellschaftliche Problemhorizonte* der Stichworte *Blut, Opfer* und *Gemein-*

---

7 Peter *Cornehl*, Abendmahlspraxis, S. 23
8 Geschlechtsspezifisch nicht im Sinne biologistisch dichotomer Festschreibung verstanden, sondern im Sinne sozio-kulturell bedingter spezifischer Verhaltensmuster und Sichtweisen. Vgl. in der amerikanischen feministischen Diskussion die Unterscheidung zwischen *sex* (biologische Ebene) und *gender* (sozio-kulturelle Dimension). Daß auch diese Geschlechterdifferenz realativ bleibt und nicht zu fundamentalisieren ist, schon gar nicht theologisch, sei bereits hier ausdrücklich angemerkt. Zur Begründung vgl. u. a. Christine J. *Janowski*, Geschlechterdifferenz, S. 37ff. 59.

16

schaft (A.III.) folgt als ein *Beispiel praktisch-theologischer Abendmahls-lehre* die Darstellung der Einführung in das Abendmahl auf verhal-tenswissenschaftlicher Grundlage von *Manfred Josuttis (A.IV.)*. Die Akzentsetzung erfolgt aufgrund des Tatsache, daß in den letzten Jahren exegetisch wie praktisch-theologisch sehr pointiert und forciert erneut eine einseitige opfer- und sühnetheologische Interpretation des Abendmahls vertreten werden kann, zur gleichen Zeit aber im Zusammenhang mit gesellschaftlichen Veränderungen die Anfragen an ein sühne- und opfer-theologisches Verständnis des Todes Jesu und ein darauf konzentriertes Abendmahlsverständnis immer lauter geäußert werden, nicht nur aber vor allem von Frauen und von seiten feministischer Theologie (s. o.). Die *Anfragen und Re-Visionen Feministischer Theologie* werden deshalb im Folgenden ausführlich aufgenommen und diskutiert *(A.V.)*, bevor dann die Auswertung von Interviews mit Frauen und Männern (B) Aufschluß darüber geben soll, wie Abendmahl heute konkret von Frauen und Män-nern erfahren und verstanden wird, ob und wie ihre Erfahrungen, Gedanken und Wünsche in Beziehung zu setzen sind zu dem, was her-kömmlich theologisch oder *feministisch* theologisch über Abendmahl ge-dacht wird und kirchliche Abendmahls-praxis bestimmt oder auch radikal zu verändern gedenkt.

Als Ausblick (C) sind die thetischen Anmerkungen zu möglichen Konsequenzen und Konkretionen für Abendmahlsverständnis und Abend-mahlspraxis in der Gegenwart gedacht wie auch der liturgische Entwurf, die am Ende der Arbeit stehen.

A. Abendmahlslehre und Abendmahlspraxis in der Gegenwart

I. Die Abendmahlsbewegung der siebziger und achtziger Jahre

1. Vorbemerkungen

Ende der siebziger, Anfang der achtziger Jahre ist von einer »erstaunlichen Wiederentdeckung des Abendmahls in der evangelischen Kirche«[1] die Rede. Seit 1971 war laut kirchlichen Statistiken die Abendmahlsbeteiligung sprunghaft angestiegen[2]. Neue Formen wurden gewagt, andere Orte und Gelegenheiten für Abendmahl gesucht und gefunden[3]. Das, was nicht zu erwarten war, geschah: »Immer mehr Gemeinden holen es aus dem Winkel in die Mitte ihres Lebens«[4]. Wesentliche Impulse für die wachsende Bedeutung des Abendmahls – auch auf Gemeindeebene – gingen in den folgenden Jahren aus von den Kirchentagen in Nürnberg 1979 und Hamburg 1981, den Abendmahlsforen und Feierabendmahlen. Diese *Abendmahlsbewegung von unten*, jenseits offizieller kirchlicher Verlautbarungen und Verfügungen und zunächst auch jenseits theologischer Entwürfe[5], löste außer positiven Reaktionen auch sehr bald Anfragen und Irritationen aus. Grund dafür war vor allem die Betonung von Gemeinschaft, Fest und Feier beim Abendmahl[6]. Von so manchen *Kritikern* wurde theologischer Substanzverlust beklagt, vom Ausverkauf des Abendmahls war die Rede, wobei vor allem immer wieder auf die – scheinbar fraglos – eigentliche Bedeutung des Abendmahls als Mahl der

---

1 Rolf *Christiansen*, Peter *Cornehl* (Hg.), Alle an einen Tisch, S. 7
2 Vgl R. *Christiansen*, Erneuerung, aaO, S. 83; Vgl. auch: Martin *Kruse*, Abendmahlspraxis, S. 481
3 Einen Einblick gibt M. *Kruse*, Abendmahlspraxis, S. 481ff; Vgl. H. *Nitschke*, Ch. *Zippert* (Hg.), aaO.
4 R. *Christiansen*, P. *Cornehl*, Alle an einen Tisch, S. 7
5 So P. *Cornehl*: »Tatsächlich nimmt die Wiederentdeckung ihren Ausgang nicht bei der Lehre, sondern bei der Erfahrung, beim Vollzug der Feier und den Möglichkeiten ihrer liturgischen Gestaltung«, Abendmahlspraxis, S. 22.
6 Schon 1975 konstatiert M. *Kruse*: »Das Interesse rückt deutlich weg von den Elementen und damit auch vom Altar hin zur Gemeinschaft der Feiernden, zum Tisch. Das Abendmahl wird weniger »gespendet« und »empfangen«, es wird »miteinander gefeiert«, Abendmahlspraxis, S. 488

Sündenvergebung, als Zentrum reformatorischer Abendmahlslehre, hingewiesen wurde.[7] Im Blick darauf merken die Herausgeber der Dokumentation vom Hamburger Forum Abendmahl in ihrem Vorwort an: »Wer mit jungen Menschen, auch mit Theologiestudenten, zu tun hat, stellt fest, daß sich ihnen der Zugang zum Abendmahl fast ausschließlich über das Stichwort Gemeinschaft öffnet, ob uns das paßt oder nicht. Kritiker wandten bald ein, daß sich darüber der zentrale Inhalt des Abendmahls, die Sündenvergebung, zu verlieren drohe. Sogar ein Lehrzuchtverfahren wurde beantragt. Wer dies will, muß vermutlich eine ganze Generation exkommunizieren«[8]. Deutlich wird, daß die Abendmahlsbewegung ein Aufbruch vor allem der jüngeren Generation[9] war und sich von Anfang an die Frage stellte, ob und wie sich ihre Anliegen mit der Tradition verbinden lassen würden.

2. Im Blick die Anfänge

2.1. Forum Abendmahl – Kirchentag Nürnberg 1979

Angefangen hatte alles mehr oder weniger mit dem Forum Abendmahl und dem ersten Feierabendmahl während des *Nürnberger* Kirchentags 1979. Intention war, theologische Bezüge im Abendmahlsverständnis wie Schöpfung, Weltverantwortung und Zukunft, die in der Abendmahlspraxis der Kirche in Vergessenheit geraten waren, wieder bewußt zu machen und liturgisch zu feiern. Zielsetzung war aber auch, Menschen die Vorbehalte, die Scheu, die Angst vor dem Abendmahl zu nehmen. »Ohne Angst bei Tisch« war ein erster Akzent, der während des Forums gesetzt wurde. Zu Beginn des Forums wurden in persönlichen Aussagen über Schwierigkeiten mit dem Abendmahl, sieben waren aus einer Fülle von Aussagen ausgewählt worden[10], drei Problemkreise angesprochen: 1. Würdig – unwürdig; 2. Heilig – profan; 3. Einzelkelch – Gemeinschaftskelch.[11] Am

---

7 Vgl. z.B. Wolfgang *Böhme* u.a. (Hg.) in: »Die Gestaltung der Feier des Heiligen Abendmahls in unserer Zeit. Offener Brief an die evangelischen Gemeinden«. Im einzelnen dazu s.u.
8 R. *Christiansen*/P. *Cornehl*, Alle an einen Tisch, S. 8
9 Vgl. M. *Kruse*, Abendmahlspraxis, S. 484f
10 »Was sie sagen, kehrt bei andern häufig wieder und erscheint uns typisch«, G. *Kugler* (Hg.), Forum, S. 32
11 Stichworte ad 1.: Zittern, Angst große Bedenken, ad 2.: Not, Enge; Ruhe, Freude, feierlich, atemberaubend, Schock, aufgeregt, Witze, ziemlich feierlich, ad 3.: Große Schwierigkeit mit dem Gemeinschaftskelch, eigentliches Erlebnis gestört, Widerstreben,

Ende des Forums standen, unter der Überschrift »Anstiftung zur Hoffnung«, die fünf »*Lorenzer Ratschläge*«: »Anders leben – Solidarisch handeln – Universal denken – Kinder nicht ausschließen – Menschlich feiern«[12].

Bei der *Zwischenbilanz in Hamburg* wurde deutlich, daß die Bezeichnung »Feierabendmahl« zu einem Begriff geworden war und mit seinen Profilen »Kommunion und Kommunikation. Lobpreis und Weltverantwortung« in vielen Gemeinden angenommen worden war und gefeiert wurde[13]. Drei *Erfahrungsberichte* machten dies konkret. Aus einer Studentengemeinde kam als Echo: »Vom Nürnberger Kirchentag her ist unsere Art, Abendmahl zu feiern, vor allem inhaltlich beeinflußt worden … ›das Fenster zur Welt offenhalten‹«[14]; Aus einer Gemeinde, die von der Gemeindeakademie Rummelsberg begleitet worden war, wurde berichtet: – »das Feierabendmahl erscheint uns als eine gute neue Form, die neben dem traditionellen Angebot ihren Platz hat«[15]; Und von einem Feierabendmahl, das Frauen aus einer Kirchenkreis-Frauenarbeit vorbereitet hatten, war als Reaktion zu hören: »Vision … Wunsch, Abendmahl in unserer Kirche lebendiger und vielgestaltiger zu erleben«[16]. Zu der Zwischenbilanz gehörte aber auch der Blick auf die *Auseinandersetzungen* um das Feierabendmahl, auf den *Streit* um »die Offenheit und um die Eindeutigkeit des Abendmahles – Darf wirklich jeder kommen, der will? – Was macht das Abendmahl zum Abendmahl?«[17]. Das Abendmahl ist das »Fest wider die Apartheit« war ein in diesem Zusammenhang, auch im Verlauf des Forums, immer wiederkehrender, programmatischer Satz[18]. Was die Frage nach der Eindeutigkeit angeht, wurden drei Regeln als Erkennungszeichen für die Gestaltung von Abendmahlsfeiern genannt: 1. Die Verbindung Einsetzungsworte und Lobpreis; 2. Brot und Wein/Traubensaft; 3. Gemeinschaftsmahl und Herrenmahl[19].

Hygiene-Regeln, Einzelkelch appetitlich; Angst vor dem Abendmahl mit Einzelkelchen, Gemeinschaftskelch etwas ganz Wesentliches, Dienst haben, teilnehmen müssen, es innerlich ablehnen. Ebd S. 32ff
12 Ebd. S. 159–163
13 Vgl. dazu R. *Christiansen*, P. *Cornehl* (Hg.), Alle an einen Tisch, S. 24ff
14 Ebd. S. 27f
15 Ebd. S. 26f
16 Ebd. S. 28f
17 So G. *Kugler*, Bilanz, ebd. S. 34ff
18 Z. B. G. *Kugler*, ebd. S. 39
19 »Es geht um meinen Glauben. Er soll wissen, woran sein Heil hängt. Er soll sich freuen dürfen … über das Brot, mit dem Christus zu mir kommt.«, ebd. S. 37

2.2. Forum Abendmahl – Kirchentag Hamburg 1981

Das Forum Abendmahl des Hamburger Kirchentages 1981 war der ausdrückliche Versuch, das, was sich nach Nürnberg getan hatte, zu reflektieren und vor allem die Streitpunkte »Vergebung und Gemeinschaft zusammenzudenken«[20]. In einem eigenen Vortrag wurde die Frage *Abendmahl und Sündenvergebung* thematisiert: »Christi Leib für dich gegeben – Mahl der Vergebung«. Das Fazit, das in dem Vortrag gezogen wird: Im Abendmahl geht es um Gemeinschaft, »eine befreiende Erkenntnis«, im Abendmahl geht es gleichzeitig aber um weitaus mehr: »Da wird dir etwas in die Hand gegeben und in den Mund gelegt ... das Leben Christi soll dir zugute kommen ... ›Uns zugut‹ heißt immer auch mit den schweren, verschlossenen Worten: für unsere Sünden, zur Vergebung unserer Sünden. Das Abendmahl ist ganz wesentlich und unaufgebbar das Mahl der Vergebung ... Die Freude beim Abendmahl kommt aus der Vergebung«[21]. Man spürt dem Vortrag den unbedingten Wunsch an, das Element der Sündenvergebung wieder in's Zentrum zu holen, ohne abzuschrecken, Sündenvergebung als Befreiung und Entlastung einsichtig zu machen, z.B. durch den wiederholten Verweis auf die »bedrohlichen Schuldzusammenhänge dieser Welt«, die »Schuldverflochtenheit«[22]: »Sündenvergebung umgreift gerade das Unwiederbringliche«[23].

Gegen Ende des Forums wird dieses unaufgebbare Miteinander und Ineinander von *Gemeinschaft* und *Vergebung* noch einmal thetisch artikuliert unter der Überschrift »Brot brechen – Leben teilen. Elemente der Kirche von morgen«.

Vom Brotbrechen ausgehend, wird Kirche erkennbar »1. als Gemeinschaft des Miteinanderteilens, 2. als Ort der Gnade ... 3. als Kraft der Integration«[24]. Eingegangen wird hier auch noch einmal ausführlich auf die Bedeutung der *Gemeinschaft* bei der Neuentdeckung des Abendmahls mit der Frage, warum das Gemeinschaftserleben so offensichtlich im Vordergrund steht: »Man kann das sehr banal auffassen, dann wird daraus ein Vorwurf ... Stimmungsmache, Kuschelecke. In Wirklichkeit ist es viel mehr: eine Antwort auf ein elementares Grundproblem unserer Generation ... die Überwindung unserer Grundangst, allein zu sein, nicht geliebt zu

---

20 R. *Christiansen*, P. *Cornehl* (Hg.), Alle an einen Tisch, S. 8
21 M. *Kruse*, Christi Leib, S. 119f
22 Ebd. S. 124f
23 Ebd. S. 124
24 P. *Cornehl*, Brot brechen, S. 129

21

werden, bedeutungslos zu sein, unverstanden, ausgeschlossen«[25]. Hingewiesen wird selbstkritisch aber auch auf die Gefahr:»Das Abendmahl darf nicht zur Gruppendroge werden!«[26] Die Notwendigkeit wird betont, das Brot nicht für sich zu behalten, es zu teilen und weiterzugeben:»Ich sehe die Kirche von morgen als eine Kirche des Teilens, als eine offene Kirche lebendiger Beteiligung ... Brotbrechen, Leben empfangen, Leben weitergeben«[27] – auf allen Ebenen. Der Ausblick mündet in die Hoffnung auf Einheit, gegen die Trennungen.

Mit dieser Akzentsetzung kehrt bis zum Schluß die Frage wieder, wie schon in Nürnberg und nach Nürnberg, wie *offen* Abendmahl sein darf, sein muß, werden sollte, wie offen auch für Konflikte?! In einem neutestamentlichen Beitrag war unterstrichen worden:»Ich glaube, das Urchristentum macht Mut, dem Streit nicht auszuweichen aus Angst vor den Folgen. Er sollte in der Abendmahlsfeier seinen Platz erhalten.« und:»Der urchristliche Tischstreit galt nicht einer Abendmahlslehre, sondern einem Abendmahlsverhalten.«[28]. Im Vordergrund standen dabei während des Forums *zwei Konfliktbereiche:* 1. Die fehlende Abendmahlsgemeinschaft unter den Konfessionen[29]; 2. Das Miteinander angesichts theologischer, politischer, sozialer und kultureller Unterschiede und Gegensätze[30].

2.3. Erfahrungen – Überlegungen – ›Denkzettel‹ – Fazit 1981

Als *Perspektive* der »Bilanz einer Anstiftung« war zu Beginn des Forums Abendmahl in Hamburg zu hören:»Wir stehen an einem Wendepunkt in der Geschichte unserer Kirche ... Abendmahlsreform ist Kirchenreform, oder sie ist nicht mehr als Restauration ... Im Abendmahl steckt unsere Utopie einer neuen Kirche, einer menschlicheren Gesellschaft ... Laßt uns mit dem Alphabet beginnen. Es beginnt bei A – wie Abendmahl«[31] und am Ende des Forums:»Wir haben gerade erst angefangen, das Abendmahl zu entdecken ... Wir haben noch viel vor uns. Aber wir sind auf dem richtigen Weg«[32].

---

25 P. *Cornehl*, ebd. S. 130; Vgl. dazu auch: ders., Abendmahlspraxis, S. 43f
26 P. *Cornehl*, Brot brechen, S. 130
27 Ebd. S. 131
28 Eckhard *Rau*, Tischstreit, S. 72f
29 Norbert *Greinacher*:»Die Zeit ist überreif für eine eucharistische Gastfreundschaft der verschiedenen Konfessionen«, S. 56.
30 »Das Herrenmahl ist das Mahl wider alle Apartheid. An diesem Tisch gibt es keine Stammplätze, kein Erbgestühl und keinen Heimvorteil«, so R. *Christiansen*, Alle, S. 85.
31 G. *Kugler*, Bilanz, S. 41
32 P. *Cornehl*, Brot brechen, S. 128ff

Im Blick auf die Fragen: Was bleibt? Wie geht es weiter? folgen darauf sechs Stellungnahmen von Mitgliedern des Projektausschusses und Teilnehmerinnen und Teilnehmern am Forum Abendmahl.[33] Von den drei Nichthauptamtlichen werden eigene und gemeinsame Erfahrungen mit dem Feierabendmahl benannt[34]. In den Voten der drei Hauptamtlichen wird deutlich, für wie weit der Weg gehalten wird zu einer durchgreifenden Abendmahlsreform auf Gemeindeebene. Ein häufig wiederkehrendes Stichwort ist: Arbeiten, weiterarbeiten an Liturgie, liturgischem Verhalten, den Abendmahlsfeiern in den Gemeinden[35]. Gefragt waren am Ende des Forums Abendmahl aber vor allem die Teilnehmerinnen und Teilnehmer selbst. Ca. 640 ›Denkzettel‹ zu den Leitfragen: *Was ich nicht mehr will. – Was ich schön fände. – Woran wir arbeiten müssen.*, wurden von ihnen verfaßt. Ohne an dieser Stelle die Fülle des Materials auswerten zu können und zu wollen[36], läßt sich überblickartig sagen: Das Maß von Negativerfahrung[37] mit dem Abendmahl ist erschreckend! Hundertfach werden die Neuansätze im Feierabendmahl, wird die Wiederentdeckung der befreienden Dimension des Abendmahls willkommen geheißen, unterstrichen, für unbedingt notwendig angesehen. Besonders häufig werden genannt: Gemeinschaftserleben und Atmosphäre[38], Offenheit des Abendmahls für alle[39]. Auch von der Tiefe des

---

33 Alle sind ehrenamtlich oder hauptamtlich im kirchlichen Dienst, eine Theologiestudentin auf dem Weg dorthin, d. h. von Hause aus sind alle in irgendeiner Weise unmittelbar mit dem Abendmahl befaßt.

34 Z. B.: »Berührungspunkte zur Kirche wiedergefunden ... Schwierigkeiten bei politischer Gegnerschaft ..., diese elenden Bänke, das feste Gestühl ..., fast zu viel Kreativität – dabei etwas übernommen ... Brot und Wein einander weiterzugeben, haben wir noch nicht gewagt ..., ich kann nicht alle umarmen ... Wunsch, ... daß das Abendmahl gefeiert und nicht gehalten wird ... Berührung, das Selbstfinden und Platznehmen, daß das Abendmahl ein Anfang ist«, Vgl. dazu R. *Christiansen*, P. *Cornehl* (Hg.), Alle an einen Tisch, S. 137ff

35 Vgl. dazu R. *Christiansen*, P. *Cornehl* (Hg.), Alle an einen Tisch, S. 139ff

36 Vgl. dazu Christian *Zippert*, ›Denkzettel‹, S. 72ff

37 Stichworte sind: »Lebensfremd, todernst, Beerdigungsmienen, starr, isoliert, Angst, Beklemmung, vom Pfarrer abgefüttert werden, Verlegenheit«. Christian *Zippert* bemerkt zutreffend: »Aus dieser Sammlung von bedrückenden Äußerungen des Leidens am Abendmahl ergibt sich zunächst nur eine Folgerung, die aber mit großer Dringlichkeit: Wir müssen mehr über das Abendmahl miteinander sprechen, weniger auf Sachprobleme als auf persönliche Erlebnisse konzentriert, so weit wie möglich, offen redend und geduldig zuhörend.« ders., S. 73. Eben dieses Gespräch ist heute nicht weniger gefragt.

38 Stichworte:»Begegnung, Sinnlichkeit, Berührung, Freude, Brot, Wein, einander weiterreichen, nicht nur passiv sein, Bänke raus«.

39 Genannt wird Offenheit zwischen den Konfessionen, zwischen Traditionalisten und Progressiven, kirchlich wie politisch gesehen. Abendmahl soll offen sein für Kinder (öfter

Abendmahls[40], die nicht verloren gehen darf, ist die Rede, wenn auch deutlich verhaltener und auffallend seltener. Über das in den Vorträgen, Berichten und Statements Geäußerte hinaus gehen Stimmen wie:»Die alte Liturgie sollte durch eine neue ersetzt werden«[41] ...»Die ›alte‹ Form des Abendmahls wollen wir nicht mehr«[42] ...»Mich stößt ab, daß wir nach der Liturgie Jesu Leib und Blut essen bzw trinken. Das ist doch eigentlich nur geläuterter Kannibalismus« ...»Laßt endlich die Beichte aus dem Abendmahl weg«.[43] – Die ›Denkzettel‹ sind m. E. ein beeindruckendes Stimmungsbild, nicht mehr, aber auch nicht weniger. Zu berücksichtigen ist dabei, daß an dem Forum Abendmahl mit hoher Wahrscheinlichkeit vor allem Menschen teilgenommen haben werden, für die das Abendmahl bereits vorher in irgendeiner Hinsicht von besonderer Bedeutung gewesen sein muß, und daß unter ihnen, wie aus den Antworten zu entnehmen ist, sehr viele Pfarrer (ob und wieviele Pfarrerinnen läßt sich nicht sagen) waren. Und zu bedenken ist auch, daß ihr spezifischer Lebenshintergrund, wie z. B. Alter, Lebensform, Beruf (kirchlich Hauptamtliche ausgenommen), Geschlecht, kirchliche Sozialisation, so gut wie nicht zum Tragen kommt, was eine differenziertere Auswertung unmöglich macht.

Daß die Abendmahlsforen und Feierabendmahle der Kirchentage Auswirkungen gehabt haben auf die kirchliche Abendmahlspraxis, wird nicht viel später konstatiert:»Schon jetzt zeigt sich, daß Gemeinden, die das Feierabendmahl praktizieren, sich zu verändern beginnen. Wir lernen, daß die Gemeinschaft am Tisch des Herrn Folgen hat für das Leben. Abendmahlsreform ist Gemeindereform.«[44]

3. Rückblick aus heutiger Perspektive

3.1. Theologisch gesehen

Es fällt auf, daß einerseits vielfältig betont werden kann: Das Feierabendmahl ist eine *zusätzliche* Form, Abendmahl zu feiern, die die traditionelle Abendmahlsfeier *nicht* in Frage stellen will. Andererseits können aber die

---

genannt), für Junge und Alte, mit ihrer je eigenen Art und Weise, Abendmahl zu feiern. Abendmahl wird als Mittelpunkt des Gottesdienstes gewünscht.
40 Stichworte:»Leiden, Ernst, Tod Jesu, Versöhnung, Sündenvergebung«.
41 Denkzettel, in: R. *Christiansen*, P. *Cornehl* (Hg.), Alle an einen Tisch, S. 143
42 Ebd. S. 148; In dieser Radikalität aber nur diese beiden Stimmen.
43 Ebd. S. 153; Nur eine einzige Aussage geht jeweils in diese Richtung.
44 R. *Christiansen*, P. *Cornehl* (Hg.), Alle an einen Tisch, Vorwort, S. 8

Äußerungen zu Bedeutung und Gestalt des Abendmahls innerhalb der Abendmahlsbewegung so grundsätzlich ausfallen, daß sie, wie o. g. Fazit zeigt, auf eine Reform des Abendmahls, die mehr ist und etwas anderes als eine bloße Abendmahlsrestauration, hinauslaufen (müßten) und darin und damit intendiertermaßen auf nichts weniger als die Reform der Gemeinde(n), der Kirche![45]

Da gut ein Jahrzehnt später von Kirchenreform aber wohl kaum die Rede sein kann, stellt sich schon hier die Frage, ob die notwendigen Konsequenzen aus den Einsichten und Erfahrungen von Nürnberg und Hamburg im Bereich kirchlicher Abendmahlspraxis nicht doch, wenn überhaupt, zu halbherzig gezogen worden sind und der viel beschworene Abendmahlsstreit nicht doch zu wenig ausdrücklich aufgenommen und gewagt wurde. So fällt auf, daß einerseits in den Vorträgen und theologischen Stellungnahmen Deutungskategorien des Todes Jesu, die das traditionelle Abendmahlsverständnis bestimmen, wie Opfer- und Sühnehandlung, nur sehr verhalten aufgenommen werden, z. B. wenn gesagt wird:»Das Leben, das den Tod überwindet, wird uns von dem gegeben, der für uns das Todesgeschick übernimmt«[46], andererseits aber eine *ausdrückliche Auseinandersetzung* mit der Opfer- und Sühnevorstellung nicht stattfindet. Daß es bei dem Versuch zu *übersetzen*, was heute unter *Sünde* zu verstehen ist, zu der theologisch fatalen Feststellung kommt:»da ist etwas zerbrochen zwischen Gott und uns . . ., was wir nicht in Ordnung bringen können«[47], ist m. E. ebenfalls in diesem Zusammenhang zu sehen, weil hier, wenn auch nicht explizit so doch implizit, einer Sühnevorstellung Vorschub geleistet wird, die den Tod Jesu als Sühneleistung für Gott deutet, neutestamentlichen Aussagen wie 2. Kor 5,18ff entgegen, die von der Versöhnung des Menschen mit Gott sprechen. D. h. die Auseinandersetzung mit der Opfer- und Sühnevorstellung findet wohl auch deshalb nicht statt, weil aus einer systematisch-theologischen Erkenntnis wie:»Die Sünde vermag wohl das Gottesverhältnis des Menschen zu verkehren, nicht aber das Menschenverhältnis Gottes zu zerstören«[48]

---

45 Vgl. G. *Kugler* , Bilanz, S. 41; R. *Christiansen*, in: ders., P. *Cornehl*, Alle an einen Tisch, S. 140

46 P. *Cornehl*, ebd. S. 133; Vgl. M. *Kruse*:»Der Leib, der gegeben wird, ist das in den Tod dahingegebene Leben Christi, das der Sünde und Gottlosigkeit preisgegebene Leben, ist die Liebe, die sich opfert, damit das Unheil seine Macht verliert und wir freiwerden von den Zwängen des Todes«, Christi Leib, S. 119.

47 Ebd. S. 124. Falls die Formulierung in ihrer Richtungsangabe Gott > Mensch ›nur‹ unbedacht ist, ist dies m. E. nicht weniger fatal.

48 So J. *Moltmann* unter Verweis auf die nach biblischem Zeugnis trotz der Sünde bestehende Gottebenbildlichkeit des Menschen, Schöpfung, S. 238

weder für das Sündenverständnis noch für die Sühnevorstellung hinreichend Konsequenzen gezogen worden sind. Fatal scheint mir dies, weil theologische Aussagen wie o. g. fast zwangsläufig zu der Frage führen müssen: Was ist das für ein Gott, der über Opfer versöhnt werden muß?! Zu dieser Anfrage kommt es damals aber nicht, weder an dieser noch an einer anderen Stelle, erstaunlicherweise auch nicht in den ›Denkzetteln‹.

Genausowenig wird die noch grundsätzlichere Frage gestellt, warum *Versöhnung* des Menschen mit Gott durch *gewaltsames* Sterben, durch *Tod* geschieht, geschehen kann, geschehen muß. Daß diese Fragen heute vielfältig gestellt werden, wird sich im Kontext der vorliegenden Arbeit vor allem auch in den Interviews immer wieder zeigen. Damals kann beim Forum Abendmahl in Hamburg zwar von Opfern und Tätern die Rede sein[49], der *blutige* Zusammenhang aber des Todes Jesu und des Abendmahls wird nicht problematisiert. Auffallend ist in diesem Zusammenhang, von heute aus gesehen, auch, daß die Deutung von Brot und Kelch als Leib und Blut Jesu Christi nur ganz vereinzelt zur Frage wird, z. B. in *einem* der ›Denkzettel‹ mit dem Stichwort »Kannibalismus«[50].

Daß sich und wie sehr sich der Fragehorizont in den folgenden Jahren verändert, darauf verweist allein schon eine Artikelserie Ende 1988 zur Kreuzestheologie mit der provokativen Ausgangsfrage:»Steht Gott auf Blut?«[51]. Die Hellhörigkeit und die Vorbehalte gegenüber *blutigen* Zusammenhängen christlicher Glaubensinhalte sind ganz offensichtlich größer geworden. Und immer stärker sprechen dabei für viele, verbunden mit allgemein gesellschaftlichen Veränderungen[52], auch die blutigen Kapitel der Kirchengeschichte mit, die vielfältigen Kreuzzüge, Hexenverfolgungen, Ketzerprozesse, Mißbrauchsgeschichte(n)[53].

---

49 Vgl. H. *Albertz*, S. 21
50 »Mich stößt ab, daß wir nach der Liturgie Jesu Leib und Blut essen bzw. trinken. das ist doch eigentlich nur geläuterter Kannibalismus«. In: R. *Christiansen*, P. *Cornehl* (Hg.), Alle an einen Tisch, S. 153
51 DAS Nr. 49, 4. Dezember 1988, S. 13 unter Bezug auf eine Äußerung von Uta *Ranke-Heinemann*: »auch Gott steht auf Blut« (Spiegel Nr. 46/1988, S. 262). Siehe auch unten S. 62
52 S. u. A.III.: Blut, Opfer, Gemeinschaft: Gesellschaftliche Problemhorizonte, S. 79ff
53 Der sexuelle Mißbrauch von Kindern und Frauen durch kirchlich Hauptamtliche spielt dabei seit einiger Zeit eine immer größere Rolle und ist mir auch in meiner eigenen seelsorgerlichen Tätigkeit in sehr betreffender Weise begegnet.

19 Mitglieder, 19 *Männer*, bildeten den Projektausschuß für das Nürnberger Forum. Unter den 16 Mitgliedern des Projektausschusses Hamburg waren *zwei* Frauen. Die Vorträge und biblischen Besinnungen wurden in Nürnberg wie in Hamburg ausschließlich von Männern gehalten. Die *Mitarbeit* von *Frauen* beim Feierabendmahl in Hamburg beschränkt sich, soweit es sich aus den Angaben entnehmen läßt, auf eine Textlesung (in Nürnberg nicht einmal das), eine ›Stimme vom Tag‹ (drei Männer-Stimmen), drei spontane Kyriebitten (neun von Männern). Bei den Berichten und Statements sind Frauen ebenfalls in der Minderheit, in Nürnberg wie in Hamburg. Umso mehr fällt es auf, daß von sieben Äußerungen in Nürnberg über *persönliche Schwierigkeiten* mit dem Abendmahl sechs von Frauen stammen und eine von einem männlichen Jugendlichen.[54] Die *offizielle* Reaktion darauf (zwei »Antwortversuche«) erfolgt aber wiederum von Männerseite. Ihre *Reaktionen* auf das Feierabendmahl äußern vier Frauen und acht Männer. Die *Stellungnahmen* zu den »Lorenzer Ratschlägen« geben aber wiederum nur Männer (sechs) ab. In Hamburg sind es dann drei Frauen und drei Männer, die sich im Blick auf die Fragen: »Was bleibt? Wie geht es weiter?« namentlich zu Wort melden. Aber auch diese Zusammensetzung scheint, wie die genannten Zusammensetzungen insgesamt, ›rein zufällig‹ so zu sein. Geschlechtsspezifisches kommt in keiner Weise zum Ausdruck. Dazu kommt und dazu paßt, daß, wie bereits erwähnt, auch bei der Aktion ›Denkzettel‹ eine Differenzierung zwischen den Antworten von Männern und Frauen nicht gefragt ist und auch aus den Antworten nicht erkenntlich wird.

All dies zeigt, wie fern es lag, die Frage nach dem Abendmahl, die Bedeutung des *Gemeinschafts*aspektes ernsthaft auch nur in irgendeiner Hinsicht mit der Beziehung zwischen Frauen und Männern, in Verbindung zu bringen,[55] Abendmahlsverständnis und Abendmahlspraxis auf eine *neue* Gemeinschaft von Männern und Frauen hin zu befragen. Daß 1981 in Hamburg das erste *Frauenforum* stattfand unter dem Motto »Frauen be-

---

54 Was nicht zuletzt daran liegen mag, daß Frauen eher bereit sind, sich persönlich zu äußern.

55 Es sei denn im Zusammenhang der Ablehnung jeglicher Apartheid am Abendmahlstisch: »Die vielen Feierabendmahle ... stehen ... in Gefahr, zu ›Lagerfesten‹ zu verkommen. Da feiern dann hier die ›Frommen‹ unter sich und dort die ›Politischen‹, hier die Frauen und dort die Jugendlichen ... da wird das Herrenmahl zur Sektenfeier ... Die Einladung an seinen Tisch durchbricht alle Partikularität, die natürlichen Schranken der Geburt, des Geschlechts ...«, so R. *Christiansen*, Alle, S. 84f

wegen die Kirche« bleibt beim Forum Abendmahl ohne jede erkennbare Auswirkung.

Wenn so gut wie ausschließlich Männer das Wort führen, wird, explizit oder implizit, bewußt oder unbewußt, der Eindruck erweckt, die Auffassung vertreten, daß mit *ihrem* Wort das Entscheidende gesagt ist. Was sollten Frauen auch anderes sagen, sagen können, sagen wollen? Wie kurzschlüssig und verhängnisvoll eine solche Einseitigkeit ist, hat nicht zuletzt feministische Theologie bewußt gemacht.[56] Es gilt, offen zu werden für die *differente* Wahrnehmung und Sichtweise von Männern und Frauen, auch im Blick auf das Abendmahl, will man nicht auf Dauer männlich mit menschlich verwechseln oder mit allein evangeliumsgemäß.
– Hellhörig macht in diesem Zusammenhang ein Votum wie: »Im Abendmahl steckt unsere Utopie einer neuen Kirche, einer menschlicheren Gesellschaft. Leib und Blut des Gekreuzigten verheißen auch, wonach die Menschen sich vergeblich ausstrecken: Freiheit, Gleichheit, Brüderlichkeit«[57]!

Wo es um eine neue Kirche und eine menschlichere Gesellschaft geht, muß ganz offensichtlich die männliche, die brüderliche, zugunsten einer *geschwisterlichen* überwunden werden. Was aber bedeutet *dann*: »Laßt uns mit dem Alphabet beginnen. Es beginnt bei A – wie Abendmahl«[58]? Weder in Nürnberg noch in Hamburg wurde eine solche Fragestellung einbezogen[59], geschweige denn eine Antwort darauf gefunden. Angesichts der Tatsache, daß sich kirchliche Frauenbewegung und feministische Theologie zu der Zeit in Deutschland noch im Anfangsstadium befanden, dies allerdings ›mit Macht‹, war Anfang der achtziger Jahre die Zeit dafür vielleicht noch nicht reif.

Mittlerweile aber läßt sich immer weniger übersehen, daß sich das Selbstverständnis von Frauen im Sinne eines gewachsenen Selbstbewußtseins

---

56 S. u. A.V.: Anfragen und Akzente Feministischer Theologie, S. 114ff

57 G. *Kugler*, Bilanz, S. 41. Von heute aus gesehen ist es kaum nachvollziehbar, wie selbstverständlich und unreflektiert es noch *1981* bei der »*Brüderlichkeit*« bleibt, – ganz im Sinne der Arnoldshainer Thesen von *1957*: »Das Abendmahl stellt uns in die Gemeinschaft der Brüder und bezeugt uns damit, daß das, was uns in dieser Weltzeit knechtet und trennt, in Christus durchbrochen ist und der Herr in der Mitte der begnadigten Sünder den Anfang einer neuen Menschheit setzt« (These 6,3), oder wie Martin *Kruse* es *1975* formuliert: »Das Abendmahl ist das Mahl der Brüder, die Verleiblichung der communio sanctorum«: Ders., Abendmahlspraxis, S. 487

58 G. *Kugler*, Bilanz, S. 41

59 Und sie war auch nicht mit im Blick, als *1980* die Arbeitsgruppe zur Revision der Agende I gebildet wurde: 19 Mitglieder, 19 Männer, erarbeiteten innerhalb von acht Jahren den Entwurf zu einer *Erneuerten* Agende, s. u. S. 39

verändert hat und daß sich auch bei vielen, – zumindest einigen –, Männern ein Bewußtsein dafür zu entwickeln beginnt, als Mann nicht der Mensch schlechthin zu sein und sich demzufolge auch nicht für den Menschen schlechthin äußern zu können:»An dem neuen Selbstbewußtsein des weiblichen Geschlechtes werden ihm seine geschlechtsspezifischen Grenzen bewußt«[60].

Wenn angesichts des Vorwurfs der theologischen Illegitimität der Abendmahlsbewegung 1983 die Frage gestellt wird:»Gibt es legitimerweise einen zeit- und generationenspezifischen Zugang zum Abendmahl und ein von daher verschieden akzentuiertes Verständnis des Sakraments?«[61] und dies unter Rekurs auf die Wiederentdeckung des Abendmahls zur Zeit des Kirchenkampfes bejaht werden kann[62], gilt es m. E. diese Perspektive mehr als zehn Jahre später im Sinne o. g. Hypothese zu erweitern: Es gibt einen zeit-, generationen- *und geschlechtsspezifischen* Zugang zum Abendmahl und ein von daher verschieden akzentuiertes Verständnis des Sakraments. – Intention der vorliegenden Arbeit bleibt, dies weiterführend zu begründen und die Konsequenzen aufzuzeigen.

4. Zur theologischen Aufarbeitung der Abendmahlsbewegung 1983

4.1. Zwischenbilanz

Die Abendmahlsbewegung ist theologisch massiv in Frage gestellt[63], aber auch positiv aufgenommen und begrüßt worden. Vor allem versuchten die Verantwortlichen für die Foren Abendmahl in Nürnberg und Hamburg, den Prozeß aufmerksam und kritisch, auch selbstkritisch, zu begleiten. 1983 erschien in der Pastoraltheologie[64] unter der Überschrift:»Abendmahl und Gemeindeerneuerung« eine Zwischenbilanz mit Beiträgen von Autoren, die in Hamburg bzw. Nürnberg mitgearbeitet hatten. Die wesentlichen theologischen Inhalte der Abendmahlsbewegung: Kommunion und Kommunikation, Gemeinschaft und Vergebung, Gotteslob und Weltverantwortung, Konfliktbereitschaft, Offenheit, werden hier noch einmal zusammenhängend formuliert und begründet. Gleichzeitig werden

---

60 Jürgen *Moltmann*, Theologie in den Erfahrungen, S. 151
61 P. *Cornehl*, Abendmahlspraxis, S. 23
62 Ebd S. 23ff
63 Am radikalsten wohl vgl. Wolfgang *Böhme* u. a. (Hg.); Im einzelnen dazu s. u.
64 PTh 72, 1983, H. 3, S. 71–150

aber auch mögliche Konsequenzen für die kirchliche Praxis genannt, die über das in Nürnberg bzw. Hamburg Gesagte hinausgehen, wie z. B. die Notwendigkeit einer liturgischen Ausbildung der Pfarrer, die sich nicht auf das Traditionelle beschränkt[65] und die Notwendigkeit einer neuen »Einstellung zum Gottesdienst…, ganzheitlich und partnerschaftlich«, mit »Vorrang der Gruppe«, was wiederum methodische Fähigkeiten voraussetzt und damit ebenfalls Veränderungen in der Fortbildung notwendig erscheinen läßt[66].

Die ausdrücklich so bezeichnete »theologische Zwischenbilanz der Abendmahlsbewegung« trägt die Überschrift »Hineinwachsen in Spannungen« und geht dezidiert ein auf die Spannungsfelder, die mit den theologischen Zielvorstellungen des Feierabendmahls gegeben sind[67]. Im Mittelpunkt der exegetischen Anmerkungen stehen unter Aufnahme der Erfahrungen beim Hamburger Kirchentag programmatische »Überlegungen zur Arbeit mit Konflikten beim Abendmahl«[68], die den Tenor tragen: Abendmahl ist ein Ort der Grenzüberschreitung, ein Ort der Zugehörigkeit und *Zusammengehörigkeit* der *Verschiedenen*, trotz Konflikten und mit Konflikten.[69] In diesem Sinne ist Abendmahl Gemeinschaftsmahl und im Zentrum Teilhabe am Geschick Jesu.

Im Blick auf das Spannungsfeld *Abendmahl und Weltverantwortung*, von vielen Gemeinden der traditionellen individuellen Abendmahlsfrömmigkeit entsprechend[70] eher ausgeblendet, wird zum einen auf die durchgängige Verankerung der sozialen Verantwortung im Zentrum des Abendmahls verwiesen, wie sie in nahezu allen ökumenischen Konsensus-Erklärungen zur Eucharistie zu finden sind[71], zum andern aber auch, gegen eine

---

65 »Die liturgische Ausbildung der Pfarrer liegt, soweit sie nicht nach traditionellem Muster erfolgt, sehr im Argen … Diese Aufgabe muß nun angepackt werden, ehe unsere Gottesdienste endgültig an der Auszehrung dahinsiechen.« So R. *Christiansen*, Erneuerung, S. 96. – Unklar bleibt, was die Ausbildung im einzelnen beinhalten soll.

66 G. *Kugler*, Grundzüge, S. 103f

67 P. *Cornehl*, Spannungen, S. 120ff

68 Vgl. Eckhard *Rau*, Mahlgemeinschaft, S. 106; Vgl. 106ff

69 Von besonderer Bedeutung für die Abendmahlspraxis scheint mir, daß E. *Rau* hier u. a. auf die Notwendigkeit verweist, Menschen in kleinen Schritten selbstbestimmt am Abendmahl teilnehmen zu lassen: »Sie sollten in die Lage versetzen, den kleinen Spielraum autonomen Verhaltens ständig zu erweitern. Authentizität ist die unabdingbare Voraussetzung dafür, daß Gegensätze als Konfrontation mit dem eigenen Schatten und Andersartigkeit als bereichernde Vielfalt entdeckt werden kann. Nur diese Entdeckung vermag eine Ahnung von der Zusammengehörigkeit des Verschiedenen zu vermitteln, aber auch den Weg zur Überbrückung von Gegensätzen im Angesicht des Todes Jesu zu eröffnen«. Ders., Mahlgemeinschaft, S. 119.

70 Vgl. M. *Kruse*, Abendmahlspraxis, S. 486f

71 Zitiert wird ausführlich der Abschnitt 20 der Konvergenzerklärung der Kommission für

lutherisch individuelle Engführung der Abendmahlsbedeutung, auf Luther selbst[72]. Der Abschnitt mündet in einen konkordanten Verweis auf die Fülle der biblisch-theologischen Bezüge des Abendmahls, an sich schon ein Plädoyer gegen jede einseitige Fixierung.

Ein anderer Schwerpunkt der theologischen Zwischenbilanz ist das Spannungsfeld *Gemeinschaft und Vergebung*. An die Adresse der Gegner gerichtet wird einerseits konstatiert, daß innerhalb der Abendmahlsbewegung vielfach das Motiv der Sündenvergebung hinter dem Gemeinschaftsaspekt zurücktritt und deshalb Anfragen berechtigt sind. Zum anderen aber wird jede plakative Polemik, z. B. im Sinne der Alternative: »Problemlösung oder Erlösung«[73], entschieden zurückgewiesen und angemahnt, daß für ein angemessenes und in Wahrheit befreiendes *Reden von Sünde und Vergebung* »die lange Geschichte des Mißbrauchs einer pervertierten Sündenlehre und -praxis aufgearbeitet« werden »und das Christentum sich aus der Rolle einer autoritären Über-Ich-Religion« lösen muß[74].

Darüber hinaus wird angemerkt, daß sich in den Feierabendmahlsliturgien mehr und mehr auch explizite Passionsaussagen finden, daß von Trauer und Schuldverstrickung, Befreiung und Erlösung die Rede ist. »Die Erkenntnis wächst: Nicht wir haben die Lösung, wir sind eher ein Teil des Problems. Wir bedürfen der Vergebung und Erneuerung.«[75]

Am Schluß der theologischen Zwischenbilanz steht als Wegbeschreibung für die Abendmahlsbewegung: »daß wir in die Spannungen ... hineinwachsen«, in die Spannungen, die damit gegeben sind, daß sich im Abendmahl Grundfragen und Grundspannungen des Glaubensvollzugs zuspitzen und sich dementsprechend auch in der Gestaltung des Feierabendmahls widerspiegeln.[76]

Glauben und Kirchenverfassung des Ökumenischen Rates von Lima 1982: »Die Eucharistie umfaßt alle Aspekte des Lebens ... Die eucharistische Feier ... ist eine ständige Herausforderung bei der Suche nach angemessenen Beziehungen im sozialen, wirtschaftlichen und politischen Leben ...«, so P. *Cornehl*, Spannungen, S. 123.

72 »Du mußt die Gebrechen und Bedürfnisse der anderen dir zu Herzen gehen lassen, als wären es deine eigenen ... ebenso wie dir Christus im Sakrament tut«, zit. nach P. *Cornehl*, ebd. S. 122

73 »Sünde, das Böse, das von Gott radikal Trennende kommt ... auf seiten der Gottesdienstteilnehmer nicht vor. Alles ist von der Sehnsucht nach dem Guten geprägt, und so ist die Liturgie dieser Gottesdienste im Grunde Aufklärungsliturgie ... Es geht um Problemlösung, nicht um Erlösung«, so Klaus-Peter *Jörns*, Problemlösung, S. 350ff.409ff

74 P. *Cornehl*, Spannungen, S. 128

75 Ebd. S. 129

76 Ebd. S. 132

31

4.2. Praktisch-theologische Ortung der Abendmahlsbewegung

Mit der Intention, die Abendmahlsbewegung theologisch zu legitimieren und nicht »in der Sackgassse unproduktiver Alternativen« enden zu lassen[77], war 1983 bereits von praktisch-theologischer Seite her der Versuch gemacht worden, das Gespräch mit der Tradition aufzunehmen[78], um so den neuen Aufbruch zu verwurzeln. Leitend für die Erörterungen war die o. g. Frage nach einem zeit- und generationenspezifischen Zugang zum Abendmahl und einem von daher verschieden akzentuierten Verständnis des Sakraments. Wesentlich war aber auch: »wie kann dabei das Anliegen reformatorischer Abendmahlserfahrung des Glaubens bewahrt und situationsgemäß erneuert werden?«[79]. Am Beispiel der Wiederentdeckung des Abendmahls zur Zeit des Kirchenkampfes im 3. Reich wird abschließend festgestellt: »Auch im Kirchenkampf bestand zwischen Abendmahlserfahrung (und -verkündigung), dogmatischer Abendmahlslehre und gottesdienstlicher Gestaltung kein einliniges Abhängigkeitsverhältnis, sondern ein spannungsvolles Miteinander. Den Vorrang hatte die situationsspezifische Erfahrung der Relevanz des Abendmahls in der Feier des Sakraments«[80]. Als Merkmale der Abendmahlserfahrung im Kirchenkampf werden genannt: Bekenntnis[81], Trost, Vergewisserung[82], Realpräsenz, Selbstmitteilung Christi[83], Gemeinschaft als Gemeinschaft des Leibes Christi[84]. Sehr pointiert wird dann im Folgenden dargestellt, daß aufgrund des theologischen Ansatzes beim Bekenntnis die Lehrauseinandersetzungen zwischen den reformatorischen Kirchen immer mehr in den Vordergrund traten[85] und im Zuge einer Konzentration auf das Proprium reformatorischer Abendmahlsfeier freie, *experimentelle*, liturgische Gestaltungsversuche (z. B. innerhalb der Berneuchener Bewegung) immer eindeutiger *ausgegrenzt* wurden. Fazit

---

77 P. *Cornehl*, Abendmahlspraxis, S. 23
78 Ebd. S. 22ff
79 Ebd. S. 23
80 Ebd. S. 39
81 Ebd. S. 27ff: In der Auseinandersetzung zwischen Bekennender Kirche und Nationalsozialismus, hier das Blut Christi, dort der Mythos des arischen Blutes, und der alles entscheidenden Frage, wer Herr ist.
82 Ebd. S. 29f
83 Ebd. S. 30ff
84 Ebd. S. 32ff; Der Gemeinschaftsaspekt wird entdeckt, aber nicht als horizontales Gemeinschaftserleben, sondern christologisch bestimmt.
85 Die Lehrauseinandersetzungen, die nach dem Krieg dann schließlich zu den Arnoldshainer Thesen führten (1957) und später (1973) zu der Leuenberger Konkordie mit ihrer wechselseitigen Anerkennung der Abendmahlsgemeinschaft. Vgl. P. *Cornehl*, ebd. S. 34

der Geschichte: »So endete der Aufbruch zur Neuentdeckung des Abendmahls nach 1945 konsequent im großen Agendenwerk der VELKD und
der EKU. Eine problematische Konsequenz.«[86]
Die *neue* Abendmahlsbewegung wird im Zusammenhang gesehen mit
einer *erneut veränderten* Zuordnung der drei Elemente: Lehre, Erfahrung
und Gestaltung. Mitte der *sechziger* Jahre hatte das kirchliche Leben sich
wieder geöffnet für unterschiedliche Gottesdienstformen, für Pluralismus
und Experiment. Statt agendarischer Einheitsgottesdienste wurden
»*Gottesdienste in neuer Gestalt*« gefeiert, die z.T. auch einem anderen
theologischen Ansatz im Sinne der Tillich'schen Korrelation von Botschaft
und Situation, Wort und Antwort folgten. Nicht viel später, als in den
Gottesdienstkonzepten immer stärker der Handlungscharakter des Gotttes-
dienstes betont wird, wird in diesem Kontext, Mitte der *siebziger* Jahre,
auch das *Abendmahl* neu entdeckt, gefeiert, erfahren, mit anderen
inhaltlichen Akzenten als traditionell vorgegeben. In diesem Aufbruch wird
das *Feierabendmahl* als integratives Modell gesehen »einer sowohl offenen
als auch der kirchlichen Tradition verpflichteten Form der Eucharistiefeier«[87].
In einem Vergleich zu den die Abendmahlsbewegung zur Zeit des
Kirchenkampfes bestimmenden Motiven wird die neue Abendmahlsbewegung in den Blick genommen. Über die o.g. Charakterisierung und
Qualifizierung der Abendmahlsbewegung hinaus kann unter Anknüpfung
an den Gemeinschafts-, Bekenntnis- und Vergewisserungscharakter des
Abendmahls zu Kirchenkampfzeiten z.B. gesagt werden: Das Abendmahl,
als »Mahl wider alle Apartheid« verstanden, hat Folgen auch für den
Alltag – »Das Christuszeugnis gegenüber den Mächten der Zeit fordert
Entscheidung« – und nimmt insofern »Anliegen der Kirchenkampfgenera-
tion auf«[88].
Gemeinsames wird auch im *Motiv der Vergewisserung* aufgrund von
Unsicherheit, Zweifel und Zwiespältigkeit gesehen. Und es wird darauf
verwiesen, daß die neue Abendmahlsbewegung auf dem Weg der
Erfahrung mit dem Sakrament dabei ist, »die zentrale Mitte des refor-
matorischen Abendmahlsverständnisses wiederzuentdecken: die *Sünden-
vergebung*«[89]. Daß das im Kirchenkampf so entscheidende Moment der
Realpräsenz Christi im Abendmahl in der Abendmahlsbewegung der
Gegenwart, wenn überhaupt, nur am Rande vorkommt, wird als Symptom

---

86 P. *Cornehl*, ebd. S. 39
87 Ebd. S. 42
88 Ebd. S. 44
89 Ebd. S. 46

einer gemeinsamen »Verlegenheit gegenwärtiger Glaubenserfahrung« gewertet, »die *gemeinsam* theologisch bewältigt werden muß«[90], auch hier eine dezidierte Abwehr pauschaler Verurteilungen und Angriffe[91].

Der praktisch-theologische Ansatz wird in einem Schlußteil skizziert als Methode einer induktiven Erfahrungstheologie[92], für die das Bekenntnis Regulativ und Korrektiv bleibt. Dies beinhaltet einerseits die Möglichkeit und Notwendigkeit, die neuen Aufbrüche ernstzunehmen und aufzunehmen, und andererseits, ihre Integration mit der klassischen reformatorischen Tradition zu wollen. »Doch die Integration ist nichts, was man rasch anordnen und administrativ durchsetzen kann. Sie muß wachsen. Sie ist eine Aufgabe theologischer Arbeit und liturgischer Gestaltung zugleich.«[93]

Eine praktische liturgische Theologie, wie sie hier für wünschenswert und notwendig gehalten wird, läßt es nicht bei dem theoretischen Postulat bestimmter Inhalte der Abendmahlsfeier bewenden, sondern fragt nach *konkreter Umsetzung* im Vollzug, im Mitvollzug des Abendmahls, in Sprache und Bewegung, mit Zeichen und Symbolen[94]. Gegen den Vorwurf der Psychologisierung wird im einzelnen auf die Verbindungslinien des Feierabendmahls auch zur Agendenreform verwiesen, zum anderen aber auch auf die Neuentdeckungen und liturgischen Entfaltungen im Feierabendmahl[95], durch die die evangelische Abendmahlspraxis »Anschluß an die größere ökumenische Tradition eucharistischer Feier«[96] gewinnt.

4.3. »Offener Brief an die evangelischen Gemeinden«: Ein Beispiel fundamentaler Kritik an der Abendmahlsbewegung

Trotz aller Versuche, die Abendmahlsbewegung theologisch einzubinden und zu legitimieren, erscheint im November 1983, ausdrücklich zum »500. Geburtstag Luthers«, ein »Offener Brief an die evangelischen Gemeinden« mit der Überschrift »Die Gestaltung der Feier des Heiligen Abendmahls in unserer Zeit«, unterschrieben von sieben Männern der Kirche, unter

---

90 Ebd. S. 47
91 Vgl. P. *Cornehl*, Spannungen, S. 127 – dort im Zusammenhang mit dem Motiv der Sündenvergebung.
92 Zum Folgenden vgl. auch: *ders.*, Gottesdienst, S. 171ff
93 *Ders.*, Abendmahlspraxis, S. 48. – Ein Beispiel liturgischer Gestaltung ist ein Abendmahlsgottesdienst in St. Katharinen/Hamburg am 17.1.1982, vgl. *ders*, Wiederentdeckung.
94 Vgl. *ders.*, Abendmahlspraxis, S. 49
95 Genannt werden: Eucharistischer Lobpreis, Christusanamnese, Geistepiklese, eschatologischer Ausblick, ebd.
96 Ebd. S. 50

ihnen einige bekannte wissenschaftliche Theologen[97]. Im Zentrum steht die *Sorge*, »daß dem Abendmahl seine Mitte genommen wird: die Gegenwart Jesu Christi in seinem für alle dahingegebenen Leib und Blut«[98], die *Aufforderung*, zu unterscheiden zwischen Agapefeier und Sakramentsfeier, die *Erinnerung* an die theologische Verantwortung für die rechte Sakramentsausübung. In fünf Thesen werden die schwerwiegenden Bedenken dergestalt artikuliert, daß jeweils zunächst gesagt wird, was dogmatisch gilt, und dann benannt wird, worin der *Irrtum* besteht[99].

Infragegestellt werden direkt oder indirekt:

1. Die innerhalb der Abendmahlsbewegung proklamierte Offenheit des Abendmahls.[100]
2. Die Nichtbeachtung des Vorranges der Sündenvergebung.[101]
3. Die Nichtbeachtung der Spendeworte im Sinne einer Realpräsenz Christi.[102]
4. Ein horizontales Verständnis der Gemeinschaft im Abendmahl.[103]
5. Die Bedenken im ökumenischen Horizont, die in die Forderung münden: »Alles muß darum vermieden werden, was neue Trennungen hervorrufen oder die wachsende Einmütigkeit in Lehre und Praxis des Abendmahls wieder gefährden könnte.«[104]

Diese vehemente Abwehr jeglicher Art von Abendmahlserneuerung bleibt nicht unbeantwortet. Die Reaktion läßt es ihrerseits nicht bei verständlichem Ärger und Enttäuschung über die teilweise scharfe Polemik und den dogmatischen Rundumschlag bewenden. Das theologische Gespräch,

---

97 Zum Folgenden: W. *Böhme* u. a. (Hg.). Vgl. auch die Reaktion von P. *Cornehl*, Gottesdienst, S. 169ff
98 W. *Böhme* u. a. (Hg.), S. 44
99 Außer in These 5
100 These 1 nennt Taufe und Glaube als unbedingte Voraussetzungen für eine legitime Teilnahme am Abendmahl.
101 Aus These 2. »Wer zum Heiligen Mahl tritt, wird sich seiner Sünde bewußt und begehrt Vergebung ..., guter Brauch, daß vor dem Sakramentsempfang gebeichtet wird ... Doppelgebot der Liebe und die Zehn Gebote der unveränderliche Maßstab«. Ebd. S. 45
102 Aus These 3: »Es ist ein Irrtum zu meinen, man könne die Aussagen über das Heilige Abendmahl, die die Bekenntnisse der Kirche machen, außer acht lassen oder sie durch Formulierungen ersetzen, die mehr die soziale Dimension des Brotteilens betonen.« Ebd. S. 45f
103 Aus These 4: »Indem Jesus sich selbst, seinen Leib und sein Blut der Gemeinde austeilt, fügt er sie zu einem Leibe zusammen ... Die Gemeinschaft ... entsteht ... aus der Kraft des Opfers, das Christus am Kreuz gebracht hat« Ebd. S. 46
104 Dies mit der abschließenden thetischen Bemerkung: »Weder die römisch-katholische noch die orthodoxen Kirchen könnten sich damit abfinden, daß die Gegenwart Christi in, mit und unter den Abendmahlselementen geleugnet würde.« Ebd.

das bis dahin trotz aller substanziellen Beiträge von seiten der Abendmahlserneuerungsbewegung nicht stattgefunden hatte (in der Öffentlichkeit bis heute nicht!), kam zwischen Vertretern beider ›Lager‹ zustande und ließ insofern hoffen. Bestimmend war: »Es geht zentral um die Frage, wie sich das Interesse an dogmatischer Eindeutigkeit, an klaren Unterscheidungen und Grenzziehungen verhält zu dem Interesse an Grenzüberschreitungen, an der Entdeckung neuer Aspekte des Abendmahls, an der Öffnung für neue Erfahrungen mit dem Sakrament«[105].

Da es heute angesichts wachsender Infragestellung von der einen wie der anderen Seite nicht minder um eben diese zentrale Frage geht, fragt es sich auch, ob und was aus der Abendmahlsbewegung der siebziger und achtziger Jahre für die Gegenwart zu lernen ist.

5. Thetische Schlußfolgerungen für Abendmahlslehre und Abendmahlspaxis in der Gegenwart

1. Überzeugend ist, daß und wie, bei vorausgesetzter Interdependenz von Abendmahlslehre, Abendmahlserfahrung und Abendmahlsgestaltung, methodisch von *Erfahrungen* ausgegangen wird und die negativen Erfahrungen dabei nicht übergangen oder geleugnet werden.[106] Ein Beispiel rigoroser deduktiver Option ist dagegen die völlige Ausklammerung andersartiger Erfahrungen in den Thesen des »Offenen Briefes«, wenn dort z. B. apodiktisch gesagt werden kann: »Wer zum Heiligen Mahl tritt, *wird* sich seiner Sünde bewußt und *begehrt* Vergebung ... Es *ist* ein Irrtum zu meinen, daß durch eine solche Selbstprüfung dem Abendmahl sein Festcharakter genommen wird«[107].

2. Überzeugend ist, daß die Notwendigkeit *angemessener, glaubwürdiger* liturgischer Formen betont wird, dies auch im Sinne einer neuen Einstellung zum Gottesdienst[108], und die Schlußfolgerung gezogen wird: »Wir brauchen eine liturgisch-kreative praktische Theologie des Gottesdienstes«[109]. Wie notwendig eine »liturgisch-kreative praktische Theolo-

---

105 Vgl dazu P. *Cornehl*, Gottesdienst, S. 168ff

106 Erfahrungen begreifen »als Hinweis auf die dringende Notwendigkeit, über das Abendmahl zu sprechen – mit denen, die es feiern, die Freude und Angst davor haben. Dieses Gespräch sollte zu den wichtigsten ständigen Aufgaben des Pfarrers gehören. Und auch bei den Fachtheologen Interesse finden«, so Ch. *Zippert*, ›Denkzettel‹, S. 82

107 W. *Böhme* u. a. (Hg.), S. 45. Kursive Hervorhebung d. Vfn.

108 Stichworte: ganzheitlich, partnerschaftlich, Vorrang der Gruppe, vgl. G. *Kugler*, Grundzüge, S. 103f

109 P. *Cornehl*, Gottesdienst, S. 171

gie des Gottesdienstes« ist, belegt für damals wiederum der »Offene Brief«, dessen Verfasser es unter der vielversprechenden Überschrift »Die Gestaltung der Feier des Heiligen Abendmahls in unserer Zeit«[110] bei dogmatisch-thetischen Postulaten einer schriftgemäßen Sakraments*verwaltung* bewenden lassen.

3. Überzeugend ist, daß das Abendmahl unmittelbar rückbezogen wird auf *zeit-, alters-* und *generationenbedingte Grundfragen* des Lebens, daß die existentiellen Deutungsmöglichkeiten des Abendmahls für umfassender und vielfältiger gehalten werden als die momentane theoretische Erkenntnis, daß von daher *Offenheit* proklamiert wird für Neuentdeckungen, mehr noch: »Deshalb ist der Prozeß der Entdeckung neuer wesentlicher Dimensionen der Eucharistie zu fördern«[111]. Wenn sich in dem »Offenen Brief« die Offenheit für Veränderungen darauf beschränkt, daß sie »genau überlegt werden (müssen) und so geartet sein (müssen), daß sie nicht zu Mißverständnissen Anlaß geben«[112], stellt sich die Frage, warum mit der gleichen verantwortlichen Nachdenklichkeit nicht auch da zu reagieren ist, wo *traditionelle* Inhalte und Formen zu Mißverständnissen Anlaß geben!

4. Überzeugend ist der Versuch, die neue Abendmahlsbewegung *theologisch* zu *orten*, von ihren Inhalten her deutlich werden zu lassen, daß sie sich nicht am Rande kirchlicher Legalität bewegt und schon gar nicht aus dem Rahmen von Schrift und Bekenntnis fällt, daß vielmehr zutrifft, daß mit den das Feierabendmahl prägenden Elementen die evangelische Abendmahlspraxis »Anschluß an die größere ökumenische Tradition eucharistischer Feier« gewinnt[113]. Umso kurzschlüssiger und in ihren Unterstellungen gänzlich unverständlich wirkt die Schlußbemerkung des »Offenen Briefes«, in der unter Verweis auf die christlichen Kirchen gesagt werden kann: »Alles muß darum vermieden werden, was neue Trennungen hervorrufen oder die wachsende Einmütigkeit in Lehre und Praxis des Abendmahls wieder gefährden könnte« und die römisch-katholische und die orthodoxen Kirchen zum warnenden Beispiel werden[114].

5. Wenig überzeugend bleibt innerhalb der praktisch-theologischen Ortung der Abendmahlsbewegung die theologische Auseinandersetzung mit den traditionell gegebenen Inhalten: *Sündenvergebung, Opfervorstel-*

---

110 W. *Böhme* u. a. (Hg.), S. 44
111 P. *Cornehl*, Gottesdienst, S. 170
112 W. *Böhme* u. a. (Hg.), S. 46
113 P. *Cornehl*, Abendmahlspraxis, S. 50
114 Weil sie sich nicht damit abfinden könnten, »daß die Gegenwart Christi in, mit und unter den Abendmahlselementen geleugnet würde«, W. *Böhme* u. a. (Hg.), S. 46

lung, Sühnehandlung, Realpräsenz Christi.[115] Was das Motiv der Sündenvergebung betrifft, ist zwar wiederholt von der Notwendigkeit die Rede, den Sündenbegriff zu überarbeiten und die Mißbrauchsgeschichte pervertierter Sündenlehre und -praxis aufzuarbeiten[116], erkennbar wird dies aber nur in ersten praktisch-theologischen Ansätzen, z. B. in der liturgischen Gestaltung eines Abendmahlsgottesdienstes mit Predigt über Lk 15,11ff[117].

Bis heute trifft allerdings zu, daß im Zusammenhang von Sündenvergebung und Realpräsenz von »*gemeinsame*(r) Verlegenheit gegenwärtiger Glaubenserfahrung« zu sprechen ist, die »*gemeinsam* theologisch bewältigt werden muß«[118]. Daß die Auseinandersetzung mit der traditionellen Opfer-und Sühnetheologie weder explizit aufgenommen noch als notwendig anstehend angemerkt wird, läßt sich aus heutiger Perspektive dagegen nicht nachvollziehen.[119]

6. Wenig überzeugend bleibt auch das Reden von *umfassender Reform.* »Bei der Abendmahlsreform geht es um eine Reform der Kirche«[120], wird öfter fast beschwörend festgestellt. Wenn betont wird, daß eine Integration des neuen Aufbruchs Zeit braucht, so stellt sich von heute aus die Frage, ob nicht mit der Zeit traditionelle Formen und traditionelle Inhalte die Neuansätze auch deshalb wieder überwuchern konnten, weil zu wenig hingehört wurde auf die, die zum Abendmahl eingeladen werden und auch in diesem Sinn zu wenig Übersetzungsarbeit geleistet wurde. Vielleicht hat sich deshalb auf Dauer so wenig bewegt. Faktum ist zweifellos, daß die Abendmahlsbewegung der siebziger/achtziger Jahre in der Kirche mancherorts heilsame Spuren hinterlassen hat, in der Kirche durchgesetzt hat sie sich mit ihren Anliegen aber nicht.[121]

---

115 Inhalte, die in dem »Offenen Brief« als dogmatisch gegeben vorausgesetzt werden und angemahnt werden als das, was sich sozusagen von selbst versteht.

116 P. *Cornehl*, Spannungen, S. 128f; *ders.*, Abendmahlspraxis, S. 46f

117 P. *Cornehl*, Wiederentdeckung, S. 17ff

118 P. *Cornehl*, Abendmahlspraxis, S. 47

119 S. o. A.I.4.3., S. 34

120 So u. a. G. *Kugler*, Grundzüge, S. 97

121 Von dieser Ambivalenz ist auch der Vortrag: »Kommunion und Kommunikation. 15 Jahre nach den ›Lorenzer Ratschlägen‹« von Georg *Kugler* (Juni 1994, noch unveröffentlicht) gekennzeichnet, in dem er auf den Schluß seines Referates auf dem Hamburger Kirchentag »Bilanz einer Anstiftung« zurückkommt: »Ich schließe, indem ich mich wiederhole … Abendmahlsreform ist Kirchenreform oder sie ist nicht mehr als Restauration … Im Abendmahl steckt unsere Utopie einer neuen Kirche, einer menschlicheren Gesellschaft. Leib und Blut des Gekreuzigten verheißen auch, wonach die Menschen sich vergeblich ausstrecken: Freiheit, Gleichheit, Geschwisterlichkeit«. Daß aus der oben zitierten »Brüderlichkeit« nach 15 Jahren die »Geschwisterlichkeit«

Ein sprechendes Beispiel dafür ist m. E. der Entwurf zur *Erneuerten Agende*[122], der 1980–1988 erarbeitet wurde, und höchst wenig widerspiegelt von den Erfahrungen und Einsichten der Abendmahlsbewegung.

Bei der Erarbeitung einer Stellungnahme zum Entwurf der Erneuerten Agende mit Laiinnen und Laien äußerte die Gruppe einhellig ihre Enttäuschung darüber, daß das Neue an der Erneuerten Agende in entscheidender Hinsicht beim Alten bleibt und daß auch die Varianten im Grunde keine Alternativen beinhalten.[123] In diesem Zusammenhang wurde wiederholt und sehr vehement die Opfer- und Sühnevorstellung hinterfragt. Moniert wurde auch die weiterhin weithin männliche Sprache[124] wie auch das Moment der Ausgrenzung in der Spendeformel »für euch«.[125]

7. Nicht überzeugen kann auch, daß in der oben skizzierten praktisch-theologischen Reflexion der Abendmahlsbewegung, trotz zwischenzeitlich fortschreitender Sensibilisierung vieler für die *Frauenfrage* in der Kirche und die Bedeutung *feministisch-theologischer* Beiträge, geschlechtsspezifische Fragestellungen weiterhin weitgehend ausgeklammert bleiben, respektive gar nicht erst als solche wahrgenommen werden.[126]

Fazit: Die Anfragen sind geblieben und haben sich eher noch zugespitzt: anthropologisch, theologisch, christologisch[127]. Es sind Anfragen nicht zuletzt an die liturgische Gestaltung und das darin implizierte Verständnis

---

geworden ist, wird nicht weiter kommentiert, läßt nichtsdestotrotz aber hoffen und die Geschwisterlichkeit in Abendmahlsreform und Kirchenreform einklagen.

122 Erneuerte Agende. Vorentwurf, gem. hg. von VELKD und EKU, Hannover/Bielefeld 1990

123 Angemerkt wurde u. a.: Es bleibt ein Geschehen »*von vorne und von oben* herab«, »*im Alleingang* inszeniert statt in gemeinsamem Tun und gemeinsamer Verantwortung«; Warum die Fixierung auf Sünde und Schuld und die Mt-Fassung der Einsetzungsworte?. Vgl. Protokolle der *Abendmahlsgruppe* des Referates Frau im Beruf im Gemeindedienst der Nordelbischen Kirche / Frühjahr 1993

124 »Jünger? – Warum nicht: Und gab es seinen Jüngern und Jüngerinnen!«–»Gott immer nur in männlichen Begriffen: Vater, Herr, Schöpfer, ich kann das kaum noch aushalten!« Mittlerweile – Anfang 1997 – steht die endgültige Fassung der EA kurz vor ihrem Abschluß. Der Streit um eine inklusive Sprache ist mit Vehemenz geführt worden. Das Ergebnis bleibt abzuwarten.

125 »Für euch«? Warum nicht »Für alle«?

126 Es sei denn z. B. in der oben erwähnten Predigt über Lk 15 in einer *Klammer-Anmerkung*: »Und so tief das Erzählte in der alten Welt verwurzelt ist und vom fast mythischen Glanz der patriarchalischen Verhältnisse geprägt ist, wo so unendlich viel mitschwingt, wenn das Wort Vater fällt; Vater und Sohn und Erbe, Heimat und Fremde (die Mütter und Töchter unter uns mögen verzeihen: aber es war halt so)«, P. *Cornehl*, Wiederentdeckung, S. 19. Längst sind nicht mehr alle Mütter und Töchter so ohne weiteres bereit, zu verzeihen.

127 Vgl. dazu oben A.I.2; bes. 2.3., S. 22ff

des Abendmahls in den ›ganz normalen‹ Gottesdiensten. Denn diese ›ganz normalen‹ Gottesdienste mit Abendmahl sind es, die das Bild von Abendmahl prägen und die Erfahrungen mit dem Abendmahl bestimmen.

II. Zur Exegese der neutestamentlichen Abendmahlsüberlieferung in den letzten beiden Jahrzehnten

Vorbemerkung: Der folgende Einblick in die exegetische Diskussion ist nicht als umfassender Forschungsbericht zum Thema Abendmahl gedacht. Auf dem Hintergrund der Abendmahlsbewegung damals und angesichts oben skizzierter Anfragen an Abendmahlslehre und Abendmahlspraxis heute geht es um die Darstellung wesentlicher Akzentsetzungen exegetischer Positionen der letzten beiden Jahrzehnte mit der Frage, was sich daraus an Orientierung gewinnen läßt.

1. Bestandsaufnahme Mitte der siebziger Jahre

Angesichts der sich abzeichnenden Abendmahlsbewegung erscheint 1975 in der Zeitschrift Evangelische Theologie ein Themenheft zum Abendmahl mit der Intention, »eine sorgfältige Bestandsaufnahme vorzunehmen und klare theologische Kriterien zu erarbeiten, um Grenzen festzulegen, innerhalb derer sinnvolle Neugestaltungen möglich sind, die aber zugleich ein unangemessenes Experimentieren verhindern helfen«[128].

1.1. Konsens ist (weitgehend)

1. Die Abendmahlsüberlieferung hat ihren *Sitz im Leben* in den Mahlfeiern (ursprünglich mit Sättigungsmahl[129]) des palästinensischen und hellenistischen Urchristentums.
2. Der *Ursprung* des Abendmahls läßt sich nicht einseitig fixieren, zu berücksichtigen sind: a) Die Tischgemeinschaft und Mahlfeiern des irdischen Jesu mit den Jüngern und den Zöllnern und Sündern (Mk 2,15f par; Lk 15,2), wie auch die Berichte von den Speisungswundern (Mk 6,30ff par;

---

128 Ferdinand *Hahn*, Vorwort, S. 479
129 Vgl. u. a. Günther *Bornkamm*, S. 143; – F. Hahn, Zum Stand, S. 555

Mk 8,1ff par); b) Ein letztes Mahl Jesu mit den Jüngern unmittelbar vor seinem Tod; c) Die Hinweise auf nachösterliche Tischgemeinschaft mit dem Auferstandenen (Apg 10,40f; Lk 24,30f; Joh 21,12f, begrenzt auf einen bestimmten Zeitraum und qualifiziert als außergewöhnliche Widerfahrnisse).[130]

3. Der neutestamentliche Textbefund läßt zwei Traditionsstränge erkennen: Einerseits die Abendmahlsüberlieferung in Mk 14,22–25, auf der Mt 26,26–29 basiert, andererseits die paulinische Überlieferung 1. Kor 11,23–25 mit ihrer Nähe zu Lk 22,19f.

4. Keine der Textfassungen gibt die Urform wieder, jede ist bereits liturgisch geprägt, setzt eigene Akzente (vgl. den matthäischen Zusatz:»zur Vergebung der Sünden« – Mt 26,28b) und beinhaltet jüngere wie ältere Elemente.

5. Für die beiden literarisch *ältesten Textfassungen* Mk 14,22–25 und 1. Kor 11,23–25 wird hinsichtlich der Motive ein gemeinsamer Ursprung angenommen, der zumindest zurückreicht bis in die frühe palästinische Gemeinde und eine Rückdatierung einzelner Elemente auf Jesus selbst jedenfalls nicht prinzipiell ausschließt.[131]

6. Der Sinn der Einsetzungsworte und die Deutung des Abendmahls läßt sich nicht einseitig vom jüdischen Passamahl her gewinnen, selbst wenn das letzte Mahl Jesu im Rahmen eines Passamahles stattgefunden haben sollte. So werden z. B. beim Passamahl die Besonderheiten gedeutet, während sich die Deuteworte des Abendmahls auf das Alltägliche, auf Brot und Wein beziehen.[132]

7. Die neutestamentliche Abendmahlsüberlieferung ist in ihrem Kern als analogielos und genuin christlich zu begreifen. Dies vor allem in Abgrenzung zu der älteren religionsgeschichtlichen These, das Herrenmahl sei aus hellenistischem Kult- und Mysterienmählern abzuleiten. Aber auch Hypothesen, die auf jüdischem Vergleichsmaterial basieren (z. B. Abschiedsmahl – Gen 27.49; Jub 22,15; Kidduschmahl, Afikom; Mahlszenen aus Joseph und Aseneth) haben sich nicht durchsetzen können.[133]

---

130 Vgl. F. *Hahn*, Zum Stand, S. 553f
131 Vgl. u. a. G. *Bornkamm*, S. 152; F. *Hahn*, Zum Stand, S. 558; Friedrich *Lang*, S. 526f
132 Diese Sicht hat sich allgemein durchgesetzt gegenüber der von Joachim *Jeremias* vertretenen These, S. 9ff; Vgl. dazu u. a. F. *Hahn*, Zum Stand, S. 562.
133 Vgl. u. a. F. *Hahn*, Zum Stand, S. 563; – Hartmut *Gese* akzentuiert hier etwas anders, indem er, vom Alten Testament herkommend, das Herrenmahl als toda in *Analogie* zu alttestamentlichen Aussagen versteht, wobei er aber auch von Elementen spricht, die auf die »Eigenart der Herrenmahl-toda« verweisen, vgl. Psalm 22, bes. S. 199f. Im einzelnen dazu s. u.

8. Die prägenden Motive sind: Der Bezug auf Passion und Tod Jesu (geschichtliche Verankerung), die Gemeinschaft mit, Teilhabe an dem gekreuzigten und auferstandenen, im Mahl gegenwärtigen Kyrios (Christologischer Aspekt) – Die Gemeinschaft der am Tisch des Kyrios Versammelten (Ekklesiologischer Aspekt) – Der Ausblick auf das endgültige Kommen des Reiches Gottes (Eschatologischer Aspekt).

9. Das Ineinander von Handlung und Wort qualifiziert die neutestamentliche Abendmahlsüberlieferung[134]. Eine Konzentration auf die »Elemente« Brot und Wein ist Folge einer späteren Entwicklung, die mit der Loslösung der Abendmahlshandlung von einer Mahlzeit eine zunehmende Parallelisierung der Einsetzungsworte beinhaltete und eine damit gegebene zunehmende Sakramentalisierung und »Bindung der Gegenwart Christi an die Abendmahlselemente«[135].

10. Gemeinschaft am Tisch des Kyrios heißt, Anteil bekommen an ihm selbst, seiner Selbsthingabe am Kreuz, seiner Auferstehung und Erhöhung, dies unter Verweis darauf, daß »sōma« und »haima« ursprünglich nicht als opologische oder kultische Korrelatbegriffe gelten können (anders als *sarx* und *haima*, vgl. Hebr 2,14; Joh 6,54) und die Aussage »das ist mein Leib« im Sinne einer Ganzheitsaussage zu verstehen ist.[136]

1.2. Kontrovers bleibt (vor allem)

1. ... Inwieweit die Rekonstruktion einer aramäischen (hebr.) Urform der Abendmahlsüberlieferung für möglich gehalten wird und – wenn ja – welche Gestalt für eine solche Urform angenommen und ob dabei von dem markinischen[137] oder dem paulinischen Überlieferungstypus ausgegangen wird[138].

2. ... Welche Deutekategorien des Todes Jesu im Zusammenhang damit

---

134 Vgl. u. a. Friedrich *Lang*, S. 532

135 F. *Lang*, S. 537; Vgl. F. *Hahn*, Zum Stand, S. 555

136 Vgl. F. *Hahn*, Zum Stand, S. 558ff; G. *Bornkamm*, S. 154.157. Anders J. *Jeremias*, der als Äquivalent von *sōma* das hebr. *basar* bzw. aram. *bísra* annimmt und es als gegeben ansieht, daß mit »Leib« / »Blut« das Fleisch und Blut des Passalamms gemeint sei, als das sich Jesus mit den Deuteworten bezeichnet habe, vgl. S. 191ff. Dagegen hält u. a. Eduard *Schweizer* das aramäische Äquivalent ›gupa‹ für am wahrscheinlichsten und damit die Bedeutung der Aussage im Sinne von: »Dies ist mein Leib = mein Selbst = dies bin ich selbst« als Verweis auf die Gegenwart des Kyrios im Abendmahl, S. 14.

137 So u. a. Berthold *Klappert*: »Als Urform ist aus Mk zu erschließen: ›dies ist mein Leib, dies ist mein vergossenes Blut (= mein Sterben) für die vielen‹«, Herrenmahl, S. 670

138 So z. B. F. *Lang* (S. 526f), der sich G. Bornkamm (S. 154) anschließt und traditionsgeschichtlich von einer Priorität der paulinisch-lukanischen Textfassung ausgeht, dies vor allem aufgrund der Notiz: »nach dem Mahl.«

für ursprünglich gehalten werden, der Stellvertretungsgedanke und/oder die Sühnevorstellung[139] und/oder die Bundesvorstellung und was infolgedessen für späteres liturgisches bzw. theologisches Interpretament gehalten wird. Im Blick auf den Bundesgedanken, bei dem zu differenzieren ist zwischen Mk 14,24par (»dies ist mein Blut des Bundes« – Ex 24,8) und 1. Kor 11,25/Lk 22,20 (»Dieser Kelch ist der neue Bund in meinem Blut« – Jer 31,31ff), wird nur an einer Stelle darauf aufmerksam gemacht, daß die alttestamentliche Vorstellung vom *neuen* Bund *nicht* mit dem *Blutmotiv* verbunden ist und das Blutmotiv in diesem Zusammenhang sekundär ist – genauso wie die Auffassung vom Sühnetod Jesu als blutige Opferhandlung.[140]

3. ... Ob und in welcher Form die Abendmahlsüberlieferung auf den historischen Jesus selbst zurückzuführen ist.[141]

4. ... Welchen Spuren von Abendmahlspraxis, -liturgie und Abendmahlsverständnis innerhalb des Neuen Testaments (Lk 24,35; Joh 6,51ff; Apg 2,42.46; 1. Kor 10,16f) welche Bedeutung für das Abendmahlsverständnis beizumessen ist.[142]

5. ... Welches alttestamentlich-jüdische oder hellenistische Vergleichsmaterial für eine Deutung notwendig heranzuziehen ist, sind es die hellenistischen Totengedächtnismahle[143] oder ist es der alttestamentliche Hintergrund: »Vom Alten Testament herkommend, bedarf es weder der schwer zu beweisenden ursprünglichen Identität des Herrenmahles mit dem Passa noch der Annahme, daß die vorpaulinische hellenistische Gemeinde das wesent-

---

139 B. *Klappert:* »die durch das gewaltsame Sterben (›mein vergossenes Blut‹) hindurch sich vollziehende stellvertretende Hingabe durch Gott für die vielen steht im Zentrum der markinischen Urform«, wobei er Hingabe im Sinne von Sühnehandlung versteht, Herrenmahl, S. 672; Dagegen F. *Hahn:* »Weniger eindeutig ist das Sühnemotiv zu beurteilen; zwar hat Jesus seinen Tod sicher bewußt auf sich genommen, ob er aber damit selbst eine Heilsfunktion verbunden hat, ist aufgrund der Quellenlage nicht mehr zu entscheiden«, Zum Stand, S. 560

140 So Volker *Wagner*, S. 541ff (Zitat: S. 543); Auch F. *Lang* hält den Bundesgedanken – im Sinn des neuen Bundes – für ursprünglich, geht aber auf das Blutmotiv nicht weiter ein. S. 528ff

141 F. *Hahn* faßt die disparaten Positionen (vgl. u. a. J. Jeremias: »Urtradition«, S. 179; G. Bornkamm: »als diese Überlieferung ist sie sein Wort«, S. 148) zusammen: »Auch wenn nicht mehr mit letzter Sicherheit gesagt werden kann, wieweit die Einsetzungsworte mit ihrer Deutung der Lebenshingabe auf Jesus selbst zurückgehen, ist es historisch nur schwer vorstellbar, daß ... die gesamte Beziehung auf die Passion erst nachträglich mit der Herrenmahlstradition verbunden sein sollte«, ders., Zum Stand, S. 554

142 Vgl. dazu F. *Hahn*, Zum Stand, S. 561f

143 U. a. G. *Bornkamm*, S. 158f; Dagegen betont E. *Schweizer*, daß keine Rede davon sein kann, »daß das Herrenmahl je als ein solches Totengedächtnismahl verstanden worden ist. Der Tod Jesu wird ja *verkündet*«, S. 10

liche, schöpferische Element der neutestamentlichen Traditionsbildung darstelle. Vielmehr mußte nach alttestamentlichen Maßstäben auf die Erfahrung der Auferstehung hin notwendig die Feier der toda vollzogen werden«, als Erinnerung an Leiden und Todesnot und die Errettung durch Jahwe.[144]

1.3. Kritisch anzumerken ist

1. ... Daß im Zusammenhang mit dem Reden von Sühne- und Opfervorstellung nur selten differenziert wird zwischen Hingabe, Stellvertretung und Sühne. Daß z. B. die *hyper*-Formel von vornherein dem Sühnemotiv subsumiert werden kann[145], obwohl sie nur Mt 26,28 – vgl. Mt 1,21 – ausdrücklich mit dem Aspekt der Sündenvergebung gekoppelt ist.[146]
2. ... Daß die Sühnevorstellung weitgehend konstatiert wird, nicht aber exegetisch näher qualifiziert wird, z. B. im Zusammenhang oder in Abgrenzung zur Opfervorstellung. Unbeantwortet bleibt z. B. die Frage, wie der Blutgenuß, alttestamentlich gesehen doch absolut unvorstellbar, im Sinne alttestamentlicher Opfer- und Sühnevorstellung erklärt werden kann.
3. ... Die Beobachtung, daß es der Kelch ist, auf den sich die Deutung bezieht, und an keiner Stelle ausdrücklich auf den Inhalt Bezug genommen wird, bleibt ohne erkennbare Konsequenzen.
4. ... Daß Paulus 1. Kor 10,16f Brotwort und Leibmotiv mehr Gewicht beimißt als Kelchwort und Blutmotiv (vgl. 1. Kor 11,29) und auch in der Apostelgeschichte ähnlich gewichtet wird, wenn vom »Brotbrechen« die Rede ist (Lk 24,35 Apg 2,42.46)[147], dies wird in diesem Zusammenhang ebenfalls so gut wie nicht berücksichtigt.

---

144 So H. *Gese*, vgl. Psalm 22, S. 199f; – Einen völlig anderen alttestamentlichen Hintergrund für das Abendmahl nimmt Wichmann *von Meding* an mit dem Verweis auf die terminologische (*artos – klaō, potērion – potizō*) und sachliche (Tod eines bestimmten Menschen, Gedächtnis) Nähe zu Jer 16,7. Trotz fraglos bestehender Unterschiede (genannt wird die Bedeutung des Wortes bei der Abendmahlshandlung) sieht er in dem hier am deutlichsten zu eruierenden Ritus eines Volksbrauchs zur Tröstung von Trauernden, der den Quellen nach auch zur Zeit Jesu bekannt gewesen sein muß, die geschichtlichen Wurzeln für die älteste Abendmahlsüberlieferung. Vgl. S. 544–552

145 Explizit bei B. *Klappert*: »...tritt in der paulinischen Form die Sühneaussage zum Brotwort (das ist mein Leib ›für euch‹) ...«, Herrenmahl, S. 676; Vgl. F. *Hahn*, Zum Stand, S. 559.

146 M. E. ist diese Differenz auch bei Paulus zu berücksichtigen: 1. Kor 15,3; Röm 5,6–8; Röm 8,32; 1.Thess 5,10, d. h., zwischen den Interpretamenten Sühne und Lebenshingabe zu unterscheiden.

147 Dezidiert anders Klaus *Berger*, für den »Brotbrechen« schon früh zur »Bezeichnung des gemeinsamen Mahls der Christen geworden ist« und mitnichten neutestamentlich überall im Sinne des Abendmahls zu verstehen ist, S. 103.

5. ... Der exegetische Befund, daß die Verheißung des *neuen Bundes* sich weder Jer 31,31ff noch außerkanonisch mit dem Blutmotiv verbindet, sehr wohl aber mit dem Motiv der Sündenvergebung, bleibt in der exegetischen Diskussion so gut wie unbedacht, wird nur singulär zur Absage daran, die ›blutige‹ Sühnevorstellung traditionsgeschichtlich und interpretatorisch für das Primäre zu halten[148].

1.4. An Orientierung festhalten läßt sich

»Klare theologische Kriterien« sollten mit der Bestandsaufnahme 1975 erarbeitet und an die Hand gegeben werden, Kriterien, um die Grenzen festzulegen, innerhalb derer Bewegung und Veränderung in der Abendmahlspraxis verantwortbar wären.[149] Blickt man auf die Abendmahlsbewegung damals, die Akzeptanz, die sie fand (mit ihrer Wiederentdeckung der Tisch*gemeinschaft* und des Weltbezugs des Abendmahls, der Abendmahlsgestaltung: vielfältiger, bewegter, fröhlicher) und die Irritationen, die sie teilweise auslöste (Übergewicht des communio-Motivs, die einseitige Blickrichtung auf die vorösterliche Tischgemeinschaft Jesu, das Zurücktreten des Gründonnerstags in der Gestaltung der Abendmahlsfeiern[150]), ist von der exegetischen Bestandsaufnahme her an Kriterien zur Orientierung zu gewinnen: 1. Für die neutestamentliche Abendmahlsüberlieferung ist die *christologische* Dimension (im Bezugsrahmen von Leben Jesu, Passion und Tod, Auferstehung und Erhöhung) ebenso von Belang wie die *ekklesiologische* (paulinische Akzentsetzung: Gemeinschaft als Gemeinschaft des Leibes Christi in Solidarität und Verantwortung füreinander)[151] und *eschatologische* Dimension (Abendmahl als Tischgemeinschaft im Horizont des Reiches Gottes).

148 So V. *Wagner*, S. 543f
149 S. o. F. *Hahn*, Vorwort, S. 479
150 Vgl. M. Kruse (schon 1975): »Der Akzent verschiebt sich von dem Empfang der Gnadengabe zur communio. Das Elementare – Essen, Trinken, Gemeinschaftserfahrung – wird wichtiger als das est (S. 488) ... Man kann nicht ›alles mögliche‹ aus ihm machen. Die Kirche muß in der gegenwärtigen Situation auch ihre Abendmahlsunterweisung intensivieren«, Abendmahlspraxis, S. 496
151 Mir scheint in diesem Zusammenhang eine Aussage von Ernst *Käsemann* bedenkenswert:»Wo die Ekklesiologie in den Vordergrund rückt, aus welchen noch so berechtigten Gründen das geschehen mag, wird die Christologie ihre ausschlaggebende Bedeutung verlieren, sei es auch dergestalt, daß sie in irgendeiner Weise der Lehre von der Kirche integriert wird, statt ihr unaufgebliches Maß zu bleiben.«, Das theologische Problem, S. 209

2. Die *Bedeutsamkeit des Rahmens* der neutestamentlichen Abendmahlsüberlieferungen (Passionsgeschichte Jesu, eschatologischer Ausblick,
konkrete Gemeindesituation in Korinth) ist zu berücksichtigen.
3. Die Betonung des Geschehenszusammenhangs, der Verbindung von
Wort und Handlung spricht gegen eine Fixierung auf die Abendmahlselemente als sakramentale Substanzen.
4. Eine Verbindung von Sakramentsfeier und Agapemahl ist begründet.
5. Angesichts der unterschiedlichen Akzentuierung der neutestamentlichen
Textfassungen und ihrer traditionsgeschichtlichen Komplexität ist es nicht
möglich, ein einliges Abendmahlsverständnis zu eruieren und zu pro-
klamieren.

2. Exegetische Neuansätze

Vorbemerkung: In den Folgejahren wird immer ausdrücklicher die
Verknüpfung von Abendmahl und Sühnopfervorstellung mit ihrer Rück-
datierung auf Jesus selbst zu einem ausdrücklichen oder unausdrücklichen
Streitpunkt der exegetischen Diskussion, auch in sehr scharfer Weise:»Die
nicht abreißenden Bemühungen, den Aspekt des Sühneopfers von den
Abendmahlsworten fernzuhalten, höchstens von einer stellvertretenden
Lebenshingabe Jesu am Kreuz zu sprechen und die sühnetheologische
Deutung des Todes Jesu erst auf die urchristliche Gemeinde zurückzuführ-
ren ..., haben im Protestantismus theologiegeschichtliche Wurzeln ... Gegenüber der Textüberlieferung wirken sie sämtlich konstruiert und
historisch erzwungen«[152]. Da diese Auseinandersetzung im Blick auf die
gegenwärtigen Anfragen an Abendmahlslehre und -praxis mir von nicht
unerheblicher Bedeutung zu sein scheinen, sollen die exegetischen
Positionen einiger Exponenten, der einen wie der anderen Richtung,
ausführlicher dargestellt werden.

2.1. Abendmahl im Kontext alttestamentlicher Sühnevorstellung

Die Opfer- und Sühnevorstellung für die, biblisch gesehen, einzig adäquate
Interpretation des Todes Jesu zu halten, diese Sicht innerhalb neutestamentlicher Exegese erhält Mitte der siebziger bzw. Anfang der achtziger
Jahre neuen Auftrieb durch die Neuansätze in der Exegese alttestamentlicher Sühnevorstellungen.

---

152 Peter *Stuhlmacher*, S. 100, Anm. 10.

2.1.1. Rudolf Pesch

Rudolf Pesch versteht das letzte Mahl Jesu im *Rahmen,* aber auch im *Sinne* des *Passamahls*: Jesus »deutet die Mazza auf sich selbst«.[153] Die Deuteworte der markinischen Fassung der Abendmahlsparadosis gehen seiner Meinung nach auf Jesus selbst zurück, während die paulinische eine »von der Situation des Paschamahles Jesu abgelöste, auf die Herrenmahlsfeiern der Kirche ausgerichtete kultätiologische Fassung« darstellt[154]. Mit dem Deutewort zum Becher deutet Jesus seinen Tod im Sinne stellvertretender Sühnehandlung, dies in typologischer Beziehung zu Ex 24,8, als Gottes erneute Selbstverpflichtung: »Die Wendung *to haima mou tēs diathēkēs* schließt den Gedanken der stellvertretenden Sühne nicht nur nicht aus, sondern fordert ihn sogar.«[155] Von Bedeutung ist für R. Pesch neben der Exodusstelle die sachliche Parallele zu Jes 53, »die im Deutewort in souverän freier Übernahme vorliegt«[156]. Dies wiederum impliziert seiner Meinung nach, daß sich Jesus als messianischer Gottesknecht (= Menschensohn) verstanden hat, da auch im Targum zu Jes 53 die Sündenvergebung zu den Taten des auf den Messias gedeuteten Gottesknechts gehören: »Die zeitgenössische Deutung von Jes 53 erlaubte Jesus also durchaus, sich mit dem Gottesknecht zu identifizieren.«[157]

Zu einem ganz anderen Ergebnis kommt Hermann *Patsch*: »in der jüdischen Exegese von Jes 53 wurde der Gedanke der universalen Sühne konsequent unterdrückt«[158]. Seiner Meinung nach lassen sich die verba testamenti weder »mit Hilfe der Passatheologie deuten«[159] noch mit den aus »jüdischen Quellen historisch zu erhebenden Prädikaten« erklären[160], sondern sind allein »aus dem Leben Jesu zu verstehen«[161]. Es ist dabei aber auch für ihn keine Frage, daß der Tod Jesu – mit Jes 53,12ff – als universaler Sühnetod (*hyper pollōn*) zu verstehen ist, und Gott es ist, der die Sühne gewährt.[162]

---

153 Rudolf *Pesch*, S. 91; Vgl. S. 90ff u.ö.

154 Ebd. S. 34(ff)

155 Ebd. S. 96. – R. *Pesch* spricht im Zusammenhang mit dem Becherwort von der Beachtung, die »die Affinität des roten Weins zum Blut« verdient (S. 94), obwohl von Wein an keiner Stelle ausdrücklich die Rede ist, auch im eschatologischen Ausblick nicht.

156 Ebd. S. 96

157 So R. *Pesch* unter Verweis auf Klaus *Koch* ebd. S. 98

158 Hermann *Patsch*, S. 224

159 Vgl. Hermann *Patsch*, S. 223, zur Begründung vgl. S. 222f

160 Ebd. S. 225

161 Ebd. S. 230

162 Ebd. S. 223

Während die Aussagen bei ihm aber immer wieder zurückgebunden werden an das Wirken Jesu, an sein Verhalten Zöllnern und Sündern gegenüber, äußert sich Rudolf Pesch m.E. eher heils*theoretisch*, was sich schon an der verobjektivierenden Sprache zeigt:»Wenn Jesus sein Geschick als das Geschick des messianischen Menschensohnes *konzipierte* ... Jesus *machte* sich selbst, den Messias, zur Gabe ... Das ›Bundesblut‹, das in Jesu Tod vergossen wird, hat nicht die *Aufgabe*, Israel zu verpflichten, sondern zu entsühnen ... Sühne*mittel*, dessen sich Gott für seine Entsühnung des dem Gericht verfallenen Israel *bedient* ... sein Tod ist heilsmittlerisches Sterben«[163] Das Bewußtsein dafür, daß hier ein Mensch getötet wird und eines gewaltsamen Todes stirbt, kommt nicht zum Ausdruck.»Klar ist« für R. Pesch, daß es mit Becherwort und -handlung um »proleptische Übereignung der Heilskraft seines Todes« geht.»Eine Abendmahlsstiftung ist nicht direkt intendiert – aber die Feier des Abendmahls in der Urkirche die folgerichtige Konsequenz derer, die auf Jesu Tod als eschatologisches Ereignis zurückblicken«[164].

2.1.2. Peter Stuhlmacher

Auch Peter Stuhlmacher geht von der Markusfassssung aus, und auch für ihn steht am Beginn der Herrenmahlsüberlieferung»Jesu Abschiedsmahl mit den Zwölfen in Jerusalem am Passaabend«[165] mit der Anteilgabe an der erlösenden Kraft seines bevorstehenden Sühntodes:»Das Brot, das Jesus ihnen darreicht, ist er selbst, der ihnen durch seinen Opfertod neues Leben im Frieden mit Gott und untereinander schenkt«[166], dies im Horizont endzeitlicher Tischgemeinschaft mit Gott.

Unabdingbar ist für ihn dabei der alttestamentliche Kontext (eschatologischer Ausblick: Mk 14,25 > Jes 25,6ff). Für das Verständnis der Rede vom Blut Jesu verweist er vor allem auf Lev 17,11f und Ex 24,8ff. Die Aussage»für die Vielen vergossen« beinhaltet auch für ihn die Verknüpfung mit Jes 53,11f. Nicht nachvollziehbar ist m.E., daß Stuhlmacher an dieser Stelle – dem biblischen Befund entgegen – von Gott als *Objekt* der Sühnehandlung sprechen kann:»Als Gottesknecht und stellvertretend leidender Menschensohn ›versühnt‹ Jesus Gott mit den Zwölfen und

---

163 Ebd. S. 97.93.95.99. (Kursive Hervorhebung d. Vfn.)
164 R. *Pesch*, S. 100
165 Peter *Stuhlmacher*, S. 95
166 Ebd. S. 73; Brot- wie Kelchwort sind mit dem sie begleitenden Geschehenszusammenhang nach *Stuhlmacher* dabei im Sinne messianischer Zeichenhandlungen zu sehen, vgl. S. 74f

schenkt ihnen ein neues Sein in Gerechtigkeit«[167]. Dagegen betont Bernd *Janowski* auf dem Hintergrund alttestamentlicher Sühnevorstellung[168]:
»Gott muß nicht durch ein blutiges Opfer seines Sohnes versöhnt, gnädig gestimmt werden, es ist der Mensch, der der Sühne bedarf«[169]. Die Rede vom »neuen Bund« in der lukanisch-paulinischen Textfasssung ist auch für Stuhlmacher von Jer 31,31ff zu verstehen. Daß dort der »neue Bund« *unblutig* geschlossen wird, merkt er lediglich als zusätzliches Indiz dafür an, daß für Paulus und Lukas die Markusfassung vorauszusetzen ist und die Rede vom Neuen Bund ein weiterführendes theologisches Interpretament darstellt[170].

Nicht die *offene* Tischgemeinschaft Jesu mit Zöllnern und Sündern, sondern das *geschlossene* Abschiedsmahl Jesu mit den zwölf Jüngern hält Stuhlmacher für ausschlaggebend im Blick auf die urchristliche Abendmahlsfeier.[171] Mit keinem Wort geht er darauf ein, ob und in welcher Hinsicht die Tischgemeinschaft Jesu mit Zöllnern und Sündern überhaupt für das Verständnis des Abendmahls von Bedeutung ist, bzw. mit welcher Begründung dieser in den Evangelien zweifellos so wichtige Aspekt in der Verkündigung Jesu, die Verleiblichung der Sündenvergebung, ausgeblendet werden kann.

Die urchristliche Abendmahlsfeier ist nach Ostern aufgrund der »Erscheinungsmahle«, der Tischgemeinschaft mit dem Auferstandenen, als »Herrenmahl« gefeiert worden, dies im Sinne des alttestamentlichen Dankopfermahls als Partizipation an der Errettung Jesu aus dem Tod[172]. »An Jesu Tisch wird die Gemeinde mit ihrem Herrn und untereinander zum ›Leib Christi‹ vereint«[173]. Diese besondere Akzentsetzung des Paulus ist aufgrund der Situation in Korinth für Stuhlmacher dadurch gefährdet, daß Reiche sich rücksichtslos auf Kosten der Armen, die erst später kommen konnten, am Sättigungsmahl, das der Austeilung von Brot und Wein voraufging[174], gütlich taten, was Paulus scharf kritisiert: »Jeder muß

---

167 Ebd. S. 75.
168 Bernd *Janowski*: »*Subjektbindung* (Jahwe als Subjekt) *und Objektbezug zeigen, daß Gott nicht das Objekt, sondern das Subjekt des mit kippär bezeichneten Handelns ist*«, S. 134
169 Ebd. S. 354
170 Vgl. ebd. S. 77f
171 Ebd. S. 78. Vgl. seine Aussage: »Auch bei Paulus ist das Herrenmahl nicht das offene Mahl mit Zöllnern und Sündern, sondern (in Entsprechung zu Ex 12,43ff) das Mahl derer, die in Jesus ihren Versöhner und Herrn erkennen«, S. 84
172 P. *Stuhlmacher* nimmt hier die These von Hartmut *Gese* auf, vgl. S. 78f
173 Ebd. S. 95
174 P. *Stuhlmacher* bestreitet (u. a. gegen *Bornkamm*, s. o.) einen urchristlichen Mahltypus, bei dem auf die eucharistische Brothandlung eine Sättigungsmahlzeit folgt, die mit der

wissen, an wessen Tisch er zu Gaste ist ... Am Tisch des Herrn sind Jesu Heilstod, die gegenseitige Annahme und die Hoffnung auf die Parusie das Thema«[175]. Gegen einen christlichen Doketismus, der Jesu Fleischwerdung, Passion und Opfertod leugnet, sieht Stuhlmacher die Aussagen im 4. Evangelium gerichtet. Joh 6,51ff spiegelt seines Erachtens das johanneische Abendmahlsverständnis wider:»Im Abendmahl reicht ... der Menschensohn, der seine Sendung vollendet hat, sein Fleisch und Blut als Speise und Trank, um so den Seinen an sich selbst als dem von Gott gesandten Brot des Lebens Anteil zu gewähren«[176]. Daß mit den johanneischen Aussagen keinerlei Sühnevorstellung verbunden ist, wird nicht berücksichtigt. Allerdings betont er dabei gegen ein sakramentalistisches Mißverständnis die Einbindung der Aussagen in den Kontext der Brotrede wie den Schluß des Kapitels.

Fazit seiner Untersuchung der neutestamentlichen Abendmahlsüberlieferungen ist die Feststellung, daß die heute übliche Form der kirchlichen Abendmahlsfeier mit ihrer Konzentration auf Einsetzungsworte, Brot und Wein und Dankgebet »wirklich nur einen schmalen Restbestand aus einer ursprünglich viel reicheren und beziehungsvolleren Tradition« aufnimmt. Wenn er im Anschluß daran die Hoffnung äußert, »daß auch in unseren Kirchen die Herrenmahlsfeier eines Tages wieder zu dem wird, was sie urchristlich war, zum Fest der leibhaftigen Konkretion des Evangeliums«[177], scheint mir dies mit einer derartigen Fixierung auf Opfertod und Sühnevorstellung in der Gegenwart allerdings kaum möglich.

2.1.3. Ulrich Wilckens

»Man kann geradezu die Regel aufstellen, daß bis zum heutigen Tag ›kritische‹ Theologie sich ebenso an einer – wie immer geartete – Eliminierung des Sühnegedankens zu erkennen gibt wie ›konservative‹ an betontem Festhalten an ihm, jedoch durchweg im Kontext der Anselmschen Konzeption«[178]. Diese verallgemeinernde Behauptung von

---

Kelchhandlung abgeschlossen wurde (*meta to deipnēsai*): »Es handelt sich um ein bloßes Konstrukt exegetischer Forschung aufgrund dreier griechischer Worte, die den nicht jüdisch vorgebildeten Katechumenen in der Diaspora verdeutlichen sollen, um welchen Becher es sich bei Jesu Becherhandlung gehandelt hat«, S. 101, Anm. 13; Vgl. S. 83f. – Daß sich *Stuhlmachers* These weder sprachlich noch inhaltlich halten läßt, hat m. E. Otfried *Hofius* schlüssig nachgewiesen, vgl. Herrenmahl, S. 208ff. Ähnlich Peter *Lampe*, S. 184f. Im einzelnen dazu s. u.

175 P. *Stuhlmacher*, S. 85
176 Ebd. S. 93
177 Ebd. S. 97
178 Ulrich *Wilckens*, S. 235

Ulrich Wilckens trifft seit den achtziger Jahren, zumindest was das Festhalten an der Satisfaktionstheorie angeht, immer weniger zu, dies vor allem aufgrund der o. g. neueren Arbeiten zur alttestamentlichen Sühnevorstellung. Wilckens selbst ist dafür ein sprechendes Beispiel. Im Anschluß besonders an Klaus *Koch* ist für ihn das alttestamentliche Sühneverständnis dadurch gekennzeichnet, daß Sühne als Stellvertretungsgeschehen im Tat-Ergehen-Zusammenhang erscheint als kultische »Entsündigung der Sünder durch stellvertretenden Tod eines Ersatztieres« und diese Übertragungsmöglichkeit als Jahwes Gabe zu verstehen ist[179]. Unabdingbare Voraussetzung ist für Wilckens der existentiell gravierende Stellenwert von Sünde und Sündenvergebung im nachexilischen Israel: »Das nachexilische Israel ist bis hinein in die Zeit des Urchristentums[180] ein Volk, in dessen theologischem Denken das Problem der Sünde *das* Zentralproblem und in dessen Leben der Sühne-wirkende Kult *der* Ort gegenwärtiger Heilsteilhabe war«[181].

In diesem überlieferungsgeschichtlichen Kontext sind auch die neutestamentlichen Sühneaussagen, angefangen bei Röm 3,25, zu sehen. Im Tod Jesu ereignet sich Sühne im Sinne eschatologischen Heilsgeschehens, was sich in der Abendmahlstradition seiner Meinung nach in den sprachlichen Wendungen *haima – ekchynnomenon, hyper hymōn (pollōn)* zeigt. Darüber hinaus sieht er die Sühnevorstellung überall dort gegeben, »wo verkürzt vom Tode Christi hyper hymōn die Rede ist«[182]. Dies, wie auch die häufig vorkommende neutestamentliche Rede vom Blut Christi als Sühnemittel, läßt ihn schlußfolgern: »daß die kultische Sühne-Vorstellung *durchweg* der Horizont ist, unter dem der Tod Christi in seiner Heilsbedeutung im Urchristentum gedacht wird«[183], und daß alle anderen Bilder und Vorstellungen nur der Erläuterung dieser Grundaussage dienen. Seine Ausrichtung auf die kultische Sühnevorstellung kulminiert in der rhetorischen Frage, ob nicht »in der Sühnebedeutung des Kreuzes der jüdische Sühnekult ... vergeschichtlicht und so die kultische Sühne radikalisiert worden ist«, und der Folgerung: »Von da aus wäre dem Abendmahl als dem neuen Ort je konkreter Erfahrung der Teilhabe an diesem Sühnegeschehen ein durchaus kultischer Charakter sehr wohl zuzusprechen, unbeschadet der Differenz sowohl vom jüdischen Sühnekult als auch zu allen heidnischen Opferhandlungen«.[184]

---

179 Ebd. S. 237f
180 Ebd. Er verweist hier insbesondere auf die Qumran-Gemeinde.
181 Ebd. S. 238
182 Ebd. S. 240
183 Ebd.
184 Ebd. S. 242

Rezipieren läßt sich nach Wilckens diese kultische Sühnedeutung des Todes Jesu heute nur über ein verändertes Verständnis von Schuld, Sünde und Sündenvergebung im Sinne von *Wirklichkeiten,* nicht nur Schuldbewußtsein, und *Wirklichkeitsfolgen,* nicht nur Verzeihung, sondern Beseitigung dessen, was die Schuld angerichtet hat. Statt daß »die Wirklichkeitsfolgen der Schuld auf die Schuldigen zurückschlagen und ihre Schuld so durch ihren Tod gesühnt wird, nimmt Christus die Schuld aller auf sich und befreit so die Schuldigen von ihr«[185]. Entscheidend ist für U. Wilckens, daß Gott selbst es ist, der in Tod und Auferweckung Christi handelt und seine Gerechtigkeit als Liebe vollendet: »Die Sühne-Aussagen des NT sind als Aussagen einer letzten Wirklichkeitskraft der Liebe Gottes zu verstehen; nur so entfallen jene Motive religiös begründeter kritischer Reserve gegen den Sühnegedanken; so aber sind sie auch wirklich entkräftet und neuer, vertiefter Rezeption offen«[186]. »Wirklich entkräftet« sind die Anfragen damit aber nicht, im Gegenteil scheint mir seine kultische Interpretation neue Fragen aufzuwerfen:
1. Wie ist es denkbar, daß in der Deutung eines so ganz und gar unkultischen Geschehens wie des Todes Jesu am Kreuz ausgerechnet ein Kult vergeschichtlicht worden sein soll, und sei es auch der jüdische Sühnekult? 2. Mit welcher Begründung können die Reich Gottes Verkündigung Jesu und sein Vergebungshandeln jenseits kultischer Sühnehandlung aus den Überlegungen zu einer explizit kultischen Rezeption des Sühneverständnisses ausgeklammert bleiben? 3. Wie paßt der ›kultische Charakter‹ des Abendmahls zu der Tatsache, daß »im Neuen Testament an keiner Stelle explizit Opferbegriffe auf das Abendmahl angewandt werden«[187]? 4. Wie läßt sich die kultische Qualifizierung des Abendmahls als »je konkrete Teilhabe an dem Sühnegeschehen« mit dem Ein-für allemal des Todes Jesu in Verbindung bringen?

2.1.4. Hartmut Gese / Bernd Janowski
Zur Sühnevorstellung: Hartmut *Gese* geht von der Feststellung aus, daß es gegenwärtiger Theologie an einem biblisch sinngemäßen Verständnis von Sühne mangele, was zu einer Marginalisierung der Bedeutung der Sühnelehre für die Soteriologie geführt hätte.[188] Nach H. *Gese* und B. *Janowski* setzt der biblische Sühnebegriff eine Verschuldung des Menschen voraus, die vom Menschen aus gesehen irreparabel ist und durch die

---

185 Ebd. S. 243
186 Ebd.
187 F. *Hahn*, Verständnis, S. 295
188 Vgl. Hartmut *Gese*, Sühne, S. 85

er seine Existenz verwirkt hat. Durch Sühne – vom Menschen erbeten und von Gott ermöglicht, nicht gefordert – wird durch eine stellvertretende Totalhingabe eine Wiedergutmachung, die nichts weniger als das eigene Sein betrifft, möglich: »Sühnen heißt nicht versöhnlich stimmen, heißt nicht vergeben sein lassen, was wiedergutgemacht werden kann. Gesühnt werden heißt, dem verdienten Tod entrissen werden«.[189]

Die alttestamentlichen Überlieferungen spiegeln dabei aber durchaus unterschiedlichste Sühnehandlungen und Sühnerituale wider, auch außerkultischer Art. Erst in der Priesterschrift und nachexilisch wird die Sühnehandlung zentrales Element des Opferkultes[190] bis dahin, daß nach H. *Gese* gesagt werden kann: »Der gesamte nachezechielische Opferkult findet ... seinen Sinn in der Sühne«[191].

Konstitutiv für die kultische Sühnehandlung sind *Handauflegung* und *Blutapplikation,* wobei Gese wie Janowski den rituellen Gestus der Handauflegung (Janowski: Handaufstemmung) nicht als Beladung des Opfertieres mit der Sünde, der die Straftötung folgt, sehen, sondern als einen Akt der Identifizierung mit dem Opfertier im Sinne inkludierender Stellvertretung[192]. Und mit dem Blutritus findet nach Gese nicht Tötung als Nichtung statt, sondern »Lebenshingabe an das Heilige, im Kontakt mit dem Heiligen«, mit Gott.[193] Auch der Blutritus des Bundesschlusses Gott-Israel in Ex 24,3ff – das Blut wird hier zur Hälfte über den Altar gesprengt und zur Hälfte über das Volk – ist Ausdruck des bleibenden Lebenskontaktes mit dem Heiligen.[194]

H. *Gese* verweist darauf, daß die kultisch legitime Tötung der einzig legitime Akt der Blutvergießung in Israel ist und als Freisetzung von Lebenssubstanz verstanden werden muß, was Lev 17,11 verdeutlicht: »Die *näpäš* (das Leben des Individuums, die Seele) des Fleisches (des animalischen körperlichen Wesens) ist im Blut. Ich (Gott) gebe es euch auf/für den Altar, um für eure *n^{e}pašôt* (euer individuelles Leben, eure Seele) zu

---

189 H. *Gese*, Sühne, S. 91; Vgl. Bernd *Janowski*: »Bezug des göttlichen kippär-Handelns zur *Situation des Menschen zwischen Leben und Tod«,* S. 135
190 Vgl. B. *Janowski*, S. 357f u. ö.
191 H. *Gese*, Sühne, S. 95
192 B. *Janowski*: »Darum ist das Wesentliche in der kultischen Stellvertretung nicht die Übertragung der *materia peccans* auf einen rituellen Unheilsträger und dessen anschließende Beseitigung, sondern *die im Tod des Opfertieres,* in den der Sünder hineingenommen wird, indem er sich mit diesem Lebewesen durch die Handaufstemmung identifiziert, *symbolisch sich vollziehende Lebenshingabe des homo peccator«,* S. 359
193 H. *Gese*, Sühne, S. 97
194 Vgl. ebd. S. 97ff

sühnen; denn das Blut sühnt durch die *näpäš*«[195]. B. Janowski unter-streicht darüberhinaus, daß Lev 17,11 die Bestätigung dafür ist, daß das kultische Sühnegeschehen nach priesterschriftlichem Verständnis »nicht auf der Logik eines *do ut des* ..., sondern auf dem Gedanken eines *do quia dedisti*« beruht[196].

Vor allem der Jom-Kippur-Ritus, der die höchste und umfassendste Sühnung darstellt, ist nach Gese und Janowski im Sinne von *Lebens-gewinn durch den Tod* hindurch zu deuten: »Unter stellvertretender Lebenshingabe wird Israel in den Kontakt mit Gott selbst gebracht ... Es ist ein Zu-Gott-Kommen durch das Todesgericht hindurch«[197], auch wenn die Lade nach der Zerstörung des salomonischen Tempels längst verloren war und der kultische Akt ein Provisorium darstellte, und der Priester agiert, *als ob* das Sühnmal existieren würde. Mit Röm 3,25, einer vorpaulinisch-paulinischen Sühneparadosis[198], wird ihrer Meinung nach daran angeknüpft: »Ihn hat Gott als Sühnmal öffentlich eingesetzt – durch Glauben – in seinem Blut, um seine Gerechtigkeit zu erweisen«. Es ist für H. *Gese* keine Frage: »Der Gekreuzigte repräsentiert den thronenden Gott und verbindet uns mit sich durch die Lebenshingabe des menschlichen Blutes« und: »Die Heilsbedeutung des Todes Jesu ist nur mit dem Sühnegedanken zu fassen. Das ist der Sinn der Rede vom Blut Jesu ... In seinem Tod werden wir Gottes teilhaftig; so wurde sein Tod zum Sieg über den Tod, zum Anbruch der neuen Schöpfung«.[199]

Und auch für B. *Janowski* besteht kein Zweifel daran, daß eine sachliche Kontinuität besteht zwischen dieser neutestamentlichen Sühnetradition und der kultischen Sühnetheologie der Priesterschrift, und zwar in dem »grundlegenden Sachverhalt, daß *Gott selbst es ist, der die Sühne ermöglicht*«[200]. Anders als Gese betont Janowski aber ausdrücklich, daß mit Tod und Auferstehung Jesu Christi in keiner Weise eine »noch so ›neue‹, alttestamentliche Gegebenheiten überbietende Kulthandlung intendiert« ist, sondern Gott den Tod Jesu Christi »als – für den Glauben sichtbaren – ›Sühneort‹ eingesetzt hat, d. h. als den Ort, an dem er selbst im Sterben des Gekreuzigten gegenwärtig ist«[201, 202] Aber auch für ihn

---

195 Ebd. S. 98; Vgl. Bernd *Janowski*: »Mit der göttlichen Gabe des für die Entsühnung Isra-els ... bestimmten Blutes wird *das im Blut enthaltene Leben die Basis des kultischen Sühnegeschehens*«, S. 360f

196 Ebd. S. 361

197 So H. *Gese*, Sühne, S. 104; Vgl. B. *Janowski*, S. 361, I. U. *Dalferth*, s. u. Anm. 210

198 Vgl. dazu B. *Janowski*, S. 350

199 H. *Gese*, Sühne, S. 105f

200 B. *Janowski*, S. 353

201 Ebd. S. 355; Vgl. S. 352. 362

202 Ingolf U. *Dalferth* betont in seinen dogmatischen Erwägungen zur soteriologischen

gilt mit einem Zitat von Karl Barth: »Versöhnung *geschieht* am *Ort* der Versöhnung nur durch *Blut*, durch die solenne Erinnerung daran, daß Gott durch Töten lebendig macht. Versöhnung geschieht auch in Jesus nur ›durch Gottes Treue in seinem *Blut*‹, d. h. aber in der Hölle seiner vollkommenen Solidarität mit aller Sünde, aller Schwachheit, allem Weh des Fleisches, ... im absoluten Ärgernis seines Kreuzestodes«[203].

Zur Herkunft des Herrenmahls (Hartmut Gese): Mitte der siebziger Jahre greift Hartmut Gese modifizierend seine These der Herleitung des Herrenmahls aus der Toda auf. Folgende Entsprechungen sieht er gegeben[204]: 1. Anlaß für die Toda, das Dankopfermahl, ist die Errettung aus Todesgefahr, die Neubegründung der Existenz. 2. Gott wird als Erretter bekannt, ihm wird gedankt und der Errettung gedacht. 3. Das Opfermahl als Sättigungsmahl wird eingenommen in der Gemeinschaft der von dem Geretteten zur Toda Geladenen. 4. Wesentliche Elemente des Mahls sind: Der Becher der Heilstaten und (gesäuertes!) Brot. 5. Die apokalyptische bzw. eschatologische Perspektive ist bei beiden gegeben.
Das *grundlegend Neue* der Toda des Auferstandenen ist: Während der Errettete in der alten Toda ein Opfertier als Opfer für sich und die Gemeinde stiftet, gibt sich der Auferstandene selbst: »das Opfer ist *sein* Opfer, seine irdisch-leibliche Existenz«[205]. Verweis darauf ist für Gese das Brotwort der neutestamentlichen Abendmahlsparadosis, das s. E. in diesem Sinn zu verstehen ist[206], wobei sich aber die Frage stellt, warum ausgerechnet das Brot, der *unblutige* Anteil des Todaopfermahls, in der Toda des Auferstandenen das blutige Opfer repräsentieren soll, kann, muß. Und konstruiert wirkt die Verknüpfung von Dankopfermahl und Sühnopfervorstellung spätestens da, wo Gese die Einsetzung des Herrenmahls durch Jesus als »dem Tod voraufgehende Opferweihe Jesu«[207], verstan-

---

Relevanz des Opfers: »Zum anderen ist dieses inkorporierende Heilsgeschehen nicht mehr ein – wie Gese sagt – ›Zu-Gott-Kommen durch das Todesgericht hindurch‹, das im Sühnekult vom Menschen symbolisch zelebriert wird, indem er die von Gott im Kult angebotene Sühnemöglichkeit in Anspruch nimmt. Es ist vielmehr umgekehrt Gottes Zu-uns-Kommen im Kreuzestod Jesu Christi, dem der Mensch im Glauben entspricht oder im Unglauben widerspricht. Gott kommt im Kreuz real zum Menschen und nicht mehr der Mensch im Kult nur symbolisch zu Gott, und er kommt real nicht vage und irgendwo, sondern konkret und menschlich in der Person Jesu Christi«, S. 190f.

203 Ebd. S. 362
204 Vgl. H. *Gese*, Herkunft, S. 117ff
205 Ebd. S. 123
206 Vgl. ebd.
207 Ebd. S. 125

den wissen will, als »Opfer, an dem er den Seinen Anteil schenkt« und so »feiernd den Durchbruch zum neuen Sein, zur Basileia« vollzieht.[208]

2.1.5. Otfried Hofius

Zur Sühnevorstellung: Hofius geht von Röm 5,8–10 aus, der Stelle, die für ihn exemplarisch zeigt, daß Paulus den Kreuzestod Jesu als ein Sühne- und Versöhnungsgeschehen begreift[209]. Dezidiert anders äußert sich zu Röm 5,6ff (1. Thess 5,10) Jürgen *Becker*: »Entscheidend ist dabei der personale Stellvertretungsgedanke. Keine dieser Aussagen hat … eine Beziehung zum Kult und zur Sühnevorstellung«[210]. Von was sich Hofius sehr klar abgrenzt, ist ein Verständnis der Textaussagen im Sinne der Satisfaktionstheorie: Die »Lehre von einem satisfaktorischen und propitiatorischen Sühnopfer, das Jesus vor Gott und für Gott dargebracht habe, ist eine ganz und gar unpaulinische, ja eine ganz und gar unbiblische Lehre«[211]. Konstitutiv ist für Paulus: die »Seins- und Handlungseinheit Gottes mit dem ›für uns‹ – *nicht* für Gott! – Gekreuzigten und des Gekreuzigten mit Gott«[212].

Während für ihn Sühne und Versöhnung offensichtlich identische Begriffe zu sein scheinen, betont J. *Becker*, daß für die neutestamentliche Zeit »die Wortfelder und Anschauungen von Versöhnung und Sühne … (bei seltenen Überschneidungen) streng zu unterscheiden sind«! Versöhnung steht für die Wiederherstellung eines gestörten Verhältnisses zwischen Personen »durch subjektive Zuwendung, aufgrund deren die Feindschaft aufgelöst und Frieden gestiftet wird«. Sühne dagegen geschieht in einer kultischen (vor allem Opfer-) Handlung, »durch die die Sündenfolgen fortgeschafft werden«[213].

Sünde und Sündenfolgen stehen in den exegetischen Überlegungen von O. Hofius entsprechend mit im Vordergrund, Sünde verstanden als irreparable Zerstörung des Gottesverhältnisses, durch die der Mensch sein Dasein verwirkt. Paulus spitzt dies seiner Meinung nach noch zu: Sünde wird zur Macht, die den Menschen in seinem Sein als *von Grund auf gottfern und gottfeindlich* qualifiziert. Entscheidend ist für Hofius, daß Paulus diese

208 Ebd. – Zu *Geses* These insgesamt vgl. die Anfragen von Hans-Josef *Klauck*, der von »Hilfskonstruktion« spricht und darauf hinweist, »daß es auch um die Bezeugung des Toda-Mahls, wie Gese es sieht, nicht zum besten bestellt ist«, S. 17.
209 O. *Hofius*, Sühne, S. 33ff
210 Jürgen *Becker*, S. 39
211 O. *Hofius*, Sühne, S. 35
212 Ebd. S. 38
213 Jürgen *Becker*, S. 41

Erkenntnis »einzig im Lichte des Kreuzesgeschehens gewonnen« hat, »im Lichte des rettenden Geschehens, daß Gott selbst in Christus sühnend und versöhnend für den Sünder eingetreten ist«[214]. Mit Gese und Janowski sieht auch er es als gegeben an, daß die paulinische Deutung des Todes Jesu in wesentlichen Elementen dem priesterschriftlichen Verständnis kultischer Sühnehandlung entspricht, vor allem darin, daß der »Sühnetod Jesu als ein Geschehen inkludierender, den sündigen Menschen als Ganzen einschließender Stellvertretung« zu sehen ist[215]. Auch hier ist m. E. die differenziertere Sicht von J. *Becker* die zutreffendere, dessen Textuntersuchungen zu dem Ergebnis kommen, daß Paulus die priesterliche Sühnopferauffassung »nur unter anderem und gebrochen« benutzt und den Heilstod Jesu »bewußt mit verschiedenen Mitteln und anderen Präferenzen« beschreibt.[216]

Die einseitig »tiefgreifende Kontinuität« mit dem priesterschriftlichen Sühneverständnis läßt Hofius' Meinung nach zugleich aber auch die in vierfacher Hinsicht bestehende *Diskontinuität* unübersehbar deutlich werden: 1. Gott allein ist Subjekt im Kreuzestod Jesu. 2. Das Ein-fürallemal des Sühnopfers Jesu. 3. Jesus ist das Sühnopfer für alle Sünden (anders Num 15,22–31). 4. Der Kreuzestod Jesu ist ein Geschehen universaler Sühne.[217] Daß das Abendmahl nur im Sinne dieser *Diskontinuität* verstanden werden kann und nicht wie bei U. Wilckens im Sinne der Kontinuität, verdeutlichen seine Untersuchungen zur Herrenmahlsparadosis, die von einem ganz und gar *nichtkultischen* Verständnis des Abendmahls ausgehen (s. u.).

Deutlich wird in den Ausführungen von Hofius, daß eine Fixierung auf die Sühnevorstellung als hinreichende Deutung des Todes Jesu *anthropologisch* gesehen eine Fixierung auf das *Sündersein* des Menschen als von Grund auf »gottfern und gottfeindlich« bedingt, wie umgekehrt. Und dies

---

214 O. *Hofius*, Sühne, S. 45
215 Ebd. S. 44
216 Jürgen *Becker*, S. 47. Vgl. S. 43ff
217 O. *Hofius*, Sühne, S. 48f.
    Vgl. I. U. *Dalferth*, er nennt ebenfalls die vier Momente: »exklusive Theozentrik, anthropologische Universalität, christologische Historizität, eschatologische Endgültigkeit«, unterstreicht aber zugleich, daß von Opfer im Blick auf das Kreuz »allenfalls im Sinn der paradoxen Rede vom (nur trinitarisch entfaltbaren) *Selbstopfer Gottes*« gesprochen werden kann, »dem seitens der Menschen nur die logikē thysia, der *doxologische* Dank, zu entsprechen vermag« und kommt ganz anders als Hofius (u. a.) zu dem Ergebnis: »Damit aber ist das Kreuz mit der Ablösung der soteriologischen Relevanz des Opferkults zugleich die Auflösung der soteriologischen Relevanz der Opferkategorie«, S. 191f. – Siehe dazu auch unten S. 75ff.

gilt, wie oben erwähnt, modifiziert auch für die Ausführungen von H. Gese und B. Janowski. Und sie trifft als Anfrage auch auf U. Wilckens zu, wenn auch bei ihm im Kontext des Tun-Ergehen-Zusammenhangs mehr die einzelne sündige Tat im Vordergrund steht als die sündige Verfaßtheit des Menschen[218].

Zur Herrenmahlsparadosis: 1. Die paulinische Herrenmahlsparadosis beschreibt nach Otfried Hofius die Abendmahlshandlung Jesu mit den typischen rituellen Elementen einer alltäglichen jüdischen Mahlzeit, bei der Wein getrunken wird, nicht aber als Passamahl und auch nicht als jüdisches Festmahl.

2. Die Abfolge Brothandlung → Sättigungsmahlszeit → Kelchhandlung gibt die ursprüngliche liturgische Abfolge urchristlicher Mahlfeiern wider, die so auch in Korinth üblich war. D. h. die Bezeichnung »Herrenmahl« ist auf die gesamte Mahlfeier, in all ihren Vollzügen, zu beziehen.

3. Das Prädikat *estin* der Gabeworte (nicht Deuteworte) »bringt das Moment des Anteilgebens zur Sprache« und bezieht sich auf die Einheit von »›Element‹, Benediktion, Spendung und Kommunion«[219].

4. Brot- wie Kelchwort sprechen beide von dem Sühnetod Jesu. Substanzhafte Identität ist nicht gemeint: Das eucharistische Brot essen und aus dem eucharistischen Kelch trinken heißt, Anteil bekommen »an dem Heil, das in Christi Sühnetod beschlossen liegt«[220].

5. Das *touto poieite* ist auf die rituellen Handlungen des Tischgebetes bezogen, nicht auf das Essen und Trinken. Die sakramentale Qualität bekommen Brot und Wein durch diesen liturgischen Akt des Tischgebets über Brot und Kelchhandlung und nicht etwa durch die Zitation der Gabeworte an dieser Stelle.[221]

6. *Anamnēsis* meint die lobpreisende Vergegenwärtigung des Kreuzestodes und der Auferweckung Jesu Christi als die das Sein der Gläubigen bestimmende Wirklichkeit, »bis daß er kommt«, d. h., auf Parusie und Heilsvollendung hin.

---

218 Vgl. U. *Wilckens*, S. 238.243
219 O. *Hofius*, Herrenmahl, S. 224f
220 Ebd. S. 226f
221 O. *Hofius* sieht sich in dieser Interpretation durch 1. Kor 10,16 bestärkt, wo das *touto poieite* seiner Meinung nach erläutert wird, es geht um »spezifisch christliche Dankgebete, mit denen das Herrenmahl eröffnet und beschlossen wird ... Durch sie werden Brot und Wein das, was sie von Natur aus nicht sind: ›geistliche Speise‹ und ›geistlicher Trank‹ (1. Kor 10,3f)«. Darüberhinaus verweist er auf die vergleichende Analyse der jüdisch-hellenistischen Schrift ›Joseph und Aseneth‹ von Chr. *Burchard*, die zu demselben Ergebnis kommt. Vgl. ders., Herrenmahl, S. 228f.

7. In dem *hyper hymōn* der Gabeworte, das »alle Glieder der Gemeinde über die sozialen Unterschiede hinweg miteinander verbindet, aneinander weist und füreinander verantwortlich macht« und dessen Leugnung durch Rücksichtslosigkeit, Gleichgültigkeit und Lieblosigkeit im Verhalten »eine unerhörte Mißachtung des heilschaffenden Sühnetodes Christi und damit eine unbegreifliche Versündigung an Christus selbst« bedeutet, sieht Hofius die Funktion der Herrenmahlsparadosis im Korintherbrief.[222]
Offen bleibt, was Hofius unter »sakramentaler Qualität« versteht. Wenn es die Tischgebete sind, der Segen ist über Brot- und Kelchhandlung, die Brot und Wein eine sakramentale Qualität verleihen, müßte dann nicht auch der Segensbecher bei der täglichen jüdischen Mahlzeit von vergleichbarer sakramentaler Qualität sein und darüberhinaus alle guten Gaben, über denen gebetet worden ist? Und im Zusammenhang damit stellt sich die Frage, an welcher Stelle, wenn nicht während der Brot- und Kelchhandlung, die Gabeworte denn denkbar sind?

2.1.6. Kritischer Kommentar

1. Wenn bis hin zu Paulus, und dem Neuen Testament insgesamt, ein so gut wie ungebrochenes, vom Kult abgeleitetes, an ein blutiges Opfer gebundenes, Verständnis von Sühne angenommen wird und diese Opfer- und Sühnevorstellung für das einzig adäquate Interpretament des Todes Jesu gehalten wird, werden zeitgebundene (nachexilisch priesterschriftliche) Theologumena zu zeitübergreifenden, theologisch wie opologisch normativen Aussagen gemacht.
Wie wenig man bereit ist, sich darin irritieren oder gar korrigieren zu lassen, zeigt sich z. B. wenn H. *Gese* im Zusammenhang seiner Ausführungen zur Herkunft des Herrenmahls im Blick auf die Todafrömmigkeit in Ps 40,1–12 anmerken kann: »Allerdings mag hier ein Ansatzpunkt zu grundsätzlicher Ablehnung eines blutigen Opfers gegeben sein, die sich aber erst außerhalb des Alten Testaments entwickelt«[223], für die Deutung des Todes Jesu daraus aber keinerlei Konsequenz zieht, sondern in gleichem Zusammenhang nicht viel später sagt: »So wie nach Ex 24,3–8 der alte Bund durch die ›einverleibende‹ Blutzeremonie in Kraft gesetzt wurde, so der neue mit der sühnenden Lebenshingabe auf Golgatha. Trinken aus dem Becher ist Anteilgewinnen an diesem Blutbund«[224]. Daß der *Neue* Bund nach Jer 31,31ff kein Blutbund ist, wird in die Überlegungen gar nicht erst miteinbezogen.

---

222 Ebd. S. 239
223 H. *Gese*, Herkunft S. 121
224 Ebd. S. 123

Die theologischen Entscheidungen basieren auf methodischen Vorentscheidungen, die zu hinterfragen sind: »Es geht methodisch nicht an, die priesterschriftliche Sühneanschauung durch Überspringen von einigen Jahrhunderten direkt für Paulus vorauszusetzen, ohne zu klären, ob und inwiefern sich die in den Texten zugrundeliegenden Deutemuster geändert haben«[225].

2. Die »Unterschiedlichkeit und zeitgebundene Einkleidung«[226] neutestamentlicher Deutung des Kreuzes Jesu scheint eher notorisch ausgeblendet zu werden, angefangen damit, daß zwischen Sühne, gebunden an ein ganz bestimmtes kultisches Ritual mit der Darbringung eines blutigen Opfers, und Sühne im Sinne von Stellvertretung und Selbsthingabe, außerhalb kultischer Vollzüge und Opferhandlungen, so gut wie nicht differenziert wird.[227] Darüber hinaus ist von heutigem Welt- und Selbstverständnis aus zu fragen, ob die Sühnevorstellung nicht generell nur noch schwer zu über-setzen ist: »Die Auffassung des Todes Jesu als Sühne beispielsweise kann das Gottesbild beeinträchtigen, während sie in einer Zeit, der Sühnevorstellungen geläufig sind, dem Ärgernis des Kreuzestodes Jesu tiefsten Sinn verleihen und gerade zu einer Betonung des *gnädigen* Gottes zu führen vermag, der nichts vom sündigen Menschen fordert außer dem Glauben an, das Vertrauen auf diese Tat des Erbarmens in seinem Sohn«[228].

3. Zurückhaltung scheint mir aber vor allem da geboten, wo bereits für die ursprüngliche Gestalt der Deuteworte des Abendmahls, für Jesus selbst, ein

---

225 So J. *Becker*, (S. 42), der vorweg die Veränderung in der Wirklichkeitsauffassung des Tun-Ergehen-Zusammenhangs skizziert, die seiner Meinung nach zur Folge hatte, *daß* »sich das ›Weltbild‹, das der kultischen Sühne zugrundelag« wandelte. Vgl. S. 41f; – Auch die Gestalt Johannes des Täufers spricht m. E. dafür, wie auch die Gemeinde von Qumran, daß sich in der Einstellung zu Kult und Sühne Entscheidendes gewandelt hat. – Ein Phänomen bleibt, daß »das Judentum nach 70/71 n. Chr. fast problemlos ohne Tempel auskommt« (so J. Becker, S. 42), während sich im christlichen Bereich die Heilsbedeutung des Todes Jesu verstärkt und auf Jahrhunderte hinweg an der Opfer- und Sühnevorstellung festmacht.

226 Peter *Fiedler*, S. 282

227 Vgl. dazu J. *Beckers* Anmerkung. »Es geht auch nicht an, allgemeine Stellvertretungsaussagen einfach kultisch zu interpretieren. Das reichlich bekannte Material zeigt ... von den Sachen und den Quellen selbst her, daß Stellvertretung in sehr verschiedenen Bereichen begegnet und auch so unterschieden wird«, S. 42; Vgl. auch die persönliche Anmerkung von Hans-Martin *Barth*: »Ich habe ... auch den Stellvertretungsgedanken verändert: Ich verstehe ihn nicht so, als ob eigentlich ich an der Stelle Jesu hätte sterben müssen; ich gehe hier davon aus, daß wiederum auch historisch umstritten ist, inwieweit Opfer und Stellvertretungsgedanke religionsgeschichtlich und speziell alttestamentlich überhaupt zusammengehören«, S. 35.

228 P. *Fiedler*, S. 282

sühnetheologisches Verständnis angenommen wird. Selbst ein Forscher wie Heinz *Schürmann*, dem grundsätzlich an der Opfer- und Sühnevorstellung als Deutekategorie des Todes Jesu eher gelegen ist[229], verweist auf die exegetischen Unsicherheiten und Ungereimtheitheiten, so u. a.: »Auch die ›(relativ) älteste‹ Form des Einsetzungsberichtes ist immer noch nicht ›die ursprüngliche‹ und garantiert uns nicht die ipsissima verba Domini beim letzten Mahl. Das relativ späte nachösterliche Aufkommen des stellvertretenden Sühnegedankens einerseits wie die Unsicherheit des Gedankens einer Begründung des eschatologischen Neuen Bundes aufgrund eines Märtyrertodes läßt es geraten sein, die hier vorgenommene theologische Ausdeutung nicht mit Sicherheit Jesus in den Mund zu legen (zumal seine Jünger sie ja auch hätten verstehen müssen)«[230].

4. Bei einer Deutung des Todes Jesu in so gut wie ungebrochen sachlicher Kontinuität zur alttestamentlichen Opfer- und Sühnetheologie und einer dementsprechenden sühnetheologischen Deutung der Abendmahlsparadosis werden Wort und Handeln Jesu, das, was Jesus von Gott hören läßt, wie er Menschen begegnet, zu wenig berücksichtigt, insofern zutrifft: »Im Zentrum seiner Botschaft stehen nicht Drohwort und Gericht, sondern Trostwort und Heil, die zuversichtliche Gewißheit, daß Gottes Herrschaft nah und jetzt da ist – erfahrbar als zuvorkommende Liebe, als Annahme der Verlorenen, als Rettung Israels und aller Welt«[231].

Evangelium in nuce ist in dieser Hinsicht der Gesamtzusammenhang von Lk 15, wo von Tischgemeinschaft mit den Sündern die Rede ist, von Verlorensein und Gefundenwerden, von Umkehr und Willkommensein, von neuer Daseinsberechtigung und Lebensmöglichkeit, aber mit keinem Wort und in keinem Bild Elemente der Sühnevorstellung aufgenommen werden! Dazu kommt, daß Jesus das Liebesgebot eindeutig allen anderen Geboten und religiösen Handlungen vorordnet und Tempel- und Kultpraxis[232] radikal infra-

---

229 Was sich m. E. besonders da zeigt, wenn H. *Schürmann* die »aktive Todeshingabe Jesu« nachösterlich »am tiefsten und gültigsten ... wenn auch nur in analogem, transformierten und überhöhten Sinn – als stellvertretende Sühne« beschrieben sieht, Gottes Reich, S. 244.

230 Heinz *Schürmann*, ebd. S. 221

231 Tim *Schramm*, Lukas 15, S. 38

232 F. *Hahn* konstatiert: »wo Opfertiere verjagt und das Wechseln des für die Opfergabe benötigten Geldes unmöglich gemacht wird, da wird der Opferkult selbst aufgehoben und für beendet erklärt« und schlußfolgert: »Aufgrund des anbrechenden eschatologischen Handelns Gottes verliert der traditionelle Ort des Kultes und der Opferpraxis seine Bedeutung. Sündenvergebung und Zugang zu Gott sind nicht mehr an die kultischen Rituale gebunden«, *ders.*, Verständnis, S. 276. Vgl. Mk 11,15ff parr; Auch Joh 4,19ff ist m. E. auf diesem Hintergrund zu sehen.

gestellen kann. Beides steht ebenfalls dagegen, den Tod Jesu vor allem oder gar ausschließlich im Horizont alttestamentlicher Opfer- und Sühnevorstellung begreifen zu wollen, und dies auch noch im Sinne von Selbstaussagen Jesu in den Deuteworten des Abendmahls.

Grundlegend weiterführend scheint mir hier die Anfrage von Peter *Fiedler* zu sein: »Gewährt Gott tatsächlich, wie es Jesus mit allen Konsequenzen verkündet, *bedingungslos* die Vergebung oder nur aufgrund des Todes Jesu?«[233] und seine abschließende Akzentsetzung: »Daß auch unser Vertrauen, damit unsere Hoffnung an Jesus Christus allein geknüpft sind, gründet darin, daß er es ist, der den heiligen Gott der Geschichte Israels, den Gott der Schrift in einmaliger, vollmächtiger Weise – und dies bis in den Kreuzestod hinein – als den Gott der Liebe, der Vergebung, der bedingungslosen Gemeinschaft mit den Menschen ausgelegt hat, dessen Heilswille allein die Antwort der Liebe erwartet«.[234]

5. Wenn Jesus als der Christus »Gott ... bis in den Kreuzestod hinein ... als den Gott ... der bedingungslosen Gemeinschaft mit den Menschen ausgelegt« hat, bleibt aber die Frage, wieweit dies *nachösterlich,* und nur nachösterlich, so gesehen werden kann oder ob diese Deutung des Todes Jesu Christi vorösterlich *Anhalt* haben kann an Jesus selbst. Die neutestamentlichen Überlieferungen sprechen, darüber besteht exegetisch Konsens, dafür[235], daß Jesus aufgrund seiner Verkündigung und seines Verhaltens seinen Tod erwarten mußte und erwartet hat[236]. Sie sprechen m. E. aber auch dafür, daß Jesus diesen seinen Tod *bedacht* hat – im Zusammenhang seiner Gottesbeziehung und seiner Beziehung zu den Menschen – und entsprechend nicht nur über seinen Tod gesprochen, sondern seinen Tod auch *gedeutet* hat[237].

Mehr noch als der Anhalt an einzelnen Textstellen läßt aber die Ausrichtung seines Lebens insgesamt, die Ausrichtung auf Gott als »Abba« und das Reich Gottes als erwartete und die Gegenwart schon bestimmende Wirklichkeit[238], vermuten, daß Jesus selbst bereits seinen Tod mit Sinn und Hoffnung versehen hat: »Wenn Jesus sein Todes-Geschick als Basileia-Geschick verstanden hat, konnte er zuversichtlich hoffen, dieses

---

233 P. *Fiedler*, S. 283
234 Ebd. S. 281
235 Vgl. dazu u. a. H. *Schürmann*, Jesu ureigener Tod, S. 32f
236 Vgl. Lk 12,49f; 13,31ff
237 Vgl. die Leidensweissagungen Mk 8,31; 9,31; 10,32ff parr; Mk 10,45; die Abendmahlsparadosis.
238 Daß Abba-Erfahrung und Basileia-Vorstellung einander bedingen, dazu vgl. H. *Schürmann*, Gottes Reich, S. 30f u. ö.

würde Heil wirken«[239], Heil in dem Sinn, daß die Basileia Gottes am Tod ihres Repräsentanten nicht scheitert, sondern sich in seinem Tod als *bedingungslose* Liebe Gottes erweist, die sich auch den Bedingungen von Gewalt und Tod gewachsen zeigt – und insofern Heil bedeutet trotz des Todes *und* aufgrund des Todes Jesu.

In *diesem* Sinn eines Hyper ist m. E. eine Deutung des Todes Jesu durch Jesus weitaus eher denkbar als im Sinne kultischer Sühnevorstellung (womit nicht gesagt ist, daß es völlig auszuschließen ist, daß Jesus seinen Tod auf dem Hintergrund von Jes 53 oder im Licht des stellvertretenden Sühneleidens der Märtyrer verstanden haben könnte[240]). Daß sich diese Sicht für Jesus selbst schon verdunkelt hat, bis hin zur Erfahrung der Gottverlassenheit, dafür sprechen die neutestamentlichen Überlieferungen allerdings auch und damit dafür, wie abgrundtief mit dem Kreuz die Frage nach der Glaubwürdigkeit seines Lebens und seiner Reich-Gottes-Verkündigung gestellt war. So vielfältig und unterschiedlich aber die neutestamentlichen Aussagen zum Verständnis des Todes Jesu sind, so einstimmig und eindeutig sehen die neutestamentlichen Zeugen in der *Auferweckung* des *Gekreuzigten* und in dem »Oster-Begegnis«[241] die endgültige Beglaubigung des Lebens Jesu und seiner Reich-Gottes Verkündigung, die Beglaubigung seiner »Proexistenz« bis zum Tod, durch Gott selbst.

Für die Abendmahlsparadosis, die in ihrer religionsgeschichtlichen Singularität und Analogielosigkeit wohl kaum denkbar ist ohne Anhalt an Aussagen Jesu selbst, bedeutet dies, daß sich das »*hyper hymōn pollōn*« jenseits kultischer Sühne- und Opfervorstellung verstehen läßt als Anteilgabe an Jesu *Selbsthingabe* allen zugute[242], Selbsthingabe so verstanden, daß Jesus in letzter Konsequenz sich selbst treu bleibt, dem, was sein Leben ausmacht, daß er Gott treu bleibt und so auch den Menschen, daß er mit seinem Leben, mit sich selbst dafür einsteht, daß sein Zeugnis von

---

239 Heinz *Schürmann*, ebd. S. 62

240 Wenn m. E. auch die Gründe, die z. B. nach H. *Schürmann* (ebd. S. 236ff) dafür sprechen könnten, nicht überzeugen.

241 H. *Schürmann*, Reich Gottes, S. 249

242 Zu »*hyper pollwōn*« als Semitismus im Sinne von *allen* zugute vgl. u. a. H.-J. *Klauck*, S. 307f; Zur Fragwürdigkeit sühnetheologischer Deutung vgl. u. a. Hans-Martin *Barth*: »Ich verstehe ›Opfer‹ nicht mehr in der Perspektive allgemeiner religionsgeschichtlicher oder auch speziell alttestamentlicher Sühnevorstellung; ich gehe davon aus, daß historisch mindestens umstritten ist, inwieweit die Sühneopferaussagen des Neuen Testaments überhaupt von hier aus verstanden werden wollen. Ich verstehe ›Opfer‹ vielmehr als einen Akt der Hingabe – im Blick auf Jesus: als einen Akt völliger Selbsthingabe an Gott, völliger Selbsthingabe für die Menschen«, S. 35.

Gott und Gottes Reich wahr ist, verläßlich heilvoll, auch im Tod und über den Tod hinaus.[243] Durchaus sinnvoll erscheint es mir, auf diesem Verstehenshintergrund zwischen Brotwort und Kelchwort zu unterscheiden: »Das Brotwort blickt zurück auf das ganze Leben Jesu, erst das Becherwort blickt voraus auf seinen Tod«[244].

Das, was so gesehen, Anhalt an Jesus selbst hat, wird nachösterlich unterschiedlich akzentuiert, christologisch wie ekklesiologisch und eschatologisch; Die Opfer- und Sühnevorstellung dabei in jeder Hinsicht für das eigentliche oder gar einzige Interpretament zu halten, läßt sich exegetisch mit nichts rechtfertigen.[245]

2.2. Abendmahl im Kontext urchristlicher Gemeindesituation

2.2.1. Hans-Josef Klauck

»In der Forschung ist eine Engführung des religionsgeschichtlichen Interesses auf das letzte Mahl Jesu zu beobachten, die mit einer Vernachlässigung der Gemeindefeier einhergeht«[246]. In seiner Darstellung der überlieferungs- und religionsgeschichtlichen Hintergründe des Herrenmahls bei Paulus und der Gemeinde in Korinth geht es Klauck

---

243 Vgl. F. *Hahn*:»So stand Jesu Sterben, wie aus seinem Abschiedsmahl hervorgeht, für ihn selbst unter dem Vorzeichen der Hingabe für die Seinen im Zusammenhang des begonnenen Anbruchs der Gottesherrschaft und im Blick auf deren Vollendung«, Verständnis, S. 280. – Zur grundsätzlichen Problematik vgl. Anton *Vögtle*, aaO.

244 Klaus *Berger*, S. 131

245 So betont z. B. auch Hans-Martin *Barth*:»Zunächst scheint mir wichtig, daß das stellvetretende Opfer nicht die einzige Deutekategorie für den Tod Jesu im Neuen Testament darstellt« (S. 34). Anders als I. U. *Dalferth* (S. 192, s. o.) möchte er aber keineswegs auf die Kategorie des Opfers verzichten:»Ich vermute in diesem Fall doch eine starke Abstraktion und Reduktion auf ein bloßes ›Daß‹ des Kreuzes« (ebd.). Wie wenig berechtigt diese Befürchtung ist, zeigen nicht nur die substantiellen dogmatischen Aussagen von *Dalferth* (aaO) selbst, sondern z. B. auch die Exegese des Christushymnus Phil 2,6–11 von Ulrich B. *Müller* auf weisheitlichem Hintergrund, die zu dem Ergebnis kommt: Die »Zurückhaltung des Hymnus gegenüber soteriologischen Aussagen zwingt ... nicht zu dem Schluß, daß Jesus Christus tatsächlich nur als ein ethisches Vorbild der Selbsterniedrigung erscheint. Die urchristliche Gemeinde, die diesen Hymnus angestimmt hat, preist vielmehr ein gleichsam objektives Verstehen, das in dem Weg Jesu Christi zur tröstlichen Realität auch für sie wird. Indem sich Gott zu diesem Erniedrigten bekennt, hat er der deprimierende Normalerfahrung prinzipiell bestritten, daß der Weg der Demut ins Abseits führt« (S. 44).»Gott selbst ... demonstriert an diesem Einen, daß nicht blinder Zufall und ungerechtes Schicksal die Oberhand behalten, sondern das Gesetz gerechter, d. h. ausgleichender Weltordnung Gültigkeit hat« (S. 43).

246 H.-J. *Klauck*, S. 29

darum, deutlich zu machen, in welchem Maße die urchristliche Herrenmahlsfeier durch *hellenistische* Einflüsse geprägt war, wobei aber auch er
davon ausgeht, daß für die Entwicklung vom *Abschiedsmahl Jesu* bis zum
Herrenmahl bei Paulus »ein originäres, eigenständiges Moment bedeutsamer ist als das Übernommene, und daß jüdischer Einfluß, besonders im
Blick auf das Geschichtsdenken, stärker ist als hellenistischer Einfluß,
soweit sich beides reinlich scheiden läßt«[247]. Im einzelnen sieht er die
Entwicklung folgendermaßen (stichwortartig):
• Letztes Mahl Jesu: *Traditionsgeschichtlich*: Brotwort mit *hyper pollwōn*
und Becherwort (= eschatologischer Ausblick – Mk 14,25) – *Theologisch*:
Moment der Verdichtung – der Mahlgemeinschaft mit dem Irdischen und
seiner Mahlgleichnisse, es »verleiht ihnen angesichts des gehorsam
akzeptierten Todes bleibenden Bestand«[248]. *Religionsgeschichtlich*: Mahlgemeinschaft im AT und im zeitgenössischen Judentum (auch Qumran),
eschatologische Mahlmetaphorik.
• Vorpaulinische Tradition: *Traditionsgeschichtlich*: Das kainon des eschatologischen Ausblicks (Mk 14,25) wandert zum Becherwort, wird zum Reden
vom neuen Bund. Der Wiederholungsbefehl wird bei der Brothandlung
eingefügt. Es bleibt die Erinnerung an die Rahmung einer Mahlzeit durch
Brotbrechen und Bechersegen. *Theologische Konzeption*: Ostererfahrung, Bewußtsein der Gegenwart des Kyrios, Parusieerwartung. Einbezug von Bun-
des-, Märtyrer- und Opfertheologie, Vorstellung von der Teilhabe über das
Medium der Speise. Auf hellenistischem Boden: kultische Anwesenheit des
Kyrios, zunächst auf gesamten Mahlvollzug bezogen, dann stärker nur auf
Brotbrechen und Bechersegen, hin zur Trennung von Mahlzeit und sakramentaler Doppelhandlung mit zunehmendem Interesse an den Elementen
Brot und Wein. *Religionsgeschichtlich*: Opfervorstellungen, Mysterienkulte.
• Markustradition: *Traditionsgeschichtlich*: Brot- und Becherhandlung werden zusammengefaßt, alle Zusätze beim Becherwort konzentriert, »Blut
wird Subjekt«, eschatologischer Ausblick der älteren Fassung. *Theologische Konzeption*: Parallelisierung von Leib und Blut; »Der Tod Jesu wird
... als bundesstiftendes, sühnendes Opfer verstanden, dessen Heilswirkung
in einem Bundesmahl den Adressaten der Neustiftung vermittelt
wird«[249]. *Religionsgeschichtlich*: Bundesopfermahl Ex 24.
• Korinther: Massiver Einfluß der Umwelt, reale Vergegenwärtigung des
Kyros in den eucharistischen Gaben, Christus der Kultheros, Gewißheit
seiner kultischen Epiphanie, enthusiastischer Genuß der Eucharistie.

---

247 Ebd. S. 372
248 Ebd. S. 330
249 Ebd. S. 311

• Paulus: Erinnerung an die lebensgestaltende Bedeutung des Herrenmahls. Betonung des Kreuzestodes,»nähert das Herrenmahl damit, gewollt oder ungewollt, gleichzeitig dem Typ des hellenistischen Totengedächtnismahles an«, siehe doppelter Anamnesisbefehl, betont aber dabei die geschichtliche Dimension, die konkret faßbare Vergangenheit:»in der Nacht, da er verraten ward«. Durch den Ausblick auf die Parusie,»bis daß er kommt«, »wird der Selbstgenügsamkeit eines sakramentalistischen Denkens, das im Jetzt des Kult-akts seine Erfüllung findet, ein Riegel vorgeschoben«[250].

• Johannes (Ignatius): Antidoketischer Ausbau des Sakramentsrealismus.

Das Ergebnis der exegetischen Untersuchung der paulinischen Herrenmahlsparadosis im religionsgeschichtlichen Vergleich zusammenfassend, benennt H.-J. Klauck vier Wesensmerkmale des sakramentalen Herrenmahls:

1. Die *prinzipale Personalpräsenz*: Der erhöhte Kyrios ist als Tischherr und Gastgeber in pneumatisch-leiblicher Seinsweise personal zugegen, ein Element, das in den meisten außerchristlichen Kultmahlen auch gegeben ist und »das Phänomen des heiligen Mahls zu einem beträchtlichen Teil konstituiert«[251].

2. Die *kommemorative Aktualpräsenz*: Der Erhöhte bleibt der Gekreuzigte. Zentrum der Aussagen bei Paulus: Das Kreuz wird rückblickend erinnert und darin »aktualiter gegenwärtig«. Anders als in den Mysterienkulten, die auch die »Vergegenwärtigung des göttlichen Schicksals kennen, ist das Zeitverständnis durch die konkret faßbare Vergangenheit wie die eschatologische Zukunftserwartung geprägt«[252].

3. Die *proleptische Finalpräsenz*: Antizipation am endzeitlichen Mahl in Erwartung der Parusie des Kyrios, »bis daß er kommt«. Die Vorstellung wurzelt in der apokalyptischen Mahlmetaphorik.

4. Die *somatische Präsenz*:»Leib und Blut des gekreuzigten Christus sind in den Mahlelementen Brot und Wein real gegenwärtig«, für Klauck auch bei Paulus, dies obwohl er konstatiert:»Gewisse Parallelen gibt es nur in der hellenistischen Theophagie, nicht im biblischen Denken«[253].

Überzeugend hat H.-J. Klauck unter Verweis auf religionsgeschichtliche Parallelen wie originäre Elemente den möglichen traditionsgeschichtlichen Prozeß vom Abschiedsmahl Jesu bis zur urchristlichen Herrenmahlsfeier

---

250 Ebd. S. 331
251 Ebd. S. 373
252 Vgl. dazu im einzelnen den Vergleich zwischen Herrenmahl und Mysterienmahl, ebd. S. 368
253 Ebd. S. 374

nachgezeichnet. Zutreffend scheinen mir auch drei der vier genannten Wesensmerkmale des sakramentalen Herrenmahls. Wenn er als viertes Merkmal die »somatische Präsenz« nennt, scheinen mir an dieser Stelle aber weder seine exegetischen Beobachtungen noch seine religionsgeschichtlichen Anmerkungen stichhaltig. Zum einen betont er im religionsgeschichtlichen Vergleich an anderer Stelle die Besonderheit des Herrenmahls, »Der Geber ist die Gabe«, im Unterschied zu Kommunionopfer und Theophagie dergestalt[254], daß es unerfindlich ist, wie er hier trotzdem von »gewissen Parallelen« sprechen kann. Zum andern geht er sowohl bei Markus wie vor allem auch bei Paulus von einer Parallelisierung von Brot und Kelch / Leib und Blut aus, bei der sowohl die notwendige Differenzierung zwischen *sōma* und *sarx* wie zwischen Becher und Becherinhalt unberücksichtigt bleibt. Vielleicht spricht hier doch sein Vorverständnis, katholisches Sakramentsverständnis, mehr mit als gewollt und gedacht.

2.2.2. Gerd Theißen

Unter der Prämisse, daß Texte von sozialen Beziehungen geprägt sind, die aber »immer nur gebrochen in den verstehbaren Sinn dieser Texte eingegangen sind« und »auch von anderer Art sein können, als sie sich in den Texten selbst interpretieren«[255], analysiert Theißen die Streitigkeiten beim Herrenmahl in Korinth mit der Intention, die sozialen Bedingungen des Konfliktes mit den theologischen Argumenten von 1. Kor 11,17ff zu konfrontieren. Vorauszusetzen ist in Korinth nach G. Theißen aufgrund von »*meta to deipnēsai*« ein Mahl zwischen Brot- und Kelchwort. Als Anlaß des Konflikts zwischen armen und reichen Christen ist anzunehmen, daß, neben dem gemeinschaftlichen *kyriakon deipnon*, das aus Brot und Wein bestand und von den Wohlhabenderen gespendet wurde, die Reichen ihr *idion deipnon* einnahmen, für sich aßen, vorweg und mehr und anderes. Daß je nach sozialem Status unterschiedlich bewirtet wurde, war damals bei Gastmählern eine durchaus verbreitete Praxis und ein durchaus übliches Verhaltensschema. Genau dies aber wird von Paulus kritisiert. »Die *Gründe* sind *vor allem sozialer Art*: Es sind Probleme einer sozial geschichteten Gemeinde, in der das *kyriakon deipnon* der Gemeinschaft zum *idion deipnon* des Standes zu werden drohte und das Herrenmahl, anstatt die Einheit des Leibes Christi zu begründen und darzustellen, zum Anlaß genommen wird, soziale Unterschiede zu demonstrieren«[256].

---

254 Ebd. S. 366
255 Gerd *Theißen*, S. 290
256 Ebd. S. 307f

Paulus selbst argumentiert nach G. Theißen vor allem theologisch, nicht unter sozialen Gesichtspunkten: »Die soziale Realität wird interpretierend in eine symbolische Welt transformiert, in der arme und reiche Christen wohl eine Rolle spielen, aber im Rahmen eines Dramas, dessen Hauptspieler Gott und das Bundesopfer, Sakrament und vergehende Welt sind; die soziale Realität wird gedeutet, gesteigert, transzendiert«[257].

Daß in all dem ein funktionaler Zusammenhang mit der sozialen Realität bestehen bleibt, illustriert Theißen am Beispiel des Herrenmahls. Alle drei drei Sinnmomente (Elemente, Opfer, Gericht), haben soziale Funktionen; »numinoser Qualität« beinhalten die Elemente die Verwandlung sozialer Beziehungen. »Und diese Verwandlung wird auf der Ebene des Elementes dargestellt: Brot wird zum Leib Christi, Wein zum Blut des neuen Bundes«[258]; im Sühnopfer, im Sinne des gefundenen Sündenbocks, sieht Theißen die Bewältigung sozialer Spannungen gegeben; Dem Gerichtsgedanken liegt seiner Meinung nach die soziale Metaphorik zugrunde, daß das Opfer zum Richter wird, der Ohnmächtige zum Weltenherrn, was für Theißen nicht zuletzt mit dem Hinweis auf Sanktionen verbunden ist: »Der Normverletzung entsprechen eschatologische Strafen«[259]. Daß Paulus mit diesen Sinnmomenten Realitäten verknüpft, ist für ihn keine Frage, für seine soziologische Intention gleichzeitig aber nicht von Belang. Entscheidend ist für Theißen die soziologische Erkenntnis: »Sakramentale Handlungen sind dramatische Darstellungen sozialer Prozesse, was immer sie sonst noch sein mögen ... Reale Bestimmtheit und theologische Intention lassen sich ... nicht auseinanderdividieren: Sie sind im funktionalen Kontext sozialen Handelns verbunden«[260].

So aufschlußreich m. E. Gerd Theißens soziologische Untersuchung zum Hintergrund des Konflikts in Korinth, seine »Exegese kata sarka«[261], in mancher Hinsicht ist[262], so vordergründig und unbefriedigend bleibt die ›Exegese kata pneuma‹ der Herrenmahlsparadosis mit ihren theologischen Implikaten. Höchst undifferenziert scheint mir z. B. die Verknüpfung von Bundesopfer, Sühnopfer und Sündenbocktheorie, die in die Feststellung mündet: »Das Neue im christlichen Opfergedanken ist, daß der stellvertretend geopferte Sündenbock nicht aus der Gemeinschaft ausgeschlossen und

---

257 Ebd. S. 313
258 Ebd. S. 314
259 Ebd.
260 Ebd. S. 315. 317
261 Ebd. S. 316
262 Zu den berechtigten Anfragen an G. Theißen vgl. Peter Lampe, u. a. S. 192f. 204f

in die Wüste geschickt wird; er wird zum Weltenherrn gemacht und als letzter Maßstab anerkannt«[263]. In dieser Darstellung der Sühnopfervorstellung hat die Rede von dem realen Tod des Menschen Jesus von Nazareth keinen Platz mehr. Im Blickpunkt steht das »Bundesopfer«, als Part in einem Drama, bei dem ungeklärt bleibt, *wer* hier *was warum wozu* und *wie real* inszeniert. Und diese Unklarheiten kennzeichnen m. E. Theißens Deutung des Herrenmahls insgesamt. Angebracht scheint mir angesichts seiner Akzentsetzung eine Anmerkung von Gerhard *Ebeling*: »Was auch immer in die Glaubensaussagen über Jesu Tod an Metaphorischem hineinspielen mag, eines steht außer Zweifel: Nicht um Bilder geht es, um Übertragenes, gar um Vergeistigung, sondern um Blut, Tränen und Tod. Was der Glaube dazu sagt, dient jedenfalls nicht dazu, Blut, Tränen und Tod doketisch zu verflüchtigen«[264].

2.2.3. Bernd Kollmann

Die Beziehung zwischen Herrenmahl und historischem Jesus, zwischen den Einsetzungsberichten und den sonstigen neutestamentlich überlieferten Mahlgemeinschaften Jesu sowie der Mahlmetaphorik seiner Verkündigung ist die Fragestellung, von der Bernd Kollmann in seiner Untersuchung ausgeht. Ergebnis seiner literarkritischen und traditionsgeschichtlichen Arbeit an den Texten ist: Nicht die neutestamentlichen Einsetzungsberichte, nicht ein Abschiedsmahl Jesu mit seinen Jüngern unmittelbar vor seinem Tod, stehen am Anfang der Entwicklung der urchristlichen Mahlfeiern, sondern die offenen Mahlgemeinschaften Jesu während seiner irdischen Wirksamkeit. Die sachliche Divergenz zwischen den sogenannten Einsetzungsberichten und der als authentisch anzunehmenden Mahlpraxis und Mahlmetaphorik Jesu[265] spricht eindeutig dagegen, die Einsetzungsworte auf Jesus selbst zurückzuführen. Seiner Meinung nach markieren die Einsetzungsberichte »den Kulminationspunkt eines komplexen Entwicklungs- und Modifikationsprozesses in klar abgrenzbaren Teilbereichen der Überlieferung bzw. Traditionsbildung«[266]. Eine detaillierte Darstellung

---

263 G. *Theißen*, S. 314
264 Gerhard *Ebeling*, S. 18f
265 B. *Kollmann* verweist hier vor allem auf folgende Aussageelemente: Abschiedsmahl im engsten Jüngerkreis – Offene Mahlgemeinschaften mit den Mahlelementen (weitgehend) Brot und Fisch, ohne besondere Bedeutung (S. 252); – Besondere Qualität der Mahlelemente, die Identifikationsformel: Brot und Wein als Leib und Blut Jesu; – Die Antizipation am endzeitlichen Freudenmahl; – Bundes- und Sühnetodinterpretament, die beide seiner Meinung nach keinerlei Anhalt haben an Jesu Verkündigung. Vgl. ders., S. 178–181.240–242.245f. u. ö.
266 Ebd. S. 251

seiner Thesen, die sich auf sämtliche frühchristliche Zeugnisse christlicher Mahlfeiern bis hin zur Didache und Justin[267] beziehen, würde den Rahmen der vorliegenden Arbeit bei weitem sprengen. Ich beschränke mich von daher auf die Aspekte, die Kollmann selbst bei aller konstatierten Vielfalt der frühchristlichen Mahlfeiern für *konstitutiv* und *unverzichtbar* hält und von Belang auch für die gegenwärtige interkonfessionelle Abendmahlsdiskussion[268]:

1. *Theologisch:* Gastgeber ist Gott. – Wie jede jüdische Mahlzeit sind auch die Mahlgemeinschaften Jesu von dieser Vorstellung bestimmt. Ihnen eignet damit von vornherein ein sakraler Charakter und ein immer schon gegebener supranaturaler Heilsbezug[269], darüberhinaus aber »insbesondere der Charakter von eschatologischen Heilsmählern im Horizont der anbrechenden Gottesherrschaft«[270]. Die Vorstellung der Gastgeberschaft Gottes bleibt traditionsgeschichtlich auch da erhalten, wo »Jesus oder das Pneuma als Repräsentanten Gottes fungieren«[271].

2. *Christologisch:* Eine »Einbeziehung der Person Jesu als integraler Bestandteil«[272] läßt sich für alle Überlieferungsschichten feststellen, und zwar als ideelle bzw. funktionale Repräsentanz, die auf den gesamten Mahlvollzug zu beziehen ist[273] oder »als unmittelbare Präsenz Jesu in den sakramentalen Gaben von Speise und Trank«[274].

---

267 »Daß der eucharistische Befund Justins den Schlußpunkt unserer Untersuchung markiert, hat insofern seine Berechtigung, als Justin mit seiner Beschreibung der Eucharistie als eines Getauften vorbehaltenen, fest in den sonntäglichen Wortgottesdienst integrierten wie von bestimmten Funktionsträgern der Gemeinde vollzogenen Kultmahls ohne Sättigungscharakter (Apol I 65–67) und mit der erstmaligen Anwendung von Opfer- und Konsekrationsvorstellungen auf Speise und Trank (Dial 41, 117, Apol I 66,2) die frühchristliche Entwicklung des ›Abendmahls‹ zu einem gewissen vorläufigen Abschluß bringt«. Ebd. S. 36 Anm. 57
268 Ebd. S. 272. Vgl. dazu ebd. S. 266ff
269 Ebd. S. 234f. 266 u. ö.
270 Jesus greift nach B. *Kollmann* die alttestamentlich prophetische Ankündigung des endzeitlichen Freudenmahls auf (Mt 8,11f par; Lk 15,11–32), bezieht sie präsentisch auf die Zeit seines Auftretens (Mk 2,19a; Mt 22,1–10 par; vgl. Mt 11,18f par) und konkretisiert sie in Gestalt seiner offenen, nicht auf einen bestimmten Kreis beschränkten, Mahlgemeinschaften (Mk 2,15–17: Mk 6,30–44; 8,1–10; Lk 19,1–10; vgl. Joh 12,1–11). »Für die Teilhabe am göttlichen Heil bzw. für dessen Manifestation ist dabei allein der Akt des gemeinsamen Mahlhaltens mit Jesus konstitutiv«. Ebd. S. 251f
271 Ebd. S. 272
272 Ebd.
273 *Kollmann* nimmt dies auch für die nachösterliche Fortsetzung der Mahlgemeinschaft mit dem Irdischen an, verweist hier z. B. auf Joh 21,9b.12.13, sieht dies mit einiger Wahrscheinlichkeit aber auch für die von den ersten Jerusalemer Christen begangenen täglichen Mahlfeiern, Apg 2,42.46, als gegeben, S. 252 u. ö.
274 Ebd. S. 272

3. *Soteriologisch:* Die Bezüge sind vielfältig (Antizipation endzeitlichen Heils, Lebensspeise, Dokumentation, Vergewisserung, Aktualisierung und Intensivierung des aufgrund der Taufe bestehenden Heilsstatus, Gemeinschaft mit dem Kreuzesleib und Auferstehungsleib Christi, Sühnetod- Bundesaussage, Sündenvergebung), es dominieren supranaturale Lebensaspekte. »Das christliche Kultmahl dokumentiert oder gewährleistet aufgrund seiner theologischen und christologischen Bezüge einen jenseits dieser Wirklichkeit liegenden Heilsstatus«[275].

4. *Ekklesiologisch:* Zentral ist für alle christlichen Mahlfeiern der Gemeinschaftsaspekt, wobei die Gemeinschaft als in einem vorausgehenden gemeinschaftsbildenden Handeln Gottes bzw. Christi gegründet verstanden wird, dem entspricht, daß es durchweg – und zwar als Sättigungsmahlzeit – gemeindeintern gefeiert wurde und keine missionarische Dimension hatte[276].

Die Stärke der Untersuchung von Bernd Kollmann liegt in der Herausarbeitung der vielfältigen soteriologischen Bezüge neutestamentlicher und frühchristlicher Abendmahlsüberlieferung. Schlüssig weist er darüberhinaus nach, daß und inwiefern die Mahlgemeinschaften und die Mahlverkündigung Jesu für das Verständnis urchristlicher Mahlfeiern von entscheidender Bedeutung sind. Nicht schlüssig aber ist seine Beweisführung da, wo er die neutestamentlichen Einsetzungsberichte samt und sonders für – wenn auch *vor*paulinische – Traditionsbildung im Zuge fortschreitender Sakramentalisierung urchristlicher Mahlfeiern und ihrer Christologisierung hält. Zu wenig findet in seinen Überlegungen das Phänomen Beachtung, daß, trotz fragloser religionsgeschichtlicher Parallelen in Einzelphänomenen, das Abendmahl im Kern *analogielos* ist. Zudem ist sein Verständnis von Brot- und Kelchwort als Identifikationsformel eine Prämisse, die der Komplexität der Aussagen nicht gerecht wird. Unberücksichtigt bleibt dabei z. B., daß sich *sōma* und »*haima*« keinesfalls als Korrelatbegriffe verstehen lassen und daß, aufgrund der Stellung von »*touto*«, der Akzent der Aussage *nicht* selbstverständlich auf den Mahl*elementen*, sondern auf der Handlung als ganzer liegt.

Darüber hinaus stellt sich im Blick auf die Entstehungs- und Überlieferungsgeschichte der Texte doch nicht nur – wie seiner Meinung nach – die Frage, wie sich eine solche Traditionsbildung innerhalb eines so kurzen Zeitraumes vorstellen läßt, sondern auch, mit welcher *Intention* und

---

275 Ebd. S. 272
276 Vgl. dazu ebd. S. 270ff

vor allem auch mit welcher *Begründung* eine solche Tradition überhaupt entsteht. Könnte nicht gerade die Singularität der Abendmahlsberichte, ihre religionsgeschichtliche Analogielosigkeit und die, von Kollmann vielfach betonte, erhebliche sachliche Divergenz zwischen den Mahlgemeinschaften Jesu und dem letzten Mahl umgekehrt dafür sprechen, daß dieses letzte Mahl Anhalt haben muß an einer Mahlgemeinschaft Jesu, die in ausdrücklichem Zusammenhang mit seinem bevorstehenden Tod stand? Und wird nicht die Tatsache, daß weder in der Didache noch da, wo ›nur‹ vom »Brotbrechen« die Rede ist, die Einsetzungsworte erwähnt werden, vorschnell und kurzschlüssig als Beweis dafür genommen, daß die Einsetzungsworte bei diesen Mahlfeiern auch tatsächlich nicht zitiert worden sind?

2.2.4. Peter Lampe

Auf dem Hintergrund alltäglicher, nicht nur sakraler, hellenistisch-römischer Mahlpraxis charakterisiert Peter Lampe aufgrund differenzierter religionsgeschichtlicher Beobachtungen die Situation in Korinth. Folgende seiner Hinweise und Ergebnisse scheinen mir besonders einleuchtend und weiterführend zu sein:

1. Die urchristliche Herrenmahlsfeier beinhaltet Elemente, die der in der Umwelt üblichen Mahlpraxis entsprechen und Analogien im religiösen Zeremoniell, der Mahlabfolge und bestimmten Speisesitten erkennen lassen.[277] »Die Umwelt lehrt, daß gerade die gewöhnliche Mahlzeit durch entsprechende Interpretation – und durch einige diese Interpretation ausdrückende Wort und Akte – zum massiv kultisch-sakramentalen Essen wird«[278].

2. Paulus kritisiert die »Prolongation vorbaptismalen Verhaltens«[279] der Korinther in folgender Hinsicht: Das Sättigungsmahl[280] ist als Mahl

---

277 Z. B.: Ein in 1. Kor 14,26ff gespiegeltes mögliches christliches Symposion *nach* der Kelchhandlung; *Vor* dem sakramentalen Herrenmahl: Das *idion deipnon* im Sinne einer Eranos Mahlzeit; Beginn der *secundae mensae* mit Opferritus und religiösen Akklamationen (Vgl. S. 186ff):»Als beziehungsreich muß sich für die ehemaligen Heiden zudem ausnehmen, daß vor den paganen *secundae mensae* der Genius des Kaisers angerufen wird ... Der christliche Brotsegen ersetzt dieses Element des Herrscherkults; der Kyrios Jesus Christus wird sakramental präsent«, P. *Lampe*, S. 198f.

278 Ebd. S. 199f

279 Vgl. z. B. ebd. S. 201. P. *Lampe* unterstreicht hier, daß aufgrund der Analogien im paganen Bereich für die heidenchristlichen Korinther es durchaus naheliegend war, bestimmte Gewohnheiten beim Abendmahl beizubehalten.

280 »... nicht nur ein Austeilen von bloß Brot und Wein, bei dem womöglich wieder etliche hungrig bleiben« (ebd. S. 204). Anders Gerd *Theißen*, der annimmt, daß beim Herrenmahl nur Brot und Wein gegessen bzw. getrunken wurde, S. 302ff.

innerhalb des Herrenmahls (Brotwort – Sättigungsmahl – Kelchwort) ernstzunehmen, zu feiern, miteinander zu teilen und nicht rücksichtslos als *idion deipnon* von den Reicheren auf Kosten der Ärmeren vorwegzunehmen. Denn Gemeinschaft mit dem erhöhten Kyrios[281] bedeutet immer auch Gemeinschaft mit dem gekreuzigten Kyrios, – gegen einen korinthischen Enthusiasmus, der nur an der Realpräsenz des Erhöhten interessiert ist –, und das Herrenmahl als Vergenwärtigung des *hyper hymōn* des Kreuzestodes Christi immer auch ein entsprechendes »Liebesverhalten auf der zwischenmenschlichen Horizontalen«[282].

3. Daß Paulus das Verhalten in Korinth vom Gekreuzigten und vom Kreuzesgeschehen her korrigiert, ist das spezifisch[283] Paulinische, das spezifisch Christliche und verwehrt jede sakramentale Sicherheit: »Die Realpräsenz des gekreuzigten und erhöhten Herrn im Sakrament wird dem Menschen nicht als etwas Verfügbares ausgeliefert; sie verpflichtet vielmehr den Menschen und sein Handeln.«[284]

4. Die Vorstellung einer Realpräsenz in den Elementen ist weder in der vorpaulinischen Paradosis[285] noch bei Paulus selbst anzunehmen. Der *Akt* des Brotbrechens, nicht das Brot, verweist in der Paradosis auf den Kreuzesleib und den Kreuzestod Jesu, ebenso wie der Kelch – die Danksagung über dem Kelch und das gemeinsame Trinken aus dem Kelch, der die Gemeinschaft ausdrückende *Akt* und nicht der Wein – auf den »neuen Bund«.[286] Ebenso spricht vieles dafür, die Aussagen in 1. Kor 10,16 wie 11,27 – trotz gegebener stärkerer Parallelisierung von Kelch/Brot mit Blut/Leib, aber eben *nicht* Identifizierung! – im Sinne von Teilnehmen bzw. Schuldigwerden am Todesschicksal Christi zu verstehen.[287]

5. Der paulinische Brückenschlag zwischen *Sakrament* und *Ethos* geschieht durch die Vergegenwärtigung des Todes Christi im eucharistischen Ritus

---

281 »Ohne Zweifel stellen sich Paulus und die Korinther eine Realpräsenz des Kyrios beim Mahl vor; der Kyrios nimmt als Gastgeber am Mahl teil«, so P. *Lampe*, S. 206

282 Ebd. S. 212

283 Die Betonung des Gemeinschaftscharakters des Mahles dagegen ist in der Umwelt durchaus ebenfalls gegeben; Vgl. dazu *Lampes* Hinweise: S. 206, Anm. 68

284 Ebd. S. 212f unter Verweis auf 1. Kor 11,27–32

285 Auch bei Markus geht es, nach Peter *Lampe*, trotz Deutung der Elemente nicht zwingend auch um eine Realpräsenz in den Elementen, »*estin* in Mk 14,22 kann weiterhin wie in Mk 4,15f.18 schlicht als ›bedeutet‹ (s. Anm. 70) übersetzt werden«, S. 207.

286 *Lampe* interpretiert das »*touto*« (11,24a) aufgrund des folgenden »*touto poieite*« in dem o. g. Sinn bzw. das »*touto to potērion*« (V. 25a) aufgrund des »*touto poieite*« (V. 25b).

287 Dies auch unter Verweis auf 1. Kor 10,4. »Auch in 10,4 ist der pneumatische Trank der Eucharistie nicht mit Christus *identisch*, sondern er kommt von Christus *her* und stiftet so Gemeinschaft mit ihm«, ebd. S. 208

in dreifacher Hinsicht: a) Das von diesem Tod ausgehende Heil *hyper hymōn, kainē diathēkē* wird vergegenwärtigt – mit den entsprechenden ethischen Konsequenzen für die Reichen wie für die Armen. b) Der Tod Christi wird vergegenwärtigt als Tod am Kreuz, als »Selbstentäußerung des Kyrios zum Wohle anderer«, die »die Christen zu einer ebensolchen (Phil 2,4f)« drängt.[288] c) Im Sakrament mit Christus *mitsterben* (Röm 6,2–8) »schließt das Absehen vom eigenen Ich und den Einsatz für andere ein (1. Kor 4,11–13 u. ö.)«.[289]

Das hellenistisch-römische Vergleichsmaterial, das von Peter Lampe herangezogen wird, läßt die Praxis urchristlicher Herrenmahlsfeier nicht nur in Korinth deutlich mehr an Konturen gewinnen. Und deutlich an Konturen gewinnt auch eine Interpretation der Abendmahlsparadosis jenseits sühnetheologischer Denk- und Sprachmuster, die dennoch mit Paulus von einer Heilsbedeutung des Todes Christi ausgeht. Exegetisch überzeugend legt Lampe auch dar, daß die Vorstellung von der Realpräsenz des Kyrios im Mahl weder bei Paulus noch vorpaulinisch an die Elemente gebunden wird, sondern an den Akt. Gedeutet werden nicht die Substanzen, sondern die *Handlung*, das gemeinsame Brotbrechen, das Trinken aus dem einen Kelch. Nicht um das Blut geht es, sondern um den neuen Bund – eine Exegese, die von mancherlei bestehenden Engführungen befreit.

Und doch stellen sich auch Fragen, besonders bei einem Blick auf die Konnotationen zur Deutung des Todes Christi und seiner Vergegenwärtigung im Sakrament: »Inbegriff der liebenden Selbstentäußerung ... die liebende Selbstentäußerung des Kyrios zum Wohle anderer ... Tod ... mit dem dieser sich für andere aufopferte ... sich für andere hingeben ... am Kreuz manifeste Liebe für andere«[290]. Inwiefern ist denn so gesehen vom »*neuen* Bund« zu sprechen? Was qualifiziert den Tod Jesu ein für allemal und einzigartig als heilvoll? Was ist das Neue, das Unvergleichliche an seiner liebenden Selbstentäußerung? Bedeutet Aufopferung für andere an sich schon Heil genug? Und wenn Lampe sagen kann: »Erst in diesem Sich-Hingeben verkünden die Christen den Heilstod Christi recht: Erst so stellen sie den Tod Christi anderen Menschen konkret erlebbar dar, ihn repräsentierend und vergegenwärtigend«[291], ist zu fragen, ob hier die Vergegenwärtigung des Kreuzestodes im Sakrament nicht in geradezu

288 Ebd. S. 210
289 Ebd.
290 Zitate: Ebd. S. 209–212
291 Ebd. S. 212

unheilvoller Weise von der ethischen Haltung und Handlung der Christen und Christinnen abhängig gemacht wird?

3. Thetische Schlußfolgerungen für Abendmahlslehre und Abendmahlspraxis in der Gegenwart

1. Die neutestamentliche Abendmahlsüberlieferung stellt keinen erratischen Block dar, sondern spiegelt in ihrer traditionsgeschichtlichen Vielschichtigkeit unterschiedliche Akzentsetzungen und Deutungen wider, die es nötig, aber auch möglich machen, auszuwählen und je nach Situation neu über die Bedeutsamkeit einzelner Aspekte zu entscheiden. Die neutestamentliche Abendmahlsüberlieferung beinhaltet aber trotz und in aller Vielschichtigkeit übereinstimmende Elemente, die es aufzunehmen und in die Gegenwart zu über-setzen gilt, will man sich mit Abendmahlslehre und Abendmahlspraxis nicht in Beliebigkeiten verlieren.

2. Die Exegese der neutestamentlichen Abendmahlsparadosis der letzten beiden Jahrzehnte gibt in der einen wie anderen Richtung Sachkriterien an die Hand. Aufschlußreich ist zum einen der Einblick in die Komplexität der Fragestellungen und die Disparität der exegetischen Positionen, die mit den oben skizzierten Neuansätzen verschärft in den Blick treten: Auf der einen Seite eine opfer- und sühnetheologische Akzentsetzung, die, unter Verweis auf die zentralen Aussagen der Einsetzungsworte, auf Jesus selbst zurückgeführt wird, mit einer mehr[292] oder weniger[293] kultisch-sakramentalen Deutung des Abendmahls. Auf der anderen Seite die Thesen, daß die Vorstellung vom Sühnetod Jesu ein traditionsgeschichtlich späteres Interpretament darstellt und neutestamentlich nur eine der möglichen Deutungen des Todes Jesu ist, bis hin zur radikalen Infragestellung jeglicher jesuanischer Authentizität des Abendmahls, verbunden mit der Annahme, daß sich in den neutestamentlichen Abendmahlsüberlieferungen, in Interpretamenten und Mahlgestaltung, ein vielschichtiger religionsgeschichtlicher Prozeß frühchristlicher Gemeindebildung spiegelt, und nur dies.

3. Die Vielschichtigkeit neutestamentlicher Überlieferung und die Pluralität und Divergenz exegetischer Positionen werden zur Anfrage an eine Agende evangelischer Abendmahlspraxis, die relativ einheitlich und ausschließlich auf der Opfer- und Sühnevorstellung basiert, christologisch

---

292 Z. B. U. *Wilckens*, vgl. A.II.2.1.3., S. 50ff
293 Z. B. O. *Hofius*, vgl. A.II.2.1.5., S. 56ff

zentriert auf Kreuz und Tod Christi, das Leben Jesu dabei weitgehend außer acht lassend, und *anthropologisch fixiert* auf den Aspekt der Sündenvergebung im Abendmahl[294]. (Letzteres ohne daß in der Abendmahlsliturgie *aufschlußreich* von Sünde, Sünden und Sündenvergebung die Rede wäre. Dies wiederum entspricht m. E. allerdings durchaus dem exegetischen Befund: Denn so dezidiert, pointiert und radikal auch im sühnetheologischen Interpretationsrahmen von Sünde die Rede sein kann, so allgemein bleibt dieses Reden von Sünde doch auch und so wenig grenzt es sich ab von einem moralisch-fixierten Sündenverständnis, das Gefahr läuft, vom Menschen schlicht unbiblisch schlecht zu denken[295].) Der exegetische Befund macht es notwendig, sich von der Festlegung auf die Sühne- und Opfervorstellung als Deutung des Todes Jesu und entscheidendes Interpretament des Abendmahls zu lösen und agendarisch anderes laut werden zu lassen und mehr Vielfalt zu wagen, dies in dem Sinn: »Christliche Soteriologie ist ohne diese Kategorie, nicht aber ohne das möglich, was im Neuen Testament mit ihrer Hilfe über das Kreuz Christi und damit über uns ausgesagt wird«[296].

4. Daß Vielfalt nicht Beliebigkeit meint, wird trotz aller Divergenz exegetisch deutlich. Inhaltliche Markierungspunkte, die sich aus dem obigen Einblick in die Exegese der letzten beiden Jahrzehnte zur Orientierung für Abendmahlslehre und Abendmahlspraxis in der Gegenwart gewinnen lassen[297], sind:

4.1. Abendmahl ist zu verstehen im Kontext des *Lebens Jesu*, seiner Mahlgleichnisse und Speisungswunder, seiner offenen Tischgemeinschaft – mit allen (auch Pharisäern und Schriftgelehrten), auch mit denen, die

---

294 Daß auch in der Mischform der Einsetzungsworte im Entwurf zur Erneuerten Agende durchweg die Mt-Fassung: »zur Vergebung der Sünden« aufgenommen wird, entspricht dieser Tendenz, vgl. A.I.5.

295 »Theologische Glaubenslehren und die Kirchen dürfen von der *Sünde* nicht so sprechen, daß ihre Sprache ungewollt ebenfalls zu einer Denunzierung des Menschlichen als Dreck wird. Theologie hüte sich davor, irgendwelche Menschen oder gar ›den‹ Menschen *ad maiorem Dei gloriam* als schlecht oder gleichgültig zu bewerten«. So in aller Unmißverständlichkeit Christof *Gestrich* (S. 192), dessen Abhandlung über die »christliche Lehre von der Sünde und ihrer Vergebung in gegenwärtiger Verantwortung« m. E. in der Tat weiterführend ist, insofern er neben notwendigen theologischen Konturen auch anthropologische, ontologische und kosmologische Konturen des Begriffs Sünde erschließen hilft. Dies im Sinne seiner im Vorwort geäußerten Einsicht: »daß ein Theologe nichts Neues lehren soll. Die Wahrheit für uns heute ist nicht erst zu erfinden, sondern nur hinsichtlich ihrer uns jetzt besonders betreffenden Aspekte zu verstehen. Dies ist freilich schwierig genug«, ders. S. VI.

296 I. U. *Dalferth*, S. 192

297 Vgl. auch o. g. Kriterien zur Orientierung: A.II.1.4., S. 45ff

ansonsten gemieden wurden (»Zöllner und Sünder«) oder wenig geachtet waren (Frauen)[298] –, im Horizont des Reiches Gottes und als Ausdruck seiner spezifischen Beziehung zu Gott und Menschen.[299] Abendmahl ist grenzüberschreitende Anteilgabe an dem Leben, das in Jesus erschienen ist: »Die Geschichte Jesu Christi ist als proleptisches Inkorporationshandeln Gottes nicht geschlossen und exklusiv, sondern offen und inklusiv, weil sie das eschatologische Zum-Menschen-Kommen Gottes ist«[300].

4.2. Abendmahl ist zu verstehen im Zusammenhang von *Passion und Tod Jesu*, seinem ureigenen Tod, dessen Heilsbedeutung in dem »Für euch« seines gesamten Lebens liegt.[301] Abendmahl ist Einladung in die Tischgemeinschaft Jesu, in der angesichts des Todes, trotz des Todes und aufgrund des Todes Jesu die bedingungslose Zuwendung Gottes zu Menschen und Welt befreiend leibhaftig wird. »Der Tod Jesu markiert im Kontext des Lebens Gottes die Ankunft Gottes am tiefsten Punkt menschlicher Wirklichkeit ... Eben durch diese göttliche Mitmenschlichkeit aber wird unsere auf den Tod hin orientierte Wirklichkeit durch Gott selbst in ihre eigentliche Bestimmung, das Leben in Gemeinschaft mit Gott transformiert«[302].

4.3. Abendmahl ist im Kontext des *letzten Mahles* Jesu Erinnerung – Vergegenwärtigung der Geschichte Jesu und in der Einheit von Wort und Handlung Zusage und postleptische Anteilgabe an seinem Leben und Sterben allen zugute.[303]

4.4. Abendmahl ist zu verstehen im Zusammenhang der *Auferstehung Jesu Christi* von den Toten, der Beglaubigung seines Lebens und Sterbens

---

298 Vgl. dazu P. *Fiedler*, der darauf verweist, daß Jesus auch der Gast von Pharisäern war, ohne daß jeder Pharisäer und Schriftgelehrte damit auch sein Jünger wurde, genausowenig wie jeder Zöllner und Sünder: »So kann man sich nur vor Typisierungen, und zwar nach beiden Seiten, nach Kräften hüten, auch wenn unsere Texte dazu verführen könnten. Anstatt Jesu Mahlgemeinschaften in einer nicht zu rechtfertigenden Weise religiös zu befrachten, genügt es vollauf anzunehmen, Jesus sei für alle offen gewesen, die zu ihm kamen. Da diese Offenheit zweifellos ›theologisch‹ motiviert ist, gehören selbstverständlich auch Jesu Mahlgemeinschaften zu seiner ›Botschaft‹, nur daß deren Sinn und Zweck nicht in der Vergebungszusage zu erblicken ist« (S. 151). Nach Fiedler geht es Jesus darum, »das ganze Israel als Heilsempfänger zuzurüsten«, S. 153. – Vgl. u. a. T. *Schramm*, für den es in diesem Zusammenhang der offenen Tischgemeinschaft Jesu mit allen »nicht verwunderlich, geschweige denn unwichtig« ist, »daß eben dieser Jesus auch anstößige Gleichnisse prägte«, Unmoralische Helden, S. 155.

299 Vgl. H. *Patsch*, P. *Fiedler*, H.-J. *Klauck*, B. *Kollmann* u. a.

300 I. U. *Dalferth*, S. 193

301 Vgl. u. a. H. *Schürmann*

302 I. U. *Dalferth*, S. 193

303 Vgl. u. a. B. *Klappert* u. a.

77

durch Gott.[304] Abendmahl ist Tischgemeinschaft, die über den Tod hinausreicht.

4.5. Abendmahl ist zu verstehen als Tischgemeinschaft mit dem gekreuzigten und erhöhten *Kyrios* in der *Gemeinschaft mit allen*, die in ihm ein Leib sind. Abendmahl ist Partizipation, Vergewisserung und Aufgabe.[305]

4.6. Abendmahl ist zu verstehen im *eschatologischen* Horizont des gekommenen und kommenden Gottes Reiches und des gekommenen und wiederkommenden Kyrios.[306] Abendmahl ist Tischgemeinschaft unterwegs.

4.7. Abendmahl ist zu verstehen im Kontext konkreter Gemeindesituation, konkreter *Einflüsse* und *Prägungen* durch die religiöse (jüdische wie römisch-hellenistische) Umwelt und das soziale Umfeld. Abendmahl ist nicht nur das Besondere, sondern beinhaltet auch das Vergleichbare und alltäglich Gegebene.[307]

4.8. In all dem geht es mit dem Abendmahl um ein Geschehen, das nicht verfügbar ist, *Sakrament* bleibt.[308]

5. Die vielfältigen Sinn- und Bedeutungsaspekte der neutestamentlichen Abendmahlsüberlieferung lassen sich, wie gesagt, nicht alle gleichzeitig und gleichermaßen aufnehmen und übersetzen. Es gilt auszuwählen, was heute und jetzt verstehbar, aufschlußreich, bedeutsam sein könnte. Das aber setzt voraus, daß es neben exegetischen Sachkriterien *bewußt* auch um »Partizipation an der gegenwärtigen Lebenswelt«[309] gehen muß, daß danach zu fragen ist, was angesichts gegenwärtiger Erfahrungen, Entwicklungen und Tendenzen an Abendmahlslehre und Abendmahlspraxis möglich und verantwortbar ist.

---

304 Vgl. u. a. P. *Stuhlmacher*, H. *Schürmann*, H.-J. *Klauck*
305 Vgl. H.-J. *Klauck*, P. *Lampe* u. a.
306 Vgl. O. *Hofius*, H.-J. Klauck
307 Vgl. G. *Theißen*, H.-J. *Klauck*, P. *Lampe* u. a.
308 Vgl. u. a. O. *Hofius*, P. *Lampe*
309 Eckhard *Rau* merkt im Blick auf die Exegese an: »Die Partizipation an der gegenwärtigen Lebenswelt gibt nicht nur die Fragestellungen vor, mit denen sich der Exeget – bewußt oder unbewußt – dem Neuen Testament nähert. Sie entscheidet auch inhaltlich mit darüber, welches Bild der Vergangenheit er aus den Quellen rekonstruiert«, Mahlgemeinschaft, S. 106.

III. Blut, Opfer, Gemeinschaft:
Gesellschaftliche Problemhorizonte

1. Blut und Opfer

1.1. Beobachtungen

Von Blut ist in der Gegenwart immer öfter und ausdrücklicher die Rede, nicht nur im Zusammenhang mit Kriegen[310], Terrorakten oder Aids, sondern auch im Zusammenhang mit brutaler Gewalt in nächster Umgebung, angefangen mit gewalttätigen Übergriffen auf Ausländerinnnen und Ausländer. Im Kontext der vorliegenden Arbeit scheint mir für die Frage nach den Wurzeln der Gewalt gegenüber Fremden die These von Herbert *Heinzelmann* bedenkenswert, der im Rekurs auf René Girards Buch »Das Heilige und die Gewalt« auf das mythische Element der Gewalt verweist und von dem *Blutmythos* spricht, der die Fremden als Sündenböcke opfert: »Die heilige Gewalt des Opfers war im goldenen Zeitalter des Mythos gelenkt von den akzeptierten Autoritäten der Götter und ihrer Stellvertreter im Priestergewand ... Die Opferpriester (erg.: heute), an keine Autorität zurückgebunden, in voller zynischer Freiheit, errichten ihre Altäre. Und überall brennen im umnachteten Deutschland die Feuer«[311]. Immer häufiger werden darüber hinaus Auseinandersetzungen im Alltag bis auf's Blut ausgetragen, schon unter Kindern und Jugendlichen[312], überwiegend männlichen Geschlechts[313], die nicht selten als Opfer von Gewalt auch zu Tätern werden: »Dieser Zusammenhang ist zu sehen in einer Gesellschaft, in der Gewalt überall zum gängigen Verhaltensmuster gehört«[314].

---

310 »Unsere Grenzen sind mit Blut geschrieben, und deshalb können sie nicht mehr verrückt werden!«, so ein serbischer General vor den Mikrofonen der Tagesschau im Frühjahr 1994. Und diese Auffassung bestimmt auch noch im Sommer 1995 den Bosnienkonflikt.

311 Herbert *Heinzelmann*, S. 351

312 Vgl. dazu u. a. Peter *Struck*, der als Erziehungswissenschaftler darauf hinweist, daß die Gewalt »immer jüngere Altersstufen erreicht ... die Qualität immer schlimmer wird«, S. 272

313 K. *Hurrelmann*: »Mädchen sind nur zu etwa einem Fünftel an den verschiedenen Formen von körperlicher, verbaler, psychischer, sexueller und politischer Gewalt beteiligt ... Vielfach richten sie die Aggressionen gegen sich selbst, sie werden krank und fallen in depressive Stimmungen«, S. 346.

314 Franz-Josef *Krafeld* (zit. nach Doris *Weber*, S. 425)

79

Und immer offensichtlicher wird, in welchem Ausmaß Kinder[315], vor allem Mädchen, und Frauen Opfer von Mißhandlungen und Vergewaltigungen sind, und wie sehr unsere Gesellschaft noch immer dazu neigt, dies totzuschweigen[316], besonders wenn *Frauen* die Opfer sind. Nach dem Mord an einer vergewaltigten jungen Frau reagiert Alice Schwarzer auf den Aufruf eines Kollegen gegen Rassismus und Gewalt gegenüber Ausländern: »Ja, Herr Kollege, ich bin dabei! Nur – sind Sie auch bei meiner Sache? Sind Sie gegen Rassismus – und gegen Sexismus? Machen Sie sich überhaupt klar, daß nicht ›wieder einmal‹, sondern immer noch Frauen verletzt, geschlagen, gejagt, vergewaltigt und getötet werden – nur weil sie Frauen sind? ... So oder so, selbstbewußt oder bedacht, attraktiv oder unscheinbar, jung oder alt – Frauen sind Opfer. Und Männer sind Täter. Wäre der Sexismus eine nur annähernd so ernstgenommene, politische Kategorie wie der Rassismus, würden wir alle kopfstehen wegen der Welle sexistischer Gewalt, die tagtäglich durch unser Land geht«[317].

Dies im Sinne einer Opferideologie mißzuverstehen, die die männliche Deformation der Gesellschaft jenseits der »Mittäterschaft von Frauen«[318] begreifen will und sie tatenlos nur beklagt, wäre allerdings fatal. Längst ist innerhalb der Frauenbewegung Konsens: »Dieses immer passivische Begreifen des weiblichen Verhaltens und der weiblichen Existenz diskriminiert uns selbst«[319].

Nicht zu übersehender Faktor ist in dem allem die zunehmende *strukturelle Gewalt* in einer Gesellschaft, in der »wie in Ostdeutschland gegenwärtig mit brachialer Gewalt ganz viele Lebensperspektiven und

---

315 »Zahlen des Kinderschutzbundes ...: Im Jahre 1993 über 100 000 Kindesmißhandlungen« (zit. nach Doris Weber, S. 422).

316 In Ansätzen verändert hat sich dies nach den Ereignissen in Belgien 1996, dem »Kinderschänderprozeß« und den damit verbundenen grausigen Entdeckungen.

317 Alice *Schwarzer*, S. 239f.243

318 Christina *Thürmer-Rohr*, S. 38 u. ö.

319 Ebd. S. 51.
Zu registrieren ist in diesem Zusammenhang auch, daß eine Repräsentativ-Umfrage des Magazins »*Focus*« zu häuslicher Gewalt (vgl. Focus 47/21. November 1994, S. 248–258) zu dem Ergebnis kommt: »Überraschenderweise sind die Unterschiede bezüglich Gewalttätigkeit und Opfererfahrung von Männern und Frauen relativ gering« (ebd. S. 251). Wenn gleichzeitig aber gesagt werden kann: »Die Quote ausgeübter Gewalt (erg.: durch Frauen) liegt insgesamt bei etwa zwei Drittel der Männerquote« (ebd. S. 252) und im Blick auf die Folgen: »Frauen reagieren auf eine Attacke deutlich sensibler als Männer. Die Angaben bezüglich Angst, Unsicherheit und Trennungsfolgen sind deutlich höher als bei den Männern; für Frauen ist eine Gewalthandlung offenbar ein schwererer Vertrauensbruch« (ebd.), so verweist dies darauf, daß die Unterschiede so unerheblich *nicht* sind!

Lebenszusammenhänge zerschlagen werden«[320]. Und ein Phänomen ist, wie sehr in all den blutigen Zusammenhängen die Frage nach den *Opfern* in den Hintergrund rücken kann, und das Augenmerk fast ausschließlich auf Tat und TäterInnen gerichtet ist. »Opfer ist das große Tabu-Thema in der Gewaltszene«[321], diese Feststellung scheint mir in einem hohen Maße für unsere Gesellschaft insgesamt zuzutreffen. Daß *Blut* fließt, scheint häufig mehr von Interesse zu sein als die Frage, *wessen* Blut da fließt, und die Erkenntnis, daß es das Blut eines Menschen, eines *Mitmenschen* ist. Zweifelsohne besteht in unserer Gesellschaft die Tendenz, sich auf diese Art und Weise das Geschehen vom Leibe zu halten, sich innerlich und äußerlich abzusetzen, aus sicherer Distanz zuzuschauen.

Und auf diesem Hintergrund ist wohl auch zu sehen, daß mit dem *Blut anderer* rücksichtslos Geld gemacht werden kann, mit kontaminierten Blutkonserven, die den Umsatz steigern lassen, mit Reality-Shows und Horrorfilmen, die die Einschaltquoten erhöhen, mit Fotos und Werbeanzeigen, die blutiges Elend zum Konsum anbieten. Was besonders spektakulär dann so aussehen kann, daß im Frühjahr 1994 die Bekleidungsfirma *Benetton* Tarnhose und blutiges T-Shirt, mit deutlich erkennbarer Einschußstelle, eines getöteten, namentlich genannten, kroatischen Soldaten ablichten läßt.[322] *Opfer werden ›in Kauf genommen‹*, umsatzsteigernd.

Und dies gilt in mancher Hinsicht auch, nur sublimer, im Blick auf die vielen Verkehrsopfer; von einer Trendwende in der Verkehrspolitik, der Autoindustrie oder dem Verhalten am Steuer kann wohl kaum die Rede sein. Für Klaus-Peter *Jörns* sind diese »Blutopfer« Beispiel für »jene Blutfrömmigkeit, die das Leben mit Lebendigem zu sichern sucht«, ohne zu bemerken, daß »wir z. B. als Verkehrsteilnehmer ... Blut als Mittel der Lebenssicherung einsetzen, also ›opfern‹, während wir doch scheinbar nur

---

320 F.-J. *Krafeld*, zit. nach D. Weber, S. 425; Vgl. K. *Hurrelmann*, der strukturelle Gewalt als die Erfahrung bezeichnet, »in sozialen Lebenssituationen zu sein, die keine aussichtsreiche Chance der Entfaltung eigener Lebenspläne ermöglicht«, S. 346. – Daß *Langeweile* aufgrund von Dauerarbeitslosigkeit und mangelndem Freizeitangebot vor allem Jugendliche in einem erheblichen Maße aggressiv und gewalttätig reagieren lassen kann, ist hier als ein entscheidender gesellschaftspolitischer Faktor für zunehmende Gewalt ebenfalls zu nennen, vgl. Horst W. *Opaschowski* zu Untersuchungen des B. A. T Freizeit-Forschungsinstitutes von 1994, S. 206f.

321 So der Erziehungswissenschaftler Jens *Weidner* (zit. nach D. Weber, S. 422. Ebenso gilt der Satz eines jugendlichen Gewalttäters: »Wenn man die Opfer nicht kennt, hat man auch keine Empfindungen dem Opfer gegenüber« (ebd. S. 419) für unsere Gesellschaft insgesamt.

322 Die Werbung löste ein heftiges Für und Wider aus. Vgl. *Spiegel* 8/1994, S. 79

Auto fahren von hier nach da«[323]. M. E. ist dies zu absolut gesehen, insofern keinerlei Raum bleibt für die Frage nach der Verhältnismäßigkeit, nach verantwortbarer Technik, z. B., Sicherheitsstandards und Geschwindigkeit. Äußerst fragwürdig wird seine These spätestens da, wo ihm die konstatierte »Blutfrömmigkeit« (als Beispiele heutiger Blutfrömmigkeit nennt er darüberhinaus Transplantationsmedizin und Militär) dazu dient, die Opfer- und Sühnevorstellung als auch heute gültige Deutung des Todes Jesu zu unterstreichen (s. u.).

Der skizzierten Blut-fixierten Alltagswirklichkeit entsprechend wird auch in der *Kunst* Blut immer öfter zum Thema, Blut, das fasziniert, mit dem im wahrsten Sinne des Wortes gearbeitet wird.

So reagiert die amerikanische Multimedia-Künstlerin *Jenny Holzer* auf ihre Weise auf die Berichte über die brutalen Vergewaltigungen von Frauen als Mittel der Kriegsführung in dem ehemaligen Jugoslawien und läßt den zentralen Satz ihres Zyklus »Lustmord«: »Da, wo Frauen sterben, bin ich hellwach« im Magazin der Süddeutschen Zeitung mit Frauenblut drucken. In einem Interview äußert sie dazu: »Nun ja. Blut ist eine schreckliche, aber letztlich banale Tatsache, die mit dem Tod einhergeht. Sei es der Tod durch Krankheit oder der Tod durch Mord. Ich hoffe, daß in den Texten der seelische Schmerz spürbar wird, den ich ausdrücken wollte. Aber darüber hinaus wollte ich den physischen Schmerz symbolisieren ... Warum ist das Blut auf der Titelseite so ein Schock? Weil wir es plötzlich mit den Händen berühren können. Es wird so viel Blut vergossen auf der Welt, und wir schauen seelenruhig zu. Erst wenn wir mit dem Blut in Berührung kommen, erst wenn es regelrecht an unseren Händen klebt, sind wir schockiert«.

Den seelischen Schmerz spürbar werden lassen durch das Wort, den physischen symbolisieren mit realem Blut, das Frauen, auch Frauen aus dem ehemaligen Jugoslawien, für dieses »Fanal« freiwillig gaben[324], ist dies künstlerischer Ausdruck tiefgehender Betroffenheit? Ist es Provokation um jeden Preis oder eins der zahllosen Beispiele für das »Konkubinat von Krieg und Presse«[325]? M. E. bleibt es zumindest eine Gratwanderung, ein

---

323 Klaus-Peter *Jörns*, Sühnopfer, S. 75.78.
324 Zitate s. Jenny *Holzer*, S. 34f
325 So Willi *Winkler*, der vorweg anmerkt: »Irgendwie hat die Aktion auch mit den Vergewaltigungen an bosnischen Frauen zu tun (Anm. d. Vfn.: Wieso »an«?! Als wären Frauen von Vergewaltigung nur ›teilweise‹ betroffen!). Keine Formfrage, da mußte schon Blut fließen und der Leser sollte, ehe er dem Anpfiff ins Weihnachtsgeschäft folgt, seine Finger in Blut tauchen können«. Er nimmt damit indirekt eine Meldung der Süddeutschen Zeitung auf, nach der türkische Fußballspieler ihre Finger in das Blut eines in dem Augenblick getöteten Schafs tauchten, bevor sie zum Anstoß

Mischbild von Ausdruck des Entsetzens und blutigem Konsumartikel. Und es stellt sich die Frage, ob der Schock angesichts ›realen‹ Blutes, falls es überhaupt zu einem solchen kommt, tatsächlich zu (mehr) Empathie führt oder nicht doch umso mehr mit innerer Abwehr reagieren läßt! Eindeutig wird, daß für Jenny Holzer Blut zur Zeit vor allem mit dem Tod einhergeht, daß es insofern schrecklich und banal zugleich ist.[326]

Um Blutschuld und Blutangst geht es in dem Theaterstück von *Helene Cixous* über die Wiederkehr der Erinnyen: »La Ville parjure« (Die meineidige Stadt, entstanden zwischen Dezember 1992 und September 1993), das die Regisseurin *Ariane Mnouchkine* fast durchgehend auf einem Friedhof spielen läßt.[327] Auch hier ist in Text und Regie die Erschütterung über »Unser böses Blut« federführend, wobei im Hintergrund vor allem der französische Aids-Skandal steht (der sich von dem deutschen nicht wesentlich unterscheidet): »Die Ereignisse dieser Erzählung sind geschehen zwischen dem Jahr 3500 vor Christi Geburt und 1993. Inzwischen sind, in der Wirklichkeit, Dinge geschehen, die den geschilderten gleichen … Heute ist das Wort ›Blut‹ zum Stammwort des Rassismus geworden. Man sagt ›Blut‹ – und sofort klebt am alten Wort das neue: kontaminiert, verseucht«[328].

Anders die Akzentsetzung des Aktionsmalers *Hermann Nitsch*, in dessen Werk und Reflektion das Moment des Entsetzens, der Erschütterung, der Blutschuld und Blutangst in den konkreten Ereignissen der Gegenwart *keinen* Ausdruck findet. Es ist das Leben, und nur insofern auch Leiden und Schmerz, was ihn zur Arbeit mit dem Blut bewegt: »Wir Menschen und Tiere haben dieses rote Blut in uns, das Blut des Gottes wird getrunken. Ich liebe es, mit Lebendigem zu arbeiten, und Blut ist für mich nicht nur der Saft des Leidens, sondern Blut ist auch der Saft des Lebens, des ewigen Lebens«[329].

In diesem Zusammenhang faszinieren Nitsch auch die Symbole des Abendmahls, Wein und Brot, Fleisch und Blut, das Opferlamm, die Dornenkrone, die einfließen in seine Aktionen und seine Aktionsmalerei,

---

auf die Mittellinie liefen; *ders.*, Beim Metzger. Zwei Sittenbilder aus der Provinz: Wie die Magazine durchdrehten, in: DIE ZEIT, Nr. 48, 26.11.1993, S. 59. – Beispiele heutiger »Blutfrömmigkeit«?

326 Vgl. dazu die Blut-Assoziationen der interviewten Frauen, s. u. B.II.3.2.1., S. 258ff

327 Vgl. zum Folgenden Rolf *Michaelis*, Böses Blut, in: Die Zeit, Nr. 23, 1994, S. 57

328 Ebd.

329 Hermann *Nitsch* in einem Interview zu seiner Ausstellung »Passionen 1960–1990« in St. Petri Lübeck 1991, aaO. – M.E. ist diese unterschiedliche Akzentsetzung ein weiterer Verweis darauf, daß Frauen in der Tat auf die Verbindung von Blut, Opfer und Tod eher mit Entsetzen, Abwehr und Infragestellung reagieren.

wobei seine Kunst für ihn, wie alle Kunst, »nicht nur Religionsersatz ...,
sondern ... Religionsausübung« ist. Denn Bejahung des Daseins, und das
heißt für ihn Religion, vollzieht sich für Nitsch im intensiven *Erleben* von
Glück *und* Schmerz. »Sinnliche Tatsachen herzustellen«, die für Glücks-
wie Schmerzempfinden *sensibilisieren*, ist deshalb für ihn Movens und
Notwendigkeit auch da, wo es um die Abendmahlssymbolik geht: »Ich
kenne sehr viele junge Theologen, die meine Arbeiten mögen. Was sie mir
sagen, ist, daß die inhaltlosen und blaß gewordenen Worte der Liturgie:
Brot und Wein – Fleisch und Blut wieder versinnlicht werden. Ich zeige
durch meine Arbeit wieder die Wurzeln. Wo die Sprache suspekt geworden ist, sollte sie nicht benutzt werden, und man sollte zu sinnlichen
Empfindungen zurückkehren«[330].

Zum Kriterium für das, was wahr, im Sinne von real, ist, wird damit,
jenseits jeglicher Rückbindung an die Botschaft der Worte, die Intensität
der sinnlichen Empfindung.

1.2. Schlußfolgerungen für Abendmahlslehre und Abendmahlspraxis in der Gegenwart

Blickt man auf die skizzierte Alltagswirklichkeit, auf Medienberichterstat-
tung, Film und Werbung, wie auch auf einzelne Beispiele der Gegenwarts-
kunst ist m. E. eine Enttabuisierung festzustellen, so makaber es auch klingen
mag: Blut hat Konjunktur, gerade im Zusammenhang mit Opfer, Gewalt und
Tod. Daß das Blut auch innerhalb der Frauenbewegung und, der feministischen Theologie in den Blickpunkt des Interesses gerückt ist, ist kaum
zufällig, sondern als eine Gegenbewegung zu verstehen, insofern es hier mit
der Rekurrierung auf die Bedeutung des Menstruations- und Geburtsblutes
um die Betonung der Bedeutung des Blutes als Lebensblut geht.

---

330 Daß mit den Wurzeln spezifisch *Christliches* der Bedeutung von Brot und Wein, Fleisch
und Blut, *nicht* gemeint ist, wird deutlich, wenn *Nitsch* vorweg sagt: »Man muß mich
als Künstler, irgendwie auch als Wissenschaftler, als Religionsphänomenologen
begreifen. Ich interessiere mich für alle Religionen, für alle Daseinssymbole. Ich mache
quasi eine große Collage mit religiösen Symbolen, die ich einander gegenüberstelle, und
da entstehen Kräfte und Spannungen, die ich gerade für das Wirken meiner Kunst
brauche«, (ebd).
Vgl. dazu die Anmerkung von Jo *Krummacher* zur Malerei der Postmoderne: »in der
›freien Malerei‹ bleiben die Bilder bis in die Sprachlosigkeit offen und werden zum
verhaltenen Angebot, dem Echo der Innenwelt auf die Außenwelt nachzuspüren; so
dokumentieren sie auf ihre Weise das Wissen um die Grenzen der Vernunft und um die
Gegenwart von Unbegreiflichem, bringen Tiefendimensionen zum Klingen oder
Klirren«, S. 11f.

Die Frage, die sich im Zusammenhang der vorliegenden Arbeit stellt, ist: Sind diese gesellschaftlichen Entwicklungen und Phänomene mit Klaus-Peter Jörns sprechende Beispiele einer auch in der Gegenwart bestehenden »Blutfrömmigkeit«, die darauf verweisen, wie notwendig es auch heute noch ist, den Tod Jesu als Opfer- und Sühnegeschehen zu verkündigen, das allein und einfürallemal davon erlöst, das eigene Dasein und Sosein auf blutige Weise beleben, rechtfertigen und retten zu wollen?! Oder verführt nicht im Gegenteil eine solch einseitige Akzentsetzung in der Interpretation des Todes Jesu eher dazu, Gott und Bibel angesichts einer blut- und opferbesessenen Gegenwart ebenfalls ›blutig‹ mißzuverstehen und blutig zu mißbrauchen! Daß in Amerika »Lebensschützer« unter Verweis auf ihre Verantwortung vor Gott zur Waffe greifen und Menschen, die abtreiben und abtreiben lassen, blutig hinrichten, mag weit weg erscheinen und ist doch ein Beispiel fanatisierten Mißbrauchs biblischer Aussagen. Um Gottes Willen soll mit blutigem Menschenopfer Menschenleben gerettet werden.[331]

»Gott steht auf Blut«, dieser Satz, von Uta *Ranke-Heinemann* Ende 1988 formuliert[332], scheint mir trotz aller Überspitzung als Zeitansage eine notwendige und heilsame Provokation. Auf Abendmahlslehre und Abendmahlspraxis zugespitzt, heißt das, Theologie und Kirche kommen nicht daran vorbei: Je mehr Blut fließt, in nächster Nähe und lebensbedrohlich, desto mehr kommt für viele, besonders für viele Frauen auch im Zusammenhang des Abendmahls das ›Blut‹ in den Blick, der *gewaltsame* Tod, das *blutige* Opfer Jesu, und zwar immer öfter als äußerst fragwürdig und eben nicht fraglos heilvoll. Ausdruck gefunden hat dies im Kontext der vorliegenden Arbeit bisher in den einleitenden Stimmen von Frauen und einzelnen Anmerkungen. Die Konkretion anhand der Interviewaussagen steht an dieser Stelle noch aus. Keine Frage scheint mir, daß es angesichts gesellschaftlicher Entwicklungen zu einer immer expliziteren Herausforderung und Aufgabe für Theologie und Kirche wird, »eine Sprache zu sprechen, die sich nicht für die Gewalt mißbrauchen läßt«[333], und daß dies auch im Blick auf Abendmahlsverständnis und Abendmahlspraxis gilt.

---

331 So ist es auch für den Doppelmörder Paul Hill, einen ehemaligen Pfarrer, keine Frage, daß, auch wenn man ihn hinrichtet, »Wahrheit und Rechtschaffenheit« triumphieren werden und sich im Tod sein Blut mit dem »ungeborener Kinder vermischen« wird. Vgl. dazu Konrad *Ege*: Blut soll fließen, aaO.

332 Uta *Ranke-Heinemann*, Spiegel Nr. 46/1988, S. 262

333 Frederick *Herzog*, S. 34

2. Gemeinschaft

2.1. Beobachtungen

»Einsamkeit und Isolation«, »die alltägliche Erfahrung, abgelehnt zu werden, bedroht zu sein, ausgeschlossen zu werden«, wird Anfang der 80er Jahre als existentielle Grundproblematik genannt, die das Gemeinschaftserleben beim Abendmahl zu einer heilvollen Erfahrung werden läßt.[334] So zutreffend damit bis heute Elemente existentieller Grundproblematik beschrieben sind, so eindeutig ist zugleich, daß der Gemeinschaftsaspekt des Abendmahls aber längst nicht mehr die Evidenz hat wie noch vor Jahren[335]. Daß dies auch im Kontext und als Folge gesamtgesellschaftlicher Veränderungen zu sehen ist[336], dafür sprechen stichwortartig folgende Gesichtspunkte:

1. Der Individualisierungsprozeß ist weiter fortgeschritten[337], auch religiös gesehen. Was die religiöse Suche und Szene bestimmt: Esoterik, Spiritismus, Mystik und Meditation, Körpererleben und Körpertherapien, sind weitgehend individuelle Phänomene. Von »Single-Kultur« ist immer öfter die Rede und im Zusammenhang damit ist gesellschaftlicher wie religiöser Pluralismus ein Faktum und Pluralität vielfach zum Programm geworden.[338] Es versteht sich so gut wie alles immer weniger von selbst und als gesellschaftlicher Konsens, schon gar nicht die Zugehörigkeit zu einer Kirche, ganz zu schweigen von der Teilnahme an Gemeinschaftsveranstaltungen wie Gottesdienst und Abendmahl. Insgesamt gesehen gibt es »immer weniger Kanon, immer weniger öffentliche Übereinstimmung, wie man leben und handeln soll, um gut zu leben«[339].

---

334 Ebd. S. 43
335 Was sich z. B. schon allein an dem wachsenden Wunsch nach Einzelkelchen zeigt. Ein Phänomen, das sich mit dem Hinweis auf Hygiene und Aids nicht hinreichend erklären läßt.
336 So stellt z. B. Mitte 1994 Thomas *Polednitschek* fest: »Während der vergangenen zehn Jahre meiner Tätigkeit als Psychotherapeut hat sich die seelische Bewußtseinsstruktur meiner Klienten grundlegend gewandelt«, aaO. (Im einzelnen dazu s. u.)
337 Der Soziologe Ulrich *Beck* spricht in diesem Zusammenhang von einem »tiefgreifenden, evolutionären Prozeß« und deutet Individualisierung als »Entfaltungschancen«, die s. E. Solidarität voraussetzen und nicht etwa ausklammern, S. 224.
338 Vgl. dazu die Äußerung des Volkswirtschaftlers *Hasso von Recum* (1983!): »Mittlerweile befindet sich das ›Collage‹-Prinzip auf einem zügigen Vormarsch in weitere Lebensbereiche. Es wird zunehmend zum Leitbild einer Gesellschaft, die sich mehr und mehr entstrukturiert, sich in ein Ensemble von Minderheiten, in ein Nebeneinander unterschiedlicher Lebensstilgruppen und lokale Sonder- und Gegenmächte aufspaltet«, zit. nach Jo Krummacher, S. 12.
339 Fulbert *Steffensky*, S. 138

86

2. Zum Spiegelbild einer Gesellschaft, deren Konsens dem Anschein nach noch am ehesten darin besteht, möglichst un*ge*hindert und un*be*hindert leben zu wollen, als einzelne möglichst viel »Spaß zu haben« und das vor allem und in jedem Fall in der Freizeit[340], wird die erotisch-sinnliche ›Abendmahlsdarstellung‹ des Bekleidungsmachers *Otto Kern*: Zwölf Frauen an einem Tisch; Auf dem Tisch: mehrere Becher, eine Kanne. In der Mitte des Tisches: ein Mann, vor ihm ein Brot, auf das sein Blick gerichtet ist; Bekleidung: die Frauen wie der Mann ›oben ohne‹, unten mit Kern-Jeans[341]. Die ›feministische‹ Variante dazu: An einem Tisch zwölf Männer, ›oben ohne‹, unten Kern-Jeans; In ihrer Mitte eine Frau, in Jeans und weißem Hemd, die Hände ausgestreckt wie in Gebetshaltung; Auf dem Tisch: zwei Krüge und mehrere Becher, kein Brot. Als Überschrift: »Wir wünschen mit Jesus, daß die Männer die Frauen respektieren lernen« und als Titelangabe unter dem Werbefoto: »Das Abendmahl«.[342]

Was auffällt, ist: Es fehlt nicht nur jeder Bezug auf Passion und Tod, sondern was auf den ersten Blick nach Kommunikation und Bezogensein aussieht, stellt sich bei näherem Hinsehen als ein gänzlich unverbundenes Nebeneinander heraus, die Einzelnen wirken wie atomisiert. Was übriggeblieben ist von dem ›Wissen‹ um Abendmahl, ist der Aspekt der Gemeinschaft. Was daraus geworden ist, ist eine Gemeinschaft, die keine mehr ist, aber den Anschein erweckt, eine zu sein. Zur Schau gestellt wird die *Konsumgemeinschaft* ganz allgemein und die des Otto Kern insbesondere: Jung, schön und dynamisch, verpackt in Pseudofeminismus. Eine Werbung, die in mancher Hinsicht vielsagend ist und für die Beobachtung eines Freizeitwissenschaftlers spricht: »Einsamkeit und wachsende Vereinsamung gehören zu den großen Tabus einer Konsumgesellschaft, in der Kontakt- und Lebens-

---

340 »Freizeit ist längst ein Synonym für Spaß, Turbulenz, Abenteuer, Fitneß, zumindest Wellness, für Dienst am Körper, am Aussehen und am Teint, für kollektives Vergnügen in Discos, an Stränden ... Das B. A. T.-Institut, in dessen Auftrag Opaschowski forscht, sieht im Dreiklang Shopping – Kino – Essengehen ein neues Credo der Deutschen«, so die Journalistin Barbara *Kamprad* unter Bezug auf die neueste Studie des Erziehungswissenschaftlers Horst W. *Opaschowski*: »Schöne, neue Freizeitwelt?«. DAS Nr. 42, 21. Oktober 1994, S. 21

341 Abbildung in: DER SPIEGEL 8/1994, S. 78; Laut SPIEGEL ist die Werbung von den Lesern der Illustrierten *Max* »zur besten Anzeige des Monats gewählt worden«, nach öffentlicher Rüge des Werberates aber von Kern kurz vor Weihnachten zurückgenommen worden. – Durchweg positives Echo hat die Anzeige bei der jüngeren Generation gefunden und weitgehend negativ haben Ältere reagiert: »widerliche Darstellung«, »Geschmacklosigkeit«, ebd. S. 79.

342 Vgl. dazu die Zeitschrift *marieclaire* 12/93

freude demonstrativ zur Schau gestellt, über Einsamkeitsgefühle aber geschwiegen wird«[343].

3. Die Probleme aber werden immer unüberschaubarer, die sozialen Beziehungs- und Sicherungsnetze großmaschiger. Die Verunsicherung wächst, was Identitätsfindung und Rollenverhalten angeht, Arbeitsplatzsituation wie Zukunftssicherung und Sinnfindung. Immer mehr Menschen haben kein Dach mehr über dem Kopf, seelisch nicht und tatsächlich nicht.

4. Nicht Schuld, sondern *Scham* ist es deshalb wohl auch, was heute als existentielle Problematik in den Vordergrund rückt. Von dem Wechsel von einer »Schuld«- zu einer »Schamkultur« (nach Peer Hultberg) ist immer häufiger die Rede, in der statt Über-Ich das Ich-Ideal regiert und »ein sinnvoll erlebtes Leben zunehmend mit der Anpassung und Unterwerfung an die gesellschaftlichen Normen und Standards verwechselt« wird.[344] Es ist die Scham, nicht mithalten zu können, verinnerlichten Idealvorstellungen von Eigenständigkeit und Unabhängigkeit, Kreativität und Flexibilität, Einfluß und Erfolg, in der Realität nicht zu entsprechen: »Bedürftigkeit, Angewiesenheit, Machtlosigkeit, Trauern, Scheitern und Versagen werden als tiefbeschämende Schwächen souveräner Individualität angesehen«[345].

5. Von notwendiger Vernetzung ist allüberall die Rede und von Verortung. Das Gemeinschaftserleben aber ist brüchiger und die Vorbehalte sind grö-

---

343 H.W. *Opaschowski*, Einführung in die Freizeitwissenschaft, S. 188.

344 So der Psychotherapeut Th. *Polednitschek,* aaO. Noch zu Beginn der achtziger Jahre war die entscheidende Frage seiner »Klienten« im Zusammenhang permanenter Schuldgefühle: »Was will ich? Was darf ich?« Da er durchweg von »Klienten« und »Menschen« spricht, bleibt die Frage, ob Frauen und Männer gleichermaßen zu Schuldgefühlen bzw. Scham neigen, ausgeklammert und wird der Eindruck erweckt, es gäbe da keinerlei Unterschiede. Die Interviewaussagen sprechen für das Gegenteil, s. u. –
Zur Differenzierung zwischen Schuld- und Schamkultur vgl. auch die aufschlußreiche Darstellung der geistigen Situation in Deutschland zwischen den Kriegen von Hartmut *Lethen* (aaO, bes. S. 26ff). Die *damals* entstandenen Entwürfe »hochgradig artfizieller ›Schamkulturen‹« beinhalten mit ihren »Verhaltenslehren« nicht zuletzt den »Wunsch nach der Maskierung, die in Situationen der Beschämung Schutz verspricht … Sie versprechen, den Einzelnen weniger verletzbar zu machen und raten Maßnahmen an, mit denen er sich gegen die Beschämungen, die das Kollektiv ihm bereiten könnte, immunisieren kann« (ebd. S. 36). Gleichzeitig gilt nach Lethen aber auch: »Mit der strikten Befolgung der Regeln, die Unterscheidung versprechen, gibt die Person allerdings die Regie wieder aus der Hand. Während das Wesen der ›Gewissenskultur‹ darin besteht, daß sich der einzelne, auch in Abwesenheit der äußeren Sanktionsmacht, normgerecht verhält, müssen die neuen Verhaltensregeln das Bewußtsein von der ununterbrochenen Anwesenheit der Kontrolle des Blicks der anderen wachhalten. Die Entlastung von Selbstverantwortlichkeit, die sie versprechen, droht durch das Gebot absoluter Wachsamkeit aufgezehrt zu werden« (ebd. S. 37).

345 Th. *Polednitschek* ebd.

ßer geworden, sich verbindlich einzulassen und Verantwortung zu übernehmen, für welche Art von Gemeinsinn und Gemeinwesen auch immer, was sich z. B. auch darin zeigt, daß Vereine wie Parteien und Gewerkschaften über Mitgliederschwund klagen, nicht nur die Kirchen.[346] »Spaß haben« ist für viele besonders in der jüngeren Generation die Devise. M. E. ist dies in manchen Bereichen und in mancher Hinsicht auch die Antwort auf zu viel verordnete oder quasi selbstverständlich vorausgesetzte Offenheit, Betroffenheit, Authentizität, Solidarität und Nähe. Sprachliche Formulierungen wie: »ehrlich/offen gesagt, eigentlich, echt, betroffen«, die längst zu Floskeln erstarrt sind, sprechen hier eine beredte Sprache, man weiß, was erwartet wird.

Und das Wir-Gefühl, das z. B. ja auch die frühe säkulare wie kirchliche Frauenbewegung prägte, ist längst dem Bewußtsein gewichen: Die Unterschiede zwischen uns sind immens und nicht zu verdrängen, damit müssen wir leben. »Alle duzen, niemand kennen«, lautet ein studentischer Slogan, der in dieser Hinsicht ebenfalls vielsagend ist. Als Gegenbewegung kommt Skepsis auf gegenüber allem, was nach Pseudonähe und Pseudogemeinschaft aussieht. Mehr Distanz scheint gefragt, es darf wieder gesiezt werden.[347]

6. Nicht das anonyme Wir der großen Menge wird gesucht, sondern verstärkt die überschaubare, vertraute, verläßliche Gruppe, die Gemeinschaft ›mit Gesicht‹. Ein Zeichen dafür ist auch, daß Freundschaft wieder vielfältig zum Thema wird, Freundschaft als »Pakt gegen den Mangel an Menschlichkeit«[348]. Daß das zeitweilige Leben in einer Klostergemeinschaft heute auch von Kirchenfremden als sinnvolle und erstrebenswerte Möglichkeit erlebt wird, Urlaub zu machen, entspricht der Suche nach Spiritualität, Konzentration, Einkehr und Stille wie auch der Suche nach Formen glaubwürdiger, tragfähiger Gemeinschaft gegen die Ich-Einsamkeit.

---

346 Vgl. dazu u. a. Martin *Merz* und Sabine *Rückert*, S. 13

347 Bemerkenswert scheint mir in diesem Zusammenhang die vielfältige Rezeption Helmuth *Plessners* Schrift aus dem Jahr 1924: »Grenzen der Gemeinschaft. Eine Kritik des sozialen Radikalismus« mit ihrer »Verhaltenslehre der Kälte«. Vgl. dazu Helmut *Lethen*: »In Augenblicken sozialer Desorganisation, in denen die Gehäuse der Tradition zerfallen und Moral an Überzeugungskraft einbüßt, werden Verhaltenslehren gebraucht, die Eigenes und Fremdes, Innen und Außen unterscheiden helfen. Sie ermöglichen, Vertrauenszonen von Gebieten des Mißtrauens abzugrenzen und Identität zu bestimmen«, S. 7.

348 So der Kommentar unter einem Foto im DAS Nr. 17/29. April 1994, S. 19. Vgl. dazu den Beitrag von Hans Jürgen *Schultz* mit der Überschrift: »Kräfte gegen die Einsamkeit«, ebd.

7. Um Desorientierung und Desintegration zu entgehen, nehmen andere, und nicht wenige, die Verbindung zu fundamentalen Gruppierungen auf: Endlich wissen, wo man hingehört; Endlich gesagt bekommen, wo es längs geht, was/wer gut ist und wer/was böse; Antworten haben; Sich nicht länger irritieren lassen müssen; Neben sich nur die haben, die genauso denken, glauben, leben. »Denn das ist Fundamentalismus: Suche nach Verbindlichkeit, Wahrheit und Geborgenheit, nach einer ›festen Burg‹ inmitten der Pluralität, Relativierung und Auflösung überlieferter Gewißheiten« Die Glaubenswelt des Fundamentalismus erlaubt, den Krisenerfahrungen der Moderne, ihren äußeren und inneren Unsicherheiten durch das Angebot verbindlicher Orientierung und Lebensführung zu begegnen. Darin liegt seine Anziehungskraft und kulturelle Chance.[349]

2.2. Schlußfolgerungen für Abendmahlslehre und Abendmahlspraxis in der Gegenwart

Auch in der Gegenwart ist Gemeinschaft gefragt, wird Gemeinschaft gesucht, kann Gemeinschaft angesichts gesamtgesellschaftlicher Prozesse auch angemahnt werden: »Aus der individualistischen Single-Kultur grenzenloser Unverbindlichkeit muß wieder eine Gemeinschaftskultur werden«[350]. Aber weniger als je läßt sich davon ausgehen, daß Gemeinschaft an sich schon positiv erlebt wird. Und mehr denn je ist im Blick auf Abendmahlsverständnis und Abendmahlspraxis damit die Frage zu stellen, wie der Gemeinschaftsaspekt des Abendmahls *inhaltlich* bestimmt wird und welches Bild von Gemeinschaft vermittelt wird. Berücksichtigt man die oben genannten gesellschaftlichen Entwicklungen und Tendenzen, ist es an der Zeit:

1. ... Individualität und Pluralität ausdrücklicher und sichtbarer Raum zu geben und Zeit zu lassen, damit die Abendmahlsgemeinschaft als Gemeinschaft unverkennbar einzelner Frauen und Männer *Gesicht* und *Stimme* bekommen kann. Wenn die Freizeitprobleme vieler Menschen heute wachsende Zeitnot, mangelnde Phantasie und nachlassende Ver-

349 Gottfried *Küenzlen*, S. 317f. – Ähnlich auch die Einschätzung aus psychotherapeutischer Sicht: »Die regressive Flucht vieler, vor allem junger Menschen in die Sicherheiten autoritärer religiöser oder politischer Gruppierungen hat ihren Grund keineswegs darin, daß sie ihre Bindungs- und Heimatlosigkeit nicht akzeptieren. Sie ist vielmehr die Konsequenz der Überforderung von Menschen, die nicht jene Selbstunterstützung mitbringen, die sie heute benötigen, um ihre Entwurzelung halten und tragen zu können«, Th. *Polednitschek*, aaO.

350 Horst W. *Opaschowski*, zit. nach Barbara Kamprad, aaO.

bindlichkeit echter sozialer Beziehungen sind[351], dann ist dies auch für die Gestaltung der Abendmahlsfeiern bedenkenswert. Konkret heißt dies z. B.: Flexibler zu sein in der zeitlichen Ansetzung von Abendmahlsfeiern und Abendmahl miteinander so zu gestalten, daß sich Phantasie entwickeln kann und Beziehung untereinander möglich wird

2. ... Verbindlichkeit und Eindeutigkeit nicht zugunsten gefälliger Beliebigkeit auf's Spiel zu setzen, sondern beides in der Ausrichtung an der biblischen Überlieferung immer wieder neu zu wagen.[352] Gilt nicht in der Tat besonders im Blick auf das Abendmahl: »Über vieles wird in den Kirchen – zu Recht – gepredigt, aber wenn es um ihr ›Geheimnis des Glaubens‹ geht, flüchten die Pfarrer in Floskeln oder verstummen ganz«[353]?

3. ... Auch beim Abendmahl nicht davon auszugehen, daß es die Schuldfrage ist, die Menschen heute vor allem bewegt. Die Scham wahrnehmen als existentielles Problem vieler und so der tiefsitzenden Angst, beschämt zu werden, begegnen, – auch beim Abendmahl. Nicht vordergründig und im Blick auf alle in übersteigertem Ich-Bewußtsein die Wurzel alles Übels zu sehen und das beschädigte Selbstbewußtsein so vieler Frauen, aber auch Männer zu übersehen. Abendmahl nicht zuletzt in der Hoffnung feiern: »Das Gottesgedächtnis ... macht nach meiner psychotherapeutischen Erfahrung Menschen selbstbewußt und widerstandsfähig, nicht weiterhin den Götzen unserer Schamkultur zu opfern«[354].

4. ... Gegen die vielfache Erfahrung, nicht zu passen, ausgegrenzt zu werden, das Abendmahl als Einladung in die Tischgemeinschaft Jesu

---

351 Horst W. *Opaschowski,* ebd.

352 Fulbert *Steffensky* merkt zur gegenwärtigen Orientierungskrise in Gesellschaft *und* Kirche an: »Man kann sich nicht gewinnen, indem man sich seiner selbst entledigt – des eigenen Gewissens, des eigenen Verstandes und der eigenen Entscheidung. Man kann sich nicht gewinnen, indem man sich an Autoritäten verliert. Man kann allerdings auch nicht erfahren, wer man und wie man ist und wie man handeln soll, indem man nur im Selbstgespräch bleibt und anderes als die eigene Erkenntnis, die eigene Weisheit und das eigene Gewissen nicht gelten läßt. Brauchen wir also doch Autorität? Ich meine: ja! Ich brauche, um mir selbst deutlich zu werden, das Gespräch. Ich brauche das Gespräch mit einem Text, der mehr weiß als ich selber. Ich brauche das Gespräch mit einer Tradition, die älter ist als ich selber ... Ja, so will ich Autorität – nicht als Unterwerfung, sondern als Befreiung aus dem Gefängnis meines eigenen Herzens«, S. 140f.

353 Martin *Merz* und Sabine *Rückert,* aaO

354 So Th. *Polednitschek,* für den Scham »theologisch gesprochen – Götzendienst durch Substitution« ist und der ein postmodernes Menschenbild infragestellt, das sich an Menschen ausrichtet, die »in unserer Kultur und Gesellschaft selbstbewußt genug sind, den vorhandenen Möglichkeitsspielraum auch zu nutzen«, aber die außen vor läßt, die dazu nicht in der Lage sind.

Christi *offen* zu halten für Menschen, die ein Dach über dem Kopf suchen, psychisch, seelisch, geistlich, auch wenn sie (noch) nicht (mehr) in der Institution Kirche zuhause sind.

IV. Das heilige Essen.
Manfred Josuttis' Einführung in das Abendmahl

Vorbemerkung: »Im Zeitalter der Lebensgefahr ist ›Der Weg in das Leben‹, den jeder Gottesdienst geht, neu wahrzunehmen«[355]. Diese Zeitansage und Zielangabe seiner »Einführung in den Gottesdienst auf verhaltenswissenschaftlicher Grundlage«[356] gilt auch für die Ausführungen von Manfred Josuttis zum Abendmahl. Ob und inwieweit seine Darstellung, ein Beispiel praktisch-theologischer Abendmahlslehre in der Gegenwart, Zeitansage und Zielangabe gerecht wird, ist die Frage, nicht zuletzt auf dem Hintergrund der oben skizzierten gesellschaftlichen Problemhorizonte der Stichworte Opfer, Blut, Gemeinschaft.

1. Zur Methode

Josuttis bedenkt das Verhalten im Gottesdienst in den sieben elementaren Schritten: Gehen – Sitzen – Sehen – Singen – Hören – Essen – Gehen. Als *Ziel des Weges* in das Leben erscheint das *heilige Essen*: »Die Präsenz der göttlichen Atmosphäre, im Wortgeschehen zwischen Lesen, Reden und Hören ätherisch verbreitet, materialisiert sich in Brot und Wein. Leib und Blut des Erlösers kann man zu Heilsgewinn und Lebenserhaltung inkorporieren«[357]. Ob dies von all denen, die das Sakrament empfangen,

---

355 Manfred *Josuttis*, Der Weg, S. 9
356 So im Untertitel des Buches
357 Ebd. S. 247. – Die Realität, die sich im Kult konstituiert, ist nach Josuttis die Wirklichkeit des Göttlichen, oder, wie er unter Aufnahme religionsphänomenologischen Sprachgebrauchs sagen kann: die »Atmosphäre« des Göttlichen. Er bezieht sich dabei im Wesentlichen auf das »System der Philosophie« von Hermann *Schmitz*, u. a. wenn er sagt: »Auch für das angemessene Verstehen religiöser Erfahrungen ist entscheidend, ›daß Gefühle nicht mehr im Sinne der Introjektion als subjektiv-private Seelen- oder Bewußtseinszustände, sondern als objektiv vorhandene Atmosphären nach der Art des phänomenalen Wetters gelten‹ oder: ›Die Welt ist unberechenbar von ergreifenden Atmosphären durchzogen, diese sind nicht ohne weiteres göttlich, aber dann, wenn ihre Autorität für jemand den Gipfel unbedingten Ernstes erreicht‹«. Zit. ebd., S. 33f

gleichermaßen so gesehen und verstanden, so erlebt wird, ist nicht die Frage, liegt außerhalb des Blickwinkels. Verhaltenswissenschaftlich ausgerichtet, ist Josuttis' Blick auf das gerichtet, was agendarisch kollektiv[358] und ›objektiv‹ vollzogen wird. Die subjektive Erfahrung, die Befindlichkeit der einzelnen, ihre Gedanken, Wünsche, inneren Widerstände, ihre Einstellung und eigenen Vorstellungen sind nicht von Interesse.[359] Josuttis geht davon aus, daß sich das Verhalten mit dem subjektiven Empfinden und der inneren Einstellung deckt: »Gerade das Verhalten drückt ja nicht nur das subjektive Empfinden und die psychologische Einstellung der einzelnen Teilnehmer aus, sondern enthält immer auch, sofern es auf sozialer Tradition und kirchlicher Sitte beruht, kollektive Haltungen«[360].

Daß soziale Tradition, kirchliche Sitte und kollektive Haltungen im liturgischen Verhalten ein Übergewicht bekommen können bis dahin, daß sie im Widerspruch stehen können zu dem subjektiven Empfinden, ohne daß sich das immer auch im Verhalten niederschlagen muß, wird dabei nicht wahrgenommen. Josuttis beobachtet und schlußfolgert, zu Wort kommen läßt er die, die sich gemäß Agende verhalten nicht und schon gar nicht die, deren Verhalten darin besteht, nicht am Abendmahl teilzunehmen, aus welchen Gründen auch immer. So wird auch die »weitgehende Sprachlosigkeit, die in der Gemeinde dem Sakrament gegenüber herrscht«[361], zwar benannt und angesichts des Geheimnisses des Sakraments qualifiziert als »wahrscheinlich sachgemäßer als jener eilfertige Austausch theologischer Formeln, dem der religiöse Profi sehr schnell anheimfällt«[362], aber nicht weiter danach gefragt, ob die Sprachlosigkeit nicht auch als Folge wachsenden Unbehagens und Unverständnisses bestimmten agendarischen Formen und Formeln gegenüber verstanden werden muß.

Da es Josuttis um das geht, was geschieht, »wenn man die Aussagen der Agende ganz wörtlich nimmt«[363], bleiben kritische Anfragen an die Agende mehr oder weniger ausgeblendet. M. Josuttis betont zwar: »Die

---

358 Dies »nicht pastorenzentriert, sondern gemeindeorientiert«, ebd. S. 9; Vgl. S. 18: »... vielmehr muß sie die versammelte Gemeinde als ganze in den Blickpunkt rücken«.

359 Wenn Peter *Cornehl* in seiner Rezension anmerkt: »Alles, was eine subjektive Innensicht auf das Erleben und Sichverhalten im Gottesdienst werfen könnte, also Gefühle, persönliche Erfahrungen und Wertungen, Assoziationen, Wünsche, Träume, bleibt merkwürdig unberücksichtigt« (Rezension, Sp. 939), so ist dies m. E. nur zu unterstreichen.

360 Manfred *Josuttis*, Der Weg, S. 294

361 Ebd. S. 247

362 Ebd.

363 Ebd. S. 248

Konzentration auf die alte Agende will die Aufgabe einer Gottesdienstreform nicht stoppen« und geht davon aus: »Gewiß gehört auch der Gottesdienst in den allgemeinen Lebensprozeß, und gewiß muß auch er sich permanent mit den veränderten Kommunikations- und Symbolisierungsbedingungen seiner soziokulturellen Umwelt arrangieren«, konkretisiert wird in dieser Richtung aber nichts.

Seine Intention ist einzig und allein, mit der Konzentration auf die Agende »das Bewußtsein für das schärfen, was in den notwendigen Prozeduren der Umgestaltung nicht verlorengehen darf«[364]. Die Agende bekommt etwas Sakrosanktes, als führe ihr Weg so gut wie zwangsläufig ins Leben, es sei denn, man steige unterwegs aus: »Eine verhaltenswissenschaftlich orientierte theologische Liturgik muß nur darauf aufmerksam machen, daß sich all diese Fragen erst jenseits des Rituals stellen oder im rituellen Vollzug nur dann, wenn man innerlich aussteigt. Und sie kann ihrerseits verständlich zu machen versuchen, wieso rituelles Verhalten ein derartiges Transzendierungspotential enthält, so daß man in diesem Rahmen sowohl die Alltagswirklichkeit als auch das Theoriebewußtsein hinter sich läßt«[365].

Ähnliches gilt m. E. auch für Josuttis' Entwurf selbst, er ist provozierend eigen, faszinierend vielfältig[366] und in sich schlüssig, *es sei denn*, man steigt an irgendeiner Stelle aus und nimmt einen anderen Blickwinkel ein, – vertritt z. B. die Auffassung, daß sich von der neutestamentlichen Exegese her eine Fixierung auf die Sühnopfervorstellung für das Abendmahlsverständnis keineswegs von vornherein und schon gar nicht ausschließlich nahelegt[367] –, dann erscheint seine Sicht und Interpretation geradezu ärgerlich einseitig und befremdlich verabsolutierend[368].

---

364 Ebd. S. 50

365 Ebd. S. 288

366 Dies vor allem, was die Einbeziehung nicht nur religionsphänomenologischer, sondern auch ethologischer, ethnologischer und psychoanalytischer Gesichtspunkte betrifft. Umso auffallender ist allerdings die äußerst begrenzte Auseinandersetzung mit biblisch-theologischen Fragestellungen und Forschungsergebnissen.

367 Daß er sich exegetisch auf die Untersuchungen von Hartmut *Gese* und Bernd *Janowski* zur Sühnevorstellung beschränkt, paßt in sein Konzept, macht es praktisch-theologisch aber nicht plausibler, weil es der Komplexität und Disparität der neutestamentlichen Exegese in keiner Weise Rechnung trägt.

368 Seine im Vorwort getroffene Charakterisierung: »Eine Liturgik auf verhaltenswissenschaftlicher Grundlage ... unterläuft den Schein der Eindeutigkeit zugunsten der Ambivalenzen, die alles symbolische Handeln charakterisieren« (aaO, S. 9), bewahrheitet sich im Blick auf seine Abendmahlssicht, die eher den Schein von Eindeutigkeit erweckt, als daß sie sie zugunsten der Ambivalenzen unterlaufen würde. Wenn dies bei Josuttis überhaupt geschieht, dann nur in Teilaspekten.

Dasselbe gilt auch für einen *geschlechtsspezifischen* Blickwinkel: Obwohl seine Einführung betont anthropologisch ausgerichtet ist, auf verhaltenswissenschaftlicher Grundlage intendiertermaßen nicht dogmatisch[369], bleiben geschlechtsspezifische Fragestellungen gleichwohl gänzlich unberücksichtigt. So spricht Josuttis z. B. auch da, wo er auf Eßstörungen zu sprechen kommt, allgemein von »Kindern« und »Menschen« und blendet damit schon auf der sprachlichen Ebene völlig aus, daß es so gut wie ausschließlich Mädchen und Frauen sind, die heute an Bulimie und Anorexia nervosa erkranken. Der Vergleich mit der Askese und Nahrungsverweigerung von Frauen im Spätmittelalter bleibt ein interessanter geschichtlicher Exkurs, die Bedeutung für die Gegenwartsproblematik wird nicht erkennbar.[370]

Einleitend kann Manfred Josuttis zwar anmerken, daß mit der Forderung nach einer frauengerechten Sprache eine »wichtige Gegenwartsaufgabe« formuliert wird, für seine eigene Sprache zieht er daraus aber nur selten Konsequenzen. Auf derselben Seite noch ist von dem Bewußtsein aller »Teilnehmer«, von dem, was »jedermann« weiß, die Rede und von dem Verhältnis »des Liturgen« zur Liturgie.[371] Liegt Manfred Josuttis schon wenig an der individuellen und subjektiven Befindlichkeit einzelner Menschen, so allem Anschein nach so gut wie nichts an einer Unterscheidung zwischen Männern und Frauen. Für ihn gilt zweifelsohne: »Menschen gehen zum Gottesdienst«[372], nehmen am Abendmahl teil, verhalten sich nach der Agende. Das heißt: Auch 1991, trotz vielfältiger feministisch-theologischer Herausforderung, keine Spur von der Einsicht: »Der Mann lernt daraus zuerst die schlichte Tatsache, daß er ein Mann ist und nicht ›der Mensch schlechthin‹ und also nur als Mann und nicht als ›Mensch überhaupt‹ sprechen kann ... Er begreift, daß Menschsein nicht gleich Mannsein ist und daß darum seine maskulinen Weisen der Lebenserfahrung nicht verallgemeinerbar sind. Also macht er sich auf die Suche nach einer neuen Gemeinschaft von gleichberechtigten und selbstbewußten Frauen und Männern, die in der Lage sind, das Menschsein

---

369 So im Vorwort: »Eine Liturgik auf verhaltenswissenschaftlicher Grundlage arbeitet ... nicht pastorenzentriert, sondern gemeindeorientiert, nicht ideen-, sondern körperbezogen, nicht dogmatisch, sondern anthropologisch«, S. 9.

370 Ebd. S. 250ff; Bedenkenswert wäre in diesem Zusammenhang z. B. das Faktum, daß viele Frauen mit gestörtem Eßverhalten in der Kindheit sexuell mißbraucht wurden, *Opfer* physischer und psychischer Gewalt waren.

371 Ebd. S. 50, Anm. 134; Nur ganz vereinzelt klingt es anders, da ist dann völlig unvermittelt z. B. von »JüngerInnen« (287), von »Brüdern und Schwestern« (269), von »jede/r« (297) die Rede.

372 Ebd. S. 51

gemeinsam zu verstehen und es zu gestalten«[373]. Die Darstellung von Josuttis bleibt in dieser Hinsicht monologisch und androzentrisch, eine Einführung in den Gottesdienst auf verhaltenswissenschaftlicher Grundlage aus der Optik eines Mannes und auf dem Hintergrund einer Agende, von Männern gemacht.

2. Essen und Opfer

2.1. Intention

Das Abendmahl verstehen wollen heißt für Josuttis, sich auf dem Hintergrund allgemeiner Opferpraxis, mit ihren Teilaspekten »des Tötens, des Tauschens und des Essens«, den Opferimplikationen des Abendmahls stellen und sie zu bestimmen suchen.[374] Entgegen aller zivilisatorischen Maskierung[375] ist dabei seiner Meinung nach das aggressionsgeladene Verhalten des Essens ganz allgemein[376], wie auch das des heiligen Essens selbst[377], zu ent-decken und vor allem die »Paradoxie, ja die Antinomie menschlicher Opferpraxis«, die darin besteht, »daß ein Verhalten, das als Sühne für Aggression gemeint ist, selber der Sühnung bedarf«[378].

2.2. Religionsgeschichtlicher Hintergrund

Religionsgeschichtlich zitiert Manfred Josuttis u. a. W. Heitmüller als Vertreter der alten religionsgeschichtlichen Schule mit ihrem Postulat genetischer Abhängigkeiten wie strukturaler Analogien des Abendmahls mit außerchristlichen Parallelen: »Hier wie dort wirkt sich derselbe religiöse Trieb aus und sucht dasselbe religiöse Bedürfnis Befriedigung. Denn das ist der Sinn jener rohen und blutigen Ceremonieen, daß die Teilnehmer damit in die denkbar engste Verbindung mit der betr. Gottheit

---

373 Jürgen *Moltmann*, Theologie in den Erfahrungen, S. 151f
374 M. *Josuttis*, Der Weg, S. 260
375 Ebd. S. 269, vgl. S. 252f
376 Vgl. ebd. S. 249ff. Josuttis hält z. B. die Unterscheidung zwischen saugender und beißender Mundtätigkeit für »das Abendmahl besonders wichtig« und zitiert hier aus der psychoanalytischen Forschung von K. *Abraham*: »Auf der Stufe beißender Mundtätigkeit wird das Objekt einverleibt und erleidet das Schicksal der Vernichtung ... Es ist das Stadium der kannibalischen Antriebe« (zit. ebd. S. 252).
377 Vgl. ebd. S. 254ff
378 Ebd. S. 270; Vgl. S. 262f.269

treten, daß sie eins mit ihr werden, daß sie ihr Leben in sich aufnehmen wollen«[379]. Statt von einem gemeinsamen religiösen Trieb will Manfred Josuttis aber »vorsichtiger formulieren« und lieber von einem »vergleichbaren Verhalten« sprechen.[380] Insgesamt fällt auf, daß es Josuttis im religionsgeschichtlichen und religionsphänomenologischen Vergleich keineswegs darum geht, das Abendmahlsverständnis möglichst von jedem Kannibalismusverdacht frei zu halten, im Gegenteil: »Auch wenn die Analyse des Agenden-Textes zeigen wird, daß deren Aussagen ein solches Verständnis abwehren wollen, darf an dieser Stelle ein Beispiel für archaische Praktiken des Kannibalismus nicht fehlen«[381]. Und so zitiert er ausführlichst einen kannibalistischen Ritus, ohne daß m. E. auch nur im mindesten deutlich wird, weshalb ein solches archaisches Beispiel im Zusammenhang des Abendmahls *nicht* fehlen darf. Seine Auswahl erweckt in der Tat den Eindruck: »Je archaischer, desto bedeutsamer«[382]. Offensichtlich will Josuttis, was die Opfer- und Blutvorstellungen bzw. Opferhandlungen im Zusammenhang des heiligen Essens betreffen, das Abendmahl religionsgeschichtlich und religionsphänomenologisch vor allem in seiner Entsprechung und weniger von seiner Unterschiedenheit her verstanden wissen.[383] Deutlich wird dies auch in der Verknüpfung von Blut und Altar: »Der Altar, aus Stein und Holz geschaffen, ist also ein blutiger Ort, insofern dort das Blutopfer direkt vollzogen oder auf heiliges Blutvergießen verwiesen wird«[384].

---

379 Ebd. S. 255
380 Ebd.
381 Ebd. S. 256
382 P. *Cornehl*, Rezension, Sp. 939
383 So benennt Josuttis zwar mit *Klauck* grundlegende Unterschiede zwischen dem Herrenmahl und sakramentalen Mählern in der Umwelt der urchristlichen Gemeinde (Der Weg, S. 257), von Bedeutung werden diese Unterscheidungen in seiner Sicht des Abendmahls aber nicht, herausgestelllt werden die Gemeinsamkeiten: »Mindestens formal folgt auch der protestantische Kult jenem fünfstufigen Schema, das H. Hubert und M. Maus für den Ablauf der Opferhandlung weltweit ermittelt haben« (ebd. S. 271).
384 Ebd. S. 143; vgl. S. 140ff; Der Altar kann doch auch in den protestantischen Kirchen mehr und etwas anderes sein als ein zweckdienlicher Abendmahlstisch, er kann als sakraler Ort erlebt werden – was sich, wie *Josuttis* zutreffend anmerkt, auch in dem Verhalten am Altar, was »aus transrationalen Quellen gespeist wird ... (und) immer auch ein transrationales Verhältnis zum Altar« signalisiert (ebd. S. 146), zeigt –, *ohne* direkt oder indirekt mit einem Verständnis des Abendmahls als Opfermahlzeit verbunden zu werden, mit ritueller Schlachtung, Blut und Sühne!

2.3. Essen. Opfer. Aggression

Entsprechend ausführlich geht Josuttis auf den Aspekt der *Aggression* im Zusammenhang der Opferpraktiken ein, dies mit der kulturanthropologischen These, daß im versöhnenden Opfer das gewalttätige Aggressionspotential einer Gesellschaft kanalisiert und abgebaut wird, einer These, die ihn folgern läßt: »Und deshalb ist eine Gesellschaft, die wie die Moderne zur direkten Opferpraxis unfähig ist, von Grund auf gefährdet«[385]. Was Josuttis hier unter »zur direkten Opferpraxis unfähig« versteht, bleibt allerdings im Gesamtzusammenhang skizzierter blutiger Opferpraxis rätselhaft.[386] Und unverständlich bleibt in diesem Kontext m. E. auch der Absolutheitsanspruch der unmittelbar anschließenden Äußerung: »Allein die neutestamentliche Botschaft kann auf die Deifizierung der Gewalt-Macht verzichten ..., weil sie einen gewaltlosen Gott verkündigt, und allein sie kann die Menschheit von jenem Verhängnis befreien, das sie in die Selbstvernichtung zu treiben scheint«. Ausgeblendet bleibt die Frage, inwiefern der Tod Jesu – als blutige Opferhandlung verstanden – nicht nur ein weiteres Glied in der Kette von Gewalttaten ist, selbst wenn für ihn ein Ein-für-allemal in Geltung gebracht werden sollte.

Daß Josuttis theologisch ausschließlich sühnetheologisch im Sinne der Interpretation von Gese und Janowski argumentiert, paßt in den Duktus seiner Ausführungen: Der Heilswille Gottes stiftet die Opferpraxis, ermöglicht den verlorenen Zugang zum Heiligen. Ein wichtiges Moment sieht er dabei dadurch gegeben, daß die Identifikation mit dem Opfertier durch Handaufstemmung signalisiert: »Der Aggressivität als Fehlverhalten kann und muß Aggressivität im Sühneverhalten korrespondieren, weil und insofern Menschen im Wirkungsbereich des Vergeltungsgesetzes, des Tun-Ergehen-Zusammenhangs existieren«[387]. Unterstrichen wird damit, daß die menschliche Aggressivität sowohl Anlaß als auch Methode der Opferpraxis bildet, bilden muß.[388]

---

385 Ebd. S. 263

386 Mit der Aussage: daß »unter der Macht einer Ökonomie, die objektiv keine Opfer erlaubt«, die Menschheit alles vernichten muß, »die Religion«, die Natur und schließlich sich selbst. Wenn die Balance zwischen Anlaß und Methode im aggressiven Verhalten gestört ist, dann droht die Selbstvernichtung des Lebens durch unsere Gattung in Totalität« (S. 269), läßt *Josuttis* auch an dieser Stelle unbegreiflicherweise offen, *welche Art* von Opfer denn seiner Meinung nach in der Gegenwart diese Balance gewährleisten könnte.

387 Ebd. S. 266

388 Daß nach biblischer Überlieferung Menschen auch auf andere Verhaltensmöglichkeiten

Diese Akzentsetzung enttabuisiert und demaskiert in der Tat, öffnet den Blick für die aggressionsgeladenen Anteile im menschlichen Essen und Opferverhalten. In ihrer Einseitigkeit verschließt sie aber zugleich den Blick für die Komplexität der Lebensvorgänge und des menschlichen Verhaltens. Sprachlich drückt sich das in einer vorwiegend martialischen Begrifflichkeit aus: Am häufigsten ist von »Vernichten« und »Vernichtung« die Rede, selten von In-Sich-Aufnehmen, Teilhabe(n), Anteilgabe, Hingabe, Liebe und gar nicht von Gemeinschaft beim Essen und Opfern. Am Ende der Überlegungen steht: »Essen ist ein aggressionsgeladener Vorgang. Leben in Tier- oder Pflanzengestalt wird vernichtet[389], aggressive Impulse der oral-sadistischen Stufe werden reaktiviert«[390]. Die Antinomie menschlicher Opferpraxis aber: »daß ein Verhalten, das als Sühne für Aggression gemeint ist, selber der Sühnung bedarf«, bedeutet nach Josuttis zwangsläufig, daß die »Kombination von Töten, Tauschen und Essen, die das Opfergeschehen in seiner Gesamtheit ausmacht, alle Beteiligten in eine kosmische Krise (führt), weil dabei sowohl die Vernichtung der Gottheit als auch die Selbstvernichtung drohen«[391]. Ohne hier explizit vom Abendmahl zu sprechen, scheint dies seiner Meinung nach wie für jedes heilige Essen implizit auch für das Abendmahl zuzutreffen, für das abschließend dann ebenfalls gilt, daß es als heilige Mahlzeit »nur als Zielpunkt eines langen und rituell ausgestalteten Anmarschweges«[392] gefeiert werden kann.

---

hin angesprochen werden, was gegen die Verabsolutierung bestimmter sühnetheologischer Existentiale steht, z. B. mit Geboten und Anweisungen zum Miteinanderleben, wie: »Du sollst nicht töten«, »Du sollst deinen Nächsten lieben«, wäre hier zumindest mitzubedenken. – Viel zu wenig scheint mir bei der Rezeption alttestamentlicher Sühnevorstellung auch berücksichtigt zu werden, daß (nach Num 15,22–31) nur Vergehen, die »aus Versehen« und nicht bewußt, »mit erhobener Hand«, geschehen, kultisch gesühnt werden können. Ob sich mit diesen unabsichtlichen Vergehen ein Schuldbewußtsein verbinden läßt, das »sich selbst für todeswürdig erklärt«, wie *Josuttis* (ebd.) mit *Gese* und *Janowski* betonen kann, ist äußerst fraglich.

389 Es ist m. E. bereits eine tendenziöse Interpretation, essen, sich etwas einverleiben im Sinne von etwas vernichten (und es damit nichten) zu verstehen, statt von teilhaben! Verbunden damit stellt sich dann allerdings auch die Frage, unter welchem *Vorzeichen* getötet bzw. geerntet wird, wie Tiere gehalten und Planzen angebaut werden.

390 M. *Josuttis*, Der Weg, S. 269

391 Ebd. S. 270

392 Ebd. – Die Bezeichnung des Weges als »Anmarschweg« liegt semantisch gesehen auf der Linie seines befremdlich *martialischen* Sprachgebrauchs.

99

2.4. Fazit

Die hermeneutische Hypothese, auf der seine Überlegungen zur Opfer-praxis basieren: »Man kann das Abendmahl nicht verstehen, wenn man den Tötungsakt im Opferverhalten nicht hinreichend beachtet«[393], geht m. E. von einer religionsphänomenologischen Analogisierung unter Nichtbeachtung komplexer biblisch-theologischer Sachverhalte aus, nicht zuletzt der konkreten Lebens- und Passionsgeschichte Jesu. Dies trifft gleichermaßen für die Umkehrung seiner Hypothese zu, wenn er sagt: »Man kann den Vernichtungsvorgang des Opfers nicht interpretieren, ohne zu berücksichtigen, daß in vielen Fällen das Opferobjekt sanktifiziert und inkorporiert wird«[394]. Sein thetischer Verweis auf alttestamentliche Stellen als Beleg für die Vorstellung, »daß Jahwe durch die Opfergaben realiter gespeist werde«[395], liest sich bei Gerhard v. Rad, den er damit zitiert, doch wesentlich zurückhaltender: »Es gibt einige Belege, die auch die Vorstellung, daß Jahwe durch die Opfergaben realiter gespeist werde, nahelegen könnten ... Es kann nicht die Rede davon sein, daß diejenigen, die uns die alten erzählenden oder gesetzlichen Texte überliefert haben, diese Vorstellung noch ernst genommen haben könnten«[396]. Für Josuttis' Schlußfolgerung: »Das alles sind Hinweise darauf, daß das Opferge-schehen zu einem Bundesmahl ausgestaltet sein kann, an dem Israel und sein Gott in gleicher Weise partizipieren«, gibt es alttestamentlich keinen einzigen konkreten Beleg. Auch nach Ex 24,9ff essen die Ältesten *vor* Gott, aber nicht *mit* Gott.[397] Und für die Tötung und Verspeisung der Gottheit selbst im sakralen Geschehen ist alttestamentlich auch nicht die Spur einer konkreten Anschauung zu finden.[398]

---

393 Ebd. S. 267
394 Ebd.
395 Ebd.
396 Gerhard von Rad, S. 267, Anm. 65
397 Vgl. dazu u. a. H.-J. *Klauck*, der zu dem Ergebnis kommt: »Die jüdische Überlieferung ist also sehr zurückhaltend hinsichtlich des Bundesmahls mit Gott«, S. 62. Vgl. S. 61ff.
398 Die Vermutung, daß die Widderhörner des Altars für eine frühe Identifizierung des Altars mit dem Widder als Totemgott sprechen, und Jahwe im frühen Israel als Widder oder Stier verehrt wurde, reicht dafür nicht hin! Genausowenig wie seine Darstellung der Totemtheorie von Sigmund *Freud*: »Es war in Wirklichkeit das alte Totemtier, der primitive Gott selbst, durch dessen Tötung und Verzehrung die Clangenossen ihre Gottähnlichkeit auffrischten und versicherten« (zit. n. Josuttis, Der Weg, S. 268), mit ihrer Fixierung auf den Ödipus-Konflikt als Grundstruktur jeder sakramentalen Opferhandlung das Verständnis des Todes Jesu und das des Abendmahls jenseits jeglichen biblischen Kontextes erschließen kann.

Darüber hinaus gilt m. E. für seine Darstellung menschlichen Eß- und Opferverhaltens insgesamt, daß 1. sie, nicht nur sprachlich, in einem befremdlichen Maße aggressiv ist; 2. durchweg von »menschlicher« Aggressivität im Opferverhalten die Rede ist, ohne zu berücksichtigen, daß von Männern ausgeübte, von Männern vorgeschriebene und von Männern beschriebene Opferpraxis im Blick ist; 3. die Perspektive vorwiegend die der Opfernden ist und nicht die der Opfer; 4. es trotz aller Paradoxie und Antinomie als gegeben angesehen wird, daß, um Leben zu retten, Leben zu opfern ist – wenn auch innerhalb des Kultes; 5. menschliches Verhalten geschichtslos auf einen gemeinsamen Nenner gebracht wird und Entwicklungen und Veränderungen in der Einstellung und im Verhalten so gut wie unberücksichtigt bleiben (z. B. die Tatsache, daß Essen immer stärker den Gemeinschaftscharakter verliert. Die Gründe für Eßstörungen bei Frauen heute. Die Beobachtung, daß Frauen sich generell eher in der Rolle des Opfers sehen und auch deshalb weit mehr Probleme mit religiösen Opfervorstellungen und -praktiken haben als Männer).[399]; 6. der Gemeinschaftsaspekt völlig in den Hintergrund tritt.

3. Die Abendmahlsfeier als heiliges Essen

3.1. Vorbemerkungen

Die heilige Mahlzeit, die »Vereinigung mit der göttlichen Atmosphäre« kann gefeiert werden, weil mit der Agende ein Weg der Konzentration (Kirchenbank), der Einstimmung (Singen), Reinigung (Beten) und Erleuchtung (Hören) zurückgelegt worden ist.[400] Auch hier geht Josuttis davon aus, daß von allen der Weg genau so und nicht anders zurückgelegt worden ist, kein Gedanke daran, daß der Weg bei den einzelnen anders ausgesehen haben könnte. Seiner Tendenz entsprechend, die Übereinstimmungen zwischen Abendmahlshandlung und weltweit verbreiteter Opferpraxis bewußt zu machen, sieht Josuttis in den Elementen Konsekration/Schlachtung/Unser Vater/Einsetzungsworte/Agnus Dei/Austeilung/ Der Weg in das Leben das fünfstufige Schema wiedergegeben, das die religionssoziologische Forschung für den Ablauf der Opferhandlung weltweit ermittelt hat: 1. Eintritt – 2. Konsekration (Transformation der Beteiligten und der Gegenstände in die Qualität des Heiligen) – 3. Tö-

---

399 Vgl. die Reaktionen auf die These von Manfred Josuttis in den Interviews mit Frauen und Männern.
400 Vgl. M. *Josuttis*, Der Weg, S. 271.

tungsakt, Austreibung des Bösen, Einverleibung der Gottheit – 4. Desekration – 5. Ausgang.[401]
Für den formalen Ablauf, von dem sich die Inhalte kaum trennen lassen[402], ist damit ebenfalls von vornhein nicht etwa der neutestamentliche Befund, sondern die religionsphänomenologische bzw. -soziologische Einordung wegweisend.

3.2. Konsekration

Religionssoziologisches Verständnis läßt Josuttis von Anfang an betonen: »Es geht um die Transformation aus der Profanität in die Sakralität, und der dabei stattfindende Prozeß umfaßt vorrangig die Teilnehmer und erst dann auch die Materialien der heiligen Handlung«[403]. Neben seiner Interpretation des Abendmahls als Opferhandlung ist es m. E. dieses Verständnis von Konsekration, was seine Sicht des Abendmahls zu einer praktisch-theologischen Herausforderung werden läßt.
Ausgehend von dem »Sursum corda« und der darin intendierten Bewegung und Ausrichtung sind es die Fragen: »Wohin geraten die Anwesenden? ... Wer und wo sind die Menschen, die die Präfation singen?«[404], die im Mittelpunkt seiner Ausführung stehen, und die Antwort: Mit der Präfation, der Adoration wird die Gemeinde in eine »Traumzeit«[405] geleitet, »in den Bereich des Heiligen«[406] transformiert, machen die Anwesenden die

---

401 Josuttis knüpft dabei an die religionssoziologische Arbeit von H. *Hubert* / M. *Mauss* an, besonders was das Verständnis der Konsekration als Konsekration der Kommunizierenden angeht, ebd. S. 271ff
402 »Mindestens formal folgt auch der protestantische Kult jenem fünfstelligen Schema«, ebd. S. 271.
403 Ebd.
404 Ebd. S. 272f
405 Die Kategorie der ›Traumzeit‹-Erfahrung als einem »ewigen Augenblick ›zwischen den Zeiten‹« bezieht Josuttis aus H. P. *Duerr's* Analyse ekstatischer Erlebnisse im Schamanentum oder beim Drogenkonsum und folgert: »Traumzeit ist insofern reine Zeit, als darin die Selbstvergessenheit auch des Zeitbewußtseins eingeschlossen ist«, S. 277.
406 Ebd. S. 274; an anderer Stelle kann er von einer zeitweisen »Konsekration der Feiernden in eine himmlische Existenz« sprechen (S. 279). Die Anfrage, die er dabei aufnimmt, ist die nach der Zeitgemäßheit und damit Zumutbarkeit des agendarischen Präfationsgebetes mit seiner Vorstellung von Engels- und Himmelswelt. Beantwortet wird sie aber nicht etwa theologisch (vgl. dazu die explizite Abgrenzung von Peter *Brunners* Angelologie und dessen Interpretation der Beziehung zwischen irdischem und himmlischem Gottesdienst als zu objektivierend und zu distanzierend, S. 276f), sondern unter Verweis auf die Bedeutung religiöser Dichtung und mythischer Literatur. So zitiert er u. a. F. *Fühmann*: »Das mythische Element ist jenes Ingrediens, das bestimmte Worte

Erfahrung zeitlicher und räumlicher Entgrenzung, die Identität und Wirklichkeit erweitert[407].

Als Verständniskategorien, die sich qua verhaltenswissenschaftlicher Betrachtung nahelegen, bieten sich nach Josuttis hierfür die Phänomene der o. g. »›Traumzeit‹-Erfahrung« an oder der Trance innerhalb der Hypnotherapie, insofern es auch hier um Entgrenzung und vorübergehende Ausschaltung des Alltagsbewußtseins geht[408] und darüber hinaus Josuttis auch für Formen ritueller Trance annimmt, »daß sich in solchen Momenten kollektiver Ergriffenheit die Atmosphäre des Göttlichen manifestiert«[409].

Im Gesamtzusammenhang der Aussagen fällt auf, daß Josuttis zwar einerseits von der »Tiefendimension verborgener Wirklichkeit« sprechen, gleichzeitig aber Aussagen treffen kann wie: »Wenn die Präparation in der Eintrittsphase geglückt ist, kann die Kombination von Sprache, Musik und Phantasie Menschen in eine ›Traumzeit‹ geleiten«[410], oder: »Die Atmosphäre des Göttlichen erfüllt den Raum«[411], und: »Durch die Konsekration sind die Feiernden für die Kommunion endgültig präpariert. In der Vereinigung mit dem englischen Lobgesang haben sie einen Status erreicht, der die Präsenz des Heiligen und die Vereinigung mit ihm lebensförderlich macht«[412]. M. E. sind dies Feststellungen, die die Gratwanderung vergessen lassen: »Wer sich der Realität des Göttlichen auszusetzen versucht, muß etwas tun in einem Lebensbereich, in dem kein Mensch etwas tun kann«[413], und dazu verführen, in dem, was laut Agende zu tun ist und von allen getan wird, die »Realität des Göttlichen« gewährleistet zu sehen.

---

und Handlungskompositionen so überwältigend wirken und zugleich das Was und Wie dieses Wirkens begrifflich unerklärbar macht«, S. 276, vgl. S. 275.

407 Vgl. ebd. S. 273

408 Für Josuttis gilt, daß »ohne größere Modifikation auch auf das Erleben des Abendmahls übertragbar ist«, wenn z. B. H. *Erickson* für den therapeutischen Trance-Zustand konstatiert, daß es sich dabei um einen Zeitabschnitt handelt, »währenddem die Beschränkungen der eigenen gewohnten Bezugsrahmen und Überzeugungen vorübergehend aufgehoben werden, so daß der Betreffende für andere Assoziationsmuster und Funktionsweisen empfänglich ist« (zit. n. Josuttis, S. 278, Vgl. S. 277).

409 Ebd. S. 279

410 Oder mit anderen Worten: »Wahrscheinlich wird der Vortrag der Präfation durch den Liturgen weitgehend darüber entscheiden, ob die Anwesenden sich auf diese Himmelsreise der Seele einlassen und in den himmlischen Lobgesang einstimmen können«, Josuttis, ebd. S. 276.

411 Ebd. S. 274

412 Ebd. S. 279

413 Ebd. S. 35

Wenn M. Josuttis in diesem Zusammenhang auf die Doxologie der Jesaja-Vision verweist: »Alle Lande sind seiner Ehre voll« (Jes 6,3), wird die Fragwürdigkeit seiner Formulierung umso deutlicher: Bei Jesaja ist die Gegenwart des Kabod Jahwe in keiner Weise an den Zeitraum und das Geschehen der Vision gebunden, während Josuttis im Blick auf die folgende Kommunion von der »Präsenz jener himmlischen Macht« spricht, »die sich *jetzt* in der Gemeinde niedergelassen hat«[414]. Die Frage, die sich damit zwangsläufig stellt, ist: Wird mit dem »jetzt« nicht doch *entgegen* aller Beteuerung[415] über die Präsenz des Göttlichen *verfügt* und seine Präsenz an einer ganz bestimmten Stelle des Gottesdienstes ›angesiedelt‹? Dieser Eindruck verstärkt sich noch durch die Beobachtung, daß auf der semantischen Ebene die Wortfelder vertrauen, hoffen, glauben, bitten nicht vorkommen, daß aber gesagt werden kann: »Ein phänomenologisches Konzept, wie es hier vertreten wird, darf demgegenüber damit *rechnen*, daß sich ... die Atmosphäre des Göttlichen manifestiert«[416]. In diesem Sinn ist es dann auch nur folgerichtig, daß seine Überlegungen in den Satz münden: »Die Synergie der heiligen Handlung hat im Rahmen der Synchronie der heiligen Zeit und der Syntopie des heiligen Ortes Menschen für die Symbiose mit dem Göttlichen vorbereitet«[417]. Hier zeigt sich besonders deutlich, daß Josuttis die Polarität seiner eigenen liturgischen Grundvoraussetzung: Etwas tun müssen, wo man nichts tun kann, auflöst in ein traumzeitliches sowohl als auch.

Ein letztes hierzu: Wenn Josuttis im Blick auf die Kommunion sagt: »... die leibliche Vereinigung ... bedarf der spezifischen Lokalisierung, um sie vor fleischlichen Mißverständnissen zu bewahren«[418], verführt ihn m. E. gerade diese »Lokalisierung der Handlung in die Himmelswelt« und ihre Charakterisierung als »Traumzeit-Erfahrung« dazu, in seiner Interpretation der Konsekration von dem Kommen Jesu ›ins Fleisch‹ abzusehen. Und umgekehrt ist es wohl nicht zuletzt das Absehen von der Lebens- und Passionsgeschichte Jesu mit ihrer irdisch-menschlichen Alltagsschwere, was ihn zu solch ›himmlischen‹ Exkursionen (ver)führt.

---

414 Ebd. S. 274 (kursive Hervorhebung d. Vfn.)
415 Vgl. u. a.: »... weil die Wirklichkeit des Heiligen eine Macht darstellt und Menschen mit unbedingtem Ernst angeht, entzieht sie sich allem menschlichen Bemächtigungs- und Verwertungsstreben«, ebd. S. 35.
416 Ebd. S. 279 (kursive Hervorhebung durch Verfn.)
417 Ebd.
418 Ebd.; Vgl. auch S. 291

3.3. Schlachtung

Ausgangspunkt und Bezugsrahmen bleibt das religionssoziologische Schema, an dieser Stelle der Höhepunkt des Opfergeschehens: die Tötung und Einverleibung des Opfertieres. Daß hier ausdrücklich von »killing«, Schlachtung, die Rede ist, die Aggressivität auf der Verhaltensebene damit nicht verborgen bleibt, hält Josuttis für bemerkenswert im Hinblick auf die Abendmahlsfeier, in der nur die Einsetzungsworte »an Akte in der Vergangenheit erinnern, die in das Handlungsfeld von ›killing‹ gehören«. Was im Kult geschieht, ist »nur noch die Einverleibung«[419].

Bei der folgenden Darstellung der unterschiedlichen Akzentsetzungen innerhalb der christlichen Kirchen ist für Josuttis von daher die Frage leitend, ob und welchen Ausdruck das Moment der Aggressivität in Abendmahlsverständnis und Abendmahlsfeier findet. Am ausführlichsten geht er dabei auf die Proskomedie der orthodoxen Liturgie ein, deren sinnenfällige Ritualisierung von Aggressivität er fraglos präferiert.

Welch fragwürdige Betonung das Moment der Aggressivität bei ihm bekommt, wird auch in seiner Interpretation der römisch-katholischen Meßliturgie deutlich: »Überspitzt formuliert: das Verhalten des Priesters, als Opferaktion verstanden, involviert immer noch eine direkte Schlachtung des Erlösers«[420]! Nicht, daß Josuttis im Abendmahlsritual Aggressivität »direkt dargestellt« haben möchte, aber sie soll auch auf keinen Fall »vollkommen verdrängt« werden.[421] Und wenn er in diesem Zusammenhang abschließend betont: »Einen Akt des ›killing‹ hat es gegeben, aber dieser Akt ist der communio zeitlich und auf jeden Fall vorgeordnet«, und von dem Abendmahl als Ritual spricht, »in dem ›Fleisch‹ gegessen und ›Blut‹ getrunken wird«[422], stellt sich die Frage, ob er seine aggressive Sprache in diesem Sinn als einen provokativen Beitrag zur Wahrheitsfindung versteht oder ob es nur die seiner Meinung nach bestehende Entsprechung zwischen Abendmahlspraxis und allgemeiner Opferpraxis ist, die seine Wortwahl bestimmt! Aber wie auch immer das Reden von »killing« und »Schlachtung« begründet sein mag, zu fragen ist:

1. Warum Josuttis sprachlich so pointiert nicht differenziert zwischen der Tötung eines Tieres und der eines Menschen?[423]

---

419 Vgl. ebd. S. 279f
420 Ebd. S. 282
421 Ebd. S. 284
422 Ebd.
423 Ob M. Josuttis dies indirekt aus der »Entgrenzungstendenz des Festes« herleitet, »derzufolge das Tier-Mensch-Übergangsfeld ... eigentümlich durchlässig wird« (ebd.

2. Warum er eine Begrifflichkeit wählt, die Tiere und erst recht Menschen zum Neutrum, zum »Opferwesen«, zum reinen Objekt von Schlachtung und Ausgeschlachtetwerden degradiert?

3. Was an einer so aggressiven, objekthaften Sprache »im Zeitalter der Lebensgefahr« heilsam sein könnte?

4. Und explizit zum Abendmahl sei angemerkt: Daß weder der *Name* des Geopferten, verbunden mit einer konkreten, unverwechselbaren *Geschichte*, noch die *Beziehung* zu dem Geopferten der Rede wert ist, läßt sich, solange man sich innerhalb eines religionssoziologischen Schemas allgemeiner Opferpraxis bewegt, vielleicht noch begreifen, nicht aber im Blick auf das Abendmahl und den Tod Jesu, selbst wenn man ihn als Opfer- und Sühnehandlung versteht.[424]

3.4. Unser Vater

Das »Herrengebet«, neben den Einsetzungsworten heiliger Text, versteht Josuttis als letzte Präparation zur »allerheiligsten Handlung«, dies vor allem - entsprechend kirchlicher Tradition – aufgrund der Brot- und der Vergebungsbitte.[425]

Aber auch die Anrede selbst scheint ihm im sakramentalen Geschehen von Bedeutung. Zum einen ist es Freuds Hypothese: »daß im Sühneakt für den Vatermord immer auch eine verdeckte Wiederholung des aggressiven Begehrens mitschwingt«[426], die die Anrufung des Vaters seiner Meinung nach an dieser Stelle als Beschwichtigung – »daß die sühnende Handlung auf das Medium des geopferten Sohnes beschränkt bleibt« – einleuchtend macht. Zum anderen findet Josuttis in der Bitte um Bewahrung vor dem Bösen, an die Adresse des Vaters gerichtet, das Element der Austreibung der bösen Geister aus dem o. g. religionssoziologischen Schema.[427]

Denn: »Hier bei der personalen Differenzierung der göttlichen Atmosphäre

---

S. 291, vgl. S. 54f), bleibt offen. Faktum ist, daß er nirgends ausdrücklich darauf eingeht.

424 Von der ›Schlachtung Jesu‹ spricht M. Josuttis bezeichnenderweise nicht, ansonsten würde die die Absurdität seiner so weitreichenden Parallelisierung der Abendmahlshandlung mit allgemeinen Opferpraktiken und -ritualen noch offensichtlicher.

425 Vgl. ebd. S. 285f

426 Ebd. S. 286

427 Josuttis macht auch hier keinen Hehl daraus, wie maßgebend und vorgeordnet dieses Schema für ihn ist: »Man muß, mit dem Schema von *Hubert* und *Mauss* vor Augen, lange suchen, wo denn im Abendmahlsritual die sonst gängige Austreibung der bösen Geister auftaucht« (ebd. S. 286). Offenbar wenig maßgebend und nachgeordnet sind im Vergleich dazu exegetische oder theologisch-systematische Erwägungen.

zwischen Vater und Sohn ..., ist das Problem der Versuchlichkeit besonders gravierend, weil durch die Vermischung von Vater und Sohn die Sühnehandlung eindeutig in die schuldhafte Tat zurückfallen würde«[428]. Beide Begründungen basieren auf psychoanalytischen bzw. religionssoziologischen Fixierungen, die zu dem Gesamtzusammenhang biblischer Rede von Gott als dem Vater Jesu Christi und dem »für euch gegeben« des Todes Jesu keinerlei Verbindungslinien erkennen lassen und in diesem Sinne reine Theorie bleiben, letzteres umso mehr, als konkrete *Erfahrungen* mit dem Vaterunser als Gebet im sakramentalen Geschehenszusammenhang der Abendmahlsfeier auch in diesem Zusammenhang nicht gefragt sind.[429]

3.5. Einsetzungsworte

Die wesentlichen Akzente seiner Interpretation sind:
1. Die Rezitation der Einsetzungsworte vergegenwärtigt »die kultische Ur-Szene des christlichen Glaubens«[430]. 2. Es geht um einen kultdramatischen Akt, in dem geschieht, »was vergangen scheint: Jesus Christus lädt seine JüngerInnen zum Mahl«[431]. 3. Jesus Christus verteilt »mit Brot und Wein sein Fleisch und Blut ... die Mittel des Lebens«[432]. 4. »In der Rezitation der Einsetzungsworte kommen Anamnese und Epiklese zum Ziel«[433]. Entscheidend für sein Verständnis ist, daß die Konsekration der feiernden Gemeinde durch Präfation und Sanctus als »Traumzeit-Erfahrung«

---

428 Ebd.

429 Daß an dieser Stelle besonders die Erfahrungen und Vorstellungen von Frauen einzuklagen sind, braucht angesichts der durch und durch androzentrischen Erwägungen von Josuttis zum »Unser Vater« wohl nicht näher begründet zu werden.

430 Ebd. S. 287

431 Ebd. – Voraussetzung dafür ist, daß sich die Teilnehmenden aufgrund ihrer Konsekration in einem Dasein ›zwischen den Zeiten‹ befinden, räumliche, zeitliche und personale Entgrenzung erfahren, die mit dem Akt der Rezitation der Einsetzungsworte präzisiert wird: »Der ewige Augenblick definiert sich als ein Ereignis aus der Vergangenheit. Die göttliche Atmosphäre personalisiert sich in der Gestalt des Erlösers. Die unifizierenden Schwingungen des Lobgesangs materialisieren sich zum Akt der Nahrungsaufnahme durch Essen und Trinken von Brot und Wein«. Ebd. S. 287f

432 Ebd. S. 288

433 Ebd. S. 290; Die besondere Bedeutung von Anamnese und Epiklese sieht er darin, daß sie klarstellen, »daß die konsekratorische Potenz des Rituals nicht dem Ritual selbst innewohnt«. Dies verflüchtigt sich m. E. aber, wenn er fortfährt: »Aber indem sie als konstitutive Bestandteile in das Ritual integriert werden, artikuliert sich in diesen Sprechhandlungen auch dessen Fähigkeit, durch die Erklärung methodischer Selbstbegrenzung die Möglichkeit zur Erfahrung von Selbstentgrenzung zu schaffen«, ebd. Im einzelnen dazu s. u.

107

ermöglicht, daß die Teilnehmenden – fraglos – in, mit und unter den Abendmahlselementen Leib und Blut des Erlösers inkorporieren. Die theologischen Streitfragen im Zusammenhang der Konsekration der Abendmahlselemente tangieren und tangiert Josuttis nur am Rande[434]. Für eine verhaltenswissenschaftlich ausgerichtete Liturgik und ein phänomenologisches Ritual-Verständnis sind sie denkbar irrelevant, weil sich »all diese Fragen erst jenseits des Rituals stellen oder im rituellen Vollzug nur dann, wenn man innerlich aussteigt«[435]. Ob es allerdings ein innerliches Aussteigen aus dem Ritual ist, wenn sich während des Rituals Fragen stellen oder damit nur die von Josuttis viel beschworene »Traumzeit-Erfahrung« ausbleibt[436], wird Josuttis nicht zur Frage, vielleicht, weil er vor allem nach dem fragt, was sich szenisch und akustisch abspielt und wenig nach dem tatsächlichen Erleben, den vielleicht sehr andersartigen Erfahrungen anderer.

Grundproblem einer Abendmahlstheorie auf verhaltenswissenschaftlicher Basis ist deshalb für ihn auch ›nur‹, »die Konsekration der Kommunikanten in der Weise plausibel zu machen, daß ihre selbstverständliche Überzeugung, in Brot und Wein Leib und Blut des Erlösers zu empfangen, auch für das theoretische Bewußtsein annäherungsweise nachvollziehbar wird«[437]. Seiner Meinung nach intendieren das auch Anamnese und Epiklese: Durch Erinnerung und Anrufung werden Menschen für den wahren Empfang der Kommunion »nach Leib und Seele« erneuert. Dies aber ist zu hinterfragen, denn nicht allein schon die *Erinnerung an* die Heilstaten Gottes erneuert nach Leib und Seele, sondern vor allem, *daß Gott* heute wie gestern Heilvolles tut. Genausowenig wie es allein die *Anrufung* der kreativen Kraft des Heiligen Geistes ist, sondern vor allem die kreative Kraft des Heiligen Geistes *selbst*, die Neues ermöglicht. Entsprechendes gilt, wenn er dem Sinn nach parallel formuliert, daß sich in diesen Sprechhandlungen die Fähigkeit des Rituals artikuliert, »durch die *Erklärung* methodischer Selbstbegrenzung die *Möglichkeit* von Selbstentgrenzung zu schaffen«.[438] M.E. hat Josuttis mit diesen Formulierungen die religiöse Handlungsparadoxie, von der er spricht, nicht gewahrt, weil unklar bleibt, inwiefern bei diesem Verständnis »die konsekratorische

---

434 Er verweist deshalb, wenn auch äußerst knapp, auf den Stand gegenwärtiger Diskussion zu den Arnoldshainer Thesen und auf Literatur zu den innerprotestantischen Kontroversen. Vgl. ebd. S. 288

435 Ebd.

436 Überspitzt könnte man fast sagen, daß sie bei Manfred Josuttis zum status confessionis einer verhaltenswissenschaftlich orientierten Abendmahlsliturgik wird.

437 Ebd. S. 289

438 Ebd. S. 289f (kursive Hervorhebung d. Verfn.)

Potenz des Rituals nicht dem Ritual selbst innewohnt«.[439] Daß er vorweg
sagen kann: »Die Agende ist auch als Anleitung für eine gelenkte Kollektivphantasie in wirklichkeitserschließender Absicht zu interpretieren«, läßt
die Konturen ähnlich verschwimmen. Will die Agende Wirklichkeit erschließen? Kann sie Wirklichkeit erschließen? Und welche Wirklichkeit
wird erschlossen? Immer und von vornherein göttliche Wirklichkeit? Und
immer so, daß Alltagsdimensionen nicht mehr wahrgenommen werden, so
gut wie zum Verschwinden gebracht werden, zumindest einen heiligen
Augenblick lang, in himmlischer Gemeinschaft? Aber sind es nicht gerade
die Einsetzungsworte, die anderes zum Bewußtsein bringen: »in der Nacht,
da er verraten ward ...«?

Wie an anderen Stellen mangelt es dem Entwurf von Manfred Josuttis
auch in diesem Zusammenhang nicht an Phantasie und weitem Horizont,
m. E. sehr wohl aber an Geschichtsbezug. Daß er den Kontext der
Einsetzungsworte, synop-tisch in jeder Hinsicht und paulinisch bis auf die
Rezeption o. g. vergleichender religionsgeschichtlicher Thesen von H.-J.
Klauck, außer acht läßt und von einer Exegese der Einsetzungsworte gänzlich absieht, entzieht seinen Ausführungen den Boden und nimmt ihnen –
zumindest den biblischen – Horizont, läßt Aussagen wie »Der ewige Augenblick definiert sich als ein Ereignis aus der Vergangenheit. Die
göttliche Atmosphäre personalisiert sich in der Gestalt des Erlösers«[440]
zu spekulativen Worthülsen werden und »gelenkte Kollektivphantasie« als
agendarische Möglichkeit erscheinen.

---

439 Ebd. S. 289. – Den lutherischen Verzicht auf Anamnese und Epiklese entsprechend als
Verzicht auf beide »Sprechakte ... aus einer Haltung liturgischer Selbstvergessenheit«
zu erklären, die »die Thematisierung des Methodenproblems im rituellen Vollzug als
Störung der Glaubensgewißheit einschätzen muß« (ebd.), scheint mir von daher auch
wenig überzeugend. –
Peter *Cornehl* geht in seiner Rezension auf die Spannung zwischen dem Machbaren und
dem Nichtmachbaren ein: »Eine kultische Technik soll zur Begegnung mit dem Heiligen
präparieren – im Wissen darum, daß die instrumentelle Sprache dem, worum es
eigentlich geht, unangemessen ist. J. ist mutig genug, diesen Widerspruch zu riskieren«
(ders., Rezension, Sp. 242). M. E. ist dieser Widerspruch bei Josuttis allerdings allzu oft
gar nicht mehr als ein solcher zu erkennen, überspitzt gesagt, löst er sich nicht selten
in ein verhaltenswissenschaftlich-liturgisches ›Know how‹ auf.

440 Ebd. S. 287; Völlig unerfindlich bleibt, wie er die Bedeutung der Rezitation der
Einsetzungsworte zusammenfassen kann in der Feststellung: »Heilsgeschichte und
Himmelswelt versammeln sich zur Gegenwart göttlicher Atmosphäre, die durch die
angedeutete Aufführung der Ur-Szene konturiert wird« (S. 290), ohne nach der
Beziehung zwischen der Gegenwart »göttlicher Atmosphäre«, ihrer Personalisierung in
»der Gestalt des Erlösers« und ihrer Konturierung durch die »Aufführung der Ur-Szene«
zu fragen.

3.6. Agnus Dei

Die verbreitete Logik der Opferhandlung ist es, die Josuttis folgern läßt, daß sich die Bitte um Erbarmen »gewiß nicht nur auf das vergangenheitliche Passionsereignis« bezieht, sondern auch auf den darauf folgenden Höhepunkt des Rituals, die Inkorporation des Erlösers mit ihren Schrekkensaspekten.[441] Daß »der Erlöser« als Lamm angerufen wird, ist für Josuttis unmittelbar in Verbindung zu bringen mit der Abendmahlsgabe selbst, wobei die verhaltenswissenschaftlichen Bedeutungsnuancen der Bezeichnung für ihn letztendlich in die Frage münden, »inwieweit das Abendmahl kulturelle Eßtabus respektiert bzw. überschreitet«. Im einzelnen stellt sich ihm agendarisch das Verständnis der Gegenständlichkeit der Abendmahlsgaben in dreidimensionaler Schichtung dar:

Auf der Realebene des Alltagsbewußtseins werden Brot und Wein zum einen als Lebensmittel empfangen, zum andern der Leib des Erlösers »im Medium vegetarischer Nahrungsmittel« inkorporiert, weil animalische Elemente »die symbolische Ausdruckskraft nicht erhöhen, sondern eher stören würden«. Auf der Realebene des Traumzeitbewußtseins schließlich »gewinnen die Elemente durch diesen Gesang (des Agnus Dei) eine weitere Qualität ... Sie bleiben, wie vegetarische Nahrungsmittel, eßbar, aber sie erhalten zugleich den Charakter von Fleisch«.[442]

Seine Interpretation des Agnus Dei knüpft damit nahtlos an Vorhergesagtes an: Im Abendmahl als heiligem Essen geht es um die Einverleibung von Fleisch und Blut des Erlösers. Dies ist es, was verhaltenswissenschaftlich einsichtig ist und einsichtig zu machen ist. Ob sich die Interpretation des Agnus Dei mit dem neutestamentlichen Vorstellungshintergrund deckt (Joh 1,29), spielt dabei unbegreiflicherweise keine Rolle, ebensowenig wie die Auseinandersetzung mit einem Verständnis des Abendmahls im Rahmen oder im Sinne einer Passamahlzeit, mit dem Für und Wider einer Deutung Jesu als Passalamm.[443] Unberücksichtigt bleibt für Deutung und Bedeutung des Agnus Dei auch das Moment der Anrufung als Ausrichtung auf ein Subjekt samt christologischer Implikation. Die Schlußbemerkung: »Erst durch diese dreifache Schichtung ihrer gegenständlichen Qualität

---

441 Vgl. ebd. S. 290f
442 Vgl. ebd. S. 292
443 Ohne die Diskussion darüber auch nur ansatzweise aufzunehmen, geht Manfred Josuttis davon aus: »Wenn freilich, wie beim Abendmahl, das Lamm Gottes den Sohn Gottes repräsentiert«, um dann im Kontext phänomenologischer Beobachtung, daß und warum das Lamm zum Repräsentanten des Heiligen werden kann, schlußzufolgern: »muß es seinerseits durch nichtanimalische Elemente dargestellt werden«. Ebd.

werden die Objekte des heiligen Essens inkorporierbar«[444] verdeutlicht, in welchem Maße die Darstellung von Josuttis *objektbezogen* ist und bleibt.

Die im Zusammenhang mit Kannibalismusvorstellungen »tiefverwurzelten Ängste«, die sich in der Scheu vor dem Abendmahl manifestieren, wird seine Interpretation wohl kaum aufheben können, sondern eher verstärken. Wenn die Agende »solche archaischen Abgründigkeiten aus dem Wahrnehmungshorizont verlagern möchte«[445], redet Josuttis' Interpretation mit ihrer Fixierung auf das »Opferwesen« eben diesen Abgründigkeiten eher das Wort: Aus einer, wenn überhaupt, dann nur latent gegebenen, potentiellen Identifizierung von Lamm Gottes und Abendmahlselementen wird ganz ausdrücklich Identifikation, – Fleisch, auf der Ebene des Traumzeitbewußtseins inkorporierbar.

3.7. Austeilung. Der Weg in das Leben

Im Sinne seiner gesamten Akzentsetzung ist die *Spendeformel* in ihrem traditionellen Wortlaut bei der Austeilung unaufgebbar, weil »alle Beteiligten in der Traumzeit der Himmelswelt und angesichts der Vielschichtigkeiten der Abendmahlsgaben die Vereindeutigung durch verbale Interpretamente benötigen«[446]. Aber nicht nur die Worte sind von ausschlaggebendem Belang für das, was »die Abendmahlsworte im Augenblick der Austeilung sind«[447], sondern auch das *Verhalten*, die *kollektiven Haltungen*, »die ihrerseits Urteile über die gegenständliche Qualität der Abendmahlsobjekte einschließen«[448], wie das Sitzenbleiben oder zum Altargehen, das Reichen von Brot oder Oblaten, Wein oder Traubensaft, der alte Brauch der Umschreitung des Altars, das Knien vor dem Altar, Hand- bzw. Mundempfang, Einzelkelch oder Gemeinschaftskelch[449]. In all dem, was er an kirchlichen Traditionen aufnimmt und mit

---

444 Ebd. S. 293
445 Ebd. S. 291
446 Ebd. S. 293
447 Ebd. – Das, was gesagt und getan wird, bedingt das, was empfangen wird, scheinbar definitiv: M. Josuttis scheut sich auch an dieser Stelle nicht vor Formulierungen, die den Widerspruch zwischen Machbarem und Nichtmachbarem in der liturgischen Handlung wahrlich *nicht* erkennen lassen.
448 Ebd. S. 294
449 Vgl. ebd. S. 294ff; Wenn Josuttis im Zusammenhang mit der Forderung nach einer Einführung des Einzelkelches darauf verweist, daß in der Gegenwart eher soziale Befürchtungen als religiöse Ängste sind, die das Verhalten beim Abendmahl bestimmen, trifft dies auf der einen Seite fraglos zu. Auf der anderen Seite kann aber nicht davon

Zitaten illustriert, wird seine Intention spürbar, Bewußtsein und Verständnis zu wecken für Ausdrucksformen, die Ehrfurcht vor dem Heiligen und auch die Angst ihm gegenüber widerspiegeln, dies vor allem aber wiederum bezogen auf die Abendmahlssubstanzen: »Protestantische Überheblichkeit gegenüber solcher ›abergläubischen‹ Substanzfrömmigkeit sollte sich klar machen, daß personaler Glaube nicht mit praktischer Gedankenlosigkeit verwechselt werden darf«[450].

Im Abendmahl, in der Austeilung von Brot und Wein, kommt der Gottesdienst nach Josuttis zu seinem Ziel: »Die Kommunikanten inkorporieren den Leib des Erlösers und werden in diesen Leib ihrerseits inkorporiert«[451]. Vereinigung findet statt mit dem Erlöser, »In der Traumzeit der Abendmahlsfeier verschwimmen die Grenzen zwischen Himmel und Erde, Individuum und Gemeinschaft, Menschsein und Gottsein. Im heiligen Essen gewinnt jede/r[452] Anteil am ewigen Heil«.[453]

4. Thetische Schlußfolgerungen für Abendmahlslehre und Abendmahlspraxis in der Gegenwart

Über das hinaus, was im Hinblick auf einzelne liturgische Elemente oben angemerkt wurde, ist im Kontext der vorliegenden Arbeit festzuhalten:
1. Die christliche Abendmahlsfeier beinhaltet als heiliges Essen Elemente, die transinstitutionell, transkirchlich und transchristlich sind. Der religionsphänomenologische Ansatz von Manfred Josuttis macht Gemeinsames bewußt, weitet den Horizont und öffnet für das Gespräch mit anderen Religionen.
2. Der religionsphänomenologische Ansatz und die Ausrichtung an überwiegend verhaltenswissenschaftlichen Kriterien beinhalten aber zugleich

---

abgesehen werden, daß heute zwar weniger Menschen von religiösen Ängsten im Zusammmenhang mit dem Abendmahl bestimmt sind, dafür aber umso mehr von religiösen Vorbehalten und Anfragen an Abendmahlsverständnis und Abendmahlspraxis.

450 Ebd. S. 296

451 Auch da, wo der Gottesdienst an sein Ziel gekommen ist, bleibt der Erlöser namenlos, von Bedeutung ist die Funktion, die er hat, sein Opfertod, der »für alle Sünden bezahlt«, und seine Auferweckung, »die Zukunft ohne Ende eröffnet hat« (S. 296). – Von einer Inkorporation in den Erlöserleib spricht Josuttis nur an dieser Stelle, ohne daß ersichtlich wird, wie er diese Aussage begründet – verhaltenswissenschaftlich oder neutestamentlich.

452 Eher ein Schreibkonstrukt als ein Ausdruck frauengerechter Sprache, die Frauen wie Männer zum Vorschein bringt.

453 Ebd. S. 297

die Gefahr einer Engführung insofern, als zeitenübergreifend, situationsunabhängig, geschichtslos Verhalten, Haltungen und religiöse Symbolisierungen festgeschrieben werden.

3. Religionsphilosophische, -phänomenologische bzw. -soziologische Topoi wie das Reden von göttlicher Atmosphäre, heiligem Essen, von Konsekration als Transformation der Teilnehmenden, von Traumzeit-Erfahrung und die weitgehend namenlose Rede vom Erlöser und der Inkorporation des Erlöserleibes mögen dazu dienen, einen dogmatisch-theologischen Sprach- und Verstehenshorizont sinnvoll zu entgrenzen, zugleich verdecken sie aber auch die Geschichtsbezogenheit biblischen Redens von Gott und Erlösung, die konkrete Geschichte des Jesus von Nazareth als des Christus Gottes.

4. Die Konzentration auf das Verhalten der Gemeinde und kollektive Haltungen beinhaltet eine berechtigte Korrektur des gängigen Individualismus und Subjektivismus in Kirche und Gesellschaft. In der gänzlichen Ausblendung subjektiver Befindlichkeit aber und subjektiver Erfahrungen wird der Blick verstellt für Veränderungen in Einstellung und Verständnis, auch trotz gleichbleibenden Verhaltens.

5. Eine Sprache, die einerseits in der »Traumzeit-Erfahrung« wahrhaft ›Himmlisches‹ anklingen läßt (vgl. Konnotationen wie: Himmelsreise der Seele – zum Himmel führen – himmlische Macht – überwältigend – reine Zeit – ewiger Augenblick – den Himmel herabbringen – Symbiose mit dem Göttlichen), zum anderen aber nicht aggressiv und martial genug von Essen und Opfer und Opferhandlung sprechen kann (Lebenskampf, Tötungsakt, Schlachtung, Blut, Vernichtung), ist kaum dazu geeignet, in der Gegenwart zu einer liturgischen Sprache zu finden, die *gemeinsam* Abendmahl feiern läßt, d. h. mit – und trotz –andersartiger Erfahrungen, Befürchtungen und Erwartungen.

6. Für einen *zeit-*, *generationen-* und *geschlechts*spezifischen Zugang zum Abendmahl und einem von daher verschieden akzentuierten Verständnis des Sakraments finden sich wenig Ansatzpunkte, dafür ist die Darstellung von Josuttis zu geschichtslos und wohl auch zu ›gesichtslos‹.

7. Die Fixierung auf das, was in der Abendmahlsfeier geschieht, »wenn man die Aussagen der Agende ganz wörtlich nimmt«[454], bewahrt vor vorschnellen Reformen, vor modernistischen Trendwenden und subjektiven Beliebigkeiten in Liturgie und Liturgik. Sie wird aber da fatal, wo sie zu einem fundamentalistischen Agendeverständnis verführt, die Agende zur heiligen Schrift werden läßt, »ganz wörtlich« zum ›einzig wahren‹ Kanon von Liturgie und Liturgik.

---

454 Ebd. S. 248

8. Angesichts der konkreten gesellschaftlichen Problemhorizonte ist im »Zeitalter der Lebensgefahr« die Einführung von Manfred Josuttis in das Abendmahl nur sehr bedingt geeignet, nachvollziehen zu können, daß mit dem »heiligen Essen« der »Weg in das *Leben*« zu seinem *Ziel* gekommen ist. Überspitzt gesagt, scheint mir die Fixierung auf Blut und Opfer im Zusammenhang soteriologischer Aussagen in der Gegenwart eher lebensgefährlich als lebensrettend zu sein[455]. Verdeutlichen kann dies der Blick auf die Anfragen und Akzentsetzungen Feministischer Theologie.

V. Abendmahlslehre und Abendmahlspraxis.
Anfragen und Akzente feministischer Theologie

1. Zur Einleitung

»Frauenbefreiung«[456], unter diesem programmatischen Titel erschien Ende der siebziger Jahre im deutschsprachigen Raum eine der ersten Einführungen in Geschichte und Anliegen Feministischer Theologie, deren Anfänge im Zusammenhang von women's lib und women's studies in der amerikanischen Bürgerrechts- und Frauenbewegung der 60er Jahre liegen. Movens der Einführung von *Elisabeth Moltmann-Wendel* war, biblische und theologische Argumente für die Frauenbefreiung zu benennen und ihre geschichtlichen Hintergründe in Deutschland, einsetzend mit der frühen Frauenbewegung der 1848er Revolution, aufzuzeigen. Bereits im Vorwort zur 1. Auflage mit dem Titel »Menschenrechte für die Frau« klingen die Stichworte und Akzentsetzungen an, die in der Folgezeit allen Positionen Feministischer Theologie, so heterogen sie im einzelnen auch sein mögen, gemeinsam sind: Leiblichkeit statt abstrakter Geistigkeit, Befreiung statt Erlösung, die Betonung des Erfahrungsbereichs von Frauen, die Bedeutung kommunikativer statt individualisierender Fähigkeiten, der Verweis auf die Notwendigkeit neuer Lebensformen und Lebensstile, die Sehnsucht nach Ganzheit des Lebens. Anliegen war und ist: »die Frau als ganzen, befreiten Menschen in allen seinen Möglichkeiten zu entdecken und mit ihr und durch sie eine von allen Verfremdungen geheilte Welt zu gestalten«[457].

---

455 Mit Fragezeichen zu versehen ist insofern auch die Anmerkung von P. *Cornehl*: »Mit großem Gespür für das Lebensgefährliche und Lebensrettende wählt er aus, was zum Verständnis der kultischen Vorgänge relevant ist« (Rezension, Sp. 939).
456 Zum folgenden vgl. Elisabeth *Moltmann-Wendel* (Hg.), Frauenbefreiung
457 Ebd. S. 10; – Zur Geschichte und inhaltlichen Schwerpunktsetzung feministischer

In den ersten Jahren feministisch theologischer Forschung und kirchlicher Frauenbewegung lag der Akzent auf der Forderung nach Gleichberechtigung und Gleichstellung der Frau, auch in der Rezeption biblischer Überlieferung und kirchlicher Tradition. Der in Menschenbild wie Gottesvorstellung herrschende *Androzentrismus*, die eindimensionale Orientierung am Männlichen, wurde aufgedeckt und hinterfragt.[458] Seit einiger Zeit nun werden von feministischen Theologinnen, soweit sie sich auf dem Boden christlich-jüdischer Tradition verstehen, d. h. daran festhalten, daß Christentum und Kirche von ihrem Synkretismus mit Patriarchalismus und Androzentrismus befreit werden können[459], verstärkt Themen der *Christologie* aufgenommen und nicht zuletzt die Frage nach einer feministisch theologischen Deutung des Todes Jesu gestellt, nach feministischer Kreuzestheologie und Soteriologie. Und damit oder auch darüberhinaus geht es verstärkt um die Praxis gelebter Spiritualität. Gesucht, gewollt, gefordert wird die Revision christlicher, kirchlicher Rituale im Sinne *frauengerechter* Sprache und Inhalte. Und in diesem Zusammenhang kommen immer öfter auch die kirchliche Abendmahlspraxis und das sie bestimmende Abendmahlsverständnis in den Blick.

Da im Vordergrund die Auseinandersetzung um die Deutung des Todes Jesu steht, soll im folgenden davon ausgegangen werden. Von einigen wenigen Ausnahmen abgesehen, wird sich die Darstellung auf feministisch-theologische Positionen im deutschsprachigen Raum beschränken, da der hier angesprochene Erfahrungshintergrund dem der interviewten Frauen und Männer kontextuell am ehesten vergleichbar ist. Daß es im Rahmen der vorliegenden Arbeit nur um *Ansätze* einer Diskussion feministisch-theologischer Deutungen des Todes Jesu gehen kann, versteht sich dabei von selbst.

2. Zur Deutung des Todes Jesu

Vorbemerkungen: Feministische Theologie geht von persönlichen Erfahrungen aus. Wegweisend sind in erster Linie die Erfahrungen von Frauen

---

Theologie vgl. aus der mittlerweile fast uferlosen Literatur u. a. Hedwig *Meyer-Wilmes*, bes. S. 9–41; 94–113; Catharina J. *Halkes*/Hedwig *Meyer-Wilmes*/Annemarie *Schönherr*/Bärbel v. *Wartenberg-Potter*, Feministische Theologie, WBFTh, S. 102–111.

458 Zu »Androzentrismus« als Schlüsselbegriff feministischer Theologie vgl. u. a.: J. Christine *Janowski*, Theologischer Feminismus, bes. S. 153–157; Ina *Praetorius*, S. 29f.

459 Zu den differenten Grundströmungen innerhalb Feministischer Theologie bis hin zur postchristlichen feministischen Religion und Göttinbewegung: vgl. u. a. Lucia *Scherzberg*, S. 14ff.

mit Unterdrückung und Befreiung. Sie sind die hermeneutischen Schlüssel für das, was wahr ist. So kann *Elisabeth Schüssler Fiorenza* im Blick auf das Schriftverständnis formulieren: »Ihren ›Kanon‹ leitet kritisch-feministische Hermeneutik ... nicht zuerst von biblischen Texten ab; sie tut dies vielmehr aus der Erfahrung des Kampfes von Frauen heute gegen Rassismus, Sexismus und Armut als unterdrückerischen Systemen des Patriarchats und durch ihre systematische Forschung in feministischer Theorie. Das ist aber nur möglich, wenn die Bibel nicht als Archetypus, sondern als historischer Prototypus bzw. als eine inspirierende Quelle, ein formatives Modell des Glaubens und des Lebens verstanden wird ... eine solche Hermeneutik geht davon aus, daß Offenbarung heute immer noch weitergeht und uns ›um unseres Heiles willen‹ gegeben wird. Daher unterwirft sie die biblischen Texte der Erfahrungsautorität von Frauen«.[460] Dies gilt auch da, wo es um christologische Aussagen geht.[461] Entscheidende Frage ist: »ob eine nicht-sexistische Re-Vision der Christologie möglich sei, die auch für Frauen einen befreienden Beitrag zu ihrer christlichen Identität leisten kann«[462]. Und es gilt nicht zuletzt für die Deutung des Kreuzestodes Jesu: »Vertreterinnen feministischer Theologie sprechen die Erfahrung vieler Frauen aus, wenn sie – in unterschiedlicher Ausprägung – ihre Schwierigkeiten mit der christlichen Deutung des Kreuzes formulieren«[463].

So sollen zunächst auch die Anfragen feministischer Theologie referiert werden, bevor dann einige signifikante feministisch-theologische Neuansätze und Re-Visionen[464] überblickartig dargestellt und kritisch reflektiert werden.

2.1. Feministisch-theologische Anfragen

2.1.1. Anfragen an das Gottesbild
Für die meisten feministischen Theologinnen ist die Gottesfrage gestellt, wenn es um eine soteriologische Deutung des Kreuzestodes Jesu geht.

---

460 Elisabeth *Schüssler Fiorenza*, Brot, S. 48

461 Doris *Strahm*: »Prüfstein christologischer Aussagen sind ihre Folgen in der Praxis, d. h. die Frage, ob sie ... zur Unterdrückung oder zur Befreiung von Menschen beitragen«. Entsprechend geht es weniger um die Rezeption christologischer Formeln, als um die »Neuformulierung bzw. Aktualisierung der diesen Formeln zugrundeliegenden Heilserfahrung«, *dies.*, Für wen, S. 27.

462 So Doris *Strahm* und Regula *Strobel,* Verlangen, S. 7

463 Eveline *Valtink* in ihrem Vorwort zu »Das Kreuz mit dem Kreuz«

464 Re-Visionen im Sinne Christine *Schaumbergers* verstanden als: »Kritik und Verlernen herrschender Sichtweisen, Sichtbarmachen, Gegen- und Querdenken und Neubewerten«, *dies.*, S. 242

Konsens besteht in der Ablehnung einer Gottesvorstellung, die mit der Deutung des Todes Jesu als Sühnetod und Opferhandlung gegeben scheint: »Das Gottesbild in christlichen Kreuzestheologien projiziert einen despotischen patriarchalen Vater in dem Himmel, der seinen Sohn opfert. Für Frauen kann dieses Gottesbild nur ein Horrorgemälde sein. Es hat sadistische und kannibalistische Züge gerade durch die Kreuzestheologie«.[465]

Bezeichnende Konnotationen sind[466]: Grauenerregend, Krankmachend, Protestschrei, Nicht wollen, Opfersüchtig, Sadistisch, Männliche Projektionen, Phallokratisch, Unterdrückerisch, Sadomasochistisch, Nekrophil. Den Titel »Vater« nicht verdienen.

Die Ablehnung dieses Gottesbildes wird dabei oft ausdrücklich mit dem Hinweis auf das Reden und Handeln Jesu begründet: »Den christlichen Gott, der ein Sühnopfer braucht oder gar die Hingabe seines Sohnes am Kreuz fordert, suchen wir in den Aussprüchen Jesu vergebens«[467].

Dissens aber besteht in der Frage, inwieweit kreuzestheologische Aussagen innerhalb feministischer Theologie überhaupt von Relevanz sein können, inwiefern sie zu modifizieren oder generell infragezustellen sind. Diesen Streit um die *Kreuzestheologie* innerhalb feministischer Theologie hat sehr ausdrücklich Elisabeth *Moltmann-Wendel* aufgenommen, gerade auch im Blick auf die Gottesvorstellung: »Ein Gott ..., der nur Lust, Liebe und Freude ist und die Verheißung einer jesuanischen Glückseligkeit ... erwecken in mir den Verdacht ... (einer) Art ›Eierkuchen-Gott‹ ... Der uns als ganzen Menschen nicht gerecht werden kann und der uns in Nischen abdrängt, die der Wirklichkeit nicht mehr entsprechen«.[468] Wenn sie stattdessen vom »Schrecken Gottes« spricht, vom »Rätsel Gott«, von der Erfahrung der »Gottverlassenheit« Jesu am Kreuz[469] als bleibend notwendigen theologischen Topoi, wird von anderer Seite dagegen argumentiert: »Der Versuch, das Kreuz als *das* christliche Paradoxon in feministische Theologie einbeziehen zu wollen, ... scheint mir zu wenig Abstand zu nehmen von einem allmächtigen und dann auch grausamen Gott, der die Möglichkeit gehabt hatte, das Kreuz und all die anderen

---

465 Luise *Schottroff*, Crux, S. 216
466 Vgl. dazu u. a. Hildegunde *Wöller*, S. 114; Regina *Strobel*, Versöhnt, S. 7; Christa *Mulack*, S. 55; Elga *Sorge*, S. 44; Jutta Voss, S. 128
467 Ch. *Mulack*, S. 63, vgl. S. 60ff; – Vgl. R. *Strobel*: »Einen Gott, der mit jenem Gott, in dessen Kraft Jesus sein Leben und Handeln geborgen glaubte, nichts zu tun hat. Sonst hätte Jesus nicht überall, wo er konnte, Schmerzen gelindert und Leidende geheilt«, *dies.*, Versöhnt, S. 7.
468 E. *Moltmann-Wendel*, Kreuzestheologie, S. 549f
469 Ebd. S. 552f

Staatsmorde zu verhindern, es aber aus uns unerfindlichen Gründen nicht getan hat«.[470]

Auch für Dorothee *Sölle* bleiben Passion und Kreuz Jesu von entscheidender Bedeutung für die Frage nach Gott, die zur Frage an den Menschen wird: »Es ist vollbracht, sagt der gewaltfreie Jesus unter der Folter. Gott ist jetzt ganz sichtbar geworden. Gott, das Geheimnis des Lebens, erscheint im Leiden, erscheint im Tod. Gott wird heutzutage gefoltert ... Gott fragt uns in Christi Tod: ... Wie weit wirst du mit mir gehen in die Liebe hinein, die Schmerz ist?«[471] Aber auch dieser befreiungstheologische Ansatz ist innerhalb feministischer Theologie nicht unumstritten: »ich frage mich, ob wir nicht weiterhin ein vorwiegend pessimistisches Menschenbild tradieren, wenn wir formulieren, daß ein Engagement für Gerechtigkeit zwangsläufig zu Benachteiligungen oder ans Kreuz führe«[472]. Der Widerstand gegen jede Form kreuzestheologischer Aussagen, auch die einer modifizierten Rezeption, ist nicht zu überhören. Zum einen wird darauf verwiesen, daß positive Interpretationen im Unterschied zu den klassischen opfer-theologischen Aussagen »keine religionspädagogische Relevanz haben. In Schule und Kirche wird nach wie vor die offizielle Kreuzestheologie gelehrt ... Und das ist ein Scandalon«[473]. Zum anderen wird theologisch gegen die Versuche, das Kreuz in irgendeiner Weise als Lebenssymbol zu interpretieren, argumentiert, daß damit die Gefahr besteht, »Gott und Menschen weiterhin als KonkurrentInnen, als entgegengesetzte, unvereinbare Pole« zu betrachten, »die durch den Gekreuzigten miteinander verbunden/versöhnt werden«[474].

2.1.2. Anfragen an die Christologie

Neben der theo-logischen Infragestellung nehmen auch christologische Anfragen einen immer breiteren Raum ein. Sie beziehen sich vor allem auf die *Exklusivität* und *Universalität* des »Für-uns« und auf das damit verbundene *Ein-für-allemal* der Erlösung durch Jesus von Nazareth als dem Christus Gottes. Fragehorizont ist:
a) *Intellektuell:* Wie kann eine konkrete historische Person ein für allemal und universal Heil bewirken? b) *Ethisch:* Ist damit nicht zwangsläufig ein Absolutheitsanspruch verbunden, der sich in Antijudaismus[475] und Abwer-

---

470 R. *Strobel*, Das Kreuz, S. 188
471 Dorothee *Sölle*, Fenster, S. 344
472 R. *Strobel*, Das Kreuz, S. 187
473 Ch. *Mulack*, S. 52
474 R. *Strobel*, Das Kreuz, S. 188f
475 Zur grundsätzlichen Auseinandersetzung mit dem Antijudaismus innerhalb feministischer

tung anderer Religionen zeigt?[476] Hat es die Exklusivität des Kreuzes Christi nicht mit sich gebracht, daß die Kreuze der vielen marginalisiert werden?: »Die christologische Isolierung Christi (nur er kann das von Gott Geforderte leisten) macht das Martyrium der vielen Frauen und Männer, die Kreuzigungen in Geschichte und Gegenwart, unsichtbar und verhindert eine eigenständige und selbstbewußte Nachfolge Christi«.[477] c) *Geschlechtsspezifisch:* »Kann ein männlicher Erlöser Frauen erlösen?«[478] Zu einem grundlegenden Problem der Christologie wird diese Frage, »weil in einer patriarchalen Kultur und Gesellschaft der Glaube, daß ein Mann die einmalige Inkarnation, die einzigartige Selbstoffenbarung Gottes und der Erlöser der ganzen Welt ist, zu einer weiteren theologischen und praktischen Abwertung und Marginalisierung der Frauen führt«[479].

Theologie vgl. Susannah *Heschel*, bes. S. 71ff – Katharina von *Kellenbach*, bes. S. 118–131

476 Vgl. u. a. Doris *Strahm*: »Ist es möglich zu glauben, daß die Erlösung aller Menschen ein für allemal und ausschließlich durch diesen einen Menschen, den Mann Jesus von Nazareth, der für uns zur Vergebung der Sünden gestorben ist, geschehen sei, ohne damit alle anderen religiösen Vorstellungen von Erlösung abzuqualifizieren?« (dies., Christus, S. 95) –
Oder auch Maria *Kassel*: »Kann solche Theologie nicht einerseits Anlaß werden zu vermessenem Elitebewußtsein, welches das Fortwirken von Sünde und Tod in der Welt wie im eigenen Leben übersieht, und das heißt verdrängt, und die Verantwortung dafür womöglich den nicht ›ein für allemal‹ Erlösten in die Schuhe schiebt?« (dies., S. 219f).

477 L. *Schottroff*, Crux, S. 216; – Vgl. R. *Strobel*: »Traditionelle Kreuzestheologien erachten nur das Leiden und Sterben Jesu als erlösend, nicht aber das Leiden anderer Menschen, die sich wie Jesus für Gerechtigkeit einsetzen. Feministische Theologinnen wehren sich gegen solch zynisches Reden, das einen qualitativen Unterschied machen will ... weil dadurch den Unterdrückten und Leidenden noch ihr Letztes, ihr ureigenstes Leiden gestohlen und insofern abgewertet wird, als in Jesu Leiden alle Leiden ›aufgehoben‹ sein sollen« (dies., Feministische Kritik, S. 59); – M. *Kassel* argumentiert aus tiefenpsychologischer Sicht gegen den theologischen Topos von der Stellvertretung Christi: »Identifikation bedeutet auch Projektion eigener Schwachheit und zugleich von unerfüllten Wünschen auf den Stellvertreter, deren unbewußtes Ziel es ist, die Schwäche an ihn loszuwerden und an seiner Stärke teilzuhaben« (S. 215). Im einzelnen dazu s. u.

478 Rosemary R. *Ruether*, Sexismus, S. 145

479 Doris *Strahm*, Für wen, S. 12; – Vgl. u. a. Johanna *Kohn-Roelin*: »Die Frauenvergessenheit und Frauenfeindlichkeit der christologischen Dogmen tritt dort hervor, wo die Männlichkeit Jesu ... als der notwendige und angemessene Ausdruck seiner Göttlichkeit gilt« (*dies.*, S. 74); – Die Darstellung einer gekreuzigten Frau als »Jesa Christa« kann infolgedessen von Sylvia *Strahm Bernet* begründet werden: »als Sichtbarmachung und als Richtigstellung, als Verdeutlichung dessen, daß im Mann nicht bruchlos der Mensch, also auch die Frau zu sehen ist, daß das Leben und die Opferung von Frauen, aber auch ihre Erlösungserfahrungen, wenn sie nicht eigens benannt werden und keine eigene Form der Vergegenwärtigung finden, Gefahr laufen, nicht wirklich wahrgenommen zu werden«, dies., Jesa Christa, S. 179.

Dissonanzen und Differenzen innerhalb der christologischen Anfragen werden offensichtlich, wenn einerseits auf der Suche nach einer feministisch verantwortbaren Kreuzestheologie neue Akzentsetzungen gefragt sind, – z. B. dem »ganzen« Leben Jesu, und das heißt auch dem Auferstehungsgeschehen, soteriologisches Gewicht beizumessen und nicht isoliert und in erster Linie wie in der herkömmlichen Christologie Passion und Tod[480] –, andererseits aber grundsätzlich hinterfragt wird, ob eine Gewalttat, wie sie der Tod Jesu darstellt, überhaupt als Erlösungshandeln interpretiert werden kann: »ohne in einen der beiden Abgründe zu stürzen: entweder in die *Nekrophilie* ... oder aber in die *Verharmlosung*«[481]. Daß innerhalb feministischer Theologie ein ›*Schwesternstreit*‹ ausgetragen wird in Fragen der Kreuzestheologie, ist offensichtlich. Auf der einen Seite gilt: »Die Frauenkonzepte einer absolut gewaltfreien Religion müssen sich fragen lassen, ob sie an der Realität vorbeiträumen und in eine Leben-Jesu-Religion hineinflüchten, ohne den Tod Jesu noch wahrzunehmen, und ob sie fern aller Religionskritik sich ein transpersonales Gottesbild als Lebensmacht schaffen, das kein Paradox mehr zuläßt«[482] und auf der anderen Seite: »... daß die vorliegenden Interpretationsversuche des Kreuzes (Jesu) als erlösendes, heil-machendes Ereignis nicht befriedigen ... als theologisches System ... sollten Kreuz und Heilwerden/Erlösung nicht mehr miteinander verknüpft werden ... Jesu Art und Weise zu leben wird für mich zur Befreiung, zur Erlösung, weil ich durch andere, die sich von seinem und anderer Menschen Engagement anstiften/inspirieren ließen, stückweise erfahren habe, was geschenkte Befreiung ... bedeutet«[483].

2.1.3. Anfragen an das Menschenbild

Die Anfragen an klassische Deutungen des Todes Jesu erschöpfen sich aber nicht theologisch bzw. christologisch. Anthropologisch ist es
a) ein damit verbundenes *Sündenverständnis*, das den Menschen als von Grund auf sündig und Sünde als Selbstvermessenheit, als Sein-wollen-wie

---

480 Vgl. dazu u. a. E. *Moltmann-Wendel*: Nicht ›Jesu Werk‹ macht die Heilsgeschichte aus, sondern »sein *ganzes* Leben ... Neben der Person Jesu, seinem Tod und seiner Auferstehung muß also dieses Netz der Beziehungen, aus denen er heraus lebte und die sein Lebenswerk ausmachen, gesehen werden« (Kreuzestheologie, S. 553f; Vgl. Beziehung, S. 100f). – L. *Schottroff*: »Der Beginn einer Kreuzestheologie ist der Auferstehungsglaube der Jüngerinnen«, wobei für sie Auferstehung »kein isoliertes Christusgeschehen außerhalb unseres Lebens« ist. (Crux, S. 217/218); Vgl. auch D. *Sölle*, Kreuz, S. 236.
481 R. *Strobel*, Feministische Kritik, S. 59f
482 E. *Moltmann-Wendel*, Kreuzestheologie, S. 553
483 R. *Strobel*, Das Kreuz, S. 189

Gott und als ein Leben in der Gottesferne qualifiziert, das innerhalb feministischer Theologie auf Ablehnung stößt.[484] *Begründung* ist: Daß ein solches Reden von Sünde an der Erfahrung und Realität vieler Menschen, vieler Frauen vor allem, vorbeigeht, »deren Situation in der gegenwärtigen Gesellschaft eher durch Ohnmacht, Unterwerfung und Ausbeutung charakterisiert werden muß als durch Hochmut und Machtstreben«[485]; Daß sich männliche und weibliche Selbst-Erfahrung, auch was Sünde angeht, nicht auf einen Nenner bringen lassen, daß das herkömmliche Reden von Sünde androzentrisch und ein Produkt männlicher Theologie ist und, bewußt oder unbewußt, unterdrückerische Funktion hat: »Das Menschenbild des total sündigen Menschen verhindert bei Frauen das befreiende Streben nach Autonomie und Selbstbewußtsein, weil es für Sünde erklärt wird, und bestätigt Selbstunterwerfung als Glaubensgehorsam«[486].

Im Rekurs auf Aussagen der amerikanischen Psychotherapeutin Anne *Wilson Schaef*, für die im Blick auf das »männliche System« gilt: im Einklang mit Gott sein, bedeutet »soviel wie in Einklang mit etwas sein, daß außerhalb von uns ist«, für das »weibliche System« dagegen: Bei Gott ist jemand, »der bei sich selbst ist«[487], stellt Elisabeth *Moltmann-Wendel* fest: »M. E. hat ... Sünde als Ausdruck der Distanz zu Gott ihren zentralen Platz im männlichen System ... Verzweifelt nicht man selbst sein wollen – die Kierkegaardsche andere Sünde entspricht eher Frauenerfahrung«[488].

Als generelle Absage an die Notwendigkeit der Rede von Sünde und Schuld, auch der Sünde und Schuld von Frauen, sind die Anfragen somit nicht mißzuverstehen. Tenor ist: »Sünde und Schuld sollten so konzipiert werden, daß sie nicht zu Entmutigung, Lähmung, Unterdrückung führen, sondern zu *Erkenntnis* und *Kritik* (von Unrecht, Unterdrückung, Entfremdung als Sünde und nicht als Zwangsläufigkeit, Selbstverständlichkeit, unveränderbare Gegebenheit), *Erklärung* (die Rolle von Frauen, Männern und Strukturen ...) und *Bekehrung* (die nicht Umkehrung und Umwertung des Vorgegebenen, sondern Neuorientierung, Bruch, Veränderung, Neugestaltung ist)«[489].

---

484 Vgl. bes. Lucia *Scherzberg*, die das Verständnis von Sünde und Gnade innerhalb der unterschiedlichen Ansätze Feministischer Theologie untersucht hat, dies in der Verbindung mit der theologischen Tradition und der geistesgeschichtlichen Entwicklung, Sünde und Gnade vgl. bes. S. 116ff.184ff (Zusammenfassungen); Vgl. u. a. auch Maria *Kassel*, S. 205/Anm.17. S. 207f
485 R. *Strobel*, Feministische Kritik, S. 55
486 L. *Schottroff*, Crux, S. 216; Vgl. Die befreite Eva, in: Schuld und Macht, S. 56f
487 Anne *Wilson Schaef*, S. 169
488 E. *Moltmann-Wendel*, Kreuzestheologie, S. 547
489 Christine *Schaumberger*, Subversive Bekehrung, in: Schuld und Macht, S. 197f

b) der Stellenwert und die Bedeutung von *Opfer* und (sich) *opfern* in der heutigen Gesellschaft[490], die Tatsache, daß in der Menschheitsgeschichte trotz und angesichts des Todes Jesu weiterhin Opfer gebracht und Opfer gefordert wurden und werden: »Der Gekreuzigte Gott, der angeblich widerstandslos in sein Leiden einwilligt, eignet sich nur allzu gut als Vorbild für die vielen sinnlosen Opfer, die Frauen und natürlich auch Männer im Patriarchat erbringen und die sich oftmals im Erhalten zerstörerischer Verhältnisse erschöpfen, aber keinen heroischen Impuls für lebensnotwendigeVeränderungen und Umwandlungen ausstrahlen[491]«.

Im Vordergrund stehen immer wieder die spezifischen Erfahrungen von Frauen mit *Gewalt*: »Das Kreuz auf sich nehmen konnte heißen, den prügelnden Ehemann, das gesellschaftliche Unrecht und andere – zu ändernde – Unbill geduldig zu ertragen«[492], Erfahrungen auch in ökumenischem Horizont: »›Christus litt und starb für dich am Kreuz. Kannst du denn nicht auch ein wenig Schmerzen aushalten?‹ werden Frauen oft gefragt, wenn sie die Kirche um Hilfe bitten. Vielleicht liegt der verderblichste Aspekt der christlichen Lehre in dieser Theologie der Aufopferung und des Leidens«[493].

Zutreffend konstatiert Luise *Schottroff*: »Kernpunkt der Kritik ist, daß das Kreuz als symbolisches Instrument zur Frauenunterdrückung diente und dient. In dieser Kritik besteht auch weitgehend Einigkeit unter feministischen Theologinnen trotz unterschiedlicher Ansätze feministischer Theologien«[494].

2.2. Feministisch-theologische Neuansätze. Re-Visionen

2.2.1. Das Kreuz als Paradox

Unter den feministischen Theologinnen spricht sich am dezidiertesten **Elisabeth Moltmann-Wendel** gegen eine pauschale, undifferenzierte Ablehnung der Kreuzestheologie aus. Ihrer Meinung nach ist zwischen drei Akzentsetzungen klassischer Kreuzestheologie zu unterscheiden: Kreuzestheologie als Sühnetheologie – als Nachahmung Christi – als exemplarischer, religionskritischer und gesellschaftsbezogener Lebensvollzug.

---

490 Vgl. dazu oben A.III.1. »Blut und Opfer«. – Keine Frage ist, daß Vertreterinnen Feministischer Theologie als Frauen in besonderer Weise sensibilisiert sind für gesellschaftliche Entwicklungen und Tendenzen im Zusammenhang mit Gewalt und Opfer und dementsprechend auch Gehör finden sollten.

491 E. *Sorge*, S. 43

492 *Frauenarbeit*, S. 39

493 A. *Gnanadason*, S. 100, ausdrücklich im Zusammenhang mit Gewalterfahrungen.

494 L. *Schottroff*, Crux, S. 216

Anknüpfungsmöglichkeiten sieht sie für feministische Theologie in dem religionskritischen und gesellschaftspolitischen Typus herkömmlicher Kreuzestheologie gegeben: »Das Kreuz ist – religionskritisch – die Durchkreuzung aller meiner religiösen, bürgerlichen Bedürfnisse und das Gleichzeitig-Werden mit einem politischen Christus, in dessen Werk ich hineingenommen werde«[495]. Gegenüber feministischer Kreuzeskritik betont sie: »Auch feministische Theologie hat Religionskritik nötig«[496] und das Paradoxon theologischer Aussagen, das im Kreuz Jesu, in seiner Gottverlassenheit seinen Ausdruck findet, es sei denn, sie geht mit ihren Aussagen »an unseren Abgründen und an den Rätseln Gottes vorbei.«[497] Vorzeichen einer feministischen Kreuzestheologie jenseits der Verzerrung und Eindimensionalität männlicher Sühnetheologie ist für sie die Einbettung in das »ganze Leben Jesu«, das als ein Leben in Beziehungen wahrzunehmen ist: »Das ›für mich‹, ›für uns‹ kann sich dann umwandeln zu einem geschichtlichen und räumlichen ›vor mir‹: In seiner Geschichte und in seinem Windschatten kann ich leben«[498]. Wie dies zu verstehen ist, ob im Sinne von Vor-bild und Nach-folge, d.h. exemplarischer Geschichte, oder/und im Sinne eines geschichtlichen »vor mir«, das auch stellvertretende Elemente impliziert, siehe »Windschatten«, bleibt unklar, vor allem, wenn sich damit die soteriologische Dimension des »pro me« erübrigt haben soll.

Drei »feministische Kreuz-Dimensionen« sieht sie, die »das Kreuz nicht zum Prinzip der Sündenvergebung mißbrauchen und die für Frauen existentiell nachvollziehbar« sind[499]:

1. Das Kreuz als Solidarität im Leiden (unter Hinweis auf die Frauen unter dem Kreuz); 2. Das Kreuz als Leiden an der strukturellen Sünde (Beispiel: die Bilder gekreuzigter Frauen als Spiegel für die Wirklichkeit von Frauen); 3. Das Kreuz als paradoxes Lebenssymbol: »als Heilszeichen, daß wir uns aus Tod- und Nichtsein ausrichten und ausstrecken dürfen in neue Räume«[500]. (Unter Verweis auf die Flucht der Frauen am Ostermorgen, die ihrer Meinung nach Parallelen aufweist zu vielen Frauenerfahrungen. »Den Liebesverlust nicht aushalten können – das ist Gottverlassenheit, die Menschen hindert, unabhängig, aufrecht und einzeln neue Räume zu beschreiten«, Scheitern an der »Auferstehungsfähigkeit«[501]).

495 E. *Moltmann-Wendel*, Gibt es, S. 75f
496 Ebd. S. 83
497 Ebd. S. 85f
498 Ebd. S. 87
499 Dies., Kreuzestheologie, S. 554; Zum folgenden vgl. ebd. S. 554ff
500 Ebd. S. 557
501 Ebd. S. 556f; »Sind die Jünger angesichts der Verhaftung Jesu geflohen, so fliehen die Frauen voller Schrecken bei der Botschaft der Auferstehung (Mk 16,8)«, ebd. S. 556.

Die Selbstverständlichkeit, mit der E. Moltmann-Wendel davon ausgeht, daß das, was sie an Kreuzes-Dimensionen sieht, »für Frauen existentiell nachvollziehbar« ist, scheint mir, zumindest in dieser Generalisierung, fragwürdig. Und unklar bleiben ihre Aussagen da, wo es um die Auferstehung Jesu geht: Einerseits kann sie von »Einbruch von außen«, von »Transzendenzerfahrung« sprechen, andererseits von einer »Auferstehungsfähigkeit«, die als »Fähigkeit, ein eigener Mensch zu werden«, zu einer allgemein menschlichen Möglichkeit im Hier und Jetzt wird. Merkwürdig schillernd bleibt in diesem Zusammenhang auch die Aussage, mit der sie die johanneische Begegnung Maria von Magdalas mit dem Auferstandenen zusammenfaßt: »Rühre mich nicht an ... Die Auferstehung bringt den Schmerz und die Freude, ein Selbst zu werden und in neue Beziehungen zur Welt zu treten«[502]. Wessen Auferstehung und inwiefern Auferstehung? Und wie paßt dazu das, was Maria von Magdala nach dem Johannesevangelium von dem Auferstandenen zu hören bekommt: »Rühre mich nicht an, denn ich bin noch nicht aufgefahren zum Vater ...« und was sie an die anderen weitergibt: »Ich habe den Herrn gesehen, und das hat er zu mir gesagt« (Joh 20,17f)? Wenn ihrer Meinung nach »die Suche nach Auferstehungssymbolen ... ein Problem der gegenwärtigen Christenheit«[503] ist, scheint es mir das Problem – nicht nur Feministischer Theologie! – zu sein, beim Reden von Auferstehung den *Tod* auszusparen und die ureigene Auferstehung *Jesu von den Toten*, und so die Hoffnung auf Auferstehungs*symbolik* zu gründen und nicht auf *exemplarisch* geschehene Gottes Geschichte[504], was zum Leben vor dem Tod taugen mag, aber, meinen seelsorgerlichen Erfahrungen nach, kaum zum Sterben.

Überzeugend ist m. E., *daß* Elisabeth Moltmann-Wendel und *wie* sie an Akzentsetzungen herkömmlicher Kreuzestheologie anknüpft, indem sie 1. differenziert zwischen unterschiedlichen Richtungen; 2. selbstkritisch nach Religionskritik auch feministisch theologischer Ansätze fragt; 3. die androzentrische Eindimensionalität zentraler Aussageelemente traditioneller Kreuzestheologie hinterfragt. Wesentlich für ihre eigene Akzentsetzung wird dabei die Verbindung, die *Identifizierung* von *Leben Jesu* und »*Leib Christi*«, dies unter Bezug auf die Evangelien, die ihrer Meinung nach nicht nur, wie Paulus und die spätere christliche Tradition, an dem »Leib Christi« als dem Leib des Gekreuzigten und Auferstande-

---

502 Ebd. S. 557
503 Ebd.
504 Vgl. Klaus *Wengst*, der von Ostern als: »Ein wirkliches Gleichnis, eine wahre Geschichte« spricht.

nen interessiert sind, sondern an der ganzen »leibhaften« Geschichte Jesu[505].

Voraussetzungen, von denen sie in ihrer Interpretation ausgeht, sind[506]:

1. In den frühen Erzählungen (besonders bei Markus) erscheinen Jesu Leiden und Tod in Parallele zu dem Leiden und Sterben anderer[507], ist Jesus »noch« im Sinne des Stellvertretungsgedankens »mit seinem kompromißlosen Leben für das Leben anderer eingetreten«.

2. Später erst wurde sein Tod als Sühnopfer für die Sünden der Menschen verstanden und damit unvergleichlich und einzigartig, und sein Leib als »der Kreuzigungs- und Auferstehungsleib, der kaum noch Beziehung zu seinem irdischen Leben hatte. Sein Leib wurde als Opfer gesehen, das nun andere Opfer nach sich ziehen mußte: männliche Kriegsopfer und weibliche Aufopferungen«.

3. Die »tiefste Menschlichkeit« Jesu macht seine Göttlichkeit aus bis dahin, daß gesagt werden kann: »Im Körper begegnen sich Gott und Mensch. In den Körpern begegnet uns Gott«.

Fragwürdig erscheint mir an diesen Voraussetzungen:

1. Wie und mit welcher Begründung läßt sich so eindeutig zwischen früher und später Tradition unterscheiden?

2. Ist der Blickwinkel, Passion und Tod Jesu im Horizont allgemein menschlichen Leidens und Sterbens zu sehen und zu verstehen, nicht eine Engführung neutestamentlicher Blickrichtung, für die umgekehrt menschliches Leiden und Sterben im Horizont der Passion und des Todes Jesu erscheinen und (nur) *so* aussichtsreich werden auf Leben und Auferstehung hin?

3. Wenn Jesus gleichermaßen, und ›nur‹ gleichermaßen, leidet und stirbt, wenn Gott in Jesus ›nur‹ gleichermaßen Mensch wird, Körper wird wie in anderen Körpern auch, wird die Geschichte Jesu dann nicht zu einer von Grund auf beliebigen Geschichte, zu jeder Zeit und in jeder Weise einholbar, überholbar und damit auch in jeder Hinsicht relativ, eben auch nur relativ heilvoll?

Diese Anfragen sind aber nicht nur an E. Moltmann-Wendel zu stellen, sondern gelten einer Tendenz innerhalb feministisch-theologischer Akzent-

---

505 Vgl. *Dies.*, Mein Körper, S. 66f; Das Abendmahl bei Markus, aaO S. 51f

506 Zum Folgenden vgl. ebd. S. 70f

507 Sie verweist hier auf Begriffe, die gleichermaßen in Heilungsgeschichten wie in der Passionsgeschichte zu finden sind. So spricht, aufgrund vergleichbarer semantischer Ebene (»leiden«, »Blut«, »Leib/Körper/sōma«, »Plage / Geißelung«), i. E. vieles dafür, daß die Heilung der blutflüssigen Frau ursprünglich »als exemplarische Passionsgeschichte« verstanden wurde. Ebd. S. 70

setzung, die, wie sich im folgenden zeigen wird, auch andere Positionen kennzeichnet. Mein grundsätzlicher Einwand an dieser Stelle ist: Daß die – auch neutestamentlich – begründete Intention, die Geschichte Jesu Christi nicht zu isolieren, in ihr die Geschichte aller zu entdecken, wie umgekehrt, nicht den Unterschied verwischen darf zwischen seiner Geschichte, die das »eschatologische Zum-Menschen-Kommen Gottes ist« und unser aller Geschichte, die irreversibel einbezogen ist in diese Geschichte: »In seiner Geschichte haben wir so eine Vorgeschichte und Nachgeschichte, die uns zur Hoffnung berechtigt, daß auch für uns gilt, was von ihm wahr ist: *apethanen – etaphē – egēgertai*«[508].

2.2.2. Das Kreuz als Lebens- und Ganzheitssymbol

Vorchristliche Kreuzsymbolik – (das gleichschenklige Kreuz im Kreis, die Sonne und die vier Himmelsrichtungen, bzw. die vier Elemente, als Symbol für die allumfassende Ganzheit des Lebens und entsprechende frühchristliche Kreuzesdarstellungen: Jesus Christus als der, der Himmel und Erde verbindet, das All umfaßt oder auch Darstellungen, in denen das Kreuz als Lebensbaum erscheint) – aber auch konkrete Körpererfahrungen – (ohne Kreuz läßt sich nicht aufrecht leben) – sind für viele feministische Theologinnen Anknüpfungspunkte, das Kreuz neu und anders in den Blick zu bekommen: »Was uns heute als Todessymbol scheint, enthält versteckt noch ein altes Lebenssymbol: das gleichschenklige Kreuz ... altes Zeichen für Leben und Ganzheit«[509]. Kreuz und Auferstehung zusammen-zudenken, die in der Tradition »auseinandergerissen wurden«[510], darum geht es auch hier.

Betont werden kann dabei umgekehrt aber auch, daß das Leben nicht jenseits von Leiden und Kreuz verstanden und gelebt werden kann, es sei denn, es wird zur Flucht vor der Verantwortung für das Leben, einer Verantwortung, die immer auch Passion mit einschließt.[511] Und auch in diesem Zusammenhang sind es die die Erfahrungen von Frauen, die von besonderem Belang sind, Mut machen, Kraft geben: »Wir überlieben das Kreuz. Wir wachsen im Leiden. Wir *sind* der Baum des Lebens«[512]. Gegen eine illusionäre Glorifizierung von Frauen aber steht, daß, ebenso

508 I. U. *Dalferth*, S. 194
509 *Frauenarbeit*, S. 43. – Vgl. Bärbel von *Wartenberg-Potter:* »In die befreiende Tradition des Christentums eintreten heißt, das Kreuz als den Baum des Lebens sehen lernen, weil es uns zeigt, wie aus Bösem Gutes wachsen kann«, Das Kreuz, S. 23; – Vgl. u. a. Hildegunde *Wöller*, S. 140f; R. *Strobel*, Das Kreuz, S. 185
510 B. v. *Wartenberg-Potter*, Das Kreuz, S. 21.
511 Vgl. dazu z. B. D. *Sölle*, Das Kreuz, S. 24
512 D. *Sölle*, ebd., S. 20

nüchtern wie provokativ, gleichzeitig angemerkt werden kann: »Es gibt einen frauenspezifischen Zynismus, eine Stimme der Weinerlichkeit und des Selbstmitleids, die uns vom Widerstand abhalten will«[513].

Insgesamt gesehen fällt auf, daß Aussagen überwiegen, die das Kreuz dergestalt ins Heute und ins Leben ziehen, daß dabei weniger der Tod und die Auferstehung *Jesu Christi* vor Augen kommen, als die Passion und ›Auferstehung‹, das Aufstehen-Können, der Aufstand, von *Frauen heute*. So notwendig dies einerseits ist, weil es die Realität und die Möglichkeiten von Frauen zum *Vorschein* bringt, so eindeutig bleibt diese Deutung andererseits hinter dem zurück, was neutestamentlich mit dem Tod und der Auferstehung Jesu an Hoffnungshorizont über den Tod hinaus angezeigt ist.

2.2.3. Das Kreuz als Symbol für Widerstand und Hingabe

Bei **Dorothee Sölle** ist es unüberhörbar vor allem der gesellschaftspolitische Ansatz, der Einsatz für Gerechtigkeit in einer Unrechtsgesellschaft, der in der Nachfolge Jesu und im Sinne Gottes Schmerz, Leiden und Kreuz nicht scheut: »Das Kreuz umarmen heißt heute, in den Widerstand hineinzuwachsen. Und das Kreuz wird grünen und blühen«[514]. Auch hier wird, dem Tenor neutestamentlicher Aussagen entgegen, eine irgendwie geartete Unterscheidung, – nicht Trennung! –, zwischen dem Kreuz Jesu und den unzähligen anderen Kreuzen nicht getroffen. Jahre später in einer Meditation zu Karfreitag über Joh 11,50 kann sie sagen: »In dem Tod Jesu protestiert Gott gegen die Vernichtung des Lebens, auch heute«, am Schluß aber steht, nachdem sie noch einmal Joh 11,50 zitiert: »Karfreitag: nicht das ganze Volk Gottes soll umkommen. Es haben schon Menschen ihre Kraft dem Leben gegeben, daran kann ich mich halten.«[515] Die Ambivalenz bleibt: Der eine, ja, aber genausogut die vielen.

»Feministisch-theologische Rekonstruktion der Kreuzigung Jesu und ihrer Bedeutung im frühen Christentum« unter sozialgeschichtlichem Aspekt[516] läßt **Luise Schottroff** den *befreiungstheologischen* Ansatz exegetisch unterstreichen, zum einen, weil sich der Tod Jesu nur aus der Perspektive der Auferstehung Jesu deuten läßt, zum andern, weil sich im Kreuz Jesu

---

513 Ebd. S. 25
514 Ebd. S. 20
515 *Dies.*, Träume, S. 110f; vgl. auch dies.: Wider den Luxus der Hoffnungslosigkeit, S. 80ff
516 »Ich halte die sozialgeschichtliche Frage für eine feministisch-historische Wissenschaft für grundlegend ... Allerdings ... nicht auf den ›kleinen Mann‹ konzentriert, sondern auf die Frauengeschichte, und zwar in einem patriarchatskritischen Sinn«, L. *Schottroff*, Kreuzigung, S. 7

zeigt: Gott hat sich »unten finden lassen«[517]. Dies nicht in christologischer Ausschließlichkeit verstanden, sondern im Blick auf all die vielen Opfer[518] und Täter/innen. Indem Gott »vergleichbar geworden ist – nicht mit den Herren dieser Welt, sondern den Opfern ihrer Brutalität ... verwandelt Gott die Opfer und die MittäterInnen in aufrechte Frauen und Männer, deren Leben von Auferstehung erfüllt wird und die fähig werden, die Kreuze um sie herum zu sehen ... mit handelndem Mitleid und in einer Kraft, in der sie über sich hinauswachsen«[519]. Ihrer Meinung nach besteht die größte Herausforderung einer Re-Vision von Christologie darin, die neutestamentlichen Texte nicht als Aussagen unterdrückerischer Opfertheologie aufzunehmen, sondern im Rahmen ihrer apokalyptischen Hoffnungssprache neu zu lesen und in heutige Befreiungssprache zu übersetzen.[520]

Auch für Luise *Schottroff* ist das Kreuz Jesu dabei als eins der vielen Kreuze wahrzunehmen. »Die Kreuzigung Jesu war kein Einzelfall«[521], in keiner Hinsicht: »Die feministisch-sozialgeschichtliche Vorgehensweise bedeutet für die Frage nach der Kreuzigung Jesu im Neuen Testament, daß das Kreuz Jesu nicht als Symbol oder dogmatische Größe in den Blick kommt, sondern als Realität: So – an Kreuzen – sind Männer und Frauen umgebracht worden«[522]. Als Anfrage bleibt, weshalb Luise Schottroff auf der einen Seite das neutestamentliche Zeugnis da fraglos aufnehmen kann, wo es um die theologische Interpretation des Kreuzes geht: »Gott hat sich in die Hand der Henker begeben«[523], nicht aber da, wo es um Aussagen qualitativer Einzigartigkeit der Geschichte Jesu, seines Lebens, seines Todes und seiner Auferstehung geht, die sich doch gerade in den von ihr zitierten Kenosistraditionen Phil 2,5–11; 2. Kor 8,9 nicht einfach übergehen lassen[524].

---

517 Ebd. S. 24 u.ö.
518 Sie geht in diesem Zusammenhang aus von dem Märtyrertod der Thekla, ebd. S. 11ff
519 Ebd. S. 24f, vgl.S. 20ff
520 Vgl. dazu: *Dies.*, Crux, S. 218
521 *Dies.*, Kreuzigung, S. 10
522 Ebd. S. 7f
523 Ebd. S. 24
524 So betont z. B. U. B. *Müller* in seiner Exegese des Christushymnus Phil 2: »Das Geschick des erniedrigten und erhöhten Christus stellt kein zufälliges Einzelschicksal dar, sondern im Gegenteil ein Geschehen, das der deprimierenden Erfahrung von Zufall und Willkür endgültig widerspricht. Das Prinzip gerechter, ausgleichender Weltordnung realisiert sich an ihm definitiv«, S. 39f. Mir scheint innerhalb feministischer Theologie oft zu wenig bedacht zu werden, von welch existentieller Tragweite es ist, daß mit der Aufkündigung der christologischen Kategorie der Einzigartigkeit und Unvergleichlichkeit der Geschichte, der Person Jesu, auch die Dimension des endgültig Verläßlichen verlorengeht.

128

2.2.4. Das Kreuz als Kreuz der Weisheit

Immer öfter wird innerhalb feministischer Theologie davon ausgegangen, daß »die frühjüdische Gestalt der personifizierten Weisheit ... als Schlüssel zum Verständnis des Nazareners eine Rolle gespielt« hat[525] und von Relevanz ist auch für die Deutung des Todes Jesu. Verstanden wird Jesus hier unter Rekurs auf neutestamentliche Aussagen als Inkarnation der präexistenten Weisheit, die in Jesus abgelehnt, gefoltert und getötet wird. So kann unter Verweis auf Lk 23,34–38 gefolgert werden: »daß Jesus als (letzter) Prophet der Sophia das Schicksal all ihrer BotInnen geteilt hat und daß auch den AnhängerInnen Jesu dieses Schicksal droht. Der Tod Jesu wird weisheitlich gedeutet als Folge seiner Praxis des Sammelns der Kinder Israels unter die Flügel von Sophiagott«[526].

Unter Hinweis auf paulinische wie vorpaulinische Christushymnen, als deren Sprachhintergrund jüdisch-hellenistische Sophiatheologie und Isiskult angenommen werden, wird auch der auferstandene, kosmische Christus als mit der Sophia identisch betrachtet. Für ursprünglich gehalten wird dabei die Rückbindung der kosmischen Sophialogie an Leiden und Tod Jesu.[527].

Theologische Stichworte, Fragmente einer »Sophia-Kreuzestheologie«[528] sind bei *Silvia Schroer*: »Sophiagott, die in Jesus zu den Ärmsten ... gekommen ist ... ihr Schicksal teilt ... daß Gott ganz in seine/ihre leidende Schöpfung eingeht«. Und dieses kreuzestheologische Reden von der leidenden Sophia wird ausdrücklich als Voraussetzung dafür genannt, daß Sophialogie »tatsächlich ein herausfordernder Weg für eine künftige feministische Christologie« sein kann[529]. Es fällt an dieser Stelle auf, daß

---

525 So z. B. Silvia *Schroer*, Jesus Sophia, S. 112; Vgl. H. *Wöller*, S. 191ff; Verena *Wodtke*
526 S. *Schroer*, S. 116
527 Ebd. S. 117f; Vgl. auch L. *Schottroff* unter Verweis auf 1. Kor 1,30/18: »Christus als Göttin Weisheit«, Crux, S. 218.
      Dagegen betont H. *Wöller* trotz aller, ihrer Meinung nach, bestehenden Nähe Jesu zur Sophia: »identisch sind Christus und Sophia nicht« (S. 195). Für Wöller ist der Mythos der heiligen Hochzeit bestimmend, auch für die Verhältnisbestimmung Sophia-Christus (vgl. S. 209ff).
528 Einschränkend wird allerdings im Blick auf eine »Sophia Kreuzestheologie« von S. *Schroer* angemerkt: »Wenn sich diese Sophia-Kreuzestheologie historisch nachweisen läßt, dann ...« (S. 123). Wobei dahingestellt bleibt, wie ein solcher historischer Nachweis aussehen könnte, – müßte. Und ganz sicher trifft auch für eine potentielle »Sophia-Kreuzestheologie« zu, wenn abschließend gesagt wird: »Die Spuren der Weisheitschristologie des Neuen Testaments sind kein fertiges theologisches System, sie müssen entwickelt und teilweise auch kritisch revidiert werden«, ebd. S. 123/124.
529 Ebd. S. 123

im Blick auf die Inkarnation die Männlichkeit Jesu in keiner Weise problematisiert – »Sophiagott wird Mensch im Mann Jesus«[530] – und erst im Blick auf den Auferstandenen zur Frage wird, indem betont wird, daß der auferstandene Christus, als Sophia, verstanden genausowenig wie Gott – in den Kategorien von männlich und weiblich zu begreifen ist.[531] M. E. könnte dies ein wichtiger Beitrag zu einer Revision der Christologie sein, insofern noch immer viel zu wenig bedacht wird, wie von dem auferstandenen und gegenwärtigen Kyrios so gesprochen werden kann, daß sich mit ›ihm‹ nicht in alle Ewigkeit die Männlichkeit des historischen Jesus verbindet.

Als Aufgabe wird abschließend genannt, daß von der *gekreuzigten* Sophia zu reden ist, »nicht um neuen lebensfeindlichen Opfertheorien anheimzufallen, sondern um in gefährlicher Erinnerung das Leiden unserer Schwestern und Mütter im Glauben, ihr Vergessen- und Verdrängtwerden zu erinnern. Sophiagott teilt das Leiden der unterdrückten Frauen und Männer dieser Welt und das Leiden der ausgebeuteten Schöpfung, ja sie hat in Jesus ihren Tod geteilt. Aber sie hat den Tod überwunden und ist Herrin über die ganze Welt«[532]. Unklar bleibt, warum hier unterschieden wird zwischen dem Leiden aller, das Sophiagott teilt, und dem Tod, den sie »in Jesus« teilt.

2.2.5. Deutung des Todes Jesu auf mythischem Hintergrund

a) Als vierte Station auf dem Weg des Heros, als »Mitternachtspunkt« erscheinen bei *Hildegunde Wöller* Sterben und Auferstehung Jesu.[533] Das mythische Symbol der heiligen Hochzeit, der heiligen Hochzeit Jesu mit dem Weiblichen, der Seele[534], bzw des auferstandenen Christus mit der Sophia[535], wird zum tragenden Symbol für die mystische Vereinigung von Gott und Seele in der und durch die Erlösung geschieht, insofern

---

530 Ebd. S. 124
531 Ebd.
532 Ebd. – Daß dieser weisheitliche Ansatz auch *liturgisch* aufgenommen worden ist, verdeutlicht eine Passage aus Schlußgebet und Segen der »Frauenprozession zur Ökumenischen Dekade 1988–1998« am Münchner Kirchentag (1993): »Schöne Weisheit Gottes, Erstgeborene der Schöpfung, du hast dich deiner Macht entäußert, zu unserem Heil bist du Torheit geworden, und hast das Kreuz dieser Welt auf dich genommen«, Arbeitsgruppe »Frauenzentrum«, S. 71, im einzelnen dazu s. u.
533 Vgl. *Dies.*, S. 169ff, 102f
534 Ebd. S. 109. H. *Wöller* verweist dabei darauf, daß Jesus die heilige Hochzeit mit dem Weiblichen, mit der Seele, feiern kann, weil sein Verhalten Frauen gegenüber verdeutlicht, daß für ihn das Weibliche nicht das Fremde ist, sondern das Vertraute, ein »Spiegel, in dem er, der Christus, sich selbst erkennt«, (ebd.).
535 Perspektive ist hier die neue Schöpfung, vgl. S. 208ff

hier »der tiefste Seelengrund von heilender Liebe erreicht wird«.[536] Hintergrund für diese Sicht ist zum einen die tiefenpsychologische Deutung neutestamentlicher Aussagen[537], zum andern der Verweis auf den Helden-Mythos ganz allgemein (bzw. den Tammuz-Mythos insbesondere), in dem der Heros von der Göttin bei der Heiligen Hochzeit in die Unterwelt geführt wird.[538] Auch in dieser Deutung sind Tod und Auferstehung nicht voneinander zu trennen, wobei beide, Passion wie Auferstehung, als historische wie mythische Ereignisse verstanden werden. Daß aber die »Wahrheit des Mythos« dem Historischen *zumindest vorgeordnet* ist, verdeutlicht ein Zitat wie: »Ob es historisch so war oder nicht, nach der Wahrheit des Mythos mußte das Grab Jesu am Ostermorgen leer sein, ebenso wie das Brautgemach des mythischen Königs und der Göttin schließlich verlassen ist, weil sie nun ihres Amtes walten«[539].

Wenn H. Wöller feststellt: »Die historisierende und mythenblinde Auffassung vom Tode Jesu hat zu einer Kreuzestheologie geführt, die auf das Leiden fixiert bleibt und darauf eine opologie und Ethik aufbaut, die vorösterlich, quälend und verurteilend ist«[540], läßt sich m. E. umgekehrt nach der Lektüre von: »Ein Traum von Christus. In der Seele geboren, im Geist erkannt« entsprechend überspitzt sagen: daß Geschichtsblindheit und Mythenfixiertheit uns Ostern, als Auferstehung vom Tod, auch nicht näherbringt.

b) *Maria Kassel*, für die religiöse Sprache ausschließlich symbolische Sprache ist und entsprechend »nur die Rede vom Kreuz als Symbol ... religiöse Bedeutung« hat, geht es darum, mit tiefenpsychologischen Methoden und im Rahmen feministischer Hermeneutik »psychische Hintergründe von Kreuzes- und Auferstehungstheologien zu erhellen«, nicht zuletzt, um »frauenwidrigen Zügen von Kreuzes- und Auferste-

---

536 Ebd S. 114f

537 Vgl. u. a. S. 38ff. 254ff; – So ist für H. *Wöller* tiefenpsychologisch gesehen, »Jesus von Nazareth das Ich ..., das zum Organ des Selbst, des Christus, in Raum und Zeit wurde« (S. 103). An anderer Stelle kann sie sagen: »Christus ... eine Gestalt jenseits von Raum und Zeit ... eine mythische Gestalt ... Bild für den Archetyp des Selbst und ... Symbol einer neuen Menschheit« (S. 7).

538 »Es ist der Mythos des Heroen, nach dem die Evangelien gestaltet worden sind, die Grammatik der Seele«, ebd. S. 103; vgl. S. 102ff. 171 u. ö.; – Ähnlich Maria *Kassel*, S. 203ff, die aber ausdrücklich darauf hinweist, daß eine direkte Beeinflußung christlicher Symbolik durch die sumerisch-altbabylonische Leidens- und Todessymbolik nicht anzunehmen ist, daß hier aber – da »religiöse Symbole aus unbewußten Imaginationen entstehen« – mit Parallelen aufgrund »psychisch unterirdische(r) Strömung« zu rechnen ist. (Ebd. S. 203f)

539 Ebd. S. 113f

540 Ebd. S. 114, vgl. S. 113

131

hungstheologien auf die Spur zu kommen« und sie, »wenn möglich, zu beseitigen versuchen«.[541] Sehr bewußt und ausdrücklich geht sie deshalb von vorchristlichen, weiblich orientierten Religionen aus, vorpatriarchaler Zeit oder zur Zeit entstehenden Patriarchats.[542] *Orientierungspunkte* für eine feministische Re-Vision der Kreuzestheologie sind:

1. Das Menschsein Jesu ist ernstzunehmen. Es gilt, »Kreuzestheologien zu entwerfen vom Leiden und Sterben des Menschenbruders Jesu aus«, Leiden und Tod als menschliche Aufgabe anzunehmen, nicht das Heil in der Projektion auf Göttliches zu suchen.[543]

2. Christliche Kreuzestheologie sollte sich an die gewaltfreie Leidens- und Sterbenssymbolik weiblicher Religionen anschließen.[544] Deutlich wird hier, wie konsequent Maria Kassel sich außerbiblisch orientiert und dabei zentrale neutestamentliche Aussagen wie die gewaltsame, erschreckende Seite der Passion und des Todes Jesu, Jesu Kampf in Gethsemane, seine Gottverlassenheit am Kreuz bewußt übergeht. Denn: »Eine Kreuzestheologie, die zwar nicht die Gewalt, aber das Leiden aus der Gewalt als heilbringend qualifiziert, muß sich fragen lassen, ob sie damit nicht womöglich die in den Mythen erkennbaren psychischen Wurzeln männlicher Destruktivität weiter nährt«[545]. Mit der Sicht Maria Kassels wird dagegen die Vorstellung geweckt, Leiden und Tod ließen sich mit Hilfe des Mythos ganz grundsätzlich von Gewalt und Verzweiflung befreien, was m. E. eher dazu angetan ist, Illusionen zu nähren, als die Wirklichkeit zu bestehen bzw. zu verändern.[546]

3. Ein erlösendes Kontrastsymbol zu dem gewaltsam vergossenen Blut Christi ist »das von der neuschaffenden Geburt ... Das Leiden der Geburt und somit das natürliche vergossene Blut ... erlöst das Leben aus dem Tod, wobei die Geburtswehen und das neue Leben sowohl physisch als zugleich auch als Symbol auch für psychisch-geistige Erneuerungsprozesse

---

541 Zitate ebd. S. 196. 195.198

542 So z. B. Elemente sumerisch-akkadische Mythologie, der »Gang Inannas in die Unterwelt« und der Tammuz/Dumuzi-Mythos spielen eine besondere Rolle wie auch Elemente babylonischer, ägyptischer, kanaanäischer Mythologie und Ausgrabungen zur Göttinreligion.

543 Ebd. S. 204f. Im Unterschied zu den sumerisch-baylonischen Mythen, in denen die Projektion von Leiden und Tod ins Göttliche stattfindet, biete der Kreuzestod Jesu die Chance, dies zurückzunehmen, Leiden und Tod »wirklich zu inkarnieren«, so S. 204.

544 Ebd. S. 205.207 u. ö.; Zum Göttinnenmythos vgl. S. 202f

545 Ebd. S. 206f; 222; Zu den mythischen Wurzeln männlicher Destruktivität vgl. S. 203.221f

546 Vgl. dazu auch die kritische Anfrage von E. *Moltmann-Wendel*: »Darf es in der Feministischen Theologie keine Verzweiflung mehr geben? Hat eine harmonische weibliche Religionslösung alle Ängste beseitigt?«, Gibt es, S. 84

zu verstehen sind«[547]. Nicht zu verstehen ist, daß Maria Kassel, obwohl sie von Erfahrungen ausgeht, schweigend darüber hinweggehen kann, daß es noch immer so viele Totgeburten und Fehlgeburten gibt, wo kein Leben aus dem Tod erlöst wird.

4. Im Blick auf Sündenverständnis und Sündenbewußtsein ist zu differenzieren zwischen der Sünde der Frauen:»daß sie nicht oder zu matt gegen die männlichen Sündenprojektionen auf ihr Geschlecht aufgestanden sind«[548] und der (Ur-)Sünde der Männer:»Aufstand gegen die Göttin« im weitesten Sinn[549]. – So notwendig eine Differenzierung im Reden von Sünde/n auch ist, so wenig läßt sich dies m. E. aber mit dergleichen religionsgeschichtlich-feministischen Hypothesen zu Gen 3 begründen bzw. darauf beschränken[550].

5. Der Stellvertretungsgedanke darf nicht im Sinne von »an Stelle von« verstanden werden und damit die Verantwortung für das eigene Leben absprechen, sondern so, daß allen zugute»den Wandlungsprozeß durch Tod zum Leben jede und jeder selbst durchmachen muß«.[551] – Die Möglichkeit für ein anderes Verständnis von Stellvertretung wird auch hier aus der Göttin-Religion bezogen:»Die sumerische Inanna stirbt stellvertretend ... und durch ihre Auferstehung wird allen und allem das Leben geschenkt. Sie tut das nicht an Stelle von allen, wohl allen zugute. Ich vermute, daß deshalb für sie auch wieder ein Stellvertreter und eine Stellvertreterin ... im wechselnden Rhythmus in die Unterwelt müssen«[552]. Wieder läßt sie sich von dem Mythos dazu verführen, von konkreter geschichtlicher Wirklichkeit abzusehen und z. B. den Gedanken ausgeklammert zu lassen, ob es neben einer *begrenzten* Verantwortung für das eigene Leben, die fraglos zu übernehmen ist – die auch keine christliche Stellvertretungsvorstellung ausschließt oder abnimmt – nicht eine

---

547 Ebd. S. 211f
548 Ebd. S. 208
549 Ebd. S. 208;»Lese ich die Sündenfallerzählung in religionsgeschichtlich-feministischer Perspektive, so läßt sich der Aufstand gegen Gott als Aufstand gegen die Göttin lesen, verschleiert durch das Abschieben der Schuld auf den biblischen Prototyp der Frau, auf Eva als Veranlasserin der Sünde«, ebd. S. 207f.
550 Vgl. dazu u. A.V.4., S. 161ff
551 Ebd. S. 217; Vgl. auch ihre Aussage:»Mir scheint, daß Theologie und Verkündigung des ›Christus für uns‹ und des dazugehörenden ›wir mit Christus‹ oft dazu geführt, wenn nicht gar angeleitet haben, den Gekreuzigten als Projektionsleinwand zu gebrauchen ... als Sünden bock ... als Über-Ich, wobei die Projektion von Schwächen und Leiden mehr den Frauen, die von Wünschen nach Macht und Größe mehr den Männern nahegelegt wurden. So aber hinderte der Erlöser die mit ihm Identifizierten daran, erlöste Menschen mit eigenständiger Identität zu werden«, S. 215f; vgl. S. 214ff.
552 Ebd S. 217

133

unendliche Verantwortung gibt, die kein Mensch zu *tragen* vermag, die Verantwortung dafür, überhaupt da zu sein, sich für das eigene Dasein rechtfertigen zu sollen.

6. Gegen das »ein für allemal« christlicher Theologie, Beispiel für die »Einäugigkeit linear denkender männlicher Religion«[553], und das Denken in Geraden ist auf der Suche, »das Ganze des Seienden zu integrieren«, die Spirale als Symbol der mythisch-thealogischen Entwicklung neu wahrzunehmen.[554] Daß auch das Denken in Spiralen angesichts eines Lebens, das, zumindest in seiner individuellen Einzigartigkeit, auf den Tod hinausläuft, einäugig sein könnte, wird offensichtlich von vornherein ausgeschlossen.

7. In die christliche Theologie von Tod und Auferstehung sind die »weiblich mythischen Symbole vom Tod, der ins Leben gebiert«, zu integrieren, weil sie von Frauen wie Männern in der »psychischen Unterwelt« gefunden werden und »geschlechtsübergreifende psychische Konstanten des Menschwerdens zu sein« scheinen. Von daher ist die religiöse Bedeutung von Träumen und Imaginationen neu ernstzunehmen.[555]

Am Schluß steht als Imagination, die auch den Tod einschließt: »Aus meiner Erfahrung mit der psychischen Unterweltsarbeit hat sich bei mir die Imagination gebildet, daß das physische Sterben und das, was dann Auferstehung heißen kann, der Gipfel und das diesen noch Transzendierende der im Leben gemachten Tod- und Auferstehungserfahrungen sein wird«[556]. Aufgrund des Schöpfungsgedankens hält sie es für unvereinbar, »daß es einen einmaligen Tod als absolutes Ende von Leben geben soll«[557]. Auch dies entspricht dem Göttinmythos, der »Theologie«: »der Tod ist in diesem weiblichen psychisch-religiösen Konzept keine absolute Macht, er braucht nicht vernichtet zu werden, weil er die Verwandlerin zum Leben ist«[558]. Kein Wort davon, daß biblisch gesehen – und vielfältiger individueller Erfahrung nach! – der Tod auch eine abgrundtief

---

553 Ebd. S. 220
554 Ebd. S. 223; Ihrer Meinung nach haben sich weibliche Mythen dadurch ausgezeichnet, daß sie »das Ganze von äußerer materieller und innerer psychischer Realität, wenn es aus dem Blick zu geraten drohte, wieder neu suchten, und sei es auf Umwegen Dabei ließen sie eine Wirklichkeit ... niemals ein für allemal zurück; sie holten diese bei ihrem ›kreisenden‹ Suchen an deren altem Punkt, aber auf einer fortentwickelten Bewußtseinsebene wieder ein«, ebd.
555 Ebd. S. 224f
556 Ebd. S. 225
557 Ebd.
558 Ebd. S. 221

feindliche Seite hat und sich unheilvoll mit menschlicher Begrenzheit und Sünde verbinden kann.

c) In ihrer Darstellung der kulturellen Bedeutung des weiblichen Zyklus setzt sich *Jutta Voss*[559], die ihre Arbeit weder als theologisch noch als feministisch-theologisch deklariert, dennoch sehr ausdrücklich mit Kirche und christlicher Theologie auseinander, indem sie sich dezidiert von ihr absetzt, nicht zuletzt im Blick auf die Deutung des Todes Jesu. Ihr Buch hat ihr deshalb nicht nur vehemente Kritik eingebracht, sondern ist gerade deshalb von vielen Frauen auch positiv rezipiert worden. *Ausgangspunkt* und *Zielvorstellung* sind auch für sie die Wahrheit mythischer, vor allem weiblich-mythischer, Symbole, und die Wiederentdeckung weiblicher Werte: »Das Leugnen der matriarchalen Historie und deren Seelenschicht im Individuum, die Gleichgültigkeit unserer heutigen Kultur gegenüber weiblichen Werten, die von der Göttin personifizert wurden, ist Beweis für den Bankrott einer Kultur. Um unserer Zukunft willen müssen wir zu den matriarchalen Quellen zurückgehen ... um unseren Durst nach ganzheitlichem Leben zu stillen«[560].

So spielt auch für sie der *Mythos von der Heiligen Hochzeit* eine zentrale Rolle, wenn es um die Deutung des Todes Jesu geht, wenn auch sehr anders als z. B. bei Hildegunde Wöller und sehr eigen. Ihrer Meinung nach spiegelt sich bei der Deutung des Todes Jesu die Entwicklung des Mythos im Zuge der Patriarchalisierung wider, »daß der König nicht mehr jährlich sterben« will und sich zum Dauerkönig entwickelt. D. h. für sie: »Der alte Gott müßte sterben, statt dessen stirbt im christlichen Mythos der Sohn am Kreuz ... Jesus, der Sohn des Patriarchen, der angeblich stellvertretend für die Sünden der Menschheit gestorben sein soll, ist in Wahrheit stellvertretend für den ›alten König‹ gestorben. Ein Mann-Gott, der seinen Sohn opfert, verdient den Titel ›Vater‹ nicht«.[561]

Als Beispielgeschichte dafür dient Voss das Gleichnis vom verlorenen Sohn, das ihrer Deutung nach – einer Interpretation, die den Text selbst so gut wie nicht zur Sprache kommen läßt[562] –, die »Unterwürfigkeit des Sohnes unter den Vater«[563] feiert. Für Jutta Voss ist der »wirkliche

559 Gegen Jutta *Voss* wurde 1992 das erste Lehrzuchtverfahren gegen eine feministische Theologin eröffnet. 1993 verzichtete die Pfarrerin der Würtembergischen Kirche dann nach harten Auseinandersetzungen selbst auf ihre Ordinationsrechte.

560 *J. Voss*, S. 12

561 Ebd. S. 128

562 Ebd. S. 123ff

563 Ebd. S. 128; – Ihr Bild von dem Vater steht fest, bleibt von den tatsächlichen Aussagen des Gleichnisses denkbar unbewegt. Vgl. z. B. Tim *Schramm* zum Verhalten von Vater und Sohn: »Die Umarmung weiß dessen Kniefall und Demütigung zu verhindern; der

Christus«, der »heilende Christus«, der »matriarchale Christus«, der im Sinne des matriarchalen Heros in der heiligen Hochzeit sein Leben hingibt »um der Liebe und nicht der Unterwerfung willen ..., im Christentum verlorengegangen«.[564] Woher sie die »Ahnung« bezieht, zu wissen, was und wie der matriarchale Christus, der für sie mit Jesus identisch ist, gesagt und gelebt bzw. nicht gesagt und gelebt hat, bleibt ein Rätsel angesichts der Tatsache, daß ihrer Meinung nach »der biblische Kanon als ganzer eine grandiose Bildverfälschung darstellt«[565].

Wiederzufinden ist der matriarchale Christus nach Jutta Voss jedenfalls nur, wenn die Söhne und Töchter endlich das Vater/Patriarchen-haus verlassen und in Christus den brüderlichen Bruder entdecken, »einen Mann, der ein heiles und ganzheitliches Frauenbild in seiner Seele entwickelt hat«[566]. Vom *Gottes*bild Jesu ist bei Voss nicht die Rede, es sei denn im Zusammenhang dessen, was sie als »neurotisch-symbiotischen Konkflikt zwischen Vater und Sohn«[567] bezeichnet –, und schon gar nicht von einer konkret gelebten Gottes*beziehung*. Federführend ist für sie der Mythos vom matriarchalen Christus, nicht die Frage nach der Geschichte des konkreten Menschen Jesus von Nazareth, die für sie mehr oder weniger Machwerk patriarchaler Traditionsgeschichte und der konstantinischen Kanonisierung ist[568]. Am Ende steht für Voss eine »feministische *Christo*logie« und das Ende jeder, auch der feministischen, *Theo*logie, weil »um einer *christ*lichen Religion willen ... der Patriarch sterben« muß[569], damit m. E. aber eine Christologie, der der Bezug zu Jesus von Nazareth endgültig abhanden gekommen ist, ein Mythos, der feministische Christologie zur Ideologie werden läßt.

2.3. Fazit[570]

So heterogen die Versuche einer feministischen Re-Vision einer Deutung des Todes Jesu auch sind, gemeinsam ist ihnen, daß sie sehr ausdrücklich jede sühnetheologische Interpretation des Kreuzes ablehnen. Gemeinsam-

---

Kuß auf die Wange zeichnet ihn als Gleichstehenden aus; Knechte oder Sklaven werden nicht geküßt, sie haben vielmehr selbst je nach Rang Füße oder Hand eines Höhergestellten zu küssen«, S. 27.

564 Ebd. S. 130f
565 Ebd. S. 117
566 Ebd. S. 132
567 Ebd. S. 129
568 Vgl. ebd. S. 130
569 Ebd. S. 131
570 Im einzelnen s. u. A.V.4. »Thetische Schlußfolgerungen«, S. 161ff

keiten bis hin zu Überschneidungen liegen besonders in den Neuansätzen vor, die *befreiungstheologisch* ausgerichtet sind. Hier ist die konkrete Geschichtlichkeit der Person Jesu, die geschichtlich-politische Relevanz seines »ganzen« Lebens von ausschlaggebender Bedeutung, während für die *tiefenpsychologischen* Deutungen die Bedeutung von Tod und Auferstehung Jesu in deren mythischer Symbolik begründet ist und darin auch mehr oder weniger aufgeht. Jesus als Inkarnation der *Weisheit* zu verstehen und in diesem Sinn Passion, Tod und Auferstehung Jesu zu deuten, spiegelt sich ansatzweise in fast allen feministisch-theologischen Re-Visionen wider, kann aber auch, wie oben gesehen, gesondert zum entscheidenden Interpretament einer potentiellen feministischen Kreuzestheologie werden.

Insgesamt gilt, daß sich die Aussagen – ob sie Protest, Kritik und Ablehnung bestimmt oder die modifizierte Anknüpfung an Aussagen herkömmlicher Kreuzestheologie – nicht auf einen gemeinsamen ›Schwesternnenner‹ bringen lassen. Dies ist ein Faktum, das mittlerweile auch innerhalb feministischer Theologie nicht nur konstatiert, sondern auch bejaht wird. Nachdem über lange Zeit hinweg Differenzen eher ausgeblendet wurden, weil man durch sie die Solidarität der Frauen gefährdet sah, werden die Kontextualität der Aussagen und die damit gegebenen Unterschiede längst selbstkritisch wahrgenommen.[571] So ist die Auseinandersetzung um die Kreuzestheologie ein Beispiel für einen Schwesternstreit, der in aller Offenheit und aller Öffentlichkeit, und auch mit aller Schärfe, ausgetragen werden kann, ohne daß es bisher dezidiert zu Abspaltungen gekommen wäre.

3. Zu Abendmahlsverständnis und Abendmahlspraxis

Vorbemerkungen: Obwohl Abendmahlsverständnis und Abendmahlspraxis bisher m.W. nicht zu einem eigenen Thema feministisch-theologischer Abhandlungen geworden sind[572], sind die Verweise auf das Abendmahl,

---

571 Daß sich dies geändert hat, ist nicht zuletzt der Auseinandersetzung zwischen schwarzen und weißen feministischen Theologinnen in Amerika zu verdanken und der Antijudaismusdiskussion innerhalb feministischer Theologie vor allem in Deutschland. Vgl. dazu u. a. Manuela *Kalsky*: »Aus dem universalistischen ›Wir Frauen‹ mit ›unseren‹ Erfahrungen der patriarchalen Unterdrückung wurde mehr und mehr: Frauen in unterschiedlichen sozialen, politischen, religiösen Kontexten, mit partikularen Erfahrungen«, S. 211f.

572 Abgesehen von der o. g. Veröffentlichung württembergischer Frauenarbeit: »Wir Frauen und das Herrenmahl«, aaO, deren Akzentsetzung sich im wesentlichen mit der Position

die Anfragen an Abendmahlslehre und -praxis, die inhaltlichen wie liturgischen Re-Visionen breitgestreut und gewichtig genug, um gesondert bedacht zu werden.[573]

In den Blick kommt Abendmahl innerhalb feministischer Theologie weitgehend als *ein Ritual*, – nicht als *das Sakrament*[574] –, das im Sinne feministischer Spiritualität zu verstehen und zu gestalten ist. Kriterien sind stichwortartig: Ganzheitlichkeit, Sinnenfälligkeit, nonverbale Formen, frauengerechte Sprache, die inkarnatorische Bedeutung, die Verbindung mit dem konkreten Alltag, die Möglichkeit, Subjekt sein zu können, die Wirklichkeit spiritueller Gemeinschaft, Erfahrungen von Befreiung und Solidarität.[575] Häufig genannte Stichworte im Zusammenhang *positiver Erfahrungen* mit neuen Formen von Abendmahlsfeiern sind: Sprechen ... lachen können ... Lebendig ... Körperhaft ... Sinnenfreudig ... Schmecken ... Richtiges Brot.

Im Zusammenhang *negativer* Erfahrungen: Ernst ... steif ... Angst etwas falsch zu machen ... Hygienisch ... steril ... Peinlich ... Kirchliches Machtmittel ... Bedrückend ... Schuldgefühl ... Klein gehalten werden. Leiden unter der Assoziation, das Brot könne tatsächlich der Leib Christi sein.

Konsens ist, entsprechend der feministisch theologischen Re-Visionen der Deutung des Todes Jesu, die Ablehnung jeder sühne- und opfertheologischen Interpretation. Abendmahl erscheint in *anderen Bedeutungszusammenhängen* und wird in seinen Inhalten von daher neu und anders gewichtet.

---

von Elisabeth *Moltmann-Wendel* deckt, die, wie oben erwähnt, eine der Autorinnen und Mitherausgeberinnen ist.

573 Ein Verweis darauf, daß Abendmahl selbst bisher nicht eigens thematisiert wurde, ist z. B. die Tatsache, daß sich im Wörterbuch der feministischen Theologie kein entsprechender Artikel findet und auch in den Artikeln zu »Liturgie« und »Spiritualität« nur am Rande auf Abendmahl verwiesen wird. Am ausführlichsten geschieht dies noch unter dem Stichwort »Liebe« in der Gleichsetzung von Abendmahl und Agape: »Die *Agape*, ein Sättigungsmahl der Gemeinde, war weitere widerständige und prophetische Praxis. Sie war gleichzeitig Erinnerung und Deutung von Jesu Tod sowie Fortführung von Jesu Tischgemeinschaft und Freundschaft mit ZöllnerInnen und SünderInnen« (Irene *Henning*, Liebe, WBFTh, S. 248). bzw.: »Eros ist die uns alle verbindende Lebensenergie, wie sie auch im Abendmahl Jesu, dem Agapemahl, freigesetzt wird und in seinem Leben und Sterben sich erfüllte« (E. *Moltmann-Wendel*, ebd. 251).

574 Vom Abendmahl als »Sakrament der Wandlung« spricht Hildegunde *Wöller*, wobei sich für sie die entscheidende Wandlung in den am Abendmahl Teilnehmenden vollzieht. Im einzelnen dazu s. u.: »Abendmahl – Heilige Hochzeit«.

575 Vgl. dazu z. B. die Ausführungen von Sybille *Fritsch-Oppermann* zu evangelischer Liturgie, WBFTh, S. 256f; Andrea *Schulenburg*, S. 174, oder die Beobachtungen und Aussagen in der Veröffentlichung *württembergischer Frauenarbeit*: Wir Frauen und das Herrenmahl, aaO.

3.1. Abendmahl – Körper

Am Anfang ihrer grundlegenden Beobachtungen und Überlegungen zu Körperlichkeit/Leiblichkeit und Leib/Körper-*Sein* steht bei **Elisabeth Moltmann-Wendel** die neutestamentliche Geschichte von der Heilung der blutflüssigen Frau (Mk 5,21–34). Diese Geschichte, in der Körperkontakt und Körpererfahrung eine wesentliche Rolle spielen, ist für sie Beispiel dafür, daß die Anfänge der Jesusbewegung »von einer Neubewertung des Körpers geprägt«[576] waren, nicht zuletzt aufgrund des Glaubens an die »Körperwerdung Gottes«[577] in Jesus von Nazareth. In einer Zeit und Gesellschaft, in der der menschliche Körper neu zum Thema geworden ist, positiv wie negativ, muß deshalb ihrer Meinung nach eine »Neuorientierung des Christentums ... mit einer Wiederentdeckung des Körpers und seiner Energie beginnen«.[578]

Leitend ist für E. Moltmann-Wendel dabei ein Körperverständnis, das den Körper nicht im Gegensatz zum Leib rein biologisch begreift, als Körper, den wir haben, sondern ganzheitlich als Körper, der wir sind: »Heute geht es darum, diesen ›Kopf-Rumpf-zwei Arme-zwei Beine-Körper wieder zusammenzubringen, ihn neu zu erfahren, seine kaum gehörte Stimme zu beachten und ihn – und darin uns selbst – als Teil dieses Kosmos zu sehen‹«[579]. Das wiederum bedeutet auch, daß zu unterscheiden ist zwischen Frauenkörper (Stichwort »Enteignung«) und Männerkörper (mangelnde Sensibilität gegenüber dem eigenen Körper), zwischen dem körperlichen Selbstverständnis und Selbstbewußtsein von Frauen und Männern.[580]

Diese notwendige Wiederentdeckung des Körpers als Ausdruck einer Neuorietierung des Christentums impliziert für Elisabeth Moltmann-Wendel auch die Notwendigkeit einer »Re-Vision des Lebens und des Leibes Christi« und damit verbunden auch die einer Re-Vision des Abendmahls[581]: Der »leibhafte Jesus« der Evangelien ist neu zu entdecken, sein Leib nicht nur als Todes- und Auferstehungsleib zu begreifen und entsprechend im Abendmahl *nicht* der in den Tod gegebene Leib mit dem gereichten Brot gleichzusetzen.

Für sie gilt: »Das Abendmahl ist in seiner Symbolik neu interpretierbar und neu erlebbar. Es ist nicht gekettet an das alte kirchlich-theologische

---

576 E. *Moltmann-Wendel*, Mein Körper, S. 55; vgl. S. 12; Vgl. auch Markus, S. 52ff
577 Ebd. S. 13.55 u. ö.
578 Ebd. S. 75
579 Ebd. S. 19
580 Vgl. dazu ebd. S. 25–39
581 Ebd. S. 67.74f

Modell: Sünde/Sühnopfer.«[582] Eine Sicht, die sich ihrer Meinung nach auch mit Markus begründen läßt, sieht man die markinischen Deuteworte mit ihren zentralen Begriffen »Leib« und »Blut« im Kontext der »Geschichte der blutenden Frau«[583]. Als Beispiel einer Heilung ohne Reinigung und Opferritus, in der »Befreiung ... im Leibe« geschieht[584], verweist diese Geschichte nach E. Moltmann-Wendel darauf, daß sich auch das Mahlwort bei Markus auf den Leben-gebenden Leib Jesu bezieht, und im Sinne der Erinnerung an sein heilendes, somatisches Handeln biophil und nicht nekrophil zu verstehen ist.[585]

Die Geschichte von der blutenden Frau, die Jesus berührt und dadurch geheilt wird, wird so in jeder Hinsicht zum Vor-bild: »Wie die Frau ... sich Lebensenergien aus dem Körper Jesu holt und nun ihren Weg in Ganzheit gehen kann, so könnten wir mit seinem Leib ganzes Leben empfangen, schmecken, weitergeben«.[586] Das aber heißt, sich nicht länger abfinden zu müssen mit der *ritualen Leib*feindlichkeit kirchlicher Abendmahlsfeiern. Konkret: Das Ritual muß befreit werden von seiner Fixierung auf Sünde, Schuld, Opfer und Tod, von den Bildern, »die nicht aufrichten, sondern bedrücken, Schuldgefühle wecken und den Menschen kleinhalten«[587].

Abendmahl ist zu *feiern*, z. B.[588] ... als *Gemeinschaftsmahl*: mit dem Akzent auf: Beziehung, Zusammensein, Intensität, Abschied; ... als *Erinnerungsmahl*: In der Erinnerung »an Erlebnisse mit einem Menschen, der für andere eine besondere Ausstrahlung hatte, die noch einmal erlebt werden kann«[589]; ... als *Schöpfungsmahl* in ökologisch-kosmischem Horizont: »Gott schmecken und an Gott teilhaben,« der/die seine gefährdete und heilige Schöpfung, die Erde, nicht aufgeben will[590]. ... als *Stärkungsmahl* und *Sinnenmahl*, »das physische und geistige Energien

---

582 Ich, ich, S. 17
583 Vgl. Markus, S. 50
584 So bereits in: Mein Körper S. 12, vgl. S. 7ff; vgl. Markus, bes. S. 52ff
585 Markus, S. 52
586 Mein Körper bin Ich«, S. 75
587 Ebd. S. 74f
588 Vgl. ebd. S. 75f
589 Ebd. – Die Frage ist, ob es denkar ist, daß die bloße *Ausstrahlung* Jesu für die Jünger und Jüngerinnen damals zum ›Lebensmittel‹ werde und es bis heute allein die Ausstrahlung Jesu von damals sein soll, die im Abendmahl als Erinnerungsmahl erlebbar wird?
590 Ebd. – Unklar bleibt, in welcher Hinsicht es im Abendmahl um ein Schmecken Gottes und Teilhaben an Gott geht. Wenn es sich auf Brot und Wein/Saft als Lebensmittel und Schöpfungsgaben bezieht, fragt sich, wie sich hier der christologische Bezug der neutestamentlichen Abendmahlsparadosis: »nehmt, eßt, das ist mein Leib«, einbeziehen läßt.

gibt, allein seinen Weg gehen zu können«[591]. ... als *Frauenmahl* im Kontext der Geschichte von der blutenden Frau: »Es könnte uns motivieren, in dem eigenen Zugang zu Kraftquellen Wege zum Heilwerden zu sehen«.[592] –

Elisabeth Moltmann-Wendel verbindet Abendmahl in überzeugender Weise mit Schöpfung und Leben, mit konkreter Körperlichkeit und dem Leben des leibhaften Jesus. Sie befreit damit Abendmahlsverständnis und Abendmahlspraxis von sühnetheologischen Einseitigkeiten und hinterfragt begründet ein Abendmahlsverständnis, für das der Leib Jesu nur in Zusammenhang seines Todes und seiner Auferstehung von Belang zu sein scheint.

Daß sie das Geschick der blutenden Frau in Beziehung setzt zu dem Geschick Jesu und auf die Bedeutsamkeit der Rede von einer »leiblichen, körperlichen, leibhaften Kommunikation«[593] verweist, scheint mir ein wichtiger exegetischer wie praktisch-theologischer Beitrag, – im Blick auf Abendmahlsverständnis und Abendmahlspraxis.

Daß und *wie* sie beider Schicksal durch die *Blut*bilder aufeinander bezogen sieht, läßt sich m.E. exegetisch aber nicht schlüssig begründen. Mit der Konnotation: »mein Blut des Bundes« (vgl. Ex 24,8) ist eine theologische Vorstellung aufgenommen, die dagegen spricht, markinisch das Geschick Jesu in der Weise mit dem Geschick der Frau verwoben zu sehen: »daß sein Blut fließen mußte, damit ihr Blut nicht mehr floß«. Und diese bundestheologische Akzentsetzung steht m.E. auch dagegen, die Geschichte der blutenden Frau als exemplarische Geschichte für Hingabe und Aufgabe zu deuten: »›Für viele vergossen‹ – das sollte uns nicht mit Schuld belasten, sondern uns an unsere eigene Hingabefähigkeit erinnern«[594].

Die Deutung Elisabeth Moltmann-Wendels blendet mit den christologischen m.E. auch die theo-logischen (s. Bundestheologie) Implikationen der Deuteworte aus. Wenn sie die Begegnung der blutenden Frau mit Jesus und ihre Heilung nur als »Körper-Energie-Austausch« versteht, allein im »hautnahe(n) Umgang« Jesu mit dem »ochlos« seinen Tod begründet sieht und »das Abendmahl bei Markus« als *pures* »Vergegenwärtigungsmahl der im gemeinsamen Essen wieder erlebten, Leben gebenden physischen Energie« deutet, scheint mir das – im Vergleich zu der von ihr zu Recht beklagten »Vergeistigung und Vergeistlichung« markinischer

---

591 Ebd. S. 75
592 Markus, S. 55
593 Ebd. S. 51; die folgenden Zitate s. ebd. S. 51ff
594 Ebd. S. 54

Rede[595] – eine Interpretation zu sein, die ihrerseits den markinischen Deutungshorizont einschränkt, insofern sie das, was nach Markus von Jesus explizit zu *hören* ist[596], stillschweigend übergeht.

Befremden muß darüber hinaus angesichts eines »Lebens Jesu in Beziehungen«, – auch seines Lebens in Beziehung zu Gott –, m. E. die gänzlich unvermittelte ›*Sach*-bezogenheit‹, mit der sie von der Hingabe Jesu sprechen kann: »Leben, das nicht einfach Opfer ist, wohl aber Hingabe an eine Sache, die Sache der Gerechtigkeit«[597]. Wenn sie im expliziten Zusammenhang der markinischen Deuteworte »*polloi*« im Sinne von »*ochlos*« deutet und von der »Hingabe Jesu für die Ausgegrenzten« spricht, und dies auch anschaulich konkretisiert, geht es um *Erinnerung* an »den lebenden, heilenden und damit provozierenden Jesus« *damals*, bleibt das »*hyper pollōn*« auf die ›vielen anderen‹ zur Zeit Jesu begrenzt. Wo sie »wir« sagt und »uns« wird Jesus zum exemplum und die Geschichte der blutenden Frau zu einer exemplarischen Geschichte für Hingabe: »›Für viele vergossen‹ – das sollte uns nicht mit Schuld belasten, sondern uns an unsere eigene Hingabefähigkeit erinnern«[598].

Was den Rückbezug auf Jesus angeht, stellt sich damit m. E. ganz grundsätzlich die Frage, ob sich Elisabeth Moltmann-Wendels Verständnis des Abendmahls nicht letztlich *erschöpft* in *Erinnerung* und *Nachfolge bis zum Tod*? Weil sich mit dem Tod Jesu selbst für sie offenbar keinerlei Heilsbedeutung verbinden läßt, ebensowenig wie mit seiner Auferstehung nach dem Tod – es sei denn in Abgrenzung[599]. Auch das Abendmahl scheint für sie in *dieser* Hinsicht eher nichtsagend. Seine Wiedergewinnung als »Zusage unseres endlichen und endgültigen Heil-Seins« hängt daran, daß »wir Jesus verstehen als den, der uns vorausging mit seinem Leben und seinem Tod«, und »dem wir folgen können, weil er glaubwürdig und leidenschaftlich in seinem Leben und seiner Hingabe war«[600].

So wesentlich es auch ist, das Element der Nachfolge für Abendmahlsverständnis und Abendmahlspraxis in der Gegenwart wiederzuentdecken, so notwendig scheint es mir auch, zu konkretisieren, *inwiefern* uns denn Jesus vorausging, was sein Leben und seine Hingabe denn *für uns heute*

---

595 Markus, S. 52
596 Z. B. an Reich-Gottes Verkündigung, vgl. u. a. den eschatologischen Ausblick der markinischen Abendmahlsparadosis.
597 Markus, S. 75
598 Ebd. S. 54
599 So kann sie z. B. sagen: »Die Erinnerung an den Leben und Dynamik gebenden Leib Jesu sollte uns ablenken von der Todes- und Auferstehungschristologie und uns dem lebenden, heilenden und damit provozierenden Jesus wieder zuwenden lassen«, ebd S. 54
600 Ebd.

beinhalten, und *worin* es denn begründet ist, Abendmahl als Zusage unseres endlichen und endgültigen(!) *Heil-Seins* verstehen zu können! Bei Elisabeth Moltmann-Wendel bleibt m. E. die *soteriologische* Dimension des »Für euch/uns/die vielen gegeben« seltsam schillernd. Entsprechend verschlüsselt lautet ihr letzter Satz im Blick auf das Abendmahl bei Markus: »Es könnte motivieren, in dem eigenen Zugang zu Kraftquellen Wege zum Heilwerden zu suchen«[601].

3.2. Abendmahl – Befreiung

3.2.1. Im Kontext neutestamentlicher Exegese

Der Blick auf die Mahlfeiern der frühen christlichen Gemeinde befreit nach *Luise Schottroff*[602] das Abendmahl von den »Verzerrungen der Tradition«, von der »Verbindung von Sakrament, Heiligkeit und Angst«. Entscheidend für ihr Verständnis des Abendmahls als einer Mahlzeit mit »kultischen, lebens-praktischen, emotionalen und politischen Aspekten«[603] sind folgende Momente:

1. Der Hintergrund jüdischer Feste und Tischsitten (Mahlzeit im Angesicht und unter dem Segen Gottes): Im Abendmahl feiern wir, »daß wir Gottes Geschöpfe sind und das Essen unsere Lebendigkeit ausdrückt«.

2. Brotbrechen und -teilen unter ausdrücklicher Erinnerung an Jesu Tod mit der Vergegenwärtigung der Bedeutung seines Todes als Märtyrertod. Dies in der Reihe jüdischer MärtyrerInnen[604] wie in Erinnerung an die »vielen Märtyrerinnen und Märtyrer unserer Tage, die denselben Weg gehen«. Beide, Der Tod Jesu wie der Tod der Gefolterten werden zu Zeichen des Lebens.[605]

3. Geschenk der Gemeinschaft (koinonia »im Sinn von Gegenseitigkeit«[606]) und der Kraft zur Liebe. Im Brechen und Austeilen des Brotes zur Erinnerung an den Tod Jesu »zusammengebracht zu einem Leib, dem Leib Christi«[607].

4. Gemeinsames »fröhliches« Essen, »unter sich«.[608]

---

601 So E. Moltmann-Wendels Schlußsatz, Markus, S. 55
602 Zum Folgenden vgl. *L. Schottroff*, Das Abendmahl – ein Hoffnungsfest, in: Das Kreuz, S. 25–31; Vgl. auch *dies*, Lydias ungeduldige Schwestern, S. 316ff
603 Das Abendmahl, S. 26; Lydias ungeduldige Schwestern, S. 316
604 »Er hat sich in die Tradition der jüdischen Märtyrerinnen und Märtyrer gestellt«, Das Abendmahl, S. 28
605 Ebd. S. 27.28f
606 Lydias ungeduldige Schwestern, S. 317f
607 Das Abendmahl, S. 29
608 Ebd. S. 29f. L. Schottroff geht davon aus, daß die urchristlichen Abendmahlsfeiern

5. Kelch/Kelchwort als Verheißung des neuen Bundes.
6. Das »Maranatha« als Ausdruck der Hoffnung und der Sehnsucht.[609]

Einladend, befreiend von den Anfängen des Abendmahls zu sprechen, statt Abendmahl dogmatisch angstmachend zu traktieren, das ist Luise Schottroff fraglos gelungen und ist m. E. auch eine praktisch-theologische Notwendigkeit. Wichtig ist ihr Verweis darauf, daß das Abendmahl nicht zuletzt im Zusammenhang jüdischer Tischgemeinschaft zu verstehen ist und zutreffend ihr Hinweis auf die »Dürftigkeit« der Auslegungstradition »in den wichtigen Fragen des gemeinsamen Essens«[610]. Daß die Auslegungs- und Wirkungsgeschichte der neutestamentlichen Abendmahlsüberlieferung in vielfacher Hinsicht Verzerrungen beinhalten, kann gar nicht deutlich genug zum Ausdruck gebracht werden. Wenn L. Schottroff die eigenen Hypothesen aber mit der Feststellung einleitet: »Damals war das so ...«, fordert dies angesichts der Komplexität neutestamentlicher Abendmahlstradition zum Widerspruch heraus. Konkret scheinen mir folgende Aussageelemente höchst fraglich so und nicht anders in den frühchristlichen Gemenden gegeben: 1. ... Daß sich Gedenken und Vergegenwärtigung beim Abendmahl *gleichermaßen* auf den Tod Jesu wie den Tod anderer Märtyrerinnen und Märtyrer bezogen haben sollen[611], so daß Luise Schottroff in fast parallelen Aussagen von der Heilsbedeutung ihres Todes sprechen kann: Vom Tod Jesu als »Tor zum Leben« und vom Tod anderer Gefolterten als »Zeichen des Lebens« und »Grund zur Hoffnung«. M. E. sprechen der Kontext und die Konnotationen der neutestamentlichen Abendmahlsparadosis[612], wie vor allem Brot- und Kelchwort selbst eine andere Sprache, insofern sie die Bedeutsamkeit *dieser* Tischgemeinschaft in *unvergleichlicher* Weise mit dem Geschick, der Person *Jesu* verbinden und darin begründet sehen. –

---

exklusiv waren. Sie versteht dies aber nicht als einen Akt der Ausgrenzung, sondern als Ausdruck eindes begründeten Bedürfnisses, miteinander im vertrauten Kreis gestärkt zu werden und zu feiern. Was heute oft so anders aussieht, sieht sie begründet in: »Das fröhliche Essen beim Abendmahl ist irgendwann in den ersten Jahrhunderten abgeschafft worden. Dadurch wurde das Sakrament beängstigend und steril«.

609 Ebd. S. 31
610 Lydias ungeduldige Schwestern, S. 322
611 Das Abendmahl, S. 28f
612 Vgl. u. a. *Verratsanzeige, Menschensohntitel* (L. Schottroff selbst: »Der Begriff Menschensohn enthält in der biblischen Tradition primär den Gedanken, daß der Menschensohn dem Menschengeschlecht zugehört« ... Auf das ihrer Meinung nach ›Sekundäre‹ geht sie gar nicht erst ein und hält entsprechend die Übersetzung: »der Menschliche für inhaltsreicher und weniger androzentrisch«, Lydias ungeduldige Schwestern, 311) – *eschatologischer Ausblick, paulinischer Kyriostitel.*

2. ... Daß der Kelch in Erinnerung an den Tod Jesu als »*Beginn* der Königsherrschaft Gottes« verstanden worden sein soll und als *Anfang* des neuen Bundes. Weder geht die Reich-Gottes Verkündigung Jesu, – in Wort und *Tat* –, auf in *Verheißung*saussagen[613], noch ist der neue Bund unter dem eschatologischen Vorbehalt im Sinne von »Fertig ist er immer noch nicht«[614] zu verstehen, es sei denn das ›Schon jetzt‹ des Evangeliums gerät aus dem Blick. –

Wenn L. Schottroff später an anderer Stelle im Zusammenhang mit Abendmahl, Tod, Gemeinschaft und Nachfolge ausschließlich von »Christus« spricht unter Weglassung des Jesus-Namens[615], wird das Gesicht Christi transparent für die Gesichter der vielen, namenlos m. E. aber auch entsprechend auswechselbar. –

Die »Nähe Christi als Vorbild und Bruder« ist für sie wegweisend, dies in Verbindung mit der Kategorie von Wechsel- und Gegenseitigkeit[616]. Betont grenzt sie sich ab von anderem Verständnis: »Das geradezu zwanghafte Bestreben der traditionellen Theologie, Christus als Heilsbringer zu deuten, behindert den Blick auf die Nähe Christi als Vorbild und Bruder«[617]. Die Frage ist, ob sie damit nicht ihrerseits die neutestamentlichen Aussagen beschneidet, in denen Erfahrungen mit Jesus von Nazareth als dem Christus Gottes tradiert und mit-geteilt werden, die von umfassenden und unvergleichlichem Heil sprechen, auch in der Abendmahlsüberlieferung.[618] –

Für Luise Schottroff steht die gesellschafts- und gemeinschaftskritische Provokation, die Abendmahl fraglos auch beinhaltet (s. 1. Kor 11), im Vordergrund. Das gemeinsame Essen ist »Ort der Gemeinschaft in der Nachfolge Christi, die Verantwortung für das Brot trägt . . . , nicht zu(läßt),

---

613 Vgl. u. a. die Reich-Gottes Gleichnisse und die Mahlgemeinschaften Jesu

614 Das Abendmahl, S. 31

615 Lydias ungeduldige Schwestern: »Erinnerung an Christi Tod« (S. 316), »Gemeinschaft mit Christus«, »Geschwister in Christus« (S. 317), »Nachfolge Christi« (S. 324)

616 Vgl. S. 311f

617 Ebd. S. 312/Anm. 134

618 Zu den Grenzen der Rede von der *Einzigartigkeit Jesu Christi*, ihrer Notwendigkeit wie ihrer Möglichkeit vgl. *Helga Kuhlmann*: Überzeugend ist m. E. u. a., daß und mit welcher Begründung sie die Christologie mit der Pneumatologie beginnen lassen möchte: »Ich habe die Hoffnung, daß eine solche Christologie einerseits der feministischen Kritik standhalten kann und daß sie andererseits in der Lage ist, in gedanklichem Nachvollzug die teilweise differenten sozialen und individuellen Gotteserfahrungen christlicher Frauen und Männer zu integrieren . . . ohne willkürlich einzelne Perspektiven auszugrenzen und ohne daruf zu verzichten, der im Namen Jesus Christus konzentrierten Begründung, Verbindung und Verbindlichkeit dieser Gemeinschaft von Christinnen und Christen Ausdruck zu geben«, Solus Christus, S. 60f

145

daß die Frauen und Männer, deren Arbeit das Brot hervorgebracht hat, zu Menschen zweiter Klasse gemacht werden. Die lebendige Quelle der Gerechtigkeit für die ganze Schöpfung und der Gegenseitigkeit unter Menschen war und ist die Gegenseitigkeit von Frauen und Männern zu ihrem göttlichen Gegenüber.«[619]

Angesichts eines weithin unpolitischen Abendmahlsverständnisses und einer in mancherlei Hinsicht immer noch hierarchisch und androzentrisch geprägten kirchlichen Abendmahlspraxis ist die Rede von »Gerechtigkeit« und »Gegenseitigkeit« wegweisend. Was in diesem Zusammenhang aber unter »Gegenseitigkeit von Frauen und Männern zu ihrem göttlichen Gegenüber« als »lebendige Quelle der Gerechtigkeit« zu verstehen ist, bleibt in der Kürze gänzlich in der Schwebe, ist m. E. weder theologisch noch anthropologisch einsichtig.

3.2.2. Als Brot des Lebens

Brot ist das Stichwort für die Aussagen von **Bärbel von Wartenberg-Potter**[620] zur Bedeutung des Abendmahls, Brot als Grundnahrung, als Brot des Lebens. Wesentlich sind vor allem die Aspekte:

1. Brot wird gesegnet – und damit zum Brot des Lebens.
2. Brot wird geteilt, wie auch der Wein, in der Erinnerung an Jesus, an sein Leben, als erstes Glied einer Kette, in der Vergebung, Neuanfang empfangen und weitergegeben wird,[621] nicht in spiritualisierter Symbolik, sondern tatkräftig und endgültig.[622] (Unverständlich ist, weshalb an dieser Stelle die Geschichte Gottes mit Israel als Geschichte von Vergebung und Neuanfang gänzlich unberücksichtigt bleibt.)
3. Zu befreien ist deshalb das Abendmahl von frommer Wirklichkeitsferne, von den Abendmahlsstreitereien des 16. Jahrhunderts und aller rituellen Erstarrung.
4. Am Tische Gottes essen heißt, an die welt- und menschenverändernde Kraft des Abendmahls glauben.
5. Erstes und letztes Wort für das Abendmahlsverständnis ist die Grundaussage: »Gott ist geteiltes Brot, geteilter Wein«[623].

---

619 L. Schottroff, Lydias ungeduldige Schwestern, S. 324f

620 Zum Folgenden vgl. *Dies.*, Das Kreuz, S. 31–35

621 Ebd. S. 34

622 »Das Abendmahl ist ... das Sakrament mit der ungeheuren Kraft, dem Welthunger und der Habgier der Menschen etwas entgegenzusetzen, ja mehr noch: ihnen ein Ende zu setzen«. Ebd. S. 35

623 Ebd. S. 35 mit der Fortsetzung: »Gott ist auch mehr, aber niemals weniger. Gott ist auch anders, aber niemals ohne die Zeichen des Teilens. Gott ist Brot. So laßt uns vom Brot lernen.«

LITURGISCHE KONKRETION[624]: 1. Die Abendmahlsparadosis (in herkömmlicher agendarischer Form, matthäische/paulinische Fassung) wird in vier Aussageelemente aufgeteilt und durch Alltagserfahrungen und Gebetsaussagen, Schuldbekenntnis und Zuspruch, in *inklusiver* Sprache aktualisiert.[625] 2. Einladung/Austeilung. 3. Sendung, Beauftragung[626]/Ausblick als Ansage und Bereitschaftserklärung.[627]

M. E. liegen hier ein Abendmahlsverständnis und eine Abendmahlsliturgie vor, die in vielen Elementen nur zu unterstreichen sind: Das feiern und miteinander teilen, was Gott ist und gibt, Brot fürs Leben, mit allen Sinnen, ganzheitlich, mit dem Alltag verbunden bis hin zu gesellschaftspolitischen Konsequenzen, gleichermaßen befreiend wie in Anspruch nehmend. *Kritisch* anzumerken bleibt:

1. Jesus ist der Bruder, nichts läßt ihn erkennbar zum Christus werden. Der Akt der Erinnerung an ihn bezieht gleichermaßen auch die mit ein, die seinen Fußspuren folgten »und ihr Leben für andere gaben«[628]. Auch hier wird soteriologisch nicht unterschieden zwischen der Lebenshingabe Jesu und der Lebenshingabe der ihm Nachfolgenden.

2. Die Aussagen sind *theo*logisch ausgerichtet, auch da, wo ein christologischer Bezug ›nahegelegen‹ hätte wie in unmittelbarem Zusammenhang mit der Abendmahlsüberlieferung[629], ohne daß an irgendeiner Stelle und in irgendeiner Hinsicht ausdrücklich würde, *warum* denn, *wie* denn und *ob* denn überhaupt die Gottes-Geschichte sich in *besonderer* Weise auf die Geschichte der Passion und des Todes Jesu beziehen läßt.

3. Der Aspekt des *Teilens* wird zur bestimmenden soteriologischen Kategorie, dies im Sinne von exemplum: »An deinem Tisch, Gott, / wollen wir das Teilen erlernen, / Teilen wie du, bis auf den Grund unserer

---

624 Vgl. *Dies.*, ebd, S. 36–40

625 So z.B. »Wir alle sind daran beteiligt./Wir kennen die groben und feinen Formen/des Verrats:/einschlafen, wenn eine oder einer/ums Leben ringt; ... /Alle:/Gott, vergib uns unseren Verrat/an den Armen, an den Reichen,/an den Frauen, an den Männern«. Ebd. S. 36–39

626 Thematisiert wird der Gegensatz von Kreuz und Lebensbaum: statt Kreuze aufzurichten, gilt es den Lebensbaum zu pflanzen. Ebd. S. 39f.

627 »Das Reich Gottes kommt,/wo ... Frauen und Männer/in Frieden Brot miteinander backen werden./Geht hin in Frieden ... /Alle:/Wir haben das Brot gegessen ... /Wir wollen all unsere Kraft/dem Reich Gottes zur Verfügung stellen«. Ebd S. 40

628 Ebd. S. 39

629 Vgl. die folgenden Sequenzen: »In der Nacht, da er verraten ward und mit seinen Jüngern zu Tische saß .../Wir wollen an Gottes Seite sein; denn auch wir kennen die Nächte des Verratenwerdens ... «; »nahm er das Brot, dankte, brach es und gab es den Jüngern ...‹/An deinem Tisch, Gott, wollen wir das Teilen erlernen, Teilen wie du« (ebd. S. 37f).

Existenz«[630], was Abendmahl latent mit fast unmenschlicher Überforderung verknüpft sein läßt.

3.2.3. Als Frauenritual einer Frauenkirche

Auf der Suche nach frauengerechten Ritualen der Befreiung spielen Theorie und Praxis einer Frauenkirche[631] wie sie u. a. von der amerikanischen feministischen Theologin **Rosemary Redford Ruether**[632] entwickelt und veröffentlicht wurden, eine wichtige Rolle. Im Blick auf Abendmahlsverständnis und Abendmahlspraxis werden folgende Akzente gesetzt: 1. Brot und Wein sind »Symbole ... der Verbundenheit mit dem messianischen Propheten Jesus von Nazareth«. 2. Das Abendmahl ist »die Vorwegnahme des messianischen Mahls«[633]. 3. »Brot und Wein der Eucharistie stehen für den Leib und das Blut der ganzen Menschheit«[634]. 4. Die Formen der eucharistischen Segnung sind »kontinuierlich neu zu entwickeln«. 5. Eucharistische Speise sind neben Brot und Wein auch süßes Gebäck, Milch und Honig[635]; und für Frauen vor allem der Apfel als Symbol gegen die Verurteilung des Weiblichen als Quelle des Bösen.

LITURGISCHE KONKRETION: 1. *Segnungsformel über dem Brot*: die Anrede an die »Heilige Weisheit« mit der Bitte um Gemeinschaft, Frieden und Gerechtigkeit. Und statt der frühchristlichen Formel »Es vergehe die Welt, und es komme dein Reich«: »Möge die Welt des Patriarchats vergehen und das neue Zeitalter der Liebe und Freude zwischen Schwestern und Brüdern heraufkommen«[636]. Als mögliche Segensformel über süßem Gebäck eine Ist-Aussage: »Dies ist das Brot der Gemeinschaft«[637].

---

630 Ebd. S. 38

631 Zur Diskussion über die Möglichkeiten und Notwendigkeit einer Frauenkirche in Deutschland vgl. u. a. A. *Schulenburg*, S. 206ff

632 Zum Folgenden vgl. *Dies.*, Unsere Wunden heilen, S. 165–167; Vgl. dazu auch Diann *Neu*, Unser Name ist Kirche, S. 140ff

633 »bei dem die gesamte Menschheit das Fest des Lebens feiert, befreit von Krieg und Ungerechtigkeit«. Ebd. S. 166.

634 »die aus der Quelle allen Seins geschaffen wurde und in der Erlösung erneuert werden wird«. Ebd.

635 Vgl. dazu auch die Aussagen zur Abendmahlszeremonie im Anschluß an eine Tauffeier mit den Elementen Milch und Honig als Symbole für den Exodus aus dem Patriarchat (S. 151, vgl. Anm. 4): »Die Taufe versinnbildlicht ... unsere Loslösung vom Patriarchat und von allen seinen falschen Behauptungen sozialer Notwendigkeit und göttlicher Legitimation und steht für unsere Hinwendung zu einer neuen Ordnung«. (S. 145); – Vgl. auch den Hinweis von Sybille *Fritsch-Oppermann* auf Milch und Honig als neue, das alte Ritual des Abendmahls ergänzende Elemente. WBFTh, S. 257.

636 R. *Ruether*, S. 166

637 Eine Gemeinschaft, die näher qualifiziert wird als: »die in der Welt des Patriarchats ver-

2. *Segensformel über dem Kelch*: Wir-Aussage: »Wir sind der neue Wein des Lebens«[638]; – Gedenken an Jesus als den Bruder, »der sein Blut vergoß, um die Wurzeln des Weinstocks zu nähren«[639]; – Gedenken an die vielen Schwestern und Brüder (unter konkreter Namensnennung), »die starben, um eine neue Welt ins Leben zu rufen ...‚ deren Blut diesen Weinstock nährt und ihm neues Leben gibt«; – Absichtserklärung und Ge- löbnis, das Leben miteinander zu teilen[640] und für Gerechtigkeit ein- zutreten.[641] Mögliche Segensformel über dem Kelch mit Milch und Ho- nig eine Ist-Aussage: »Dies ist der Kelch der Erlösung«[642].

3. *Spendeformel*: »Dies ist das Brot des Lebens« / »Dies ist der Kelch der Erlösung«[643] 4. Segnung des Apfels mit einer Ist-Aussage – »Das ist die Frucht des klaren Bewußtseins« – und dem Wunsch, Klarheit und Erkennt- nis[644] zu gewinnen.

Um eine symbolische Handlung, die den Weg bereiten und Erfahrungen deuten soll »auf dem Weg vom Sexismus zu einer befreiten Menschlich- keit«[645], geht es der Frauenkirche auch in und mit dem Abendmahl. Für das Verständnis und die rituellen Texte und Inhalte leitend ist aber weder die neutestamentliche Abendmahlsparadosis noch irgendein biblisch- exegetischer Bezug, sondern allein die Intention, im Sinne einer Befreiung vom Patriarchat »hier und jetzt das neue Brot des Lebens zu backen«[646]. So wird erklärend im Zusammenhang des Rituals eines »Exorzismus patriarchaler Texte« betont: »Das heißt nicht, daß biblische Texte generell verworfen werden, sondern daß sie aus der Perspektive völliger geistiger

---

sprengt war und die sich nun zu einem neuen Volk zusammenschließt, um eine neue Welt der Befreiung aufzubauen«. Ebd. S. 151

638 »der in den Zweigen des Weinstocks fließt« (S. 166), ohne daß gesagt würde, um wel- chen Weinstock es sich handelt, in welchem Kontext diese Metapher steht.

639 Daß hier nicht im johanneischen Sinn vom Weinstock als Bild für Christus die Rede ist, wird hier deutlich. Ebd.

640 »Frauen sind der Leib Christi in der Welt. Das gegenseitige Teilen in unserem Leben, der gegenseitige Austausch unseres Lebens wird zum eucharistischen Symbol«, so Dlann *Neu*, S. 143

641 »Wie wir diesen geweihten Kelch teilen, wollen wir unser Leben miteinander teilen zum Wohl der geliebten Gemeinschaft. Wir geloben, den Kampf um die Gerechtigkeit weiterzuführen, bis die gesamte Menschheit in Frieden und Freude am Mahl des Lebens teilhaben kann«. Ebd.

642 Nähere Qualifizierung: »die Essenz des gelobten Landes, in dem Milch und Honig fließen, unserer wahren Heimat«. Ebd. S. 151

643 Ebd. S. 166

644 »Möge sich der Schleier der Täuschung von unseren Augen heben, daß wir Wahrheit und Falschheit, Gut und Böse erkennen und richtig benennen«. Ebd. S. 167

645 Ebd. S. 14

646 Ebd. S. 15

Freiheit heraus betrachtet werden, wobei das Ziel der Befreiung vom Patriarchat die Richtschnur darstellt«[647]. Es fragt sich nur, ob die propagierte »Perspektive völliger geistiger Freiheit« angesichts des hermeneutischen Zirkels nicht ganz und gar Täuschung ist.

Das Abendmahl *kann*[648] von daher rückgebunden werden an Jesus, den Bruder, und die Bedeutung seines Todes wie gleichermaßen an den Tod der vielen Schwestern und Brüder. Sein Blut und ihr Blut nähren »den Weinstock« gleichermaßen. Entsprechend wird ihr Leben gleichermaßen zum exemplum, den Kampf um Gerechtigkeit weiterzuführen, bis Erlösung im Sinne einer endgültigen Befreiung vom Patriarchat vollbracht ist.

Deutlich wird, wie hoch die Erwartungen an die – und das Zutrauen zu den – eigenen Möglichkeiten zu Befreiung von Ungerechtigkeit und allem Bösen sind. Daß das Böse mit Sexismus und der Welt des Patriarchats gleichgesetzt wird (was aber nicht bedeutet, »daß Männer ›von Natur aus‹ böse sind oder daß Frauen, abgesehen davon, daß sie an ihrer eigenen Unterdrückung mitwirken, nicht sündigen könnten«[649]) und die neue Welt mit einer Gemeinschaft zwischen Frauen und Männern als Schwestern und Brüder, ist dazu angetan, die Dimension des Bösen als eine mit dem Patriarchat vorübergehende Zeiterscheinung zu verkennen und die *Erlösung* von dem Bösen entsprechend kurzsichtig mehr oder weniger für eine ›menschliche‹ Möglichkeit in der Zeit zu halten.[650] Wenn als Maxime einer kontinuierlichen Veränderung der Segensformel genannt wird: Daß sie »unserer Zeit anzupassen und mit unseren Bemühungen um Gerechtigkeit in Beziehung zu setzen«[651] ist und dabei der Zusam-

---

647 Ebd. S. 157f

648 In dem oben skizzierten Abendmahlsritual mit süßem Gebäck und Milch und Honig fehlt z. B. jeder Bezug darauf. Vgl. ebd. S. 166f

649 R. *Ruether*, Sexismus, S. 217; Ruether geht es um den Sexismus als »System männlicher Privilegien und weiblicher Unterwerfung«, um die Tatsache, daß Frauen wie Männer »Produkt dieses Systems« sind, was ihre individuelle Verantwortung aber nicht ausschließt, sondern auf den Plan ruft, ebd. S. 219.

650 Vgl. dazu auch eine Äußerung wie: »Dies aber ist die Zukunft, die wir nicht selber schaffen können, nicht etwa weil sie *menschliches* Vermögen übersteigt, sondern weil sie das Vermögen *einzelner Menschen* und kleiner Gruppen übersteigt. Sie setzt die Bekehrung aller, nicht nur einzelner Menschen, sondern des kollektiven Systems voraus. Diese Transformation des Ganzen, die in der Theologie Gottes Schalom genannt wird, können wir nicht schaffen, aber wir können doch erste Schritte tun. Wenn wir diese Schritte tun, werden wir entdecken, daß die Macht des Sexismus schon gebrochen ist«, R. *Ruether*, Sexismus, S. 220; – Lucia *Scherzberg* spricht von einer »gewissen Modellfunktion«, den der Sexismus für R. Ruether hat, Sünde und Gnade, S. 116, vgl. S. 66ff.

651 Ebd. S. 166

menhang von Segen und Gabe(n) Gottes gar nicht erst in den Sinn kommt, wird deutlich, daß vor allem das im Blick ist, was zu *machen* ist, nicht das, was zu *empfangen* ist.

3.3. Abendmahl – Weisheit

Nicht direkt aber indirekt ist Abendmahl als Einladung in die Tischgemeinschaft Jesu auch da mit im Blick, wo es um die weisheitliche Deutung der Gestalt Jesu geht. Ein wichtiges Element dieser Deutung ist für *Silvia Schroer* der Verweis darauf, daß in der Einladung Jesu an Prostituierte, Zöllner und SünderInnen die »einladende Offenheit und Güte der Sophia erfahrbar«[652] wird, daß z.B. die Aussagen von Lk 7,29–35: »... gerechtfertigt wurde die Weisheit von allen ihren Kindern«, hier ihren Sitz im Leben haben bis dahin, daß thetisch gesagt werden kann: »daß der Sitz im Leben der Sophialogie der Synoptiker die offene Gastmahlpraxis Jesu, die Einladung der Armen und Marginalisierten durch Sophiagott ist«[653] und damit weisheitliche Tradition erweitert wird durch die prophetischen Anliegen »der Parteinahme Gottes für die Armen und Unterdrückten«[654].

LITURGISCHE KONKRETION: Ein konkretes Beispiel einer *Einladung an den Tisch der Weisheit* ist die *Frauenliturgie* beim *Kirchentag in München* (1993) unter dem Motto »Der Weisheit eine Wohnung bereiten«[655]. *Vorbereitung*: Frauengruppe. Intention: Intensive Auseinandersetzung mit den Texten, Authentizität der beteiligten Frauen. Für die Liturgie selbst geht es um spirituelle Atmosphäre, darum, Energie entstehen, aufbauen, konzentrieren, umwandeln zu lassen, um einen gemeinsamen Weg, daß »der heilige Funken überspringen kann ... und jene Offenheit entsteht, in der die Heilige Ruah wehen und Sophia, die Weisheit, wirken kann«.[656] Deshalb auch bewußte *Raumgestaltung*: kreisförmig, Konzentration auf die Mitte: Tuch, Blumen, Teelichter, Duftlampen.[657] *Liturgische Elemente*: Weisheitliche Textlesungen[658], Musik, Tanz und Bewegung, Klage und Protest gegen die Vertreibung der Weisheit,

---

652 Silvia *Schroer*, Jesus Sophia, S. 115
653 Ebd. S. 122
654 Ebd. S. 123
655 Vgl. dazu Erni *Kutter-Linßner*, S. 74–83
656 Ebd. S. 75
657 Ebd. Konkret werden Stoff, Blumen und Duft beschrieben.
658 Aus Spr 8; Sir 24; Weish 7+8; Spr 1+9

Austausch (über die Möglichkeiten, der Weisheit Raum zu geben), Austeilung der Früchte und Einladung zum Fest durch die Weisheit: »Ich bin Sophia, die Weisheit. Mein Brot ist gebacken, mein Wein ist gemischt. Ich bin gekommen, um euch zu meinem großen Gastmahl einzuladen. Es ist alles da – in Fülle. Kommt, eßt von meinem Brot, trinkt von meinem Wein, sättigt euch an meinen Früchten – dann werdet ihr leben. Wirst du kommen zu meinem Fest?«[659], Anrufung der Weisheit[660], Lied an die Weisheit[661] und Segenstanz , zum Schluß: Äpfel[662] für alle. Ausgeteilt werden von der Weisheit »Früchte«[663], dies offensichtlich verbunden mit einem Tanz. Nicht deutlich wird, ob sich irgendeine Form von Essen anschließt, nach dem skizzierten Ablauf mündet die Einladung zum Fest in die o. g. gemeinsame Anrufung der Weisheit.

Die weisheitliche Interpretation beinhaltet Ansätze, das *Mensch*sein des leibhaften Jesus im Abendmahl wahrzunehmen, ohne auf seine Männlichkeit fixiert zu bleiben und die Männlichkeit christologisch zu überhöhen. Wenn dies konkretisiert werden könnte auf Abendmahlsverständnis und -praxis hin, wäre damit vielleicht auch im Blick auf das Abendmahl Grund gelegt »für eine feministische Spiritualität und Christologie, die nicht in Spiritualisierungen, Esoterik und Gnosis abdriftet, sondern festhält am Evangelium von Sophiagott, die in Jesus zu den Ärmsten ... gekommen ist und ihr Schicksal teilt. Dieses Evangelium ist zugleich die Botschaft, daß Gott ganz in seine/ihre leidende Schöpfung eingeht«[664]. Wo aber der christologische Bezug, die Orientierung an der Geschichte Jesu von Nazareth im Reden von der Weisheit in keiner Weise zum Ausdruck kommt, wird die Einladung an den Tisch der Weisheit m. E. indirekt, oder auch sehr direkt, zu einer *Gegen*einladung, *weg* von dem Tisch Jesu

---

659 Freie Textcollage nach Spr 9,2.5; Sir 24,26, ebd. S. 80.

660 »Für die große Mehrheit von Frauen schien es ganz selbstverständlich zu sein, die göttliche Weisheit laut beim Namen zu rufen und vor so vielen anderen mit ihr zu reden«, ebd. S. 83

661 Eine mittlerweile unter Frauen beliebte Umdichtung von Du, meine Seele singe: »... der, welcher alle Dinge zu Dienst und Willen stehn. Ich will die Weisheit droben ... / ... In ihrem großen Garten bin ich ein blühend Blum. Bin Spiegelbild und Schatten der einen großen Kraft, die durch mich lebt und atmet und neues Leben schafft.« Ebd. S. 82

662 Vgl. die Anmerkungen von R.*Ruether* zur Symbolkraft des Apfels und der Notwendigkeit seiner Einbeziehung als Mahlelement (s. o.).

663 Welche Früchte wird nicht gesagt, eindeutig wird nur, daß es nicht Brot und Wein sind.

664 So Silvia *Schroer* im Blick auf eine historisch verifizierbare feministische Kreuzestheologie weisheitlicher Prägung, S. 123. – Wobei allerdings zu fragen bleibt, ob sich das Kommen Sophia-Gottes nicht doch auch auf die nicht ganz so Armen und die Reichen bezieht, und was unter dem »ganz ... eingeht« zu verstehen ist.

Christi. Die Münchner Frauenliturgie scheint mir in *diesem* (!) Sinne weder ›weise‹ noch ›christlich‹, wenn auch in jeder anderen Beziehung nachahmenswert: sinnlich, lebendig und vielgestaltig.

3.4. Abendmahl – Heilige Hochzeit

Nach **Hildegunde Wöller** wird das Abendmahl »zu Recht das ›Sakrament der Wandlung‹ genannt«.[665] Die entscheidende Wandlung vollzieht sich in Parallele zum Tammuz-Mythos für sie aber nicht in den Elementen, sondern in der »Wandlung der Empfangenden«. Diese Akzentsetzung trifft sich mit der von Manfred *Josuttis*, der, wie oben gesehen[666], ebenfalls von der »Transformation« spricht, die »vorrangig die Teilnehmer und erst dann auch die Materialien der heiligen Handlung« umfaßt[667]. Für Präfation und Adoration, für Josuttis agendarischer Ort der Transformation, findet sich allerdings im Mythos der heiligen Hochzeit keinerlei Parallele, wenngleich manche Formulierungen durchaus Entsprechungen signalisieren, z. B. wenn M. Josuttis wiederholt von dem heiligen Mahl als »Vereinigung mit der göttlichen Atmosphäre« sprechen kann und H. Wöller ihrerseits von Kommunion als »Vermählung«. Ein geschlechtsspezifischer Unterschied scheint mir darin gegeben zu sein, daß Vermählung eher auf Beziehung zielt und Vereinigung eher auf Einverleibung.[668]

Für Hildegunde Wöller geht es um Kommunion im Sinne heiliger Hochzeit. Die Rede Jesu vom Weizenkorn, das in die Erde fällt und stirbt und so, sterbend, viel Frucht bringt, dient ihr als entscheidende Metapher für Sterben und Tod Jesu, als ein, wieder unter Bezug auf den Tammuz-Mythos, Vermähltwerden mit der Erde. Anders aber als Tammuz ist Jesus Mensch geworden: »Der am Kreuz starb, war keine transpersonale Gestalt wie ein Tammuz, sondern der Mensch Jesus von Nazareth. In ihm ist Gott Mensch geworden. Dieses Bekenntnis meint, daß die transpersonalen mythischen Gestalten gleichsam in den Menschen introjiziert worden sind, in ihn hineingenommen«[669].

Daß dieses Bekenntnis Mythenkritik, wenn nicht gar Entmythologisierung einschließen könnte, wird aber nicht zur Frage, sondern hat sich für H. Wöller offensichtlich mit der beklagten Blindheit heutiger Theologie für

---

665 Hildegunde *Wöller*, S. 172
666 S. o. A.IV.3.2.
667 Manfred *Josuttis*, Der Weg, S. 271
668 Vgl. dazu unten die unterschiedlichen Reaktionen von Frauen und Männern auf die These von Manfred Josuttis, B.II.2.2.2/2.3.2.
669 Ebd. S. 134

Mythen und die Bilder der Seele von vornherein ad absurdum geführt. – Weil Jesus Mensch war und zugleich »Brot vom Himmel«, ist er »mehr als Tammuz, er ist Geistsamen ... in den Seelen der Menschen. Er vermählt sich sterbend mit ihnen, um sie durch seine Auferstehung mit hineinzunehmen in sein Reich«[670]. In diesem Sinne gibt sich Jesus seinen Jüngern im Brot, werden Brot und Wein[671] »Speise des ewigen Lebens«, weil »sie in der Seele des Menschen die Quellen ewigen Lebens wachrufen, die Erkenntnis des Christus und den Glauben, mit ihm mystisch eins zu sein«. Von patriarchaler Überfremdung des Abendmahls ist im Zusammenhang der Deutung von Hildegunde Wöller keine Rede. Eingezeichnet in den Weg des Heros und als Station der Heiligen Hochzeit wird Abendmahl in keiner Weise zum Problem.

Der mythische Kontext aber läßt die neutestamentlichen Konturen des Abendmahls verschwimmen und den unabdingbaren Bezug zum leibhaften geschichtlichen Jesus von Nazareth, zu Tod und Auferstehung Jesu Christi verlieren. Denn auch da, wo Hildegunde Wöller die Unterschiede zwischen der Passion Jesu und der heiligen Hochzeit benennt, z. B. daß der Weg Jesu statt zum Brautlager nach Gethsemane führt[672], zieht sie daraus keinerlei Konsequenzen. Angesagt bleibt mythische Zusammenschau.

3.5. Abendmahl – Blut

Während in den meisten feministisch-theologischen Abendmahls-Re-Visionen von Blut und Blutsymbolik eher abgesehen wird, stellen einige feministische Theologinnen betont dem *Blut Jesu*, das sie mit Sterben und Tod verbunden sehen, sakramental das *weibliche Blut* gegenüber, das sich für sie als Geburts- und/oder Menstruationsblut eindeutig mit dem Leben verbindet.[673]

---

670 Ebd. S. 171; Geistsamen verstanden als: »der nicht natürliche, sondern geistige Fruchtbarkeit bewirkt«, ebd. Vgl. dazu die so ganz andere *befreiungstheologische* Interpretation von Bärbel *von Wartenberg-Potter*: »Das menschliche Leben ist ja nicht einfach nur naturhaftes Schicksal ... Jesu Tod war nicht das schicksallose ›Stirb und Werde‹ des Weizenkorns ... Er lebte und starb für ein freigewähltes Ziel: das Reich Gottes. Sein gewaltsamer Tod war ein Protest gegen das Kreuz, an dem er hing, und gegen alle Kreuze der Menschheit!« (*Dies.*, Das Kreuz, S. 33)

671 An anderer Stelle ist von dem Kelch als Symbol der heiligen Hochzeit die Rede, der für Jesus den Tod einschließt. Abendmahl erscheint hier als Parallele zu dem Symposion zwischen Heros und Göttin, die zwölf Jünger »repräsentieren die zwölf Stämme Israels und damit das ganze Volk als Braut. Mit ihnen teilt Jesus den Kelch ... Statt zum Brautlager geht der Weg Jesu dann nach Gethsemane«. Ebd. S. 132

672 Ebd.

673 Vgl. u. a. Maria *Kassel*, S. 210ff; Vgl. Diann *Neu*: »Wein ist Symbol für die Ziele

154

Am signifikantesten geschieht dies bei **Jutta Voss**. Ähnlich wie *Maria Kassel* unterscheidet sie zwischen männlichem Tötungsblut und weiblichem Lebensblut. Anders als bei Kassel aber ist das weibliche Blut auf die Menstruation bezogen und nicht auf die Geburt.[674] Das Menstruationsblut, das als Wandlungsblut allein real Leben ermöglicht[675], wird für J. Voss zum erlösenden Gegensymbol zum Blut Jesu bis dahin, daß sie sagen kann: »Solange das Blut der Frau und mit ihm die Frau verteufelt und parallel das Blut des Mannes, sei es am Kreuz oder in unzähligen Kriegen, verherrlicht wird, so lange wird es keine Heilung geben«[676]. Das Menstruationsblut gewinnt sakramentale Bedeutung. So kann sie aus der Frauenperspektive von der »Heiligkeit unseres Blutes«, vom »Wandlungsmysterium dieses weiblichen Blutes« sprechen, »unsere Menstruation« als »Sacer Mens«, als »das Ur-Sakrament« bezeichnen und »die sich ewig erneuernde Kraft des weiblichen Blutes« preisen.[677] Ihre *Grundthese*: »daß weibliche biologische Prozesse und matriarchale Mythen dasselbe Energiefeld sind, will sie am Mythos der Heiligen Hochzeit verdeutlichen, indem sie die biologische Dynamik mit der mythologischen Symbolik« parallelisiert[678].

Um die Rückkehr zu einer matriarchalen Göttinnenreligion scheint es ihr aber nicht zu gehen: »Wir haben das Mutterhaus verlassen müssen, die

---

unseres Lebens. Seine rote Farbe spricht vom lebensspendenden Blut der Menstruation, vom Blut der Geburt«, S. 141.

674 Vgl. Jutta *Voss*, S. 50f; 145f u. ö. – Nach M. *Kassel* ist auch der Ursprung der Tabuisierung weiblichen Blutes im Geburtsblut zu sehen und nicht im Menstruationsblut. Dies mit der Begründung: »zumal letzteres weder Bedeutung noch Funktion in sich selber hat, sondern nur in bezug zu Schwangerschaft und Geburt« (dies., S. 212, Anm. 27), während für J. *Voss* z. B. gilt: »Die Ordination wird verweigert, weil Frauen in sich, in ihrem Leib, das wirkliche Blutwandlungsmysterium tragen, den nie endenden Zyklus des Lebens« (S. 50).

675 J. *Voss* geht so weit, von »ewigem Leben« auf dieser Erde zu sprechen, das von dem »Blut von Frauen, das ohne Wunde fließt, ohne zu töten oder getötet zu werden ... ermöglicht und garantiert« wird. Im Gegensatz dazu entbehrt es ihrer Meinung nach jeglicher Konkretion, daß »das Blut eines von Männern getöteten Mannes ewiges Leben garantieren soll« und »ist eine abstrakte Idee der Unsterblichkeit, die nicht nachvollziehbar ist« (S. 146).
Sie differenziert damit weder zwischen Immanenz und Transzendenz, noch zwischen Ermöglichen und Garantieren und erst recht nicht zwischen dem, was sie für nachvollziehbar – oder nicht – hält und dem, was für andere, z. B. andere Frauen, erfahrbar und nachvollziehbar ist!

676 Ebd. S. 116

677 Zitate: J.*Voss*, S. 41.18.42.43.48. Sie setzt dabei voraus, daß sich das Wort Sakrament aus den Worten sacer mens, wörtlich: heilige Menstruation, entwickelt hat.

678 Ebd. S. 15

Zeit des Mondes und der Schweine hinter uns gelassen. Auch wenn es schwer war, ist es gut so«[679]. Gesucht wird von ihr das »Geschwisterhaus« (ebd.), jenseits von Mutter-Göttin und Vater-Gott. Erhofft wird eine »Bewußtseinsstufe der Zukunft, in der das Männliche und Weibliche gleichwertig gewichtet wären, ... eine integral-spirituelle Denkweise«[680], »daß die Göttin Physis ... wieder zu den ihr zustehenden Ehren kommt« (ebd.), indem die Bedeutung vor allem weiblicher »biopsychischer Energiefelder« wieder bewußt wird.[681] Keine Frage ist für sie, daß die Verehrung des Blutes in Mythos und Religion von zentraler Bedeutung ist und daß es der Neid der Männer war auf das »lebensschaffende weibliche Blut«, der zur »Zerstörung der Heiligkeit des Sacer Mens« führte, zur Verteufelung des weiblichen Blutes, zur Heiligung des männlichen Blutes, das durch Tötung fließt.[682]

Im Gegensatz zum Menstruationsblut als »Blut des Lebens«[683] erscheint dementsprechend das Blut Jesu ausschließlich in den Konnotationen des Todes. Es ist männliches »Tötungsblut«[684]. Seine »Verherrlichung« wird parallel gesehen mit der Verherrlichung des im Krieg vergossenen Blutes[685]. Es ist »das Blut eines von Männern getöteten Mannes«[686]. Daß sich das Wandlungsmysterium des Blutes in der patriarchalen christlichen Religion zu einem »männlichen Blut-Tötungs-Mysterium« entwickelt hat, sieht sie als Tragik an, weil es »eben keine zyklische Wandlung beinhaltet«. Ein »vollmächtiges Gegengewicht zum weiblichen Blutmysterium« müßte stattdessen eine Mythenbildung sein, die sich auf »das Energiefeld des Samens« bezieht«.[687] Jesus von Nazareth erscheint in einem solchen Zusammenhang sozusagen als »der ›Mann im Mond‹, der sich ganz und gar in eine Sache hineinbegibt wie der Same ins Ei«. Und sie kann daraus schlußfolgern: »Matriarchaler Jesus-Geist befreit alles Gefangene zu neuer Wirksamkeit und fruchtbarer Entfaltung«.[688]

Von einer irgendwie gearteten positiven Anknüpfung an neutestamentliche Abendmahlsaussagen und kirchliche Abendmahlsfeiern kann nicht die

---

679 Ebd. S. 132
680 Ebd. S. 13
681 Vgl. ebd. S. 16ff
682 Ebd. S. 145
683 Ebd. S. 8.25 u. ö.
684 Ebd. S. 50.145f u. ö.
685 »das Blut des Mannes, sei es am Kreuz oder in unzähligen Kriegen verherrlicht wird«, ebd. S. 116.
686 Ebd. S. 146
687 Ebd. S. 252f
688 Ebd. S. 96

Rede sein. Faktum bleibt für sie im Blick darauf: »Sehr viele Frauen sind heute nicht mehr in der Lage, am Sakrament des Abendmahls teilzunehmen, die Kommunion zu feiern, weil das eigene weibliche Sakrament damit jedesmal neu abgewertet wird«.[689]

Ohne im einzelnen auf ihre Gesamtdarstellung und ihre Grundthese von dem weiblichen Wandlungsblut als »Blut des Lebens« und Zeichen matriarchaler Ur-Macht eingehen zu wollen: *Daß* sich in der jüdisch-christlichen Tradition die Abwertung der Frauen mit der deklarierten Unreinheit ihres Blutes verbunden hat, mit seiner Degradierung und Diffamierung, und noch immer verbinden kann, ist ein Faktum. Bis hin zu der auch heute noch existierenden Glaubensüberzeugung, daß sich das Blut Jesu mit dem weiblichen Blut ›nicht verträgt‹ und Frauen deshalb das heilige Sakrament nicht austeilen und während ihrer Blutungen nicht zum Abendmahl gehen sollten.[690] Jutta Voss legt von daher ihren Finger in Wunden von Kirche und Theologie und spricht an Wut, Trauer und Protest aus, was vielen Frauen aus der Seele gesprochen ist.[691] Von daher erklärt sich m. E. auch die Popularität ihres Buches. Daß ihre Arbeit deshalb durchaus Gehör verdient, gerade auch in Kirche und im Bereich Praktischer Theologie nicht in Bausch und Bogen als Häresie oder Unsinn abgetan werden sollte, heißt m. E. aber nicht, daß ihre These und Argumentation insgesamt gesehen schlüssig wären und ihre theaphantastische Exegese in irgendeiner Hinsicht theologisch nachvollziehbar!

Im Gegenteil, die Chance, der Menstruation der Frau, »diesem empfindlichen Punkt (erg. der Tradition) theologisch einmal ernsthaft ins Auge zu sehen . . . , hat dieses auf Frauenblut versus Christusblut, ternäre Mondgöttin mit ihrem Heros versus männliche Trinität und traditionelle Christologie, kosmischen Uterus versus ›patriarchale‹ Wortschöpfung, heilige Wildsau versus kirchliches Hausschwein usw. fixierte Buch leider vertan«[692]. In der Tat liest sich die Argumentation von Jutta Voss über weite Strecken wie eine ›blutige‹, biologistisch-mythizistische Kampfansage pseudowissenschaftlicher Art, die zudem eine teilweise suggestive Ungenauigkeit beinhaltet[693] bis hin zu demagogischer Verallgemeine-

---

689 Ebd. S. 253
690 Vgl. dazu die Interviewaussagen von Frauen, s. u. B.II.3.2.2
691 Daß dies in dem theologischen Gutachten von *Baur/Slenczka* so gut wie unberücksichtigt bleibt (s. aaO, bes. S. 14ff), scheint mir ein erhebliches Manko und (hier auf der Seite der Gutachter, s. u. J. Ch. *Janowski* im Blick auf Jutta Voss) eine vertane Chance.
692 So die scharfe, m. E. aber durchaus berechtigte, Reaktion von J. Christine *Janowski*, Synkretismusphänomen, S. 167.
693 Z. B.: »Wenn Frauen heute nicht ordiniert werden dürfen, weil Gott ein Mann sei, dann streift diese Argumentation nur die Oberfläche des Problems« (J. *Voss*, S. 50). Hier wird

rung. Unbenommen sei, daß sie aufgrund eigener Befindlichkeit das Wort ergreift[694]. Wenn sie aber für sich in Anspruch nimmt: »die Autorität der Erfahrung wieder in Kraft setzen« zu wollen, für sie *das* Kriterium für Wahrheit[695], ist nicht zu übersehen, daß von konkreten Erfahrungen ganz konkreter Frauen an keiner Stelle die Rede ist. Darauf zu verweisen, daß ihr viele Frauen ihre Erfahrungen anvertraut haben[696], bleibt eine ›blutleere‹ Anmerkung, insofern Frauen an keiner Stelle konkret zur Sprache kommen. Was an Aussagen aus Frauenperspektive gemacht wird, muß von daher zwangsläufig plakativ und nebulös bleiben und grenzt oft eher an psychologistische Vereinnahmung, als daß es von differenzierter Wahrnehmung zeugen würde.[697]

3.6. Abendmahl – »Frauenaltar«

Auf der Vorderseite des Altars der Malerin **Candace Carter** erscheint als eins der drei Hauptthemen: »*Vorbereitung zum Mahl*«.[698] Zu sehen sind dreizehn[699] Frauen unterschiedlichen Alters und unterschiedlicher Herkunft, mit Kind die eine, schwanger eine andere, die miteinander Brot teilen und Wein trinken[700], einander zugewandt und im Gespräch, in sichtbar gelöster Atmosphäre. Eine »Hommage auf die Frauen«, »weniger das vordergründige Austauschen der Apostel durch Frauengestalten, vielmehr der Versuch, Frauen als Sinnbild der jesuanischen Gnadengerechtigkeit darzustellen«. Auf der Vorderseite ist außer dieser Tischgemeinschaft von Frauen auf der Predella – ausgehend »von der Vorstellung der Gegenwart Christi in jedem geschundenen Menschen« – anstelle des Leichnams Christi der Leichnam einer ermordeten Frau dargestellt, »*Die*

---

unterstellt, daß mit der Männlichkeit *Gottes* argumentiert wird, es geht aber bekanntlich durchweg in diesem Zusammenhang um den Verweis auf die – unbegreiflich genug! – Männlichkeit *Jesu*.

694 »Von diesem ›Blut des Lebens‹ bin ich physisch und psychisch ergriffen«. Ebd. S. 8

695 Ebd. S. 21

696 Vgl. S. 10f

697 Was z. B. für die Aussage gilt: »Blutig zu sein ist auch das Gewichtigste im Leben einer Frau, denn ihr Blut fließt ca. 35 Jahre lang jeden Monat aus ihrem Schoß, spürbar und unübersehbar« (S. 51). Vgl. dazu die teilweise so ganz anders lautenden Interviewaussagen von Frauen. Von daher bekommt ein Satz wie: »Wir Frauen werden die Heiligkeit unseres Blutes wiederentdecken« (ebd. S. 41) m. E. fast etwas Demagogisches.

698 Candace *Carter*, aaO; Alle folgenden Zitate befinden sich auf S. 73.

699 Die Zahl 13 läßt die Tischgemeinschaft der 12 Jünger mit Jesus assoziieren, keine der 13 Frauen aber ist hervorgehoben, wohl Versinnbildlichung dafür, daß sie einander gleichermaßen zum Christus werden.

700 Warum der Titel »Vorbereitung zum Mahl« lautet, bleibt unklar.

Tote«, und korrespondierend dazu auf der mittleren Tafel der Rückseite »*Ecce Home*«[701]: Frauen in Situationen von Leid und Gewalt, Frauen, die unterschiedlich reagieren, denen gemeinsam aber »Teilnahme, Solidarität und Bereitschaft (scil. ist), sich berühren zu lassen vom Leiden anderer«. Mit ihrem Triptychon »Frauenaltar« hat die Malerin Candace Carter wesentlichen Elementen feministisch-theologischer Re-Vision des Abendmahls ›Gesicht‹ gegeben.

Mit der künstlerischen Umsetzung ihres eigenen Verständnisses: »Das Mahl versinnbildlicht die Opfer und Leiden Vorangegangener und ist geistige Nahrung« veranschaulicht sie: 1. Das Mahl ist lebendige Kommunikation, ist Mit-teilung. 2. Frauen sind nicht länger auszugrenzen, die Bedeutung der Frauen ist sichtbar zu machen. 3. Passion und Tod Jesu sind nicht isoliert zu sehen. Das Leiden und Sterben der vielen, besonders der vielen Frauen, ist gleichermaßen mit in den Blick zu nehmen.

Daß im Tryptychon Passion und Tod *Jesu, seine* Tischgemeinschaft mit Jüngern und Jüngerinnen aber völlig aus dem Blick geraten sind, es sei denn, seine Geschichte wird von ›Wissenden‹ als Hintergrund assoziiert, ist eine Perspektive, die fragen läßt, worin – so gesehen – die soteriologische Bedeutung der Tischgemeinschaft gründet; was es ist, was dieses Mahl zur »geistigen Nahrung« werden läßt; ob Opfer und Leiden an sich schon erlösenden Sinn in sich tragen? Fragen, die sich nicht zuletzt aufgrund der Intention ergeben: »eine bildhafte Umsetzung von Alltag und Transzendenz, Gewalt und Trost, Verlust und Gewinn, Einzelschicksal und historischer Dimension« zu suchen. Ist die Rückseite, »Ecce Home«, als Hintergrund zu sehen, wird das Erleben und das Verhalten von Frauen in und trotz Gewalt und Leiden, ihre Solidarität, ihr Verzicht auf Vergeltung und Rache zum erlösenden Beispiel tiefster Menschlichkeit, werden Frauen zum Bild Christi oder im Sinne der Malerin zur Antwort auf die Frage: »Was heißt es, Gott auch in seiner Weiblichkeit nachzuahmen?«[702].

Auf *diesem* Hintergrund wird dann auch von Frauen zur Tischgemeinschaft mit Frauen eingeladen, werden Frauen einander zum Christus, – auch dies die Veranschaulichung einer immer wiederkehrenden feministisch-theologischen Grundaussage. Zu fragen bleibt insgesamt, ob das, was im Bild veranschaulicht wird, nicht dazu verleitet, im wahrsten Sinne des Wortes, im Bild zu bleiben, und sich damit ein Bild zu machen, das jeden Bezug zur historischen Dimension der Geschichte des Christus Jesus aus dem Blick verlieren läßt[703], ein Bild, in dem frau scheinbar sich selbst genügt.

---

701 »Ecce Hom*e*«, ein Druckfehler?
702 Ebd.
703 Auch wenn sie in einem Interview darauf hinweisen kann: »Normalerweise ist die

3.7. Fazit[704]

Eine feministisch-theologische Agenda für ein bestimmtes Abendmahlsritual läßt sich aus den o. g. liturgischen Konkretionen feministisch-
theologischer Spiritualität nicht eruieren, genausowenig wie aus den
Anfragen und Aussagen feministischer Theologie ein bestimmtes
Abendmahlsverständnis. *Grundtendenzen*, die sich bei aller Heterogenität
abzeichnen, sind:

1. Statt Sühne und Opfer geht es um Lebensmitteilung und Fülle.
2. Aus »extra nos« und »pro nobis« wird ein »cum nobis«. Nicht das
Empfangen steht im Vordergrund, sondern das Beteiligtsein und Beteiligt-
werden besonders von Frauen.
3. Das Abendmahl ist Gedächtnismahl, nicht exklusiv an Jesus als den
Christus und aufgrund der soteriologischen Bedeutung *seines* Todes,
sondern inklusiv als Vergegenwärtigung des Sterbens vieler für die Sache
der Gerechtigkeit und Gedächtnis an Leiden und Tod allgemein[705].
4. Nicht der eschatologische Horizont, sondern der ausdrückliche Bezug
zu Alltag und Gegenwart bestimmen die Perspektive.
5. Aus der Einladung an den Tisch »des Herrn« wird die Einladung in die
Tischgemeinschaft Sophia-Gottes.

Wie oben gesehen, gelingt es feministischer Theologie und Spiritualität
damit, Abendmahlsverständnis und Abendmahlspraxis von manchen herkömmlichen Fixierungen und Verkürzungen zu befreien und vergessene Dimensionen des Abendmahls wieder zu entdecken, dies, obwohl feministische Theologie und Spiritualität ihrerseits Fixierungen und Einseitigkeiten
beinhalten können, die mir nicht weniger exklusiv und ausladend scheinen
als traditionelle Engführungen, besonders da, wo sie den christlichen, sprich
christologischen Referenzrahmen kaum noch erkennen lassen.

Predella in der abendländischen Kunst die Stelle für den Leichnam Christi. Ich habe
mich bewußt an diese uns geläufige Tradition gehalten. Christus ist in jedem Leidenden
bis in den Tod gegenwärtig. Ich kann dafür auch stellvertretend eine Frau nehmen.« (so
in: Evang. Frauenarb. in W.: Wir Frauen und das Herrenmahl, S. 64, aaO), bleibt zu
fragen, ob diese Tradition noch so geläufig ist, und ob »stellvertretend« in der bildhaften
Darstellung nicht eher die Bedeutung: ›an der Stelle von‹ gewinnt.

704 S. u. 4. »Thetische Schlußfolgerungen«

705 Dies z. B. auch in der trinitarischen Einleitungsformel eines Abendmahlsgottesdienstes
an Karfreitag: »Gott ist die Quelle des Lebens, eine Quelle, die kein Tod zum Versiegen
bringt. / Jesus von Nazareth hat als Mensch auf dieser Erde gelebt, von der Geburt ...
bis zum Tod am Kreuz der römischen Besatzungsmacht. / Gottes Geist macht uns Mut,
trotz der Tode, die damals und heute gestorben werden, die Hoffnung auf das Leben
nicht zu verlieren«, Hanne *Köhler*, S. 107.

4. Thetische Schlußfolgerungen für Abendmahlslehre und Abendmahlspraxis in der Gegenwart

Vorweg eine grundsätzliche Anmerkung zur potentiellen Rezeption feministisch-theologischer Anfragen und Neuansätze in Theologie und Kirche: Offenheit für einen Dialog scheint mir allein schon deshalb angezeigt, weil die reformatorische Tradition Revisionen theologischer Aussagen und kirchlicher Praxis, auch Revisionen früherer Deutungen als Fehldeutungen und kirchlicher Praktiken als Irrwege, nicht nur für möglich, sondern für notwendig hält, es sei denn ein reformatorischer Grundsatz wie: »ecclesia semper reformanda est« erweist sich als Leerformel. Daß es mit der Deutung des Todes Jesu und dem Abendmahlsverständnis um zentrale Inhalte reformatorischer Tradition geht, macht die Bedenken verständlich, die Auseinandersetzung mit Feministischer Theologie aber umso dringlicher Im Kontext der vorliegenden Arbeit scheinen mir aufgrund o. g. Einzelbeobachtungen und Anmerkungen folgende Aspekte wichtig[706]:

1. Mit Feministischer Theologie ist nach den **Erfahrungen** zu fragen und das *Unbehagen wahrzunehmen*, was die Deutung des Todes Jesu und die kirchliche Abendmahlspraxis betrifft. Feministische Theologie macht darauf aufmerksam, daß zu *differenzieren* ist zwischen den Erfahrungen und Vorstellungen von Frauen und Männern. Zu bedenken bleibt dabei:

1.1. Inwieweit die *generalisierenden* Äußerungen den *konkreten* Erfahrungen von Männern und Frauen entsprechen, ob Raum bleibt für die *anderen* Erfahrungen anderer, für ihre konkrete Geschichte und Situation und die Dimension *menschlicher*[707] Erfahrung jenseits von Geschlechterdifferenz. Oder ob biologistisch und ahistorisch Fest-stellungen getroffen werden und

---

706 Auch an dieser Stelle sei noch einmal betont, daß es *die* Feministische Theologie *nicht* gibt, schon gar nicht im Blick auf die Deutung und Bedeutung des Todes Jesu und des Abendmahls. Deshalb kann es auch im folgenden nur um bestimmte Tendenzen und Akzentsetzungen gehen, die sich in den o. g. Einzelbeobachtungen herauskristallisiert haben.

707 Es geht mit dem *Gattungs*begriff Mensch ja immer auch um eine *Verhältnis*bestimmung, im Blick auf die außermenschliche Kreatur wie im Blick auf die Dimension Gottes. Zur längst entbrannten Diskussion, ob es und inwiefern es sinnvoll oder auch unsinnig ist, grundsätzlich auf eine Differenz zwischen den Geschlechtern zu rekurrieren, vgl. Isolde *Karle*: Feministische Theologie kann »in einer androzentrisch geprägten Kirche nicht darauf verzichten, auf die unterschiedlichen Erfahrungswelten von Frauen und Männern aufmerksam zu machen – und damit Frauen und Männer zu unterscheiden«. Zu kritisieren ist allerdings der »naive Umgang« mit der Unterscheidung nach Geschlecht, »der zu einer erneuten Naturalisierung und Ontologisierung der kulturell etablierten Geschlechterdifferenz führt«, aaO S. 32

einer Ontologisierung und Substanzialisierung des ›Weiblichen‹ das Wort geredet wird bzw. das Gesagte auf eine bloße Umwertung männlicher Typologie, auf einen gehabten Sexismus mit lediglich umgekehrten Vorzeichen hinausläuft[708].

1.2. Daß die Kategorie der Erfahrung nicht absolut zu setzen ist und zum alleinigen oder entscheidenden Kriterium gemacht werden kann für das, was wahr und als Aussage möglich ist. Wenn als Kriterium die »Erfahrungsautorität von Frauen« genannt wird[709] klingt dies zum einen nach Sexismus mit umgekehrtem Vorzeichen und ist zum anderen zu fragen, welche Autorität darüber entscheidet, was im einzelnen als »Erfahrungsautorität von Frauen« ausgegeben wird.

Darüber hinaus ist m. E. bei der Bedeutung, die dem Erfahrungswissen beigemessen wird, die Kategorie des Widerfahrnisses nicht außer acht zu lassen. Die Erfahrungen müssen offen bleiben für das, was unverhofft und unerwartet, von *woandersher* und *anders* auf Frau und Mann zukommt und sich mit der eigenen (bisherigen) Erfahrung nicht zur Deckung bringen läßt. Bedenkenswert scheint mir in dieser Hinsicht eine geschichtsphilosophische Anmerkung von Hannah Arendt: »Was mir in diesem Sinn verständlich ist, eigne ich mir an, was nicht, stoße ich ab ... Wie ist es von dieser Auffassung einer Geschichtsinterpretation her möglich, *etwas Neues aus der Geschichte zu erfahren?* Wird so die Geschichte nicht lediglich zu einer *Reihe von Illustrationen* für das, was ich sagen will und auch ohne die Geschichte schon weiß? Ein Versenken in die Geschichte würde dann nur bedeuten, eine reiche Fundgrube für geeignete Beispiele zu finden«[710].

Mir scheint, daß da, wo Glaube und Theologie *ausschließlich* an Erfahrungen und Glaubens*aussagen* festgemacht werden[711], das Bewußtsein dafür

708 Anfragen, die auch innerhalb feministischer Theologie gestellt werden. Vgl. u. a. Andrea *Schulenburg*: »Das Problem besteht in der Zeit- und Geschichtslosigkeit, welche die neuen Entwürfe zu einer oft regressiven Utopie von Weiblichkeit machen. Wieder schreiben sich Frauen fest auf den Mythos von der biologischen Andersartigkeit der Frau ..., wieder benutzen sie als Beweis für ihre Identitätsentwürfe dualistische Ergänzungsmodelle der Geschlechter«, dies., S. 61

709 Elisabeth Schüssler *Fiorenza*, Brot, S. 48 (s. o.)

710 So Hannah *Arendt* (in einer brieflichen Anfrage an Karl Jaspers), S. 39. Vorweg sagt sie unter Bezug auf eine Anmerkung von Jaspers: »Das würde heißen: ich versuche die Geschichte zu *deuten*, das, was sich in ihr ausspricht zu verstehen von dem her, was ich aus meiner Erfahrung schon weiß ...«.

711 So kann z. B. Maria *Kassel* sagen: »Ich frage mich, ob Sätze wie der: ›Der Tod hat keine Macht mehr über ihn (Christus). Denn durch sein Sterben ist er ein für allemal gestorben für die Sünde, sein Leben aber lebt er für Gott‹ (Röm 6,9–10) geeignet sind, erlösenden Glauben zu begründen und in die Erfahrung einzugehen« (*dies.*, S. 219).

verlorengeht, daß es nach biblischem und reformatorischem Verständnis um Glauben an die erlösende Wirklichkeit Gottes *hinter* den Glaubens*aussagen* geht, hinter der theologischen Symbolik wie der menschlichen Erfahrung; und daß damit in Vergessenheit gerät, daß es diese *Wirklichkeit* Gottes ist, auf die hin sich der Mensch *verlassen* kann. Wobei »verlassen« gemeint ist »im schönen Doppelsinn des Wortes: sich aufgeben und vertrauen. Sich finden und sich dabei verlieren auf ein Vertrauenswürdiges hin ..., möglich ist es in der Freiheit, die sich auf ein ›mehr‹ hin öffnet«[712].

2. Mit feministischer Theologie gilt es, sich nicht abzufinden mit den theologischen und anthropologischen Ungereimtheiten und Defiziten klassischer **Opfer-** und **Sühnetheologie**, ihrer mangelnden bzw. einseitigen exegetischen Begründung und ihrer in mancherlei Hinsicht unseligen Wirkungsgeschichte im Bezug auf Abendmahlsverständnis und Abendmahlspraxis[713]. – Daß von feministisch theologischer Seite aber nur am Rande die Auseinandersetzung mit theologischen Positionen aufgenommen wird, die andere Akzente setzen, in der Exegese der Abendmahlsparadosis und/oder systematisch-theologisch, ist m. E. ein Mangel ihrer Neuansätze und Re-Visionen, dies vor allem im Blick auf Gottesbild und Gottesfrage.[714]

---

712 Barbara *Gerl*, S. 150
713 Vgl. dazu die Interviewaussagen in B.II.2.
714 Elisabeth *Moltmann-Wendel* spricht die diesbezüglichen Defizite Feministischer Theologie deutlich an, vgl. Gibt es, S. 80ff. –
Z. B. werden im Blick auf *Gottesbild* und *Gottesfrage* im Zusammenhang der Deutung des Todes Jesu weder die Ansätze von Helmut *Gollwitzer*: »Gott als Mensch in der Gottverlassenheit« (vgl. u. a. Krummes Holz – aufrechter Gang, S. 258) noch die von Eberhard *Jüngel*: »Vom Tod des lebendigen Gottes« (vgl. u. a. Unterwegs, S. 105ff) oder Jürgen *Moltmann*: »Theologie der Passion Gottes« (vgl. u. a. Trinität, S. 36ff) berücksichtigt. Und eingegangen wird auch in keiner Weise auf die *jüdische Theologie* des *Holocaust*: »Daß Gott sich verbirgt, ist ein Attribut des Gottes Israels, der der Helfer ist. Auf geheimnisvolle Weise ist der Gott, der sich verbirgt, der Gott, der errettet«, so Elieser *Berkovits* (in: M. Brocke/H. Jochum, S. 60); Vgl. Hans *Jonas'*, der vom »leidenden ... werdenden ... sich sorgenden« Gott spricht, »der nicht fern und abgelöst und in-sich-verschlossen, sondern verwickelt ist in das, worum er sich sorgt«, S. 76. – Anzumerken ist hier gerechterweise aber auch, daß es nicht nur Feministischer Theologie in dieser Hinsicht an Hörbereitschaft mangelt. –
Wenn Christa *Mulack* einerseits nicht in Frage stellt, daß es »auch recht sinnvolle theologische Interpretationen des Kreuzestodes Jesu gegeben hat«, andererseits aber keinen Grund sieht, auf sie einzugehen, weil ihrer Meinung nach offen zu Tage liegt, »daß diese sinnvollen Deutungen keine religionspädagogische Relevanz haben«, weder in Schule noch in Kirche« (*dies.*, S. 52), reicht dies als Begründung weder hin, noch leuchtet sie ein.

3. Mit feministischer Theologie ist ein **Menschenbild** zu revidieren, das den Menschen ›mit Vorliebe‹ unter dem Vorzeichen des Sündenfalls sieht und nicht unter dem Vorzeichen der um Gottes Willen bestehenden Gottebenbildlichkeit des Menschen und des Wohlgefallens Gottes an seiner Schöpfung. Daß dies verbunden ist mit der notwendig anstehenden Korrektur eines **Sündenverständnisses**, das nicht differenziert zwischen Sünde und Sünden/Schuld, zu Generalisierung und Moralisierung verführt und rein individualistisch ausgerichtet ist, liegt auf der Hand. Allerdings scheint mir das Nachdenken über Sünde und Erlösung, Schuld und Vergebung für alle Seiten und in jeder Hinsicht notwendig, gerade heute. »Das Wort ›Sünde‹ bezeichnet unser Leben unter dem Gesichtspunkt, daß es von Gott her ›nichts‹ vernimmt ... Sünde ist die von allen Menschen im Zuge ihrer angstvollen Sorge um sich selbst produzierte (oder hingenommene) unangemessene Beziehung zu anderen Lebewesen und Dingen«[715].

In dieser Richtung scheint es mir in der Gegenwart um ein differenzierteres Verstehen und ein zutreffenderes Übersetzen dessen zu gehen, was mit Sünde gemeint ist, wobei mit feministischer Theologie zu betonen ist, daß Sünde für Frauen und Männer unterschiedlich konkret werden kann: Ist es für Männer eher das Moment der Selbstüberschätzung, äußert sich die Sünde bei Frauen eher in mangelndem Selbstbewußtsein und der Neigung, möglichst nicht zum Vorschein kommen. Dies theologisch nicht wahrhaben zu wollen, wäre eben dies: eine Folge von Selbstüberschätzung oder Folge mangelnden Selbstbewußtseins.

4. Mit feministischer Theologie ist die Botschaft der **Mensch**werdung Gottes in Jesus für die Deutung des Todes Jesu und die Bedeutung des Abendmahls einzuklagen und aufzudecken, wie oft und wie tiefgehend es klassischer Theologie bis heute ›unterläuft‹, Offenbarung und Heil an die *Männlichkeit* des Erlösers zu binden, an die *Mann*-werdung Gottes in Jesus von Nazareth.[716] Fraglos bleibt es eine Gratwanderung, von Gott und Christus genausogut in weiblichen wie männlichen Bildern und

715 Christof *Gestrich*, S. 99.199
716 Vgl. dazu z. B. die aufschlußreiche Untersuchung von J. Christine *Janowski* »Zur Bedeutung der Geschlechterdifferenz in K. Barths Kirchlicher Dogmatik«, die u. a. zu dem Ergebnis kommt: »Mann und Frau sind nach Barth ... nur *gemeinsam* gottebenbildlich, wobei diese Gottebenbildlichkeit *asymetrisch* ist, d. h. dominiert vom ›dominus‹, vom Mann. Genau diese Asymetrie *verschärft* sich dadurch, daß *der* ›dominus‹, *der* Herr und Bruder, Jesus Christus, nach Barth ›*der wirkliche Mensch*‹, das Bild Gottes ist, von dem Barth immer wieder als *Mann* spricht, und zwar nicht nur im Sinne von Sexus, sondern auch von Genus«, *dies.*, Geschlechterdifferenz, S. 13f (unveröffentlichtes Manuskript).

Symbolen zu sprechen. Diese Gratwanderung gilt es aber zu wagen, will man nicht indirekt oder sehr direkt der Männlichkeit Gottes (und der ›unvergleichlichen Gottebenbildlichkeit‹ des Mannes) das Wort reden. Wo feministische Theologie ihrerseits die Dimension der *Mensch*-werdung Gottes aus dem Blick verliert, erliegt sie nicht minder der Gefahr, theologisch wie christologisch und anthropologisch unmenschlich zu werden, unmenschlich weiblich statt unmenschlich männlich.

5. Entscheidend weiterführend scheinen mir gerade auch für die Deutung und Bedeutung des Abendmahls die **trinitarischen Ansätze** innerhalb Feministischer Theologie mit ihrer Wiederentdeckung der Sophia und der Weiblichkeit des Geistes Gottes – »Geist ist nicht speziell weiblich, aber elementar ganzheitlich«[717] – gegen die Verkrustungen theologischer Positionen in der Hoffnung auf die Reformation der Kirche[718]: »Im Rahmen der Pneumatologie ist vieles möglich, was Feministischer Theologie wichtig ist: weibliche Bilder und weibliche Sprache für Gott zu finden; Selbst– und Personwerdung mit einer Überwindung von Unterschieden zwischen den Geschlechtern, Rassen und Klassen, d. h. mit einer universalen Solidarität zu verbinden; die Teilhabe der endlichen menschlichen Existenz, von Körper, Materie und Welt am göttlichen Sein zu denken und zu erfahren sowie Gnade als Befreiung zu buchstabieren«[719].

6. Mit feministischer Theologie sind Passion und Tod Jesu wie das Abendmahl im Kontext des **Lebens Jesu** und seiner *Auferstehung* zu verstehen. Eine Verkürzung des neutestamentlichen Lebens- und Hoffnungshorizont und eine Einbuße an Evangelium bedeutet es aber, wenn ausschließlich dem Leben Jesu *vor* dem Tod Bedeutung zugemessen wird und der Blick entsprechend fixiert bleibt auf die menschlichen Möglichkeiten zur Auferstehung *im* Leben, die neutestamentliche Botschaft von der Auferstehung Jesu *von* den Toten aber mit ihrem Verheißungshorizont über den Tod *hinaus* weitgehend bedeutungslos wird.

7. Mit feministischer Theologie ist aufgrund der Passion Jesu mit Passion nach dem **Kreuz *der vielen Namenlosen*** zu fragen und kann gerade auch im Zusammenhang des Abendmahls das Kreuz Jesu *nicht isoliert* werden von den Kreuzen der vielen. Angesichts des gewaltsamen Sterbens Jesu ist Gewalt und Vergewaltigung heute nicht zu verschweigen, ist von den Opfern zu reden und sind die Täter, auch die Täterinnen, zu benennen. Von Evangelium aber kann da nicht die Rede sein, wo das Kreuz Jesu

---

717 Elisabeth *Moltmann-Wendel*, Die Weiblichkeit, S. 11
718 Vgl. dazu bes. die Beiträge in: Elisabeth *Moltmann-Wendel* (Hg.), Die Weiblichkeit des Heiligen Geistes, aaO.
719 L. *Scherzberg*, Sünde und Gnade, S. 245

dergestalt unter all die vielen Kreuze eingereiht wird, daß aus dem neutestamentlichen »ein für allemal« ein »immer schon und immer wieder« wird, weil damit die Perspektive der Überwindung von Gewalt, Kreuz und Tod durch die Auferstehung Jesu aus dem Blick gerät und am Ende wie gehabt Gewalt, Kreuz und Tod die Aussicht bestimmen.

8. Mit feministischer Theologie ist die Kategorie der **Gegenseitigkeit** aufzunehmen, für die Beziehung zwischen Frauen und Männern wie für die Gottesbeziehung. Anders als im Blick auf die zwischenmenschlichen Beziehungen ist von Gegenseitigkeit in der Gottesbeziehung aber nur *in Grenzen* zu sprechen, es sei denn, das Bewußtsein für das ganz anders-Sein Gottes, faszinosum und tremendum zugleich, geht verloren und die christologisch-soteriologische Dimension des »extra nos« und »pro nobis« löst sich auf in ein »cum nobis«, das Heil und Erlösung abhängig macht von dem eigenen Beitrag.

Allerdings ist m. E. die feministisch-theologische Betonung der eigenen Beteiligung und des notwendigen gemeinsamen Engagements im Zusammenhang von Befreiung und Erlösung[720] kontextuell nur allzu verständlich: Sich selbst als Frau/en, entgegen negativer Rollenfestschreibungen, um Gotteswillen endlich einmal alles Gute *zutrauen* und das Leben selbstverantwortlich in die Hand nehmen, ohne – oder auch trotz – üblicher Bevormundung, man(n) sollte dies nicht vorschnell theologisch-männlich-mächtig als puren Synergismus abtun! Es ist Ausdruck dafür, daß Frauen einen begründeten Nachholbedarf haben an selbstbestimmtem Leben.

Daß das, was *zutiefst* zum Leben erlöst, auch von Frauen nicht zustande gebracht werden kann und muß, dies bleibt als Evangelium von der Menschenfreundlichkeit Gottes aber dennoch festzuhalten und weiterzugeben.

9. Mit feministischer Theologie ist das Engagement für **Befreiung** aus Unterdrückung und Unrechtsverhältnissen als notwendiges Implikat von Kreuzestheologie und Feier des Abendmahls aufzunehmen. Im Unterschied zu manchen feministisch theologischenÄußerungen ist dies aber nicht auf die Befreiung vom Patriarchat zu beschränken. Und notwendig bleibt dabei auch, zwischen Befreiung und Erlösung zu unterscheiden, zwischen dem,

---

720 Vgl. hier z. B. R. *Strobel*: »Jesu Art und Weise zu leben wird für mich zur Befreiung, zur Erlösung, weil ich durch andere, die sich von seinem und anderer Menschen Engagement anstiften/inspirieren ließen, stückweise erfahren habe, was geschenkte Befreiung ... bedeutet. Das Engagement von jenen Frauen und Männern und von Jesus wird für mich wahr und richtig, weil diese Erfahrungen mein Innerstes getroffen haben und mich – für Momente mindestens – heilwerden ließen.«, Das Kreuz, S. 189.

was vom Menschen *befreiend* zu tun ist, und dem, was von Gott her *erlösend* geschieht und menschenunmöglich ist: Erlösung im Sinne von Leben, das nicht im Tod endet.

10. Mit feministischer Theologie gilt es, Sprache und Inhalte gegenwärtiger Abendmahlslehre und Abendmahlspraxis auf implizite oder explizite Androzentrismen und Sexismen hin zu befragen und auf **Inklusivität** hin zu verändern. In Frage zu stellen ist die Selektivität, mit der innerhalb feministischer Theologie biblische Texte aufgenommen oder weggelassen werden können, für ursprünglich jesuanisch oder für spätere rein androzentrische Traditionsbildung gehalten werden und die Präferenz, die außerkanonische gnostische und mythische Texte für die Interpretation des Todes Jesu und des Abendmahls gewinnen können.

11. Mit feministischer Theologie ist der soteriologischen Bedeutung des Kreuzes als *Lebenssymbol* und des *Abendmahls* als **Feier des Lebens** Ausdruck zu geben, in einer liturgischen Gestaltung des Abendmahls, die möglichst leibhaft alle Sinne einbezieht. Erkennbar bleiben muß dabei aber als lebenserschließend der Rückbezug auf die konkrete, unverwechselbare Geschichte des Jesus von Nazareth[721] als des *Soter*. Wo sie sich auflöst in eine mythisch-psychologistisch-symbolistische Matriarchalisierung der Soteriologie[722], scheint mir ein solches Verständnis nicht mehr integrierbar in ein christliches, auf Jesus als den Christus Gottes gegründetes Ritual.

12. Mit feministischer Theologie ist auch im Blick auf Abendmahlslehre und Abendmahlspraxis nach dem *konkreten* **Bezug zum Leben von Frauen und Männern heute** zu fragen. Das aber macht es notwendig, Frauen wie Männer mit ihren Erfahrungen und Ansichten möglichst selbst zu Wort kommen zu lassen, um überprüfen zu können, ob es sich so verhält, wie gedacht.

---

721 Und dies auch auf dem Hintergrund der Geschichte und des Glaubens eines ganz konkreten Volkes, der Geschichte und des Glaubens *Israels!*

722 Vgl. z. B. M. *Kassel*: »Nur die Rede vom Kreuz als Symbol hat religiöse Bedeutung. Insofern besteht die tiefenpsychologische Analyse religiöser Traditionen im engeren Sinn im Erschließen von deren Symbolsprache. Diese ist nichts willkürlich Erfundenes, sondern Ergebnis der imaginativen psychischen Produktivität, vergleichbar der Sprache der Träume«, dies., S. 196f.

B. Abendmahlspraxis und Abendmahlsverständnis.
Aus Interviews mit Frauen und Männern

I. Intention. Prozeß. Exemplarische Dokumentation

1. Intention

Der Intention der vorliegenden Arbeit entsprechend[1], war Ziel der Interviews einerseits, Frauen und Männer mit ihren Erfahrungen, Assoziationen und Gedanken zu Abendmahlsverständnis und Abendmahlspraxis möglichst unmittelbar, je eigen und ausführlich zu Wort kommen zu lassen, dies im Sinne induktiver Option, zu der gehört, »daß man gegenüber den Schilderungen menschlicher Erfahrungen auf diesem Gebiet eine bewußt naive Einstellung einnimmt und so weit wie möglich und ohne dogmatische Vorurteile den eigentlichen Inhalt dieser Erfahrungen zu fassen sucht«.[2] Andererseits mußte es darum gehen, genügend qualitative Gesichtspunkte für die Klärung der Fragen zu gewinnen, die mit der anfangs geäußerten Hypothese – »Es gibt einen *geschlechtsspezifischen* Zugang zum Abendmahl (ohne daß dieser absolut zu setzen wäre) und ein Abendmahlsverständnis, das von Frauen und Männern *geschlechtsspezifisch* unterschiedlich akzentuiert wird«[3] – anstehen:

1. Wie erleben Frauen und Männer heute Abendmahl, was denken sie über Abendmahl, wie wünschen sie sich Abendmahl?
2. Worin stimmen Männer und Frauen in ihren Erfahrungen und Gedanken überein? Was wird von Männern und Frauen geschlechtsspezifisch unterschiedlich wahrgenommen und verstanden?
3. Ist die Opfer- und Sühnevorstellung für die Mehrheit der Frauen ein Problem, wenn ja, inwiefern und warum? Und wenn dies für die Mehrheit der Männer anders sein sollte, inwiefern dann und warum?
4. Wie reagieren Frauen und Männer auf thetische Aussagen zu Abendmahlslehre und -praxis? Entsprechen ihre Äußerungen dem, was in traditioneller Theologie für Männer wie Frauen gleichermaßen ange-

---

1 S. o. Einleitung, S. 15f
2 Vgl. P. L. *Berger*, S. 77.
3 S. o. S. 16

nommen und vorgegeben wird, oder dem, wovon innerhalb Feministischer Theologie ausgegangen wird?

5. Nimmt die gängige kirchliche Abendmahlspraxis die religiösen Bedürfnisse von Männern und Frauen gleichermaßen wahr und auf, oder entspricht sie in der Tat eher männlichen Vorstellungen und Erwartungen und perpetuiert damit indirekt die Enttäuschungen und Befürchtungen von Frauen?

6. Welche Konsequenzen sind aus den Aussagen, den Anfragen und Wünschen von Frauen und Männern für Abendmahlslehre und Abendmahlspraxis in der Gegenwart zu ziehen?

2. Prozeß

2.1. Zur Interviewmethode

Für eine narrative Interviewmethode hätte gesprochen, daß sie die Interviewten ohne weitere Vorgaben frei zu Wort kommen läßt. Für die Klärung o. g. Fragestellungen schien mir eine *Mischform* zwischen themenzentriertem Erzählinterview und Leitfragen/Leitfaden zentriertem Interview dennoch eher geeignet: Sie läßt mit der Nennung thematischer Stichworte einerseits Raum genug für freies Erzählen und spontane Selbstmitteilung, andererseits bietet sie aber auch die Möglichkeit, gezielt zu fragen, in diesem Fall z. B. nach der Reaktion auf die opfer- und sühnetheologische Deutung des Abendmahls oder nach der Reaktion auf feministisch theologische Neuansätze. Wichtig war mir aber, die Leitfragen als »*Leitfaden*« zu verstehen: »Der Leitfaden ist Orientierungsrahmen bzw. Gedächtnisstütze für den Interviewer und dient der Unterstützung und Ausdifferenzierung von Erzählsequenzen des Interviewten. Für die Entwicklung des Gesprächs selbst ist der Begriff »Leitfaden« unzutreffend, weil hier der Gesprächsfaden des Interviewten im Mittelpunkt des Interesses steht, der Leitfaden diesen lediglich als eine Art Hintergrundsfolie begleitet«[4].

Beides gemeinsam, das freie Erzählen wie die Antworten auf gestellte Fragen, gewährleistet eine möglichst kontrollierte und vergleichbare Herangehensweise wie die Interpretierbarkeit der Daten in der Auswertungsphase, wenn auch nicht im Sinne einer soziologisch repräsentativen

---

4 So A.*Witzel*, S. 90; Frauengerechte Sprache läßt auch innerhalb der Sozialforschung zu wünschen übrig. Vgl. auch folgendes Zitat.

Umfrage mit dem Ziel quantitativer Datenanalyse oder qualitativer Sozialforschung, so doch im Sinne einer möglichst breit angesetzten Erhebung inhaltlicher Gesichtspunkte mit genügend *praktisch-theologischer Signifikanz.*

Daß ich an dieser Stelle nicht auf die unterschiedlichen Ansätze gegenwärtiger Interviewforschung eingehe, liegt an der Komplexität und Ausgeklügeltheit der diversen Theoriebildungen, die mir vor allem von fachspezifischem Interesse zu sein scheinen. Eine methodologische Diskussion[5] scheint mir im Kontext der vorliegenden Untersuchung weder in der nötigen Differenziertheit möglich, noch praktisch-theologisch notwendig, was aber nicht bedeutet, daß soziologisch-methodische Hinweise als Orientierungshilfen für die Datenanalyse völlig unberücksichtigt blieben. Legitimiert sehe ich meine Vorgehensweise nicht zuletzt durch einen Grundsatz qualitativer Sozialforschung: »Jeder Forscher hat auch seinen eigenen Arbeitsstil«. Methoden sind »auf keinen Fall als starre Regeln zu verstehen ..., nach denen Datenmaterialien in eine effektive Theorie umgewandelt werden können. Sie sind lediglich Leitlinien ... Orientierungshilfen«[6].

2.2. Zu den Interviewten

2.2.1. Auswahlkriterien und Vorgespräch

Anhand der Interviews galt es, meinen in der Praxis gewonnenen Eindruck und die in dieser Arbeit vertretene Hypothese (s. o.) zu überprüfen und überprüfbar zu machen. Gemäß einer Leitlinie qualitativer Sozialforschung: »Der Forscher sollte nicht grundsätzlich davon ausgehen, daß eine ›Etikettierung‹, d. h. eine Variable im herkömmlichen Sinn wie Alter, Geschlecht, Schichtzugehörigkeit, Rasse analytisch relevant ist, solange sich diese nicht als relevant erwiesen hat«[7], war mein Anliegen, möglichst viele Frauen und Männer unterschiedlichsten Alters und Lebenshintergrundes (Lebensform, Beruf, gesundheitliche Situation), unterschiedlichster kirchlicher Sozialisation und unterschiedlichster aktueller Nähe bzw. Distanz zu Abendmahl, mit unterschiedlichster Einstellung und Sichtweise (liberal, konservativ, evangelikal, feministisch) zu befragen (und zwar vor allem sogenannte Laiinnen und Laien, an kirchlich Hauptamtlichen habe ich nur Frauen und Männer interviewt, die aus unterschiedlichsten Gründen ebenfalls eher zu denen gehören, die Abendmahl *empfangen,*

---

5 Zur methodologischen Diskussion und Theoriebildung vgl. u. a. A. L. *Strauss*, aaO.
6 A.L. *Strauss*, ebd. S. 32.
7 Ebd. S. 62.

nicht austeilen). Einzige Voraussetzung war: Sie alle sollten irgendwann selbst einmal an Abendmahl bzw. Kommunion teilgenommen haben, wann auch immer und in welchem Rahmen auch immer.

Aufgrund meiner übergemeindlichen Tätigkeit, der vielfältigen Kontakte mit unterschiedlichsten Menschen, war es kein Problem, geeignete InterviewpartnerInnen zu finden. Bewußt habe ich aber nicht nur Frauen und Männer gefragt, die ich kenne, sondern auch mir fremde, deren Namen mir von anderen genannt worden waren. Vorher in Kontakt war ich mit siebzehn Frauen und acht Männern, von sporadischen Begegnungen her kannte ich neun Männer und sieben Frauen. Gänzlich unbekannt waren mir drei der interviewten Frauen und sieben Männer. Und sehr bewußt habe ich auch Menschen um ein Interview gebeten, die mir in völlig anderen Zusammenhängen begegnet waren als den kirchlichen, so z. B. die Nachbarin und den Autoverkäufer, den Masseur und den Bankangestellten. So breit gestreut die biographischen Daten aber auch sein mögen, eindeutig wird, daß die Befragung mittelstandsorientiert ist. Ein Manko scheint mir dies aber nicht zu sein, spiegelt sich doch darin die soziologische Situation kirchlicher Mitgliedschaft.

In einem kurzen, meist telefonischen *Vorgespräch* informierte ich über mein Vorhaben: Daß ich im Rahmen einer wissenschaftlichen, praktisch-theologischen Arbeit interessiert sei an den konkreten Erfahrungen von Frauen und Männern mit Abendmahl/Eucharistie, ihrem Verständnis und ihren Anfragen; daß mir in diesem Zusammenhang wichtig wäre, zu hören, was ihnen persönlich zu Abendmahlspraxis und Abendmahlsverständnis in den Sinn käme, und zwar möglichst spontan, ohne langes Nachdenken, ohne Vorbereitung und ohne irgendwelche bestimmten Voraussetzungen an Wissen, Glauben, Kirchlichkeit ... Hingewiesen habe ich auch darauf, daß das Geäußerte *anonym* bleiben würde. (Die *Namen* der Interviewten sind aus diesem Grund im folgenden *fingiert*, s. u.).

Das Interview abgelehnt hat niemand. Häufig wurde als erste Reaktion aber Unsicherheit und Befremden angesichts *dieses* Themas geäußert: »Abendmahl?! – Ich weiß nicht, aber, wenn Sie meinen ...«. Oder auch: »Können Sie mir die Fragen nicht vorher geben, ich würde mich gerne darauf vorbereiten«, insistiert wurde darauf aber nicht. Eine Frau (vgl. F 25) brachte zum Interview mit, was sie an Gedanken und Erinnerungen vorweg notiert hatte und verwies während des Interviews auch mehrmals darauf, was der Unmittelbarkeit des Interviews aber keinen Abbruch tat.

Die meisten der Gefragten hatten ganz offensichtlich und sofort Lust, waren gespannt auf das Interview, reagierten positiv auf die Möglichkeit, Eigenes äußern zu können, gefragt zu sein. Daß mehr Frauen als Männer interviewt wurden, hat sich mehr oder weniger so ergeben, so haben sich

z. B. weitaus mehr Frauen zum Interview bereit erklärt, als ich befragen konnte. Es ist aber durchaus auch gerechtfertigt angesichts der Tatsache, daß mehrheitlich Frauen am Abendmahl teilnehmen und es mehrheitlich Frauen sind, die Anfragen an die kirchliche Abendmahlspraxis äußern.

2.2.2. Statistik

Interviewt wurden **28 Frauen** und **24 Männer**

Alter	Frauen	Männer
15–20	2	2
21–30	3	4
31–40	8	4
41–50	7	3
51–60	3	7
61–70	4	2
71–80	1	2

Lebensformen	Frauen	Männer
Verheiratet/Kind/er	8	13
Alleinlebend	7	4
Geschieden/Kind/er	5	1
Verwitwet/Kind		1
Getrennt lebend	1	1
In Frauenbeziehung	2	
In Männerbeziehung		1
Im Elternhaus	1	2

Beruflicher Hintergrund

Frauen:
8 in pädagogischen Berufen
4 Gemeindepädagoginnen/Evang. Erwachsenenbildung
3 Hausfrauen
3 in medizinischen Berufen
3 Psychologinnen
3 in Schule/Ausbildung/Studium
2 Kauffrauen/freie Wirtschaft
1 Geschäftsführerin/sozialer Bereich
1 Kirchl. Mitarbeiterin i. R.

Männer:

3 Ingenieure/freie Wirtschaft
3 Naturwissenschaftler/freie Wirtschaft/Forschung/Dozent i. R.
3 Schule/Ausbildung/Studium
2 Handwerk/Tischler/Elektromeister
2 Finanzwirte
1 Kaufmann/freie Wirtschaft
1 Betriebswirt
1 Bankkaufmann
1 Politologe/Journalist
1 Schulleiter/berufsbildende Schule
1 Masseur
1 Verkäufer/Kfz
1 Gewerkschaftssekretär
1 Buchhändler/kirchlicher Mitarbeiter
1 Diakon/kirchl. Tagungsarbeit
1 Pastor i. R.

Kirchliche Sozialisation	Frauen	Männer
Evang.	25	21
Ausgetreten (evang.)	1	1
Wieder eingetreten (evang.)	2	0
Mit 18 J. getauft (evang.) und eingetreten	1	0
Röm.-katholisch	1	0
Russ.-orthodox	1	0
Konvertiert	2	1
Freikirchlich	0	1
Nähe zur Gemeindeerneuerungsbewegung	2	0
Kirchliche Hauptamtliche	4	2
In einem freien kirchlichen Werk	1	1 (ehrenamtl.)
Enger Kontakt zur Gemeinde	3	7
Enger Kontakt vor allem übergemeindlich	10	5
Kontakt gemeindlich wie übergemeindlich	8	5
Kaum Kontakt zur Kirche	4	5
Keinerlei Kontakt zur Institution Kiche	3	4

Abendmahl	regelmäßig		öfter		ab und zu		nie	
Alter	F	M	F	M	F	M	F	M
15–20	1	0	0	1	0	0	1	1
21–30	1	3	1	0	1	0	0	1
31–40	4	1	1	1	1	0	2	2
41–50	1	1	2	1	2	1	2	0
51–60	0	4	1	0	2	0	0	3
61–70	1	1	2	0	1	1	0	0
71–80	1	1	0	1	0	0	0	0

Regelmäßig	(ca. monatlich)	9 Frauen	11 Männer
Öfter	(ca. 6–8xjährl.)	7 Frauen	4 Männer
Ab und zu	(ca. 2–4xjährl.)	7 Frauen	2 Männer
Nie	(seit langem nicht)	5 Frauen	7 Männer

2.3. Zu den Interviews

2.3.1. Rahmen

Die meisten Interviews wurden auf Wunsch der Interviewten in den eigenen vier Wänden geführt, einige aber auch am jeweiligen Arbeitsplatz, so u. a. in der Autowekstatt, im Massageraum der Sauna, in den Räumen einer Hamburger Bank oder auch am Konferenztisch in der Chefetage eines großen Konzerns. Daß auf diese Art und Weise das Gespräch über Abendmahl herausgeholt wurde aus dem kirchlichen Binnenraum, hat sich m. E. auf die Interviews positiv ausgewirkt, zur Selbstverständlichkeit und Offenheit der InterviewpartnerInnen beigetragen. Die Interviews dauerten, je nach Lust und Intensität der Interviewten, zwischen 20 und 60 Minuten, aufgenommen habe ich sie mit einem Diktiergerät, um den technischen Aufwand, und damit auch eventuelle Blockaden, möglichst gering zu halten.

2.3.2. Verlauf

Zu Beginn und zur Einstimmung fragte ich jeweils kurz, ohne das Diktiergerät einzuschalten, nach dem eigenen biographischen Hintergrund. Von zwei Ausnahmen abgesehen, und auch da war die Irritation nur vorübergehend, hatte dann auch niemand explizit Schwierigkeiten mit der Interviewsituation. Die Atmosphäre war weitgehend entspannt. Und die meisten waren im Nachhinein positiv überrascht, wie viel ihnen eingefallen war und was! Mangelnde Spontanität und Offenheit aufgrund der Tatsache, daß ich als Pastorin zum Thema Abendmahl interviewte, konnte ich nicht bemerken.

Einige der Frauen und Männer betonten während des Interviews oder im Anschluß daran, wie motivierend sie das Interview erlebt hätten, so z. B. Adelheid Sommer (F 15), die seit Jahren aus der Kirche ausgetreten ist:

* »Die Ereignisse meines besonderen Lebens, sage ich mal, haben mich von der Kirche so weit weggetrieben, daß ich, ja, daß ich an diesen Gottesdiensten und Abendmahlen so selten noch teilgenommen habe, daß ich das dann auch soweit verdrängt habe, daß ich das Wort »wir« im Zusammenhang mit Kirche nicht mehr benutzt habe. Hier spielt wieder das Interview eine ganz große Rolle, daß ich mich überhaupt noch erinnere, daß das doch mal da war, obwohl ich das damals nicht als solches empfunden habe. Ich weiß nur, daß das eben so war, daß ich mich dabei recht wohlgefühlt habe, aber das habe ich verdrängt ...

Unser Interview heute hat mir auch eine ganz große Chance ermöglicht, nämlich die Chance, noch einmal verstärkt darüber nachzudenken, was die Kirche eigentlich mit ihren Handhabungen und mit ihren, ja, wie sie etwas zelebriert, noch mal darüber nachzudenken. Und was ich eigentlich in meinem Leben will, was ich eigentlich von meinem Leben erwarte!«:

Oder auch Eberhard Holl (M 16), ebenfalls eher auf Distanz zu Kirche:

* »Bei mir, jetzt durch das Gespräch, bewirkt's ja auch was. Man denkt ja darüber nach und hinterfragt sich selber, warum machst du das eigentlich nicht oder warum unterläßt du das?« –

Und ich selbst war jedesmal wieder auf's Neue erstaunt, wie ureigen die Interviewaussagen jeweils waren und wie sich doch immer eindeutiger auch Übereinstimmungen herauskristallisierten. Es bei thematischen Stichworten, Nachfragen und Fragen zu belassen, aus dem Interview kein Gespräch werden zu lassen, war nicht immer einfach, schon gar nicht, wenn mir selbst sehr direkt Fragen gestellt wurden, von Enno Rosenau (M 8) z. B.:

* »Frage: Ist es das Blut von Jesus Christus oder nicht? Und zweite Frage: Was bewirkt es, wenn wir davon trinken? Dritte Frage: Ist es das Brot stellvertretend für den Leib? Und vierte Frage: Was bewirkt es, wenn wir es essen?« (Er schaut mich an. Ich zucke etwas mit den Schultern) – »Sie sagt nichts«.

Schwierig wurde es auch, wenn sich die Situation emotional zuspitzte, so im Interview mit Paul Kesselstein (M 21):

* »Für mich liegt eigentlich der Kern des Abendmahls, das ist er sicher nicht nach allgemeinem theologischen Verständnis, in der Sendung, mit

der das Abendmahl abschließt. Das dauert aber immer nur ... (seine Stimme zittert merklich) Das hält nicht an. Und das ist mein ganzer Kummer!«

Er beginnt zu weinen. Ich unterbreche das Interview, schalte das Gerät aus und spreche mit ihm. Nicht viel später können wir das Interview fortsetzen. Weinen mußte auch Katharina Flor (F 23):

* »Ich glaube, daß ich ... (ihr kommen die Tränen – Pause) Ja, erstens ist mir fast immer zum Weinen zumute, aber das erlebe ich sowieso in der Kirche sehr oft, und da das der Fall ist, versuche ich mich emotional möglichst neutral einzustellen und mich einfach auf die Worte zu konzentrieren.«

Beide Situationen spiegeln etwas von der persönlichen Betroffenheit wider, die sich in vielen Inerviews äußert, wenn auch in jeweils anderer Art und Weise.

Um die einzelnen möglichst selbst zu Wort kommen und eigene Schwerpunkte setzen zu lassen, machte ich es von den Äußerungen der Befragten abhängig, wann ich meinerseits welchen Frageaspekt des Leitfadens einbrachte. Oft war es möglich, an das Gesagte anzuknüpfen, manche Fragen stellte ich aber auch, um auf die Abendmahlsthematik zurückzukommen oder um, mehr oder weniger unvermittelt, zu spontaner Reaktion zu provozieren.

2.3.3. Leitfaden

Die Einstiegsfrage bezog sich bis auf wenige Ausnahmen auf die Teilnahme am Abendmahl, wann zuletzt und wie oft. Für manche war dies auslösend genug, um auf die eigenen Erfahrungen mit dem Abendmahl zu sprechen zu kommen. Wenn dies nicht der Fall war, fragte ich, auch um eventuell bestehende Blockaden aufzulösen, nach Stichworten, die assoziativ zu Abenmahl einfallen. Zur Klärung o. g. Fragestellungen[8] waren Frageaspekte des Leitfadens darüber hinaus:

Die Sprachebene (z. B. nach der Reaktion auf die Bezeichnung »Herrenmahl« für Abenmahl) / Eigene Erfahrungen mit dem Abendmahl (Heilsames, Enttäuschendes) / Was ist in Erinnerung an Ablauf und Inhalt kirchlicher Abendmahlspraxis / Welche Bedeutung hat das Abendmahl nach eigenem Verständnis / Könnte das Abendmahl von Bedeutung sein für die neue Gemeinschaft von Frauen und Männern / Was fällt zu Blut/Opfer ein, auch über Abendmahl hinaus / Eigene Wünsche im Blick auf die kirchliche Abendmahlspraxis.

---

8 S. o. B. I.1.

Eine sehr eindeutige Vorgabe war in den Interviews meine Frage nach der Reaktion auf eine These von Manfred Josuttis (Mit Brot und Wein inkorporieren wir den Leib und das Blut des Erlösers) bzw. Jutta Voss (Im Abendmahl wird »männliches Tötungsblut« als erlösend gefeiert. Stattdessen ist endlich das »weibliche Wandlungsblut« als das wahre Lebensblut und Sakrament zu entdecken). Um zu hören und zu Gehör zu bringen, was Frauen und Männer selbst äußern zu Aussagen gegenwärtiger Abendmahlslehre bzw. deren Infragestellung, habe ich Männer und Frauen mit diesen Aussagen konfrontiert. Manfred Josuttis habe ich als Exponenten opfer- und sühnetheologischer Deutung des Abendmahls gewählt und Jutta Voss als Exponentin feministischer Re-Vision, weil beider Deutung Extrempositionen darstellen und von Prämissen ausgehen, Manfred Josuttis verhaltenswissenschaftlich, Jutta Voss feministisch, die geradezu herausfordern, Frauen und Männer selber zu fragen.[9]

Insgesamt gesehen galt es während der Interviews, den Freiraum der Interviewten für das eigene Erzählen und die eigenen Gedanken nicht vorschnell mit gezielten Fragen zu beschneiden, sondern den Leitfaden dem Duktus der Selbstmitteilungen einzupassen. Was keineswegs bei jedem Interview gleichermaßen gelungen ist. Zur Situation: Frage → Antwort → Frage kam es z. B. da, wo die Lust zu eigeninitiativer Mitteilung wenig ausgeprägt war und sehr bald und sehr dezidiert ein Punkt hinter das Gesagte gesetzt wurde.

Mir blieb manchmal nichts anderes übrig, als nachzufragen, aber auch das hatte seine Grenzen. Wie auch immer der Interviewverlauf sich gestaltete, der Leitfaden blieb auch insofern ein innerer, als ich nichts an Fragen in der Hand hielt. Daß bis hin zu den Formulierungen weitgehend allen die gleichen Fragen gestellt wurden, sollte der empirischen Überprüfbarkeit o. g. Hypothese dienen.

3. Exemplarische Dokumentation von zwei Interviews

Um im unmittelbaren Kontext der Arbeit Interviewmethode, Verlauf und je eigene Akzentsetzung der Interviews mit Frauen und Männern exemplarisch zu illustrieren, – ohne damit den Rahmen der Arbeit, was den Umfang angeht, zu sprengen –, werden an dieser Stelle die Interviews mit einer Frau und mit einem Mann dokumentiert[10]. Im Blick auf meine These, daß die

---

9 Zur Begründung im einzelnen s. u. B. II.2.2.2./3.2.3.
10 Außdrücklich sei auch hier noch einmal darauf hingewiesen, daß die Namen *fingiert* sind. Im einzelnen dazu s. u. B. II.1.

Unterschiede im Abendmahlsverständnis von Männern und Frauen im wesentlichen keine Frage des Alters, des Lebenshintergrundes oder der kirchlichen Sozialisation ist, habe ich bewußt ein Interview mit einer Frau der älteren Generation gewählt und einem Mann der jüngeren Generation. Ihr Lebenshintergrund ist sehr unterschiedlich, wie auch ihre religiöse Prägung. Gemeinsam ist ihnen, daß sie Mutter bzw. Vater sind und Abendmahl ihnen vergleichbar wichtig ist. Daß die Auswahl nicht leicht war bei insgesamt 52 Interviews, die sich alle in irgendeiner Hinsicht für eine exemplarische Dokumentation geeignet hätten, und zwangsläufig in der einen oder anderen Richtung zu wünschen übrig läßt, versteht sich von selbst.

INTERVIEW F 26: GRETE EICHBAUM

65 J.; Seit acht Jahren getrennt lebend, fünf Töchter; Grund- und Realschullehrerin, arbeitet nach einer Zusatzausbildung als Logotherapeutin; Kirchliche Sozialisation: Getauft. »Ich habe mich schon früh gegen das Abendgebet gewehrt: Ich bin klein ... und habe sehr bald auch intensiv religiöse Fragen gestellt. Ich bin aber immer wieder von den Zuständigen abgeschmettert worden: Sei nicht so frech! Ich habe mich bewußt nicht konfirmieren lassen. Mit 17 J. bin ich dann aus der Kirche ausgetreten, weil ich in die NSDAP eintreten wollte, und beides spürte ich, ging nicht. Ich hatte aber immer Freundinnen, die sich für Religion interessierten«. Über Jahrzehnte hinweg hat sie keinerlei Kontakt zur Kirche gehabt. Dann, nach mehreren Todesfällen in der nächsten Familie, kam ihr an einem Grab in den Sinn: »Das kann doch nicht alles sein!« Von da an ging sie auf die Suche, nahm Angebote übergemeindlicher kirchlicher Arbeit wahr und am Kirchentag teil, hatte Begegnungen mit »Zuständigen, die meine Fragen ernstnahmen«. 1984 Wiedereintritt in die Kirche, seitdem vielfältiges kirchliches Engagement.

Wann haben Sie zuletzt an einem Abendmahl teilgenommen, und wie oft gehen Sie zum Abendmahl, so ungefähr?
Letzten Sonntag, vorgestern. Ich war hingegangen, weil ich einen bestimmten Pastor sprechen wollte. Ich wollte dem was sagen. Da machte den Gottesdienst aber jemand anderes. Ich bin dann trotzdem dageblieben, das war hier in N. Ich wollte eigentlich den Krankenhauspastor sprechen. Es war trotzdem ganz gut. Nein, es war gut, es war nicht ganz gut. – Und wie oft ich gehe? Wie es sich ergibt, so, sagen wir mal, alle 2 Monate vielleicht.
Und was heißt, »wie es sich ergibt«?

Dazu müßte ich ja hier schon zur Kirche gehen (lacht). Ich gehe, das richtet sich danach, wer den Gottesdienst hält. Ich verstehe nicht jedes Menschen Sprache. Ich muß jemanden haben, dessen oder deren Sprache ich einigermaßen verstehe. Sonst könnte man ja auch ein Adressbuch vorlesen, da hätte ich auch nicht mehr von. – Und wenn ich zur Kirche gehe, geh ich meistens auch zum Abendmahl.

Es gibt ja verschiedene Bezeichnungen für Abendmahl, unter anderem auch die Bezeichnung »Herrenmahl«. Wie reagieren Sie darauf?

Gar nicht. Da kann ich ganz wenig mit anfangen. Würde ich so nicht nennen.

Und was stört Sie daran?

Das »Herr«, weil es (Pause) – Also, das hätte für mich dann auch zu tun mit Gott, dem Herrn. Und das ist mir viel zu wenig! Ich will den »Herrn« da nicht so betont haben! Da sind andere Aspekte, die mir wichtiger wären. Mich würde das eher abschrecken als ermuntern, da hinzugehen.

Abendmahl – Welche Stichworte fallen Ihnen spontan zu Abendmahl ein?

Das ist etwas Magisch-Mystisches. Das ist etwas zentral Christliches. Das kann ganz wunderschön sein. Das kann ein ganz starkes Gefühl von Gemeinschaft bei mir hervorlocken, sehr oft in der Horizontalen zu den Mitmenschen hin, die da mit mir stehen, manchmal – in seltenen Glücksfällen – vielleicht auch so in der Vertikalen. Dann ist das etwas mehr als das. Aber das kann ich ja nicht machen, das andere ist aber auch schon sehr schön. – Etwas sehr verbindliches, vor dem ich mich manchmal scheue. Ich bin früher da herumgeschlichen wie eine Katze um den heißen Brei, weil ich das Gefühl hatte, das ist so etwa wie –, so, als wenn Jungs Blutbrüderschaft trinken oder so. Das ist dann so, wenn du dazu Ja sagst, dann ist das so eine Sache auf Leben und Tod, also so was Unabänderliches! Und du kannst nie wieder aussteigen! – (Pause) – Diese Angst hab ich eigentlich nicht mehr. Es ist, ja, öfter ist es schön. Da zu stehen, ist schön! – Die Liturgie davor macht mir oft erhebliche Mühe!

»Mühe« – Welche konkreten Erfahrungen mit dem Abendmahl kommen Ihnen in den Sinn, heilsamer Art oder eben auch enttäuschender, befremdlicher Art?

Also, ich hatte einen Horror davor! Auch als ich schon wieder zur Kirche ging und ab und zu an Veranstaltungen teilnahm, hab ich mich davor immer gedrückt und wär am liebsten rausgegangen, wenn's denn möglich gewesen wäre. Es ging ja aber nicht immer. Und da war's eben bei den Veranstaltungen vom N oft sehr hilfreich, daß der NN sich dann neben mich setzte und mit mir sitzen blieb, damit ich nicht die einzige war, die auf der Bank sitzen blieb, und sagte: »Mir ist das wirklich nicht so wichtig«. Und ich glaube auch, daß das so war, daß ihm das tatsächlich nicht so wichtig war. Es war ihm also viel wichtiger, daß da nicht einer allein saß. – Ja, und dann kommt da (lacht) eine Geschichte beim Hamburger Kirchentag: NN hatte mich überredet, nach vielem Sträuben meinerseits, mitzumachen, auf dem Schiff, da bei der Kreuzfahrt, mitzumachen. Und auf unserem Schiff war also der NN aus N mit seinen Studenten, Und wir hatten uns schon bei dem Vorbereitungsgespräch etwas kennengelernt. Und bei der Probe-Kreuzfahrt fand dann am Schluß so etwas wie ein Gottesdienst statt, das waren also nur die MitarbeiterInnen, die da mitmachten, also alle auf einem Schiff. Und ich weiß nicht mehr, ob das ein Gottesdienst war, oder was weiß ich, auf jeden Fall saß er neben mir. Und dann kam ja unweigerlich diese Abendmahlsgeschichte: Und ich saß einge- quetscht, gequält auf diesen Bänken, und wußte nun nicht wohin. Ich konnte da überhaupt nicht raus, wenn ich nicht alle stören wollte. Und sie machten schon so furchtbar andächtige Gesichter, und ich suchte also verzweifelt ein Mauseloch, und es war doch keins da. Und da sitzt dieser Mensch neben mir, sagt diesen Satz! Ich sag: Nein!

Welchen Satz?

Ja, ich meine, er sagt: »Dies ist mein Leib, für dich gegeben«. Ich bin aber nicht ganz sicher. Vielleicht hat er auch nur gesagt »Das ist für dich«, das weiß ich nicht mehr. Auf jeden Fall drückt er mir das in die Hand, und ich wollte es nicht, und ich war total überrumpelt, fing an zu heulen, wußte nicht mehr, was ich machen sollte, schmiß mich dem so auf den Schoß und heulte weiter (lacht sehr). Er war vollkommen verdattert. – Ich hab dann den Kelch einfach weitergegeben. Und ich hab es also nicht gegessen. Ich hatte das in der Hand und wußte nicht, was ich machen sollte, und dachte: Nein, nein, nein! Nein, so nicht, so geht es nicht! Ich fühlte mich also total vergewaltigt! Das hat er natürlich auch gemerkt. Und wir haben uns dann, als der Kirchentag dann wirklich war, noch einen Abend zum Essen getroffen, das tun wir seitdem jedesmal, wenn er in Hamburg ist, und, naja, wir haben also Etliches über das Abendmahl geredet. Und wir haben dann zusammen auch. – Natürlich hatten wir Wein dabei und Brot, und wir haben es einfach mal geteilt, das Brot und den Wein geteilt. Und weiter war nichts, es war weiter gar nichts. Aber dann hat er mich eingeladen, doch mal nach N zu kommen, also, da an Einkehrtagen teilzunehmen. Und das mach ich seit '81 jedes Jahr mindestens einmal. – Und das ging dann noch etwas weiter, das mit der Abendmahlsgeschichte: Die ersten zwei oder drei Jahre, als ich da war, hab ich auch nicht teilgenommen am Abendmahl, obgleich die da sehr viel Abendmahl feiern. Und ihm ist das ja auch kolossal wichtig. Und dann hatte ich also eine sehr, sehr nette. – Die einzige Diakonisse, die immer daran teilnimmt, die hatte sich dann neben mich gesetzt, und die sagte nur irgendsowas Nettes zu mir: »Das ist für dich« glaub ich, hat sie gesagt. Nee, »Dir zum Leben gegeben«, hat sie gesagt und bei dem Wein: »Dir zur Freude gegeben«. Und das konnte ich gut mitmachen und konnte das weitergeben. – Und, naja, also vor zwei oder drei Jahren, also zehn Jahre nach dieser Kreuzfahrtgeschichte, da hat er mich mal gefragt, was ich denn eigentlich mit dem Brot gemacht hätte?! (Lacht) Ich hab das dann irgendwann in der U-Bahn aufgegessen. Ich konnte es nicht aus dem Fenster schmeißen. Und da war es Brot und schmeckte wie Brot und war für mich nichts weiter als Brot! Und – ja, das war's dann erstmal. (Pause). – Und in N, als ich das erstemal beim Feierabendmahl war, das am letzten Abend mitgemacht hatte, da, zu meinem Erstaunen, schlug weder der Blitz ein, noch brach das Haus über mir zusammen, noch wurde ich in Stücke gerissen, sondern eigentlich war es sehr schön! Und ich war also sehr erleichtert, daß ich das mal geschafft hatte! Also ich wäre eher vom ... Es wär leichter gewesen, vom Zehn-Meter-Turm zu springen, obgleich mir das auch sehr schwer gefallen wäre, als am Abendmahl teilzunehmen!! Es war eine fast unüberwindliche Hürde!

Was kann denn diese Hürde, dies Unüberwindliche, gewesen sein?

Was die Hürde ist? (Pause) Ich glaube, das war das Gefühl meinerseits, mich so total auszuliefern! Einmal wollte ich das nicht, weil ich nicht wußte, an was oder wen ich mich da eigentlich ausliefere. Und zum anderen war das sicher eine selbstgebaute Barriere. Das hatte zu tun mit diesem Gefühl: Du bist nicht gut genug, es reicht nicht, du darfst es nicht! Die anderen, die mögen ja mit sich und der Welt und ihrem Gott im reinen sein, ich bin es nicht! Ja, es klingt jetzt sehr kirchlich, aber die Richtung stimmt schon: Ich bin also nicht würdig, daß ich es tun darf. – (Pause) Die besten Erfahrungen mit dem Abendmahl habe ich immer dann gemacht, wenn ich eine Weile mit einer Gruppe von Menschen zusammen war. Wenn da eine Vertrautheit ist, das war also entweder in N, das ist auch fast immer dieselbe Gruppe, die da seit 10 Jahren hinkommt, oder das war auf N z.B. Wenn dann am Schluß gemeinsame Gottesdienste gefeiert wurden, die in N z.B. manchmal schier endlos, aber unsagbar schön sind. Und wo es immer so ist, wie auch auf N, daß sich so viele beteiligen: Die einen machen das, die anderen machen das. Und wenn ich Gemeinschaft mit anderen Menschen schon glaubwürdig erfahren habe, dann kann ich das, ist es für mich in dem Augenblick noch eine Vertiefung dieser Gemeinschaft.

Und dann tritt auch etwas Drittes dazu. So am Sonntag mit lauter fremden Leuten, und jeder allein auf der Bank, finde ich es sehr schön, da vorne zu stehen, sich das weiterzugeben, finde das herrlich, wenn man einander sagt: »Friede sei mit dir«! Das finde ich rundum schön! Ja, finde auch gut, wenn – Ja, ich geh dann oft doch ermutigt, – etwas mutiger wieder nach Hause.

Was fällt Ihnen ein an Worten, Liedern, Gesten? Welche Bilder kommen Ihnen vor Augen?

(Lacht) Jetzt muß ich lachen, weil mir da gleich wieder eine Situation in N einfällt: Beim nächsten Mal nahm ich also – Die machen da jeden Tag Abendmahl, und ich ging ja nun mutig, nachdem ich das einmal im Jahr vorher schon geschafft hatte, dann mit nach vorne und krieg also das Brot und gebe es weiter und murmel da so vor mich hin, etwas in meinen Bart: »Christi Leib für dich gegeben«, weil ich das ja so schlecht sagen konnte. Der Mann neben mir hörte etwas schwer und sagte: »Was haben Sie gesagt?« Ich wiederholte das also nochmal. Er sagt: »Was haben Sie gesagt?« Ich dachte, das darf doch nicht wahr sein! – Also, da ich diesen Satz so schwer sagen kann: »Christi Leib für dich gegeben und Christi Blut für dich vergossen«, sag ich ihn fast nie in der Form. Ich sag dann: »Das ist für dich« oder »Für dich gegeben«, das kann ich sagen. Diese Situation, daß jemand – Und alle Welt guckte natürlich, und nunhatten es ja nun alle mitgekriegt, und das war also schrecklich!

Ich finde am besten, wenn man also beim Tischabendmahl oder auch vorne in der Runde, wenn man Wein und Brot weitergibt. Das gefällt mir besser, als wenn man es dargeboten kriegt. Ich finde immer besser, wenn ein Kreis um den Altar steht, als wenn so eine Schlange durchgeht und sich dann wieder hinsetzt. Ich finde auch schöner, zu warten, bis sie alle fertig sind. Und dann sagt der Pastor ja zum Abschied noch etwas. Also, was sagt er denn –, fällt mir wieder ein, ich weiß es im Prinzip. – Das finde ich besser.

Der Pastor?

Am Schluß, ja: »Das stärke und bewahre euch in eurem Glauben zum ewigen Leben«.

Fällt Ihnen denn in erster Linie der »Pastor« ein, wenn Sie an Abendmahl denken?

Nicht in erster Linie, aber auch. In erster Linie fällt mir Gemeinschaft ein.

Die Pastorin nicht?

Die Pastorin?! (Lacht) Danke! Ich glaub, ich hab damit diese Schwierigkeiten, weil – Wir haben hier sogar drei, eine ganze und zwei halbe Pastorinnen. Ich kann trotzdem leider nicht viel mit ihnen anfangen. Mit der einen schon, mit den anderen fast gar nichts. Weil ich eben deren Sprache nicht verstehe. Und daher fehlen mir einfach, außer N und NN, gute Erfahrungen mit weiblichen Pastoren. Deshalb der Pastor. –

Um auf die Texte zurückzukommen, fallen Ihnen noch andere ein als die genannten, z. B. auch Lieder?

Ja, also gar nicht singen kann ich dieses: »Wenn wir wie Brüder miteinander wohnten« usw. Erstmal kann ich mit den »Brüdern« nicht mehr umgehen, das ist mir zu wenig. Und dann kommt ja auch noch: »aus einem Kelch trinken, alle Brüder«. Und da hier nun in N zumeist gestippt wird, fällt mir unweigerlich ein: »in einem Kelche stippen alle Brüder«, und dann kann ich nicht mehr ernst bleiben, es ist nicht möglich! Das ist also der zweite Grund, weshalb ich das nicht kann. Ich kann ganz gut damit umgehen, wenn da gesungen wird, wie ich es das letztemal gerade wieder erlebt habe: »Christus, Brot des Lebens. Christus, Kelch des Heils«, damit kann ich umgehen. Da kann ich was mit anfangen.

Und fast nie mitsingen kann ich bei der vorangegangenen Liturgie: »Christe, du Lamm Gottes, der du trägst die Sünd der Welt!« Mit dem »Lamm Gottes« kann und kann ich nichts anfangen. Früher hat mich das schrecklich gestört! Z. Zt. stört es mich nicht so, ich kann mich zwar nicht dahinterstellen, aber ich denk, wenn's den anderen wichtig ist, dann ist das eben so.

Was ist für Sie das Störende daran?

Ich kann und will mir keinen Gott vorstellen, der seinen Sohn opfert, um mit sich selbst wieder versöhnt zu werden! Und daß da einer die Sünde der Welt trägt, damit kann ich auch nichts anfangen, weil – Die Sünde ist erstens überhaupt nicht weniger geworden, es gibt nicht ein einziges Verbrechen oder eine Untat weniger als vorher! Und daß da ein Mensch für meine Fehlleistungen und mein Fehlverhalten und das anderer Leute stellvertretend bestraft werden soll, da kann ich gar nichts mit anfangen, weil ich denke, daß jeder auch für seine eigenen Sachen einstehen muß. – Daß es so etwas gibt wie Vergebung, das glaube ich, und das finde ich sehr schön, und das ist für mich mit das Wichtigste am christlichen Glauben!

Und auch im Zusammenhang mit Abendmahl für Sie wichtig?

Ja, ja! Ich denke, daß es, ja, ich finde ganz schön, wenn irgendwann vorher auch ein, naja so, nicht was wie ein Bußgottesdienst, wie nennt man das denn? – Also, ich denke, also wenn ich am Abendmahl teilnehme, dann ist das für mich wie ein Neuanfangen dürfen, wieder gesehen werden. Du wirst gesehen, und du darfst neu anfangen, und du kannst neu anfangen! Dann möchte ich vorher bei mir aber auch möglichst das, was ich in Ordnung bringen kann, in Ordnung gebracht haben oder mich zumindestens dazu ermutigt fühlen, es doch nochmal zu versuchen, das, was möglich ist, in Ordnung zu bringen. (Pause) *Ist darüber hinaus für Sie noch etwas von Bedeutung?*

Ja, es ist also etwas von dem Gefühl, was ich am Anfang hatte, was ich damals als eher angstmachend empfunden habe: Dazuzugehören mit Haut und Haaren, mit Fleisch und Blut sozusagen! Und das ist heute für mich nicht mehr so angsterregend, das ist eher tröstlich und schön und mutmachend! Und in dieser Handlung des Abendmahls erfahre ich das tatsächlich, da erfahr ich das auch leiblich, mit Körper, Seele und Geist, mit dem Anfassen und Essen und Runterschlucken und sich Einverleiben. Und es ist einfach eine, ich bin da mit allem beteiligt! Wenn ich auf der Kirchenbank sitze, ist es in erster Linie mein Kopf, der zuhört, bei der Predigt fast immer. Beim Singen oder bei schöner Musik werden auch noch andere Sinne angesprochen. Aber es ist eben dieses, ja, dies Leibliche, was dazukommt. Und das finde ich ganz ungeheuer wichtig, weil ich mich dann eigentlich ganz fühle, sonst fehlt immer was.

Ist das Abendmahl für Sie von daher unverzichtbar für Glauben und Kirche?

Ja, ja, ist es wohl. Obgleich ich nicht sagen kann, daß es mir keine Schwierigkeiten macht. Es macht mir immer wieder neu Schwierigkeiten, und das ist, denke ich, auch vielleicht ganz in Ordnung so. Es besteht überhaupt keine Gefahr bei mir, daß es in absehbarer Zeit Routine wird, dazu geh ich zu kritisch und zu selbstkritisch damit um. – Aber es ist unverzichtbar, – würde ich sagen.

Und an einzelnen liturgischen Abendmahlselementen, was ist da für Sie wichtig und unverzichtbar?

(Pause) Also, das »Lamm Gottes« brauche ich nicht dabei, da könnte ich gut drauf verzichten. Unverzichtbar sind diese Einsetzungsworte. Und was beim Weitergeben von Kelch und Brot gesagt wird, sollte glaubwürdig sein, denke ich. Man sollte es dem, der das sagt oder der, die das sagt, abnehmen konnen. (Pause) – Und der Friedensgruß ist ganz ungeheuer wichtig, auf den möchte ich auf keinen Fall verzichten. Der ist ganz, ganz wichtig! Und daß das mit einem Segenswort beendet wird, ist mir auch wichtig, mit einem Zuspruch!

Die Liturgie der Abendmahlsfeiern setzt ein bestimmtes Verhalten voraus. Würden Sie sagen, daß Ihr Verhalten auch Ihrer inneren Einstellung entspricht?

Ich glaube ja. Wenn ich mit mir selbst so gar nicht im reinen bin oder das Gefühl habe, es würde heute nicht stimmen, dann geh ich nicht hin. Das tu ich nicht, dazu ist es mir zu wichtig.

Ein Praktischer Theologe hat ein Buch über Gottesdienst herausgebracht und sich darin auch zu Abendmahl geäußert. Eine Aussage ist, daß wir mit Brot und Wein Leib und Blut des Erlösers inkorporieren, uns einverleiben. Was löst eine solche Aussage bei Ihnen aus?

Ja, – das löst also ein Riesenerschrecken bei mir aus!! Da würde ich mich gleich in meine Kindheit und Jugend zurückversetzt fühlen, wo ich das Gefühl hatte – Also, mit diesem Einverleiben, das hat wirklich was mit Kannibalismus für mich zu tun. Das kann ich so – Das hört sich an, als wäre das ernstgemeint, daß das wirklich Fleisch und Blut wäre, und das könnte ich nicht! Ich könnte also immer nur verstehen: Das ist wie. Oder: Ich bin dann so leibhaftig, als wenn ich leibhaftig bei euch wäre. Und: In dieser Form werde ich bei euch sein. – Das kann ich, aber mit diesen anderen also könnte ich überhaupt nichts anfangen, das wäre mir gräßlich!!

Er spricht ja von dem Leib und Blut des Erlösers. Hat das Abendmahl für Sie mit Erlösung zu tun, und was ist für Sie das Erlösende?

Ja, also, es hat schon was Befreiendes und Erlösendes, indem ich ... Ja, wie ich am Anfang schon sagte, indem es etwas mit Neu-anfangen zu tun hat, mit Nicht-verworfen-sein, auch wenn was schief gegangen ist. Das Gefühl, daß jemand oder etwas bei mir ist, egal in welchen Situationen ich mich befinde, ob ich es merke oder nicht, daß ich trotzdem nicht alleine bin und, ja, nicht verworfen werde! Und daran ab und zu erinnert zu werden, daß ich ja letztlich wohl geliebt bin und angenommen bin, so wie ich bin. Das ist schon manchmal ganz toll und sehr befreiend und erlösend!

»Das ist mein Leib ... das ist mein Blut« – Was assoziieren Sie, wenn Sie »Blut« hören, was kommt Ihnen bei »Blut« in den Sinn?

Mit Blut assoziiere ich Lebenskraft, Lebenssaft, durchpulst werden von etwas, was Dinge in Bewegung bringt, was ich brauche, um lebendig zu sein.

Leben fällt Ihnen in erster Linie ein?

In erster Linie Leben!

Und als Frau? – Das ist so eine Suggestivfrage, – Menstruationsblut fällt Ihnen nicht ein?

Das wäre mir ganz sicher nicht eingefallen! Nein, wär es nicht.

Eine Theologin hat ein Buch über den weiblichen Zyklus geschrieben und spricht auch im Zusammenhang mit dem Abendmahl vom »männlichen Tötungsblut«, das als erlösend gefeiert wird. Und daß stattdessen endlich das »weibliche Wandlungsblut« als das wahre Lebensblut wahrzunehmen und sakramental zu feiern sei. Wie reagieren Sie darauf?

Also, das hör ich zum erstenmal, und das kommt mir etwas hergesucht vor. Das kann ich also nicht mit Menstruation in Verbindung bringen. – Natürlich ist es Blut, aber es ist ja eigentlich etwas, was beweist, daß Leben weitergeben nicht geklappt hat. Denn in dem Augenblick, wo sich neues Leben in mir bildet, habe ich ja keine Menstruation mehr. Insofern würde ich das nun nicht mit Leben und Wandlung in Verbindung bringen, weil es ... Nein, würde ich nicht! Und mit dem Opfer würde ich das schon gar nicht in Verbindung bringen, weil Opfer ja etwas bewußt Dargebrachtes ist, und darauf habe ich überhaupt kein Einfluß, also auf alles, was mit Menstruation zusammenhängt, das passiert halt. – Nee!

Und »männliches Tötungsblut«?

Was meinen Sie, wenn wer jemanden umbringt oder?

Im Zusammenhang mit Abendmahl ist Ihnen das –?

(Unterbricht) Nein, weil das, das würde für mich mit dann ja mit Töten zusammenhängen, und für mich hat Abendmahl mit Leben und nicht mit Töten, also zum-Leben-bringen und nicht mit zum-Tod-bringen zu tun!

Aber es ist doch auch mit Tod in Verbindung zu bringen, das Abendmahl, oder?

Es geht um mehr als Tod. Es bleibt ja nicht beim Tod! Es bleibt also für mich das – trotz Tod – da sein und gegenwärtig sein! Es hat also wieder mit Leben zu tun und nicht mit Tod! – (Pause) – Ja, es fällt mir schwer, Abendmahl mit dem Tod Jesu in Verbindung zu bringen. Ich weiß natürlich, daß das Urabendmahl am Tag vor seinem Tod stattgefunden hat. Mir ist aber sehr viel wichtiger dieser Aspekt: Trotzdem weiter bei den Jüngern sein, bei uns sein, bei mir sein, – als das Totsein! (Pause)

Also mit dem Wandlungsblut von Frauen und Menstruation, ja, ich kann das also – Für mich ist das insofern ganz unverständlich, weil ja sowohl sehr junge Menschen, Kinder, als auch ältere – Also, ich z. B. bin längst darüber hinaus, habe damit nichts mehr zu tun, fühle mich aber quicklebendig und total lebendig und brauche nicht alle vier Wochen das Gefühl, es wird nun neu! Das hat für mich gar nichts mit Wandlung zu tun und mit Opfer schon gar nicht! Und mit Erlösung hat es auch überhaupt nichts zu tun! Es ist in gewisser Weise auch erlösend, damit keine Scherereien mehr zu haben (lacht). Und für viele Frauen ist es sehr erlösend, daß sie weder Pille noch sonstige Verhütungsmittel mehr nehmen müssen. – Nein ich kann das nicht in dem Zusammenhang sehen!

Ist Ihnen irgendwann einmal durch irgenwelche Anmerkungen oder durch eigenes Erleben das Blut, die Blutungen von uns Frauen quergekom-

men, wo es um Abendmahl geht? Ich habe z. B. von anderen erzählt bekommen, daß sie sich erinnern können, daß ihre Mütter, während sie ihre Blutungen hatten, nicht zum Abendmahl gegangen sind, weil ›man das nicht tut‹.

Nein, das kenne ich überhaupt nicht. Daß Menschen, Frauen durch ihre eigene Menstruation oder die von Müttern oder Schwestern, oder was weiß ich, irgendwelche Probleme mit dem Abendmahl gehabt hätten, ist mir völlig unbekannt und eigentlich auch unbegreiflich.

Daß das Blut von Frauen unrein ist?

Das halt ich für totalen Quatsch, das finde ich wirklich unsinnig! Ich denke, das kann nur mit der Hilflosigkeit damaliger Zeiten – als das als unrein erklärt wurde – zusammenhängen, weil sie das nicht einordnen konnten, wozu das eigentlich gut war.

Und daß Frauen aufgrund ihrer Blutungen aus dem Altarraum ferngehalten wurden?

Aufgrund dessen?!

Auch.

Auch, aber nicht nur?! Ja, das ist ja weiter zurück als finsterstes Mittelalter! Das ist mir vollkommen unbegreiflich, und das halte ich für absolut unsinnig!

Bis heute, das ist mir selbst sogar noch begegnet, nehmen manche Männer nicht am Abendmahl teil. wenn eine Frau das Abendmahl austeilt, weil sie ja vielleicht gleichzeitig ihre Blutung haben könnte.

Das ist ja also totaler Schwachsinn, also es ist – Ja, die haben selbst Schuld, diese Männer, sie sind einfach blöd. Die sind, weiß ich nicht, dumm und kleinkariert und was nicht alles. Das eine hat doch nun mit dem anderen überhaupt nichts zu tun in meinen Augen. Es ist mir wirklich ... Ich kann es nicht verstehen, und ich würde es kaum glauben, wenn Sie es nicht sagen würden!

Männliches und Weibliches, Frauen und Männer in der Kirche: Fallen Ihnen im Zusammenhang mit Abendmahl die Gemeinschaft von Frauen und Männern ein?

Ich denke, daß das unter Frauen allein immer einfacher ist, weil Frauen, ja, für mich leichter verständlich sind. Sie sind für mich unkomplizierter, die meisten jedenfalls, und ich kann das eher nachempfinden. Und Männer tun sich ja so schwer, jedenfalls die, die ich kenne, die meisten von ihnen, irgendsoetwas wie Hingabe auch nur zuzulassen, geschweige denn zu zeigen. Und ich finde es sehr, sehr schön, wenn sie richtig gut und ehrlich mitmachen können und wollen. Ich finde sie unverzichtbar (lacht)! – (Pause) – Ich glaube, daß es noch mehr Männer gibt als Frauen, die daran knacken, daß Kirche überhaupt auch etwas mit

Leiblichem zu tun hat. Aber ich bin wirklich der Hoffnung, ich glaube auch, daß es immer mehr werden, die das auch für unverzichtbar halten, daß da Bewegung dazu gehört und manchmal auch Berührung.

Könnte dem Abendmahl da eine besondere Bedeutung zukommen?

Ja, das glaub ich schon, weil es eben auch den Körper, den Leib mit umfaßt, also weil es nicht nur per Kopf geht! Und es ist schon der Vorteil, man muß dazu schon erstmal aufstehen aus der Bank und einfach nach vorne gehen. In einigen Gemeinden wird sich dann ja auch die Hand gegeben hinterher, und man bildet dann einen Kreis und ist angefaßt. Das ist schon 'ne ganze Menge in der spröden protestantischen Kirche!

Sind Sie denn damit zufrieden, oder haben Sie darüber hinaus Wünsche, Erwartungen, Visionen im Zusammenhang mit Abendmahl?

Als ich Kind war und auch später, später nicht mehr so ungeniert wie als Kind, habe ich mir immer angeguckt, was die Menschen für ein Gesicht machten, wenn sie vorne vom Abendmahl zurückkamen. Und die meisten waren also sehr in sich gekehrt. Und in Hessen wird heute noch, wenn man zum Abendmahl geht, schwarze Kleidung angezogen. Das schien eine sehr traurige Sache zu sein. Ich wußte ja nicht viel davon, aber ich hatte immer gehört, daß Evangelium so was wie frohe Botschaft sein sollte, und das schien mir sehr wenig Zusammenhang zu haben: Diese abgrundtief traurigen in sich gekehrten, beladenen Gesichter, also mit Sorge und Kummer und Sünden wahrscheinlich beladen, und das sollte sich doch eigentlich gebessert haben, dachte ich, durch diese Teilnahme. – Ich finde, daß das besser geworden ist im Ganzen, aber – Ich glaube schon, daß es eine ernste Sache ist, ich glaube aber nicht, daß eine ernste Sache Fröhlichkeit ausschließt. Und ich hätte es manchmal gerne noch etwas lebendiger! Wie, weiß ich noch nicht genau, habe aber auch noch nicht drüber nachgedacht.

In welche Richtung denn lebendiger?

Mehr Freude darüber, daß wir leben dürfen und wieder neu leben dürfen als geliebte und angenommene und gesehene Menschen – und nicht vereinsamte Menschen – leben dürfen! Weiß ich nicht, ob man da hinterher tanzen könnte um den Altar oder so, keine Ahnung, ich habe wirklich noch nicht drüber nachgedacht.

Ja, aber mir scheint, es kommt Ihnen doch irgendwie was in den Sinn.

Ja, ich fände es gut, wenn nicht nur einer oder eine, die da vorne agiert, also ein Pastor oder eine Pastorin, was sagen würde, sondern andere aus der Runde auch noch ihren Beitrag in irgendeiner Form dazu geben könnten. Und ich glaube, also, ich hab das Gefühl, wenn das passiert, wenn man da steht und jemand bringt nun im Rahmen dessen auch noch Klagen oder Nöte oder Lob oder Dank, oder was weiß ich, vor, daß das, daß es dann mehr von diesem Kreis der Menschen, die da stehen, mitgetragen wird, diese Anliegen, besser als wenn einzeln in der Bank sitzt, dann ist man so schwach. Aber wenn sich das so im Kreis auf viele schultern verteilt, dann, denk ich manchmal, hat das mehr Tragfähigkeit! Und, ja, ich möchte nochmal auf das Tanzen zurückkommen: Ich war also am vergangenen Wochenende für 5 Tage in N. Wir haben da also Bibliodrama und liturgischen Tanz gemacht mit den Mitarbeiterinnen hier von der Krankenhausseelsorge in N. Und wir haben den einen Abend da in der Kirche getanzt, in dieser wunderschönen Barockkirche, in der Mitte da. Ganz alleine waren wir da. Wir waren auch gar nicht viele. Und das war so unglaublich schön! Und ich weiß, daß zwei, also eine, die ist zwar in der Kirche, ist katholisch, aber ist an sich ein überkritischer Mensch, und die sagte: »Ich bin seit meiner frühen Kinderzeit nicht mehr so andächtig und so glücklich gewesen wie an diesem Abend«! Und etliche andere haben sich in gleicher Weise geäußert. Wir haben kein Wort gesagt, wir hatten nur dieses gemeinsame Tun da. Und wenn man – Ja, gemeinsames Tun konzentriert da in einer sehr, also, im besten Sinne andächtigen Haltung. Das kann unglaublich lang wirken, also langanhaltende Wirkung bei den Teilnehmern, Teilnehmerinnen hervorrufen!

Also, beim Abendmahl würde ich mir auch wünschen, daß es mehr eine Sache von allen gemeinsam wäre, als daß einer sagt, wo es lang geht, und die anderen nur mitmachen. (Pause) Ja, Abendmahl ist für mich also wirklich etwas sehr zentral Christliches. Ich habe mit meinem Mann eigentlich nie darüber geredet. Es hat ihn auch nicht interessiert, was da denn nun eigentlich war, – eigentlich wirklich nie. Aber es war z. B. interessant, daß er nach unserer Trennung all unseren gemeinsamen Freunden und Bekannten gesagt hat, einer der Hauptgründe für unsere Trennung wäre gewesen, daß ich so penetrant christlich geworden wäre, wenn ich den Mund aufmachte, versuchte ich, jemanden zu missionieren. Und das könnte er doch nicht aushalten. Und es war also sehr interessant, wenn ich diese Freunde oder Bekannten später wiedertraf, daß die nach ein oder zwei Stunden sagten: »Du, Dein Mann hat uns dies oder jenes erzählt, wir haben das eigentlich gar nicht feststellen können, hast Du denn nur ihn missionieren wollen?« Ich sagte: »Nein, ganz bestimmt nicht«. – Aber ihm war das sehr unheimlich, ja. Also, über Abendmahl und so etwas hätte ich natürlich nie mit ihm geredet, aber er hat gemerkt, daß mir das wirklich ernst war! Und ich bin da auch hingegangen, obwohl er dann gemosert hat.

Im Zusammenhang mit Ihrer Trennung hat das Abendmahl eine Rolle gespielt?

(Pause) – Ja, das hat insofern eine Rolle gespielt, als, – ich bin da sicher nicht mit hausieren gegangen, aber für mich ist Abendmahl so wichtig, daß es – Als ich am ersten Abendmahl teilgenommen habe, war es für mich eigentlich das Ja zum Christentum! Das war wichtiger, als irgendwann wieder in die Kirche einzutreten oder nicht!

Daß ich das wirklich ernstgemeint habe, das muß er wohl gemerkt haben. Und das paßte ihm überhaupt nicht in den Kram, weil es, ja, mich in gewisser Weise auch, glaube ich, weniger verfügbar machte, als ich das vorher gewesen war, weil ich, naja, weil ich also anfing, eigene Wege zu gehen, das wollte er nun ganz und gar nicht. Naja, und insofern ist das Abendmahl tatsächlich wichtig, weil es eigentlich das Ja war: Ich will es zumindestens versuchen! Als die Trennung von meinem Mann anstand, stand ich praktisch vor der Entscheidung, entweder auf das, was ich durch meine Wiederannäherung an das Christentum erfahren hatte, zu verzichten und damit auf etwas ganz Existenzielles, was mich eigentlich erst wirklich lebendig gemacht hat, oder auf den Mann zu verzichten. Und da dachte ich, es wäre für mich einfacher, auf den Mann zu verzichten.

Mir fällt dazu das Stichwort »Opfer« ein. Was verstehen Sie unter »Opfer«?

Ja, Opfer, also, ich glaube ... Es ist, glaube ich, nicht möglich, etwas Fremdes zu opfern. Opfern kann ich immer nur etwas, was mir selber ganz, ganz wichtig ist, oder mich selber! Und, ja, ich gehöre zu einer Generation: Ich habe Ende des Krieges noch mit 'ner Panzerfaust schießen gelernt, da war ich siebzehn. Und ich bin sicher, hätte ich Gelegenheit dazu gehabt, hätte ich das getan. Und ich bin fast ebenso sicher, daß ich dann, wie die anderen auch, dabei draufgegangen wäre. So was hätte ich schon im Sinne von »Opfer« angesehen, weil das, also völlige selbsthingabe für, in diesem Fall, eine Idee, und wenn sie einem heute auch noch so abstrus erscheint, damals erschien sie mir ja nicht abstrus. –

Opfer heute? Also, Opfer ist ein so furchtbar großes Wort. (Pause) – Opfer ist für mich immer Hingabe und nicht, um etwas zu erreichen, sondern, – was ist denn Opfer? –, weil ich es so will. weil ich eigentlich – Weil dazugehören möchte, und etwas, was mir sehr wichtig ist, dadurch besser leben kann oder am Leben erhalten werden kann. – Ja, ich finde es also sehr übertrieben, in dieser Hinsicht, wenn man, also, wenn man fünf Kinder großgezogen hat und über zwanzig Jahre auf sehr, sehr viel hat verzichten müssen, das als Opfer anzusehen, weil das ja gleichzeitig so viel Freude gemacht hat. Aber vielleicht ist das ja sogar verbunden, daß also Opfer nicht immer nur was sein muß, was mich absolut ärmer macht, sondern vielleicht kann es mich ja gleichzeitig reicher machen. Da habe ich aber auch noch nicht drüber nachgedacht, über Opfer, finde ich aber interessant, werde ich mal tun.

Und das Opfer Jesu?

Ja, ich glaube, daß das unausweichlich war, nachdem wie er gelebt hat und seine Umwelt provoziert hat! Man muß wohl provozieren, wenn man verurteilt wird! Ich sagte ja schon, daß ich mir nicht vorstellen kann, daß damit ein im Himmel thronender Vater versöhnt werden mußte. Mit solchen Fabeln kann man wirklich nichts anfangen! Aber, ja, Opfer insofern, als das unausweichlich war, wenn dieser Mensch Jesus seinen Weg konsequent bis zum Ende weitergehen wollte. Und daß das möglich ist und daß trotzdem die Geschichte damit nicht zu Ende ist, sondern weitergeht, das finde ich bei diesem Opfer, wie bei dem Opfer des Lebens anderer Menschen, die es auch hingegeben haben für andere, letztlich wieder tröstlich, wenn sie denn namentlich bekannt sind, daß es nicht ein vergebliches Opfer war. – Sinnlose und vergebliche Opfer finde ich grausig!

Und worin gründet sich für Sie diese Sicht, daß es kein vergebliches Opfer war?

Weil wir heute, auch ich, aus dieser Tatsache und in der Gewißheit, daß zwar dieser leibliche Mensch tot ist, das, was er gelebt hat und, ja, in erster Linie gelebt hat bis zum Tode, daß das Wirkung hat bis heute, für mich, für alle, die daran glauben!

Und worin besteht diese Wirkung?

Ja, es hat eine Wirkung auf uns, weil wir, wenn wir also anerkennen oder wenn wir uns davon anregen lassen und es letztlich glauben, daß Leben so möglich ist, daß die Richtung stimmt. Daß trotz dieses Todes die Sache nicht zu Ende ist, sondern ganz, ganz lebendig ist in vieler Menschen Herzen, die wieder Mut daraus beziehen, es doch in dieser Richtung zumindestens mal zu versuchen, zu leben! Das ist schon sehr viel Wirkung! Und daß man – Also, ich mache die Erfahrung, daß ich einfach gerne mit Christen zusammen bin. Das müssen sie gar nicht sagen, sie gehen, also einige zumindestens, sie gehen mit sich selbst etwas gelassener um. Sie haben nicht mehr den Anspruch, so perfekt und vollkommen zu sein – Das waren ja die Jünger auch nicht, die hatten ja auch alle erhebliche Mängel.

Daß ich an mir erfahren habe, eben auch gerade durch das Abendmahl, daß es mir wirklich Kraft und Mut gibt, mein Leben besser zu bestehen und auch heiterer zu bestehen. Es macht mir mehr Spaß. Es ist für mich auch mit sehr viel mehr Freude verbunden. Und ich brauche nicht mehr ganz so streng zu mir selbst zu sein, wie ich das mal als Kind gelernt habe – und lange praktiziert habe!

32 J.; Verheiratet, Sohn (4 J.), Tochter (2 J.); Ausbildung zum Foto-
graphen, arbeitet heute als kaufmännischer Angestellter. Kirchliche
Sozialisation: Vater, Pastor, starb, als er 2 Jahre alt war. Von der
»Mutter sehr bewußt christlich erzogen«, über Jahre hinweg engagierte
Mitarbeit in der Jugendarbeit eines freien kirchlichen Werkes, z. Zt.
wegen der Familie nur noch sehr reduziert möglich; Im Kirchenchor,
»in der Ortsgemeinde gibt es darüberhinaus nur wenig Möglichkeiten
für junge Familien«.

*Können Sie sich erinnern, wann Sie das letztemal an einem Abendmahl
teilgenommen haben, und wie oft gehen Sie zum Abendmahl, so
ungefähr?*
Das letztemal hab ich vorletzten Sonntag das Abendmahl gefeiert, und ich
würde mal sagen, im Schnitt, also ich kann wegen der Kinder nur noch
jeden zweiten Sonntag zum Gottesdienst gehen, so daß es ungefähr einmal
im Monat ist oder einmal in sechs Wochen, – das ist schwer zu sagen.
*Wenn Sie Abendmahl hören oder an Abendmahl denken, welche Stichworte
fallen Ihnen ein?*
Gemeinschaft mit anderen Christen, aber auch mit Jesus – Stärkung –
Kraft schöpfen – Sündenvergebung – Auch nachdenken, was ist
gelaufen, wie ist es gelaufen, was hast du falsch gemacht oder wo bist
du auch anderen Menschen gegenüber schuldig geworden, was mußt du
bereinigen.
*Sind Ihnen andere Bezeichnungen für Abendmahl geläufig, z. B. die
Bezeichnung »Herrenmahl«?*
Ich habe davon gehört oder hab diesen Terminus gehört, aber noch nie in
dieser Art oder unter dieser Bezeichnung gefeiert. Die Bezeichnung
»Herrenmahl« weckt in mir nichts Besonderes oder ruft keine besonderen Assoziationen hervor, denn »Abendmahl«, gut, das ist, da fragt man
sich vielleicht auch, warum »Abend« wenn es mittags gefeiert wird
oder so. – Das bewirkt bei mir also nichts.
*An welche Erfahrungen mit Abendmahl können Sie sich erinnern, an
heilsame oder eben vielleicht doch auch an Erfahrungen, wo etwas für
Sie enttäuschend war oder ärgerlich, problematisch?*
An eine enttäuschende Abendmahlserfahrung kann ich mich im Moment
nicht entsinnen. Ich weiß von manch *außergewöhnlichen* Abendmahlsfeiern. Die erste, an die ich mich so entsinne, ist 1975 eine liturgische
Nacht auf dem Frankfurter Kirchentag gewesen, wo es sehr ungewöhnlich zuging. Dann eine andere auch, 1981 war das, mit Brotbrechen im

wörtlichen Sinne und einer sehr fröhlichen Abendmahlsgemeinschaft. Das zu den äußeren Sachen. – So ungewöhnlich war, daß es nicht so, es fand nicht in einer klassischen Kirche statt, sondern in einer Kapelle, die früher mal ein Schweinestall war. Und wir saßen da mit sehr vielen Leuten auf engem Raum. Und ich weiß gar nicht mehr, ich glaube, es wurden Baguettes durch die Reihen gereicht und gebrochen oder so, und es herrschte eine, na, nicht ausgelassene aber zwanglose Atmosphäre. Und es war einfach eine schöne Gemeinschaft und, ja, mal so eine andere Erfahrung als die oftmals sehr *steife* Atmosphäre in klassischen Gottesdiensten, wo Abendmahl gefeiert wird. –

Wie gesagt, an enttäuschende *Erfahrungen* entsinne im Moment nicht, aber *heilsame*. Ich weiß noch, daß ich vor 1–2 Jahren in einer Nachbargemeinde in den Gottesdienst ging und dort eine Vikarin, glaube ich, hörte, die ich vorher noch nicht predigen gehört hatte. Und das gefiel mir *gut*. Und danach wurde das Abendmahl gefeiert, das sie mit ihrem Mann und anderen austeilte, und das war eine – Ja, ich ging damals in den Gottesdienst hinein mit einer etwas mißmutigen Stimmung oder etwas ernüchtert und ausgelaugt und habe in dieser Feier irgendwie doch neue Kraft gespürt und weiß noch, daß ich sehr zuversichtlich und fröhlich nach Hause kam und auch davon berichtet habe. Und das war eine positive Erfahrung!

Womit hat sich für Sie »die neue Kraft« und das Zuversichtliche verbunden?

Hm (Pause) – Das kann ich im Moment nicht mehr so genau festmachen. Es kann sein, daß es ein Spruch war, ein Bibelspruch, der mir zugesagt wurde, oder die Atmosphäre untereinander. Vielleicht rührte es auch noch vom Gottesdienst her, von der Predigt her oder so. Das entsinne ich nicht mehr. Ich weiß nur, daß es, wie gesagt ein – Ja, daß ich wesentlich fröhlicher aus der Kirche rausging, als ich reingegangen war. Aber ich kann das jetzt nicht mehr an der richtigen Ursache festmachen.

Sie sprachen vorhin von »gängigen« Abendmahlsgottesdiensten, wie sehen die für Sie aus?

Gängige Abendmahlsfeiern im Gottesdienst sind nach Agende, weiß ich nicht, laufen die ab, ob nun Agende I, II oder wieviel auch immer. Das fällt mir manchmal *schwer*, weil es halt etwas, ja, weil es nicht gerade *neuzeitlich* ist! Obwohl ich zu den Inhalten, denke ich, schon *stehe*. Aber diese – Ich kann z. B. mit manchen *Liedern*, die gesungen werden, viel anfangen und mit anderen wieder weniger.

Und dann sind dann auch so Sachen, wie der Wein z. B. gereicht wird: Wenn der Pastor oder die Pastorin meint, den Kelch festhalten zu müssen, dann fühle ich mich ein Stück weit entmündigt und denke, entweder wollen sie das kostbare Silber nicht hergeben, oder sie haben Angst, daß ich das Ding fallen lasse. Und das *stört* mich einfach! – Und genauso finde ich's *schöner*, wenn das Brot von, wenn ich das Brot meinem Nächsten reiche, und es nicht gereicht kriege. Daß ich den *Wein* vom Austeilenden bekomme, das finde ich in Ordnung. Aber ich denke schon, daß das Brot oder die Oblate von den Feiernden weiter- gegeben werden sollte, untereinander, um einfach diesen Gemein- schaftsaspekt zu unterstreichen.

Und wieso beim Kelch so anders?

Hm. – Ich denke mal, das hat hygienische Gründe, daß es einfach, daß es schon nicht verkehrt ist, wenn der Kelch gedreht wird und nach soundsoviel Leuten auch desinfiziert wird, daß es halt – Ich denke, wenn sie, die Feiernden, es selbst machen, das würde ein bißchen schwierig bis chaotisch werden. Und das würde dann wieder die Feier stören, den Aspekt meine ich.

Welche Worte, Lieder, Gesten sind Ihnen im Zusammenhang mit dem Abendmahl wichtig?

An Liedern fallen mir spontan zwei an, die mir wichtig sind: Das eine natürlich »Christe, du Lamm Gottes« und das andere »Das sollt ihr Jesu«, – früher hieß es »Brüder«, inzwischen ist es ja ein bißchen umgearbeitet –, »nie vergessen«. Die sind mir also sehr wichtig, vom Inhalt her.

Und –, ja, bei »Christe, du Lamm Gottes«: denke ich einfach, dieser Aspekt der *Schuldvergebung,* und bei dem »Das sollt ihr Jesu Brüder nie vergessen«: auch dieser *Gemeinschaftsaspekt,* daß wir zusammen eine Herde bilden können, sollten, und das ist mir wichtig. Dann ist, habe ich ein bißchen Schwierigkeiten, wenn die Liturgie gesungen wird. Das ist für mich, damit kann ich wenig anfangen. Mir ist es lieber, wenn sie ge- sprochen wird, weil es auf mich einfach zu – alt wirkt, zu *altmodisch.* Und, ja, der *Segen* spielt natürlich eine wichtige Rolle. (Pause)

Auch das Schmecken?

In gewisser Weise *schon.* Es ist *bestimmt* kein *wesentlicher* Aspekt, aber ich greife, wenn ich die Auswahl habe zwischen Brot und Oblate meist doch zur *Oblate,* weil ich finde: Es ist a) etwas Besonderes und b) ist ja auch das Kreuz darauf zu erkennen. Und ob es Wein oder Saft ist, ist, ich denke mal, von der Wirkung her oder von dem Symbol her völlig egal. Aber trotzdem mag ich es lieber mit Wein, weil ich denke, daß es das Ursprünglichere ist, so wie es auch Jesus gefeiert hat. Aber habe auch volles Verständnis dafür, wenn Saft ausgeteilt wird wegen der Alkoholiker, denn die sollten auf keinen Fall ausgegrenzt werden.

Sie sagen »Christe, du Lamm Gottes, der du trägst die Sünd der Welt« ist für Sie ein wichtiges Lied wegen der Sündenvergebung. Wie ist das für Sie mit diesem Bild, mit der Vorstellung »Christe, du Lamm Gottes«?

Ja, »Lamm« assoziiere ich da mit Opferlamm, weil ich denke, daß Gott seinen Sohn geopfert hat für uns. Und insofern spiegelt das »Lamm« das wieder, oder drückt es das aus, und halt auch entsprechend das Blutvergießen.

Wie ist das für Sie emotional, diese Opfervorstellung, daß Gott seinen Sohn opfert?

Ja, dadurch daß er seinen *Sohn* opfert und nicht irgendein Tier, wie Isaak es z. B. damals gemacht hat, der da in letzter Minute noch einen Bock oder was gefunden hat, der dann anstatt seines Sohnes geopfert wurde, ich denke, das *unterstreicht* einfach die Wichtigkeit, oder wie wichtig das Gott war, uns Menschen zu *retten*, und daß er dafür sein *Bestes* hingegeben hat, nämlich seinen einzigen Sohn.

Sie sind ja selbst Vater eines Sohnes. Ist Ihnen das jemals dazu eingefallen?

Nein, diesen Vergleich habe ich bisher nicht gezogen. – Aber es macht mir wohl nur *neu* deutlich, was für ein gravierendes und im Grunde *unvorstellbares* Opfer das ist! Denn ich könnte mir natürlich nicht vorstellen, meinen Sohn für irgendeine Sache zu *opfern*, selbst wenn mir die Sache wichtig wäre. Also, ich denke schon, daß es eine ganz harte und brutale Opferung oder ein hartes und brutales Opfer ist, das dort gebracht wird. Aber für mich unterstreicht das nur diesen Aspekt, wie wichtig es Gott ist, uns Menschen zu retten. – (Pause) Ob es einen anderen Weg gegeben hätte, *weiß* ich nicht, ob es inhuman ist usw. Mir ist es wichtig, daß es um *meinetwillen* passiert ist, und daß ich dadurch *gerettet* werde, und daß, ja, daß *Gott* sich das letztlich auch überlegt hat, auch wenn es uns teilweise unvorstellbar vorkommt.

»Das ist mein Leib, der für euch gegeben wird ... Das ist mein Blut, das für euch vergossen wird« – Wie verstehen Sie diese sogenannten Einsetzungsworte, welche Bedeutung hat für Sie das Abendmahl?

Diese Worte erinnern mich neu an den Opfertod Jesu und damit auch an meine, mein Leben, meine Beziehung zu Gott, meine – Ja, sie lassen mich die Woche oder einen Zeitraum zurückverfolgen, was in der Zeit gewesen ist und ob es richtig oder falsch gewesen ist. Und wenn ich Falsches erkenne, dann versuche ich das oder bekenne ich das als *Schuld* und erfahre *Vergebung* im Abendmahl. Und das ist der Aspekt, – in dieser Richtung.

Ein praktischer Theologe sagt: Mit Brot und Wein inkorporieren wir, einverleiben wir uns Leib und Blut des Erlösers. Ist das eine Aussage, eine Deutung, die Sie nachvollziehen können?

Im *übertragenen* Sinne denke ich schon. Daß ich mir jetzt vor Augen male, ich trinke jetzt Jesu Blut oder esse hier seinen Leib, das, denke ich, ist *nicht* mein Verständnis. Aber wohl, daß ich ganz *klar* durch diese Feier an sein Opfer *erinnert* werde und daß es auch für mich passiert ist!

Leib und Blut Jesu. – Was fällt Ihnen über Abendmahl hinaus zu Blut ein?

Zu Blut fällt mir nicht nur Opfer ein, sondern viel Leid – Krieg. – Ungerechtigkeit – Streit – Kampf – auch sinnlose Aktionen, in dieser Richtung.

Eine Theologin hat im Blick auf das Abendmahl geäußert, daß im Abend-mahl, wie in unserer patriarchalen Kultur durchweg, »männliches Tötungsblut« als erlösend gefeiert wird. Und daß es stattdessen endlich darum gehen müßte, das weibliche Blut als Wandlungsblut, das Leben ermöglicht, wahrzunehmen und als Sakrament zu feiern. Wie reagieren Sie auf so eine Sicht?

Ja, es kommt vielleicht in diesem Zusammenhang auf das Verständnis des Abendmahls an. Also, ich denke, daß es mit dem Tötungsblut, das ver-knüpfe ich halt mit dem Opfertod Jesu zur Vergebung meiner Sünden. – Und, hm, mit diesem Lebensblut, oder was das ist, ich denke, das ist nochmal ein anderer Aspekt. Das ist vielleicht mehr so nach vorne schauend. –
Aber im Grunde genommen, ob Mann oder Frau, das ist für mich wenig entscheidend. Denn die Tatsache, daß jemand für *mich* geopfert wurde, das ist entscheidend! Und in diesem Fall *war* es ein Mann, und es hätte, denke ich, auch eine Frau sein können. Also das ist, bei mir spielt das keine entscheidende Rolle.

Abendmahlsblut mit Menstruationsblut in Verbindung zu bringen, ist Ihnen das in irgendeiner Weise mal begegnet?

Nein! – Ich habe noch nie über diesen Aspekt nachgedacht. Aber ich denke, daß, wenn durch die Menstruation, die eine neue, hm, die Frau wieder darauf vorbereitet wird, ein neues Kind auszutragen, dann denke ich, ist es schon ein, ja, im Grunde genommen ein lebenschaffender Aspekt. Also, man kann es in gewisser Weise in Zusammenhang *bringen*. Aber, wie gesagt, das ist ein ganz neuer Aspekt, der mir da begegnet.

Wie reagieren Sie denn als Mann darauf, daß von »männlichem Tötungs-blut« die Rede ist. Trifft Sie das, macht Ihnen das etwas aus?

Das ist auch wieder ein Aspekt, der mir, über den ich so detailliert noch nicht nachgedacht habe. Aber so spontan würde ich sagen, daß es mich nicht so sehr trifft. Es ist zwar wohl wahr, daß das so meistens nur in diesem Zusammenhang gebraucht wird, aber es wirft mich nicht um.

Männliches und Weibliches, Frauen und Männer. Können Sie die Beziehung von Frauen und Männern, die Gemeinschaft von Frauen und Männern in Zusammenhang bringen mit der Gemeinschaft beim Abendmahl?

Ich würde sagen, ich kann es *nur* zusammen sehen, denn ich habe, glaube ich, auch noch nie nur unter Männern Abendmahl gefeiert und wenn, dann käme es mir auch seltsam oder befremdlich vor, weil ich es gar nicht anders gewohnt bin. Und daß das für mich eine ganz normale Sache ist, daß Männer und Frauen das zusammen feiern. Denn schließlich sind wir beide – Geschöpfe Gottes! Und warum sollen die getrennt, oder wie auch immer, Abendmahl feiern. Also, gemeinsam, denke ich, ist es ganz normal und richtig.

Nun halten ja viele eine neue, im Sinne einer veränderten, Gemeinschaft von Frauen und Männern für notwendig. Könnten Sie sich vorstellen, daß dem Abendmahl da eine besondere Bedeutung zukommen könnte?

Das ist wohl möglich. Also, zum einen denke ich, daß es schon wichtig ist, daß das Abendmahl ja keine Feier nur unter *Menschen* ist, sondern daß schon diese Dreiecksbeziehung ganz wichtig ist, daß es ja auch um *Gott* geht, mit dem zusammen das Abendmahl gefeiert wird. Aber ich denke schon, daß im Rahmen dieser Feier auch *Versöhnung* stattfinden kann oder das Beseitigen von, ja, von Ärgernissen, von Streit und all diesen Dingen, daß das unter, wie es immer so schön heißt, unter dem Kreuz Jesu beigelegt werden kann und dadurch auch ein neues und besseres Miteinander von Mann und Frau zustande kommt.

Im Blick auf die Bedeutung, die das Abendmahl für Sie hat, haben Sie da Wünsche, was die Gestaltung der Abendmahlsfeiern angeht?

Also, wenn ich an die klassischen Gemeindegottesdienste denke, dann kommt es mir halt immer etwas steif und offiziell vor. Teilweise ist es dann manchmal auch so eine Abfertigung in Massen, je nachdem, manchmal auch nicht.Und das finde ich dann ein bißchen schade, wenn es heißt: Antreten oder vortreten, ihr werdet abgefertigt, dann dürft ihr euch wieder setzen. Das ist, ja, das finde ich einfach schade! Da wäre eine andere Form, wo man nicht aufgereiht wie die Zinnsoldaten vor dem Altar steht, sondern zusammensitzt und zwischendurch noch Lieder singt und vielleicht auch einen Austausch hat, das wäre sicherlich eine reizvolle Sache.

Sie haben ja vorhin bereits von der Agende gesprochen, »nach Agende I oder II oder«. Aufgrund der Agende wird ja ein bestimmtes Verhalten erwartet? Würden Sie sagen, daß Ihr Verhalten Ihrer inneren Einstellung zum Abendmahl entspricht?

Ich denke, daß die Vorgaben oder die Abläufe nicht so streng geregelt sein *sollten*. Bzw. kann man es vielleicht ab und zu so feiern, aber dann auch mal wieder freiere Formen finden, wo inhaltlich die Sachen, die in der Agenda vorgegeben sind, schon *enthalten* sind, aber in einer lockereren Form gefeiert werden, wie ich vorhin schon sagte, daß es nicht nach einem strengen Ablauf ist, der sogar teilweise einer Abfertigung gleichkommt, sondern daß einfach freiere Formen gefunden werden, wo der Gemeinschaftsaspekt verstärkt wird, wo das *Erlebnis* dann auch ein anderes sein kann.

Wie gesagt, da denke ich, daß die Vorgaben gelockert werden sollten. Die Möglichkeiten, es anders zu feiern, die sollten gelockert werden oder vereinfacht werden oder mehr Gestaltungsspielraum gegeben werden.

II. Auswertung der Interviews mit Frauen (28) und Männern (24)

1. Methodische Schritte

1. Alle 52 Interviews wurden transkribiert, unter *fingiertem* Namen dokumentiert und nach Geschlecht und Alter numeriert. Wenn auch nicht alle Interviews gleichermaßen ergiebig sind, so beinhalten doch ausnahmslos alle Aussagen, die bedenkenswert sind und aufschlußreich im Blick auf Abendmahlsverständnis und Abendmahlspraxis von Frauen und Männern heute. Kriterium für die Transkribierung war deshalb die möglichst genaue Wiedergabe der Interviews und ihre Lesbarkeit.

2. Entsprechend der Frageaspekte des Leitfadens wurden die einzelnen Interviews nach den jeweiligen Antwortaspekten *gesichtet, sortiert* und einander so *zugeordnet*, daß ein vergleichender Überblick möglich wurde und die Hypothese überprüfbar.

3. Die *Datenanalyse* konzentriert sich auf den Vergleich der Akzentsetzungen und Schlüsselaussagen in den Interviews mit Frauen und Männern zu den **drei Themenkomplexen**:

»*Opfer- und Sühnevorstellung*« mit den Reaktionen auf die These von Manfred Josuttis.

»*Blut*« mit den Reaktionen auf die These von Jutta Voss.

»*Bedeutung des Abendmahls*« auf dem Hintergrund der Erfahrungen mit dem Abendmahl und den Wünschen an die kirchliche Abendmahlspraxis. Die Auswertung der einzelnen Themenkomplexe wird jeweils eingeleitet mit einem thetischen Gesamteindruck, der in der folgenden Analyse der

Einzelaussagen plausibilisiert und verifiziert wird. Am Schluß wird jeweils benannt, was in einem Vergleich der Akzentsetzungen von Frauen und Männern festzuhalten ist und was sich daraus für die Fragestellungen der vorliegenden Arbeit schließen läßt.

2. Zum Themenkomplex »Opfer und Sühne«

2.1. Gesamteindruck

Fragen im Zusammenhang der Sühne- und Opfervorstellung als Deutungs-kategorie des Todes Jesu und Hintergrund des Abendmahlsverständnisses haben Frauen wie Männer. Während die meisten Männer aber trotz punktueller Anfragen und inhaltlicher Akzentverschiebungen an der Sühne- und Opfervorstellung festhalten, das ›Opfer annehmen‹, reagieren die allermeisten Frauen emotional und existentiell betroffen, das Opfer geht ihnen nahe. Der Zweifel, der vielen von ihnen deshalb auch näher liegt, bis hin zu Widerstand und Ablehnung, verbindet sich dabei bemerkenswert oft mit beeindruckend eigenständiger theologischer Übersetzungsarbeit.

2.2. Frauen

2.2.1. Zu den Einsetzungsworten

VORWEG STIMMEN, DIE DEN TENOR ANGEBEN[11]

* »Das ist mein Leib, das ist mein Blut, das ist mir viel zu – medizinisch. Das ist mir zu wenig, das hat ja überhaupt nichts mit Liebe und Geben zu tun!«

* »Dies ist mein Leib, dies ist mein Blut, vergossen – und *leider* immer in Verknüpfung mit Vergebung der Sünden! Da hör' ich dann für mich selbst immer ganz schnell weg, weil ich das für mich nicht miteinander verknüpfen möchte.«

* »Ich übersetze für mich das mit dem Blut: ›Das ist mein *Leben* für euch‹! Und ich verstehe es so, daß damit etwas anderes, eine andere Weise von Leben und Lebensvollzug in die Welt hineingekommen ist als z. B. das Gesetz des Blutes, die Blutrache ... Daß da Blut vergos-sen ist nicht zur Rache und zur Vergeltung, sondern daß da neue *Lebenskraft*, eine andere Art von *Leben* in uns hineinkommt.«

---

11 Ruth Abendrot (F 8), Nina Ergrath (F 13), Renate Schweizer (F 18), Ines Martin (F 19), Sophie Mangold (F 25), Friederike Cassens (F 28).

* »Nicht: ›Christi Blut, Christi Leib für dich gegeben‹, sondern: ›Nimm hin und iß vom Brot des Lebens‹, damit konnte ich etwas anfangen. Und dann: ›Trink aus dem Kelch des Heils‹, dann fühlte ich mich heil. Dann fühlte ich mich als eine von Gott Angenommene, in dem ganz archaischen Sinne, also im wirklichen Angenommensein, und nicht in der gesamten Überhöhung.«
* »Also, von den Einsetzungsworten glaube ich kein Wort!«
* »Das Brot, das wir brechen, der Kelch, den wir trinken, das sind Ausdrücke des Lebens und Sterbens Jesu ... Ich höre darin vor allem das ›für euch‹, sowohl beim Brot als beim Wein ..., dabei habe ich keine Schwierigkeiten, an das Blut Christi zu denken, weil ich mir das sofort übersetze: Christus gibt sein Leben für mich.«

AKZENTSETZUNGEN UND SCHLÜSSELAUSSAGEN

Zwanzig Frauen nennen im Zusammenhang der Einsetzungsworte *Anfragen*. Mit radikaler *Infragestellung* reagieren *fünf* Frauen. Und nur *drei* Frauen äußern *keine* Probleme mit Sprache und Inhalt der Einsetzungsworte.[12] Wie weitreichend und tiefgehend die Anfragen sind, verdeutlichen die Konnotationen im Zusammenhang der Stereotypen »nicht/s/niemals« (27x!):

Nicht miteinander verknüpfen mögen (Tod Jesu und Sündenvergebung)
Nichts mehr mit anfangen können (Gestorben für unsere Sünden)
Nicht mehr mit Sündenvergebung verbinden
Nicht mehr so sehen/Nicht mehr glauben
Nicht wirklich begreifen/Nicht mehr gut klarkommen
Nicht so stark betonen
Nicht akzeptieren können/Nicht dran denken mögen
Nicht mögen/Nicht finden
Nicht mehr mein Leben
Kam in seiner Lehre nicht vor
Niemals
Auf der emotionalen Ebene:
Problem – Widerstände – Schwierig – Schwer – Leider – Unheimlich – Festhaken
Die Anfragen beziehen sich dabei auf das Verständnis der Elemente Brot und Wein als Leib und Blut Jesu wie auf den Aspekt der Sündenvergebung.

---

12 *Ohne* Fragen: vgl. F 2.3.24; *In Frage stellend*: Vgl. F 1.7.8.12.25; Alle übrigen Interviews beinhalten in irgendeiner Hinsicht *Anfragen*.

1. Zum Aspekt der Sündenvergebung

Für nur *drei* Frauen ist der Aspekt der Sündenvergebung *fraglos* wichtig und existentiell von Bedeutung[13], für eine der jüngsten Frauen, weil damit das für sie Wesentliche des Abendmahls angesprochen ist: »Das Eigentliche ist eigentlich für mich die Vergebung der Sünden, die mir da nochmal deutlich gemacht wird, da nochmal zugesagt wird.«[14] *Zwölf* Frauen aber haben ausdrücklich Schwierigkeiten damit, daß Abendmahl, daß die Bedeutung des Todes Jesu unmittelbar mit Sündenvergebung in Zusammenhang gebracht wird bis dahin, daß einige ein solches Verständnis vollkommen ablehnen.[15] Bei den Anfragen wie der radikalen Ablehnung geht es immer wieder vor allem um den *Lebens*bezug:

* »Das ist *bis heute* der *Punkt*: ›Zur Vergebung der Sünden‹! Da habe ich am Sonntag noch mal genau aufgepaßt, das ist ja nicht beim Brot, das ist beim Kelch. Ich kann das Brot nehmen als Lebensmittel, als Stärkung, Beteiligung an dem Brot des Lebens. Das kann ich gut nehmen, und da bin ich auch ganz da. Wenn aber dann dieses kommt: ›Zur Vergebung der Sünden‹, das höre ich und merke auch das alte Mysterium, aber ich kann es für mich nicht wirklich begreifen.« (Lydia Hall, F 27)

* »Und ich merke, daß mit diesem Wort ›Das ist mein Leib ... für euch gebrochen zur Vergebung der Sünden‹ und all den Sachen, damit kann ich überhaupt *nichts* mehr und *will* ich auch *nichts* mehr anfangen. Und bei Jesu Opfer am Kreuz oder: ›Für unsere Sünden gestorben‹, das ist *alles* überhaupt nicht mehr mein Leben!« (Ragnhild Radloff, F 12)

* »Die Form der Einsetzungsworte verbinde ich heute *nicht* mehr mit der Sündenvergebung. Sondern für mich ist Abendmahl heute etwas in der Umkehrung, also einfach Symbolisches, was sich von den Einsetzungsworten her festmacht an Jesus, der für mich, ohne schuldig zu sein, diesen Kreuzestod gestorben ist und das Abendmahl als Symbol für *Leben* eingesetzt hat. Dies miteinander zu *feiern*! Und ich feiere es auch so, daß ich diese ganze Kreuzes-theologie mit Blut und Sünde und Schuld in dieser Weise *nicht* für mich sehen kann.« (Ines Martin, F 19)

Zur Begründung kann aber auch auf Jesus selbst verwiesen werden: »Also, ich glaube, daß Jesus ein Abschiedsessen mit den Jüngern gehalten haben kann, mit den Jüngerinnen und Jüngern. Aber ich glaube nicht, daß es diesen Sinn der Sündenvergebung gekriegt hat von *ihm*, das ist der Punkt,

---

13 F 2.24.28
14 Iris Gradwohl, F 2
15 F 5.6.8.12.15.13.17.18.19.22.25.27

den ich überhaupt nicht mehr glaube.«[16] Schon hier wird deutlich, daß die eigentliche Anfrage sich auf die Opfervorstellung bezieht: »Und das *hat* er auch nicht gesagt, denn diese Einsetzungsworte sind wahrscheinlich sowieso nicht von ihm, jedenfalls hat Drewermann das behauptet. Und ich könnte es mir vorstellen, daß es *wirklich* nicht seine Worte sind. – Nein, sie *sind* falsch, weil sie vom *Opfer* reden: Für euch oder für mich oder was auch immer, das kam ja in seiner Lehre nicht vor«[17], eine Äußerung, die auch insofern aufschlußreich ist, als sie zeigt, wie selbstbewußt theologisch mitgedacht wird, von *Behauptung* ist im Blick auf den theologischen Kronzeugen die Rede, letztlich ausschlaggebend ist die eigene Überlegung aufgrund eigener Textkenntnisse.

2. Zum Verständnis der Elemente Brot und Wein

Die meisten Frauen können und wollen sich nicht abfinden mit der traditionellen Deutung von Brot und Wein als Leib und Blut Christi:

* »Also in dem Moment, in dem ich damit *nichts* anfangen kann, fällt mir so ein alter Witz ein, der vor 10–15 Jahren mal kursierte: ›Essen Sie Ihren Professor‹, die Einverleibung also der Intelligenz eines anderen Menschen durch Nahrungsaufnahme. Und es fällt mir dazu eine Szene aus dem Film ›Gandhi‹ ein, in dem ein Inder einem Christen mit Entsetzen beschreibt, daß die Christen ja Blut trinken und Menschen essen. Und in dieser Szene begriff ich eigene Zweifel und eigene Ängste, die für mich mit diesem Ritual verbunden sind.« (Nora Almquist, F 7)
* »Das so elementar zu sehen, da hab' ich immer so das Gefühl von Schlachtung! Das finde ich überhaupt nicht! Das ist ein Gedenken an diese letzte Runde.« (Elke Stern, F 9)
* »Also, bei der Liturgie beim Abendmahl wird mir *angst und bange*, wenn es heißt, also, er setzt sich mit seinen Jüngern zusammen zum letzten Abendmahl und dann dieses: ›Mein Leib für euch gegeben‹ und ›Mein Blut für euch vergossen‹! Das sind Elemente, mit denen ich nicht mehr gut klar kommen kann.« (Sophie Mangold, F 25)
* »Schwierig ist es, wenn irgendwo Elemente der Transsubstantiation mitschwingen sollten in den Aussagen und Worten, dann schalte ich ab.« (Friederike Cassens, F 28)

---

16 Sophie Mangold, F 25
17 Dies. ebd.

Und auch wenn gesagt werden kann: »Es hat was Symbolisches, das ist irgendwie sowieso klar«[18], ist damit nicht alles beantwortet: »Ich habe zwar im Gefühl, daß beides, Brot und Wein, nicht wirklich körperlich Leib und Blut Christ sind. Und trotzdem ist da auch ein intensives Gefühl dafür, daß Brot und Wein mehr sind als bloße Symbole, daß es doch um etwas ganz *Besonderes* geht.«[19] Was auffällt ist, daß sich Anfragen und Abwehr dabei in besonderer Weise auf die *Blut*vorstellung beziehen[20]: »Das hakt immer wieder neu bei mir, daß ich damit auch wirklich, also grad mit dem Blut eben auch Schwierigkeiten habe.«[21] Mit Blut verbindet sich »atmosphärisch was Unheimliches«[22], Brutales[23] und vor allem stellvertretendes Opfer: »Also, am wenigsten gut kann ich ›Mein Blut für euch vergossen‹ hören. Daß, damit ich befreit und erlöst leben kann, das Blut eines anderen Menschen, von Gottes Sohn fließen mußte, das kann ich so nicht für mich akzeptieren.«[24] Wie auch immer im einzelnen begründet: »›Blut‹ ist weiter weg und für mich abstrakter und schwerer umzusetzen.«[25] Was sich mit Brot und Leib verbindet, liegt manchen näher, ist leichter zu verstehen, zu übersetzen:

* »Leib und Laib hat ja so 'ne phonetische Gleichheit und zwei Bedeu-
  tungen. Dazu fällt mir eine Begebenheit beim Abendmahl-Austeilen ein,
  wo wir das eben als Laien mitgemacht haben, und wo eben einer, der
  das mitgemacht hat, gesagt hat: ›Christi *Brot* für dich gegeben‹! Und
  ich sprach ihn, weil ich das gehört hatte, hinterher darauf an. Und dann
  hatte er gedacht, es ist eben ›Laib‹ mit ai geschrieben gemeint, und des-

---

18 Tine Uhlenhorst, F 5; Auf ein *symbolisches* Verständnis der Einsetzungsworte verweisen
   ausdrücklich insgesamt **acht** Frauen, vgl. F 3.5.13.15.18.19.24.26.
19 Theodora Adam, F 4
20 Vgl. F 5.6.10.17.18.21.23.25.
21 Yvonne Berber, F 10; Vgl. Ulrike Jeremias (F 6): »Und die Verbindung mit dem Blut ist
   für mich ganz schwer herzustellen. In den Gemeinden, in denen ich bin, wo ich
   Abendmahl feiere, ist das auch nicht so stark betont, die Sache mit dem Blut. Und ich
   glaube, daß es mir sehr schwer sein würde, wenn der Punkt da liegt.« Oder auch Rose
   Gärtner (F 21): »Nicht dieses: ›Mein Blut, das ich für dich vergossen habe‹, das mochte
   ich *nie*!«; Vgl. dazu unten B.II.3. zum Themenkomplex »Blut«
22 So Tine Uhlenhorst, F 5; Grete Eichbaum (F 26) erinnert sich: »Ich bin früher da
   herumgeschlichen wie eine Katze um den heißen Brei, weil ich das Gefühl hatte, das ist
   so etwa wie, als wenn Jungs *Blutsbruderschaft* trinken oder so. Das ist dann so, wenn du
   dazu Ja sagst, dann ist das so eine Sache auf Leben und Tod, also so was Unabänderliches, und du kannst nie wieder aussteigen!«
23 Sophie Mangold (F 25): »Und mit dem Blut, das mag ich nicht, weil das mir zu brutal
   ist.«
24 Karin Homrich, F 17
25 Katharina Flor, F 23

204

halb konnte er ›Brot‹ sagen (lacht). Und vielleicht ist es deswegen auch so ein stückweit etwas, ja, etwas Natürlicheres als die Blutvorstellung.« (Tine Uhlenhorst, F 5)

* »Leib« ist für mich unmittelbarer, ja, im Zusammenhang mit Hingabe und auch mit Erfahrung, mit leiblicher Erfahrung. (Katharina Flor, F 23)

* »Und mit dem ›Leib Christi‹, das könnte man ja eventuell auch so verstehen, daß die Gemeinde der Leib Christi ist, daß der für uns gegeben ist.« (Sophie Mangold, F 25)

Sich nicht abfinden, heißt für viele der interviewten Frauen, nach *eigenen* möglichen Deutungen suchen, so z. B. eher traditionell christologisch bestimmt: »Ich nehme das Brot und den Wein als Lebensmittel! Ich nehme das Brot und esse und schmecke: Christus kommt zu mir. Ich nehme den Wein oder den Traubensaft und schmecke und trinke: Christus kommt in mich hinein«[26], oder stärker unter Aufnahme esoterischen Gedankenguts: »Daß es für mich deshalb gar nicht so wäre, daß ich jetzt Blut nehme, sondern daß das Brot, das gesegnet ist, eine Schwingung bekommt z. B., die für mich dann in mir weiterlebt und mir Kraft geben kann, einmal als Brot an sich schon, als Nahrungsenergie, aber auch durch die Segnung noch speziell Energie bekommt. Das gleiche halt für beide Elemente.«[27]

Daß und in welcher Weise es Frauen um *Übersetzung* geht und nicht etwa um Streichung, verdeutlichen nicht zuletzt auch die im Laufe der Interviews genannten *alternativen* Deute- und Spendeformeln:

☐ Kelch des Heils. Kelch der Freude. Zeichen des Festes.   F 6
☐ Dies bin ich – Dies ist meine Liebe, die ich euch schenke.   F 8
☐ Brot des Lebens für dich. – Kelch des Heils/des Lebens für dich.   F 11
☐ Laß es dir schmecken. Denk' an Jesus.   F 13
☐ Dies ist der Kelch, den wir miteinander teilen.   F 16
☐ Nimm vom Brot des Lebens. Trink aus dem Kelch des Heils.   F 17
☐ Das ist mein Leben für euch.   F 18
☐ Nimm hin und iß vom Brot des Lebens.   F 19
☐ Trink aus dem Kelch des Heils. – Wasser des Lebens.   F 20
☐ Brot des Lebens – Wein der Freude/Wasser des Lebens.   F 25

---

26 Lydia Hall, F 27; Ähnlich, was die christologische Deutung angeht, Friederike Cassens (F 28): »Ich denke gerade, es ist gar nicht so sehr die Materie, sein Körper, sondern mehr das Geschehen. Indem wir das Brot brechen und den Kelch trinken, kommt Jesus zu uns und will in *uns* wohnen.«

27 Sylvia Imshausen, F 14

□ Dir zum Leben gegeben – Dir zur Freude gegeben.   F 26
□ Dies ist für dich zum Heil, zur Heilung.   F 27

2.2.2. Mit Brot und Wein inkorporieren wir Leib und Blut des Erlösers Reaktionen auf die Deutung von Manfred Josuttis[28]

Vorbemerkung: Zu o. g. Begründung, weshalb Frauen und Männer mit der Deutung von Manfred Josuttis konfrontiert werden[29], sei an dieser Stelle hinzugefügt: Die komplexe These von M. Josuttis auf diesen einen Satz zuzuspitzen, der zudem kein vollständiges Zitat darstellt mag auf den ersten Blick problematisch scheinen. Ich halte aber 1. diese Zuspitzung aufgrund meiner ausführlichen kritischen Auseinandersetzung mit der Position von Manfred Josuttis für inhaltlich gerechtfertigt[30]; 2. im Gesamtzusammenhang der Interviews einen Rekurs auf theologische Aussagen nur in dieser Kürze für möglich und sinnvoll; 3. die Reaktion von Männern und Frauen auf ein solch prägnantes Beispiel gegenwärtiger opfer- und sühnetheologischer Abendmahlsdeutung auf verhaltenswissenschaftlicher Grundlage für aufschlußreich, – was die Theorie angeht wie die Praxis. Wenn auch Josuttis' Einführung in das Abendmahl *nicht* an die Adresse von Laiinnen und Laien gerichtet ist, sind von seinen Feststellungen doch alle am Abendmahl Teilnehmenden betroffen, Grund genug, ihre Reaktion darauf zu erfragen.

VORWEG STIMMEN, DIE DEN TENOR ANGEBEN[31]

* »Wenn ich's mir ganz naiv versuche, vorzustellen, finde ich es eigentlich ziemlich *schrecklich*! Es hat nämlich etwas von Menschenopfer. Und da wehrt sich bei mir 'ne ganze Menge.«

* »Oh nee! Also, da krieg' ich irgendwie 'ne Gänsehaut. Allein von dieser Ausdrucksform, diese Worte allein schon, die – Also, ich würde nie so sprechen, nee! – Widerstand bis Ekel! ... Ich möchte mal wissen, warum der das so ausdrückt, ob er das für sich selber so empfindet?!«

---

28 Vgl. *Zitate* wie: »Die Präsenz der göttlichen Atmosphäre, im Wortgeschehen zwischen Lesen, Reden und Hören ätherisch verbreitet, materialisiert sich in Brot und Wein. Leib und Blut des Erlösers kann man zu Heilsgewinn und Lebenserhaltung inkorporieren« (ders., Der Weg, S. 247) oder: »Für Menschen, die von der Traumzeit erfaßt sind, weil sie sich in der Nähe der göttlichen Atmosphäre befinden, sind so viele Grenzen verwischt, daß sie ohne besondere Anstrengung in, mit und unter den Elementen den Leib des Erlösers inkorporieren« (ebd. S. 288).

29 S. o. B.I.2.3.3. »Leitfaden«

30 S. o. A.IV., S. 92ff

31 Nora Almquist (F 7), Yvonne Berber (F 10), Annette Rieth (F 11), Sophie Mangold (F 25), Ragnhild Radloff (F 12), Renate Schweizer (F 18)

* »Erlöser? Erlösung! Für mich bedeutet Abendmahl Er*lösung*, daß ich mich von etwas lösen kann, aber es bedeutet nicht, daß ich mir Christi Blut und Leib direkt einverleibe. Es hat etwas mit Erlösung zu tun, – aber nicht der konkrete Jesus von damals.«
* »Also das, was Manfred Josuttis sagt, ist für mich unmöglich! Ich mag nicht, daß jemand gefoltert wird für mich, als Opfer für mich. Und ich bin auch der Meinung, daß dieser Tod Jesu überhaupt *nichts* bewirkt hat, der war *vergeblich*, das war eine Kapitulation – für mich, Resignation!«
* »Also dieses Wissen, daß Energie sich verändert und transformiert sein kann, das macht mir keine Schwierigkeiten. Und ich muß jetzt nicht irgendwie einen Kopfstand machen . . . , mich zwingen, mir vorzustellen, das ist der Leib! So denk ich einfach nicht! Sondern es ist klar, daß dieses Brot etwas Besonderes ist . . . , ein Stück, eine Berührung von Gott«.
* Darstellungsvariante: »Ich höre darin einen *ganz* großen Trost über die eine Wirklichkeit, meine Wirklichkeit und über die Wirklichkeit der Kirche hinaus! Daß *doch* noch mehr drin ist und noch was anderes möglich ist und uns in Aussicht gestellt ist, als das, was ich in mir sehe und in der Welt und in der Kirche sehe. Und ich möchte mich in dieser Zusage *mehr* festmachen als in dem, was ich bei uns, bei mir, bei der Kirche sehe. Ich finde es aber auch dringend nötig, daß solch ein Satz *mehr* verinnerlicht wird und meditiert wird und seine Wirkung bekommt als eben die anderen Sätze von Opfer und, ja, Vergebung im Sinne von etwas *weg*streichen, *weg*haben wollen, etwas was ausgelöscht, ausgemerzt, durchgestrichen werden muß!«

AKZENTSETZUNGEN UND SCHLÜSSELAUSSAGEN

Die Reaktionen der interviewten Frauen auf die Sicht von Manfred Josuttis sind gekennzeichnet von *Befremden* (elf Frauen) bis hin zu vehementer *Abwehr* (sechzehn Frauen). Durchweg Zustimmung löst seine These nur bei einer einzigen Frau aus (s. o.), die sich gleichzeitig aber von gängiger Sühne- und Opfertheologie eindeutig absetzt. Sprechend sind die *Konnotationen*:

Schrecklich/Erschrecken/	
Abschreckend/Erschaudern:	F 7.12.15.18.24.26.27.
Nichts damit anfangen können/	
Nicht so verstehen/sehen/glauben:	F 5.6.9.15.17.28.
Nein/Schon gar nicht/Überhaupt nicht:	F 3.6.9.13.15.19.
Bombastisch/Abgehoben/	
Hochstilisieren/Riesenhoch:	F 12.13.18.22.
Sich strikt weigern/	
Sich wehren/Widerstand/Abwehrmechanismen:	F 4.7.10.14.

Absurd/Abwegig/Unmöglich:	F 5.23.25.
Menschenopfer/Kannibalismus:	F 7.10.26.
Ekel:	F 10.20.
Fürchterlich/Gräßlich:	F 20.26.
Rundweg Ablehnen/Unmöglich:	F 16.25.
Mir extrem widerstreben/Mich stören:	F 16.23.
Fremd:	F 4.21.
Die Sprache überhaupt nicht mehr mögen:	F 14.
Zu viel Phantasie dazu brauchen:	F 21.
Nicht brauchen:	F 21.
Laß die Theologen reden, was sie wollen:	F 22.
Abstoßend/Unangenehm:	F 8.
Vollkommen unangemessen:	F 20.
Niederdrückend:	F 12.
Gänsehaut:	F 10.

Die Emotionalität der Reaktion ist nicht zu überhören, nicht zu übersehen.
Singulär bleibt die semantische Ebene »aufnehmen, mich öffnen, mich
festmachen« der einzigen o. g. zustimmenden Äußerung. Wenn Josuttis von
»Einverleiben« spricht, nehmen die meisten Frauen ihn so beim Wort, daß
sie sich nicht nur intellektuell davon absetzen, sondern manche von ihnen
auch körperlich mit Abwehr reagieren, bis hin zu Gänsehaut und Ekel als
Ausdruck ganzheitlicher Distanzierung. M. E. ist dies ein Zeichen dafür, daß
sie sich im wahrsten Sinne des Wortes *leiblich* bedrängt, vergewaltigt fühlen.
Ist es vor allem das Stichwort »Inkorporieren/einverleiben«, das diese hef-
tigen Reaktionen auslöst, »Einverleiben ist ein Wort, was mich abschreckt!
Ich möchte *niemanden* einverleiben, mir einverleiben«[32], beziehen sich sich
Abwehr und Kritik aber auch auf die damit verbundene Erlöser/Erlösungs-
vorstellung und die Opfer- und Sühnevorstellung insgesamt.

1. Leib und Blut inkorporieren

Die Gründe, weshalb Frauen so übereinstimmend mit Befremden und
Abwehr reagieren, sind im wesentlichen drei:
1.1. Die These von Josuttis läßt die theologischen Streitigkeiten der
Vergangenheit assoziieren: »Die Sprache erinnert mich einfach zu sehr an

---

32 Elisabeth Ammerstein, F 24; – In »Religion und Eros« bezeichnet Walter *Schubart* den
»Verschlingungstrieb« als »eine typisch männliche Eigenheit«, die deshalb »an Männern
viel häufiger als an Frauen anzutreffen ist« (S. 186), vielleicht erklärt sich auch von daher
die vehemente Reaktion vieler Frauen auf Josuttis, bzw. die fraglose Selbstverständlichkeit, mit der Josuttis von »Inkorporation« ausgehen kann.

meine Jugend, wo wir uns mit theologischen Problemen auseinandersetzen mußten. Inkorporation: Luther und Zwingli. Ich weiß gar nicht mehr, was das alles war, fand ich nur ätzend«[33] und kommt als *theologische Spitzfindigkeit* in der Gegenwart an: »Bei solchen Sätzen habe ich das Gefühl, daß Theologen ihre Wissenschaftlichkeit, ihre Kompetenz, ihre Sprachgewalt beweisen müssen. Ich find ihn so abgehoben und nicht tiefsinnig, daß ich eher denke, laß die Theologen reden, was sie wollen!«[34]

1.2. Die These beinhaltet eine Vorstellung, die Frauen zu direkt ›nach *Blut* schmeckt‹: »Also vielleicht hängt das auch wirklich damit zusammen, daß so dieses, was ich eben schon sagte, daß Blut für mich also erst mal mehr mit Negativem verbunden ist. Also, wenn ich mir wirklich vorstelle, also inkorporieren, das ist quasi so, na ja, ich trinke das jetzt wirklich, also als Blut. Also das hätte für mich wirklich so'n bißchen was Kannibalistisches! Das kann ich wirklich nicht nachvollziehen.«[35] Eine der Frauen argumentiert sehr dezidiert mit dem Abendmahl Jesu: »Da haben sie auch kein Fleisch gegessen, im Sinne von Jesu Fleisch, sondern Brot gegessen und Wein getrunken! – Fertig, Schluß!!«[36] – Einen sehr eigenen anderen Aspekt nennt eine Frau mit dem Hinweis auf den *Lebens*aspekt des Blutes: Dann frage ich mich, wieso muß etwas getötet werden, was Gott doch gerade zum Leben – befohlen, will ich gerade nicht sagen, aber ihm doch das Leben gegeben hat ... Und jetzt soll etwas geschlachtet werden, also ganz kaputtgemacht werden?! Mit welchem Recht eigentlich? Nur, um damit klar zu machen, daß ich zum rechten Glauben finde oder daß ich Beistand durch meinen Glauben finde?! Nee, das kann ich im Blut nicht so sehen! ... Also, Blut ist für mich weniger das, was durch Schlachten entsteht, sondern doch mehr symbolisch so, daß das Leben auch etwas Schönes hat, daß Leben ein gewisses Plus hat, daß das Leben, ja, zur

---

33 Sylvia Imshausen, F 14; Vgl. Iris Gradwohl (F 2): »Ja also, ich weiß nicht, wie ich darauf antworten soll, weil meine Abiturprüfung diese ganzen Auseinandersetzungen und das ganze Hin und Her ... aufarbeiten mußte. Also letztendlich habe ich da im Moment überhaupt keine Meinung zu, weil die sich wirklich um einzelne Wörter so gestritten haben ... und eigentlich beide Seiten am Eigentlichen vorbeigeredet haben«; Im Hinterkopf hat den Abendmahlsstreit um die Elemente wohl auch Karin Homrich (F 17), wenn sie anmerkt: »Also, ich glaube nicht, daß ich da irgendwelche, wie nennt man das? Substanzen in mich aufnehme! Für mich liegt das Erlösende in dem, was *geschehen* ist vor 2000 Jahren ..., nicht nur in dem Tod, sondern auch in dem *Leben* von Jesus und in seiner Auferstehung!«

34 Lore Adler, F 22

35 Yvonne Berber, F 10; Elke Stern unterstreicht (F 9): »Ich seh nicht Blut im Wein, Brot und Corpus! Nein, das seh' ich überhaupt nicht!« Vgl. F 6.13.15.14.26.

36 Nina Ergrath, F 13

Freude da ist und auch in den schweren Zeiten zum Überwinden da ist!«[37]

Die blutige Opfervorstellung ist es, die Frauen aus der These heraushören und vehement abwehren: »Und dieser *Opferungs*gedanke in dieser, ich will's mal so wütend formulieren, in dieser patriarchalen Welt, den ich also überall tagtäglich auch in der Literatur wiederentdecke, der *nervt* mich, weil ich denke, ich brauche kein *Opfer* ... Frauen brauchen das Opfer nicht!«[38]

1.3. Die These geht von einer Vorstellung aus, die Frauen zu materialistisch, zu beziehungs- und geschichtslos erscheint. Zum einen, weil es ihnen um das konkrete Leiden und Sterben eines konkreten Menschen geht:

* »Mir ist das fremd! Gefühlsmäßig bin ich beim Abendmahl schon immer recht nahe dran an diesem Leid, daß auch wirklich ein Mensch dort gelitten hat und gestorben ist und weigere mich aber gleichzeitig strikt, mir vorzustellen, daran auch noch teilzuhaben! Für mich ist das Abendmahl hauptsächlich ein Versprechen!« (Theodora Adam, F 4)

Zum andern, weil es ihnen um Vergegenwärtigung, Gegenwart und Beziehung, – um Personalpräsenz Christi geht:

* »Das kann ich nicht mitvollziehen! Das ist für mich ein geistlicher Vorgang, aber nichts von Körperlichem. Materie hat damit nichts zu tun. Mit geistlich meine ich, daß die Gegenwart Gottes, der Geist Gottes jetzt in Brot und Wein über den Zuspruch Jesu auf mich zukommt, dem Zuspruch seiner Gegenwart.« (Friederike Cassens, F 28)
* »Man kann es auch nicht durch Essen oder wie 'ne Pille, also, irgendwelche Wirkung nun innen drin haben ... Also, Jesus inkorporieren kann ich nicht durch das Abendmahl, also nur durch Wein und Brot! Durch die *Einstellung* hinter dem Abendmahl also, hab ich Jesus dann inkorporiert, aber nicht nur durch Brot und Wein.« (Gerti Christiansen, F 3)
* »Der Leibhaftige Vorgang des Essens und Trinkens ist für mich wichtig, aber *nicht* im Zusammenhang mit Blut trinken und Leib zu mir nehmen! Darum ist es für mich auch wichtig, diese Worte da ändern zu können, nicht so eng fixieren auf Blut! Nicht dies Körperliche. Das Personhafte oder das, was mit Beziehung zu tun hat. Aber nicht dies andere.« (Sabine Eck, F 20)

---

37 Adelheid Sommer, F 15, Zu Blut und Abendmahl im Sinne von *Lebens*-zeichen vgl. auch Gerti Christiansen (F 3): »Symbol für Leben, nicht für Jesu Wunden oder seinen Tod« und Annette Rieth (F 11): »das Blut im Abendmahl, daß es die Möglichkeit gibt, etwas Neues zu machen«.

38 Nora Almquist, F 7, im einzelnen dazu s. u. »Zu Opfer und Sühne grundsätzlich«.

Eine andere Reaktion bezieht sich auf den Aspekt der Individualität:
* »Das entspricht einfach nicht mehr meinem heutigen Bewußtseinsstand! Ich bin ein Mensch im 20. Jahrhundert nach der Relativitätstheorie! Da leg ich Wert drauf, das hab ich zum Teil auch gefühlsmäßig begriffen. Und die Einverleibung einer anderen Person, kann ich jetzt vom Gefühl her nur sagen, widerspricht mir schon von daher *extrem*, weil für mich eine Person in ihrer *Gesamtheit* etwas Einzigartiges ist. Und ich bestehe drauf, daß *ich* was Einzigartiges bin und so *auch* ein anderer. Und ich will mich nicht mit dem anderen vermischen! Und diese Einverleibung käme mir vom Gefühl her wie eine Form der Vermischung vor, die ich rundweg ablehne, weil sie dem Wert meiner Person, aber auch dem Wert eines anderen widerspricht ..., irgendwelche Formen kannibalischer Einverleibung lehne ich *rundweg* ab.« (Ursula Ilmenau, F 16)
Wenn eine der interviewten Frauen sich *zustimmend* zum Stichwort »sich einverleiben« äußert[39], so geschieht dies auf dem Hintergrund allgemein religiöser (oder auch esoterischer) Vorstellung, unabhängig vom Abendmahl: »es ist möglich, es so zu erfahren, daß es eine Berührung von Gott ist. Die geschieht sicher nicht nur da, aber es ist eben eine besondere Möglichkeit, etwas zu essen und sich einzuverleiben. Und ich denke, oder ich weiß auch, daß es so was in vielen Kulturen gibt, daß man etwas ißt, um die Kraft von dem zu bekommen, was man ißt. Das ist eben dann nicht nur ein Stück Fleisch oder Brot oder so.«[40] Ein irgendwie gearteter konkreter Zusammenhang mit der Geschichte Jesu von Nazareth ist nicht mehr zu erkennen.
Ambivalent reagiert eine andere, die die Vorstellung einerseits »absurd« findet, sie andererseits gleichzeitig aber auch nachvollziehbar findet: »weil es nicht ein Weglaufen vor dem Opfer ist, sondern sich dem wirklich ganz, so dicht wie möglich ..., anzunähern und sich damit auch zu verbinden und dem sozusagen auch verpflichtet bleiben« (auch hier wieder Beziehungsbegriffe!), um abschließend zu betonen: »Für mich ist das eher was Symbolisches. Und ich habe, glaube ich, generell mit der, sag ich mal so, Opfertheologie sowieso Schwierigkeiten«[41].

2. ERLÖSER UND ERLÖSUNG

* »Natürlich ist Jesus unser Erlöser ... Aber ich möchte dieses Abendmahl eigentlich nicht so *hoch*stilisieren, ich möchte es eigentlich mehr als ganz normale Handlung sehen, dann wäre für mich dieser Begriff

---

39 Siehe Zitat von Ragnhild Radloff (F 12) unter Stimmen, die den Tenor angeben.
40 Vgl. dazu oben das Zitat von Sylvia Imshausen zum Verständnis der Einsetzungsworte.
41 Tine Uhlenhorst, F 5

›*Erlöser*‹ in diesem Moment also schon wieder viel zu aufgesetzt. Ich möchte Jesus in *dem* Sinne wirklich als Mann neben mir sehen, der *auch* einer von uns ist, oder wir in diese Gruppe mit hineingehören, das wäre für mich einfach natürlicher.« (Nina Ergrath, F 13)

Bezogensein, Einbezogensein ist das, was gesucht wird im Abendmahl, die Nähe zu Jesus, nicht der »Erlöser« an sich. Auch hier ist es schon allein die Sprache, die bei manchen Frauen auf Vorbehalte stößt, weil sie für Inhalte steht, die sie so nicht mehr hinnehmen:

* »Ich kann mit dem Begriff der *Erlösung* nicht so viel anfangen. Für mich hat das was von Heilmachen, Ganzmachen, sich darin finden, Brücken bauen, Distanzen überwinden ... Das Wort ›*Erlöser*‹ ist für mich etwas, was sich auf eine Person bezieht, was sich auf eine Hilfe von *außen* bezieht, auf etwas, was ich nur empfangen kann, auf etwas, was wenig mit mir selber zu tun hat! Und so unbeteiligt will ich weder für mein Leben noch mein Sterben noch für ein Leben nach dem Tode sein. Es *kann* nicht nur von außen kommen! Ich kann keinen Gott glauben, der nur *von außen* gut tun kann.« (Lore Adler, F 22)

Es ist die *Selbst*-beteiligung, die eingeklagt wird, und eine Gottesvorstellung, die auch die *Immanenz* Gottes glaubt. Und Widerstand äußert sich in diesem Zusammenhang auch gegen eine Theologie »von oben herab«, die leer ausgehen läßt:

* »Das Wort ›*Erlöser*‹ löst in mir doch starke Abwehr aus und: nichts damit zu tun haben wollen! ... Für mich hängt es zusammen mit: Von oben herab etwas versprechen. Und man ist ja so klein. Und, ja, und dann diese Hoffnung, die nicht erfüllt wurde. Und all diese antiquierte Sprache insgesamt dabei. Also all das, was ich im Übermaß genossen habe, wo ich auch viel Hoffnung reingesteckt habe, keine Erfüllung gefunden habe! Das alles verbindet sich mit dieser Wortwahl, und da möchte ich einen Schlußstrich gezogen sehen!« (Sylvia Imshausen)

Selbst nicht gesehen zu werden oder zu wenig oder auch ganz einfach falsch, das sind Aussageelemente, die sich bei jüngeren wie älteren Frauen finden:

* »Ich find', die *Erlösung* ist ziemlich allgemein gesprochen und macht irgendwie alle Menschen erstmal schlecht oder alle Menschen traurig oder alle sind im Jammertal, wie das immer so heißt. Und ich finde, daß diese Welt sehr *schön* ist, und daß ich *selber* irgendwie auch zu mir finden kann und zu Gott finden kann.« (Sonja Lohausen, F 1)

* »Ich glaube, ich habe nicht so das Bedürfnis, erlöst zu werden. Ich hab viel mehr so das Gefühl, daß man, um innerlich ruhig zu werden oder immer wieder zu sich zu finden oder die Tangente in sich auszugleichen, daß man da sicherlich Mittel oder Menschen oder Religion

braucht. Nur ... das, oder wie intensiv das ist, das ist, glaube ich, 'ne Frage des einzelnen. Für mich ist ..., in dem Moment fühle ich mich nicht erlöst! Aber ich fühl mich auch nicht gebunden oder verkettet oder wie ein Schwergewicht oder so.« (Rose Gärtner, F 21)

Diese Aussageelemente äußern sich bei einer Frau mit ausgeprägter kirchlicher Sozialisation auch in der Infragestellung traditioneller Theologumena, die ihrer Meinung nach so gar nichts Erlösendes haben, sondern ein Menschenbild entwerfen, das »unten« läßt und dem bloßen Machtmißbrauch der Kirche dient:

* »Erlösend? Ich denke, jede Berührung von Gott *löst* mich von meinem eigenen Verhaftetsein und meinen Ängsten oder meinem Kreisen um mich selber, und das wünsche ich mir auch so. Also, in *dem* Zusammenhang gedacht, ja! Aber nicht wie sonst immer gesagt wurde, über all die Jahrhunderte hinweg: Erlösung von unserer Schuld und von der Urschuld und all diesen Sachen! Das finde ich alles ziemlich schrecklich! – Weil es mich niederdrückt! Es bestätigt das, was so und so in allen Menschen schon ist. Und ich glaube, daß Kirche da ihre Macht benutzt hat, um Menschen da unten zu *lassen*. Und sie hat ihnen keinen Mut gegeben, sich aufzurichten, sondern sie hat das abhängig gemacht von bestimmten Ritualen, – ja!« (Ragnhild Radloff, F 12)

Diese Äußerung zeigt zum einen, in welchem Kontext die Aussage von Josuttis von Frauen gehört werden kann und welch weitreichende Anfragen sich zum andern damit für Frauen verbinden können, Anfragen an die Kirche im Hinblick auf ihren Umgang mit der Macht im Zusammenhang mit Sünde und Vergebung.

2.2.3. Zu Opfer und Sühne grundsätzlich

VORWEG STIMMEN, DIE DEN TENOR ANGEBEN[42]

* »Es soll kein Mensch für mich geopfert werden, das *möchte* ich einfach nicht, genausowenig wie ich mich für andere opfern möchte.«
* »Sühne, Opfer, das hat auch so was von: ›Ach Mensch, dieser arme Kerl, was soll das?!‹, so. Er hat zweifelsohne die Menschen geliebt und hat furchtbar viel für sie getan und hat das auch durchlitten. Aber Sühne, Opfer, das ist mir viel zu fremd, und ich *möchte* das eigentlich nicht so sehen, das Opfer in dem Sinne.«
* »Opfer-Sühne: Ich weiß, daß es theologisch eben mit reingehört in die Bedeutung des Abendmahls, die Geschichte mit Vergebung, mit Sühne,

---

42 Annette Rieth (F 11, Nina Ergrath (F 13), Ulrike Jeremias (F 6), Lore Adler (F 22), Nora Almquist (F 7), Iris Gradwohl (F 2)

mit Sünde, mit Schuld, auch mit wieder Reinwerden dadurch ... Ich
verstehe es nicht so!«

* »Ich kann keinen Gott *glauben*, der *Opfer* braucht! Ich kann einen Gott
glauben, der in dieser Welt Leiden nicht ausschließt. Aber Opfer hat für
mich immer auch etwas von *bewußter* Aktion. So wie ich keine sich
opfernden Menschen mag, wohl aber zu Leiden viel Zugang habe, kann
ich keinen Gott glauben, der Opfer *braucht* und Opfer *will*, um eines
wie auch immer gearteten Heils willen.«

* »Ich denke, ich brauche kein *Opfer*! Ich muß selber nicht Opfer
werden! Ich hoffe, daß ich es hinkriege, mich aus der Opferhaltung zu
befreien. Und ich möchte auch selbst nicht opfern oder durch Opferungen in irgendeinen anderen spirituellen Zustand z. B. geraten. Ich denke,
Frauen brauchen das Opfer nicht.«

* Darstellungsvariante: »Das ist für mich eigentlich ziemlich das
Entscheidende bei der ganzen Sache ... daß ich für das Ganze, was ich
getan hatte, eigentlich auch Strafe verdient hätte vor Gott ..., daß Jesus
das auf sich genommen hat und für mich getragen hat und mich davon
freigemacht hat, von dieser Schuld und auch vor allem von den
Verletzungen.«

AKZENTSETZUNGEN UND SCHLÜSSELAUSSAGEN

Nur *drei* Frauen äußern sich im Sinne traditioneller Opfer- und Sühnetheologie, eine von ihnen so, daß für sie keinerlei Fragen offen bleiben.
Während *dreiundzwanzig* Frauen zum Teil erhebliche Anfragen haben oder
sich längst von einer Deutung des Todes Jesu und einem Verständnis des
Abendmahls im Sinne der Opfer- und Sühnevorstellung verabschiedet
haben.[43]

1. ZU OPFER ALLGEMEIN

Daß *über die Hälfte* der Frauen auf den Sinn oder die Sinnlosigkeit von
Opfer im alltäglichen Leben zu sprechen kommen, zeigt, wie nahe ihnen
die eigenen Erfahrungen mit Opfer/Opfern/Opferhaltung liegen, sieben in
positivem Sinn, für neun Frauen mit (großen) Fragezeichen versehen.[44]

---

43 Zur Übereinstimmung mit der Sühne- und Opfertheologie vgl. F 2.3.28, wobei nur für Iris
Gradwohl (F 2), deren kirchliche Sozialisation und Glaubensauffassung eher evangelikal
geprägt sind, *nichts* im Zusammenhang der Sühne- und Opfervorstellung fraglich ist.

44 Eher *positiv* vgl.: F 2.3.17.19.26.27.28, eher *ablehnend* oder mit *Fragezeichen* vgl.: F
4.7.9.11.13.16.22.24.25. – Schon an dieser Auflistung läßt sich erkennen, daß es keine
Frage des Alters ist und, wenn man sich die biographischen Daten der einzelnen
vergegenwärtigt, auch keine Frage der Lebensform.

Stichworte und Aussagen im Zusammenhang einer *positiven* Einstellung zu Opfer:

Freiwillig:	F 4.17.26.28.
Lebensrettend/lebensermöglichende Selbsthingabe:	F 9.19.26.27.
Um Gottes Willen mir Wichtiges aufgeben:	F 2
Gegenseitig:	F 13

* »Opfer zu bringen, damit neues *Leben* entstehen kann! Und dann hat es einen ganz anderen Sinn, dann hat es nicht den Opfergedanken von: Ich muß etwas hergeben, oder ich muß etwas hingeben, sondern immer in der Umkehrung zum neuen *Leben*, so etwas, was wieder lebendig und neu werden kann.« (Ines Martin, F 19)
* »Opfer heute? Also, Opfer ist so ein furchtbar großes Wort. Opfer ist für mich *immer* Hingabe, – nicht, um etwas zu erreichen, sondern weil ich es so *will* und weil etwas, was *mir* sehr wichtig ist, dadurch besser leben kann oder am Leben erhalten werden kann.« (Grete Eichbaum, F 26)
* »Daß Opfer notwendig ist, daß Opfer in dieser Welt immer wieder gebracht worden sind und diese Welt auch gedüngt und befruchtet haben, das glaube ich bis hin zu den letzten Opfern, Bonhoeffer oder andere Menschen, die gekillt werden, weil sie am Altar stehen wie Bischof Romero.« (Lydia Hall, F 27)

In Opposition dazu stehen Konnotationen wie:

Aufopfern/Selbstaufgabe:	F 4.7.9.
Machtausübung:	F 24.
Opferrolle/Opferhaltung:	F 7.9.16.24

als Ausdruck *negativer* Einschätzung. Mit den Worten zwei jüngerer Frauen:

* »Früher fand ich Opfer sehr nötig. Heute bin ich davon ziemlich ab. Ich neige dazu, mich aufzuopfern, vielleicht nicht so besonders dramatisch, aber doch, – im Alltäglichen. Und ich möchte davon weiter wegkommen, eher *freiwillig* geben.« (Theodora Adam, F 4 – Single)
* »Opfer – Nein, das finde ich furchtbar! Weil, ja, im Familienleben ist so diese Opferhaltung – Bei meiner Schwiegermutter merke ich das sehr oft, nicht für mich, aber sie opfert so ihr Leben für ihren Mann, für ihre Familie. Und dann sag ich, sie hat nie richtig gelebt, und das möchte ich nicht! ich bin gerne für andere da, aber ich opfere mich *nicht*! Das will ich nicht, denn dann geb ich Persönlichkeit auf und das ist für mich *überhaupt* nicht drin! – Also, wie gesagt: Gerne Hilfe für die anderen, ja. Aber daß sich jemand für mich opfert in dem Sinne, daß er sein Leben für mich aufgibt und zwar seine Persönlichkeit, nee!« (Elke Stern, F 9 – Familienfrau)

Oder mit der Selbsterfahrung einer der Älteren:
* »Ich selber habe die Opferrolle auch gespielt in unserer Familie, und es ist nichts Gutes gewesen! So jetzt von der Psychologie her gesehen, habe ich mit dieser Opferrolle auch eine gewisse *Macht* ausgeübt, das ist mir *nie* klar geworden, aber es *ist* so! Und es hat der Familie nicht zum Guten gedient. Ich denke, daß in meiner Opferrolle mit ein Teil unseres Chaos liegt, insofern hör ich das Wort Opfer nicht gerne.« (Elisabeth Ammerstein, F 24 – Familienfrau)

Entscheidend ist für Frauen der Aspekt des *Lebens*, bei ihrer Ablehnung von Opfer, Opferrolle und Opferhaltung als lebensmindernd, wie bei der Unterstreichung der Bedeutung von Opfer als lebensrettend, lebensermöglichend. In beidem wird die Aktion betont, die *Freiwilligkeit*, die eigene Entscheidung.

2. ZUM OPFER JESU

Daß beide Einstellungen zu Opfer allgemein, die potentiell positive wie die grundsätzlich kritische, ausgesprochen oder unausgesprochen auch die Aussagen zum Opfertod Jesu mitbestimmen, ist offensichtlich, so z. B. in bejahendem Sinn:

* »Ich probier das immer irgendwie auf mir verständliche Beziehungen zurückzuführen. Und das, denk ich, ist auch oft so, wenn man sich mit jemandem streitet oder so, dann ist da irgendwas dazwischen und dann muß der eine oder andere eben, ja, was tun, ein *Opfer* bringen: zu dem anderen hingehen, sich entschuldigen oder sonst was, um diese Beziehung wieder zu bereinigen. Und so seh ich das eben auch, daß Jesus das gemacht hat, daß *er* eben dadurch, daß die Menschen von Gott getrennt waren, der Mittelweg dazwischen war.« (Gerti Christiansen, F 3),

oder ablehnend:

* »Ich hab' *Abwehr* gegen dieses Lamm und gegen diese *Opfergeschichte*, weil ich 'ne ziemliche Geschichte mit eigener Opferrolle habe und *heilfroh* bin, es geschafft zu haben, die Opferrolle loszuwerden, ohne zum Täter zu werden. Und wenn Christen sich als Lämmer verstehen, wird mir schlecht, weil ich dahinter im Grunde genommen, glaube ich, das richtige Gespür hab: Diese ›Lämmer‹, die sind sehr oft dazu fähig, gleich die nächste Ohrfeige in peto zu haben, weil sich das gegenseitig bedingt. Also, ich mag keine Menschen, die Lämmer sind. Und ich mag auch keine Täter, sondern ich mag normale, selbstbewußte Menschen! – Ich erinnere mich, daß ich was damit anfangen konnte, zunehmend kann, mit einer Rolle Christi, der bereit ist, alle Konsequenzen auf sich zu nehmen.« (Ursula Ilmenau, F 16)

So eigen die letztgenannte Stimme ist, so sehr steht sie doch auch für viele andere Frauen. Wie oben bereits erwähnt, stößt die Opfer- und Sühnevorstellung als Deutekategorie des Todes Jesu bei den meisten Frauen auf Widerstand. Hinterfragt wird von *fünfzehn* Frauen die Deutung des Todes Jesu als Opfer »für uns«[45], dies in Verbindung mit dem *Jesusbild* wie dem *Menschenbild*, das die Opfer- und Sühnetheologie bestimmt. *Neun* Frauen stellen ausdrücklich die hinter der Opfertheologie stehende *Gottesvorstellung* in Frage, die Gott als Subjekt der Opferung Jesu sieht, wehren sich dagegen, zu glauben/glauben zu sollen, daß Gott-Vater Jesus, den Sohn, opfert.[46] Auch an dieser Stelle kann ein Blick auf die *Konnotationen* verdeutlichen, wie engagiert Frauen sich äußern, wie betroffen sie reagieren:

Nicht sehen/nicht akzeptieren/	
nicht nachvollziehen/vorstellen können	F 6.9.11.15.17.22.26.
Martialisch/brutal/grausam/grauenhaft/	
schrecklich/furchtbar/blutig	F 4.8.10.17.25.
Konsequenz seines Lebens/unausweichlich	F 10.16.17.26.
Fremd/Befremdlich	F 13.18.27
Schwierig/Schwierigkeiten	F 5.16.20
Geschlachtetwerden/Schlachthofgefühl/totmachen	F 8.9.15
Nicht glauben/wollen/können:	F 10.12.22.
Nicht brauchen/nicht zutreffen/nicht nötig haben	F 7.11.12
Nicht mögen	F 11.13.25
Gemarterter	F 20.25
Nicht: »für mich«	F 21.23
Abwehr/mich wehren	F 16.25
Warum	F 3
Über jede Grenze/über mein Verständnis gehen	F 4
Sich sträuben	F 4
Damit kämpfen/Wütend/Nerven	F 7
Folter	F 25
Sadismus	F 25
Zutiefst Empören	F 25
Mittelalterlich von oben bis unten	F 27
Mir in die Quere kommen	F 28
Darstellungsvarianten:	
Entscheidend finden/Leicht den Zugang finden	F 2.28

---

45 Vgl. F 5.6.7.8.9.11.13.15.16.17.18.21.23.25.26.
46 Vgl. dazu: F 4.8.10.12.17.22.25.26.27

Nur *vereinzelt* wird, wie gesagt, etwas davon laut, daß mit dem Opfer Jesu existentiell Heilsames verbunden wird. Im Mittelpunkt stehen hier traditionelle Theologumena. So wird der Tod Jesu als Versöhnung und Aufhebung der Gottesferne gesehen: »Opfer hat immer etwas mit jemanden versöhnlich stimmen zu tun. Also diese Ferne, diese Gottesferne wieder aufzuheben zwischen Menschen und Gott in der Versöhnung durch das Opfer, das Jesus um sein Leben gebracht hat, für uns, damit diese Verbindung wieder da sein kann. In *dem* Sinne hat Opfer für mich einen *lebensgewinnenden* Aspekt.«[47]

Während sich die zitierte Frau aber später sehr pointiert von einer Verknüpfung des Opfers Jesu mit einem bestimmten Sündenverständnis/ -bekennntnis absetzt[48], steht dies bei den drei anderen Frauen im Vordergrund, so z. B. in der Abwehr möglicher Anfragen an die Gottesvorstellung: »Für mich ist an der Stelle gar nicht die Schwierigkeit, daß *Gott* mit Blut und mit Tod und Lebenshingabe versöhnt werden muß. *Er* braucht es doch nicht, aber für *uns* sehe ich in dem gekreuzigten Christus den Ort, wo Schuld abgetan werden kann ... im Sinne von Gerechtigkeit. Schuld muß *gesühnt* werden, für uns, für uns! Es ist doch im Menschen ein Gefühl oder ein Bedarf an Gerechtigkeit, an Sühne, ja, an Antwort auf Schuld, Sünde, – sicher nicht als moralische Verfehlung und als eine ganze Latte von Versäumnissen und Versagen, sondern mehr als Grundhaltung Gott gegenüber, als ein sich ihm Verweigern, als Protest.«[49]

Was für einige wenige existentiell überzeugend geblieben ist, ist für die anderen zur Frage geworden. Da die Interviewaussagen in diesem Zusammenhang quantitativ besonders ausführlich und qualitativ besonders gewichtig sind, sollen sie im Folgenden ausführlicher zitiert werden.

---

47 Ines Martin, F 19, vgl. F 2.3.28
48 Ines Martin (F 19), Zitat s. unter »Anfragen an das Menschenbild«
49 Friederike Cassens, F 28; Vgl. Iris Gradwohl (F 2): »Weil ich denke, daß der Mensch durch Sünde von Gott getrennt ist, daß Gott einfach mit Schuld eben nicht vereinbar ist und daß deshalb, weil Gott den Menschen, den einzelnen Menschen ..., so liebhat, daß er, also, für ihn persönlich und für mich persönlich einen Ausweg wollte und mit ihm wieder Gemeinschaft haben wollte, mit dem Menschen, den er sich auch eigentlich zur Gemeinschaft geschaffen hatte. Ja, daß er deshalb ein Stück von sich hergegeben hat, seinen Sohn hergegeben hat, als Opfer dafür«; – Gerti Christiansen (F 3): »Wenn jemand fünfzigmal was falsch gemacht hat, irgendwann wird man ein bißchen ungeduldig. Also, Jesus ist für mich sozusagen als Garantie geschickt worden, daß Gott nicht irgendwann ein bißchen ungeduldig wird. Und da seh ich eigentlich so den Sinn, warum er als Opfer eingetreten ist: weil er die permanente Brücke ist«.

Anfragen an das Gottesbild

Zentrale Aussage ist: »Ich *kann* Jesus nicht als Opfer sehen, was Gott *gewollt* hat«[50]. Gott auf der Seite von Gewalt und Tötung denken, glauben zu sollen ist es, was dabei vor allem ihren Widerspruch hervorruft:

* »Das heißt ja sogar: ›Wie es in der Schrift steht‹ oder ›Damit die Schrift erfüllt wurde‹, also dieses Vorherbestimmte: Das *mußte* so grauenvoll enden mit Jesus Christus, weil Gott es sich sozusagen vorher so ausgedacht hat, das finde ich ganz schrecklich!« (Yvonne Berber, F 10)
* »Christe, du ›*Lamm Gottes*‹, dieses Geschlachtetwerden, das ist ja irgendwie eine ganz grausame Vorstellung! Das ist ja überhaupt nichts Liebevolles!« (Ruth Abendrot, F 8)
* »Ich glaube nicht an einen Gott, der böse ist, weil wir nicht so sind, wie wir könnten oder sollten. Ich glaube an einen Gott, der bedingungslos liebt!« (Ragnhild Radloff, F 12)

Und dazu gehören für eine der Frauen auch die potentiellen Implikationen und Konsequenzen eines Gottesbildes, das mit der Gewalt paktiert, statt mit der Liebe Gottes ernst zu machen:

* »Ich mag keinen Sadismus, der in der Opfertheologie ganz gewiß mit enthalten ist. Ja, ich bin sogar der Meinung, daß diese Art von Theologie zu dem Sadismus der Glaubenseiferer und zu den Grausamkeiten in dieser Welt beigetragen hat, indem sie es sanktioniert … Daß das mit Folter und Kreuzestod sein muß, daß also, wie ich das sehe, Brutalität sanktioniert wird durch einen höheren Zweck, das ist das, was mich zutiefst empört! Was ist das für ein Gott, der dieses Opfer, das mit Folter und Entwürdigung zusammenhing, *wollte*?!« (Sophie Mangold, F 25)

Manchen der Frauen erscheint dieses Gottesbild angesichts der *Vater-Sohn* Beziehung umso problematischer[51]:

* »Der Vater, der seinen Sohn opfert, obwohl er ihn zutiefst liebt. Ich denke auch, daß eine Mutter oder Frauen überhaupt wohl nicht auf den

---

50 Karin Homrich, F 17; Vgl. u. a. F 10.22.26.27.
51 Betont wird dieser Aspekt in F 4.25.26.27, wobei Lydia Hall (F 27) als einzige den Akzent auf *Befehl* und *Gehorsam* legt: »Das Opfer Christi ist für mich etwas Besonderes. Und ich habe da ganz große Ehrfurcht! Nur, daß Gott – als der Vater angeordnet haben soll: Nun geh in die Welt und mach das in Ordnung, die sind abgefallen, und nun wirst du in die Bresche springen. Dieser Vorgang, der ist mittelalterlich für mich von oben bis unten. Und Befehl und Gehorsam, das kann ich nicht so gut!«

Gedanken kämen, zu opfern oder gar ihre Kinder zu opfern! Es hat ja etwas Martialisches. Und es hat etwas, was über *jegliche* Grenze geht, den Sohn zu opfern. Das geht über mein Verständnis! – Insofern könnte ich mir schon andere Abendmahlsformen vorstellen, die Frauen miteinander feiern.« (Theodora Adam, F 4)

* »Also, was mich an dieser ganzen Passionsgeschichte auch am tiefsten rührt, ist die Rolle der *Maria*, die ihren Sohn nachher auf dem Schoß hat, und das ist für mich eine natürlichere und zu Herzen gehende Beziehung als ein Gott, der seinen Sohn opfert.« (Sophie Mangold, F 25)

Deutlich wird hier, wie sehr es die Opfer- und Sühnevorstellung ist, die sich für Frauen mit der kirchlichen Abendmahlspraxis verbindet und sie an andere Formen von Abendmahlsfeier denken läßt. Aber es bleibt nicht bei ihrer Ablehnung, angesprochen wird auch die Notwendigkeit und die Möglichkeit, ein anderes Bild zu gewinnen:

* »Um diesen Kreuzestod und den Opfergedanken ... zu verstehen oder *neu* zu interpretieren, ist es meiner Meinung nach erforderlich, daß man sich auf die Wurzeln unseres Glaubens zurückbesinnt, nämlich auf das Judentum und ins Alte Testament guckt, was dort über Opfer, über Menschenopfer gesagt wird: Wo durch das ganze Alte Testament hindurch, in den Propheten und den anderen Büchern – immer eine ganz klare *Absage* Gottes ist an Menschenopfer!« (Karin Homrich, F 17)

Wie so oft in den Interviews mit den befragten Frauen ist auch diese Stimme ein Beispiel dafür, wie eigenständig sich Frauen theologisch Gedanken machen und wie selbstbewußt sie diese einbringen.

Anfragen an das Jesus-/Christusbild

Zum einen steht dabei im Vordergrund, Jesus nicht als Objekt getötet sehen zu wollen, sondern als Subjekt. Tenor: »Ich glaube nicht, daß das Gott gewollt hat, sondern, also Jesus hat sehr konsequent gelebt, so!«[52] Zum andern ist es grundsätzlich die Konzentration oder auch Fixierung auf Kreuz und Tod, die manche der Frauen nicht nachvollziehen können:

* »Was Jesus *gelebt* hat, daran orientiere ich mich, aber weniger direkt an dem Sterben, das hat ein stückweit für mich, glaub ich im Moment, eher schon etwas Tragisches, als eben der goldene Höhepunkt zu sein«. (Tine Uhlenhorst, F 5)

---

52 Yvonne Berber, F 10; Entsprechend: F 16.17.26.

* »Für mich ist Christus nicht derjenige, der geopfert wird, sondern der Auferstandene, als Symbol, daß das Leben weitergeht, daß das Leben –, ja, existent ist. Und daß es die Möglichkeit gibt, auch Tiefpunkte im persönlichen Leben zu überwinden.« (Annette Rieth, F 11)
* »Wo soll denn das hinführen, also, wenn ich mir nur immer den Gemarterten ansehe und es das ist, wo Gott nahe ist, entweder werde ich Masochist oder Sadist, Masochistin oder Sadistin! Ich finde, daß der sogenannte Opfertod Christi im *totalen* Gegensatz zu seiner Lehre steht, und darum glaube ich auch nicht daran. Ich halte es schlicht für nicht-jesuanisch, weil er, Jesus, eigentlich zum Leben aufgerufen hat, zum Leben Mut gemacht hat! Und daß er in den Tod gegangen ist aus irgendeinem positiven Grunde, sehe ich nicht.« (Sophie Mangold, F 25)

Es ist das *Leben*, an dem sie sich orientieren wollen, nicht der Tod. Deshalb wird auch in diesem Zusammenhang darauf verwiesen, daß der Tod nicht das *Ende* war und deshalb das Opfer Jesu (als genitivus subjektivus!) als sinnvoll angenommen werden kann:
* »Ja, ich glaube, daß das *unausweichlich* war, nachdem wie er gelebt hat und seine Umwelt provoziert hat! Opfer insofern, als das unausweichlich *war*, wenn dieser Mensch Jesus seinen Weg konsequent bis zum Ende weitergehen wollte. Und daß das möglich ist und daß trotzdem die Geschichte damit nicht zu Ende ist, sondern weitergeht, das finde ich bei diesem Opfer, wie bei dem Opfer des Lebens anderer Menschen, die es auch hingegeben haben für andere, letztlich wieder tröstlich, wenn sie denn namentlich bekannt sind, daß es *nicht* ein vergebliches Opfer war. Sinnlose und vergebliche Opfer finde ich *grausig*.« (Grete Eichbaum, F 26)

Und es ist das dogmatisch vorgegebene »*Ein-für-allemal*«, das bei Frauen auf Widerspruch stößt:
* »Da wird es dann jetzt ganz *schwierig*, weil ich das einfach nicht mehr so in dem Sinne glauben kann, so ganz direkt und konkret, wie ich das früher mal geglaubt habe. Also, daß sein Tod nun so ein Akt war ein-für-allemal, der alle Sünden weggenommen hat, damit hab ich *ganz* große Schwierigkeiten! Obwohl ich auf der anderen Seite für mich die Erfahrung gemacht habe. Also das krieg ich eigentlich schwer zusammen, diese Aussagen da, so global, und mein persönliches Erleben. Also, wo das stimmt, also für mich, möchte ich es dabei oder muß ich es dabei bewenden lassen. Und ich merke, ich möchte darüber auch nicht hinausgehen.« (Sabine Eck, F 20)
* »Daß da *einer* die Sünde der Welt trägt, damit kann ich auch nichts an-

fangen, weil, die Sünde ist erstens überhaupt nicht weniger geworden, es gibt nicht ein einziges Verbrechen oder eine Untat weniger als vorher!« (Grete Eichbaum, F 26)

* »Und ich kann nicht annehmen und mich nicht darin betten: *Damals* ist es geschehen, und *nun* habe *ich* keine Sünden mehr! Das kann ich so nicht annehmen! Es klingt jetzt etwas streng, denn annehmen kann ich es wohl als Dank, daß Jesus auf der Welt war. Für mich bedeutet Auferstehung auch etwas, und Heiliger Geist bedeutet für mich viel. Aber dies Einmalige, Jesus hat *die* Sünden an's Kreuz getragen, da habe ich Schwierigkeiten. Und das kommt dann beim Abendmahl mehr oder weniger.« (Lydia Hall, F 27)

Für eine Frau wiederum ist dagegen die Einmaligkeit, verbunden mit der Einzigartigkeit, das Entscheidende:

* »Mir ist ein Wort in diesem Zusammenhang sehr wichtig, dieses: ›Ein-für-alle-mal‹! Daß das Opfer Jesu wirklich etwas *Einmaliges* ist, ein Opfer, das nur *er* so bringen kann. Das drückt sich für mich aus in diesem: ›Vater vergib ihnen, sie wissen nicht, was sie tun‹. Er stellt sich also zwischen Gott und die Aufrührer, die Gott abgesagt haben, die Gott abgelehnt haben in seinem Sohn. Und das ist etwas Einmaliges, und das kann ich mit keinem Opfer in irgendeiner Weise vergleichen oder etwa nachvolllziehen«. (Friederike Cassens, F 28)

Konsens aber ist in allen Äußerungen, daß das *Subjekt*sein Jesu betont wird.

Anfragen an das Menschenbild

Nicht daß Frauen meinen, auf Vergebung verzichten zu können. Es ist die Verknüpfung von *Tod* und *Vergebung*, von *Gewalttat* und *Sühne*, auf die sie reagieren:

* »Ich wehre mich nicht gegen Sündenvergebung im Zusammenhang mit Abendmahl, sondern gegen das *Opfer*, das für meine Sünden gebracht worden ist!« (Sophie Mangold, F 25)

* »... für mich ist das nicht zentral mit der Kreuzigung Jesu verbunden, well es unendlich schöne Texte im Alten Testament gibt, wo Gott aussagt, daß er Sünden vergibt und Missetaten nicht zurechnet... Vergebung spielt für mich eine Rolle, aber nicht gekoppelt an den Tod Jesu!« (Karin Homrich, F 17)

Nur zwei Frauen finden über ihre Anfrage: »daß ein Mensch sterben mußte und daß es auf keine andere Weise geht«[53] hinweg. Die Ältere,

---

53 Friederike Cassens, F 28

indem sie es als »Geheimnis« Gottes versteht »vor dem sie einfach schweigen muß«, und das anzunehmen sie als »eine wirklich spürbare Befreiung«[54] erlebt hat, die Jüngere etwas leichtfertiger, indem sie sich festmacht an »Erfahrungen mit Jesus« im Sinne konkret erfüllter Wünsche[55]. Für die anderen aber bleibt der Anstoß daran unüberbrückbar. Was ihnen ganz und gar nicht mehr wie selbstverständlich einleuchtet, ist vor allem das *Menschenbild*, das hinter der *Sühnevorstellung* steht. Zu kurz kommt ihnen darin das Moment der Selbstverantwortung, und zu moralisierend scheint ihnen der Sündenbegriff.

Zum Stichwort Selbstverantwortung: In Opposition steht stereotyp: »Für unsere Sünden gestorben« und: »Für meine Sünden selbst verantwortlich sein«, explizit in *acht*, implizit in *sechs* Interviews![56]. Aussagen wie: Mir vorstellen können, »daß da Sühne hinmuß«[57] und: »Schuld muß gesühnt werden«[58] fallen insofern aus dem Rahmen. Die Hälfte der Frauen bringt anderes zur Sprache, unabhängig von Alter, Lebensform und kirchlicher Sozialisation:

* »Daß Jesus geopfert wurde, um mich von Sünden zu erlösen, das, finde ich, hat etwas sehr Abstraktes. Ich fühle mich eigentlich selber zwar erlöst, aber trotzdem verantwortlich für mein Tun.« (Tine Uhlenhorst, F 5)
* »Und dann hab ich mich auch manchmal gefragt, ja, warum *Jesus* sozusagen sterben mußte, warum *wir* das nicht selber wieder in Ordnung bringen können?! Ich kann ja auch, wenn ich was falsch gemacht hab, zu dem hingehen und sagen, es war falsch, und dann wird es bereinigt.« (Gerti Christiansen, F 3)
* »Ich stehe *aufrecht* vor Gott, und ich habe nicht ein Opfer und eine Versöhnung von Jesus nötig, um mich Gott wieder nähern zu können, das finde ich *völlig* daneben, diese Auffassung.« (Ragnhild Radloff, F 12)
* »Für mich ist der Tod von Jesus ein Sinnbild, ein Zeichen für uns, daß wir auch sterben werden, aber daß wir auch, wie auch immer, nach dem Tode weiterleben werden. Aber mit meinen Sünden, dafür bin *ich* verantwortlich, hat das eigentlich nichts zu tun. Ja, es ist, das wäre

---

54 Dies., ebd.
55 Gerti Christiansen (F 3): »Und was ich nicht verstehe, also, man muß dann einfach so auf die Erfahrung gucken: Was hab ich für Erfahrungen mit Jesus gemacht . . ., hat es das gebracht, was ich mir gewünscht habe. Wenn es das tut, denk ich, kann man auch ein paar Fragen stehen lassen, die nicht so ganz klar sind.«
56 Explizit vgl. F 3.5.13.15.16.25.26.27, implizit vgl. F 7.9.11.12.22.23.
57 Iris Gradwohl, F 2
58 Friederike Cassens, F 28

dann wieder dieser Opferungsprozeß: Jesus stirbt, weil wir eben ›arme Sünder‹ sind. Und er opfert sich für uns, damit wir es später irgendwann einmal gut haben. Das kann ich eigentlich wieder nicht so für mich akzeptieren.« (Nina Ergrath, F 13)

* »Sühne, ich weiß nicht? Ich kann einfach das, was ich in meinem Leben mache, entscheide und ..., das kann ich doch nicht einfach *sühnen*! Ich kann bereuen, daß ich etwas getan habe, was dem anderen weh getan hat, aber *sühnen*, damit kann ich nicht so recht 'was anfangen.« (Adelheid Sommer, F 15)

* »Schuld wird jedoch, meine ich, nicht durch einen ›Sündenbock‹, auf den wir alles abladen können, getilgt, sondern dadurch, daß wir die Schuld in unsere eigene Verantwortung nehmen und wiedergutzumachen suchen.« (Sophie Mangold, F 25)

* »Und daß da ein Mensch stellvertretend für meine Fehlleistungen und mein Fehlverhalten und das anderer Leute bestraft werden soll, da kann ich gar nichts mit anfangen, weil ich denke, daß jeder auch für seine eigenen Sachen einstehen muß. Daß es so etwas gibt wie *Vergebung*, das glaube ich, und das finde ich sehr schön, und das ist für mich mit das Wichtigste am christlichen Glauben!« (Grete Eichbaum, F 26)

* »Aber dies Einmalige: Jesus hat die Sünde an's Kreuz getragen, da habe ich Schwierigkeiten. Weil ich einfach erfahren habe, daß das, was meinen Abstand zu Gott bewirkt: Lieblosigkeit, Reizbarkeit, auch dicke Fehlleistungen in Lüge oder irgend etwas, was ich von mir weiß, daß ich das selber an Konsequenzen austrage. Entweder durch Bereinigung von Mensch zu Mensch oder durch Verarbeitung in mir oder durch Gebet bin ich dafür verantwortlich.« (Lydia Hall, F 27)

Frauen kommen sich von dem traditionellen Verständnis von Erlösung, angesichts theologischer Formeln und kirchlicher Formen, entmündigt vor und klagen ihre Selbstverantwortlichkeit ein, und dies keineswegs im Affekt. Ihre Äußerungen spiegeln wider, daß sie sich *längst* eigene Gedanken gemacht haben, zu einer eigenen Einstellung gefunden haben. Daß ihre Aussagen nicht frei sind von Ambivalenz, – z. B.: »ich fühle mich zwar erlöst, aber trotzdem sehr verantwortlich« – ist ein Zeichen dafür, daß es kurzschlüssig wäre, sie als generelle Absage an christliche Erlösungsvorstellung und Rechtfertigungstheologie verstehen zu wollen. Was zum Ausdruck gebracht wird und theologisch zu berücksichtigen ist, ist, daß Frauen so weit wie möglich für sich selbst eintreten wollen, vermutlich, weil ihnen eben das über Jahrhunderte hinweg abgesprochen wurde.[59]

---

59 Vgl. u. a. A.V.4., S. 131

Zum Sündenbegriff: Mit der Vorstellung vom Sühnetod Jesu verbindet sich für einige der Frauen ein moralisches Sündenverständnis, das sie skeptisch fragen läßt »*Mußte* das sein, mußte Jesus sterben, sind wir wirklich so schlecht, daß dazwischen 'ne Trennung ist, weil irgendjemand mal was falsch gemacht hat?!«[60] was sie als »niederdrückend« beschreiben: »durch die gesamte tragische Atmosphäre, die vielleicht auch so 'was haben kann wie: Du kleiner böser Mensch, deinetwegen!«[61] oder aufgrund dessen sie sich mit permanenten Verhaltensmaßregeln und Schuldzuweisungen konfrontiert sehen. Die Folge ist, daß Frauen sich innerlich absentieren oder auch sehr ausdrücklich mit der gesamten Opfertheologie nichts zu tun haben wollen:

* »Aber letztendlich auch durch diese Vorstellung von Sühne, durch solche automatische Handlung, das hat ja fast was von Ablaß oder so. Und dann ist es auch eher so eine Form, sich innerlich dann doch irgendwie rauszuhalten« (Tine Uhlenhorst, F 5)
* »Wenn ich aber immer auf dieses Opfer verhaftet werde und mich entsprechend verhalten muß, damit ich an diesem Opfer auch nur annähernd teilhaben darf ... Also, Sünde, Schuld, all diese Begriffe sind für mich Begriffe geworden, von denen ich merke, wenn Du mich fragst, daß ich mich ihnen überhaupt nicht mehr stellen will! Daß ich sage, da werden immerzu Schuldzuweisungen gemacht, da wird mir gesagt, wenn ich mich nicht in einer bestimmten Weise *entsprechend* verhalte, dann ist es *Sünde.*« (Ines Martin, F 19)
* »Ich will dieses *Opfer* nicht, es ist mir viel zu groß! Und ich kann mir nicht vorstellen, daß meine Sünden so groß sind, daß ein solches Opfer nötig gewesen ist, um Gott zu versöhnen. Es kann aber sein, daß, wenn man wirklich mal in sehr großer Schuld ist, man tatsächlich danach verlangt, daß also das Äußerste an Opfer gebracht wird. Ich kann mir solche Situation vorstellen, aber das ist für mich nicht die Regel. Und ich denke, das müßte auch friedlicher abgehen können oder die Vergebung müßte leichter zu haben sein. Das ist für mich einfach ein grauenhafter Gott, der dieses Opfer verlangt hat.« (Sophie Mangold, F 25)

Keine Frage ist, daß diese Stimmen ein Signal dafür sind, wie sehr es in Theologie und Kirche an einem Sündenverständnis mangelt, das in der Sünde »nichts spezifisch Moralisches« sieht, das zu vermitteln weiß, daß Sünde »ei-

---

60 Gerti Christiansen (F 3), vgl. auch Yvonne Berber (F 10): »Und, ja, und wenn das so wäre, daß wir Menschen so grausam wären, daß es nicht ohne dieses Opfer geht, das ist ja auch beschämend!«

61 So Tine Uhlenhorst (F 5), die sich mit dem Agnus Dei und der Opfer- und Sühnevorstellung insgesamt an Karfreitag erinnert sieht.

ne weitreichende Kategorie« ist, zu der »Fragen der Moral« allenfalls auch »eine Beziehung haben können«[62]. Wie groß hier das Defizit ist, zeigt auch folgende Äußerung: »Ich weiß gefühlsmäßig sozusagen gar nicht, was Sünde ist, während ich natürlich sehr wohl weiß, was Schuld ist oder Versagen.«[63]

2.3. Männer

2.3.1. Zu den Einsetzungsworten

VORWEG STIMMEN, DIE DEN TENOR ANGEBEN[64]

* »Ich denke, das bedeutet einfach die volle Hingabe, also das ganze Opfer Jesu für uns. Das macht mir keine Probleme. Es ist ja sowieso nur etwas sehr Symbolisches.«
* »Diese Worte erinnern mich neu an den Opfertod Jesu und damit auch an meine, mein Leben, meine Beziehung zu Gott. Ja, sie lassen mich die Woche oder einen Zeitraum zurückverfolgen, was in der Zeit gewesen ist, und ob es richtig oder falsch gewesen ist. Und wenn ich Falsches erkenne, dann versuche ich das, oder bekenne ich das als Schuld und erfahre Vergebung im Abendmahl.«
* »Ich kann mich nur sehr dunkel an diese Worte erinnern. Ich kann sie aber gut so glauben und annehmen.«
* »Die Einsetzungsworte finde ich ziemlich *altfränkisch*, würde ich mal sagen! So unmittelbar fühle ich mich dabei nicht angesprochen, so daß ich die eigentlich erstmal irgendwie für mich auch gefühlsmäßig übersetzen muß.«
* »Selbst wenn ich es heute höre, kann ich immer noch nichts damit anfangen, weil es für mich, also, es ist alles wenig realistisch. Und selbst wenn ich in Symbolen spreche, dann weiß ich nicht, also es ist immer die gleiche Geschichte. Ich meine, daß man das mehr auf aktuelle Ereignisse umspulen sollte.«

AKZENTSETZUNGEN UND SCHLÜSSELAUSSAGEN

Achtzehn Männer können die Einsetzungsworte ohne weiteres akzeptieren. Anfragen äußern nur sechs Männer. Ein Mann reagiert mit Ablehnung.[65] Anfragen bzw. Ablehnung werden signalisiert durch Konnotationen wie:

---

62 Vgl. Christof *Gestrich*, S. 99
63 Katharina Flor, F 23
64 Martin Ott (M 3), Klaus Wege (M 7), Edzard Petersen (M 15), Christian Winter (M 10), Rudolf Karstens (M 4)
65 *Ablehnung*: M 4 – *Anfragen* bis hin zu Unverständnis: M 1.5.10.16.19.22 – Für die anderen Männer sind die Einsetzungsworte »*kein Problem*«.

Merkwürdig/Makaber/Obskur: M 1
Wenig realistisch: M 4
Schwierigkeiten haben: M 5.10.
Nicht so nachempfinden können/Nicht angesprochen fühlen/
 Nie richtig verstehen: M 1.10.
Altfränkisch/übersetzen müssen: M 10
Widerspruch: M 10
Mißtrauisch: M 19

Im Vergleich zu den Interviewaussagen der Frauen fällt auf, daß weit
mehr Männer (15) als Frauen (8) sehr bald auf das *symbolische* Verständnis der Einsetzungsworte zu sprechen kommen.[66] Tenor vieler Äußerungen ist:
* »Das ist für mich kein Problem, weil ich es nicht im Sinne von Verwandlung verstehe, sondern als ein Zeichen.« (Johannes Müller, M 21)
Für einen der Männer bleibt allerdings auch eine symbolische Deutung
gänzlich nichtssagend, da sie »immer mit der gleichen Geschichte«
verbunden ist (s. o.). Und einen anderen stimmt an dem biblischen
Rückbezug der garstige historische Graben »mißtrauisch«: »ich denke, daß
die historische Situation jeweils eine andere ist, die Situation, in der wir
sind oder in der wir waren und in der sich der historische Jesus möglicherweise befunden haben mag, wenn er das mit seinen Leuten also dort
gehalten hat.«[67] Daß die Einsetzungsworte für »altfränkisch« (s. o.)
gehalten werden, klingt nach ähnlichen Vorbehalten.
Darüber hinaus beziehen sich die Anfragen wie bei den Frauen sowohl auf
das Verständnis der Elemente Brot und Wein wie auf den Aspekt der
Sündenvergebung.

   1. ZUM VERSTÄNDNIS DER ELEMENTE BROT UND WEIN
»Merkwürdig« ist für den jüngsten der interviewten Männer die Verknüpfung von Tod und Feier im Abendmahl:
* »Diese Worte sind irgendwie so eine Art *Selbstopferung*, also, daß er
  schon weiß, daß er sich irgendwie für die Menschen opfert. Ja, daß das
  gefeiert wird, ist eigentlich ein bißchen merkwürdig, finde ich, wenn
  man so darüber nachdenkt. Ich weiß nicht. Also, Karfreitag feiert man
  ja eigentlich auch nicht in dem Sinne. Das ist ja irgendwie ein bißchen
  makaber.« (H. Weiden, M 1)
Ein anderer Mann, der seit Jahren nicht mehr an einem Abendmahl

---

66 Vgl.: M 1.2.6.8.10.11.13.14.15.16.17.18.19.23
67 Dieter Ginsterbusch, M 19

teilgenommen hat, reagiert verunsichert, als ihm die Assoziation »Kannibalismus« kommt:
* »Ich weiß im Moment *gar* nicht, ob ich auf der richtigen Schiene bin mit Fleisch und Blut? Vielleicht?! Hm, das hört sich jetzt schon fast nach Kannibalismus an, muß ich sagen! (lacht) Hm ... Es ist natürlich ... Ja, ich bin jetzt zwiegespalten, weil ich‹ s wirklich gar nicht weiß!« (Enno Rosenau, M 8)
Später fühlt er sich mit der These von Josuttis in seiner Sicht bestätigt, zur wirklichen Anfrage werden ihm »Fleisch und Blut« nicht. Bei einem anderen lösen die Einsetzungsworte, »altfränkisch«, wie sie ihm vorkommen, »allenfalls doch so'n bißchen Widerspruch« aus, weil seiner Meinung nach Jesus »vielleicht auf etwas ganz anderes« hinauswollte:
* »Wenn jemand weiß, daß ihm irgendwas Schweres bevorsteht oder eine ungewisse Geschichte, daß er eigentlich auch so ein bißchen erwartet, daß andere Menschen ihn trösten oder auf ihn zugehen! Oder daß er versucht ein bißchen ..., ja, sie anzusprechen und auch selber für sich Trost zu suchen und nicht nur sich hinzustellen und irgendwie ... Im Grunde genommen ist das eine sehr emotional geladene Geschichte und irgendwie (Pause) ja, geht das in den Worten so'n bißchen unter, das ist also ziemlich *blutleer* im Grunde genommen.« (Christian Winter, M 10)
Trostlos kommen ihm die Einsetzungsworte vor, am wahren Leben vorbei gesprochen, und deshalb »blutleer«, ein Beispiel männlicher Sichtweise, das in kein Männer-Klischee paßt, es sei denn die Wortwahl »blutleer« zeuge von der bei den meisten Männern feststellbaren Tendenz, den blutigen Zusammenhang der Einsetzungsworte mehr oder weniger unberücksichtigt zu lassen. Schwierigkeiten bereiten einem anderen Mann die Einsetzungsworte aus einem ganz anderen Grund: »*Mein* Leib ..., *mein* Blut«: »ich will doch auch immer eher selber«[68]. Dies im Sinne von Selbstkritik zu äußern, kann wohl auch kaum als ›typisch männlich‹ gelten. – Ansonsten wird an Anfrage oder gar Infragestellung nichts laut. Und nur wenige Männer lassen über den allgemeinen Hinweis auf ein symbolisches Verständnis der Einsetzungsworte hinaus etwas von eigener inhaltlicher Akzentsetzung erkennen.[69]
Für *drei* Männer verbindet sich mit Brot und Wein *Leben*. Für den einen stehen sie für die »Grundnahrungsmittel ..., die der Mensch eben zum Leben braucht«, für den anderen sind sie Zeichen dafür, »daß man da also

---

68 Joachim Gerster, M 5
69 M 5 (s. o.). 10.12.20.21.24.

praktisch durch Jesus und durch Gott sozusagen so 'ne ganz wichtige Lebensgrundlage kriegt«[70], und für den dritten »Lebenssymbole«, insofern sie auch auf die »Lebendigkeit« Jesu verweisen.[71]. Weil Brot und Wein die »Gegenwart von Jesus Christus« zeigen, macht es einem anderen Mann, im Unterschied zu den Genannten, auch »keine Schwierigkeiten«, »Brot und Wein als Leib und Blut« zu essen und zu trinken![72] Nicht weniger konkret, aber mit je eigenem Akzent, äußern sich zwei andere zur Bedeutung:

* »*Jetzt*, angesichts einer Welt, wo viel Blutvergießen und Morden stattfindet, wird für mich der Aspekt, daß da wirklich Fleisch und Blut im Abendmahl empfangen wird, eben der *verwundete* Leib von Jesus empfangen wird und eben darüber hinausgeht, daß ich den verwundeten Leib Jesus empfange, aber weiß und dessen gewiß bin, daß das nicht das letzte Wort ist, die Verwundung! Ich möchte diesen Aspekt gerade so betonen in einer Welt, wo eben so viel gemordet und erschossen wird und wo überwiegend auf sehr kriminelle Weise Blut vergossen wird, gerade auch *das*, diesen Aspekt gerade, im Abendmahl mit aufzunehmen.« (Stephan Hoof, M 12)

In dieser Aussage ist es angesichts alltäglicher Gewalt die Überwindung von Verwundung und Tod, was die Konkretheit der Vorstellung von Fleisch (!) und Blut nicht nur möglich macht, sondern geradezu notwendig erscheinen läßt. Um ein möglichst leibhaftiges Teilnehmen, Teilhaben an Jesus selbst geht es auch in der anderen Aussage, der einzigen ausdrücklichen eigenen Deutung der Einsetzungsworte von seiten der Männer:

* »Jesus hat … gesagt: ›So innerlich wie ihr essen und trinken könnt, so könnt ihr mich auch nehmen, so nahe bin ich euch‹. Und näher geht's ja wirklich nicht. Er hatte ja auch sagen können: Ihr könnt immer mit mir Geschlechtsverkehr haben, aber das ist auch etwas abstrus, nicht (lacht)!« (Gerhard Baum, M 20)

Wenn bei Frauen die eigene Übersetzungsarbeit nicht zuletzt darauf abzielt, die Vorstellung einer Einverleibung von Leib und Blut loszuwerden, reagieren die meisten Männer auf eine solche Vorstellung nicht nur weit weniger schreckhaft und sich abgrenzend:

* »Jetzt irgendwo so eine Hemmschwelle zu haben, also wenn du das jetzt so aufnimmst, jetzt trinkst du deinen Schluck Wein als Blut oder

---

70 Christian Winter M 10

71 Johannes Müller, M 21; Ähnlich Theodor Martens, M 24: »Daß es Gegenwart von Jesus Christus zeigt«, der anders als Johannes Müller deshalb auch »keine Schwierigkeiten hat: ›Brot und Wein als Leib und Blut‹ zu essen und zu trinken.«

72 Theodor Martens, M 24, hier hört man dann vielleicht doch den lutherischen Pastor …

jetzt nimmst du ein Stück Brot und das ist so Leib, nö, da hab' ich keine Schwierigkeiten mit, das wär für mich auch nicht die Hemmschwelle« (Eberhard Holl, M 16)
sondern kann eben diese Vorstellung im Gegenteil dazu von einzelnen Männern eher noch unterstrichen werden, bis dahin, daß der Geschlechtsakt (s. o.) zum Bild wird[73].

2. ZUM ASPEKT DER SÜNDENVERGEBUNG[74]:

Der Aspekt der Sündenvergebung in den Einsetzungsworten ist für *zehn* Männer von teils grundsätzlicher Bedeutung.[75] Was auffällt ist, daß dies für Männer unterschiedlichster kirchlicher Sozialisation gilt. So kann ein Mann, der eher auf Distanz lebt zu Abendmahl und Kirche, sagen:
* »wir bedienen uns des Brotes und des Weines im Gedenken daran, daß jemand für uns sein Leben gelassen hat, damit auch wir Sündenvergebung bekommen und ewig leben können«,
genausogut wie ein älterer Mann, der verhältnismäßig regelmäßig zum Abendmahl geht, zur Bedeutung der Einsetzungsworte äußern kann:
* »Es ist eine ganz verdichtete Symbolik, es ist der Mittelpunkt dessen, was wir glauben, wenn wir das erste Abendmahl als Vorbereitung des Sühnopfers Christi sehen«.
Die *Anfragen* beziehen sich zum einen grundsätzlich auf die Vorstellung »Blut vergossen zur Vergebung der Sünden«[76] oder zugespitzt auf den Stellvertretungsgedanken: »Daß Jesus alle meine Sünden auf sich genommen hat, das ist für mich ein *Satz*, aber den kann ich immer wieder ganz schwer füllen«[77], zum andern darauf, daß/wenn die Bedeutung des Abendmahls auf Vergebung oder gar Beichte konzentriert wird: »Daß Abendmahl mit Passion und auch mit *Schuld* und *Schuldvergebung* zu tun hat, ist mir bis heute eher *fremd* geblieben. Ich kann es auch gar nicht vertragen, wenn Abendmahl mit Beichtfeiern fast unauflöslich gekoppelt wird

---

73 Ob und inwiefern Abendmahlserfahrungen von Frauen und Männern nicht auch eine *erotisch-sexuelle Dimension* haben bzw. haben können, wäre m. E. eine eigene Untersuchung wert. Eine Frau schrieb mir dazu: »Als ich mir dessen bewußt wurde (was lange gedauert hat), hat mich diese Entdeckung zunächst verwirrt, erschreckt, beschämt, geängstet, abgestoßen – und dann auch entlastet, neugierig gemacht, zur Auseinandersetzung gereizt«. Dazu aus einem ihrer Erzählfragmente: »Was geschieht denn in der Wandlung, da wird aus Brot und Wein Fleisch und Blut. Fleisch und Blut, etwas Lebendiges, etwas ganz und gar Lebendiges, Gemeinschaft, Eins-sein, ein Liebesmahl«.
74 Im Einzelnen dazu s. u. B.II.4.3. »Bedeutung des Abendmahls«
75 Vgl.: M 5.6.7.9.11.16.18.19.20.24.
76 Christian Winter, M 10
77 Joachim Gerster, M 5, im einzelnen dazu s. u. zu Opfer und Sühne grundsätzlich

..., als ob die Beichte mir sozusagen die Erlaubnis geben, es mir gestatten würde, an der Abendmahlsfeier teilzunehmen. Das halte ich geradezu für eine Irrlehre!«[78]

2.3.2. Mit Brot und Wein inkorporieren wir Leib und Blut des Erlösers Reaktionen auf die Deutung von Manfred Josuttis[79]

VORWEG STIMMEN, DIE DEN TENOR ANGEBEN[80]

* »Er hat im Prinzip mit anderen Worten irgendwo das gleiche gesagt, was ich gesagt habe oder zumindestens was ich gemeint habe. Das ist eine sehr verständliche Erklärung der Bedeutung des Abendmahls. In einem Satz ist da 'ne ganze Menge gesagt. Und das macht es eigentlich relativ einfach, also es erschließt ein – oder es macht ein Erkennen möglich.«

* »Das ist ein Satz, den ich sehr gut für mich nachvollziehen kann, wenngleich ich auch weiß, daß es Stimmen gibt, die nicht so viel damit anfangen können und die mit dem Aufessen –, ich hab schon Sätze gehört, die in diesem Zusammenhang mit dem Begriff *Kannibalismus* argumentierten. Allerdings empfinde ich das *genau so,* wie der Theologe das gesagt hat«.

* »Also, wenn das im Sinne der mittelalterlichen Vorstellung verstanden werden soll, ich meine, das hieß ›Transsubstantiation‹, halte ich *nichts* davon! Aber, ich nehme das nicht an, sondern der Ausdruck ›inkorporieren wir‹ ist ja wohl nicht gegenständlich gemeint, oder doch? Also, wenn es in dem Sinne gemeint ist, daß wir den *Versuch* machen, den Geist Christi in uns aufzunehmen, *dann* will ich das so *stehen* lassen.«

* »Wie soll ich denn einer breiteren Schicht klar machen, um was es geht. Ich kann das nur in Form von Symbolen. Ich kann ja nun nicht jedesmal ein Huhn schlachten oder 'ne Jungfrau auf den Altar legen! Ich muß mich ja irgendwelcher Hilfsmittel bedienen. Und wenn er das so assoziiert, daß er da, ja, beinahe schon Dinge reinbringt, die dem Kannibalismus zuzuordnen sind, dann seh ich das für mich persönlich überhaupt nicht so! Das kann ich so, wie er's dann meint, nicht nachvollziehen.«

* »Da muß man bestimmt lange drüber nachdenken, aber es sind für mich andere Welten, damit habe ich nie was zu tun. Und mit solchen Welten

---

78 Stephan Hoof, M 12
79 Zur Begründung s. o. B.II.2.2.2
80 Enno Rosenau (M 8), Detlev Dreyer (M 6), Paul Kesselstein (M 22), Eberhard Holl (M 16), Rudolph Karstens (M 4)

kann ich nicht leben. Das ist wie mit, wenn jemand sich Chagall ansieht, da kann man vielleicht auch nicht unbedingt was mit anfangen. Und ich kann mit diesen Wörtern auch leider nichts beginnen!«

<small>AKZENTSETZUNGEN UND SCHLÜSSELAUSSAGEN</small>

Die Reaktion der interviewten Männer auf die These von Manfred Josuttis ist gespalten: Sieben Männer können ihr voll und ganz zustimmen.[81] Bedingt zustimmend reagieren sechs Männer[82], während zehn Männer sich eindeutig davon abgrenzen[83]. Was bedeutet, daß in krassem Unterschied zu den Frauen über die Hälfte der interviewten Männer der Interpretation von Manfred Josuttis Positives abgewinnen können. Josuttis andererseits aber auch bei Männern keineswegs nur auf Zustimmung trifft. Sprechend sind auch hier die *Konnotationen*.

Bejahend:

Sehr gut nachvollziehen können/Miteinstimmen können	M 6.9.
Genauso empfinden/Hundertprozentig unterschreiben können	M 6.15.
Vielleicht mal interessant die Erfahrung	M 2.
Natürlich einverleiben/Jesus essen	M 5.
Im übertragenen Sinne schon	M 7
Sehr verständliche Erklärung	M 8
Ein Erkennen relativ einfach machen/erschließen/möglich machen	M 8
Ganz fleischlich nehmen	M 12
Für ihn und seine Gruppe richtig	M 19
Auch so verstehen	M 20
Für andere vielleicht hilfreich	M 21

In Frage stellend:

Kannibalismus/Menschenopfer/Kannibale	M 1.10.14.16.17
Nicht nachvollziehen können/Nicht so empfinden können/Nicht so sehen	M 1.16.17.
Nichts mit anfangen können/Nicht bei mir ankommen/ Nichts sagen	M 14.18.24
Heidnisch	M 1.13.
Abstoßend	M 10.17
So nicht erlebt haben	M 2
Andere Welten/nicht mit leben können	M 4
Nicht damit in Verbindung bringen	M 10

---

81 Vgl. M 6.8.10.12.15.20.23
82 Vgl. M 2.5.7.9.19.22
83 Vgl. M 1.4.11.13.14.16.17.18.21.24

Distanzierung wie Zustimmung sind eindeutig. Wenn auch bei der Infragestellung etwas mehr Emotionen mitzuschwingen scheinen, bleibt im Vergleich zu den Äußerungen der Frauen die negative Reaktion der Männer auf Josuttis doch eher verhalten, von Erschrecken keine Spur, nichts von störend, fürchterlich, Ekel oder Gänsehaut. Bis auf zwei Männer, die von »abstoßend« sprechen, zeigen sich die interviewten Männer eher sachlich auf Distanz gehend oder eben auch beistimmend. – Inhaltlich gesehen beziehen sich die Aussagen fast ausschließlich auf das Stichwort »inkorporieren/einverleiben«. Mehr oder weniger marginal kommt die Sprache auch auf »Erlösung«, an keiner Stelle aber wird die personale Kategorie des »Erlösers« aufgenommen, und auch auf die Opfer- und Sühnevorstellung insgesamt wird nur selten Bezug genommen.

1. LEIB UND BLUT INKORPORIEREN

a) *Zustimmend:* In den positiven Reaktionen kann sich bei manchen der Männer nahezu etwas von Erleichterung, im Sinne von sich selbst bestätigt Fühlen, ausdrücken, daß es jemand auf den Punkt gebracht hat, was sie selbst denken:

* »Genau das wäre meine Interpretation vom Versinnbildlichen dessen, was gemeint ist! Also, diese These könnte ich hundertprozentig unterschreiben, und sie würde sich auch am ehesten mit meiner Vorstellung des Deutlichmachens von Leib und Blut verbinden lassen!« (Edzard Petersen, M 15)

»Leibliche Vergegenwärtigung« bis hin zu »leibhaftiger Aufnahme und Veränderung« sind inhaltliche Gesichtspunkte, die zwei Männer – auch aufgrund eigener Erfahrung – zustimmen läßt:

* »So verstehe ich das auch! Inkorporieren bedeutet ja leibliche Vergegenwärtigung von jemandem, der nicht da ist und doch da ist, dessen Kraft ich sehr gegenwärtig spüre. Davon lebt doch auch jede menschliche Beziehung, erst recht die Gott-Mensch-Beziehung! Wenn ich einen Brief aus der Schublade ziehe, dann ist mir der Mensch, der ihn mir geschrieben hat, ganz gegenwärtig. Und so ist das für mich auch, wenn die Einsetzungsworte gesprochen werden über Brot und Wein! Das ganze Kapitel mit der Transsubstantiationslehre, das ist doch nichts Besonderes, was nur in der christlichen Eucharistie von Belang ist,

233

sondern das ist doch ein Grundvorhandensein in der menschlichen Existenz.« (Gerhard Baum, M 20)

* »Und diesen Aspekt, daß ich sozusagen das ganz fleischlich nehme und auch das Blut real nehme, wünsche ich mir, daß das, was ich an mir nicht akzeptieren kann, leiblich auch nicht, erneuert, erfrischt wird. Es ist ja heikel, aber es hat für mich diesen Aspekt, daß durch den Leib Jesu und das Blut Jesu mein Leib und mein Blut erneuert werden.« (Stephan Hoof, M 12)

Einer der Männer gibt Josuttis Recht, religionssoziologisch gesehen: »Für ihn und seine Gruppe ist das richtig. Das ist eine Erklärung, eine Verfahrensweise für die Mitglieder dieser Gruppe, sich mit dem Stifter dieses Glaubens in irgendeiner Weise zu vereinen. Diese Rituale gibt es ja in außerordentlich vielen Ausprägungen auch in anderen Religionen«, persönlich hält er sich auf Distanz und äußert Bedenken: »daß das natürlich auch wieder in den *mystischen* Bereich geht.«[84]

b) *In Frage stellend:* Befremden löst die Sicht bei Männern vor allem aus, weil sie sich mit ihrem symbolischen Verständnis der Einsetzungsworte nicht zur Deckung bringen läßt: »Das geht wieder in den Bereich hinein, wo der Versuch gemacht wird, der vielleicht für andere hilfreich ist, einen Realitätsbezug und eine fast physische Vorstellbarkeit herzustellen, die mir befremdlich und für das Verständnis hinderlich ist!«[85] und für manche nach Kannibalismus klingt:

* »Ja, also, ich möchte das nicht so wörtlich nehmen, weil's einfach nicht so, für mich jedenfalls nicht so ist! Das *ist nicht* sein Leib und auch nicht sein Blut. Ich kann das einfach nur wiederholen, für mich ist das *symbolisch.* Die Worte werden gesagt, aber ich kann das nicht so empfinden, ich *möchte* das eigentlich auch gar nicht. Das wirkt für mich eher, wenn das wirklich so wäre, ja, das ist irgendwie abstoßend ... Ich bin kein Kannibale, aber so in die Richtung geht das bei mir.« (Karl Kreling, M 17)

Neben der Skepsis kann sich aber auch etwas von Neugier äußern: »Ich weiß nicht, ein Glas Wein und dann segnet der Pastor den Wein oder spricht da 'was drüber und dann soll da jetzt bei mir Jesu Geist einfließen?! So, also, so aktiv habe ich das eigentlich nicht erlebt oder erlebe ich das nicht. Ich weiß nicht, ob das bei anderen Menschen anders ist, das

---

84 Dieter Ginsterbusch, M 19
85 Johannes Müller (M 21); Vgl. M 1.10.11.13.14.16.17.22; Friedhelm Fischer (M 18) betont: »nach Christi Weggang hier von der Erde ist uns der Heilige Geist versprochen. Und das einzige, was uns jetzt mit Gott verbindet, ist der Heilige Geist.«

kann natürlich sein ... Ja, das wäre vielleicht mal interessant, die Erfahrung, also, das wirklich so deutlich zu erfahren, auch wenn ich nicht glaube, daß das möglich ist.«[86]

Mit Anfragen an die *Opfer*vorstellung reagieren nur zwei der jüngeren Männer:

* »Ja, also diese Selbsteinverleibung dann von Blut und Leib, also das finde ich irgendwie, weiß ich nicht, das erinnert mich an Menschenopfer und so, das finde ich eigentliche eher was für heidnische Religionen. Also das sind Rituale, die ich überhaupt nicht nachvollziehen kann, die ich auch nicht zeitgemäß finde. Wenn das Abendmahl wirklich nur darauf zurückzuführen ist und dann immer diese Opfermentalität haben sollte, dann finde ich das eigentlich noch schlimmer.« (Hans Weiden, M 1)

* »Aber mit Opfer oder gar, daß Gott seinen Sohn, seinen einzigen Sohn hingegeben hat, habe ich solche Schwierigkeiten, daß ich sie nicht denken kann, auch nicht denken will!« (J. Gerster, M 5),

während ein anderer geradezu die Befürchtung hat, daß der Opfertod Jesu zu sehr aus dem Blick geraten könnte: »Ich könnte da schon miteinstimmen, wenn es nicht nur bei diesem Satz bleibt. Ich denke, was dahintersteht, ist der Kreuzestod mit der dadurch vollzogenen Sündenvergebung, halt dieses Opferlamm! Wenn's halt *nur* um Leib und Blut geht, dann ist mir selbst das ein bißchen zu wenig.«[87]

2. ERLÖSER, ERLÖSUNG

Ein Mann hört die These von Josuttis auf dem Hintergrund seines esoterisch gefärbten Welt- und Menschenbildes mit dem Einwand:

* »Wenn wir diesen klitzekleinen göttlichen Funken in uns haben, dann müßte das meiner Ansicht nach *reichen*. Ich glaube nicht, daß durch diese *symbolische* Blut- und Leibaufnahme von Jesus Christus sich da irgend etwas vergrößert oder größer wird. Ich meine wenn, dann müssen wir, wir müssen handeln, selber an uns arbeiten! Und ich glaube, wenn wir das Blut und den Leib Christi zu uns nehmen und *dadurch* die Laterne wieder blank wird, *das* finde ich ein bißchen zu einfach.« (E. Godewind, M 11)

Ähnlich wie in den Äußerungen von Frauen, wenn auch anders begründet, geht es auch hier um Selbstbeteiligung, allerdings liegt der Ton eindeutig

---

86 Norbert Jäger, M 2
87 Norbert Roth, M 9

auf Leistung und nicht Mündigkeit und Selbstverantwortlichkeit, vielleicht weil letzteres Männern eh nie abgesprochen wurde. Vielleicht zeigt sich hier aber auch etwas von einer Geschlechterdifferenz, die Jürgen *Moltmann* »Werkorientierung und Beziehungsorientierung« nennt und die seiner Meinung nach »rhythmisch vereinigt werden« können, »damit das Leben weder an Selbstbehauptung noch an Selbstauflösung leiden muß«.[88]

Nur ein Mann, der jüngste, reagiert sehr grundsätzlich und mit *Abwehr*:

* »Nee, also Opfer und Erlösung kann für mich eigentlich nicht Hand in Hand gehen. Wenn erst jemand dafür sterben muß oder so, dann finde ich das ein bißchen merkwürdig. (Pause) Nee, ich will auch nicht, daß einer für mich stirbt!« (Hans Weiden, M 1)

Positiv aufgenommen wird der Aspekt der Erlösung im Blick auf gewonnene zwischenmenschliche Möglichkeiten:

* »Also, zu *Erlösung* fällt mir ein, sich *loslassen* können ..., daß ich von mir auch *absehen* kann, mich von mir in gewisser Weise auch lösen kann, auch frei werde für andere Menschen, andere Menschen ansehen kann, für andere Menschen da sein kann. In dem Sinne hat Erlösung für mich Bewandtnis. Diese Erlösung, daß ich von einer Ursünde oder Erbschuld befreit werde, das hat für mich keine Bedeutung.« (Stephan Hoof, M 12)

Vergleichbar der Äußerung einer der Frauen wird Erlösung als Lösung von dem »Kreisen um mich selber« verstanden und ein dogmatisches Verständnis von Erlösung im Zusammenhang von Erbsünde abgelehnt, letzteres aber eher sachlich feststellend, während es bei der Frau mit eruptiver Vehemenz geschieht[89]. M.E ist dies als ein weiterer Ausdruck dafür zu verstehen, wie vergleichbar und doch unterschiedlich Männer und Frauen reagieren können, weil sie aufgrund ihres Frauseins bzw. Mannseins unterschiedlich betroffen sind, z. B. Frauen anders als Männer von der traditionellen kirchlichen Sündenlehre in ihrem Selbstwertgefühl.

In anderer Hinsicht bemerkenswert scheint mir die Äußerung eines Mannes, der seit der Konfirmation selbst an keinem Abendmahl mehr teilgenommen hat:

* »Ich glaube, ich habe das Abendmahl eigentlich als sehr, als in gewisser Weise sehr *wohltuend* empfunden. Hinterher fühlte ich mich

---

88 Vgl. Jürgen *Moltmann*, Theologie in den Erfahrungen, S. 159
89 Vgl. Ragnhild Radloff (F 12): »Das finde ich alles ziemlich schrecklich! ... Weil es mich niederdrückt ... Kirche hat da ihre Macht benutzt ..., keinen Mut gegeben, sich aufzurichten ..., abhängig gemacht von bestimmten Ritualen«.

eigentlich *wohler*, – nachdem man wieder Platz genommen hatte. Nun weiß ich nicht, ob dieses Wohltun etwas *damit* zu tun hat, daß man, ich sag mal, wieder in der Reihe zurück ist, sich auf seinen Stuhl setzt, oder ob es *wirklich* einen *tieferen* Hintergrund hat, einen christlichen, also einen *glaubensmäßigen* Hintergrund. Diese Gefühle zu trennen, ist sicherlich in dem Moment sehr schwer, vor allen Dingen für einen jungen Menschen. Nach häufiger Teilnahme wird es sicherlich anders sein, da wird man sich auf dieser Bühne ein bißchen gewandter benehmen.« (Enno Rosenau, M 8)

Die Form der Abendmahlsfeier läßt ihn »Bühne« assoziieren und gewandtes oder weniger gewandtes Benehmen, so daß es schon allein als wohltuend erlebt worden sein könnte, wieder von der »Bühne« runter zu sein und »in der Reihe«. Das vorgegebene Verhalten beim Abendmahl läßt die Erfahrung von ›Erlösung‹ zweideutig bleiben, eine m. E. aufschlußreiche Reaktion auf eine These, die sich verhaltenswissenschaftlich begründet.

2.3.3. Zu Opfer und Sühne grundsätzlich

VORWEG STIMMEN, DIE DEN TENOR ANGEBEN[90]

* »Die ganzen Versuche von der Schöpfung an, die Gott eigentlich unternommen hat, um sich mit seiner Schöpfung zu versöhnen, um das Volk, um eben seine Leute also wirklich auf seine Seite zu kriegen, die sind irgendwo alle gescheitert! Und es blieb ihm halt nichts anderes übrig, als sich selbst zum Opfer zu bringen! Ich weiß nicht, ich finde keinen Vergleich für diese Handlung. Es gibt auch keinen Vergleich, in keiner Religion. Und deshalb ist für mich eben der Glaube an Jesus und an Gott, gerade auch *wegen* dieser Handlung, etwas uneingeschränkt Hohes!«

* »Also, ich denke schon, daß es eine ganz harte und brutale Opferung, oder ein hartes und brutales Opfer ist, das dort gebracht wird. Aber für mich unterstreicht das nur diesen Aspekt, wie wichtig es Gott ist, uns Menschen zu retten. Ob es einen anderen Weg gegeben hätte, weiß ich nicht, ob es inhuman ist usw. Mir ist es wichtig, daß es um meinetwillen passiert ist und daß ich dadurch gerettet werde. Und daß, ja, daß Gott sich das letztlich auch überlegt hat, auch wenn es uns teilweise unvorstellbar vorkommt.«

---

90 Martin Ott (M 3), Hans Weisen (M 1), Klaus Wege (M 7), Johannes Müller (M 21), Edzard Petersen (M 15)

* »Ja, also, daß Jesus den Tod so für uns auf sich genommen hat, ja, das, ich glaube das schon. Aber eigentlich, glaub ich, wär das nicht unbedingt nötig gewesen. Also für mich wäre das nicht nötig gewesen, so empfinde ich das, weil ich, ich meine, sterben tun wir auch jetzt noch, weil das ein ganz natürlicher Vorgang ist.«

* »Opfervorstellung liegt mir fern! Und Sühnevorstellung liegt mir eigentlich auch fern, und zwar beides letzten Endes deswegen, weil sie nach meinem Verständnis versuchen, einem geheimnisvollen Vorgang eine rationale Erläuterung beizumessen.«

* »Die Frage und die sich damit verbundenen Gedanken sind mir inhaltlich sehr *fern*. Und im Augenblick erreichen sie mich auch intellektuell nicht!«

AKZENTSETZUNGEN UND SCHLÜSSELAUSSAGEN

Neun Männer äußern sich grundsätzlich zustimmend[91], bedingt zustimmend fünf Männer[92]. Zwei Männer reagieren mit allgemeinen Vorbehalten, ohne daß diese zu konkreten inhaltlichen Anfragen würden[93], sieben Männer reagieren eher oder eindeutig ablehnend[94]. Ein Mann signalisiert im Zusammenhang mit dem Agnus Dei, daß er sich darüber »noch gar nicht richtig Gedanken gemacht hat«[95].

1. ZU OPFER ALLGEMEIN

Während es sechzehn Frauen naheliegt, die Opfervorstellung mit dem eigenen Leben in Verbindung zu bringen, geschieht dies auf seiten der Männer nur in acht Interviews[96], wobei die positive Einstellung zu Opfer überwiegt. Stichworte und Aussagen sind:

Sinnvoll:	M 4
Bereit sein, abzugeben:	M 8
Von meinem Leben, meinem Ich etwas opfern:	M 9
Von Grundüberzeugungen abgehen:	M 14
Damit andere überleben können:	M 16
Bereit sein, das Leben zu geben:	M 13

---

91 Vgl. M 3.6.7.8.9.13.16.19.23.
92 Vgl. M 2.14.18.20.22.
93 Vgl. M 15.24.
94 Vgl. M 1.4.5.10.11.12.21.
95 So Karl Kreling, M 17; Vgl. zum Grundsätzlichen Theodor Martens (M 24), dem das Reden von »Opfer« fernliegt, der das »Für euch« aber für »wichtig« hält, und der als Theologe gleichzeitig sagen kann: »Aber ich denke da nicht groß drüber nach, muß ich gestehen«!
96 Vgl. M 2.4.8.9.10.13.14.16.

* »Opfer ist gerade in unserer heutigen Gesellschaft etwas sehr Unbeliebtes ... Wer opfert sich schon gerne auf für andere oder hilft über den normalen Rahmen hinaus?! Das sind einfach Dinge, die sehr zurückgegangen sind, denke ich. Und, ja, ich persönlich in meinem Alltag habe auch oft Schwierigkeiten damit, für andere etwas zu opfern, von meiner Zeit, von meinem Geld, irgendwo von meinem Leben, ja, doch von meinem Ich.« (Norbert Roth, M 9)
* »Es muß nach meinem Dafürhalten immer etwas vergehen, wenn Neues kommen soll. Vielleicht ist das auch hier der Grund, daß wir uns, aber das ist ein bißchen weit hergeholt, auch damit abfinden müssen, von dieser Welt gehen zu müssen. Unter Umständen sogar auch als Opfer, damit andere überleben können.« (Eberhard Holl, M 16)

Auf der anderen Seite stehen:

Mißbrauchen/verlangen:	M 2.4.
In vielen Fällen überflüssig:	M 4
Leiden:	M 2
Arbeitswelt/Ausgenutzt werden:	M 10
3.Welt/Elend erleiden/ Keinen Einfluß auf das Schicksal haben:	M 10

* »Wenn ich mir z. B. die Arbeitswelt angucke, wie sie so bei uns herrscht, dann würde ich *schon* sagen, daß viele Leute dort ausgenutzt werden und Opfer sind. Und wenn man jetzt mal ein bißchen großräumiger sieht, dann sehe ich doch eigentlich sehr viel, sehr viel Elend auf der Welt, das sehr, sehr viele Leute erleiden, die auch nicht groß Einfluß auf ihr Schicksal nehmen können. Wenn man sich so anguckt: Kinder in der 3. Welt oder jetzt auch in Jugoslawien, die da zu Tode kommen, das nimmt mich schon irgendwie mit! Und da bin ich ziemlich ratlos.« (Christian Winter, M 10)
Während bei den Frauen der ureigene Lebens- und Erfahrungshorizont die Aussagen prägt und die Beispiele konkreter Menschen, sind es bei den Männern eher allgemeine Überlegungen im Blick auf Mitmenschen, Gesellschaft und Welt. Von *bedrückender* Erfahrung mit eigener Opferrolle und der damit verbundenen generellen Absage an alles, was Opfer heißt, ist nicht die Rede, auch wenn singulär stichwortartig etwas davon anklingt:
* »Wenn ich an Opfer denke, denke ich immer, man soll sich selber *aufopfern*, z. B. man muß ein Opfer bringen, um irgend etwas Längerfristiges zu erreichen ... Mir ist nicht so ganz wohl bei Opfer, weil, einer muß ja immer leiden beim Opfer, es ist ja für einen immer was Negatives!« (Norbert Jäger, M 2).

239

Vermutlich trifft für mehr Männer zu, was einer von ihnen ausdrücklich anmerkt:

* »Also, jetzt so rein für mich persönlich hab ich eigentlich nicht das Gefühl, irgendwie direktes Opfer zu sein. Mir geht es eigentlich so gut, daß ich nicht das Gefühl habe, irgendwie zu leiden ... So persönlich – für mich würde ich sagen, daß das immer auf die Perspektive ankommt, ob Opfer im Leben 'ne Rolle spielt oder nicht.« (Christian Winter, M 10)

2. ZUM OPFER JESU
Daß die generelle Einstellung zu Opfer auch Auswirkungen hat auf die Einstellung zum Opfertod Jesu, trifft für Männer gleichermaßen zu wie für Frauen.

Bejahend z. B.:

* »Und wenn ich das so ermesse, ich habe schon Schwierigkeiten mit so kleinen Dingen, *die* zu opfern, und hier wird jemand für etwas, was er gar nicht selbst verbrochen hat, mit dem Leben bestraft, nicht bestraft, aber er hat sein Leben dafür geopfert! Dann kann ich's etwas eher ermessen, was dort wirklich passiert ist mit dem Tod Jesu Christi.« (Norbert Roth, M 9)

Das Opfer Jesu (als genitivus subjektivus verstanden) *relativierend*:

* »Denn viele Menschen sind auch bereit, ihr Leben zu geben für andere Dinge. Und ich würde das nicht unbedingt im Zusammenhang mit dem Glauben sehen. Ich glaube, das größere Opfer ist sicherlich von Gottes Seite her zu sehen, daß er eben seinen Sohn hergab für die Menschheit ... Ich glaube, daß es mir wesentlich schwerer fallen würde, das Leben eines meiner Kinder zu opfern als mein eigenes.« (Lothar Gutmann, M 13)

Oder abwehrend:

* »Diese Gottopferung – ich glaube, ich kann einfach damit nichts anfangen. Daß sich jemand für mich opfert, das kann ich vielleicht verstehen, aber jemand, der mich genau kennt. Und der jemand, da habe ich nicht das Gefühl, daß der mich genau kennt. Und von daher glaube ich, daß eine Opferung eher abwegig ist.« (Rudolph Karstens, M 4)

Im Vergleich zu den Äußerungen der Frauen ist es ein Phänomen, wie fraglos in den Aussagen von Männern das Opfer Jesu als solches angenommen werden kann, auch da, wo es abgelehnt wird, weil die Grundbedingung, gekannt zu werden, dem Gefühl nach nicht stimmt. Blickt man auf folgende *Konnotationen* zur Opfer- und Sühnevorstellung, verstärkt sich dieser Eindruck:

Wichtig: M 3.7.
Bemerkenswert, daß er das mitgemacht hat: M 1
Vertrauen gewinnen: M 2
Etwas uneingeschränkt Hohes: M 3
Ein sehr gutes Gefühl: M 6
Keine Schwierigkeiten haben: M 16
Ablösung/Neues: M 18
Verständliche Idee: M 19
Gut finden: M 22
Mittelpunkt christlichen Glaubens: M 23

Daß sich die Einstellung der Männer aber nicht vordergründig auf einen Nenner bringen läßt, sondern divergiert und nicht selten auch ambivalent ist, belegt die anders lautende semantische Ebene:

Schwierigkeiten/Probleme: M 5.10.18
Nichts mit anfangen können/abwegig/absurd: M 4.10
Ablehnend/Nicht akzeptieren/Sträuben: M 10.12
Nicht unbedingt nötig gewesen: M 1
Nicht vorstellen können, daß Gott/Kriegerisches Gottesbild: M 1
Widerspruch/Fehler/Nicht so gut begründbar: M 2
Gezwungen sein, daran zu glauben: M 2
Nicht denken können/wollen: M 5
Großes Fragezeichen: M 11
Für viele befrachtet/nicht so schnell faßbar: M 20
Fern: M 21
Sich wehren gegen die mystische Überhöhung: M 22

Was sich sagen läßt und was sich auch bereits in den Reaktionen auf die These von Manfred Josuttis angedeutet hat, ist, daß die Opfervorstellung bei den meisten Männern weit weniger Emotionen, Anfragen und Widerstand wachruft als bei den Frauen und daß viele der Männer anders als die Mehrzahl der Frauen gar keinen Grund sehen, sie infragezustellen, manche von ihnen aber die Notwendigkeit, das eigene Verständnis deutlich zu machen.

Grundsätzlich zustimmend

Das Verständnis des Todes Jesu als Opfer- und Sühnehandlung erscheint einem der jüngsten und einem der ältesten Männern als das fraglos Vorgegebene:
* »Daß man vielleicht auch noch Vertrauen gewinnen kann, indem man einfach immer wieder daran erinnert wird, ja, daß nach der Bibel Jesus

ja für die ganze Menschheit starb, als Opfer sozusagen, und erreichte, daß die Schuld der Menschen vergeben wurde, daß, wie gesagt, sein Blut und sein Leib für uns gegeben wurde.« (Norbert Jäger, M 2)

* »Und trotzdem will ich nochmal versuchen, jetzt etwas aus dem Kopf dazu zu sagen: Es ist eine *ganz* verdichtete Symbolik, es ist der *Mittelpunkt* dessen, was wir glauben, wenn wir das erste Abendmahl als Vorbereitung des Sühneopfers Christi sehen. Es ist ja *sicher* auch in *dem* Sinne *aufgeschrieben* worden.« (Kurt Maler, M 23)

Für andere ist die Opfervorstellung Ausdruck persönlichen Glaubens: »Und in Bezug auf das Abendmahl, da tue ich das *bewußt*, gerade auch, wenn ich das Abendmahl nehme, daß ich Ja sage zu diesem Opfer ... Und das heißt dann konkret, daß, ja, daß diese Sünden von Jesus Christus mit seinem Kreuzestod *bezahlt* worden sind. Für diese Sünden hat er mit dem Tode bezahlt! Und auch das fällt mir dazu ein, wenn ich am Abendmahl teilnehme, das nehme ich dann in diesem Moment für mich in Anspruch.«[97] Daß immer noch satisfaktionstheoretische Kategorien für das Eigentliche der Opfer- und Sühnevorstellung gehalten werden können, zeigt folgende Äußerung eines inzwischen kirchenfremden, aber jahrelang kircheninternen Mannes:

* »Die Grundidee des christlichen Glaubens, daß also jemand in der Lage ist, durch einen Opfertod, durch das Opfern seines Lebens, – da wird ja Leben gleich Blut gesetzt –, in der Lage sein kann, die sündigen Menschen mit Gott zu versöhnen: Also, für mich ist das ja eine *Idee*, daß man, wenn man an Gott oder einen Gott glaubt, der also Macht über einen hat, und wenn es für mich wichtig ist, daß ich mit diesem Gott in Frieden lebe, dann *muß* eine Religion ein Angebot machen, wie ich diesen, sonst vielleicht gefürchteten Gott *versöhnlich* stimmen kann ..., dieser Opfertod und dadurch Versöhnung ist für mich eine philosophische oder auch soziologisch verständliche Idee, wenn ich ein Gesamtbild konstruiere.« (Dieter Ginsterbusch, M 19)

Ob nicht die Opfer- und Sühnevorstellung ein solches Denken doch zwangsläufig nahelegt, näher jedenfalls als binnentheologisch angenommen wird? Und ob es nicht in der Tat Denkkategorien sind, die Männern eher *einleuchten*, als daß sie ihnen von Grund auf fragwürdig erscheinen? Vermuten läßt dies jedenfalls auch eine andere männliche Stimme:

* »Nur, daß einer, der *alle*, auch die noch nach uns kommen werden,

---

97 Norbert Roth, M 9; Vgl. M 3 und M 7 (Zitate s. o. unter Stimmen).

dadurch erlöst hat, das ist für den *Betroffenen* schon sehr gut, aber für das, was daraus erwachsen ist, das ist doch in Prozenten gar nicht auszudrücken! Ich hab auch keine Schwierigkeiten, jetzt auf mich bezogen, Erlösung für meine Person durch ein Opfer, daß ich da jetzt Schwierigkeiten hätte: Für dich mußte einer sterben. So weit bin ich eigentlich gedanklich noch gar nicht gegangen, vielleicht weil ich das gedanklich auch als Selbstverständlichkeit annehme«. (Eberhard Holl, M 16)

Zur existentiellen Anfrage wird nicht das Opfer als Voraussetzung für Erlösung, sondern wie man(n) dem »gerecht werden« kann: »Vielleicht würde ich anders darüber denken, wenn ich wüßte, für mich ist die Uhr abgelaufen, vielleicht würde ich mich dann auch anders verhalten, mich anders auseinandersetzen, auch mehr hinterfragen: Es ist einer für dich gestorben, ist das überhaupt tragbar für dich?! Darüber habe ich mir bisher keine ernsthaften Gedanken gemacht: Was müßtest du eigentlich tun, um dem in etwa gerecht zu werden?!« (Ders.) Singulär ist auch diese Perpektive nicht: »Ja, Gott hat also Jesus geopfert, Jesus ist geopfert worden ... Jemand hat ›etwas geopfert‹ und wir bekommen es (scil. im Abendmahl). Ja und im Prinzip sind wir fast etwas *schuldig*, nämlich schuldig, etwas weiterzugeben«[98]. Nicht das Opfer selbst wird zur Frage, sondern was man aufgrund dieses Opfers zu tun schuldig sein könnte. »Werkorientierung« statt »Beziehungsorientierung«? Obwohl die meisten der interviewten Männer Väter sind, kommt nur einer von ihnen von selbst auf die Vater-Sohn Beziehung zu sprechen. Er sieht das Opfer Jesu aus der Sicht des Vaters und das Opfer des Vaters als »größer« an als das Selbstopfer des Sohnes: »Ich glaube, das größere Opfer ist sicherlich von Gottes Seite her zu sehen, daß er, wie gesagt, eben seinen Sohn hergab für die Menschheit.«[99] Einer der jungen Männer erwidert auf die Frage, ob ihm sein eigenes Vater-sein irgendwann einmal dazu in den Sinn gekommen sei: »Nein, diesen Vergleich habe ich bisher nicht gezogen. Aber es macht mir wohl nur neu deutlich, was für ein gravierendes und im Grunde unvorstellbares Opfer das ist, das dort gebracht wird. Denn ich könnte mir natürlich nicht vorstellen, meinen Sohn für irgendeine Sache zu opfern, selbst wenn mir die Sache wichtig wäre!« Zur Anfrage an seine Gottes-

---

98 Enno Rosenau, M 8: »Ja, also wir bekommen während des Abendmahls verdeutlicht, daß wir im Prinzip ja ein Stück von Jesus Christus, von dem Geist seiner selbst, in uns aufnehmen, vermute ich mal. Und die Idealvorstellung wäre, wenn wir das weitertragen könnten, d. h. wenn wir selber wieder *davon* abgeben können, denke ich mal, ein gewisser Schneeballeffekt«.

99 Lothar Gutmann, M 13, s. o.

vorstellung wird ihm dies nicht, es bestätigt ihn nur umso mehr in seiner Grundüberzeugung: »wie wichtig es Gott ist, uns Menschen zu retten«[100].

Vorbehalte und Anfragen

Allgemein:

Von der Warte zwischenmenschlicher Beziehungen aus kann einer der jüngeren Männer nur mit gänzlichem Unverständnis auf die Opfer- und Sühnevorstellung reagieren, wobei nebenher deutlich wird, wie selbstverständlich es für ihn als Mann ist, daß Freiwilligkeit gefragt ist und nicht Selbstaufopferung:

* »Ich denke, wenn mir jemand vergibt, dann macht er das aus *freien* Stücken, und da braucht er sich nicht zu opfern! Es ist ganz normal, daß jemand Fehler macht und daß ihm dafür auch vergeben werden kann, sonst kann man nicht zusammenleben! Und wenn jemand ein großes Trarah daraus macht, daß man jemandem vergibt, dann weiß ich nicht, wenn er das so aufbauscht, dann ist das schon eine gewisse Schwäche, die er zeigt.« (Rudolf Karstens, M 4)

Es ist aber auch ein Beispiel dafür, wie das kirchliche Reden von Sünde im Zusammenhang mit der Heilsbedeutung des Todes Jesu an der Basis ankommt: Verheerend mißverständlich, unverständlich! Unmißverständlich ist in dieser Hinsicht auch folgende Äußerung: »Das mit der Sühnehandlung, das hab ich nicht ganz verstanden, da hab ich also meine erheblichen Schwierigkeiten mit ... Dieses Opfer, wofür und warum?! Das ist für mich *so* unerklärlich, daß ich eigentlich auch, ja dieser Deutung irgendwie ziemlich ablehnend gegenüberstehe, also ich kann damit eigentlich nichts, nichts anfangen!«[101] Wenn es bei anderen Männern auch nicht zu vergleichbarer grundsätzlicher Ablehnung kommt, so doch zu partiellen Absagen: »Die Frage, ob Erlösung mit Tod verbunden ist, würde ich jetzt rein gefühlsmäßig bejahen. Die andere Frage, daß Gnade von Opfer abhängt, das seh ich nicht so. Obwohl, da könnte jetzt ein Widerspruch drin sein, den kann ich jetzt im Augenblick nicht auflösen.«[102] Für einen der beiden jüngsten der befragten Männer ist es schon gar keine Frage mehr: Daß Jesus den Tod auf sich genommen hat, war »unnötig«. Seine Begründung: »sterben tun wir auch jetzt noch«. Die Opfer- und Sühnevorstellung führt ihn nicht weiter, *nichts* ist für ihn daran aufschlußreich (s. u.). Der andere Jugendliche sieht sich mit ihr mit einem Dilemma

---

100 Klaus Wege, M 7, s. o. das Zitat unter Stimmen
101 Christian Winter, M 10
102 Herwig Siebel, M 14

konfrontiert, das für ihn in die sehr grundsätzliche Frage nach der Verläßlichkeit Gottes mündet, m. E. aber vor allem das Dilemma der Vermittlung der Opfer- und Sühnetheologie auf Gemeindeebene aufzeigt:

* »Daß Gott ja eigentlich keine Opfer, auch keine Menschenleben mehr wollte, weil er sagte: Das war ein Fehler von mir, das will ich nicht mehr. Und daß es überhaupt nötig war, ein Opfer wie Jesus zu bringen, daß er überhaupt sterben mußte, ist ja eigentlich nicht so gut begründbar, wenn man die Bibel insgesamt nimmt. Aber man ist ja nun eigentlich gezwungen, daran zu glauben, man kann es ja nicht einfach anzweifeln und denken, die Überlieferer haben das falsch überliefert, und das war nicht so. – Oder wenn sich Gott jetzt geirrt hat, dann macht er ja auch Fehler! Gut, und das ist für viele Menschen dann so, daß dann ihr Gottvertrauen etwas bricht, wenn sie merken, daß ihr Gott einfach auch Fehler machen kann. Wenn es so ist, ist es, glaub' ich, schwierig.« (Norbert Jäger, M 2)

Der Erklärungsbedarf im Blick auf die Vorbehalte anderer:
* »Die Worte Opfer und Sühne, die mir dabei natürlich auch sofort einfallen, sind für mich Stichworte, die ganz bestimmte Rituale aus dem Alten Testament benennen, die natürlich *Ausgangspunkte* sind für das christliche, eucharistische Mahl. Aber ich möchte sie nicht *im* christlichen, im eucharistischen Mahl benutzen. Opfer und Sühne, das ist für viele so befrachtet, das müßte ich dann immer erklären, weil es für viele nicht so schnell faßbar ist. Also, ich habe da bestimmte Gruppen von Menschen vor Augen, deshalb die Vorbehalte.« (Gerhard Baum, M 20)

Das Reden von Opfer und Sühne setzt nach Meinung dieses Kirchen-Mannes, mit viel Abendmahlspraxis, Vorkenntnisse voraus, die nicht mehr vorausgesetzt werden können, und ein Einverständnis, was für viele nicht mehr gegeben ist. Für einige der interviewten Männer gilt dies besonders im Blick auf das Gottesbild.

Anfragen an das Gottesbild:
Für (nur) zwei Männer ist es ausgesprochenermaßen die gewaltsame und blutige Seite der Sühne-theologie, das damit verbundene Gottesbild, was für sie unannehmbar ist, weil es ihnen gnadenlos vorkommt bzw. mit dem Schöpfersein Gottes nicht vereinbar:
* »Daß Blut zur Vergebung von Sünden vergossen wird, also, das hängt für mich dann irgendwie mit so einem sehr *kriegerischen* Gottesbild zusammen, oder das drängt sich mir dann auf. Ich meine, Sünden vergeben und dafür dann jemanden leiden lassen, dann wird der dann

sozusagen zum Sündenbock ... Das hat dann ja nichts mehr mit Vergeben zu tun, finde ich. Also, Gnade oder so kommt da gar nicht drin vor ... Ich meine, ich kann mir ja nicht vorstellen, daß Gott damit geholfen ist, daß jemand stirbt! Also das ist mir einfach fern, kann ich nicht dran glauben!« (Hans Weiden, M 1)

* »Daß Gott, also Gott der *Schöpfer,* dieses Opfer fordert, um sich mit den Menschen zu versöhnen – meiner Ansicht nach umschreibt das so die Dogmatik –, da sträubt sich bei mir *alles* dagegen! Und das kann ich nicht akzeptieren! Das würde das Bild von Gott, dem Schöpfer, bei mir sehr in Frage stellen, daß ein Gott ein Blutopfer *fordert,* um sich mit den Menschen wieder zu versöhnen.« (Stephan Hoof, M 12)

Die Schöpfervorstellung ist es auch, wenn auch in anderer Hinsicht, die einen anderen Mann mit Ablehnung reagieren läßt:
* »Ich meine, entweder vergibt uns Gott, – ich meine, Gott ist ja nun, sagen wir mal, Schöpfer der Welt, des Universums! Ohne Gott blüht kein Baum, kein Strauch, keine Blume, rein gar nichts. Hat so eine ungeheure, für unseren menschlichen Verstand nicht vorstellbare Macht es *nötig,* bleiben wir wieder beim Symbol, jemanden zu opfern, seinen *Sohn* zu opfern?! Also das wirft bei mir schon ein *sehr,* sehr großes, *dickes* Fragezeichen auf! ... Da könnte ich mir *höchstens* vorstellen, daß das vielleicht irgendwie eine Interpretation oder ein Symbol ist, von Menschen gemacht!« (Erich Godewind, M 11)

Nicht, daß es um ein *Opfer* geht, wirft Fragezeichen auf, sondern daß Gott es nötig haben sollte. Wie so oft in den Interviewaussagen der Männer wird über das Opfer selbst eher hinweggesehen, und wie an anderer Stelle (s. o.) ist es ein Denken in Kategorien der Satisfaktionstheorie, wenn auch der Schluß ein anderer ist.

Eigene Deutungen
»Ich finde, jeder Mensch soll – sich nicht seine Privatmeinung zurechtlegen, abgesehen von Dogmatik und so, aber doch auch – nach seiner *eigenen* Anschauung suchen«, betont einer der Interviewten. Und seiner eigenen Anschauung nach hat das Opfer Jesu die Bedeutung, »daß Jesus bis zum Ende geliebt hat«. Und Liebe hat seiner eigenen Erfahrung nach immer »*auch* eine Dimension von Tod ... Und Jesus hat das für mich sozusagen vorgelebt, daß er geliebt hat und den Tod nicht gescheut hat.«[103] Jesus als exemplum zu sehen, ist eine Deutung des Todes Jesu

---

103 Stephan Hoof, M 12; – Vgl. Gerhard Baum (M 20): »Ich singe es (scil. das Agnus Dei)

und damit eine Bedeutung des Abendmahls, die auch ein anderer Mann am ehesten nachvollziehen kann: »Also ich sehe zunächst das Opfer Jesu darin, daß er der Welt nicht *ausgewichen* ist. Wenn das Abendmahl *so* verstanden werden soll, als *Mahnung* an uns, auch der Welt nicht auszuweichen, finde ich das *gut*!«[104] Eine eigene, auf die Gottesvorstellung bezogene Deutung lautet: »Für mich ist es eher so, daß Gott sich in seinem Sohn so weit zu uns Menschen hingewendet hat, so weit runter auch in unsere Dunkelheiten, unsere Schwierigkeiten mit dem Leben auch ..., daß ich dadurch einfach einen ganz großen Trost, ganz großen Halt erfahre.«[105] Gott *in* dem Sohn zu denken und zu glauben, bestimmt auch eine andere, sehr eigene trinitarische Sicht, die deshalb ausführlich zitiert werden soll:

* »Durch die Betrachtung in der Trinität ist es ein *Selbst*opfer, und dann wird es für mich einfacher ... Es ist eben so, daß es für mich klar ist, daß ich aus eigener Kraft nicht selig werden kann, das habe ich für mich nachvollzogen. Und ich bin sozusagen auf Gnade angewiesen. Und da sehe ich, daß Gott sozusagen letztlich von seinen Prinzipien abweichen muß, der Beurteilung der Menschen nach gut und schlecht. Sondern weil ich schlecht *bin*, nimmt er mich auch als Schlechten an. D. h. ja, er opfert letztlich die Grundüberzeugung, könnte man beinahe sagen, und sagt: Ich nehme dich an, obgleich du! Und dir zuliebe gebe ich etwas auf, was ich eigentlich von Anbeginn festgelegt habe. Und wer einmal erlebt hat, wenn man Vorurteile aufgeben oder bestimmte Urteile aufgeben muß, wie schwer das ist, – das ist ja für Menschen heutzutage wahrscheinlich das schwerste Opfer, was man überhaupt bringen kann, von Grundüberzeugungen sozusagen abzugehen –, dann wird vielleicht sogar verständlich, daß eben auch hier ein Opfer vorliegt.« (Herwig Siebel, M 14)

Das Opfer von Prinzipien wird zum Bild für das Opfer, das Gott mit dem Tod Jesu gebracht hat: In Jesus opfert Gott sich selbst und das heißt vor allem seine Grundüberzeugung. Wie sich diese Sicht mit dem konkreten Tod Jesu verbinden läßt, bleibt die Frage, auch für ihn selbst. Nachdem er zunächst darauf verweist, daß Jesus gesagt hat: »Der nehme sein Kreuz auf sich und folge mir nach« im Sinne von: »Das kann dir wie mir auch passieren«, den Tod Jesu aber auch nicht relativieren will, sieht er die

---

mit dem Gedanken, daß Christus für mich dagewesen ist bis in den Tod. Und daß dieser Tod mir das Leben gibt und den Frieden.«

104 Paul Kesselstein, M 22
105 Joachim Gerster, M 5

Schwierigkeiten: »beide Aussagen so zu verknüpfen« und möchte am liebsten »mal was schriftlich machen ..., um nicht in's Schwimmen zu kommen«. Das Einleuchtende und Wesentliche bleibt für ihn ganz offensichtlich die Vorstellung, daß Gott seine Grundüberzeugung opfert und insofern sich selbst. Wie das konkrete Sterben, der konkrete gewaltsame Tod Jesu damit zusammenzubringen ist, tritt dahinter zurück, kann offen bleiben. Beides scheint mir eine Möglichkeit spezifisch männlichen Denkens zu sein.[106]

2.4. Vergleichende Zusammenfassung und Kommentierung der Aussagen von Frauen und Männern

2.4.1. Zu den Einsetzungsworten

Die Einsetzungsworte verstehen sich für die Mehrheit der interviewten *Frauen* nicht einfach von selbst. Schon die Beobachtung, wie oft und mit welchem Nachdruck Frauen von »nicht (mehr), nichts, niemals« sprechen, verweist darauf, daß das eigene Verständnis der Einsetzungsworte für die meisten mit *Abgrenzung* von überkommenen Deutungen und Formeln und *eigener Übersetzungsarbeit* verbunden ist. Generell von den Einsetzungsworten absehen,will aber kaum eine der Frauen, was in Frage gestellt wird, ist der traditionell vorgegebene Verstehenszusammenhang: Brot und Wein → Leib und Blut Jesu → geopfert für unsere Sünden.

Während viele Frauen in dieser Hinsicht ihre Fragen und Schwierigkeiten artikulieren, scheinen sich die Fragen für die meisten *Männer* mit dem Hinweis auf das symbolische Verständnis der Einsetzungsworte erübrigt zu haben. Nicht zufällig, scheint mir, ist es auch eine Frau, von der erzählt wird: »Wir haben einmal bei uns in N ein Problem gehabt, weil das ja dann heißt: ›Christi Leib für dich gebrochen, Christi Blut für dich vergossen‹. Und unser Traubensaft, der ist rot, und da gab's mal einen, ja, einen Schreckensruf, weil auch eine Besucherin an diesem Abendmahl teilnahm und nun geglaubt hat, dieser rote Traubensaft, das wäre nun das

---

106 Daß er es sich gedanklich wahrlich nicht einfach macht, zeigen anschließende Überlegungen: »Jesus ist gekreuzigt worden, da kann ich natürlich auch sagen: Wer wurde damals nicht gekreuzigt! D. h. also, er war ja nicht der einzige auf dieser Schädelstätte, es waren viele dort. Ich will jetzt aber auch wiederum nicht den Tod relativieren, denn, im Vergleich zu den anderen, hätte Jesus ihn sozusagen vermeiden können. – Ja, es ist nur die Frage: Wenn ich sage, *Gott* hätte es vermeiden können ..., wie sehe ich dann auf einmal die Trinität? Dann komme ich damit in Konflikt. Also wenn ich die *Einheit* sehe, dann ist es eben das *Selbst*opfer Gottes und das ist sozusagen etwas anderes, als wenn er ein Opfer *verlangt*!« Es zeigt sich hier aber auch, wie schwer trinitarische Gedankenkonstruktionen nachvollziehbar und vermittelbar sind.

Blut! – Ja, ich muß das noch ergänzen: Die Frau, die hat nicht direkt ein Wort gerufen, sondern es war einfach mehr ein Aufschrei, fast hysterisch. Später habe ich dann auch von unserem Pastor gehört, er kennt die Frau, und die ist irgendwie psychisch krank«[107]. Was nachdenklich machen müßte, wird als krankhaft erklärt und damit abgetan.

Anfragen werden von Männern nur vereinzelt geäußert, und wenn Widerspruch laut wird, dann nur »ein bißchen«[108]. Irritation, Mißtrauen und Ablehnung beziehen sich auf das ›ewig Gestrige‹ der Einsetzungsworte, nicht auf das, was heute zum Anstoß wird. Von nicht-verstehen- oder gar nicht-glauben-Können ist an keiner Stelle die Rede, von nicht-Begreifen nur im Blick auf die konfessionellen Unterschiede[109]. Dezidierte Abgrenzung geschieht nur im Blick auf eine Abendmahlspraxis, die Beichte zur Zulassungsbedingung macht.[110]

D. h. weder in den Anfragen noch in der Ablehnung ist es, wie bei vielen Frauen, die blutige Tatsache des Todes selbst, die zu Verständnisschwierigkeiten führt und mit dem Hinweis auf »Leib und Blut« in den Einsetzungsworten unter die Haut geht, zur Anfechtung wird. Am ehesten in die Quere kommt der Tod noch dem jüngsten der interviewten Männer: »Je mehr ich darüber nachdenke, umso obskurer erscheint es mir eigentlich irgendwie ... Also, in Verbindung mit dem Tod finde ich das eigentlich, ja, ein bißchen merkwürdig, daß man da was ißt und was trinkt dazu.«[111]. *Zwei* Männer verstehen Brot und Wein den Aussagen vieler Frauen vergleichbar als *Lebens*zeichen. Einer von ihnen spricht auch davon, die Einsetzungsworte »irgendwie für mich übersetzen zu müssen«[112]; eine Gestalt findet dies in alternativen Übersetzungsversuchen oder Spendeformeln, die mehr von Leben und Heil anklingen lassen, aber nicht. Was an Spendeformel genannt wird, ist: »Leib Christi – Tod Christi«[113], – eine Formel, die nichts von dem Gewohnten in Abrede stellt –, und als Formulierung Kindern gegenüber: »Jesus kommt zu dir«. Für Erwachsene wird sie offensichtlich gar nicht erst in Betracht gezogen[114], denn für Erwach-

---

107 So Karl Kreling (M 17)

108 Vgl. Hans Weiden (M 1), Zitat s. u.

109 Theodor Martens (M 24): »Nur, ich habe z. B. nie den konfessionellen Unterschied begriffen. Ob lutherisch oder römisch-katholisch oder calvinistisch, das ist mir ganz egal!« Daß dies von dem einzigen Theologen und Pastor i. R. so unverhohlen geäußert werden kann, scheint mir allerdings durchaus positiv bemerkenswert.

110 Stephan Hoof, M 12

111 Hans Weiden, M 1

112 Christian Winter, M 10

113 Gerhard Baum, M 20

114 Johannes Müller, M 21

sene versteht sich ja die gewohnte Fassung: »Christi Leib für dich gegeben
– Christi Blut für dich vergossen« sozusagen von selbst.

2.4.2. Die Reaktionen auf die Deutung von Manfred Josuttis

Tenor der Reaktionen in den Interviews mit *Frauen* ist völliges Befremden, Unverständnis: »Ich möchte mal wissen, warum der das so ausdrückt,
ob er das für sich selber so empfindet? Das kann ich wirklich nicht nachvollziehen!«[115]. Was von Manfred Josuttis aufgrund verhaltenswissenschaftlicher Überlegungen – und eigener Erfahrungen? – als *gegeben*
angenommen wird, läßt sich in keiner Weise zur Deckung bringen mit
dem, was für die meisten Frauen von Bedeutung ist, wie *sie* Abendmahl
erleben und verstehen. Auf Ablehnung stößt vor allem die Vorstellung der
Inkorporation von Leib und Blut des Erlösers, zu konkret haben die meisten Leben, Passion und Tod des Menschen Jesus von Nazareth vor
Augen. Und zu konkret reagieren die meisten in der Tat mit sich selbst
und mit allen Sinnen. Es ist die Geschichtslosigkeit und Beziehungslosigkeit, die Materialisierung und Verobjektivierung des Todes Jesu wie die
Einseitigkeit und Eintönigkeit des Menschenbildes, die Empfindung, selbst
nicht vorzukommen und gleichzeitig vereinnahmt zu werden, die Frauen
auf Distanz gehen läßt oder bei manchen auch erheblichen Widerstand
auslöst. Und es ist die Opfer- und Sühnevorstellung, die vielen dabei in
den Sinn kommt, und von der sie sich abgrenzen, auch die Frauen, die
Übereinstimmung mit Elementen seiner These äußern.[116]
Die Reaktionen der interviewten *Männer* auf Josuttis sind gespalten. Auf der
einen Seite kann die These ohne Schwierigkeiten aufgenommen werden,
ohne weitere Begründung oder auch im Sinne leibhaftiger Vergegenwärtigung oder einer Einverleibung im wahrsten Sinn des Wortes. Auf der anderen Seite stehen Anfragen, Abwehr und Ablehnung. Vergleicht man pro und
contra, fällt auf, daß der Tod Jesu als blutiges Opfer nur bei drei Männern in
den Blick kommt und nur bei zwei von ihnen zur Anfrage an Josuttis wird,
am entschiedensten und am subjektivsten bei dem jüngsten: »Nee, ich will
auch nicht, daß einer für mich stirbt!«[117] Wenn eine der Frauen schon
bevor sie mit der These von Josuttis konfrontiert wird, betont: »Für mich ist
es auf gar keinen Fall so, daß ich jetzt etwas von Jesus esse oder trinke«[118],

---

115 Yvonne Berber, F 10
116 Die Interviewaussagen der Frauen unterstreichen in wesentlichen Punkten die oben geäußerten kritischen Anfragen an Manfred Josuttis, s. o. A.IV.4.
117 Hans Weiden, M 1
118 Karin Homrich, F 17

ist die erste Reaktion eines Mannes *auf* die These: »›Natürlich verleib‹ ich mir was ein und auch einen Teil von Jesus, wenn man so will. Ich esse Jesus, ich nehme etwas auf von dem, was Jesus für mich auch ist!«[119] Daß derselbe Mann gleichzeitig einer von *den* beiden ist, die die Opfervorstellung explizit in Frage stellen, unterstreicht die Vermutung, daß Frauen bei der Vorstellung der Einverleibung, anders als die meisten Männer, von vornherein und vor allem auf die blutige und/oder gewaltsame Seite der Vorstellung reagieren.

Nur so läßt es sich erklären, daß die Aussagen der Männer so wenig von emotionaler, von ganzheitlicher Betroffenheit widerspiegeln, daß die Sicht von Manfred Josuttis von vielen Männern geteilt werden kann, ohne daß sie sich auch nur partiell abgrenzen; und wenn etwas *dagegen* angeführt wird, dann ist es der Kannibalismus ›an sich‹ und nicht der Verweis auf den *konkreten* Tod eines *konkreten* Menschen; dann ist es das symbolische Verständnis der Einsetzungsworte, das nicht Zeitgemäße einer solchen Vorstellung oder das befremdlich Heidnische an ihr und *nicht das Leben Jesu* im Horizont seiner Auferstehung und seinem Bezug zum *eigenen Leben* heute.

2.4.3. Zu Opfer und Sühne grundsätzlich

Was auffällt ist, wie *aktiv* sich **Frauen** im Blick auf die eigene *Opferrolle* beschreiben, nichts von Passivität und Klageton, sondern eine eher selbstbewußte Auseinandersetzung mit dem, was gewollt und nicht (mehr) gewollt wird. Insofern ist schon mehr an der Basis angekommen, als feministische Theoretikerinnen denken mögen, – vielleicht waren aber auch nicht wenige Frauen immer schon etwas anders, als gedacht.[120] Was gewollt und nicht mehr gewollt wird, läßt nichts an Deutlichkeit übrig: Skepsis ist unter Frauen angesagt, was die Bedeutung von Opfer/opfern angeht. Weil für viele von ihnen Aufopferung am eigenen Leben und dem anderer vorbei kein Fremdwort ist, wird Opfer nicht von vornherein als sinnvoll angesehen. *Freiwilligkeit* wird als Kriterium genannt und *Gegenseitigkeit,* und – es muß auf *Leben* hinauslaufen! Ansonsten bleiben bei Frauen die Fragezeichen. Eine von ihnen äußert unverhohlen Abwehr und Wut dem »Opferungsgedanken« gegenüber, den sie in »der patriarchalen Welt ... täglich überall« wiederentdeckt: »Frauen

---

119 Joachim Gerster, M 5
120 »Die Tatsache, daß es große Unterschiede zwischen Frauen als Gruppe gibt, macht uns traditionellerweise Schwierigkeiten«, so die feministisch ausgerichtete Sozialwissenschaftlerin Erika *Haas,* S. 109.

brauchen das Opfer nicht!«[121]. Insofern trifft für die vorliegenden Interviewaussagen zu, was die Sozialwissenschaftlerin Erika *Haas* in ihrer Auseinandersetzung mit Carol *Gilligans* »weiblicher Moral« so beschreibt: »Nein, die Frauen sind keine homogene Gruppe, denn es gibt mittlerweile neben denjenigen Frauen, die die traditionelle weibliche Geschlechtsrollenidentität bruchlos übernommen haben und die vielleicht Gilligans ›Fürsorglichkeitsdiktum‹ erfüllen, auch diejenigen, die Autonomie und Unabhängigkeit für sich beanspruchen und die sich durchaus an einer Gerechtigkeitsethik orientieren«[122]. (Die »Gerechtigkeitsethik«, die nach C. *Gilligan* die »männliche Moral« bestimmt, geht von der »Prämisse der Gleichberechtigung aus, daß alle gleich behandelt werden sollten«, während eine Ethik »der Anteilnahme/Zuwendung/Fürsorge auf der Prämisse der Gewaltlosigkeit, daß niemand Schaden erleiden sollte«, basiert.[123]) Was sich an den Interviewaussagen auch eindeutig ablesen läßt, und *Gilligans* Beobachtungen wiederum entspricht, ist, daß Frauen nicht länger Fürsorglichkeit und Selbstaufopferung verwechseln: »Die Gleichsetzung der Konformität mit Fürsorglichkeit in ihrer konventionellen Definition und die Unlogik der fehlenden Gleichberechtigung zwischen den anderen und dem Selbst führen zu einer Neubewertung von Beziehungen in dem Bestreben, die Verwechslung von Fürsorglichkeit und Selbstaufopferung zu beseitigen, von der die konventionelle Auffassung von weiblicher Tugend ausgeht«[124].

Es ist ganz offensichtlich, daß der Widerstand von Frauen sich vor allem auf das Moment der *Selbstverleugnung* in der Opferhaltung bezieht, damit aber auf ein Element, das gerade in christlicher Ethik die Opfer- und Stellvertretungsvorstellung weitgehend wie zwangsläufig bestimmt. So sieht die Systematikerin Helga *Kuhlmann* diese Verbindung auch in der Stellvertretungsethik Dietrich Bonhoeffers gegeben und weist darauf hin, daß es gilt, »sich von der feministischen Ethik belehren (zu) lassen, daß ein Engagement, das etwas kostet, d. h. ›Opfer‹ erfordert, dennoch gerade dem eigenen Selbst entsprechen und selbst gewählt sein kann. In diesem Sinn können Selbstverwirklichung und Opfer kohärent sein«[125]. Daß dies alles andere ist als feministische Theorie, dafür sprechen obige Interviewaussagen der Frauen. Frauen wollen Subjekt ihres Engagements sein und als Subjekt wahrgenommen werden.

---

121 Nora Almquist (F 7)
122 Erika *Haas*, S. 109
123 Vgl. Carol *Gilligan*, S. 212
124 *Dies.* ebd., S. 95
125 Helga *Kuhlmann*, S. 131

Im Gegensatz zu der Perspektive der Frauen, »in deren Lebenswirklichkeit das Opfergebot tiefe Spuren gegraben hat«[126], liegt **Männern** Opferverhalten und Opferrolle in der Tat fern, deshalb müssen sie sich auch nicht davon befreien oder die Freiwilligkeit des Opfers betonen, können sich ohne weiteres opferbereit zeigen und Opferbereitschaft, bis hin zum Einsatz des Lebens, wertschätzen. Daß andere zu Opfern werden, klingt an und wird beklagt. Von Tätern oder Tätersein ist nicht die Rede. Daß ausgerechnet der Jüngste noch am ehesten an die Erfahrungen von Frauen anknüpft, mag für seine besondere Sensibilität sprechen, vielleicht ist es aber auch ein Zeichen für einen Perspektivenwechsel in der nachkommenden männlichen Generation.

Die generelle Einstellung zu Opfer, die Zustimmung, die Vorbehalte, die Kriterien, spiegeln sich bei Frauen wie Männern auch in ihren Aussagen zum Verständnis des Todes Jesu wider. Warum mußte Christus sterben?, ist dabei die Frage, die viele der interviewten **Frauen** nicht los läßt. Eine Antwort darauf sehen die allermeisten von ihnen in der Opfer- und Sühnevorstellung *nicht*, eher verschärft sie diese bestehenden Fragen noch.

Daß sich nur drei (!) von 28 Frauen im Sinne der traditionellen sühnetheologischen Deutung des Todes Jesu äußern, und zwei von den drei Frauen die Frage: Warum *sterben*? ebenfalls bewegt, bis dahin, daß die Älteste sagen kann: »Ich kann das wirklich *niemandem* noch erklären, warum ein Mensch sein Leben lassen muß«[127], macht dies unüberhörbar. Gemeinsam ist den Äußerungen *aller* interviewten Frauen, daß ihnen Sterben und Tod Jesu nahegehen.[128] und daß sich viele Frauen zu unmittelbar mit Jesus identifizieren, – zwei erzählen in diesem Zusammenhang von tiefgehenden Bibliodrama-Erfahrungen[129] –, als daß sich ihnen Stellvertretung oder gar

---

126 Helga *Kuhlmann*, S. 131
127 Friederike Cassens, F 28)
128 So spricht z. B. auch Iris Gradwohl (F 2), für die die Opfer- und Sühnevorstellung ohne *jede* Frage existentiell von Bedeutung ist, im Zusammenhang mit dem Agnus Dei von: »dem Gefühl der Betroffenheit – eigentlich ziemlich oft, immer wieder, wegen des Todes, den Christus da auf sich genommen hat«.
129 Bei beiden sind es die Erfahrungen von Einsamkeit und Alleingelassenwerden. Yvonne Berber (F 10): »Es ergab sich dann, daß ich einmal Jesus spielte. Und wirklich, also die letzte Stunde da im Garten Gethsemane, diese Einsamkeit, die er da empfunden haben muß, die ist mir echt so nahe gekommen ... von Gott und der Welt verlassen!«; – Sophie Mangold (F 25): »Das hatte für mich etwas ungeheuer Bedrängendes: Ausgestoßen, von den Freunden verlassen, allein! In einem gruppendynamischen Prozeß hatte ich den Eindruck, daß *ich* plötzlich in diese Opferrolle ging ... Diese Irritation ging so weit, daß ich an dem Gethsemane Abend nicht mehr teilnehmen

Opfer als Deutekategorien von vornherein nahelegen würden/könnten. Deutlich wird in vielen Interviewaussagen darüber hinaus, daß Frauen die Befürchtung haben, Tötung und Gewalt könnten sanktioniert werden, wenn dem gewaltsamen Tod Jesu Heilsbedeutung zugemessen wird. Wesentliche *Einwände gegen die Sühne- und Opfertheologie* sind im Blick auf das Gottesbild:

Nicht glauben können und wollen, daß der gewaltsame Tod Jesu im Sinne Gottes ist; Gott zum Subjekt hat;

Im Blick auf das Jesus- und Christusbild: Sein *Leben* für entscheidend zu halten, auch für sein Sterben. Jesus vor allem als Subjekt seiner Hingabe und nicht als Objekt seines Opferung sehen zu wollen;[130]

Und im Blick auf das Menschenbild: Die Betonung von Selbstverantwortung und Selbstwertgefühl gegenüber einem moralisch fixierten Sündenverständnis, das Menschen entwürdigt und entmündigt. Viele Frauen hören in dem »für euch« vor allem ein »ohne euch«, ein Beispiel dafür, wie verkürzt und wenig heilsam das »pro me« und »extra nos« reformatorischer Kreuzestheologie an der Basis ankommen kann. Deshalb scheint es mir in der Tat »eine wichtige theologische Aufgabe, die Rede von der Erfahrung der Rechtfertigung, die von übersteigerten Erwartungen an die eigene Kraft erleichtert und gleichzeitig zu befreien, d. h. ›emanzipatorischen‹ Schritten anregt, so zu interpretieren, daß damit Frauen und anderen Ohnmächtigen ... ihr Recht auf Autonomie und Entfaltung ihrer ganzen vielseitigen Subjektivität« nicht abgesprochen wird.[131]

Fraglos treffen sich die Einwände damit in entscheidenden Punkten mit denen feministischer Theologie.[132] Faktum ist, daß viele Frauen in ihrem Selbstsein, ihrem Subjektsein nicht länger übergangen werden wollen, auch da nicht, wo es um Gott geht und Erlösung. So äußert eine Frau, die weder zu der jüngeren Generation« gehört, noch besonders feministisch geprägt ist: »Das Wort ›Erlöser‹ ist für mich etwas, was sich auf eine Person bezieht, was sich auf eine Hilfe von außen bezieht, auf etwas, was ich nur empfangen kann, auf etwas, was wenig mit mir selber zu tun hat. Und so unbeteiligt will ich weder für mein Leben noch mein Sterben noch

---

konnte, weil ich sonst möglicherweise geschrien hätte: ›Vater, wenn du willst, so nimm diesen Kelch von mir‹!! – Aber ER wollte ja nicht! – Was ist das für ein Gott«!

130 Sehr pointiert äußert sich hierzu Katharina Flor (F 23): Ich glaube, daß ... sehr ausdrücklich gerade in Jesus Christus ein Subjekt getötet worden ist und zwar aufgrund des Spezifischen seines Subjektseins, seines Anspruchs, seiner Mächtigkeit«.

131 Helga *Kuhlmann*, S. 134f; Dazu gehört für sie auch, daß »der Stachel der berechtigten Kritik an der Geschlechterhierarchie und anderen menschlichen Hierarchien gebrochen wird«, ebd.

132 S. o. A.V. Vgl. auch die zusammenfassenden Schlußfolgerungen unter A.V.4.

für ein Leben nach dem Tode sein. Es kann nicht nur von außen kommen. Ich kann keinen Gott glauben, der nur von außen guttun kann!«[133] Wie die Auswertung gezeigt hat, ist eben dies der Tenor vieler Interviewaussagen. D. h., die *Einwände* Feministischer Theologie werden *in vielem gedeckt* von den Erfahrungen und Gedanken von Frauen unterschiedlichsten Alters und Lebenshintergrundes, dies gilt gleichermaßen für die Anfragen an das Gottesbild der Opfer- und Sühnevorstellung wie das sie bestimmende Jesus/Christusbild.

Gleichzeitig sprechen die Interviewaussagen der Frauen aber für ein erhebliches Maß von Eigenständigkeit und Unabhängigkeit, – auch von Feministischer Theologie. Zum Ausdruck kommt dies z. B. in der Antwort einer der Frauen auf die Frage, ob ihrer Meinung nach das Abendmahl von männlichen Vorstellungen geprägt ist: »Also, von den Texten her ist es ganz sicher männlich geprägt. Ich weiß, daß es eine Richtung in der feministischen Theologie gibt, die sagt, die ganze Kreuzestheologie ist Männertheologie und insofern abzulehnen. Das ist ein Weg, auf den ich mich bisher nicht einlassen mochte und konnte. Zumal ich eigentlich auch immer die Geschichte Jesu, obwohl er ein Mann ist, nie so gesehen habe, daß hier die Heilsbedeutung davon abhängt, daß er männlich ist, sondern in der Beziehung hätte er ebensogut eine Frau gewesen sein können. Und deshalb bleibe ich bei der herkömmlichen Theologie«[134]. Nur zwei Frauen deuten an, daß für sie die Männlichkeit Jesu/des Erlösers auch eine problematische Seite hat [135], für sie, wie für die überwiegende Mehrheit der Frauen hat aber das Abendmahl seine Bedeutung behalten im Kontext von Leben, Sterben und Auferstehung *Jesu*[136], eine Bedeutung allerdings, die sich *nicht* mehr auf einen Nenner bringen läßt mit einem Verständnis des Abendmahls auf dem Hintergrund der Suhne- und Opfervorstellung und die nicht unwesentlich auf permanenter, eigener Übersetzungsarbeit beruht. Auffällig ist, daß im Vordergrund der Interviewaussagen das

---

133 So Lore Adler (F 22), in ihrer Reaktion auf Josuttis

134 Karin Homrich, F 17

135 Tine Uhlenhorst (F 5) spricht in ihrer Reaktion auf Jutta *Voss* davon, daß sie eigene weibliche Erfahrungen »nie miteingebracht« hat. Und kommt von daher zu dem Schluß: »Deswegen, denke ich, ist es schon hinderlich, daß Jesus als *nur* männlicher Erlöser da ist« und Ulrike Jeremias (F 6) merkt auf die Frage, ob es für sie von Bedeutung ist, daß im Zentrum christlichen Glaubens ein männlicher Erlöser steht, an: »Ich habe es lange als selbstverständlich hingenommen, habe mich in der letzten Zeit aber öfter gefragt und es traurig gefunden, daß es ein Bruder war und keine Schwester!«, um fortzufahren: Ich finde in diesem Jesus, aufgrund seines veränderten Verhaltens Frauen gegenüber, einen Mann, der mir Hoffnung macht.«

136 Vgl. dazu auch die Auswertung zum Themenkomplex »Bedeutung des Abendmahls«

*Mensch*sein Jesu steht, die Menschwerdung *Gottes in Jesus* dagegen ohne jede Bedeutung ist im Zusammenhang der Frage nach Subjekt und Objekt, wie nach der Deutung des Todes Jesu insgesamt. Nur in einer Äußerung klingt ganz verhalten an, mit welch erheblichem Wechsel der Perspektiven dies verbunden sein könnte: »Wenn man sagt, daß *Gott in* seinem Sohn gestorben sei, dann wäre das für mich verständlich, wenn es das natürliche Werden und Vergehen ist, das in der Natur und in unserem Leben eben ist, auch Krankheit und so was. Und daß uns Gott auch *da* nahe ist, das ist ein Gedanke, der mir sehr nahekommt«[137].

Ein Perspektivenwechsel ist damit angesprochen, der so gesehen ebenfalls die Auflösung der leidigen Aufspaltung in Transzendenz und Immanenz beinhalten würde: Daß Gott nicht allmächtig im Sinne von a-pathisch zu glauben ist, sondern sich in Jesus, als dem Christus Gottes, selbst betroffen zeigt, und daß die Immanenz Gottes, – insofern die Christologie nicht zu trennen ist von der Pneumatologie, und das »pro me/extra nobis« ein »cum/in nobis« nicht ausschließt, sondern komplementär einschließt –, folgenreich deshalb auch in der Hinsicht gedacht und geglaubt werden kann, daß Gott in der Tat nicht nur von außen kommend, sondern auch von innen heraus, d. h. unter Einbeziehung und Beteiligung des Menschen, »guttun« kann.

In den Interviewaussagen der Frauen *nur* die Anfragen an eine enggefaßte Opfer- und Sühnetheologie wahrzunehmen, wäre damit kurzsichtig. So ist z. B. auch im Blick auf den Stellvertretungs- und Rechtfertigungsgedanken insgesamt die Frage von Subjekt und Objekt neu zu überdenken, theologisch, christologisch, pneumatologisch wie anthropologisch. So gilt es, auch der Adresse von Stellvertretung und Rechtfertigung angesichtig(er) zu werden, die *Adressatinnen* und *Adressaten* in ihrer *Subjektivität* wahrzunehmen, spiegelt sich doch in den Äußerungen der Frauen nicht zuletzt, daß sie sich als ›reine‹ Objekte der Stellvertretung/des Opfers Jesu fühlen, was sie nicht sein wollen und auch nicht sind.

Im Vergleich zu den Frauen ist die Ablehnung der Opfer- und Sühnevorstellung bei den **Männern** weit weniger einhellig. Hat der eine »mit Opfer oder gar, daß Gott seinen Sohn, seinen einzigen Sohn hingegeben hat« solche Schwierigkeiten, daß er Sühne »nicht denken kann kann, auch nicht denken will«[138], ist für den anderen (ungefähr Gleichaltrigen) der christliche Glaube »gerade auch wegen dieser Handlung etwas uneingeschränkt Hohes«[139] und kann ein Dritter sagen: »Mir ist es wichtig, daß es um meinetwillen passiert ist und daß ich dadurch gerettet wer-

---

137 Sophie Mangold, F 25
138 Joachim Gerster, M 5
139 Martin Ott, M 3

de«[140]. Gemeinsam aber ist den meisten der interviewten Männer, daß sie, im Unterschied zu den meisten Frauen, den Tod Jesu nicht aus der Perspektive des Opfers sehen, daß sie weniger darauf reagieren, *daß* und *warum* Jesus sterben mußte, sondern stärker darauf reagieren, *wie* sein Tod zu verstehen ist. Von daher scheint sich auch im Blick auf das Verständnis des Todes Jesu etwas niederzuschlagen von »Werkorientierung« bei den Männern und »Beziehungsorientierung«[141] bei den Frauen, ohne dies dichotomisch festschreiben zu wollen. So kann einem Mann z. B. die Opfer- und Sühnevorstellung ausgesprochen »fernliegen«, aber nicht wegen des Opfers, das angenommen wird, sondern weil damit versucht wird, »einem geheimnisvollen Vorgang eine rationale Erläuterung beizumessen«[142]. Und in Verbindung damit zu bringen ist auch die Beobachtung, daß so viel weniger Männern als Frauen ein Gottesbild zur Anfrage wird, das Gott als Subjekt des gewaltsamen Todes Jesu sieht, und daß *kein* Mann vergleichbar Anstoß nimmt an dem Menschenbild und Sündenverständnis der Sühnetheologie und entsprechend wenige nur etwas von eigenen Deutungsversuchen und Akzentsetzungen erkennen lassen.

Insgesamt gesehen gilt, daß die interviewten Männer auf die Opfer- und Sühnevorstellung weit weniger betroffen reagieren als die interviewten Frauen und in ihrem ureigenen Gottes- und Selbstverständnis weit weniger berührt scheinen. *Daß* ihre Perspektive, ihre Orientierung tendenziell eine andere ist als die der Frauen, erklärt auch, daß Männer es, anders als Frauen, beim Abendmahl *ruhig* bei der Rede von Opfer und Sühne als traditionelle Deutung des Todes Jesu belassen können, obwohl sie selbst ein anderes Verständnis haben: »Vielleicht würde ein anderer Sprachgebrauch etwas anderes bewirken. Aber das ist natürlich ein weites Feld, auch etwas an den Worten zu ändern. Das halte ich im großen und ganzen auch nicht für gut.«[143]

Wenn im Blick auf die alltäglichen Erfahrungen zutrifft: »Erst die Opfer machen den Tätern ihr Tun bewußt« und daraus zu folgern ist: »Die Wahrheit liegt in den Händen der Opfer, und die Erlösung vom Wahn zur Wirklichkeit kommt von ihnen«[144], so hat das m. E. für die Deutung des Todes Jesu und das Verständnis des Abendmahls zur Konsequenz, daß auch hier die Perspektive und die Orientierung von Frauen *notwendig* miteinzubeziehen ist, will man *anders* als bisher des Opfers *Jesu*

---

140 Klaus Wege, M 7
141 S. o. J. *Moltmann*, Theologie in den Erfahrungen, S. 159
142 Johannes Müller, M 21
143 Paul Kesselstein, M 22. Ihm fällt dazu sofort das Glaubensbekenntnis ein: »Dann würden wir auch ständig am Glaubensbekenntnis herumdoktern wollen.«
144 Jürgen *Moltmann*, ebd.

angesichtig werden und das Denken und die Erfahrung von Frauen nicht länger einseitig männlicher Sichtweise opfern.

In jeder Hinsicht nachdenkenswert scheint mir folgende Äußerung einer der interviewten Frauen: »Daß da ein Sohn Gottes geboren werden mußte, der für uns stirbt und unsere Sünden trägt, das ist, denke ich, eine Verkürzung von dem, was sogar mal gemeint war. Ich denke, wir sind dem überhaupt noch nicht auf der Spur, was da wirklich gemeint ist, gemeint gewesen sein könnte. Und ich glaube auch, daß es sehr schwierig ist, sich dem auf der intellektuellen Ebene zu nähern. Ich denke eher, es ist eine Sache von mystischer Erfahrung«[145].

3. Zum Themenkomplex »Blut«

3.1. Gesamteindruck

Gleichermaßen nahe, lebensnotwendig und lebensgefährlich, hat Blut für Frauen und Männer dieselbe Bedeutsamkeit und löst als Stichwort vergleichbare Assoziationen aus. Dennoch bestehen eindeutige Unterschiede in der Akzentsetzung: Vielen *Männern* liegt der Lebensaspekt des Blutes näher, Blut als »Lebenssaft« und »Lebenselexier«. *Frauen* denken sehr viel häufiger an *gewaltsames* Blutvergießen und Lebensverlust, dies trotz ureigener, ganz andersartiger Erfahrung mit Blut. Das zyklisch fließende eigene Blut liegt den meisten Frauen merkwürdig fern, fern auch der Gedanke, diesem Blut eine besondere Bedeutsamkeit beizumessen. Zugespitzt formuliert ist der Eindruck:
Während die meisten *Frauen* sehr schnell um's Leben fürchten, wenn es um Blut geht, halten sich die meisten *Männer* das Lebensgefährliche daran eher vom Leibe und nehmen es mit dem Blut nicht immer und von vornherein so todernst und das weibliche Blut gar nicht erst wahr.

3.2. Frauen

3.2.1. Zu Blut allgemein

VORWEG STIMMEN, DIE DEN TENOR ANGEBEN[146]
* »Ich sehe da sehr konkrete Bilder, Szenen im Fernsehen, Kriegsberichterstattung, Menschen, niedergeschossen. Grauenvolle Bilder!«

---

145 Ragnhild Radloff, F 12
146 Yvonne Berber (F 12), Sabine Eck (F 20), Katharina Flor (F 23), Tine Uhlenhorst (F 5), Ines Martin (F 19)

* »Gefühlsmäßig sind alle Sachen, die mit Blut zu tun haben, für mich eher bedrohlich negativ und haben mit dem Ende des Lebens zu tun. Da, wo Blut fließt, ist Verwundung und Todesgefahr.«
* »›Oh Haupt voll Blut und Wunden‹, das fällt mir sofort ein. Schneewittchen, die Spindel Rot wie Blut. Blutschuld, Blutzoll, lauter Schrecklichkeiten! Krieg, Grenzen, die mit Blut gezogen werden. ›Mit Blut erkauft‹, besteht da nicht ein Zusammenhang, bekommt Blut da einen Wert, dem man auch noch verpflichtet sein soll?! Schrecklich! Ich wüßte keinen Zusammenhang, bis auf Blutspende, zu nennen, wo Blut mir positiv erschiene. Wo Blut fließt, ist es für mich *immer* mit Unheil verbunden, von daher habe ich da auch eher eine Blockade, weil mir nichts Gutes einfällt.«
* »Rot, Unfall, Tod, Blutspende, Lebenssaft, – unheimlich, faszinierend.«
* »Zu Blut fällt mir *Leben* ein, fällt mir Fruchtbarkeit ein, fällt mir Menstruationsblut ein.«

AKZENTSETZUNGEN UND SCHLÜSSELAUSSAGEN

Die meisten Frauen (16) verbinden mit Blut so gut wie ausschließlich negative Assoziationen.[147] Nur sieben Frauen assoziieren spontan und vor allem Positives[148], für vier Frauen sind beide Aspekte von Bedeutung[149].

Bei den negativen Assoziationen überwiegen Vorstellungen von *Krieg*, *Gewalt* und *Zerstörung*[150]: »Zu Blut fällt mir in aller Regel *zuerst* Grausamkeit ein, Krieg, Schlachtung, Verbrechen!«[151]. Entsprechend ist die Blutvorstellung fast ausnehmend mit *Schrecken*, *Verlust* und *Tod* verbunden, unabhängig von Alter und Lebenshintergrund[152]:

* »Blutvergießen, immer kombiniert mit etwas Grausigem, Schlimmem, mit traurigen Dingen ... Blut hat was mit Verlust zu tun ... eigentlich immer mit schwierigen Situationen, also, wirklich menschlich ans Leben gehende Situationen, ob ich eine Blutspende bekomme oder im Krieg Blut vergieße.« (Nina Ergrath, F 13)
* »Zu Blut fällt mir ein, daß ich Blutvergießen 'was Grausiges finde.« (Ursula Ilmenau, F 16)

---

147 Sieben Frauen sprechen in diesem Zusammenhang von: »immer/nur/lauter/in der Regel«, vgl. F 8.12.13.17.18.21.23.
148 Vgl. F 3.4.15.19.24.26.28
149 Vgl. F 2.5.11.18; Berufsspezifisch fixiert reagiert Sylvia Imshausen (Medizinerin, F 14)
150 Vgl. F 10.11.12.13.16.17.18.22.23.25.27.
151 Vgl. Karin Homrich (F 17); Oder Lore Adler (F 22): »Zu Blut gehört für mich: Krieg« und Sophie Mangold (F 25): »Mord und Totschlag!«
152 Vgl. F 5.10.12.13.16.17.18.20.23.24.27

* »Vor allem Schrecken ... Blut und Tränen!« (Lydia Hall, F 27)
Dazu kommen Gedanken an *Verletzungen* und *Schmerzen*, an Unfall und Operationen:
* »Zu Blut fallen mir sonst noch Schmerzen ein, womit das eigentlich immer verbunden ist.« (Iris Gradwohl, F 2)
* »Zu Blut kommt mir ein leidender Mensch in den Sinn, ein verletzter Mensch, hilflos, allein ..., es hat immer irgend etwas mit Verletztsein zu tun.« (Ruth Abendrot, F 8)
Von Aids und infiziertem Blut ist dabei nur bei zwei Frauen die Rede[153], wobei eine von ihnen, schwerst körperbehindert, unmittelbar betroffen und mit erheblichen Ängsten reagiert: »Als ich mich vor kurzem intensiv verletzt hab, war ich in der jetzigen Situation so weit, daß ich gesagt hab: Die Verletzung ist nicht groß genug, du lehnst eine Transfusion ab. Und ich überlege im Grunde schon, ob ich auch dazu übergehe, mir in Hamburg irgendwo 'ne Blutkonserve in die Blutbank zu legen, weil ich im Moment totale Angst hab, überhaupt nicht glaube, daß die wirklich in ausreichendem Maß geprüft werden. Und dann machen sie es heute gegen Aids, und es sind schon längst andere Erreger da, die sie noch gar nicht kennen!«[154] Nur *elf* Frauen fällt zu Blut auch oder vor allem *Leben* ein und Bewegung, das Wunderbare[155]:
* »Blut ist für mich der Stoff des Lebens und etwas, was sich durch Generationen auch irgendwie fortsetzt. Verwandtschaft drückt sich für mich aus in gemeinsamem Blut. Blut ist auch dasjenige, was sich ständig erneuert, sehr viel rascher erneuert als Leib. Sehr dynamisch. Gefällt mir eigentlich gut.« (Theodora Adam, F 4)
* »Blut ist für mich Leben, hält einen Kreislauf in Gang. Ist etwas Wunderbares, steht für etwas Abgeben und etwas Bekommen, Leben, das einem gegeben wird.« (Adelheid Sommer, F 15)
* »Mit Blut assoziiere ich Lebenskraft, Lebenssaft, durchpulst werden von etwas, was Dinge in Bewegung bringt, was ich brauche, um lebendig zu sein.« (Grete Eichbaum, F 26)
Für zwei ist diese Einstellung von vornherein mit biblischen Kenntnissen verbunden:
* »Blut hat für mich *nichts* Abschreckendes. Blut ist etwas, was mit Leben verbunden ist. Ohne Blut *ist* ja kein Leben da. Und so viel ich weiß, hat der jüdische Glaube auch den Gedanken, daß die *Seele* im Blut enthalten ist, d. h. also, mit dem Blut Jesu Christi wird mir, meiner

---

153 Vgl. F 9.16
154 Ursula Ilmenau, F 16
155 Vgl. F 3.4.5.11.13.15.18.19.24.26.28

260

Seele, Leben zugesprochen und ich bekomme einen Teil seines Geistes und seiner Seele.« (Elisabeth Ammerstein, F 24)

* »Leben, Lebenskraft, Lebendigkeit, Bewegung. Ich bin ja auch ›belastet‹ dadurch, daß ich immer schon die theologische Deutung parat habe. Blut ist für mich immer verbunden mit dem alttestamentlichen Denken: Blut ist Sitz des Lebens.« (Friederike Cassens, F 28)

Und dennoch bleibt auch für manche von ihnen das Bedrohliche tonangebend: »Ich merke gerade, daß das eigentlich völlig daneben ist, so zu denken, weil Blut ja eigentlich so wichtig ist für unser Leben und unser Lebenssaft ist. Ich merke, daß ich das überhaupt nicht so empfinden kann, mir das zwar wünsche, aber daß das nicht in mir ist, kein Bewußtsein von: Das ist etwas Wichtiges, Kostbares und Schönes und davon lebe ich, sondern nur in Verbindung mit Zerstörung und Verlust, Sterben, Tod«[156].

3.2.2. Zu Menstruationsblut

VORWEG STIMMEN, DIE DEN TENOR ANGEBEN[157]

* »Stimmt, da begegnet mir Blut auch, aber eher ziemlich *unangenehm*.«

* »An Menstruationsblut denke ich überhaupt nicht. Das ist für mich was ganz Normales, was abgehakt wird. Da ich Tampons nehme, bemerke ich auch so gut wie nichts davon. Früher als Kind, das weiß ich noch, da fand ich' eklig. – Und im Zusammenhang mit Abendmahl würde es mir schon mal gar nicht einfallen, nein!«

* »Ich hab' mich sehr mit meiner Menstruation beschäftigt, und zwar war das in einer Lebensphase, also nach dem 20. Lebensjahr, in der ich zur Landfriedbewegung gehörte und mich mit biologisch-dynamischem Landbau beschäftigte. Und ich habe da gemeinsam mit anderen Frauen die Menstruation als etwas sehr Wunderbares erlebt und habe versucht, es hinzukriegen, daß sie nach dem Mondrhythmus stattfand und hab es auch geschafft.«

* »Nie bin ich auf die Idee gekommen, beim Abendmahl an Menstruationsblut zu denken, weil einfach: das Blut von Jesus Christus war *gewaltsam*, das Blut der Menstruation nicht!« (Sonja Lohausen, F 1)

* »Menstruationsblut: Ein dem Leben gegebenes Blut. Das andere ist dem Tod gegebenes Blut. Es ist für mich tatsächlich ein Unterschied, ob jemand ermordet wird oder ob das Blut bei der Geburt eines Kindes fließt, – das könnte ich wieder besser verstehen«.

---

156 Ragnhild Radloff, F 12, vgl. u. a. Renate Schweizer, F 18, s. o.
157 Iris Gradwohl (F 2), Nora Almquist (F 7), Elke Stern (F 9), Nina Ergrath (F 13), Sophie Mangold (F 25)

Nur sieben von 28 Frauen fällt zu Blut spontan die eigene Blutung ein und nur vier Frauen mit positiven Assoziationen[158]:

* »Im positiven Sinne verbinde ich mit Blut ganz stark Menstruation, wo sich auch der Lebenszyklus widerspiegelt, das Geben, daß etwas aufgebaut wird und daß wieder etwas abgebaut wird, der ganz normale Lebensrhythmus bei der Frau ... Ich finde, daß gerade Frauen, die menstruieren, daß die ganz viel Energie haben. Und es ist auch biologisch erwiesen, daß die Frauen körperlich dann am fittesten sind, viel mehr Energie haben, genau das Gegenteil von dem, was allgemein in unserer Vorstellung vorherrscht.« (Annette Rieth, F 11)

Daß ihr selbst zu Blut die Menstruation nicht in den Sinn gekommen ist, dazu merkt eine der jungen Frauen später an: »Ich bin selber jetzt ganz erschrocken, daß mir vorhin ... die Menstruation überhaupt nicht eingefallen ist!«[159] Offensichtlich haben die meisten Frauen bewußt oder unbewußt internalisiert, was in der Erziehung und gesellschaftlich oktroyiert wird:

* »Menstruation ... Ja, das hat keinerlei emotionale Bedeutung. Das ist immer nur was gewesen, was unangenehm und lästig war. – Das liegt an meiner Erziehung, glaub ich, weil ich aus einer Familie komme, in der Leben sowieso kleingeschrieben wurde und auch alles Kreatürliche, Leibliche, Fleischliche, Sinnliche, Sexuelle. Und die Verbindung gerade dieser Sache zum Entstehen neuen Lebens, das war überhaupt kein Thema, das kam nicht vor, das war sehr, sehr negativ besetzt.« (Sabine Eck, F 20)

Wie sehr sie sich diese Einschätzung selbst zu eigen gemacht hat, wird daran deutlich, daß sie erst bei näherem Nachfragen bemerkt:

* »Ich empfinde jetzt in diesen letzten Jahren eben sehr deutlich, daß ich um diesen ganzen Bereich in meinem Leben herumgekommen bin, daß ich mich damit nicht auseinandergesetzt habe, auch nicht konnte, – also, kann ich mir nicht verübeln, aber jetzt merke ich, daß was fehlt.« (Dies.)

Es ist so, Menstruationsblut ist das, »was nicht in Erscheinung treten soll«[160]. Somit fällt die monatliche Blutung vielen Frauen ›sicherheitshalber‹ schon gar nicht erst ein, oder sie wollen »nicht so eine Riesengeschichte« daraus machen, halten alles andere eher für »hochstilisiert« und »exhibitionistisch«:

---

158 Mit positiven Assoziationen: Vgl. F 11.19.22.27.; eher negativ: F 16.18.21
159 Tine Uhlenhorst, F 5
160 Renate Schweizer, F 18;

* »Witzigerweise ist das für mich so eine Art von Blut was, ja, was eigentlich eher im unangenehmen Bereich liegt. Also nicht, daß ich mich dann schmutzig oder dreckig fühle, aber es ist 'ne lästige Sache, die irgendwann mal gut und gerne aufhören könnte. Für mich, darum hab ich's auch vorhin gar nicht so in den Begriff Blut mit hineingegeben, das ist 'ne Sache, Gott, das ist eben so und fertig und hoffentlich ist es bald vorbei. Das hat für mich nicht irgendwo so'n Bereich von Lebenserhaltung oder was Positives. Ich bin gerne Frau, okay. Ich akzeptiere mein Geschlecht voll und ganz. Aber, ja, ich möchte das Menstruationsblut oder die Blutung, die Mensis, die Regel, auch nicht zu stark hochstilisieren, so furchtbar in den Vordergrund stellen und: ›Ach, Gott, ich leide‹! Es ist nett, wenn jemand Anteil nimmt, oder wenn es mir mal schlecht geht, daß ich mich verkrümeln kann, aber fertig! Ich mach da nicht so'ne Riesengeschichte draus.« (Nina Ergrath, F 13)
* »Aber jetzt die Zyklusblutung habe ich eigentlich als etwas völlig Normales angesehen. Aber ich hatte auch nie das exhibitionistische Bedürfnis, wie das manche haben, jetzt immer zu erzählen, daß sie nun, und wie schlimm das alles, und die Bauchschmerzen, und die ganzen Binden oder so rumliegen zu lassen, nicht, das find ich alles nicht schön.« (Rose Gärtner, F 21)

Wie wenig positiv oder gar wunderbar von vielen Frauen die Menstruation erlebt wird und was bei ihnen immer noch an Diskriminierung im Hinterkopf ist, verdeutlichen die *Konnotationen*:

Was Normales/nichts Besonderes:	F 9.13.21.23
Unrein, schmutzig:	F 11.13.17.19.21
Unangenehm:	F. 2.13.20.
Eklig:	F 9.18
Lästig:	F 13.20.
Über Sinn und Zweck nie so Gedanken gemacht:	F 2
Sich verkriechen wollen:	F 12
Nicht gut fühlen/zerbrechlich sein:	F 12
Giftige Qualität:	F 16
Keinen normalen Bezug dazu haben:	F 16
Ganz unbedeutendes Ereignis:	F 20
Schmerzhaftes:	F 22
Fast neutral:	F 23
Schlecht riechen:	F 23

Eher verhalten wird auch anderes laut:

Leben/Lebenserneuerung:	F 1.4.10.11.19.25

Etwas Wunderbares/wunderbare Gabe:	F 7.27
Fruchtbarkeit/Geburt:	F 11.19.22
Sich dagegen wehren, daß es als unrein gilt:	F 17
Trauer, daß es vorbei ist:	F 20
Man wird so friedlich, wenn es fließt, es löst schon:	F 25
Warmes Gefühl:	F 27
Zustimmung/schön:	F 27

3.2.3. Reaktionen auf die These von Jutta Voss

In unserer patriarchalen Kultur ist über Jahrhunderte hinweg »männliches Tötungsblut« als erlösend gefeiert worden, auch im Abendmahl. Es ist an der Zeit, das »weibliche Wandlungsblut« als das wahre Lebensblut zu erkennen und sakramental zu feiern.[161]

Vorbemerkung: Über die o. g. Begründung hinaus, weshalb Frauen und Männer mit der These von Jutta Voss konfrontiert wurden[162], sei an dieser Stelle hinzugefügt: 1. Auch wenn die thetische Zusammenfassung kein Zitat ist, so entspricht sie doch dem Tenor entsprechender Aussagen von Jutta Voss, wie sich an meiner kritischen Darstellung ihrer Position überprüfen läßt[163]. 2. So extrem die Position von Jutta Voss auch erscheinen mag, sie *hat* großen Anklang gefunden bei Frauen, ohne daß hinreichend deutlich geworden bzw. wahrgenommen worden wäre, weshalb. 3. Provokant wie die Sicht von Jutta Voss ist, und vermutlich auch sein will, scheint sie mir dazu geeignet, bei Frauen wie Männern Reaktionen zu evozieren, die ihre Wünsche, Befürchtungen und eigenen Überlegungen besonders deutlich werden lassen können und damit auch die *Notwendigkeit* und *Grenze* geschlechtsspezifischer Sichtweise.

---

161 Vgl. u. a. folgende Zitate von Jutta *Voss*: »Das männliche Blut, auch das Blut Jesu, ist und bleibt Tötungsblut und kann daher als Wandlungsmysterium nur symbolisch verstanden werden. Das Wandlungsmysterium des weiblichen Blutes ist immer real.« (S. 50); – »Zentraler Wert der Religion ist das Wandlungsmysterium des Blutes. In der patriarchalen christlichen Religion wird Jesus Träger dieses Blutes, aber es ist männliches Blut, das durch Tötung fließt ... Daß das Blut eines von Männern getöteten Mannes ewiges Leben garantieren soll, entbehrt jeglicher Konkretion. Das Blut von Frauen, das ohne Wunde fließt, ohne zu töten und getötet zu werden, dafür aber mit seinem regenerierenden Zyklus bei Mutter und Tochter ewiges Leben auf dieser Erde ermöglicht und garantiert, dieses Blut ist konkret erfahrbar und für jede Frau nachvollziehbar.« (S 146)

162 S. o. B.I.2.3.3. »Leitfaden«

163 Vgl. A.V.2.2.5. »Deutung des Todes Jesu auf mythischem Hintergrund«, S. 105ff und besonders A.V.3.5. »Abendmahl – Blut (Jutta Voss)«

VORWEG STIMMEN, DIE DEN TENOR ANGEBEN[164]

* »Also ich hätt' im Augenblick eigentlich auch keine Lust, mich darüber weiter auseinanderzusetzen, ist für mich total abwegig ... Vielleicht so auf dieser Schiene: So, nun muß endlich mal was von der Frau und nun suchen wir irgendwas. Nee, sehr abwegig!«

* »Ich bin auch den *Frauen* irgendwo böse, daß sie das mit dem Abendmahl verbinden, weil ich denke, das haben wir nicht *nötig*! Ich möchte auch das männliche Erlösungsblut in keiner Weise mit dem Abendmahl verbunden haben! Also mir ist es *unangenehm*. Und es hindert mich auch eher, das mit dem Menstruationsblut in einem ja, darüber zu reden, und es in ein anderes Licht zu stellen, weil ich diese Verbindung, ja, weil das Gespräch da in einen Bereich, also eine Verbindung entstanden ist, die ich *nicht* möchte. Ich seh es nicht, daß im Abendmahl eine Tötung heilig geschrieben wird, daß Blut verherrlicht wird oder daß Blut an sich etwas ist.«

* »Ich bin heute froh, daß ich dieses Wissen um meinen Körper habe, aber ich möchte mich *weigern*, allein auf meine Körperlichkeit eine Spiritualität aufzubauen! Das birgt in sich die Gefahr eines biologistischen Denkens! ... Es ist etwas, womit ich schon, ich denke, seit bald über 10 Jahren kämpfe, nämlich die Frage: Möchte ich mich als Frau, mein Frausein bzw. auch mein Feministinsein, auf meine Körperlichkeit begrenzen und damit auch eine bestimmte Zuordnung von Weiblichkeit vornehmen oder oder möchte ich es nicht?! Und ich bin für mich zu dem Ergebnis gekommen, daß ich es *nicht will* und daß ich es auch für sehr gefährlich halte!«

* »Das trifft für mich zu! Da kann ich zustimmen. Und das ist auch sehr wichtig, daß wir das mit dieser Sichtweise sehen!«

* »Da bin ich genau der Meinung wie Frau Voss! Meines Erachtens ist gerade das Menstruationsblut eben zutiefst Leben bringend oder könnte es sein, das ist seine Funktion, Leben erneuernd. Und genau so begreife ich auch das Abendmahl. Also, dieses Gewalttätige, was sie ›männliches Tötungsblut‹ nennt, ist ja auch genau das, was mich z. B. eher abschreckt, mir vorzustellen, der Wein oder der Traubensaft wäre wirkliches Blut. Wenn ich mir vorstellen würde, es hätte diesen Erneuerungscharakter von weiblichem Blut, von Blut, das *mir* ja auch sehr bekannt ist, und meines Zyklus, könnte ich mir das viel angenehmer vorstellen und hätte auch das Gefühl, ja, es geht wirklich um die Möglichkeit, Neues herzustellen.«

---

164 Nina Ergrath (F 13), Renate Schweizer (F 19), Nora Almquist (F 7), Annette Rieth (F 11), Theodora Adam (F 4)

Die meisten Frauen reagieren auf die Sicht von Jutta Voss mit Vorbehalten: Eindeutig negativ ist die Reaktion von sieben Frauen[165], erhebliche Anfragen äußern elf Frauen[166]. Zehn Frauen äußern sich mehr oder weniger zustimmend.[167] Daß ihre Sicht die wenigsten gleichgültig läßt, verdeutlicht ein Blick auf die *Konnotationen*.

Negativ:

Schwierig:	F 8.12.25
Nichts damit anfangen können:	F 2.3.17
Weit weg/fern/fremd:	F 3.25.28
Hergeholt/hergesucht:	F 2.26
Überzogen/Haarspalterei:	F 3
Nicht wollen:	F 7
Sehr gefährlich:	F 7
Nicht in den Sinn kommen:	F 9
Abwegig:	F 13
Unangenehm/nicht mögen:	F 18
Nicht verstehen:	F 21
Skeptisch:	F 22
Überhöhung:	F 22
Wehren:	F 22
Nicht brauchen:	F 28

Positiv:

Interessant:	F 3.5.7.9.14.
Zustimmen/genau der Meinung:	F 1.4.11
Einleuchtend/zutreffend/generell richtig:	F 6.11.20
Nicht schlecht finden:	F 3
Faszinierend:	F 8
Spannend/verlockend:	F 12.14
Ursprünglicher:	F 12
Besser finden:	F 22

---

165 Vgl. F 2.13.16.17.18.23.26
166 Vgl. F 3.7.8.9.15.21.22.24.25.27.28
167 Vgl. F 1.4.5.6.10.11.12.14.19.20

1. GRÜNDE FÜR FRAUEN, DER THESE ZUZUSTIMMEN

Das Stichwort »weibliches Wandlungsblut«

Einige der Frauen hören aus der These vor allem heraus, daß hier endlich einmal das Menstruationsblut positiv qualifiziert wird, daß es im Sinne von Wandel und Neuwerdung in den Blick kommt, als lebens- und zukunfteröffnend. Das ist das, was ihnen sofort einleuchtet und sie mit Offenheit und Interesse reagieren läßt[168]:

* »Also, ich kann der Darstellung sehr gut folgen, daß der Zyklus auch was Umwandelndes hat und eben, obwohl es blutet, keine Verletzung in dem Sinne ist. Also, es ist eine natürliche Verletzung, die auch so sein soll. Und den Aspekt finde ich sehr interessant, daß man sozusagen das Abendmahl auch mit diesem Blut vergleichen kann.« (Gerti Christiansen, F 3)
* »Diese Möglichkeiten, die Menstruationsblut hat, von dem, was alles entstehen *könnte*, sind viel *reicher* als irgendwelches, ja, quasi Schlachtblut, also Blut, das eigentlich im Grunde tot ist, was diese Möglichkeiten ja nicht mehr in sich birgt. Und was für mich persönlich auch relativ eklig ist, und ich mir das deswegen eben nicht so gerne vorstelle, sondern dann wirklich mich darauf konzentriere, dies ist entweder Saft oder Wein und nur auf das Versprechen als *solches* ... Und für mich ist dieses Menstruationsblut, auch bei mir ganz persönlich, Ausdruck, ja, ganz platt gesagt, von Werden und Vergehen und weist dann immer auch in die Zukunft. Und das wollte ich vorhin auch sagen mit diesem Versprechen, das für mich Jesus nicht nur den Jüngern gegeben hat, sondern eben mir auch: Wir werden uns wiedersehen oder erleben, später im Reich Gottes, wie auch immer das dann aussehen mag.« (Theodora Adam, F 4)
* »Also, ich würde *immer* die weibliche Komponente nehmen, weil für mich wirklich das Töten etwas Absolutes hat, da ist etwas zu Ende! Und ich kann es nur als Wandlung verstehen. Nein, ›männliches *Tötungs*blut‹ hat keine erlösende Qualität für mich! Das ›weibliche Wandlungsblut‹ hat für mich das, was durch den Tod Jesu für mich einfach passiert ist, nämlich daß es sich *wandeln* muß. Es geht gar nicht um das Blut und um den Tod, sondern um die *Wandlung* und die *Möglichkeit* der Wandlung dessen.« (Ines Martin, F 19)

Auffallend ist, daß in diesem Zusammenhang ohne weiteres Menstruationsblut und Abendmahl in Verbindung gebracht werden können und nur

---

168 Vgl. F 3.4.5.6.10.11.19

eine Frau im Blick auf den geschichtlichen Hintergrund des Abendmahls Bedenken artikuliert: »Ich finde es sehr verlockend mit dem ›weiblichen Wandlungsblut‹! Aber ich könnte mir im Moment noch schwer vorstellen, wie ich das in die Abendmahlsfeier konkret integrieren kann, wenn ich mir den Ursprung der Abendmahlsfeier vorstelle. Weil ich da in der Handlung, damals Gründonnerstag, für mich nichts spontan in der Richtung entdecke. Und deshalb ist es für mich ein *theoretisch* interessanter Ansatz, die Praxis müßte mir aber noch, die Umsetzung müßte mir noch sehr deutlich gemacht werden.«[169] Andere aber deuten wie selbstverständlich das Abendmahlsblut im Sinne des Menstruationsblutes um. Weil es für sie im Abendmahl um Leben geht und nicht um Tod, um Hoffnung und Zukunft und nicht um Ende[170], legt es sich ihnen offensichtlich eher nahe, die These von Jutta Voss auf das Abendmahl hin zu verstehen und das »weibliche Wandlungsblut« für sinnenfälliger zu halten als das Blut Jesu, das sich traditionell mit dem Tod verbindet: »Und ich möchte ja doch, daß mir durch das Abendmahl Leben zugesprochen wird. Und damit wäre das weibliche Blut ja mit der Menstruation – und ich sagte, die Geburt ja auch – wirklich *eher* Blut, das dem Leben entspräche.«[171]

Anzumerken ist, daß sich dies für keine der Frauen mit dem Gedanken an ein Ritual verbindet jenseits der Geschichte Jesu und abgesehen von dem herkömmlichen Abendmahlsritual! Von einem Menstruationsritual, eingebunden in einen Göttinnenkult, ist ausdrücklich *nicht* die Rede: »Für mich ist ein solches Ritual dann *nicht* irgendwie irgendein Göttinnenritual oder so, das würde ich, – da bin ich aber auch sehr konservativ –, nicht so gerne in der Art verändern wollen. Und trotzdem denke ich, wenn es denn Blut sein soll, ist Menstruationsblut viel geeigneter als dieses, ja, was sie ›männliches Tötungsblut‹ nennt.«[172]

Anders sieht dies eine Frau, die auf die Vorstellung einer sakramentalen Bedeutsamkeit des Menstruationsblutes mit Befremden reagiert, innerhalb eines Göttinnenkultes dies aber für denkbar und nachvollziehbar hält: »Wenn ich mich länger damit beschäftigen würde, wenn ich mich tatsächlich auf einen *Göttinnen*kult umstellen würde, dann schon, auch sakramental!«[173] Daß der Akzent in den Äußerungen grundsätzlich gesehen auf der *zeichenhaften* Bedeutung des Zyklus liegt und *nicht* auf der Blutvorstellung selbst, belegen indirekt die o. g. Zitate, explizit wird dies in der folgenden Äußerung:

---

169 Sylvia Imshausen, F 14
170 S. u. zum Themenkomplex »Bedeutung des Abendmahls«, B.II.4, S. 235ff
171 Elisabeth Ammerstein, F 24
172 Theodora Adam, F 4
173 Sophie Mangold, F 25

* »Na ja, ich finde die Aussage generell richtig, aber ich könnte sie nun nicht unbedingt am *Blut* festmachen ... Ja, daß es im Leben, daß es überhaupt lebensschaffend ist, wenn sich etwas wandelt und entwickelt und wächst und reift. Und daß sich das eben vollzieht in Zyklen und in Abschnitten und in Schritten im Leben, so, wie ich das eben auch in meinem eigenen Leben erfahren habe. Und daß das *nie* geht durch, ja, Gewaltanwendung! Also wenn ich da jetzt an den Tod Jesu denke, weshalb ich auch immer Schwierigkeiten gehabt habe, das so mit dem Ereignis der Kreuzigung, also das daran zu binden! Daß das eben auch mehr meiner eigenen Erfahrung entspricht, daß das sich ja im Leben alles vollzieht in Phasen und in Entwicklungen und in Schritten nach vorne und wieder zurück, und insgesamt schon nach vorne. Aber daß es eben eine starke *Bewegung* ist!« (Sabine Eck, F 20)

Im Vordergrund steht für die Frauen das Moment der Wandlung als Gegenbewegung zu Gewalt und Tötung.

Das eigene Jesusbild

Dezidiert wird die Möglichkeit, das Menstruationsblut mit Jesus selbst in Beziehung zu bringen, reflektiert:

* »Zumal für mich Jesus auch wirklich einer der weiblichsten oder weiblich-männlichsten Männer überhaupt ist, die ich kenne (). D.h. die weiblichen Anteile, die er für mich verkörpert, von Mütterlichkeit und Fürsorge und Sensibilität, sind für mich z.B. auch quasi ein Synonym für Menstruationsblut, für den Zyklus, für diese, ja, diese Erneuerung des Lebens im Grunde, die für mich eben *gar* nichts mit Töten zu tun hat, eigentlich nicht ... Also, aufgrund dessen, daß ich eben Frauen als absolut gleichberechtigt empfinde und als eine Hälfte oder sogar etwas mehr der Menschheit und demzufolge mir diese Verbindung des, doch erstmal von der Gestalt her, männlichen Jesus mit weiblichem Blut eigentlich nur *logisch* erscheint. Also alles andere ist eben dann auch *das* beim Abendmahl, woran ich mich leichter stoße, daß nämlich Frauen ausgeschlossen werden, und das möchte ich eigentlich überhaupt gar nicht so haben!« (Theodora Adam, F 4)

Jesus selbst wird so verstanden, daß alles dafür spricht, die weibliche Seite miteinzubeziehen, Frauen zum Vorschein kommen zu lassen, sie nicht auszuschließen, bis dahin, daß es das Menstruationsblut ist, das ein Verständnis des Abendmahls im Sinne Jesu erschließt. Und es ist der unmittelbare biblische Kontext der Abendmahlsüberlieferung, der zur Begründung herangezogen wird:

* »Ich habe noch mal zum Thema Abendmahl in der Bibel nachgelesen bei Matthäus und habe festgestellt, daß relativ kurz vor dieser Abend-

mahlsszene die Frau dieses kostbare Wasser über Jesu Kopf schüttet. Und ich fand das ganz *passend*, daß man ausgerechnet unmittelbar vor dieser Zelebrierung des Abendmahls eben eine Frau dort sehr stark beteiligt ist und sehr, ja, von Jesus in Schutz genommen wird gegenüber den Jüngern! Ich fand das, ja, fand es prima. Es hätte genausogut sein können, oder ich hab's so empfunden, daß diese Frau im Grunde bei der Austeilung des Abendmahls hätte dabei sein können! Also auch deswegen paßt für mich Menstruationsblut einfach gut da hinein.« (Dies.)

M.E. ist dies ein Interpretationsversuch, der um so weniger absurd anmutet, um so mehr dahinter der nur allzu berechtigte Wunsch von Frauen wahrgenommen wird, beim Abendmahl leibhaftig beteiligt zu sein und wegzukommen von einer impliziten oder expliziten Feier männlicher Ausschließlichkeit und insofern ein Beispiel weiblicher Theophantasie, das zumindest hellhörig machen sollte und nachdenklich!

Das Stichwort »männliches Tötungsblut«

* »Das ›männliche Tötungsblut‹, das merk ich sofort, daß mir das Wort *Tränen* dazu kommt. Das ist für mich synonym für irrsinniges Leiden und für unnötig! Unnötig fällt mir sofort dazu ein. Ich bin ein Mensch, der im Moment lebt, und obwohl ich versuche, das von mir fernzuhalten, habe ich sofort Jugoslawien und dieses *Entsetzen* vor Augen und das ich weder zum Feiern noch sonst was finde, sondern einfach alles nur grausig.« (Ursula Ilmenau, F 16)

Viele der interviewten Frauen haben, wie bereits vielfältig deutlich geworden ist, ausgesprochen Schwierigkeiten mit einem Abendmahlsverständnis, das auf das Blut Jesu fixiert ist, insofern sich dies für sie mit Tötung, mit Gewalt und Schrecken verbindet. Daß dies keine Frage der Generation ist, dafür spricht z.B. die spontane erste Reaktion eine der Älteren auf die These von Jutta Voss: »Ich kann zunächst nur noch einmal sagen, daß es für mich immer schwierig war, den Erlösungsgedanken mit dem *Blut* Jesu Christi zu begründen. Ich habe das weder vom Logischen her, also mit meinem Verstand, noch von meinen Empfindungen her je verstehen können. Und ich habe mich, wie gesagt, auch davon gelöst. Die Nähe Gottes, das ist das für mich Wichtige.« Daß Jutta Voss von »männlichem Tötungsblut« spricht, ist für manche von daher nur allzu verständlich, stimmt sie nachdenklich[174]:

* »Ja, das ist mir einleuchtend. Und deswegen ist vielleicht mein Zugang

---

174 Vgl. F 4.5.6.10.19.25

so schwer zu dem ›Tötungsblut‹ im Abendmahl und so auch meine Verweigerung zu sehen.« (Ulrike Jeremias, F 6)

* »Aber beim Abendmahl ist es eben wirklich so, ja: von Männern ausgeliefert, von einem Mann verraten, von Männern gekreuzigt. Bei der Kreuzigung und dem Blutvergießen Jesu, also da fallen mir wirklich nur *Männer* ein, ja, vielleicht ist das schon also auch dadurch so männlich geprägt und besetzt. Und ich als Frau, also, da merk ich so, vielleicht kommt es auch von *daher*, daß ich ›für dich vergossen‹ so schwer annehmen kann, weil, ja, also überhaupt, das Blutvergießen in Kriegen und überhaupt, also ich weiß nicht, ob Frauen, ja, es hätten soweit kommen lassen?! Also, ja, das ist jetzt hart gesagt, aber, ja, ich würde es erstmal als Frage stellen: Ist es nicht eigentlich so. wenn Blut vergossen wird auf der Welt, da immer stärker Männer dran beteiligt sind?« (Yvonne Berber, F 10)

* »Ich denke sicher, daß auch Frauen fähig sind, zu töten, aber *in der Regel* tun es Männer, siehe Jugoslawienkonflikt.« (Karin Homrich, F 17)

Plausibel scheint ihnen die Rede vom »männlichen Tötungsblut« als Erklärung für die eigenen Vorbehalte und als Möglichkeit, zwischen Frauen- und Männerperspektive zu unterscheiden.

Die Aussicht auf ein Frauen-Ritual

Für *drei* Frauen stellt sich mit der These von Jutta Voss die Frage nach der Notwendig keit und Möglichkeit eines entsprechenden Menstruationsrituals.[175] Während dies für zwei mehr oder weniger Theorie bleibt, knüpft eine Frau konkrete Erwartungen daran für das eigene Selbstverständnis:

* »Ich erinnere mich an die Beschreibung einer Freundin, die in Kiel in der Unikirche einmal einen Menstruationsgottesdienst, so nenn ich es jetzt mal, gefeiert hat, was ich sehr befremdlich, im nachherein aber doch auch sehr anziehend fand. Es war so ein Gemisch aus Abgestoßensein und Neugier. Und ich denke, wenn ich das jetzt so höre, es wäre für mich mit ein Weg, einen neuen Zugang finden zu können. Ich würde da großes Interesse dran haben, da weiter miteinzusteigen, einfach auch aus dem Grund, daß ich mich als *Frau* doch vielleicht noch besser finden kann, weil mir das in der Kirche bisher überhaupt nicht ermöglicht worden ist und mir entsprechend meiner kirchlichen Sozialisation immer noch sehr schwerfällt.« (Sylvia Imshausen, F 14)

Von einem Menstruationsritual erhofft sie sich, was sie in der Kirche bisher *nicht* gefunden hat: Bejahung, Begleitung in ihrem Frau-sein. In

---

175 Vgl. F 12.14.25 (s. o. Zitat »Göttinnenkult«)

»weiter Ferne«, was die eigene Person angeht, sieht eine der beiden anderen Frauen ein solches Ritual nur deshalb, weil es dem eigenen Erleben, der eigenen Selbstwahrnehmung leider nicht entspricht:

* »Ich finde es auf der einen Seite sehr spannend und denke, es ist sicher viel ursprünglicher und einfach näher dran. Auf der anderen Seite merke ich, daß ich ganz große Schwierigkeiten habe, mich auf so was einzulassen, meinen Zyklus als so etwas Heiliges und Wunderbares zu erleben. Ich beschäftige mich schon mehrere Jahre damit, aber ich merke, daß da auch eine ganz tief verwurzelter Blockade sitzt und daß ich Mühe habe, das zu verändern, also überhaupt Zyklus als etwas Positives zu sehen und mein eigenes Blut positiv zu erleben und die Tage der Blutung als etwas Besonderes und eben nicht als Tage, wo man Migräne hat und sich verkriechen möchte, wo man sich nicht gut fühlt und wo man zerbrechlich ist und all diese ganzen Erscheinungen, die wir in unserer Gesellschaft irgendwie nur als negativ erleben können. Von daher ist eben auch die Verbindung, *das* als Ritual oder als Hintergrund für ein Ritual zu sehen, zwar wünschenswert, für mich aber irgendwie noch völlig in weiter Ferne.« (Ragnhild Radloff, F 12)

Die Frage ist, ob dieser Hiatus zwischen Wunsch und Realität ein Beispiel dafür ist, daß, laut Jutta Voss, wir den »roten Faden ... erst wieder finden«[176], »die Heiligkeit des Blutes«[177] wiederentdecken und die »verinnerlichten Tabus auflösen« müssen? Oder ob die so ganz andersartige Selbstwahrnehmung und Wertung des eigenen Blutes, die von vielen der interviewten Frauen so oder ähnlich geteilt wird, nicht eher eindeutig dagegen spricht, bestimmmte biologische Symptome und Körpererfahrungen absolut zu setzen![178]

Offensichtlich wird, daß Frauen von Natur aus *nicht* gleich sind, auch nicht, was das Erleben des Menstruationszyklus angeht. Und offensichtlich

---

176 Jutta *Voss*, S. 42
177 Ebd. S. 41
178 Vgl. dazu die Biologin Anne *Fausto-Sterling*, die diverse Theoriebildungen darstellt: Von der historisch medizinischen Abqualifizierung der Frauen, die über Beschwerden klagten, als neurotisch – über die Frauengesundheitsbewegung, in der Frauen auf die *Realität* monatlicher Veränderungen und Schmerzen aufmerksam machten, der medizinischen Entwicklung hin zur horminellen Behandlung – bis hin zur feministischem Widerstand dagegen, daß »die natürlichen Funktionen der Frauen ein medizinisches Problem sein sollten, das imstande wäre, die Frauen zu hindern, in der Welt außerhalb ihrer vier Wände zu konkurrieren«. *Fausto-Sterling* selbst dazu: »Obwohl die multilaterale Diskussion andauert, gehe ich gegenwärtig davon aus, daß manche Frauen tatsächlich wegen körperlicher Veränderungen, die synchron zu ihrem Menstruationszyklus eintreten und die ihre Arbeitsfähigkeit beeinträchtigen, ärztlicher Hilfe bedürfen«, S. 137f.

wird vor allem: »Wenn wir uns das Potential des Menstruationszyklus wieder aneignen wollen, müssen wir uns auch die negativen Einstellungen eingestehen, die fast jede Frau verinnerlicht hat. Wir müssen den Schmerz und das Unbehagen zugeben, die so viele Frauen jeden Monat erleben«[179].

2. GRÜNDE VON FRAUEN, DIE THESE ABZULEHNEN

Biologismus

Mit dezidierter Abwehr auf die Sicht von Jutta Voss reagiert eine Frau, die sich ganz bewußt und über einen längeren Zeitraum hinweg mit der eigenen Menstruation beschäftigt, sie bewußt erlebt, gelebt hat. Für sie ist es nicht nur keine Möglichkeit, sondern eine Gefahr, Spiritualität geschlechtsspezifisch einzubinden:

* »Im Hinblick auf die Spiritualität ist mir von meinem Erleben her und auch von meinem ganzen Verständnis des Menschseins wichtig, daß es etwas *Transsexuelles* im Sinne von übersexuell ist. Jede andere Form würde ich als eine Einengung begreifen, als eine Zuordnung von Eigenschaften im Zusammenhang mit meiner Geschlechterrolle, die meinem Wunsch, mich so frei zu bewegen, wie es mir als Mensch zukommt, nicht entspricht ... Also, was weiß ich, wenn Frauen in der Öffentlichkeit auf ihre Körperlichkeit reduziert werden, dann gerade diesen Körper zum Ausgangspunkt der Theoriebildung zu machen, das halte ich für sehr gefährlich!« (Nora Almquist, F 7)

Was befürchtet wird, ist die Festlegung auf Geschlechtsspezifika und damit der Verlust an Freiheit, selbst sein zu können, jenseits bestimmter Festschreibungen von außen. Ohne daß andere Frauen ähnlich grundsätzlich Stellung beziehen, bestätigen ihre Reaktionen und Äußerungen doch in mancher Hinsicht, daß die These von Jutta Voss eine geschlechtsspezifische Engführung beinhaltet, die zwar explizit Weibliches aufwertet, implizit aber Frauen, die sich körperlich und/oder seelisch anders befinden, ausschließt und abwertet.

Die Bedeutung, Bedeutsamkeit des Menstruationsblutes

Aufschlußreich in dieser Beziehung sind z.B. die Reaktionen einer körperbehinderten Frau und einer der älteren Frauen:

* »Ich finde, das Menstruationsblut ist ein notwendiger Ausdruck der ganzen Weiblichkeit. Ich hab von daher *überhaupt* keinen normalen

---

179 So die amerikanische Medizinerin Christiane *Northrup*, S. 123

Bezug dazu und finde es nur gut, daß ich sogar ein *eigenes* Heilmittel hab, um Warzen zu entfernen, das ist ein Familienheilmittel. Aber ... ich kann damit nichts verbinden im Bezug auf positiv und »Wandlungsblut«, sondern eher etwas Aggressives.« (Ursula Ilmenau, F 16)

* »Also mit dem Wandlungsblut von Frauen und Menstruation, ja also, für mich ist das insofern *ganz* unverständlich, weil ja sowohl sehr junge Menschen, Kinder, als auch ältere, also ich z. B. bin längst darüber hinaus, habe damit nichts mehr zu tun, fühle mich aber quicklebendig und total lebendig und brauche nicht alle vier Wochen das Gefühl, es wird nun neu! Das hat für mich *gar* nichts mit Wandlung zu tun und mit Opfer schon gar nicht und mit Erlösung hat es auch überhaupt nichts zu tun. Es ist in gewisser Weise auch erlösend, damit keine Scherereien mehr zu haben (lacht!) Und für viele Frauen ist es sehr erlösend, daß sie weder Pille noch sonstige Verhütungsmittel mehr nehmen müssen!« (Grete Eichbaum, F 26)

Beide Frauen können mit der Bedeutsamkeit des Menstruationsblutes im Sinne von Wandlung und Erneuerung nichts anfangen, es entspricht nicht ihren eigenen Erfahrungen und körperlichen Möglichkeiten, genausowenig wie den Möglichkeiten und Erfahrungen vieler anderer, z. B. Mädchen und älterer Frauen. Und beide wehren sich auf je eigene Weise gegen die implizite Diskriminierung, die alleinlebende, körperbehinderte Frau wie die Mutter von fünf Töchtern, die eine, weil sie ihr Blut so ganz anders nutzt, die andere, weil sie es genießt, die Blutungen los zu sein. Gegen eine besondere Bedeutsamkeit des Menstruationsblutes sprechen sich sehr eindeutig auch andere Frauen aus.[180] Tenor sind zum einen *medizinische* Bedenken:

* »Wieso Wandlungsblut? Das Blut beinhaltet doch nicht die Wandlung, sondern Altes macht Neuem Platz. Von ›Wandlungsblut‹ könnte man doch nur sprechen, wenn die Substanz des Blutes in das Verwandelte eingehen würde. Das aber geschieht ja dabei nicht. Durch Abstoßung der Uterusschleimhaut kommt es zur Blutung. Selbst wenn man das Blut als *Zeichen* nimmt für die Wandlung, ist das schon viel.« (Katharina Flor, F 23)

Zum andern die Skepsis gegenüber *feministischer* »Überhöhung«:

* »Ich muß die Vorstellung vom »weiblichen Wandlungsblut« von allem, was ich lebe her, besser finden. Ich bin sehr skeptisch gegen manches an Überhöhung auch *darin.* Ich wehre mich auch dagegen, bei Frauen das Lebensfördernde und bei Männern das Lebensvernichtende

---

180 Vgl. F 9.13.16.17.18.21.22.23.26.27.

festzumachen. Eine solche Dichotomie der Geschlechter scheint mir äußerst fragwürdig zu sein!« (Lore Adler, F 22)

Sowie die Abwehr einer irgendwie gearteten *religiösen* Bedeutsamkeit:

* »Menstruationsblut – erlösend? Also gar nicht!« (Rose Gärtner, F 21);
* »Es hat für mich keinen erlösenden Charakter. Ich seh es überhaupt nicht religiös!« (Karin Homrich, F 17);
* »Der weibliche Zyklus, der hat für mich nichts Religiöses, keinerlei religiöse Komponente! Er ist eine uns gegebene wunderbare Gabe, die uns etwas erleben läßt von dem Kommen und Gehen in der Natur. Aber das weibliche Blut sehe ich so gar nicht unmittelbar mit Gott in Verbindung, es hat für mich *nichts* Religiöses!« (Lydia Hall, F 27)

Die Rede von »männlichem Tötungsblut« im Zusammenhang mit Abendmahl

Während für die einen die Rede vom »männlichen Tötungsblut« etwas Einleuchtendes hat, auch gerade im Zusammenhang des Abendmahls, ist dies für andere Frauen, eben wegen der Fixierung auf Blut und Tötung, in keiner Weise nachvollziehbar[181]:

* »Ich kann mit der Vorstellung eigentlich gar nichts anfangen. Ich trinke beim Abendmahl *Wein*. Und für mich ist darin *keine* Assoziation zu Blut!« (Lore Adler, F 22)
* »Ich kann mir auch nicht vorstellen, daß Jesus, daß ihm das *Blut* wichtig war, sondern seine Hingabe für uns! Ich sehe *nirgends*, daß das Blut als dieser Saft eine besondere Bedeutung hat. Ich denke, ich vergeistige es doch mehr, obwohl ich das nicht in einer entleiblichten Weise meine. Aber, ja, das Blut ist ja, gehört *zu* einem Menschen, zu seiner Lebendigkeit. Aber nicht das Blut als Materie, als diese Flüssigkeit, kann ich als so etwas Besonderes sehen! Ich sehe es als die freiwillige Lebenshingabe dieses Jesus. – *Leben* und nicht Sterben!« (Renate Schweizer, F 18)
* »Und bei dem Abendmahl, da erlöst ja nicht das ›männliche Tötungsblut‹, sondern die Hingabe Jesu, seine Lebenshingabe, die auch das eigene Blutvergießen auf sich genommen hat. Und durch dieses Aufsichnehmen soll ja doch Gewalt an ihr Ende kommen, und zwar durch einen Menschen, der etwas erträgt, ohne zurückzuschlagen.« (Katharina Flor, F 23)
* »Nein, das würde für mich dann ja mit Töten zusammenhängen, und für mich hat Abendmahl mit *Leben* und nicht mit Töten, also mit zum-

---

181 Vgl. F 3.13.18.22.23.26

Leben-Bringen und nicht mit zum-Tod-Bringen zu tun! Es geht um *mehr* als Tod. Es *bleibt* ja nicht beim Tod!« (Grete Eichbaum, F 26) Deutlich wird, daß Zustimmung wie Ablehnung der Voßsschen Terminologie und Sichtweise bestimmt sind von ein und derselben Akzentsetzung im Verständnis des Abendmahls: Es geht um den Lebenshorizont und nicht um die Todesdimension.

Der feministische Akzent

Einige wenige Frauen (4) reagieren mit Befremden und Befürchtungen auf den feministischen Ansatz.[182] Die Jüngste von ihnen verweist auf die eigenen Erfahrungen, die anders aussehen:

* »Ich hab diese männliche Gewalt bisher nicht in dem Sinne erfahren, deswegen hab ich da auch manchmal ein bißchen Schwierigkeiten mit diesen sehr, ja, feministischen Ansätzen ... Also, das ist das Blut von *Jesus*, und ich empfinde da keine Männerdominanz oder Männergewalt hinter« (Gerti Christiansen, F 3),

wobei ihr später während des Interviews zum Stichwort »Männerdominanz« dann doch Entsprechendes einfällt: »gerade in Kirchen, wo Frauen also nicht gleichberechtigt sein dürfen ... da fällt mir der Konflikt stärker auf und auch unangenehmer«. Eine andere kommt auf dem Hintergrund der eigenen, sehr positiv erlebten Vaterbeziehung grundsätzlicher auf Feministische Theologie zu sprechen, für die sie persönlich keinerlei Bedarf gegeben sieht:

* »Eine Unterscheidung zwischen männlichem und weiblichem Blut zu machen im Zusammenhang mit Abendmahl, ist mir überhaupt noch nie in den Sinn gekommen! Nun hab ich mit der Feministischen Theologie, das ist zu allgemein, aber mit einigen Ansätzen darin auch *große* Schwierigkeiten. Denn ich glaube nicht, daß man sich nur emanzipieren kann, wenn man überlegt, ob Gott vielleicht auch weiblich – oder beim Vaterunser einen anderen Begriff wählt, nur damit es feministischer klingt. Also ich finde das gar nicht schlecht, diese Männlichkeit darin. Aber das hat was damit zu tun, was man selber, denke ich, für eine Beziehung hat zu einem Vater.« (Elke Stern, F 9)

Und die zunächst zustimmende Reaktion mündet bei einer der älteren Frauen in die sehr vehemente Äußerung:

* »Aber *bitte* laßt die Männer nicht außer acht, nachher gehen sie *überhaupt* nicht mehr zum Abendmahl! Mir ist es wichtig, daß ich gerade auch im Glauben eine Verbundenheit zum *männlichen* Geschlecht habe.

---

182 Vgl. F 3.9.13.24

Das Leben *besteht* eben aus beiden Geschlechtern, und es wäre für mich *bedrückend*, wenn die Männer dadurch wieder noch mehr ausgeschlossen würden aus der Kirche.« (Elisabeth Ammerstein, F 24)

Es ist m. E. kaum zufällig, daß ihr als Frau nicht in den Sinn kommt, daß die These von Jutta Voss eine Reaktion auf die Marginalisierung und den in mancher Hinsicht alles andere als nur potentiellen Ausschluß des weiblichen Geschlechts, des Weiblichen insgesamt, aus der Kirche, sein könnte.

3.3. Männer

3.3.1. Zu Blut allgemein

VORWEG STIMMEN, DIE DEN TENOR ANGEBEN[183]

* »Die schrecklichen Assoziationen, die laß ich, die dräng ich eher weg, die hab ich auch. Natürlich: Tod, Verletzung. – Blut verbindet sich für mich *eher* mit dem Leben, mit pulsierendem Blut, mit Reinigung des Blutes.«

* »Blut ist rot, kann trocknen, stinkt. Das ist alles. Also Blut hat nach meiner eigenen Erfahrung immer was *Lebendiges* an sich, ich würde es nie mit dem Tod verbinden.«

* »Blut, ja, wenn ich selber geblutet habe, z. B. bei meiner Gefangennahme einen Kolben über den Kopf bekommen habe und das Blut über mein Gesicht floß, das hat mir eigentlich nichts ausgemacht. Eine Scheu vor Blut habe ich nicht. Mir gefällt auch die Farbe Rot. Unsere beiden Söhne können schlecht Blut sehen, das verstehe ich nicht. Blut kann man doch stillen.«

* »Ja, das hat irgendwie so einen Positiv- und Negativaspekt. Blut ist ja der Saft des Lebens, oder wie auch immer, ich meine, lebensnotwendig! Braucht man ja auch, ohne geht ja nicht. Aber wenn Blut irgendwie verspritzt wird oder so, dann ist es irgendwie doch so ein zwiespältiges Gefühl. Also, ich kann Blut eigentlich nicht so gut sehen. Und wenn ich an Blut denke, denke ich eher an Unfall als an Krankheiten. Bei Krankheiten kommt ja Blut, außer vielleicht bei Blutabnahmen, nicht so vor.«

* »Ansonsten ist ja Blut eigentlich eher 'was Negatives, es ist ja immer Leid für einige oder mehrere. Na ja, und im Alltag Blut, ja, eigentlich in den Nachrichten, wenn man das so lapidar sagen darf.«

---

183 Joachim Gerster (M 5), Friedhelm Fischer (F 18), Theodor Martens (M 24), Hans Weiden (M 1), Norbert Jäger (M 2), Paul Kesselstein (M 22)

* »Zum Stichwort Blut fällt mir eigentlich nur ein: Wunde, Verletzung, starker Blutverlust – bis hin zum Tod.«

AKZENTSETZUNGEN UND SCHLÜSSELAUSSAGEN

Die meisten Männer (17) assoziieren zu Blut Positives wie Negatives.[184] Für elf Männer steht dabei der positive Aspekt im Vordergrund[185], für drei Männer ist es ausschließlich »Angenehmes«[186], was sie mit Blut verbinden. Das Negative[187] überwiegt bei drei der Interviewten und ebenfalls drei Männern kommt ausschließlich Lebensbedrohliches in den Sinn[188]. Drei Männer betonen, daß Blut für sie im Grunde gar nichts Besonderes bedeutet:

* »Blut beinhaltet für mich nichts Mystisches, nichts Besonderes. Es ist ein Arbeitsstoff.« (Erich Godewind, M 11)
* »Ich verbinde damit im Moment keinen Lebenssaft, weil, letztendlich ist es genauso Bestandteil des Körpers wie jedes andere Organ auch.« (Enno Rosenau, M 8)
* »Blut, – was der Mensch halt braucht ... Ich kann da auch wirklich nicht so viel Symbolik drin erkennen.« (Lothar Gutmann, M 13)

Von Blutvergießen, Schrecklichem und *Schrecken* ist kaum die Rede, was auf der sprachlichen Ebene seinen Ausdruck darin findet, daß nur drei Männer diese Begriffe gebrauchen, wobei einer von ihnen offen zugibt, diesen Aspekt eher zu verdrängen (s. o.):

* »Schmerz, Schrecken, Tod« (Norbert Jäger, M 2)
* »Blut vergossen, – ich denke jetzt spontan an Jugoslawien und an all die anderen schrecklichen Dinge, die wir jetzt gerade mitkriegen.« (Kurt Maler, M 23)

Am häufigsten wird als *negative* Konkretion »*Verletzung/Wunde*« genannt[189], von zwei Männern wird dabei auch ausdrücklich auf seelische Verletzungen verwiesen: »wo die Seele blutet«[190], »die Verletzung, die man sich antut durch Worte«[191]. Was auffällt ist, daß mehr als ein *Drittel* (9) der interviewten Männer eigene Verletzungen assoziiert (dagegen nur drei Frauen[192]):

---

184 Vgl. M 1.2.4.5.6.9.10.12
185 Vgl. M 1.5.6.8.10.11.13.12.14.20.23
186 Rudolf Karstens (M 4): »Warm, weich, ganz angenehm. Wenn ich es sehen müßte, nicht unbedingt angenehm. Aber, es ist ja im Körper drin und es lebt mit einem und um einen. Nichts Schreckliches für mich! Es ist eher etwas Angenehmes«; vgl. M 3.18.
187 Vgl. M 2.15.16.
188 Vgl. M 7.17.22.
189 Vgl. M 5.6.8.14.17.19.20.22.
190 Detlev Dreyer, M 6
191 Gerhard Baum, M 20
192 »... als ich mich vor kurzem intensiv verletzt hab« – Frage ob Transfusion – Angst vor

* »... ohnmächtig geworden, Zahn ausgeschlagen« (M 2), »mein
verletzter Finger« M 5), »habe häufig Verletzungen wegen der Katzen,
die kratzen« (M 8), »wenn man sich 'ne Wunde zufügt und dann dolle
blutet« (M 9), »Ich blute auch viel« (M 12), »kleine Fingerverletzung
im Moment« (M 14), »Kindheitserinnerungen: Schnittwunden, offenes
Knie, Narbe« (M 17), »wenn ich 'ne Wunde habe, daß die furchtbar
schnell aufhört zu bluten« (M 19), »wenn ich selbst geblutet, z. B. bei
meiner Gefangennahme« (M 24).

Daß eindeutig mehr Männern spontan das *eigene Blut*, die punktuelle
Verletzung, einfällt als Frauen die eigene Menstruation[193], ist m. E. ein
Ausdruck dafür, daß vom Blut der Männer freiweg geredet werden kann
und es, zumindest von ihnen selbst, für bemerkenswert genug gehalten
wird, auch wenn, oder gerade weil?, es nur um Bagatellverletzungen
geht bzw. um etwas so Exzeptionelles wie eine gewaltsame Gefangennahme damals im Krieg, wo das Blut über das Gesicht floß und
trotzdem gesagt werden kann: »das hat mir eigentlich nichts ausgemacht«[194]!

Unmittelbar existentiell betroffen von dem, was sich mit Blut an *Lebensgefahr* verbinden kann, zeigt sich nur *ein* Mann:

* »Ich habe vor Blut allerdings auch große Angst! Ich kann mich als
Schwuler überhaupt nicht davon befreien, daß es die furchtbare
Krankheit Aids gibt, verseuchtes Blut, das erschüttert mich auch sehr!
Das ist die Schattenseite von dem, daß ich Blut eigentlich als so ein
Lebenselixier empfinde.« (Stephan Hoof, M 12)

Anzumerken ist aber auch, daß bei den *jüngeren* Männern offen von
»zwiespältigem Gefühl« die Rede sein kann, »wenn irgendwie Blut
verspritzt wird«[195], von eigenem Ohnmächtigwerden, davon, daß Blut »ja
immer Leid für einige oder mehrere« bedeutet, daß man es nicht so gut
sehen kann[196], vom Verdrängen der schrecklichen Assoziationen[197],
vom Schmerz, »wenn es dolle blutet«.[198]

Andere Negativassoziationen, die von den interviewten Männern genannt

---

Aids (F 16), »wenn ich selbst blute, mich verletzt habe« (F 21); Kindheitserinnerung
– Hingefallen (F 22).

193 Nur *sieben* Frauen von 28, s. o.
194 Theodor Martens, M 24
195 Hans Weiden, M 1
196 M 1.4.
197 M 5
198 M 9

werden, sind *Tod* und *Töten*[199], anders als bei den Frauen aber nur selten »*Krieg*«[200], und wenn, dann auch nur eher am Rande:

* »Ja, und zuletzt –Krieg. Also mir fällt z. B. ein: Soldaten müssen ihr Blut im Krieg hergeben, damit es den anderen vielleicht besser geht.« (Norbert Jäger, M 2)
* »Was mich also immer wieder maßlos aufregt, daß die Helden, die sogenannten Helden, ihr Blut gegeben haben für das Vaterland ..., für den Führer ..., für Gott.« (Dieter Ginsterbusch, M 19)

Für *zwei* Männer hat Blut explizit mit *Gewalt* zu tun[201], für einen von ihnen in erster Linie:

* »Also ich denke mal, wo Blut fließt, ist es in den seltensten Fällen aus einer humanitären Situation heraus. Es ist ja meistens etwas, was mit Gewalt einhergegangen ist. Da ist jemand in eine Situation gebracht worden, in der er Blut vergießt. Da muß etwas passiert sein, was Anlaß war für diese Reaktion, für mich in erster Linie immer Gewalt! Das, was dann daraus folgen kann, ist ›ne andere Sache.« (Eberhard Holl, M 16)

Fünf Männern fällt *Aids* und *verseuchtes* Blut ein.[202] Während dies von den einen nur unter anderem genannt wird:

»Und das geht dann eben bis hin zum Aidskranken, wo das jetzt auch wieder in der Diskussion ist, das Wort Blut« (Christian Winter, M 10), ist Aids für den homosexuellen Mann »die furchtbare Krankheit« und Blut deshalb auch mit »goßer Angst« verbunden und verseuchtes Blut etwas, das ihn »sehr erschüttert«[203].

Was darüberhinaus vereinzelt auch genannt wird, ist *Krankheit*, Operation[204], *Unfall*[205].

---

199 Vgl. M. 2.5.6.15.16.21.22; Dieter Ginsterbusch (M 19) assoziiert kommentarlos eine spielerisch- tödliche Variante: »Mir fällt bei Blut auch ein: Das *Computerspiel*, das ich gerade in Kanada gesehen habe, wo immer dann, wenn der Spieler von einer der schießenden Figuren erwischt wird, ein roter Schleier über den Bildschirm geführt wird, so daß man also selber sein Blut sieht und damit erstickt. Dann aber nur feststellt, daß man 2 Punkte weniger und dann noch sieben Leben hat.«

200 Vgl. M 2.7.15. Indirekt (Jugoslawienkonflikt) auch M 23, Zitat s. o.

201 Vgl. M 6.16

202 Vgl. M 10.12.15.17.19

203 Stephan Hoof, M 12 (Zitat s. o.); Ähnlich existentiell und auch singulär ist bei den Frauen die Reaktion der schwer körperbehinderten Ursula Ilmenau (F 16), s. o.

204 M 17.19.; Hans Weiden (M 1) begründet, warum ihm »Krankheit« zu Blut nicht einfällt: »bei Krankheiten kommt ja Blut, außer vielleicht bei Blutabnahmen, nicht vor«. Solange Blut nicht zu sehen ist, kann man es vergessen? Wieviel Blutuntersuchungen er selbst z. B. im Zuge seiner schweren Erkrankung hinter sich gebracht hat und immer noch bringen muß, davon sagt er nichts.

205 M 1.2.17

Bei den *positiven* Assoziationen überwiegt der Verweis auf *Leben, lebensnotwendig, lebensrettend* [206]im Sinne von: »Blut ist das Leben schlechthin! Es ist der Lebenssaft«[207]:

* »Blut ist etwas, was für mich identisch ist mit Leben!« (Gerhard Baum, M 20)
* »Daß Blut letztendlich gleichgesetzt werden kann mit Leben«. (Detlev Dreyer, M 6)
* »Leben fällt mir dazu ein, *Leben*!« (Norbert Roth, M 9)

Dies gilt auch in betonter Absetzung von anderen Assoziationen und Empfindungen:

* »Da fällt mir natürlich erstmal ein, daß Blut ein ganz besonderer Saft ist und eigentlich auch sehr interessant ist und eine wichtige und lebensnotwendige Geschichte! Und mir fallen da jetzt nicht so unbedingt gleich immer irgendwelche Verletzungen ein oder Opfersachen in dem Sinne, sondern eben auch so, daß es für das Leben ungeheuer wichtig ist!« (Christian Winter, M 10)
* »Ich habe mich früher vor Blut und allem Fleischlichen geekelt. Das kommt wohl von der sehr puritanischen Mutter. Jetzt als erwachsener Mann ...: Blut und Fleisch ist sehr lebendiges – Material, Blut ein lebendiger Saft!« (Stephan Hoof, M 12)

Von Bedeutung sind in diesem Zusammenhang, weit öfter als bei den Frauen, *medizinische und biologische* Aspekte des Blutes[208]: »Zunächst einmal ist es ja ein biologischer Bestandteil zumindest jedes Säugetiers«[209]. Und obwohl man unsicher ist, wieweit das »hierher gehört«, fällt dazu einigen Männern spontan am meisten ein[210]: »Dann gibt's natürlich eine Fülle von biologischen Assoziationen, die gehören, glaube ich, jetzt hier nicht her: Helles Blut, dunkles Blut, Arterien, Venen, Adern schließen, Blut spenden, Bluttransfusion, Zusammensetzung des Blutes, Blutkörperchen, Sauerstoff«[211].

---

206 So in weit über der Hälfte der Interviews (15!): Vgl. M 1.2.3.4.5.6.9.10.12.13. 15.16.18.20.23), dagegen nur in weit unter der Hälfte der Interviews mit Frauen (11!).

207 Kurt Maler, M 23; Vom Blut als »*Lebenssaft*/Lebenselexier/besonderem Saft« ist in elf Interviews die Rede: M 1.6.10.12.13.14.16.19.21.23.24 (bei den Frauen nur in F 5.12.13.20.26).

208 Vgl. M 2.5.8.9.11.17.19.21.23; Kurt Maler (M 23) betont gleichzeitig: »Und darüberhinaus gehört das Blut mehr zu dem Immaterielleren als der Körper, – in einer gewissen Gradierung zum Geist«.

209 Kurt Maler, M 23

210 Vgl. M 11.13.19.21.23

211 Johannes Müller, M 21

3.3.2. Zu Menstruationsblut

* »Entstehungsblut oder Gebärblut oder in's Leben rufende Blut.«
* »Beim Menstruationsblut der Frau handelt es sich ja um eine, um etwas, was zur Frau von Natur aus dazu gehört, was ich auch weder postiv noch negativ werten kann.«

AKZENTSETZUNGEN UND SCHLÜSSELAUSSAGEN

Viel ist es nicht, was Männer zu Menstruationsblut zu sagen wissen, oder sagen wollen. Nur zwei Männern fällt zu Blut *unmittelbar* auch Menstruationsblut ein, und beide äußern sich erstaunlich ungeschützt, der eine mit viel Bewunderung und Einfühlungsvermögen:

* »Ich bewundere, wenn ich das so sagen darf, – diese Monatsblutung bei Frauen empfinde ich als Mann, – das ist ja jetzt auch wieder etwas sehr Heikles –, als doch etwas sehr Vitales. – Ich kenne auch Frauen, Freundinnen, für die das sehr anstrengend und mit sehr viel Schmerzen verbunden ist. Das will ich natürlich auch nicht ignorieren, aber aus dem, was ich gesagt bekomme und weil es so regelmäßig, als so Regelmäßiges, passiert, empfinde ich das als Mann als etwas sehr Vitales, daß sich Blut eben so äußert, veräußerlicht sichtbar wird!« (Stephan Hoof, M 12)

Der andere sympathisch offen im Blick auf die eigenen Erfahrungen:

* »Und mir fällt auch das Blut der Frauen ein, wovor ich immer eine gewisse Scheu habe, weil es – Ja, da kommen Erinnerungen an – Wenn die Blutung da war, war keine Möglichkeit der Vereinigung. Und das war oft gerade in Zeiten, wenn ich es sehr gewünscht hätte (lacht)!« (Theodor Martens, M 24)

Vergleichbar positiv wie der Erstgenannte reagiert im Zusammenhang der These von Jutta Voss nur noch *ein* weiterer Mann:

* »Weil Frauen das einfach jeden Monat erleben, immer wieder, also sehr konfrontiert sind mit ihrem eigenen Zyklus, mit ihrem eigenen Blut und wir Männer das nur durch das Erzählen kennen.« (Joachim Gerster, M 5)

Ansonsten bleiben die beiden Äußerungen singulär, sowohl, was die emotionale Ebene angeht, wie auch die inhaltliche Aussage. Wenn im Zusammenhang mit der Reaktion auf Jutta Voss *fünf* weitere Männer expressis verbis auf die Menstruation zu sprechen kommen, geht es zum einen um den Aspekt von Leben und Menschwerdung, um die Bedeutung des

---

212 Erich Godewind, M 11 – Paul Kesselstein, M 22

Menstruationsblutes im Zusammenhang mit *Geburt*,[213] und zum anderen darum, die Blutungen als das nun mal schöpfungsmäßig so Gegebene und Naturgemäße zu verstehen: »Es ist gut so, so geschaffen«[214].

3.3.3. Reaktionen auf die These von Jutta Voss[215]

VORWEG STIMMEN, DIE DEN TENOR ANGEBEN[216]

* »Meine Reaktion darauf ist ganz einfach: *Quatsch!* Wer sich darauf bezieht: männlich oder weiblich, tut mir leid, kann ich nicht nachempfinden. In dem Moment ist es für mich einfach sächlich. Es ist unbestimmt, undefiniert. Ich verbinde damit nichts! Also, ich möchte da nichts hineingedeutet wissen. Mir ist es einfach zuwider, die Diskussion! Das hineingedeutet zu wissen, ich hab's nicht, nee, ich möchte mich damit gar nicht beschäftigen!«

* »Auf diesen feministischen Gedanken ›männliches Tötungsblut‹, ›weibliches Tötungsblut‹, also im Augenblick reagiere ich darauf mit Unverständnis! Wenn ich die Frage mit Menstruation und so verbinde, da müßte ich lange drüber nachdenken, um so einem Gedanken noch irgendwo was abgewinnen zu können.«

* »Ich habe im Zusammenhang mit dem Abendmahl bisher überhaupt nicht unterschieden zwischen männlichem Tötungsblut und einer anderen Sichtweise von Blut. Ich habe mir, ganz offen gesagt, über diese Fragestellung bisher keine Gedanken gemacht, da ich das Abendmahl bisher immer – und ich sehe auch nicht, daß sich das momentan ändert – als eine sehr angenehme Prozedur gesehen habe, wobei ich das nicht negativ meine, die Prozedur.«

* »Wenn ich das richtig verstanden habe, was diese Theologin da meint, dann ist das sicherlich eine positive Denkungsart, um dem weiblichen Blut Bedeutung beizumessen, beim Menschwerden, bei der Geburt. Ich habe das nun ja auch viermal miterlebt. Aber, ich denke, die *wirkliche* Dimension, auf die es ankommt, scheint diese Frau gar nicht richtig erfaßt zu haben! Denn hier geht es gar nicht so sehr um die Frage männliches Blut oder weibliches Blut, es geht darum, daß halt Blut geflossen ist bei *Jesus Christus*, daß es *Blut* ist, was uns *erlöst*.«

* Darstellungsvariante: »Also, ich kenne das Buch leider nicht, aber so

---

213 Vgl. M.7.9.10.11.
214 Herwig Siebel, M 14; Vgl. Paul Kesselstein M 22:
215 Zur These und ihrer Begründung s. o. B.II.3.2.3.,S. 205
216 Enno Rosenau (M 8), Herwig Siebel (M 14), Detlev Dreyer (M 6), Norbert Roth (M 9), Stephan Hoof (M 12)

vom Hörensagen jetzt geht eine große Freude durch mich hindurch, so ein Schauder geradezu, weil –, es ist das, was ich intuitiv denke.«

AKZENTSETZUNGEN UND SCHLÜSSELAUSSAGEN
Uneingeschränkt *zustimmend* äußern sich nur *zwei* Männer, wobei sich einer von ihnen darauf beschränkt, zu betonen, daß für ihn die These »eine besonders konkrete Aussage« dafür ist, »wie einseitig uns die ganze Bibel überliefert ist«, ohne inhaltlich auf die Sicht von Jutta Voss einzugehen, bemerkt er abschließend: »Damit hab ich gar keine Probleme«.[217] Für die meisten Männer sieht das anders aus: Mit *Vorbehalten* reagieren *sechs* Männer[218], mit *Infragestellung* bzw. Abwehr, von vornherein oder letztendlich, *fünfzehn* von ihnen[219]. Bei einigen jüngeren merkt man Unsicherheit und Ambivalenz, Stichworte sind hier: »zum ersten Mal hören, noch nie darüber nachgedacht haben, nicht diffamieren wollen, noch mal drüber nachdenken müssen«[220]. Einem Mann fällt deshalb »im Augenblick noch nichts« ein[221], während ein anderer »auf die Schnelle« nichts »abschließend dazu sagen« kann, »die These aber so interessant findet«, daß er »gern drüber nachdenken möchte«[222] und ein dritter »so ganz ablehnend ... dem jetzt nicht gegenüberstehen« will[223]. Ein Blick auf die *Konnotationen* zeigt, wie emotional die Reaktionen zum Teil sind und wie nahe auch zustimmenden Äußerungen das Aber liegt.

Positiv:

Etwas Recht haben:	M 2
Ein bißchen weiter gedacht:	M 4
Interessant:	M 6
In gewisser Weise in Zusammenhang bringen können:	M 7
Mit dem Gedanken anfreunden können:	M 10
Große Freude/Schauder geradezu:	M 12
Mir nahekommen:	M 12
Man kann es natürlich so sehen:	M 24

---

217 So Kurt Maler (M 23), während die Zustimmung von Stephan Hoof (M 12), s. Darstellungsvariante, inhaltlich bestimmt ist, im einzelnen dazu s. u.
218 Vgl. M 2.4.6.7.10.19
219 Vgl. M 1.5.8.9.11.13.14.15.16.17.18.20.21.22.24
220 Vgl. M 2.3.5.6.7.10
221 Martin Ott, M 3
222 Detlev Dreyer, M 6, zu seinen versteckten Vorbehalten s. obiges Zitat.
223 Norbert Jäger, M 2, s. u.

Negativ:

Quatsch/unsinnig/blödsinnig/witzig/ komisch/skuril/grotesk:	M 8.13.17.18.19.22.
Nicht so empfinden/nachvollziehen/ folgen/gut finden/ können:	M 1.5.13.15.17.24
Nicht erfaßt haben/unnachgedacht/enorm daran vorbeigehen:	M 9.15.18
Hergeholt:	M 1.18.19.
Nicht wissen, was das soll/zu kompliziert:	M 11.20.21
Keine Lust/nicht damit beschäftigen mögen:	M 8.20
Abstoßen/zuwider:	M 5.8.
Überbetonen/Überbewertung:	M 22.24
Mich abschließen/Angst/Blockade:	M 5
Nachäffen:	M 11
Gefährliche Schiene:	M 13
Unverständnis:	M 14
Verwässern:	M 16
Nicht behagen:	M 17
Heidnisch:	M 17
Überflüssig:	M 18
Unproduktive Form des Denkens:	M 19
Erheblicher Protest:	M 24

Bemerkenswert ist, wie sehr die Emotionalität und Intensität der Abwehrhaltung der Reaktion auf die These von Manfred Josuttis von seiten der Frauen entspricht, ein Zeichen dafür, daß beide in den jeweiligen Extrempositionen nicht zuletzt auf das befremdlich ganz und gar Andere stoßen.

Ein eklatanter Unterschied besteht aber darin, daß das, was Jutta Voss sagt, von immerhin einem Viertel der interviewten Männer schlechterdings als *Witz* abgetan wird. Auf Josuttis reagiert weder eine der Frauen vergleichbar ›witzig‹, noch einer der Männer. Die Deutung von Josuttis kann man(n) für »falsch« halten und trotzdem gilt: »na ja, ich muß sie akzeptieren«, auf die These einer Frau kann derselbe Mann sich ganz unverblümt die Reaktion leisten: »Die finde ich nur witzig (lacht)! Ja, für mich geht das ganz enorm dran vorbei!«[224] Manche Interviewaussagen der Männer zur These von Jutta Voss sprechen für eine Form von Distan-

---

224 Friedhelm Fischer, M 18, Vgl. u. a. auch Lothar Gutmann (M 13), dessen ablehnende Reaktion auf Josuttis sich darin äußert, daß ihm das »irgendwo fast so ein bißchen heidnisch« vorkommt, der im Blick auf die These von Jutta Voss dagegen unverblümt von »unsinnig« und »blödsinnig« spricht.

zierung, die Abwehr mit *Abwertung* verknüpft. Der Eindruck legt sich nahe, daß in der These nicht zuletzt die These der *Frau* gehört wird, und deshalb entsprechend ›überlegen‹ reagiert werden kann.[225]

An inhaltlicher Begründung für Ablehnung oder Zustimmung wird insgesamt gesehen Folgendes ersichtlich:

1. GRÜNDE FÜR MÄNNER, DER THESE ZUZUSTIMMEN

Der Gedanke der Gleichberechtigung

Weil sie erklärtermaßen für Gleichberechtigung sind, zeigen sich manche Männer offen für *Aspekte* der These von Jutta Voss:

* »Gut, man kann es natürlich so sehen: Wenn immer nur von Männern und Männlichem die Rede war und heute Frauen stärker betont werden, daß dann auch vom weiblichen Zyklus zu sprechen ist.« (Theodor Martens, M 24)

So kann ein Mann sich sogar durchaus vorstellen, in einem Ritus das »weibliche Wandlungsblut« als das wahre Lebensblut zu feiern:

* »Das kann ich *sofort* akzeptieren, weil Frauen in unserer Gesellschaft nun mal die *andere* Hälfte darstellen. Und wie ich's in Ordnung finde und völlig richtig, daß es eigentlich genauso viele Pastorinnen wie Pastoren geben müßte, macht diese Theorie für mich sofort Sinn – ohne sie intellektuell hinterfragt oder durchdrungen zu haben. Ganz pragmatisch könnte ich sie *sofort* akzeptieren.« (E. Petersen, M 15)

Wobei der Akzent sehr ausdrücklich auf dem *Pragmatischen* und nicht dem Inhaltlichen liegt.

Ein anderer reagiert spontan beifallzollend: »daß ich natürlich als feministische Theologin heute auch in der Richtung denken würde«, weil er, wie andere Männer auch!, der Ansicht ist, es ginge darum, auch das Blut *geopferter Frauen* wahrzunehmen[226]:

* »Da zu allen Zeiten nur die blöden Männer in den Krieg zogen und sich gegenseitig abgemurkst haben, also *deren* Blut vergossen wurde, und überhaupt in vielen Gesellschaften, darunter in der jüdischen, aus der Jesus stammte, die Männer offenbar die entscheidende Rolle spielten, denke ich, ist das einfach in dem historischen Kontext zu sehen, daß man damals gar keine Differenzierungsmöglichkeit hatte, auch das Blut von Frauen zu sehen.« (Dieter Ginsterbusch, M 19)

---

225 Manche Interviewaussagen lassen in der Tat darauf schließen, »daß Männer sich den Frauen (immer noch) mehrheitlich und sozusagen vorbewußt überlegen fühlen«! So *Barbara Sichtermann* in ihrem Essay: »Zum Überlegenheitsbewußtsein der Männer«, S. 41.

226 Vgl. M 7.8.9.13.17.21. (s. u.)

Nach dem Hinweis auf die Opferungen von Frauen in Mythen und Sagen, betont er abschließend: »Ich würde sagen, es ist also 'ne *prima* Idee, um die eingefleischten Männer in der Kirche ein bißchen zu ärgern«!

Noch einmal auf die These von Jutta Voss angesprochen, sind aber seine Vorbehalte, trotz allgemein männerkritischer (besonders Kirchenmännerkritischer) Einsprengsel, unüberhörbar:

* »Ich halte das für hergeholt. Aber ich denke, daß man in dem Bemühen gegen eine Jahrhunderte alte Vorherrschaft der Männer sicherlich vieles an unorthodoxen Ideen entwickeln muß ... Aber es kann sein, das will ich akzeptieren, daß es innerhalb der Theologie, der konservativ männlichen Seite, gerade in dieser Frage solcher, für mich skurilen, Argumente bedarf, um deutlich zu machen, daß es also – Ich meine, die *nächste* Frage ist, war Jesus wirklich ein Mann (lacht)! Und ich denke, für mich jedenfalls, selbst wenn ich der Sache noch näher stünde als heute, glaube ich, daß das eine *unproduktive* Form des Denkens ist.« (Ders, s. o.).

    Die Vorstellung vom »weiblichen Wandlungsblut«
    als Lebensblut im Gegensatz zum »männlichen Tötungsblut«

Mehr oder weniger zustimmend äußern sich in dieser Hinsicht *fünf* Männer[227], der jüngste von ihnen, indem er die Anfrage an die Theologie darin wahrnimmt und zustimmend aufnimmt:

* »Vielleicht findet sie diese Blut- und Opfermentalität bei einigen Theologen fragwürdig ... Töten oder Getötetwerden, um erlöst zu werden, ist bestimmt schlechter, als wenn man sich ändert oder wechselt oder irgend etwas gewechselt wird. Dadurch ist bestimmt das Weibliche vorzuziehen ... Sie hat natürlich recht, es geht etwas in diese Opferhaltung rein, also, dieses Abendmahl.« (Norbert Jäger, M 2)

Überzeugend findet ein anderer die These aufgrund eigener spezifischer Erfahrungen mit Frauen und Männern:

* »Also, für mich hat ja Glaube überhaupt und Gott überhaupt viel mehr mit *Weiblichem* zu tun als mit Männlichem. Die erste Frau, die mir von Glauben im Zusammenhang mit Musik erzählt hat, es war eben eine Frau! Und immer wieder waren es Frauen, die mir vom Glauben erzählt haben, wirklich sehr entschieden und ausdrücklich und engagiert lebende Frauen, die mir von Gott erzählt haben, was ich sehr intuitiv geglaubt habe und was mich auch erschüttert hat und was ich beherzigt habe.

---

227 Vgl. M 2 (Zitat s. u. c.).5.10.12.16.

Insofern, die Geschichte, die Du mir jetzt erzählt hast von dem Menstruationsblut als sich wandelndem Blut, das kommt mir sehr nahe! Im Gegensatz dazu habe ich, *erlebe* ich Männer sehr häufig als die, die etwas geradezu *abtöten*, also auch Ideen abtöten. Und statt Wege zu suchen, daß Glaube sich neu gestaltet, Glaube sich wandelt, erlebe ich Männer ganz häufig so, – habe ich sie in den vergangenen 35 Jahren, kann ich fast sagen, als die erlebt, die was zerstören.« (Stephan Hoof, M 12)

Ein so männerkritisches, frauenfreundliches Wort, das die radikale Umkehrung so mancher männlichen Selbstverständlichkeiten beinhaltet, findet sich in den Interviewaussagen ansonsten nicht. Eine völlig unübliche Perspektive, verbunden mit selbstkritischem Blick auf das eigene Geschlecht, äußert aber auch ein Mannn, für den das Dasein der Frau im Unterschied zu dem des Mannes seinen Sinn fraglos in sich trägt, denn:

* »Ich bin der Meinung, Frauen haben den *unheimlichen* Vorteil, daß man sie nicht fragen muß, warum sie auf der Welt sind, die kennen den Sinn ihres Lebens. Beim Mann ist das immer so ein bißchen *zweifelhaft* ... (Die Frau) weiß: ich bin als einzige ausersehen, Leben zu spenden, das kann der Mann nicht. Insofern hat er schon mal einen Nachteil.« (Eberhard Holl, M 16)

Daß »ein Mann sich für viele opfert«, versteht er als potentielle Antwort auf die Frage nach Sinn und Gleichwertigkeit des Männerdaseins, dies aber auch nur relativ:

* »Um ihn gleichwertig zu machen, sagt man, er ist für alle gestorben und hat so dann eine Brücke gespannt zu allen anderen männlichen Wesen. Aber eigentlich, er hat sich geopfert, gut, aber er hat dann damit auch nichts *Neues* gebracht, *das* ist nur der *Frau* vorbehalten.« (Ders.)

M. E. ist dies ein Beispiel eigenständiger, eigenwillig *männlicher* Übersetzungsarbeit und Ausdruck dafür, daß die Tatsache, daß Frauen von Natur aus gebärfähig sind und Männer nicht, von Männern in fast bedrohlicher Weise als »*unheimlicher* Vorteil« hinsichtlich der Frage nach dem Sinn des Daseins erlebt werden kann und als eigenes existentielles Defizit. Gleichzeitig ist diese Sicht aber auch ein Beispiel für die Tragweite eines biologistischen Denkens, das den Lebenssinn von Frauen, bis hin zur Religion, vor allem an ihre Körperfunktion und Gebärfähigkeit bindet: »Also, ich will mal so sagen: Es hat, soweit mir bekannt, keinen weiblichen Religionsstifter gegeben! Die brauchten keine Ersatzreligion, die hatten eine Religion, daran glaubten sie.« (Ders.)

Im wahrsten Sinne des Wortes kann dies zu einem »*unheimlichen*« Vorteil von Frauen werden, bedrohlich nicht nur aus der Perspektive eines Mannes! Aufschlußreich scheint mir in dem Zusammenhang, daß am

288

Anfang seiner Überlegungen steht: »Christus war ja nun mal ein Mann (lacht)! Da jetzt irgendwelche femininen Komponenten reinzubringen, ich weiß nicht, ob das richtig ist, ob das die ganze Sache nicht verwässern würde!« und am Ende: »Ich würd's nicht verbessern. Jeder hat ja seinen Platz, man muß ihn nur erkennen, man muß ihn dann auch wertschätzen, nicht Ober- oder Unterordnung!«

D. h., Konsequenzen, die die Bedeutung von Frauen zum Vorschein bringen und auf konkrete Veränderungen zugunsten der Frauen hinauslaufen könnten, werden nicht gezogen, sondern eher tunlichst vermieden. Fazit: Die ›Biologie‹ läßt alles beim alten. Schließlich war Christus ein *Mann*.[228]

Was darüber hinaus in den Interviewaussagen der Männer an Zustimmung zu der These von Jutta Voss geäußert wird, bezieht sich auf die Bedeutung des Menstruationsblutes allgemein, und mündet schlußendlich auch in eine Absage[229], so bei einem Mann, der sich an Aussagen von Bachkantaten erinnert sieht: »Mein Herz schwimmt in Blut«, die für ihn so gar nichts »Schreckliches haben« und der betont, daß auch das Menstruationsblut nichts »Abstoßendes« hat, sondern eine »Lebensdimension«, mit der Symbolik des weiblichen Blutes dann aber doch im Grunde nichts anfangen kann: »ich springe auf *dieses* Symbol oder diese Art von Symbolik nicht an«[230]. Tenor ist:

* »In einer Anmerkung, ja, das könnte zur Überlegung Anlaß geben. Aber ich finde, das herauszustellen, damit wird das Blut wieder überbetont!« (Theodor Martens, M 24)

2. GRÜNDE FÜR MÄNNER, DIE THESE IN FRAGE ZU STELLEN

Die geschlechtsspezifische Differenzierung

* »Also, das ist dann schon ein bißchen gleich wieder so, daß die Männer sowieso nur irgendwie immer die Rabauken sind und die Frauen diejenigen (lacht), die eh den ganzen Tag immer nur unterdrückt werden, was historisch ja irgendwo ja auch ein bißchen so ist. Aber ich weiß nicht, das kann ich nicht so nachempfinden.« (Hans Weiden, M 1)

---

228 Die *Männlichkeit* Jesu wird ausdrücklich auch von Erich Godewind (M 11) und Dieter Ginsterbusch (M 19, s. u.) betont.

229 Ähnlich Joachim Gerster (M 5), der nach seiner Reaktion auf die These vom »weiblichen Wandlungsblut« als eigentlichem Lebensblut gefragt, zunächst spontan antwortet: »Sehr positiv sofort! Kann ich mehr mit anfangen als mit diesem »männlichen Tötungsblut«, bei dem dann aber auch die Bedenken überwiegen (s. u.); – Vgl. auch das Zitat von Norbert Jäger, M 9 (s. o. unter a.)

230 Christian Winter, M 10

Als plakative Zuschreibung: Männer die Täter, Frauen die Opfer, kommt die These von Jutta Voss bei dem jüngsten der interviewten Männer an. Und das gefällt ihm nicht, selbst wenn es zutreffend sein mag, »vielleicht weil ich keine Frau bin«, wie er selbstkritisch, aber auch sich selbst distanzierend, anmerkt. Ähnlich enden auch die Anfragen eines Mannes, der einer ganz anderen Generation angehört:

* »Für mich ist es eigentlich unwichtig, ob das nun männliches Blut war oder weibliches Blut, ich halte das einfach für *unwesentlich*. Ich denke, daß die Bedeutung der Frauen in der Kirche oder in der Gemeinde oder in der Gesellschaft wahrscheinlich durch andere Dinge viel besser zum Ausdruck kommen könnten. Aber ... vielleicht bin ich da auch viel zu konservativ, zu alt oder ganz anders erzogen. Es ist für mich kein Problem. Klar, ich bin ja auch keine Frau.« (Dieter Ginsterbusch, M 19)

Wie übereinstimmend die Reaktion auf Jutta Voss bei Männern unterschiedlichster Generation ausfallen kann, zeigt sich auch daran, daß *elf* Männer unterschiedlichsten Alters und Lebenshintergrundes die geschlechtsspezifische Differenzierung in Frage stellen[231]. Stereotyp wiederkehrende Formulierung in diesem Zusammenhang ist: »Mir ist es im Grunde gleich, ob männlich oder weiblich«[232]. Alles andere als gleichgültig läßt dies aber einen der jüngeren Männer:

* »Auch wenn Stiere geopfert wurden, okay, es waren Stiere, aber gut, regt sich die Kuh darüber auf?! Sicherlich nicht, im Gegenteil, sie kann ja froh sein, daß sie am Leben geblieben ist! Ich möchte da nichts hineingedeutet wissen. Mir ist die Diskussion einfach zuwider!« (Enno Rosenau, M 8)

Im Vordergrund steht auch hier die Vorstellung, es ginge um die Frage männliches oder weibliches Blut, sprich Opfer eines Mannes oder einer Frau, was deutlich werden läßt, wie fern Männern der Gedanke an das Menstruationsblut liegt. Deutlich wird aber auch, daß schon die geschlechtsspezifische Unterscheidung an sich nicht unerhebliche Aggressionen auslösen kann. Andere empfinden sie als nebensächlich, vom Eigentlichen ablenkend:

* »Aber im Grunde genommen, ob Mann oder Frau, das ist für mich wenig entscheidend. Denn die Tatsache, daß jemand für *mich* geopfert

---

231 Vgl. dazu M 1.2.7.8.9.11.13.14.17.19.21.

232 So Karl Kreling (M 17, im Wortlaut ähnlich: M 2.7.9.19), der später anfügt: »Mit dem Blut, ob männlich oder weiblich, daß ich da überhaupt keine Probleme habe. Zum Abendmahl gehen ohnehin gemischt Frauen und Männer zum Altar.« Für ihn erübrigt sich schon von daher jede geschlechtsspezifische Unterscheidung.

wurde, das ist entscheidend! Und in diesem Fall *war* es ein Mann, und es hätte, denke ich, auch eine Frau sein können. Also das ist, bei mir spielt das *keine* entscheidende Rolle.« (Klaus Wege, M 7)

* »Ob das jetzt also für das Blut ist, was die Frau vergießt oder der Mann, ist sowieso für *mich* eigentlich so ein bißchen fragwürdig. Weil, wie ich schon sagte ..., ich sehe das *Opfern* des Sohnes (durch den Vater) also praktisch als *viel höher* an als jetzt das Opfer, was der *Sohn* als solcher durch sein Leben gebracht hat.« (Lothar Gutmann, M 13)

Das Stichwort »männliches Tötungsblut«
Sieben Männer reagieren darauf mit Anfragen bzw. Infragestellung.[233]
Argumente, die dagegen angeführt werden, sind:
1. Es sind nicht nur die Männer.

* »›Männliches Tötungsblut‹ ..., naja, vielleicht sind die Männer schon etwas gewaltbereiter. Und es ist ja nun mal so in der Historie, daß die männlichen Wesen halt in den Krieg gezogen sind und mußten eben halt hier sich wehren, angreifen, verteidigen, töten. Vielleicht kann man sagen, ich glaube, Frauen sind zu diesem genauso bereit.« (Rudolph Karstens, M 4)

* »Ich bin überzeugt, daß sowohl Männer als auch Frauen ›Hosianna‹ geschrieen haben und sowohl Männer als auch Frauen geschrieen haben: ›Tötet ihn‹. Also, da, glaube ich, da sehe ich kein Geschlechterspezifikum, sondern das ist der *Mensch*! Und nicht das Geschlecht!« (Herwig Siebel, M 14)

2. Dem »männlichen Tötungsblut« wird hier eine soteriologische Bedeutung unterstellt, die nicht nachvollziehbar ist.

* »Das ist für mich ein ganz schrecklicher Gedanke: Das Blut von Menschen, die in Kriegen, oder wo auch immer, getötet werden von anderen Menschen oder Waffen oder von was auch immer, daß darin Erlösendes stecken soll für die Menschheit. Das kann ich überhaupt nicht nachvollziehen.« (Joachim Gerster, M 5)

* »Daß dem männlichen Blutvergießen Erlösungsqualität beizumessen sei, das halte ich für völligen *Quatsch*! ... Also die These, daß den durch Gewalteinwirkung durch Männer, so sag ich mal, zugefügten Wunden oder hervorgehenden Blut irgendeine Qualität beizumessen sei, außer der, daß andere Menschen eben verletzt werden, was ja immer negativ zu werten ist, also dem kann ich *überhaupt* nicht folgen!« (Paul Kesselstein, M 22)

---

233 Vgl. M 4.5.14.17.18.21.24.

3. Das Blut gewinnt eine Bedeutung, die ihm im Kontext des Abendmahls *Jesu* nicht zukommt.

* »Eine solche Denkwelt, sie löst für mich die Verbindung zu der Geschichte Jesu, und *das* möchte ich eigentlich nicht. Da macht sich sozusagen das Denken um das Blut selbständig von dem Rest der ganzen Geschichte.« (Johannes Müller, M 21)

* »Für mich ist nicht das *Blut* im Vordergrund, sondern die *Person, Jesus!* Er hat sein Blut, sein *Leben* gegeben. Aber wir feiern doch nicht das Blut an sich, sondern die Verbindung zu einer Person!« (Joachim Gerster, M 5)

* »Nach meinem Verständnis vom Abendmahl als Gedächtnismahl stellt sich diese Frage ›männliches Tötungsblut‹ gar nicht. Finde ich überflüssig.« (Friedhelm Fischer, M 18)

Die Frage »männliches Tötungsblut« stellt sich aber für die meisten Männer vor allem ganz grundsätzlich nicht. Wie oben deutlich wurde, evoziert die provokative These von Jutta Voss nur vereinzelt Nachdenklichkeit oder gar Selbstkritisches.[234] Mit »männlichem Tötungsblut« will man(n) eher von vornherein nichts zu tun haben.

Bedeutung und Bedeutsamkeit des »weiblichen Wandlungsblutes«

Zehn Männer äußern sich kritisch bis eindeutig abwertend explizit zum Bedeutungshorizont, in dem nach Jutta Voss das weibliche Blut erscheint.[235] Von »Überbewertung«, »Überbetonung« und »Überhöhung« ist die Rede, von »Verwässern«, von »Nachäffen« und »gefährlicher Schiene« (s. o.). *Hinterfragt werden*:

1. Die Sinnhaftigkeit der These im Zusammenhang der Frauenbewegung: Während dies bei einem der Männer eher betont sachlich geschieht:

* »Ich sehe eigentlich die Entwicklung solcher Ideen nur aus der Gegenposition: Man muß also jetzt möglichst viele Positionen finden, die deutlich machen, daß das also alles maskuline Ideen sind und daß das genauso für Frauen gelten muß ... Ich denke, daß die Bedeutung der Frauen in der Kirche oder ... der Gesellschaft wahrscheinlich durch andere Dinge viel besser zum Ausdruck kommen könnte« (Dieter Ginsterbusch, M 19),

äußert sich der andere eher unverhohlen aggressiv in einem Rundumschlag gegen alles, was da Frauenbewegung heißen mag:

---

234 Vgl. M 2.12.
235 Vgl. dazu M 2.5.7.9.11.13.16.19.22.24

* »Jahrhunderte, Jahrtausende glaubten wir, wir sind die Alleinselig-
machenden. Und jetzt kommen die Frauen nach. Und in ihrer sogenannten Emanzipation und Selbständigkeit und Selbsterwachung habe ich
immer den Eindruck, ich will ja jetzt wieder lästern – ich meine, ich
mag ja die Frauen, aber lästern muß ich trotzdem –, jetzt *äffen* sie uns
Männer nach und beanspruchen jetzt das gleiche für sich, das Alleinseligmachende!« (Erich Godewind, M 11)
In der These von Jutta Voss sieht er das gebündelt, was er als *den* Irrtum
in der Emanzipation von Frauen ausmacht: Die Männer »nachzuäffen« und
sich ihrerseits absolut zu setzen, während *er* die Lösung darin sieht,
Männliches und Weibliches in Harmonie zu verbinden, auch was das Blut
angeht:
* »Ich geh einfach davon aus, *alles* auf der Welt . . . , *alles* ist aufgebaut
auf Gegensätze . . . Wahrscheinlich muß unser ›männliches Tötungsblut‹
da sein, aus welchen Gründen auch immer, und dies weibliche, ja wie
soll man das sagen, Entstehungsblut oder Gebärblut oder ins Leben rufende Blut. *Beides* muß in *Harmonie* sein! Und wenn die Damen jetzt
wieder anfangen, nur *ihr* Blut, ich will das jetzt überspitzt ausdrücken,
ihr Blut ist das alleinseligmachende, naja, dann wird Jahrtausende oder
Jahrhunderttausende dann auf dieser Schiene gelaufen. Und irgendwann
wird die Menschheit dann vielleicht *doch* noch auf die Idee kommen,
es muß *beides* da sein, und *beides* muß sich in Harmonie zusammen-
fügen. Ist das denn so schwer?!« (Ders.)
Selbstkritisches wird in diesem Streben nach Harmonie zwischen
Männlichem und Weiblichem nur en passant laut. Und auf das »männliche
Tötungsblut« bezieht sich die Selbstkritik schon gar nicht, »aus welchen
Gründen auch immer«, es gehört einfach dazu. Was den Ton bestimmt, ist
Enttäuschung verbunden mit Frauenschelte.

2. Die soteriologische Bedeutung des weiblichen Blutes:
Ein einziger Mann scheut nicht davor zurück, ganz offen von »Angst« und
»Blockade« zu sprechen, und die eigene Unsicherheit zuzugeben, die die
Sicht von Jutta Voss bei ihm auslöst. Seine Anfragen sind:
* »Ich verschließ mich da eher, hab' da auch – Angst. Da ist eine
Blockade, ein Gedanke, den ich noch nicht gedacht habe, der mir auch
ausgesprochen fernliegt, daß überhaupt Blut so in den Mittelpunkt ge-
stellt wird . . . Soll das nur für Frauen gelten? Oder meint sie auch
Männer? ›Weibliches Wandlungsblut‹ feiern? Wird dann das Blut nicht
losgelöst von der Person? () Und wird es damit dann nicht beliebig?!
Also, es könnte ja eine gute Möglichkeit für eine Frauengruppe sein, zu
sehen, was da mit ihnen passiert. – Aber, nein, es gehört für mich nicht

in den christlichen Raum, – eine Abendmahlsfeier losgelöst von der Person Jesu!« (Joachim Gerster, M 5)

Auf Person und Geschichte Jesu verweisen außer ihm nur zwei Männer[236]. Wie im Blick auf das »männliche Tötungsblut« wird darüberhinaus auch im Blick auf die Infragestellung der Bedeutung des weiblichen Blutes mit dem *symbolischen* Verständnis des Abendmahls argumentiert:

* »Ich meine das also in erster Linie so, daß man sagt, das Abendmahl hat über Jahrhunderte irgendwo einen symbolischen Charakter gehabt und jetzt zweifelt man *diesen* symbolischen Charakter an. Das ist vielleicht gut so, daß man da ein bißchen Zweifel anbringt! Aber den jetzt durch eine *andere* Sache zu ersetzen, halte ich einfach für *unsinnig*! Denn wenn ich irgendwas anzweifle, dann sollte ich versuchen, dieses zu ändern, nicht aber durch eine zweite Symbolik ersetzen, das finde ich also *blödsinnig*. Ich kann doch nicht auf der einen Seite sagen, das eine Blut ist weniger wert als das andere, wenn ich sowieso von vornherein sage, dieses sogenannte Blutvergießen durch das Reichen des Weines ist ja mehr oder weniger nur *Symbolik*!« (Lothar Gutmann, M 13)

Der latent männlich-arrogante Unterton der Äußerung ist wohl auch mit der im Interview später folgenden Bemerkung zur Frauenbewegung in Verbindung zu bringen: »Der Fehler, der gemacht wurde, liegt einfach in der Zielsetzung der gemeinsamen Feinde: Man hat versucht, die Gleichstellung der Frau in erster Linie dadurch zu erreichen, daß man erstmal gesagt hat, die Männer sind schlecht.« (Ders.) Vielleicht äußert sich in mancher männlicher Reaktion auf die These von Jutta Voss nicht zuletzt auch Kränkung und Gekränktsein.

3.4. Vergleichende Zusammenfassung und Kommentierung der Aussagen von Frauen und Männern

3.4.1. Zu Blut allgemein

Mit dem Blut geht es um's Leben, für viele der interviewten **Frauen** in bedrohlicher Weise. Es sind Schreckensbilder, die ihnen vor Augen kommen, wenn sie an Blut denken, ob sie wollen oder nicht. Entsprechend groß ist die Abwehr, mit Blut oder gar Blutvergießen Heilvolles zu verbinden: »Ich verstehe gar nicht, was denn Blut mit Erlösung zu tun hat«[237].

---

236 S. o. die Zitate von Johannes Müller (M 21) und Theodor Martens (M 24).

237 Ruth Abendrot, F 8; Vgl. u. a. auch Ursula Ilmenau (F 16): »Und ich hatte früher auch eine ziemliche Aversion, daß für mich Blut vergossen sein sollte, und hab' die eigentlich auch heute noch«.

Daß nur für einzelne Frauen Blut spontan mit Lebenssubstanz und Lebensmöglichkeit identisch ist, mag nicht zuletzt damit zusammenhängen, daß den meisten Frauen beim Stichwort Blut die eigene Blutung, das Blut, das regelmäßig fließt, jenseits von Verletzung und Lebensbedrohung, *nicht* in den Sinn kommt, schon gar nicht positiv. Im Vergleich zu den Interviewaussagen der Frauen, läßt das Blut die meisten **Männer**, überspitzt gesagt, kalt. Kaum einer reagiert auf das Stichwort emotional, weder postiv noch negativ. Es ist mit dem Blut eben so, wie es ist: »... mal ist Blut herb, mal ist Blut süß«[238]. Was soll man(n) viel dazu sagen: Blut ist der Lebenssaft. Daß sie im Unterschied zu den Frauen dazu neigen, die bedrohliche Seite, das Blutvergießen, auszublenden, dafür spricht auch, daß den meisten Krieg und Gewalt *nicht* einfallen, und wenn, dann nur am Rande. Ihre im großen und ganzen wesentlich distanzierteren Äußerungen entsprechen dem Tenor ihrer Aussagen zur Bedeutung des Blutes beim Abendmahl. Wenn auch vereinzelt angemerkt werden kann, daß man »mit dem Blut nicht viel anfangen kann«[239] und betont wird: »Ansonsten verbinde ich mit Christus ..., eben eigentlich nicht Blut, sondern ich verbinde eher Frieden mit ihm, und das hat zunächst einmal für mich mit Blut gar nichts zu tun«[240], kann von vergleichbar vehementer Abwehr oder Vorbehalten wie bei den meisten Frauen nicht die Rede sein. Die Interviewaussagen der Männer lassen eher darauf schließen, daß Männern die Blutvorstellung nicht gleichermaßen wie den Frauen unter die Haut geht, daß sie sich, und damit auch andere, weniger leibhaftig, weniger ganzheitlich betroffen fühlen.

Die Beobachtung, daß von seiten jüngerer Männer, verhalten, *auch anderes* zum Ausdruck kommt, daß sich Blut für sie auch mit Schmerzen verbindet und Bedrohlichem, besonders hautnah bei dem schwulen Mann, mag deshalb nicht schon für den ›neuen Mann‹ sprechen, der sich »eigenleiblich« äußert, wohl aber dafür, daß zutrifft: »es wächst ... zunehmend eine Generation heran, die selbstkritisch die Vergötzung von Kraft und Stärke früherer Zeiten betrachtet« und: »Männer, die sich zu ihrer Homosexualität bekennen, stellen ... einen ganz anderen Lebensstil dar: sensibel, den eigenen und anderen Körperbedürfnissen gegenüber offen«[241].

---

238 Gerhard Baum, M 20
239 Theodor Martens, M 24, vgl. auch M 5.21 (s. u.)
240 Detlev Dreyer, M 6
241 Zitate s. Elisabeth *Moltmann-Wendel*, Mein Körper, S. 37f; Zu dem Begriff »*eigenleiblich*« verweist sie auf die Leibphilosophie von *Annegret Stopczyk*: »Für sie ist jedes Erkennen körperbezogen ..., eigenleiblich«, ebd. S. 114.

3.4.2. Zu Menstruationsblut

»Frauen haben in unserer Gesellschaft nicht gelernt, ihre zyklische Natur als positiven Aspekt der Weiblichkeit zu sehen. Im Grunde sollen wir die Periode am besten überhaupt nicht zur Kenntnis nehmen, damit die Bedürfnisse von Mann und Kindern nur ja nicht zu kurz kommen.«[242] Diese Sicht wird durch viele Interviewaussagen belegt: Für die meisten *Frauen* ist die monatliche Blutung nichts, was emotional von besonderem Belang wäre und sich von vornherein mit Selbstverständnis und Selbstbewußtsein koppeln würde. Tendenz ist, die Menstruation als das Normale, eher Unangenehme, und nicht das Besondere anzusehen. Und doch ist daneben und dahinter auch anderes zu hören: Bedauern darüber, die eigene Blutung nicht bewußter in's eigene Leben integriert zu haben, und auch etwas von ausgeprägtem Bewußtsein für die Bedeutsamkeit des weiblichen Blutes im Sinne von Leben, Energie und Neubeginn. Und Frauen sind sensibilisiert, was die Tabuisierung und Diskriminierung weiblichen Blutes angeht: »Ich wehre mich entschieden dagegen, daß es als unrein gilt und Frauen deshalb ... aus dem Altarraum ausgeschlossen werden oder was auch immer«.[243] Während es sich für eine Frau mit Kindheitserinnerung verbindet: »daß Frauen, die ihre Blutungen hatten, dann gesagt haben: Jetzt gehe ich nicht, denn ich bin ja nicht rein« ... und ich dann gesagt habe: »Was hat denn das alles bloß miteinander zu tun!«[244], verfolgt eine andere Frau der vor Jahren gehörte Ausspruch: »Daß das ja eine *ekelhafte* Vorstellung wäre, daß eine menstruierende Frau Abendmahl austeilen würde«, bis heute: »Es fällt mir immer wieder ein. Und ich bin auch böse drüber, daß sich das bei mir festgesetzt hat. Es fällt mir immer ein, wenn ich auch einmal Abendmahl austeile und vor allen Dingen, wenn ich dann auch gerade meine Menstruation habe! Das fällt mir ein. Es fällt mir ein als eine *Beleidigung*, als eine, ja, ein *Mißachtung*, als ein *Durchstreichen* von meinem Frausein.«[245]

Deutlich wird hier, wie sehr sich mit der Menstruation das eigene *Sosein* und *Selbstsein* verbindet und wie schwerwiegend das Unrecht ist, das Frauen angetan wurde und wird, wenn ihr Blut, gerade auch religiös gesehen, tabuisiert oder diskriminiert wird. Kein Wunder, daß es dieselbe Frau ist, die später im Zusammenhang der These von Jutta Voss anmerkt: »Da denk ich oft dran, wenn *Männer* menstruieren würden, daß *dann* wahrscheinlich ein Kult entstanden wäre. Ich stelle mir vor, daß dann

---

242 Christiane *Northrup*, S. 124
243 Karin Homrich, F 17
244 Ines Martin, F 19
245 Renate Schweizer, F 18

diese sogenannten ›Tage‹ der Männer nicht eine Sache wäre, die man möglichst unbeachtet hinter sich bringen sollte, so, daß niemand dadurch beeinträchtigt wird und es überhaupt nicht wahrgenommen wird, sondern daß es dann vielleicht irgendwas ganz Tolles wäre, und die Männer da vielleicht ein paar Tage freikriegten oder halbtags frei, mindestens so was, was sich dann bis heute wirtschaftlich auswirken würde, ausgewirkt hätte, und daß es also eher *überhöht* würde.«[246] Allein steht sie mit dieser Einschätzung sicherlich nicht.

Wenn auch die meisten Frauen vergleichbar diskriminierende Erfahrungen, zumindest im kirchlichen Bereich, nicht gemacht haben und derartiges heutzutage eher für undenkbar halten[247], ist m. E. die Tatsache, wie fern den meisten das eigene Blut liegt, ein argumentum e silentio dafür, wie sehr Frauen sich daran gewöhnt haben, das Ureigene auch ihrerseits wegzulassen bzw. als bedeutungslos zu übergehen.

Daß *Männer* nicht viel zu Menstruationsblut zu sagen wissen, kann nicht überraschen. Einer erinnert sich: »Es gab ja früher diese Vorstellung von Unreinheit«[248], heute ist das ganz anders. Und ein jüngerer Mann stellt dementsprechend fest, daß sich »mit dem Monatsblut nichts Abstoßendes verbindet«[249]. Daß aber von 24 Männern nur *acht* das Menstruationsblut ausdrücklich beim Namen nennen, und nur *zwei* so, daß die monatliche Blutung als eine positive Besonderheit von Frauen in den Blick kommt, die Männern nicht eigen und zugänglich ist, läßt fragen, ob sich darin latent nicht doch auch Tabuisierung und Abwertung äußern. Besonders bemerkenswert ist das Blut der Frauen jedenfalls auch für die meisten Männern nicht, und wenn, dann nur hinsichtlich der Gebärfähigkeit. Darin die Einstellung der Frauen widergespiegelt sehen zu wollen, wäre angesichts gesellschaftlicher Gegebenheiten und Prägungen kurzsichtig. Umgekehrt ist die Einstellung der Frauen wohl eher Spiegelbild dessen, was ihnen an Einschätzung von Männerseite vorgegeben wird, nicht nur, aber auch individuell gesehen. »Wie immer wir es versuchen, wir stoßen auf Vorurteile und Klischees. Was eine Frau ist, dieses Bild setzt sich in den üblichen Begriffsbestimmungen aus festen Rollenvorstellungen

---

246 Dies.
247 Vgl. dazu ua. Grete Eichbaum (F 26): »Das ist ja weiter zurück als finsterstes Mittelalter! Das ist mir vollkommen unbegreiflich, und das halte ich für absolut unsinnig! Das ist ja totaler Schwachsinn ... Das eine hat doch mit dem anderen überhaupt nichts zu tun in meinen Augen.« – Oder Elke Stern (F 9): »Ich käme nie auf die Idee, Unreinheit da zu – überhaupt nicht!«
248 Paul Kesselstein, M 22; Betroffenheit oder Nachdenklichkeit ist seinen Worten nicht zu entnehmen.
249 Christian Winter, M 10

zusammen, die allesamt … vom Mann her oder vom Kind aus definiert sind«, ist das Fazit, das die Medizinerin *Ingrid Olbricht* aus einer Befragung von Frauen und Männern zur Bedeutung der weiblichen Organe und des Frauenkörpers insgesamt zieht.[250]

3.4.3. Zur Reaktion auf die These von Jutta Voss

Weil bis heute zutrifft: »Zugeschrieben wird Frauen, daß ihr Körper labil ist, daß Menstruation eine noch immer schmutzige und schwächende Affäre ist«[251], hören gerade auch jüngere **Frauen** in der These von Jutta Voss vor allem den *befreiend anderen* Ton und reagieren deshalb spontan positiv. Insofern trifft zu, daß Jutta Voss in *dieser* Hinsicht vielen Frauen aus der Seele gesprochen hat. Nicht das ganz andere Ritual aber suchen sie, sondern einen Zugang zum Ritual des Abendmahls, der die Frauenperspektive, das Frausein nicht ausklammert, sondern einbezieht, einen Zugang, der »*eigenleiblich*«[252] über Abendmahl nachdenken und Abendmahl erleben läßt.

Während von den einen auf diese Weise Anliegen Feministischer Theologie aufgenommen werden, reagieren andere avers auf die implizite Absolutsetzung eines bestimmten Verständnisses von Menstruationsblut und Weiblichkeit, sehen die Gefahr von Biologismus und Geschlechterdichotomie. Die Interviewaussagen der Frauen entsprechen damit der gegenwärtigen Auseinandersetzung innerhalb feministischer Theoriebildung: Auf der einen Seite wird hier der notwendige Nachholbedarf an geschlechtsspezifischer Differenzierung betont: »Weibliches, eigenleibliches Denken ist aber noch in den Kinderschuhen, denn Frauen haben sich den trennenden Mustern (männlicher Denkweise) meist angepaßt und sind sich ihrer Eigenleiblichkeit noch gar nicht wieder bewußt, ja, fürchten sie sogar als Biologismus«[253], andererseits werden immer öfter Bedenken

---

250 Ingrid *Olbricht*, S. 64. Vgl. u. v. a. auch die Untersuchungsergebnisse zu den gängigen biologischen Theorien über Mann und Frau der Biologin Anne *Fausto Sterling*, die zwar 10 Jahre zurückliegen, aber keineswegs überholt sind. Sie spricht von den »Schatten der Menstruation« und stellt u. a. fest: »Sich durch den Morast unzulänglicher Studien über Menstruation und Menopause hindurchzuackern, von denen viele von tiefem Haß und Furcht vor Frauen zeugen, kann eine entmutigende Erfahrung sein«, S. 135ff, 173.

251 So Elisabeth *Moltmann Wendel*, Mein Körper, S. 28; Vgl. Christiane *Northrup*: »Tabus, die mit dem Menstruationszyklus verbunden sind, gibt es bis heute. Generationen von Frauen wurde beigebracht, sie seien während ihrer Periode anfälliger … Alle diese Tabus entbehren jeder wissenschaftlichen Grundlage, haben aber Generationen von Frauen Angst vor einem ganz natürlichen Körperprozeß eingeflößt«, S. 122.

252 S. o. Anm. 993

253 Elisabeth *Moltmann-Wendel*, Mein Körper, S. 114

artikuliert wie: »wenn wir uns in unseren Differenzierungsaussagen nicht vom patriarchalen Geschlechterzuschreibungskonstrukt unterscheiden, dann werden wir aus der Definitionsmacht männlicher Zuordnungen zum ›Anderen‹ und damit ›Minderwertigen‹ nicht herauskommen«[254] oder: »So richtig, naheliegend und wichtig ich diese Konzentration auf die weiblichen Körper und die damit zusammenhängenden Fragen finde, so sehr habe ich zugleich das Gefühl, mit dem Ergebnis die Herrschaft über Frauen zu beginnen und eben deshalb zu keinem wirklichen Resultat mehr gelangen zu können«[255]. Die Interviewaussagen der Frauen sprechen für beides, für die Notwendigkeit und Grenze geschlechtsspezifischer Sichtweise und vor allem dafür, daß es sich nicht *festschreiben* läßt, was Frausein und Weiblichkeit ausmacht.

Eindeutig ist die Tendenz der Interviewaussagen auch im Blick auf Abendmahl: Frauen wollen selbst vorkommen. Das läßt sie positiv auf die These von Jutta Voss reagieren. Jede Ideologisierung und blutige Materialisierung, die trotz gegenteiliger Beteuerungen Ritus und Sakrament geschichtslos entpersonalisiert, lehnen sie ab, im Blick auf die Deutung von Manfred Josuttis wie auf die von Jutta Voss, auch wenn bei ihr das Vorzeichen weiblich ist.

Für die meisten interviewten *Männer* ist die These von Jutta Voss ein ähnlich ›rotes Tuch‹ wie die These von Manfred Josuttis für die Frauen. Reagieren Frauen bei Josuttis vor allem mit Abwehr auf die Stichworte »Blut« und »inkorporieren«, lehnen Männer bei Jutta Voss mit Vehemenz vor allem die geschlechtsspezifische Unterscheidung in »männliches Tötungsblut« und »weibliches Wandlungsblut« ab und die damit verbundenen Festschreibungen. Ist dies bei einzelnen Frauen im Sinne von Klärung eigener Einstellung und eigenen Verhaltens fast mit einem Aha-Erlebnis verbunden, ist eine solche Unterscheidung zwischen männlich und weiblich für die Mehrheit der Männer allem Anschein nach kaum auszuhalten. Wenn Jürgen *Moltmann*, wie oben bereits angemerkt, von einem Lernprozeß der Männer ausgeht in der Konfrontation mit Feministischer Theologie: »An dem neuen Selbstbewußtsein des weiblichen Geschlechtes werden ihm seine geschlechtsspezifischen Grenzen bewußt«[256], so ist davon auch in den Interviewaussagen nur bei wenigen Männern etwas zu merken.

Wenn sich insgesamt gesehen die jüngeren Männer auch sensibler und offener (und weniger aggressiv) äußern, laufen doch auch ihre Äußerun-

254 Erika *Haas*, S. 107
255 Frigga *Haug*, S. 26
256 J. *Moltmann*, Theologie in den Erfahrungen, S. 151

gen, bis auf eine Ausnahme[257], mehr oder weniger auf Distanzierung und Ablehnung hinaus. D. h. auch die Reaktion auf Jutta Voss ist keine Frage der *Generation* (dann schon eher eine Frage der Lebensform, oder besser gesagt des Außenseiter-Seins, der ganz anderen Männerperspektive, wie sich aus den Äußerungen des homophil lebenden Mannes schließen läßt). Nachdenklichkeit oder gar Selbstkritik setzt die provokative These von Jutta Voss bei den meisten nicht frei, eher das Gegenteil. Nicht, daß sich ihre Kritik nicht in mancher Hinsicht mit der der Frauen treffen würde, – z. B. in bezug auf die Ablehnung geschlechtsspezifischer Festschreibungen, geschlechtsspezifischer Absolutsetzung oder der Fixierung auf das Blut im Zusammenhang mit dem Abendmahl –, bemerkenswert ist, was Männer im Unterschied zu Frauen *hören* oder auch *nicht* hören. So scheint es mir signifikant zu sein, daß so viele die These von J. Voss dahingehend miß-verstehen, daß sie bei dem Begriff »weibliches Wandlungsblut« die ›Wandlung‹ überhören und auf *Opfer*blut fixiert bleiben, signifikant, weil sie damit sowohl die implizite Abwehr jeder Erlösungsvorstellung, die sich mit Tod und Opfer verbindet, überhören, wie auch die Tatsache, daß sich die Rede vom »weiblichen Wandlungsblut« auf den weiblichen Zyklus als *Lebens*blut bezieht.

Wenn der praktische Theologe Klaus-Peter *Jörns* von »Blutfrömmigkeit« gestern wie heute spricht, die sich seiner Meinung nach wie selbstver-ständlich auf Opfer bezieht, und von daher den Opfertod Jesu versteht und verständlich machen will: »Es ist wahr: Dem Menschen wird Genüge getan, und zwar in seiner unausrottbaren Blutfrömmigkeit. Sie soll befriedigt und befriedet werden. Um dieses Friedens willen rechnet Gott die Tötung Jesu Christi den Tötenden nicht zu, die ihn sich selbst als Opfer, als ›Geisel‹ ..., genommen haben, um ihr Leben nach ihren Vorstellungen zu sichern«[258], scheint mir dies denn auch in der Tat eher eine *männliche*, denn eine menschliche Vorstellung von »Blutfrömmigkeit« zu sein. K.-P. Jörns bezieht zwar ausdrücklich das Menstruationsblut in seine Überlegungen mit ein und spricht davon, daß das »Wissen der Frauen um die Leben-/Tod-Ambivalenz des Blutes ... immer mehr zu einem Vorsprung an Lebenserfahrung und -weisheit« wird, »aus der heraus sie dann oft auch als einzige die Aufdeckung von Blutopferpraktiken Regierender in der Welt ... betreiben«[259], berücksichtigt aber in keiner

---

257 Am eindeutigsten bei Norbert Jäger (M 2): »Bei mir würde sich, glaube ich, nichts verändern, auch wenn ich jetzt zu hören kriege, daß das ›weibliches Wandlungsblut‹ ist«.
258 Klaus-Peter *Jörns*, Sühnetod, S. 80
259 Ebd. S. 77

Hinsicht, daß das Menstruations- und Geburtsblut das *eigene* Blut ist, was fließt, und nicht das Blut anderer, was geopfert wird.

Die Interviewaussagen der Frauen sprechen dafür, *daß* die Erfahrungen von Frauen mit Blut *andere* sind als die der Männer, und die These von Jutta Voss spricht dafür, daß auch ihre »Blutfrömmigkeit« anderes beinhaltet, als Männer es für das einzig Gegebene halten. Nur so läßt sich auch erklären, daß viele Männer im Zusammenhang mit Opfer und Tod offensichtlich weniger hellhörig reagieren als viele Frauen und ihnen deshalb auch die Anfragen an die Opfer- und Sühnetheologie und eine Deutung des Abendmahls in diesem Sinn weniger nahe liegen als Frauen. Und nur so läßt sich erklären, daß viele Frauen ausgesprochen Schwierigkeiten haben mit dem Kelchwort und sich bewußt distanzieren müssen von der Blutvorstellung. Nicht zufällig, scheint mir, ist es eine Frau, die beim Becher einen Schreckensruf ausstößt[260], und nicht zufällig ist es eine Frau, die bei der Spendeformel »Christi Blut, für dich vergossen« den Kelch verweigert mit den Worten: »Das trink’ ich nicht!«[261]. Daß es sich beide Male um die Reaktion psychisch kranker Frauen handelt, macht m. E. nur deutlich, daß sie sich anders als andere Frauen die Worte nicht zu übersetzen vermögen[262], den Worten, der Blutvorstellung ausgeliefert sind, was zusätzlich noch unterstützt wird durch die rote Farbe.

Männer können allem Anschein nach mehr vertragen an Blutsymbolik, für Frauen steht, wie gesagt, mit dem Blut viel unmittelbarer das Leben auf dem Spiel, wo Blut fließt, sehen sie die Beziehung zu allem Lebendigen bedroht. Ob sich dies aufheben läßt durch die Einbeziehung der Symbolik weiblichen Blutes, scheint mir zumindest im Zusammenhang mit dem Abendmahl äußerst fraglich, weil und insofern Abendmahl nicht nur im Kontext des Lebens und der Auferstehung, sondern auch der Passion und des Todes Jesu seine Bedeutung hat, d. h. im Blick ist und bleibt hier mit dem Blut das gewaltsame Blutvergießen. *Notwendig* und *möglich* scheint es mir aber, in Abendmahlslehre und Abendmahlspraxis die Blutsymbolik zu überdenken, beim Übersetzen zu helfen, statt Deutungen zu perpetuieren und neu aufleben zu lassen, die die spezifischen Erfahrungen, Befürchtungen und Schwierigkeiten von Frauen mit der traditionellen Blutsymbolik permanent übergehen, als gäbe es sie nicht.

---

260 Vgl. Karl Kreling, M 17, s. o.

261 Eine junge Kollegin hat mir von diesem Erlebnis, was ihr sehr nachging, erzählt.

262 Vgl. u. a. Theodora Adam (F 4): »... Blut, das eigentlich im Grunde tot ist ... Und was für mich persönlich auch relativ eklig ist und ich mir das deswegen nicht so gerne vorstelle, sondern mich dann wirklich darauf konzentriere: Dies ist entweder Saft oder Wein, – und nur auf das Versprechen als solches.«

Hörenswert scheint mir hier eine Äußerung der Ältesten von ihnen: »Also, für mein Verständnis, würde ich mal sagen, brauchte ich dieses nicht. Aber ich kenne ja auch die *vielen* Menschen, die Schwierigkeiten mit dem Abendmahl haben. Wenn dadurch *Zugänge* zum Abendmahl geschaffen würden oder gefunden würden, dann würde ich mich dem auch nicht verschließen. Bis jetzt kann ich nur sagen, es ist mir sehr, sehr fremd.«[263] Deutlich wird, wie oben gesehen, aus den Reaktionen der Frauen auf die These von Jutta Voss: Die meisten suchen nicht das ganz andere Ritual, wollen nicht das Sakrament des weiblichen Blutes feiern, aber sie wollen Abendmahl mit sich selbst, »eigenleiblich«, verstehen und erleben können, wo das nicht möglich ist, setzen sie sich ab, mit eigener ›Übersetzung‹ oder auch Trennung. Gleichgültig ist es keiner, daß und wie beim Abendmahl vom Blut die Rede ist. Die Bedeutung des Abendmahls aber liegt für sie woanders.

4. Zum Themenkomplex »Bedeutung des Abendmahls«
Auf dem Hintergrund der Erfahrungen mit dem Abendmahl und den Wünschen an die Abendmahlspraxis

4.1. Gesamteindruck

»Ich denke, wer dort nach vorne geht in der Absicht, das Abendmahl zu empfangen, der ist mit einer ganz bestimmten, ganz besonderen Einstellung nach vorne gegangen. Und ich kann mir nicht vorstellen, daß diese Einstellung zwischen Mann und Frau im wesentlichen unterschiedlich ist. Die haben alle das gleiche Bedürfnis und verbinden damit, nach meinem Dafürhalten, mit Sicherheit auch das gleiche!«[264]
Was einer der interviewten Männer als persönliche Sicht äußert, entspricht vermutlich der Meinung vieler. Und in der Tat: Der christologische bzw. explizit theologische Rückbezug, der Gemeinschaftsaspekt, die individuelle Dimension: Abendmahl als Versprechen und Zusage, zur Stärkung und als Chance, neu anzufangen, all das sind Elemente, die bei Frauen und Männern gleichermaßen vorkommen.
Und doch sind auch hier die Unterschiede nicht zu übersehen, thetisch zugespitzt: Abendmahl als Lebens-mittel und Leben im Horizont von Auferstehung bestimmt als Sicht die Aussagen der meisten Frauen,

---

263 Friederike Cassens, F 28
264 Eberhard Holl, M 16

während für das Verständnis der Mehrheit der Männer Abendmahl als Erinnerungsmahl stärker im Horizont des letzten Mahles Jesu erscheint und von Bedeutung ist im Zusammenhang der Heilsbedeutung seines Todes. Die Bedeutung, die das Abendmahl für Frauen und Männer hat, läßt sich nicht trennen von den *Erfahrungen* mit dem Abendmahl.[265] Deutlich wird hier: Je distanzierter sich Frauen und Männer äußern, desto vergleichbarer scheinen ihre Erfahrungen, positiv wie negativ. Je persönlicher die Aussagen werden, desto eindeutiger unterscheiden sie sich. Frauen erinnern sich ausdrücklicher, auch an Ersterfahrungen, äußern sich emotionaler, ganzheitlicher, negativ wie positiv. Die Äußerungen der Männer sind verhaltener, bleiben allgemeiner.

Ist der Tenor bei vielen Frauen gekennzeichnet von der Ambivalenz: *So nicht* und *doch* Abendmahl feiern zu wollen!, ist der Tenor bei den Männern: *Im Grunde* spricht nichts dagegen, Abendmahl so zu feiern wie bisher.

4.2. Frauen

VORWEG STIMMEN, DIE DEN TENOR ANGEBEN[266]

* »Für mich ist ein wichtiger Aspekt, das Versprechen von Gott zu haben, durch seinen Sohn zum wahren Leben zu finden oder das wahre Leben zu erhalten, bzw. das, was schon in mir ist, auch *leben* zu dürfen!«

* »Für mich persönlich bedeutet Abendmahl Gemeinschaft mit den Menschen, mit denen ich um den Altar stehe, und die Gemeinschaft mit den Menschen, die vor mir Abendmahl gefeiert haben, und denen, die nach mir Abendmahl feiern werden, und den Menschen auf der ganzen Welt, die das tun in Erinnerung an das, was Jesus getan hat.«

* »Also, das Abendmahl ist für mich deswegen wichtig, weil das wirklich noch mal so 'ne ganz intensive Vergewisserung der Nähe Gottes ist! Ich könnte mich dieser Nähe auch anders vergewissern, aber so dieses, gerade diese *Leibhaftigkeit*, also, was sich so an Leibhaftigkeit für mich

---

265 Obwohl sich die Aussagen zur Bedeutung des Abendmahls und zu Erfahrungen mit dem Abendmahl oft überschneiden, werden die *Zitate* im folgenden *unterschiedlich gekennzeichnet* werden:
  * = Schlüsselaussagen zur Bedeutung, E = Aussagen, die sich eindeutiger auf die Erfahrungsebene beziehen.

266 Theodora Adam (F 4) – Ulrike Jeremias (F 6) – Yvonne Berber (F 10) – Annette Rieth (F 11) – Nina Ergrath (F 13) – Karin Homrich (F 17) – Ines Martin (F 19) – Lore Adler (F 22) – Lydia Hall (F 27)

im Abendmahl vollzieht, das würde mir schon fehlen. Da würde mir wahrscheinlich sonst vielleicht auch so was wegrutschen ... Ja, das, was mir ganz, ganz nahe kommt, also quasi in mich eingeht!«

* »Abendmahl ist die *leibhaftige* Begegnung mit Gott, mit dem Geist Gottes, und die Begegnung mit den Menschen. Es ist immer wieder der Lebenskreislauf, daß ich etwas empfange, daß ich es annehme und daß ich es dann weitergebe. Daß ich das nur mit Menschen zusammen feiern kann, *nicht* alleine, daß die Gemeinschaft da ist und daß diese Gemeinschaft auch zu spüren ist. Und daß Abendmahl immer Hoffnung und Erlösung bedeutet.«

* »Ein ganz intensives Denken an Jesus, an Jesu *Leben*, an die Gemeinschaft Jesu mit anderen Menschen, sprich, auch mit mir.«

* »Für mich wird im Abendmahl etwas wiederholt, was ich eigentlich durch Taufe schon zugesagt bekommen habe: die unbedingte Zuwendung Gottes. Und es gibt Situationen, wo ich diesen Zuspruch jetzt auch noch 'mal *direkt* hören muß und es mir nicht selber sagen kann. Ja, und es ist sicherlich ein Unterschied, das, sagen wir mal, auch *sinnlich* zu erfahren.«

* »Für mich bedeutet Abendmahl der Zuspruch, daß ich so, wie ich bin als Frau, und mit dem, was ich lebe und was ich tue, auch mit meinem immer Schuldigwerden an anderen, teilhaben kann an dem, was Jesus, denke ich, gemeint hat, als er das Abendmahl eingesetzt hat für uns: Daß das mit dem Brotbrechen, daß das immer etwas zum *Leben* ist!«

AKZENTSETZUNGEN UND SCHLÜSSELAUSSAGEN

Für alle Frauen ist ausdrücklich das Gemeinschaftserleben beim Abendmahl von Bedeutung. Zwölf Frauen sprechen in diesem Zusammenhang auch von entsprechender Gotteserfahrung[267]. Wesentliche Aspekte sind für die meisten auch: die Leibhaftigkeit der Erfahrung (24)[268] wie die Zusage und Mitteilung von Leben (13)[269] und Zukunft (13)[270]. Auffallend ist, daß für die Mehrheit der Frauen (17) das Abendmahl darin spontan vor allem von theologischer und nur für fünf Frauen von gleichermaßen christologischer bzw. jesuanischer Bedeutung ist.[271] Für

---

267 Vgl. F 2.3.4.10.11.12.18.20.22.25.27.28
268 Nur in F 1.3.8.24. wird dem Aspekt des Essens und Trinkens, wie der sinnlichen Erfahrung insgesamt keine besondere Bedeutung zugemessen.
269 Vgl. F 2.4.8.12.15.17.19.20.23.24.25.27.28.
270 Vgl. F 4.7.9.10.11.13.15.17.18.19.20.27.28.
271 Vgl. F 2.4.7.9.10.11.12.15.17.18.20.22.24.25.26.27.28, bzw. F 3.6.13.19.23 – Ohne jeden expliziten theologischen oder christologischen Bezug liegt für **sechs** Frauen der Akzent vor allem auf dem Gemeinschaftserleben, vgl.: F 1.5.8.14.16.21

die allermeisten Frauen (23) ist der christologische Rückbezug für das Abendmahl gleichwohl essentiell[272], während fünf Frauen direkt oder indirekt eine ausschließliche Rückbindung des Abendmahls an die Geschichte Jesu Christi bzw. deren Einzigartigkeit in Frage stellen.[273] Referiert wird am häufigsten auf »Jesus«, selten ist der Gebrauch des Christustitels, noch seltener die Kombination von Name und Titel. Die Sohnesbezeichnung erscheint nur in zwei Interviews, und dort im Zusammenhang mit der Opfervorstellung.[274] Die Bezeichnung »Herr« steht singulär nur in einem Interview und auch dort nur einmal.[275]

Auf die Bezeichnung »*Herrenmahl*« für Abendmahl angesprochen, reagieren sechszehn (der 20 dazu befragten) Frauen entsprechend mit Unverständnis und Befremden. Assoziationen, die genannt werden, sind u. a.: »Schwarzgekleidete Männer, Herrenstammtisch, Herrenriege, Herrengesellschaft, Obrigkeit/Junker/Adel«. Acht Frauen halten die Bezeichnung für ausgesprochen Frauen diskriminierend[276]. Für eine der jungen Frauen ist sie Anlaß zu grundsätzlicher Kirchenkritik: »Für mich wäre es schon schlimm, wenn es ein Männermahl wäre, aber ein *Herren*mahl, das finde ich noch unglaublicher! Es spiegelt für mich wider, daß die Form des Abendmahls sich schon sehr mit dem verbindet, was Kirche zum Verhältnis der Geschlechter so im Laufe der Jahrhunderte beigetragen hat. Das finde ich schon sehr problematisch! Männer Frauen überzuordnen, finde ich indiskutabel ... Und Herrenmahl hätte schon diesen Anklang.«[277] Tenor ist: »Da hab' ich *nichts* verloren!«[278] Und selbst eine der älteren Frauen ist sich ganz sicher: »Mit den *Herren* hat es auch dieser Jesus nicht gehabt!«[279] Nur für vier Frauen ist die Bezeichnung kein Problem, insofern sie sich auf Jesus als den »Herrn« beziehen.[280]

Von *theologischer* Bedeutung sprechen insgesamt einundzwanzig Frauen[281]. Als Gottesbezeichnung wird fast durchweg »Gott« gewählt.

---

272 Im Tenor anders: F 1.8.11.12.21.
273 Vgl. F 11.12. bzw. F 1.7.15. Im einzelnen dazu s. u.
274 Vgl. F 2.9.
275 Friederike Cassens (F 28): »Der gleiche Herr Jesus Christus geht zu diesem, wie zu mir und zu allen miteinander.«
276 Vgl. F 4.8.11.12.13.14.17.19
277 Theodora Adam, F 4
278 Ragnhild Radloff, F 12
279 Lore Adler, F 22
280 F 3.20.24.28
281 Ohne explizite Referenz im Zusammenhang der Aussagen zur Bedeutung des Abendmahls auf Gott oder Göttliches im weitesten Sinne bleiben die Interviews: F 1.5.6.13.14.16.21

Von Gott als »Vater« wird nur von drei Frauen im Zusammenhang von Passion und Tod Jesu gesprochen.[282] Betont vom »Geist Gottes« bzw. »Heiligen Geist« ist in drei Interviews die Rede[283], eine der Frauen fügt erklärend hinzu: »Es ist etwas Großes, es ist etwas in mir, es ist etwas um mich herum«[284]. Darüber hinaus wird, je singulär, auf »Göttliches« referiert, auf »das, was uns trägt«, den »Urgrund des Lebens« und die »Gemeinschaft in der Vertikalen«[285]. Zu den inhaltlichen Akzentsetzungen im einzelnen:

1. GEMEINSAM ABENDMAHL FEIERN

Für viele der Frauen lassen sich Gotteserfahrung und die Erfahrung der Gemeinschaft untereinander nicht voneinander trennen, wohl aber unterscheiden. »Wo zwei oder drei versammelt sind in meinem Namen, da bin ich mitten unter ihnen. Also, die Gemeinschaft mit Gott und untereinander, das beides.«[286]

Abendmahl feiern – in Gemeinschaft mit Gott

Die Unterscheidung kann so weit gehen, daß auch unterschiedlich gewichtet werden kann: »Es ist vor allen Dingen das gemeinsame Erleben von einer Kraft von Gott, aus der Schöpfung, aus dem Universum. In dem Sinne schon Gemeinschaft, aber eben eigentlich auf Gott bezogen, nicht so sehr untereinander.«[287] Dies entspricht den Abendmahlserfahrungen einer Frau, die seit langem aus der Kirche ausgetreten ist: »Ich hatte das Gefühl, ich gehörte einfach dazu. Bei den anderen ist das immer so schwer für mich zu sehen gewesen, weil, sprechen konnte ich ja mit ihnen nicht, ausgetauscht haben wir uns nicht. Und ich fühlte mich mit ihnen eigentlich nicht verbunden, sondern nur mit dem, was ich als Gott

---

282 Vgl. F 2.4.9.

283 Als Apposition: »Abendmahl ist die leibhaftige Begegnung mit Gott, mit dem Geist Gottes« (Anette Rieth, F 11); Sehr pointiert und wiederholt verweist Adelheid Sommer (F 15) in ihren Interviewaussagen auf die Bedeutung, die der »Heilige Geist« für sie im Zusammenhang des Abendmahls hat, so u. a.: »Leib und Blut, das ist ja für mich etwas Lebendes. Aber nicht in der Form eines menschlichen Körpers, sondern: Heiliger Geist ist viel mehr als nur ein Körper«; Ursula Ilmenau (F 16) beschreibt ihre Gottesvorstellung als »Raum und nicht personifiziert ..., und ich hab so ein Verhältnis zu Gott und zu Heiligem Geist in Form von einer ungeheuren Energie«. Darüber hinaus wird in anderen Sinnzusammenhängen auf »Heiligen Geist« referiert in den Interviews: F 27.28.

284 Adelheid Sommer, F 15

285 Vgl. F 7.25.26.

286 Sabine Eck, F 20

287 Ragnhild Radloff, F 12

bezeichne«[288]. Unabhängig von ihrer kirchlichen Sozialisation scheuen Frauen sich nicht, explizit von *Gottes*erfahrungen zu sprechen, und dies in vielfältiger Weise. *Konnotationen* sind:

Zuspruch/Versprechen	F 2.4.17.24.28
Leibhaftigkeit/Sinnlich/Greifbar/In die Hand gelegt	F 10.17.23.27.28
Verbindung/Bund	F 3.4.11.25.
Angenommensein/Zuwendung/Lebensberechtigung	F 4.12.17.24.
Liebe	F.2.24.28.
Leben	F 4.15.25.
Reich Gottes/Himmel	F 4.17.28
Dankbarkeit	F 3.9.25
Nähe/Kontakt	F 10.27.
Teilnehmen/Teilhaben	F 23.27.
Glauben/bekennen	F 4.24
Geheimnis/Mysterium/Anbetung	F 27.28
Vergebung	F 2
Segnung	F 3
Andacht/Zwiesprache	F 9
Begegnung/Berührung/Spüren	F 12.
Hoffnung	F 17.
Ernährtwerden	F 23
Seltener Glücksfall	F 26
Sehnsucht	F 27

Zum Ausdruck kommt, wie elementar es in der Gotteserfahrung um *Beziehung*, um *Bezogensein* und *Einbezogenwerden* geht. Wie sehr in dem Zusammenhang das, was in der Abendmahlsfeier an Worten laut wird, was an Botschaft vernommen wird, von Bedeutung sein kann, zeigt folgende Äußerung:
* »Die Worte, mit denen das Abendmahl eingesetzt wurde, und die Austeilungsworte hatten für mich nicht die teils negativen Assoziationen wie beim herkömmlichen Abendmahl, wenn es nur heißt: ›Blut für dich vergossen zur Vergebung der Sunden‹ und ich immer das Gefühl hatte, ich werde immer kleiner und bin sowieso ganz schlecht. Hier in der NN hatte ich immer das Gefühl von Befreiung und daß nicht nur die Menschen um mich herum mich annehmen, sondern daß auch Gott mich voll annimmt, das war das Entscheidende.« (Karin Homrich, F 17)

---

288 Adelheid Sommer, F 15; Ihre Aussage verweist allerdings auch darauf, daß die traditionelle Gestaltung kirchlicher Abendmahlsfeiern dem Gemeinschaftsaspekt entgegen ein Moment der Vereinzelung beinhaltet, besonders für Menschen, die in der Gemeinde nicht zu Hause sind, die anderen von daher *nicht* kennen.

Der Blickwinkel kann wie hier sehr persönlich und individuell sein:
* »Für mich ist wichtig, daß ich im Abendmahl eine Zuwendung, eine Zusage bekomme der Liebe Gottes, daß Gott mich annimmt.« (Elisabeth Ammerstein, F 24)
* »Ich hab da beim Abendmahl eher den Schwerpunkt der Segnung und der *Erneuerung* des Bundes mit Jesus. Also, ich sage wieder konkret: Ja, ich will mit Jesus gehen, ich möchte, daß Gott in meinem Leben teilnimmt.« (Gerti Christiansen, F 3)

Viele Interviewaussagen gehen aber auch über das Individuelle hinaus. Unter Aufnahme der Bundesvorstellung und/oder der Reich-Gottes-Erwartung kann sich der Bedeutungshorizont auf alle hin weiten, hat das Abendmahl für einige Frauen auch eine *eschatologische* Dimension:
* »Daß das Abendmahl für mich so eine starke Bedeutung hat, weil sich darin jedesmal das Versprechen wiederholt der Verbindung, des Bundes zwischen Gott und den Menschen.« (Theodora Adam, F 4)
* »Unverzichtbar ist für mich ... der Hinweis auf das Reich Gottes ... Es ist für mich die Hoffnung, daß sich eines Tages die ganze Widersprüchlichkeit, das Leid, Dinge, die ich im Leben erfahre, die ich meine, nicht mehr aushalten zu können, in Gott heilsam für mich auflösen. (Karin Homrich, F 17)
* »Die Gemeinschaft mit Gott, das Eingeladenwerden an seinen Tisch, dieses Platzhaben an seinem Tisch, das gewinnt vielleicht im Laufe des Älterwerdens mehr an Bedeutung, weil ich das als *Ziel* vor Augen habe. Wenn jemand sagt: Wie ist es im Himmel?. Dann sage ich: Ich habe da einen Platz am Tisch.« (Friederike Cassens, F 28)
* »Die Vorstellung, wer da alles mit an diesem Tisch sitzt – in der ganzen Welt und auch in Gottes Reich.« (Renate Schweizer, F 18)

Eine Vorstellung, die sich bei der Letztgenannten mit konkreten Erfahrungen mit einer Abendmahlsfeier in anderer Form verknüpft:
E »Ich denke an unser Feierabendmahl, Sonntagsbegrüßungsfest beim N am Samstagabend – zum Abschluß der Woche und zur Einstimmung auf den Sonntag: Tischabendmahl mit Kerzen, mit gemeinsamem Abendbrot. Eine sparsame, aber *schöne*, für die Augen schöne Mahlzeit. Und ich denke an die Atmosphäre, die sich da ausbreitet, an die Tischgemeinschaft, die eine andere Qualität hat als sonst.« (Dies.)

Dem traditionellen Abendmahlsverständnis entgegen ist der Aspekt der *Vergebung* als Konkretion der Zuwendung Gottes nur für *vier* Frauen gegenwärtig ausdrücklich von Bedeutung, und nur für eine steht er fraglos im Vordergrund: »Wenn ich ... Sachen gemacht habe, die vor Gott nicht okay waren, dann war das für mich einfach ein Punkt, Gottes Vergebung direkt zu erfahren und nicht nur so allgemein zu wissen«[289]. Für eine der Frauen ist Vergebung dabei ausdrücklich *nicht* verbunden mit traditionellem Sünden*verständnis* und *-bekenntnis*, soll ganz ausdrücklich »der Finger nicht auf meine Sünd- und Schuldhaftigkeit ..., sondern auf das Befreiende, auf das Leben und die Versöhnung« gerichtet sein.[290] Dahinter stehen Erfahrungen mit einem, wie sie sagt, »patriarchalen Abendmahl«:

E »Und das ist etwas, was ich vor allen Dingen mit Männern verbinde, daß sie das Sündige ganz, ganz besonders verstärken und sich selber als einen sehen, der mich ein Stück davon erlösen kann ... Und wenn ich das wahrnehme, mitbekomme, dann ist für mich so der Zugang zu dem Abendmahl eigentlich verwehrt.« (Ines Martin, F 19)

Daß es für die meisten Frauen im Abendmahl nicht vor allem und von vornherein um Vergebung geht, hat komplexe Gründe, wie sich im Laufe der Auswertung bereits gezeigt hat, hängt aber auch – zumindest für die Frauen der mittleren und älteren Generation – mit frühen negativ besetzten Abendmahlserfahrungen zusammen. Aufschlußreich sind hier die Interviewaussagen einer Frau, die ihr heutiges Verständnis abgrenzt von den früheren Erfahrungen:

* »Ich habe nicht mehr diese angstbesetzte Erwartung, jetzt passiert irgendwas von Gott her, oder es passiert nichts. Das ist jetzt beinahe etwas Zusätzliches, wo ich den Eindruck habe, also es ist zugesagt, daß Gott auch mit mir Gemeinschaft haben will, aber es ist vollkommen unabhängig jetzt von meinem augenblicklichen Befinden und von der Intensität der Gefühle. Und ich muß auch keinerlei Voraussetzungen mehr erfüllen.« (Sabine Eck, F 20)

E »Ich weiß, daß das früher für mich ganz furchtbar gewesen ist, die Vorstellung zu haben, da sind vielleicht noch irgendwelche Sünden oder so was. Also das Abendmahl war absolut gebunden an Beichte ... Und später gab es irgendwann mal so Formen, wo das nicht mehr so war, wo ich dann sofort Bauchschmerzen kriegte und innerlich noch schnell vor'm Abendmahl für mich alleine irgendwas von Bitte um Vergebung gemacht habe, weil ich sonst total in Panik geraten wäre!« (Dies.)

Von vergleichbaren Erfahrungen berichten auch andere:

E »Ich bin nicht mehr zum Abendmahl gegangen, weil ich dann das

---

289 Iris Gradwohl, F 2; Vgl. F 19.24.28. – Sylvia Imshausen (F 14) bemerkt, ausdrücklich im Blick auf die *Vergangenheit*: »Bedeutung gehabt hat das Abendmahl für mich in einer Phase, wo ich mich im Verhalten meinem Sohn gegenüber doch immer sehr schuldig fühlte, durch die Zusage der Vergebung.«

290 Ines Martin, F 19

Gefühl hatte, daß ich mich nur schuldig mache. Und ich habe dann sehr lange überhaupt keine Beziehung zum Abendmahl gehabt.« (Ines Martin, F 19)

Für *über ein Viertel* der Frauen verbinden sich Ersterfahrungen mit Sünde/Schuld/Beichte, und dies in bedrückender Weise[291]: Von »Angst« und »fürchterlich« ist die Rede[292], von Weinen und dem Gefühl von Wertlosigkeit, Unwürdigsein, Kleinsein[293]:

E »Unangenehm erinnere ich mich an das sehr intensive Schuldbekenntnis, was ich aus früheren Zeiten beim Abendmahl kenne. Also da wurd's mir immer ganz anders und so, das Gefühl der entsetzlichen Kleinheit.« (Ursula Ilmenau, F 16)

E »Es ist sozusagen niemandem aufgefallen, daß ich als *einzige* Konfirmandin *nicht* zum Abendmahl gegangen bin! Und das war eine ganz *einsame* Entscheidung von mir. Die ich übrigens im Angesicht Gottes gefällt habe, weil ich fand, ich war es nicht wert oder war nicht würdig, zu ihm zu kommen. (Weint)« (Katharina Flor, F 23)

Eine Frau, die erst Anfang der achtziger Jahre wieder in die Kirche eingetreten ist, spricht von »fast unüberwindlicher Hürde«, am Abendmahl teilzunehmen, die für sie auch mit dem Gefühl zu tun hatte: »Du bist nicht gut genug, es reicht nicht, du darfst es nicht«[294]. Kein Wunder, daß es als befreiend erfahren wird, wenn in Abendmahlsverständnis und Abendmahlspraxis *andere Akzente* gesetzt werden[295], kein Wunder, daß Frauen *selbst* andere Akzente setzen:

* »Wenn ich das Brot esse oder aus dem Kelch trinke, versuche ich in der Wahrnehmung dieser Dinge oder Gaben von Gott, einfach durch eine konkrete Sinneserfahrung an Gott teilzunehmen, nicht, wie häufig, denkend oder nachdenkend, sondern über eine Sinneserfahrung hier und jetzt. Und denke mir auch so ganz einfach, daß Gott uns schließlich ernährt.« (Katharina Flor, F 23)

* »Wirklich mich reinversenken können, mich ein bißchen verlieren können mit meinen anderen Gedanken und wirklich in die Anbetung hineinkriechen, schlüpfen, gehören. Und dann da die Nähe Gottes auch mal spüren! Das ist so eine Sehnsucht. Da bekennne ich mich auch sehr

---

291 Vgl. F 13.14.16.17.18.19.20.23.26.
292 So z. B. Iris Martin (F 19): »Ich habe ungeheure Angst gehabt vor diesem Abendmahl, weil ich mich nicht für würdig hielt und mich in keiner Weise berechtigt fühlte zu kommen!« Vgl. F 16.20.23.26.
293 Vgl. F 8.14.17.19.26.
294 Grete Eichbaum, F 26
295 Vgl. dazu z. B. das obige Zitat von Karin Homrich (F 17).

gerne dazu, daß ich etwas *spüren* möchte und nicht nur etwas für richtig halten ... ›Sehet und schmecket, wie freundlich der Herr ist‹! Etwas Konkretes, Greifbares, was ich sehe und schmecke an Beteiligung an Gottes Mysterium, an diesem unbegreifbaren Wunder Gott, was mehr ist als der Verstand« (L. Hall, F 27)

Die *leib-haftige* Erfahrung im Abendmahl, die Möglichkeit, *Gottes* in geheimnisvoller Weise *teilhaftig* zu werden, wird von anderen Frauen geteilt, und nicht nur von den jüngeren[296]:

* »Da wird es uns noch mal handgreiflich, die Liebe Gottes sozusagen in die Hand gelegt.« (Friederike Cassens, F 28)

Aber nüchtern kann auch gesagt werden: Abendmahl »kann ein ganz starkes Gefühl von Gemeinschaft bei mir hervorlocken, sehr oft in der Horizontalen zu den Mitmenschen hin, die da mit mir stehen, manchmal, in seltenen Glücksfällen, vielleicht auch so in der Vertikalen. Dann ist es etwas mehr als das«[297].

Vor allem aber wird in den Interviews immer wieder, wie auch hier, die *Gotteserfahrung* im Abendmahl verbunden mit der Erfahrung der *Gemeinschaft untereinander:*

* »Ja also, gerade durch dieses, ja, auch etwas von Leibhaftigkeit spüren, also so auch, daß mir in jedem Menschen eigentlich ja auch Gott begegnen kann ... Also ich kenn das auch so, daß, wenn ich so merke, daß da Menschen um mich 'rum sind, die genauso nach Gott suchen und fragen, also da ist auch auf einmal so etwas zu spüren von Gottes Nähe«. (Yvonne Berber, F 10)

* »Da ich Gott als den Urquell meines Lebens oder als das Leben überhaupt empfinde, möchte ich auch ein Abendmahl feiern. D. h. ich möchte die Verbindung mit dem, was trägt und mich mit allen Menschen, nicht nur den Christen, verbindet, feiern«. (Sophie Mangold, F 25)

Daß Frauen auch darin sehr eigene Akzente setzen können, nicht unbedingt denselben ›Geschmack haben‹, zeigt folgende Äußerung: »*Schmecken* möchte ich *nicht* (lacht)! Ich sag jetzt einfach mal so: Das, was ich *höre,* das reicht mir und das, was ich erlebe. So diese Gemeinschaft, das ist eigentlich das, was ich dort in der kirchlichen Frauengruppe gesucht und auch gefunden habe: die Gemeinschaft der Frauen, gleichdenkender Frauen, ähnlich denkender Frauen oder auch ganz anders denkender Frauen, die eine Ebene gefunden haben, auf der sie liebevoll

---

296 Vgl. u. a. F 10.17.
297 Grete Eichbaum, F 26

und tolerant miteinander umgehen. Und das ist das, was mir von *Gott* zu *hören* im Moment reicht.« Aber auch diese Einstellung hat zweifellos mit frühen Abendmahls- bzw. Kommunionserfahrungen zu tun: »Daß ich das als Kind schon als eine Art Schauspielerei und Theater empfunden habe ..., für mich war damit (auch später) immer so eine Unehrlichkeit verbunden, daß ich das Ganze eigentlich nicht so geglaubt habe, so wie es dargestellt wurde ... Also das kann doch gar nicht sein, das ist ja nun *wirklich* nicht der Leib Christi!«[298]

Festhalten läßt sich, daß, wie auch immer im einzelnen begründet oder gewichtet, Gotteserfahrung und Gemeinschaftserleben sich für die interviewten Frauen nicht voneinander trennen lassen. Für zwei Frauen unterschiedlicher Generation verbindet sich dies auch mit *Bekenntnis*: »Diese Schritte nach vorne zu gehen und irgendwo dann auch aufzufallen da vorne, das ist mir wichtig. Ähnlich wie ich in anderen Situationen sage: Ja, ich glaube an Gott«, so die jüngere, die ältere formuliert ähnlich: »Ich trete ja heraus aus der Gemeinde, ich treffe eine Entscheidung, nochmal meinen Glauben zu bekunden. Deswegen ist es mir auch wichtig, daß es vor dem Altar ist«.[299]

Abendmahl feiern – in Gemeinschaft untereinander[300]

Es ist die Gemeinschaft, die für Frauen, gleichgültig welchen Alters, welcher Lebensform oder Glaubenseinstellung, beim Abendmahl von Bedeutung ist:

* »Eigentlich hat es in jedem Fall etwas mit Gemeinschaft derjenigen zu tun, die das zusammen feiern. Das ist mir so mit das Wichtigste.« (Tine Uhlenhorst, F 5)

Bilder und Vergleiche, die Frauen in dem Zusammenhang kommen, sind: »In einem Boot sitzen, zu einer Familie gehören, Auf einer Welle schwimmen, Überbrückung von Kluft«[301]. Abendmahl ohne Gemeinschaft ist nicht denkbar. Und wenn die Gemeinschaft nicht stimmt, wird es mit dem Abendmahl schwierig.

Das ist die Sicht vieler Frauen, weil es ihre Erfahrung ist, positiv: »Heilsam war die Gemeinschaft, in der ich mich wie sonst kaum woanders

---

298 Ruth Abendrot, F 8
299 Theodora Adam, F 4; Elisabeth Ammerstein, F 24; Renate Schweizer (F 18) betont ebenfalls, daß ihr »der Gang nach vorne« wichtig ist, ohne dies allerdings näher zu begründen.
300 Zu folgendem vgl. auch die o. g. Beobachtungen und Schlußfolgerungen zu den gesellschaftlichen Problemhorizonten des Stichworts *Gemeinschaft*, A.III.2.
301 F 16.15.17.28.

angenommen, akzeptiert fühlte …, dieses Verständnis war schon sehr wichtig«, wie negativ: »Meine ersten Abendmahlserfahrungen waren bedrückend! Ich hatte keinen Zugang und hatte das Gefühl von Wertlosigkeit und: Du gehörst hier eigentlich nicht hin, verdirbst den anderen das eigentlich.«[302] Was an Gemeinschaft erlebt oder nicht erlebt wird, ist für die Abendmahlserfahrung von Frauen essentiell, bis dahin, daß es über die Teilnahme am Abendmahl entscheidet:

* »Gleichzeitig war aber wichtig, daß ich da mit vertrauten, mir wichtigen Menschen zusammen kam. Das wäre mir in einer anonymen Abendmahlsrunde, glaube ich, nicht so viel *wert* gewesen, hätte ich's nicht so hingenommen, akzeptieren können, daß es für mich gilt. Ich brauchte den vertrauten Raum … Und da ich jetzt keine Menschen mehr habe, mit denen ich mich auf christlicher Basis verbunden fühle, ist für mich das Abendmahl auch zur Zeit nicht wichtig. ›Nicht wichtig‹ ist ganz *falsch* ausgedrückt, es ist aus dem Gesichtsfeld *verschwunden*.« (Sylvia Imshausen, F 14)

Von anderen als minderwertig eingestuft, hat für eine körperbehinderte Frau das Abendmahl den Sinn verloren, mehr noch, ist es für sie eine Frage der Selbstachtung, die Abendmahlsgemeinschaft abzulehnen:

E »Ich erinnere mich, daß es *Phasen* in meinem Leben gab, wo ich mir wirklich ganz bewußt im klaren drüber war: Ich gehe nicht zum Abendmahl, weil ich die *Gemeinschaft* ablehne! Ich will mit *den* Leuten nichts zu tun haben! – Da war ich identifiziert mit meinem Haß. Ich war dabei, meine Identität zu finden und fand *wirklich*, daß ich auch ein *Recht* dazu hab', mich abzugrenzen, weil die anderen immer wieder mehr oder weniger durchblicken lassen, daß sie *mich* als *minderwertig* empfinden. Sah ich überhaupt nicht ein, ging mir auch völlig gegen den Stolz, daß ich mit denen hätte *Abendmahl* feiern sollen! – Wozu?!« (Ursula Ilmenau, F 16)

Von der Gemeinschaft untereinander absehen kann und will keine der interviewten Frauen. *Von Bedeutung* ist dabei:

Sich aufeinander beziehen

Stichworte, die in diesem Zusammenhang häufig genannt werden, sind: »Blickkontakt, ansehen, gesehen werden[303], anfassen, berühren[304], locker, befreind« in Opposition dazu: »pro forma, Routine, Pflicht,

---

302 Karin Homrich, F 17
303 Vgl. F 4.5.7.11.12.19.21.22.23.24.28.
304 Vgl. u. a. F 8.11.12.21.27.

Gleichgültigkeit, ernst, peinlich, bedrückend«.[305] Und auch hier sprechen die Erfahrungen immer mit, Erfahrungen, die gerade auch Hauptamtlichen zu denken geben müßten:

E »Mir fällt allerdings auf, daß es *wenige* Pfarrer und Pfarrerinnen gibt, die einen direkt und unbefangen angucken. Und das fällt mir auch beim Weiterreichen von Kelch und Brot ein, wenn es einander weitergegeben wird, daß *wenige* sich dabei *aufrichten* und den anderen Menschen *angucken* und dabei auch ganzheitlich oder gefühlsmäßig und mit den Augen etwas Wohlwollendes vermitteln. Das wäre für mich wichtig, die Horizontale sozusagen, und nicht nur das Miteinander und das Weitergeben auf dieser Ebene. Die Gemeinschaft spielt für mich eine große Rolle, also, wenn es nicht da ist, dann stimmt's für mich einfach nicht! Dann frage ich mich, was hat denn der einzelne Mensch empfangen, wenn das nicht gerade und aus ganzem Herzen und mit offenen Augen weitergegeben wird! Wo bleibt das denn?! Als wenn es innerlich in einem dunklen Einmachglas untergebracht würde.« (Katharina Flor, F 23)

E »Ich hatte das Gefühl, – es war im Altarraum, leicht erhöht, in einem relativ kleinen Kreis von Menschen, wir haben also dort mehrfach angestanden, weil vorne so wenig Platz war –, daß die Menschen da eigentlich nur waren, um einer *Pflicht* genüge zu tun. Und das gleiche Gefühl hatte ich vom Pfarrer auch. Und das fand ich schon sehr *erschreckend*. Die Worte hatten dieses *übliche* – Heilige. Ich konnte es ihm einfach nicht abnehmen, daß er *selbst* es glaubt und daß er uns wirklich dieses Abendmahl zukommen lassen möchte, mit allem, was daran hängt. Er hat auch *keinerlei* Blickkontakt aufgenommen mit uns.« (Theodora Adam, F 4)

Als besonders eindrücklich schildern deshalb viele der Frauen Abendmahlsfeiern mit Menschen, mit denen sie ein *gemeinsames Erleben* verbindet, die ihnen *vertraut* sind, von denen sie sich *akzeptiert* fühlen, und/oder eine Abendmahlsgestaltung, die in irgendeiner Weise Kommunikation ermöglicht.[306] Daß sich die hier geschilderten *positiven* Erfahrungen weitgehend *nicht* auf den Rahmen traditioneller Abendmahlsgottesdienste beziehen (die 55 Äußerungen über positive Gemeinschaftserfahrungen beziehen sich samt und sonders nicht auf die Ortsgemeinde), die negativen dagegen sehr wohl (von enttäuschenden Erfahrungen im Zusammenhang mit traditionellem Abendmahlsgottesdienst der Ortsgemeinde berichten 16

---

305 Vgl. u. a. F 4.6.13.21.22.23.24.23.28.
306 Vgl. F 4.5.6.7.10.11.12.14.16.17.20.21.24.26.27.

Frauen[307]), macht von daher hellhörig. Zwei Frauen benennen, was andere ähnlich sehen:

E »Meistens ist es doch eine zu ernste und bedrückende Atmosphäre in den üblichen kirchlichen Gottesdiensten. Bedrückend ist bei uns in der Gemeinde die Interessenlosigkeit, die Beziehungslosigkeit untereinander.« (Karin Homrich, F 17)

E »In einer Kirchengemeinde, in der die Gemeinschaft ja aus zusammenhanglos zusammengewürfelten Menschen besteht, die sich kaum untereinander kennen und wenn, dann nur durch recht oberflächliche Kommunikationsmuster, erlebe ich keine Gemeinschaft. Und das macht das Steife aus!« (Nora Almquist, F 7)

Es ist fraglos so: Einladend erleben die meisten Frauen den üblichen Abendmahlsgottesdienst in der Gemeinde nicht.

Was in den Interviewaussagen darüber hinaus betont wird, ist, daß es in der Abendmahlsgemeinschaft um eine Verbundenheit geht, die grenzüberschreitend ist:

Mit denen, die vor mir/nach mir Abendmahl feiern:	F 4.6.18.24
Mit den Menschen auf der ganzen Welt:	F 4.6.18
Mit allen, die auf der Suche sind nach Gott/ nicht nur nach dem christlichen Gott:	F 10.4
Nicht nur mit ChristInnen:	F 4.25
In allen christlichen Gemeinden/Konfessionen:	F 3.28
Mit Menschen aller Glaubens- und Unglaubensrichtungen:	F 7
Mit denen, die ich nicht kenne:	F 24
Auch mit den Verstorbenen:	F 27

Eine Frau, der an der *Abendmahlsgemeinschaft zwischen* den *Konfessionen* liegt, erzählt u. a.: »Enttäuschung war für mich, als ich in einem katholischen Kloster an der Eucharistiefeier teilnehmen wollte, und da wurde mir von dem Priester gesagt: ›Wissen Sie, daß Sie nach Kirchenrecht mit dem Teilnehmen an diesem Abendmahl in die katholische Kirche eintreten?!‹ Und da habe ich mich entschlossen und habe gesagt: Das will ich nicht, dann will ich und muß ich lieber den Riß zwischen unseren Kirchen aushalten und will *so* dabeisein und mit Ihnen allen feiern.«[308]

Geschwisterlich Abendmahl feiern

Abendmahlsgemeinschaft drückt sich für viele Frauen nicht zuletzt in der *Kreis*form aus. *Nebeneinander* zu stehen oder zu sitzen, einander Brot und

---

307 F 1.4.5.6.7.8.9.10.13.14.16.17.18.19.20.23.
308 Friederike Cassens, F 28

Kelch weiterzureichen, auf einer Ebene, ohne Oben und Unten, ist ihnen wesentlich.[309] Daraufhin befragt, ist von daher das Abendmahl für die meisten Frauen (18!) auch von potentieller oder tatsächlicher Bedeutung für die (neue) *Gemeinschaft* von *Frauen und Männern*.[310] Gleichrangig-keit und Gleichwertigkeit sind Stichworte, die in diesem Zusammenhang häufig genannt werden, schon von der Jüngsten mit der Beobachtung: »Daß alle irgendwie gleich waren ..., gleichwertig«[311], Stichworte, die aber auch sehr existentiell und mit Verve konkretisiert werden:

* »*Nebeneinander* stehen! Erstmal ein Aufheben von oben und unten. Daß sie wirklich Partner sind, gleichberechtigte Partner: Männer und Frauen! Und daß es 'ne Erfahrung von Nähe und Gemeinschaft gibt, die über das hinausgeht oder das sogar aufhebt, was sonst so quasi das einzige ist, was man sich an Gemeinschaft zwischen Männern und Frauen vorstellen kann, – das ist ja immer fürchterlich eng bezogen auf Sexualität und den ganzen Kram. Und daß ich das toll finde oder toll fände, wenn es da 'ne Erfahrung wirklich von tiefer Verbundenheit und Nähe geben könnte, *unabhängig* von Sexualität, was mir nun eben auch gerade als lesbischer Frau ja so wichtig ist, daß das nicht alles immer verdreht wird, wenn es Berührung gibt, daß das gleich immer in *die* Richtung geht. Ich möchte *diese* Nähe mit Männern.« (Sabine Eck, F 20)

* »Ich würde mir eine Gemeinschaft wünschen, in der alle Formen des Seins akzeptiert werden, in der Männer auch *selbstverständlich* akzeptieren können, daß es Frauen gibt, die sich sexuell *nicht* auf sie beziehen ... wenn ich das Abendmahl als ein gemeinschaftsstiftendes Erlebnis wirklich *ernst* nehme und auch die Vergegenwärtigung von Spiritualität ernst nehme, und zwar einer transsexuellen, also einer übergeschlechtlichen Spritualität, dann kann doch eine solche Gemein-schaft erst dadurch entstehen.« (Nora Almquist, F 7)

* »Beim Abendmahl haben wir Menschen die Chance, von unserem Geschlecht unabhängig betrachtet zu werden ... wir sind einfach Mensch, und wir dürfen das in dem Moment auch sein ... In dem Mo-ment, wo man in der Sauna ist, ist man auch nur *Mensch*. Und genau das fällt mir eigentlich zum Abendmahl ... man darf so sein, wie man ist.« (Adelheid Sommer, F 15)

Die Gleichwertigkeit kann auch explizit theologisch begründet werden, von einer jüngeren Frau:

---

309 Vgl. F 1.2.4.5.6.7.10.11.13.14.15.16.17.18.20.21.22.23.25.26.27. = 22 F; explizit den Wunsch, Brot und Kelch untereinander weiterzureichen, äußern 18 von ihnen.
310 In diesem Sinn vgl. F 1.4.5.7.10.11.12.15.18.19.20.21.22.23.24.26.27.28.
311 Sonja Lohausen, F 1

* »Da hätte ich schon auch die Hoffnung! Weil das letztendlich ja uns
allen gilt und zugesprochen ist und dadurch auch im Grunde nochmal
diese *Gleichheit* unterstrichen ist, also daß Frauen und Männer eben
gleich viel wert sind und auch gleich viel gelten vor Gott!« (Yvonne
Berber, F 10)

wie einer der älteren mit der spezifischen Erfahrung der anderen Generation:

* »Dann müßte für mich im Abendmahl noch stärker die Liebe Gottes
zum *Ausdruck* kommen und diese Verbundenheit, daß ich als Frau, aber
auch genausogut mein Mann, daß wir *beide* im Abendmahl uns noch
einmal klar wird, daß wir *beide* davon abhängig sind von *dieser* Liebe
und Zuwendung und damit für mich auch diese Rolle aufgehoben wird,
die für mich der Mann ja immer gehabt hat, daß er der Führende ist,
derjenige, der das Sagen hat, das wäre damit für mich aufgehoben!«
(Elisabeth Ammerstein, F 24)

Aber Skepsis schwingt in den Aussagen ebenfalls mit[312] und das
Bewußtsein dafür, daß es um einen langwierigen Prozeß geht und
weitreichende Veränderungen gefragt sind:

* »Ich glaube schon, daß das Abendmahl ein *Teil* zu einer Erneuerung
der Gemeinschaft von Christen und Christinnen sein kann. Aber nur ein
Teil. Ich denke, dann müßte schon alles, was Gottesdienst heißt,
ziemlich umstrukturiert werden. Es würde nicht reichen, nur das Abendmahl umzuändern. Aber z. B. Brot und Wein einander weiterzureichen,
das finde ich sehr angenehm. Und dann ist da Kontakt zwischen Frauen
und Männern, wenn denn Männer da sind.« (Theodora Adam, F 4)

* »Also, ich glaube nicht, daß das Abendmahl *allein* etwas Entscheidendes in der Beziehung von Frauen und Männern ausrichten kann, aber
es kann in einem Prozeß ein ganz besonderer Ort sein. Die Erneuerung
könnte dadurch eingeleitet werden, daß sich beide erstmal unabhängig
voneinander und ihrer Beziehung zueinander auf Gott beziehen und von
Gott her beziehen. Vielleicht befreit es beide auch aus einem kulturell
bedingten Rollenverständnis. Ich weiß aber nicht, ob das vielleicht eine
Illusion ist.« (Katharina Flor, F 23)

Eine Skepsis, die ebenfalls mit Erfahrungen zusammenhängt, Erfahrungen
nicht zuletzt mit Männern:

E »Männer tun sich ja so schwer, jedenfalls die, die ich kenne, die
meisten von ihnen, irgend so etwas wie Hingabe auch nur zuzulassen,
geschweige denn zu zeigen. Und ich finde es *sehr*, sehr schön, wenn sie

---

312 Vgl. dazu auch F 7.19.22

317

richtig gut und ehrlich mitmachen können und wollen. Ich finde sie unverzichtbar (lacht)! (Pause) Ich glaube, daß es noch mehr Männer gibt als Frauen, die daran knacken, daß Kirche überhaupt auch etwas mit Leiblichem zu tun hat. Aber ich bin wirklich der Hoffnung, ich glaube auch, daß es immer mehr werden, die das auch für unverzichtbar halten, daß da Bewegung dazu gehört und Berührung manchmal auch.« (Grete Eichbaum, F 26)

Sehr unverblümt äußert sich dazu auch eine andere:

E »Sich auf Kirche einzulassen oder auf Besinnung einzulassen oder Stille, das tun Männer schon ganz *erheblich* seltener, und darum, wollte ich grad sagen, brechen sie dann auch zusammen. Ich hab' das in der Meditation erlebt, da waren mal sehr viele Männer, die aber auch wirklich, mehrere von ihnen, zusammengebrochen sind, weil die Stille in ihnen plötzlich lebendig wurde und sie das fast nicht aushielten. Und Frauen, denke ich schon, suchen in der Kirche eher Trost wegen mancher Isolation oder so, die sicher auch durch die Männer entsteht – oder durch den Kontakt zwischen Männern und Frauen, wo jeder dann häufig nur 'ne *Rolle* spielt.« (Rose Gärtner, F 21)

Daß sich bereits etwas verändert hat, stellt eine der älteren Frauen mit Genugtuung im Blick auf die Einbeziehung von Laiinnen bei der Abendmahlsausteilung fest: »daß Frauen, das ist ja jetzt endlich da, gleichberechtigt den Männern das Abendmahl reichen können!«[313]. Aber auch hierzu gibt es völlig anderslautende Beobachtungen, Erfahrungen mit der Amtskirche, den Amtsträgern:

E »Also zunächst ist es für mich *nicht* unbedingt ein Beitrag zur Verstärkung von neuer Gemeinschaft von Frauen und Männern in der Kirche, weil es doch nach wie vor noch sehr viel mehr *Theologen* gibt, die das Abendmahl austeilen! Und weil es ja auch mit der Ordination verbunden ist und dem Amt und von daher auch sehr oft, ja, in einer festgelegten Weise gestaltet wird. (Pause) – Ich erlebe die Gestaltung durch Männer oft als eine einsame. Es ist dann oft in *einer* Hand, ein starkes Gegenüber von der Gemeinde zu *einem* da vorne, was dem Festcharakter widerspricht. Und ich finde, ich erlebe, ich muß aufpassen, daß es nicht pauschal ist, doch öfter Männer, von denen ich den Eindruck habe, sie haben die Liturgie einfach so in sich gespeichert – auswendig, und es rasselt dann so runter, so *fraglos* runter. Und da erlebe ich bewußtere und bedachtere Gestaltung eher durch Frauen, auch mehr durch Laienfrauen oder Frauen, die das nicht *ständig*

---

313 Lydia Hall, F 27

machen, die es aber mit viel Liebe gestalten und sich etwas dabei denken, und das ist mir sehr wichtig.« (Renate Schweizer, F 19)

Die Kritik macht sich fest an der Abendmahls*routine* der Amtsinhaber, es sind für Frauen tatsächlich vor allem die Männer[314], und ihrem *hierarchischen*, so gar nicht geschwisterlichen Amtsverständnis, was auch für andere Frauen der Bedeutung des Abendmahls völlig entgegensteht:

E »Bei problematischen Erfahrungen fällt mir insbesondere ein Mann ein, der es immer so gibt, daß es so von oben herunterkommt. Das kann ich nicht ertragen, daß er es mir so vor Augen stellt, daß ich davor ganz klein werde, also die Oblate mir so vor Augen hält, da muß ich in den Boden versinken!« (Ulrike Jeremias, F 6)

* »Wenn ich das Gefühl habe, daß da jemand sein Amt verwaltet, sich aber nicht zu den Menschen stellt, dann fällt es mir ganz schwer!« (Dies.)

* »Was ich nicht mag, sind eitle Pastoren, die sich unheimlich spreizen, das stört mich auch im Abendmahl extrem. Also ich finde, daß diese komische Hamburger Halskrause Männer geradezu dazu verführt, sich gockelhaft zu spreizen. Beim Abendmahl fällt es mir besonders unangenehm auf, weil mir beim Abendmahl eben gerade die Gleichrangigkeit, daß auch der Pastor mit mir auf einer Ebene ist, ausgesprochen wichtig ist, die Brüderlichkeit und die Schwesterlichkeit der Menschen!« (Ursula Ilmenau, F 16)

* »Jede *frontale* Form lehne ich ab! Wenn der, der das Abendmahl oder die, die das Abendmahl spendet, mir gegenübersteht als ein einzelner oder eine einzelne, dann empfinde ich es innerhalb eines Gottesdienstes, der eine Gemeinschaftsveranstaltung ist, als widersinnig!« (F 22)

* »Ich kann's nicht mehr akzeptieren und tu mich sehr schwer damit, wenn's mir von *einem* gereicht wird, und alle knien nieder und bekommen es nur von dem einen!« (Sylvia Imshausen, F 14)

Die Gemeinschaft beim Abendmahl schließt ihrem Verständnis nach jede Form von Hierarchie aus.[315] Und das beinhaltet für *neun* der interviewten Frauen ganz ausdrücklich auch, daß LaIinnen nicht nur bei der Austeilung beteiligt werden sollten, sondern »befugt« sein sollten, »das

---

314 Vgl. u. a.: Ines Martin (F 19): »Und wenn es (Sendung: ›Geh hin in Frieden‹) so in dieser abgehackten Form passiert, dann will ich, dann hat es mit dem innerlichen Bild, das ich vom Abendmahl habe, nichts zu tun und nichts mit dem, wo ich gerade bin. Und das erlebe ich meistens bei Männern so«. Oder Ragnhild Radloff (F 12): »Ich kann das nicht gut haben, wenn es jemand austeilt, der, ja, um es ganz böse zu sagen, der sich wie ein Kaspar aufführt, es einfach so nebenbei macht.«

315 Vgl. auch F 13.28.

Abendmahl auszuteilen und auch, ja, die Einsetzungsworte, also, daß sie nicht nur der Pastor, die Pastorin sprechen dürfen ... Als ob sie von Gott aus gesehen weisungsbefugter wären als andere ... Ich bin schon der Meinung, daß vor Gott alle gleich sind und in dem Sinne auch die gleiche Vollmacht haben«.[316] Betont anders äußert sich nur eine einzige Frau: »Ich brauche jemanden des Vertrauens, einen Pastor (später sagt sie, daß es auch eine Pastorin sein kann) des Vertrauens, um es wirklich als Abendmahl zu sehen«[317].

Tischgemeinschaft haben

Daß die Gemeinschaft beim Abendmahl Tischgemeinschaft ist, daß Brot geteilt und aus einem Kelch getrunken wird, erscheint den meisten (17) ebenfalls als wichtiges Proprium des Abendmahls[318], weil es wie jedes gemeinsame Essen Menschen in besonderer Weise verbindet:

* »Was fehlen würde (ohne Abendmahl) wäre das gemeinsame Essen, was ich für eine sehr wichtige verbindende Sache halte zwischen Menschen.« (Ulrike Jeremias, F 6)
* »In meinem Leben hat Abendmahl eine besondere Bedeutung auch insofern, wenn ich in eine Wohnung neu eingezogen bin, dann *muß* es ein Essen geben, bei dem Wein und Brot dabei sind! Und dann wissen nicht *alle* Gäste, daß es für mich eine Form von Abendmahl ist. Aber es gibt welche, die das wissen, und ich weiß es. Und wenn ich jemanden kenne und mag, dann muß ich wenigstens einmal mit ihm gegessen haben. Ich denke, daß das etwas ausdrückt von dem, was mir Abendmahl auch bedeutet!« (Lore Adler, F 22)

Aber auch, weil es leibhaftig in gemeinsamem Glauben verbunden sein läßt:

* »Und es ist irgendwie eine Möglichkeit, sich das zuzuführen, was diejenigen, die das feiern, an Glauben gemeinsam verbindet. Dieses *Aufnehmen*, denke ich, ist auch etwas Wichtiges dabei.« (Tine Uhlenhorst, F 5)

Ganz und gar ungewöhnlich ist die Begründung einer anderen Frau:

* »Es ist ja ein Moment, der etwas mit Weiblichkeit in dem Sinne zu tun hat, daß Speise und Nahrungszubereitung traditioneller Aufgabenbereich der Frauen ist. Dadurch, daß er hier so gesondert wird und zu etwas Heiligem erhoben wird, wird ja auch auf diesen Tätigkeitsbereich ein neues Licht geworfen.« (Nora Almquist, F 7)

---

316 Yvonne Berber, F 10; Vgl. F 4.11.12.18.20.23.27.28.
317 Elke Stern, F 9
318 Vgl. F 4.5.6.7.9.10.11.12.13.15.16.17.19.20.21.22.27.

Aber daß der weibliche Tätigkeitsbereich in Theologie und Kirche
›unterbelichtet‹ geblieben ist, mag vielleicht mit eine der möglichen
Erklärungen dafür sein, daß schon die Jüngste der Befragten mit der
konkreten kirchlichen Abendmahlspraxis die so gar nicht ungewöhnliche
Erfahrung gemacht hat:

E »Wenn das Abendmahl anfing, bin ich *nie* auf die Idee gekommen, daß
es ein Essen sein könnte! Es war *nie* eine Einladung zum Essen,
sondern einfach ein Ritual zu vollführen, das man halt einfach macht.«
(Sonja Lohausen, F 1)

Wie so oft ist es auch hier die Form der Abendmahlsgestaltung und der
Eindruck von Abendmahlsroutine, was enttäuscht reagieren läßt.[319] Sehr
grundsätzlich und eindrücklich benennt dies eine andere der jungen
Frauen:

E »Ich habe sehr hohe Erwartungen an das Abendmahl, habe es aber
häufig so erlebt, daß das Abendmahl nur ›pro forma‹ ausgeteilt wurde.
Ich war dann oft sehr enttäuscht, hatte das Gefühl, weder kann ich die
Gemeinschaft mit den Menschen, die mit mir zusammen das Abendmahl bekommen, spüren, wie ich es mir eigentlich wünsche, noch
wird etwas von dem Gefühl in mir lebendig, was Abendmahl eigentlich für mich bedeutet, nämlich lebensspendend zu sein!« (Theodora
Adam, F 4)

2. LEIBHAFTIG ABENDMAHL FEIERN

Es ist nicht nur das *gemeinsame* Essen. Für die Mehrzahl der Frauen (20)
trifft zu: »Daß es toll ist, was zu *schmecken* und zu schlucken. Und das,
finde ich, ist das Schöne am Abendmahl!«[320], oder alle Sinne umfassend
mit den Worten einer anderen Frau: »Alles, was mit der Leibhaftigkeit zu
tun hat, also was das nochmal besonders unterstreicht, was schon in dem
Essen und Trinken drin ist, daß auch etwas gesehen wird und etwas gehört
wird und etwas gefühlt wird ..., das ist auch sehr im Zentrum für
mich.«[321] Es ist der elementare Akt der Nahrungsaufnahme an sich, den
Frauen als besonders erleben:

* »Das sind für mich die Gesten des Essens und Trinkens, Essen und
Trinken in einer gesonderten Form, einer Form, die einmal das
Wunderbare des Aufnehmens von Speise und damit auch die Spiri-
tualität des Essens hervorhebt.« (Nora Almquist, F 7)

---

319 Vgl. besonders. F 2.3.4.7.11.12.13.19.
320 Ragnhild Radloff, F 12; Vgl. F 2.4.5.7.9.10.11.12.14.17.18.19.20.21.22.23.25.26.27.28;
    – *Elf* Frauen ziehen deshalb Brot der Oblate vor, vgl. F 4.6.10.11.12.13.17.19.21.25.27.
321 Sabine Eck, F 20;

* »Saft ist für mich der Anfang der Trauben, so wie aus jeder Frucht auch Saft zu machen geht, deshalb betont Saft. Brot ist für mich das einfachste Nahrungsmittel, was es überhaupt gibt, – aus dem Getreide: Da ist der ganze Lebensrhythmus zu spüren, das Samenkorn, das gesät wird, das aufgeht, das wächst. Und vor allen Dingen dann, wenn es selbstgebackenes Brot ist: das Umgehen mit dem Teig ... Das spür’ ich alles in dem Brot.« (Annette Rieth, F 11)
* »Das Brot*brechen*, jetzt nicht mit Messer und Gabel essen, sondern etwas anfassen, ist für mich etwas sehr Schönes ... Ich glaub, das ist für mich so eine Ursprungshandlung, genau wie auch Trinken.« (Rose Gärtner, F 21)

Für einige geht es damit aber auch ausgesprochenermaßen um mehr: »sich vielleicht dadurch den christlichen Glauben auch körperlich aneignen«[322], beschreibt es eine Frau. Für eine andere ist die sinnliche Erfahrung christologisch bedeutsam: »weil die leibhaftige Existenz von Jesus eben auch eine sinnliche Existenz war«[323]. Für andere bedeutet es, im Abendmahl ganzheitlich gemeint und beteiligt zu sein:

* »Daß ich es auch wirklich *körperlich* schmecken und *spüren* kann. Es ist ja nicht nur ein Schmecken: ich *spüre* das Brot im Mund und ich spüre auch den Wein beim Runterschlucken die Kehle herunterlaufen. Das ist das, eine körperliche Nähe!« (Elisabeth Ammerstein, F 24)
* »Dazugehören mit Haut und Haaren. Mit Fleisch und Blut sozusagen! ... Und in dieser Handlung des Abendmahls erfahre ich das tatsächlich, da erfahr ich das auch leiblich, mit Körper, Seele und Geist, mit dem Anfassen und Essen und Runterschlucken und sich Einverleiben. Ich bin da mit allem beteiligt! ... Und das finde ich ganz ungeheuer wichtig, weil ich mich eigentlich nur dann ganz fühle, sonst fehlt immer was!« (Grete Eichbaum, F 26)

3. Abendmahl als Lebensmittel und Zukunftsverheißung

Eine Frau faßt die Bedeutung, die das Abendmahl für sie hat, zusammen in dem Satz: »Leben und Seligkeit miteinander feiern«[324]. Das trifft durchaus den Ton so mancher anderen Interviewaussage der Frauen. Während sie aber das »Hier und Jetzt« betont, ist anderen auch der Verheißungshorizont des Abendmahls wichtig, die Zukunftsperspektive: »Das hat etwas mit Verheißung und Versprechen und Ausblick zu tun, mit

---

322 Tine Uhlenhorst, F 5
323 Katharina Flor, F 23; Im Einzelnen dazu s. u. 3.1.
324 Ines Martin, F 19

Trost, über das hinaus, was an Enge und Grenzen jetzt ist«[325], eine Perspektive, die für manche – wie oben bereits erwähnt – auch über den Tod hinausreicht. Das Nächstliegende aber ist für viele die Lebensperspektive.

Abendmahl: Empfangen, was leben läßt und leben hilft

Abendmahl kann sehr grundlegend mit *Dank* für das Leben, für das Lebensnotwendige wie das, was das Leben schön macht, verbunden werden:

* »Also, das Abendmahl ist für mich nicht nur der Kreis der Gemeinschaft, sondern es ist auch der Dank für das Brot des Lebens und für den Wein der Freude – oder auch Wasser des Lebens, das ist egal.« (Sophie Mangold, F 25)

Es kann aber auch sehr existentiell im Sinne von *Bejahung* verstanden werden:

* »Die Zusage, dein Leben ist etwas wert, manifestiert sich für mich im Abendmahl.« (Theodora Adam, F 4)

In die Quere kommen Frauen aber auch hier *Erfahrungen* mit kirchlicher Abendmahlspraxis, die als *enttäuschend* und *lebensverneinend* erlebt werden:

E »Ich hab die Hoffnung gehabt, ich würde was ganz leibhaftig erfahren. Ja, und was ich dann erfahren habe, waren eigentlich vor allen Dingen Bilder von Düsternis und Anspannung und Traurigkeit und Unlebendigkeit. Das sind generell meine Abendmahlserfahrungen.« (Sabine Eck, F 20)

E »Immer zu warten, und es passiert aber nicht richtig was.« (Yvonne Berber, F 10)[326]

Ausführlich erzählt eine der Frauen von den Schwierigkeiten, in ihrer Gemeinde ein alkoholfreies Abendmahl[327] zu feiern:

E »Das ist für mich immer mit einer Spannung verbunden: Wie war's jetzt? Ist es jetzt Wein, ist es jetzt Traubensaft?! Ich versuche dann, es zu riechen und rieche es auch, aber mir ist die Lust, die Freude daran doch recht beeinträchtigt. Der eine Pfarrer legt mir dann die Hand zum Segen auf den Kopf. Neulich verstummte jemand einfach und sagte

---

325 Renate Schweizer, F 19

326 Auf ihre besonderen *Erwartungen* an das Abendmahl und ihre erlebten *Enttäuschungen* mit dem Abendmahl kommen einige Frauen zu sprechen: vgl. auch F 3.7.14.15.19.; Häufig sind es Ersterfahrungen, *alle* aber beziehen sich auf die *herkömmliche* Abendmahlspraxis der Ortsgemeinde.

327 Zu alkoholfreiem Abendmahl vgl. auch F 4.11.

dann auch nicht: ›Christi Blut für dich gegeben‹, als ich den Kopf schüttelte, sondern ist dann einfach weitergegangen. – Ich erlebe etwas von Sperre, von Barrikade, von Ausgeschlossensein.« (Renate Schweizer, F 18)

Positiv erlebt wird von einzelnen (5) die *Ruhe*, in der Abendmahl gefeiert wird und die vom Abendmahl ausgeht.[328] Andere (10) beschreiben es als *Stärkung*, daß das Abendmahl »Nahrung gibt für den weiteren Weg«[329], für den konkreten Alltag[330]:

* »Etwas Lebenschaffendes und etwas mich Stärkendes und *nicht* etwas, wo ich mich als sündige Frau erlebe, sondern als eine, die an dieser Lebendigkeit teilhaben kann!« (Ines Martin, F 19)

Für eine Frau ist dieses Moment in besonderer Weise mit der Kreisform verbunden:

* »Etwas wird rund, etwas schließt sich und öffnet sich zugleich. Und es ist eine Ausrichtung für mich, Ausrichtung und Stärkung. Für mich hat er (Jesus) die Bedeutung, daß er diese Form gefunden hat, angefangen hat und daß sie weitergeht durch ihn. Er hat es angefangen, und die Menschen haben es aufnehmen können durch die Art, wie er es gemacht hat. So ist es bis heute, bis auf mich gekommen.« (Ulrike Jeremias, F 6)

Die Bedeutung, die hier der Rückbezug auf Jesus, auf sein *Leben* und Verhalten hat, findet sich vergleichbar in den Interviewaussagen anderer Frauen. 19 (!) Frauen verweisen darauf, daß das *Leben Jesu* für sie im Zusammenhang des Abendmahls wichtig ist,[331] angefangen bei dem »letzten Mahl« (einige der Frauen sprechen stattdessen vom »ersten Abendmahl«)[332], entweder im Sinne von Erinnerung »an diese konkrete Situation, weil ich überhaupt so gerne konkret an Jesu Leben anknüpfe«[333] oder auch inhaltlich bestimmt:

---

328 F 2.3.9.15.21; Vgl. z. B. Adelheid Sommer (F 15), die seit Jahren an keinem Abendmahl mehr teilgenommen hat: »Daß ich einfach 'mal für einen kurzen Moment des Abendmahls abheben kann, einfach in mir selber zu Hause zu sein, einfach Wärme, Ruhe, ja bis hin zur Stille zu erleben, um dann wieder mit neuer Hoffnung, neuer Kraft in mein weiteres Leben, in den Alltag zurückzugehen.«

329 Sophie Mangold, F 25

330 F 4.6.10.15.18.19.21.25.26.28

331 F 5.6.7.10.11.13.14.15.16.17.18.20.22.23.24.25.26.27.28.

332 F 2.4.6.9.13.19.22.23.25; – Die Bezeichnung »letztes Mahl« steht 5x; 2x ist vom »ersten Mahl« die Rede (F 4.22), 1x von »Urabendmahl« (F 26) und 1x indirekt mit dem Hinweis darauf, was Jesus gemeint hat, als er »das Abendmahl eingesetzt hat für uns« (F 19).

333 Katharina Flor, F 23

* »Und dieses letzte Abendmahl, es ist für mich eine, als wenn ich da so'
ne, fast solche Zwiesprache mit ihm halten würde und so ein Gefühl
habe, ja, doch, wir sitzen gemeinsam irgendwo am Tisch, mit vielen
anderen zusammen. Doch, das ist es eigentlich! Das ist fast wie ein
(lacht) Garantievertrag, das ist eine selbstverständliche Zusicherung.«
(Nina Ergrath, F 13)

Bis hin zu Verkündigung und Verhalten, der Person Jesu insgesamt:

* »Ich sehe es insofern im Gesamtzusammenhang seines Lebens, weil ich
mich gefragt habe, was bedeutet mir diese Konsequenz, daß er z. B.
nicht vor'm Kreuz weggelaufen ist. Und daß ich ja gerade von Jesus
weiß, ein bißchen weiß, wie Gott ist (lacht): Barmherzig und unendlich
gütig. Das hab ich also von ihm.« (Karin Homrich, F 17)
* »Das Abendmahl ist die konkrete Verknüpfung des Lebens Jesu mit der
heutigen Situation, also die Gleichzeitigkeit von Christus in Jesus, der
gelebt hat, mit mir heute.« (K. Flor, F 23)
* ». . . daß ich dann so versuche, mir vorzustellen, daß es bei Gott auch
vielleicht so eine Art Gleichzeitigkeit gibt, nicht so dieses zeitliche
Nacheinander, sondern wirklich dieses Gleichzeitige. Und daß ich mich
auch sozusagen, also, so mit ihm (Jesus) zeitlich auch ganz nah
verbunden fühlen kann, also jetzt zweitausend Jahre überbrückend!«
(Yvonne Berber, F 12)
* »Annehmen kann ich es wohl – als Dank, daß Jesus auf der Welt war!
. . . In keiner anderen Möglichkeit finde ich dies gebündelt, was mir
dieser Christus mitgegeben hat an Worten, Gedanken, an Leitlinien«.
(Lydia Hall, F 27)
* »Denn Jesus ist für mich eine Figur – oder ein Mensch, der mir sehr
nahesteht, oder, naja, wie soll ich das sagen, den ich – liebe (kleines
Lachen).« (Sophie Mangold, F 25)

Anders sieht dies die Jüngste: »Ich weiß auch nicht direkt, warum ich
nicht hingehe, irgendwie ist mir das *unangenehm* . . . Weil ich finde, daß
das für mich zu viel Aufhebens um Jesus Christus ist. Weil er *nicht* Gott
ist, sondern halt der Sohn, der eine Botschaft bringen sollte und nicht
quasi auch zum Gott ernannt werden sollte! Und darum finde ich das nicht
so gut. Ich glaube, daß Jesus Christus zu *seiner* Zeit viel geleistet hat, aber
nicht für *jetzt* gelten kann. Weil er einfach nicht jetzt lebt, sondern vor
zweitausend Jahren gelebt hat«[334].

Für zwei andere Frauen ist die Bedeutung Jesu relativ: »In dem Sinne, daß
Jesus für mich *ein* Weg ist, *eine* Wahrheit ist, wie ich mit Gott leben kann

---

334 Sonja Lohausen, F 1

und mit anderen Menschen leben kann ... es hat nicht so einen Aus-schließlichkeitscharakter«[335], so daß es in diesem Sinne für die andere im Blick auf das Abendmahl wünschenswert wäre: »ich fände es schön, wenn der Name Jesus auch vorkommt, aber eben nicht mehr so aus-schließlich, als wenn er nun der einzige und überhaupt die Person ist, die uns das (die göttliche Kraft, um die es ihr im Ritual des Abendmahls geht) gebracht hat. Wenn er vielleicht in einer Reihe stehen könnte mit anderen großen Männern und Frauen, mit Heiligen, die alle einen Aspekt Gottes verkörpert haben«[336].

Den anderen Frauen wird die Einzigartigkeit Jesu nicht zur Frage. Das Leben Jesu hat für sie Erschließendes, ist ihnen wegweisend für die Bedeutung des Abendmahls. Von Bedeutung sind für den *Lebens*horizont des Abendmahls aber auch *Passion* und *Tod* Jesu[337], für die meisten Frauen aber, wie oben gesehen[338], nicht in traditioneller Weise mit dem Stellvertretungsgedanken oder der Opfer- und Sühnevorstellung verbunden:

* »Am meisten rührt es mich an, daß dieser Christus so an seinen Vater geglaubt hat, also an den guten Ausgang, und dieses ganze Elend auf sich genommen hat. Und davon wünschte ich mir häufig auch mehr zu haben!« (Theodora Adam, F 4)

* »Ich denke weniger an den Tod, ich denke eher an sein Leid, daß das *Leid dazugehört*. Abendmahl bedeutet für mich auch, daß Leid nicht ausgeklammert ist, auch aus der Gemeinschaft nicht ausgeklammert ist, daß es mitgetragen wird, daß es kein Tabu ist!« (Ulrike Jeremias, F 6)

* »Selbst wenn mir *jetzt* irgendwie was Grauseliges oder Schlimmes passieren würde, wäre es *vielleicht* eine Hilfe. Ich hoffe, daß ich ihn dann auch als Hilfe so habe, der für mich *da* ist, der sagt: Ich bin am Kreuz gestorben, und ich *habe* Schweres und Schlimmes gelitten. Und der mir auch in schlimmen Zeiten beisteht, weil er eben weiß, wie das ist, wie man leidet und was los ist, was sein kann.« (Nina Ergrath, F 13)

* »Dieser Jesus Christus ist für mich nicht nur der Leidende, sondern der in diesem Leiden immer auch anderen nahe war, etwas bewirkt hat ... Es ist für mich die historische Wahrheit dieses Jesus von Nazareth. Und in ihr verkörpert sich für mich, daß Gottes Wollen für diese Welt oder sein Heil, nicht und schon gar nicht immer auf der Seite der Gewinner ist, daß Leiden, auch das Leiden für andere, und Sterben dazu gehören.« (Lore Adler, F 22)

---

335 Annette Rieth, F 11
336 Ragnhild Radloff, F 12
337 F 2.3.4.6.9.10.13.16.19.21.22.23.24.28
338 Vgl. B.II.2. Zum Themenkomplex »Opfer und Sühne«

* »Nicht, daß er es für mich gemacht hat, wie ich jetzt merke, sondern daß ich mich mit seiner Existenz, ich will nicht sagen identifiziere, aber daß ich auch zur Hingabe bereit bin, ja, der dann Auferstehung folgt!« (Katharina Flor, F 23)

Im Vordergrund steht auch hier die Orientierung an Jesus, daß sich Frauen mit und in Jesus des *Lebens* vergewissern und für sie das Abendmahl nicht zuletzt von dem Leben her, das den Tod überwindet, von Jesu Auferstehung her seine Bedeutung gewinnt.

Abendmahl: Empfangen, was befreit und für die Zukunft hoffen läßt

* »Es hat für mich sehr viel damit zu tun, daß es da irgendwas gibt, was mir sozusagen die Möglichkeit eröffnet, *befreit* wirklich immer wieder neu anfangen zu können.« (Yvonne Berber, F 10)
* »Und das Heil ist für mich immer das, daß ich neu anfangen kann, immer wieder neu anfangen kann, das ist eigentlich das Allerwichtigste!« (Sophie Mangold, F 25)
* »Also ich denke, wenn ich am Abendmahl teilnehme, dann ist das für mich wie: Du wirst gesehen, und du *darfst* neu anfangen und du *kannst* neu anfangen.« (Grete Eichbaum, F 26)

Befreiung, neu anfangen können, in heilsamer Weise ganzheitlich gemeint sein, für eine junge Psychologin ist das Abendmahl auch psychotherapeutisch von Bedeutung:

E »Gerade das Leben, mit dem die Menschen nicht hausieren gehen, was oft versteckt ist, aber Menschen zutiefst ausmacht, gerade das ganze Leid, Schichten, an die die Menschen selbst nicht mehr herangehen, einfach dadurch, daß das Erleben so direkt ist, so erlebe ich es jedenfalls, und ich denke, es geht vielen auch so, die dann einfach gerührt sind. Ich glaub', das ist dann beim Abendmahl ähnlich wie in Körpertherapien, wo sich etwas ergibt, was Menschen abgespalten oder verdrängt hatten, was ihnen nicht mehr zugänglich war. Und dann kommt es in den Erlebenshorizont und kann weiter verarbeitet werden.« (Theodora Adam, F 4)

Den Vergleich zu allgemeinen Psychotherapien zieht auch eine Frau, die früher sehr regelmäßig, seit längerem aber nicht mehr am Abendmahl teilnimmt: »Ich denke allerdings, daß ich andere Erlebnisse habe, wo nicht das gleiche passiert, aber wo ich mich hinterher ähnlich befreit fühle. Es ist nur jetzt ein ganz anderer Rahmen – durch die Therapie oder die Gruppenerfahrungen, die ich so mitmache«. Auf meine Frage: »Würden Sie sagen, es fehlt Ihnen zur Zeit nichts ohne Abendmahl«, erwidert sie: »Bevor ich hierhin kam, hätte ich gesagt, mir fehlt nichts. Jetzt, durch das Gespräch, denke ich, es wäre gut, doch wieder ein entsprechendes Mahl zu haben. – Halt suchen und noch nicht gefunden haben. – Ich bin fragend.«[339] Mir scheint ihre Reaktion auf das Interview ein Beispiel dafür zu sein, wie sinnvoll es ist, Menschen aufzusuchen und nach Glauben und Leben zu fragen, daß dies innerhalb von Kirche zu selten geschieht und viele vermutlich auch deshalb ihr Heil woanders suchen.

Für fast die Hälfte der Frauen (13) ist der *Zukunftshorizont* des Abendmahls wichtig.[340] So kann selbst eine Frau, die seit langem aus der Kirche ausgetreten ist und nicht mehr am Abendmahl teilnimmt, sagen: »Daß ich Kraft habe, auf das Zukünftige zugehen zu können, das ist für mich entscheidend!«[341] Für einige reicht dieser Horizont auch über den Augenschein hinaus:

* »Daß es für mich auch ein Versprechen von Leben ist und daß die Qual auch ein Ende haben wird!« (Theodora Adam, F 4«)
* »›Es ist noch nicht erschienen, was wir sein werden‹ – und das Sein eben auch verändert. Was wir erleben werden und was überhaupt geschehen wird, auf Zukunft hin, daß das hier kaum zu merken ist. Daß das an bestimmten Punkten unseres Lebens immer nur mal so kurz aufblitzt. Und da gehört für mich Abendmahl hin!« (Sabine Eck, F 20)
* »Das stärke mich und bewahre mich im festen Glauben zum ewigen Leben. Da steckt für mich sehr viel drin, weil es auch eine Ausstreckung hat zum ewigen Leben. Das ist für mich dann diese Brücke: Ich habe das jetzt noch nicht, spüre vielleicht ein kleines bißchen davon, und das stärkt mich und bewahrt mich!« (Lydia Hall, F 27)

Nicht zu trennen ist dieser Zukunftshorizont von dem Verweis vieler Frauen (16)[342] auf die *Auferstehung Jesu*, seine *Gegenwärtigkeit*, auch über den Tod hinaus. Zwei von ihnen knüpfen ausdrücklich an die Abendmahlsworte an: »das Versprechen, das für mich Jesus nicht nur den Jüngern gegeben hat, sondern auch mir: Wir werden uns wiedersehen oder erleben, später im Reich Gottes«[343], andere verweisen auf die liturgische Formel: »deine Auferstehung preisen wir, bis du kommst in Herrlichkeit«.[344] Aber

---

339 Sylvia Imshausen, F 14
340 F 4.7.9.10.11.13.15.17.18.19.20.27.28.
341 Adelheid Sommer, F 15; Sie äußert im Verlauf des Interviews auch, daß sie es bedauert, daß es kirchlicherseits keine *alltäglichen* Möglichkeiten gibt, am Abendmahl teilzunehmen.
342 Vgl. F 2.3.4.7.9.10.11.13.14.15.17.22.23.26.27.28
343 Theodora Adam, F 4 vgl. F 28
344 Vgl. F 17.24. Elisabeth Ammerstein artikuliert später aber auch ihre Schwierigkeiten mit der Auferstehungsvorstellung: »Und mir kommt in dem Zusammenhang auch immer wieder, was mir schwer fällt, daß ich damit auch an die Auferstehung Christi glauben sollte und an das ewige Leben. Und das ist etwas, was ich nicht ganz nachvollziehen

es ist vor allem auch die Bedeutsamkeit der Auferstehung Jesu für das *Leben heute*, die betont wird:

* »Ich habe ... Christus so verstanden, daß es ein Mensch ist, der nach menschlicher Folter wieder *aufersteht* ... Von Bedeutung ist diese Geschichte natürlich in dem Sinne, daß es die Überwindung der Folter ist, Überwindung des Verrats durch Menschen, des Verlassenseins, des Abgetrenntseins aus der menschlichen Gemeinschaft. Das überwinden zu können und das gleichzeitig als einen Weg für alle anderen Menschen beschreiben zu können, ist ja Erlösung an sich.« (Nora Almquist, F 7)
* »Für mich ist Christus ... der Auferstandene, als Symbol dafür, daß das Leben weitergeht, daß das Leben, ja, existent ist! Und daß es die Möglichkeit gibt, auch Tiefpunkte im persönlichen Leben zu überwinden. Etwas von Hoffnung, daß ich leben kann, trotz meiner Vergangenheit ..., daß ich immer wieder die Chance habe, etwas Neues zu machen und etwas Neues zu sehen.« (Annette Rieth, F 11)
* »Für mich ist da wieder die *Auferstehung*, dieses Leben nach dem Tod. Daß es *nicht* zu Ende ist, das ist für mich *unheimlich* wichtig, einiges auszuhalten«. (Elke Stern, F 9)
* »Ich kann mir vorstellen, daß Jesu ... schon so weit schauen konnte, daß er das Abendmahl in Vorbereitung dessen gemacht hat, um den Menschen zu sagen, daß es nicht hoffnungslos ist. Das bleibt erhalten, und durch diesen symbolischen Akt bleibe ich immer irgendwo bei euch, ich bin einfach da. Dazu fällt mir ein, daß hier in unserer Straße ein Laternenmast steht, oder sogar mehrere, und da steht dran: ›Jesus lebt‹.« (Adelheid Sommer, F 15)

Im Zukunftshorizont des Abendmahls spielen für Frauen auch Segensspruch und Sendung nach dem Abendmahl eine besondere Rolle: »das gehört für mich als Schluß, als Mitgabe, unbedingt dazu«, »ich kann mir das oft besser merken als eine ganze Predigt«.[345]

---

kann. Das müßte uns, mir, ich kann ja nur für mich sprechen, von der Kirche in einer anderen Auslegung näher gebracht werden. Und das ewige Leben wäre für mich *glaubhafter*, wenn mir der Zuspruch gesagt würde, daß meine Seele nach dem Tode Ruhe fände und die Geborgenheit, die ich in dieser Welt nicht finden *konnte*.«

345 Nina Ergrath, F 13, die gleichzeitig anmerkt, daß der Segensspruch »mehr oder weniger einfallsreich« ausfallen kann; – Renate Schweizer, F 18, vgl. F 3.19.23.24.26.27.28

4.3. Männer

* »Gemeinschaftsgefühl, weil alle, viele Christen das machen, und auch Tradition.«
* »Ich erwarte für mich selber ... eine Entlastung oder Beruhigung oder eine Stärkung vom Abendmahl.«
* »Am Abendmahl ist mir wichtig, daß Begegnung auf ganz verschiedenen Ebenen stattfindet. Daß ich mir begegne mit meinen Versäumnissen. Daß ich das Mahl mit Menschen gemeinsam einnehme. Und daß ich, manchmal nach langer Zeit, wieder eine Verbindung zu Gott finde. Und daß ich das eben als Chance sehe, immer wieder neu anzufangen«.
* »Die Bedeutung des Abendmahls besteht für mich in dieser Situation ganz konkret in der *unmittelbaren* Verbundenheit mit *Gott*! Und wenn ich die Oblate erhalte oder wenn ich den Wein erhalte, stelle ich mir eben häufig vor, daß Gott jetzt ganz doll auf mich schaut und daß ich mit ihm ganz allein bin in dem Moment!«
* »Jesus Christus hat mit seinen Jüngern zusammen das Abendmahl gefeiert, und er hat es auch für die Gemeinden bestimmt. Er hat uns aufgefordert, es immer wieder zu feiern, und sich dabei sein, ja, sein Sein zu vergegenwärtigen und seinen Tod zu vergegenwärtigen. Und ich denke, das ist für mich Grund genug, das Abendmahl zu feiern«.
* »Wenn ich zum Abendmahl gehe, dann geh' ich eben hin, um mir Kraft zu holen, Vergebung der Sünden – und so weiter und so fort.«
* »Abendmahl bedeutet für mich, mich durch einen Handlungsakt, in Form von Verzehr einer Oblate und einem symbolischen Schluck Wein, ein Stück *näher*, *greifbar* näher an Gott bzw. Jesus zu bringen.«
* »Das Abendmahl ist für mich ein Gedächtnismahl an den Schöpfer des Christentums und an den Ursprung des Christentums, an die Lehre, die Jesus verbreitet hat.«
* »Ich erlebe Abendmahl als die greifbare Dimension von Leben über Tod hinaus. Es ist ein Stück Konkretion von etwas, was noch nicht da ist, aber irgendwie doch schon da ist. Es ist etwas von Paradies, etwas von mehr, als ich fassen kann.«

---

346 Hans Weiden (M 1) – Norbert Jäger (M 2) – Joachim Gerster (M 5) – Detlev Dreyer (M 6) – Norbert Roth (M 9) – Erich Godewind (M 11) – Edzard Petersen (M 15) – Friedhelm Fischer (M 18) – Gerhard Baum (M 20)

Der *Gemeinschaftsaspekt* steht auch für die meisten Männer (23) mit im Vordergrund, wenn es um die Bedeutung des Abendmahls geht. Nur in einem Interview wird auf die Gemeinschaft untereinander keinerlei Bezug genommen, während fünf Männer darin die ausschließliche Bedeutung des Abendmahls sehen.[347] Nur für wenige Männer (4) spielt aber das gemeinsame Essen dabei eine wesentliche Rolle, und nur für *sieben* ist in irgendeiner Hinsicht die sinnliche, *leibhaftige* Erfahrung bedeutsam.[348] Anders auch als in den Interviewaussagen der Frauen, ist das Abendmahl für die meisten nicht ausgespochenermaßen von *theo*-logischer (10)[349], sondern von *christo-logischer* Bedeutung (18)[350]. Referiert wird fast ausschließlich auf »Gott«, je einmal auf »Göttliches«[351] und in vier Interviews auf »Geist Gottes/Jesu/Heiliger Geist«[352]. Die »*Vater*« Bezeichnung kommt in den gesamten Interviewaussagen nur einmal vor, im Zusammenhang der Rede von der Opferung des »Sohnes[353].

Auffallend ist, daß Männer weitaus häufiger als die Frauen von »Christus« oder »Jesus Christus«sprechen, seltener von »Jesus«. Die Bezeichnung »Herr« steht singulär in einem Interview, dort aber wiederholt und betont.[354]

Daß aber vielen der Männer der Titel »Herr« durchaus vertraut ist und naheliegt, zeigt sich daran, daß zwar *sieben* von den vierzehn daraufhin befragten Männern auf die Bezeichnung »*Herrenmahl*« mit *Vorbehalten* reagieren, zwei von ihnen die Bezeichnung »Mahl des Herrn« aber ausdrücklich

---

347 Vgl. M 23 – M 1.4.8.13.19;

348 Vgl. M 10.14.19.20 – M 3.5.8.14.15.18.20

349 M 2.3.5.6.7.10.11.12.15.22.

350 Anders nur: M 1.4.8.11.13.19

351 So Frich Godewind (M 11), der in Korrespondenz dazu vom »göttlichen Funken« spricht und im Zusammenhang mit seinen Vorstellungen auch sehr selbstverständlich von seinen *esoterisch-spiritistischen* Praktiken: »Wenn ich dazu (was die Verbindung mit dem Göttlichen angeht) im Augenblick vielleicht auch nicht unbedingt die Kirche brauche. Weil ich das Gefühl habe, daß ich im Augenblick, teils berufsbedingt, ich mache ja seit einiger Zeit auch Geistheilungen, und ich mache diese Geistheilungen oder spiritistischen Heilungen wirklich nur in absolutem Kontakt mit Gott bzw. Christus, – aber eher mehr mit Gott!«

352 So Christian Winter (M 10): »Gemeinschaft sowohl mit den Menschen als auch mit dem Geist Gottes.« wie auch Stephan Hoof (M 12), dem als liturgisches Element die Epiklese wichtig ist: »Daß es eben nicht so ein magisches Handeln wird ..., sondern daß wir den Geist Gottes erbitten, um das zu ermöglichen«; Vgl. M 2.18.

353 M 13

354 Für Norbert Roth (M 9) Ausdruck seiner persönlichen Christusbeziehung.

bejahen, und nur einer emotional mit Abwehr reagiert.[355] Assoziationen sind: »Herrenabend (M 1) – Alte Herren (M 4), Streng, steif (M 5) – Selten, älter, die Gottesbezeichnung ›Herr‹ (M 10) – Logen (M 11) – Säkular (M 19)«. Zwei jungen Männern kommt die Bezeichnung einseitig vor: »Ich meine, es soll auch für Damen sein«.[356] Einer der älteren Männer verweist auf seine »religiöse Bildung« und hält die Verwendung »für falsch und sicher auch für überflüssig«, weil er »gelent« hat, »daß das Wort ... bei Frauen negative Assoziationen weckt«.[357] Auf der anderen Seite steht die lapidare Anmerkung: »Es waren ja auch keine Damen dabei!«[358].

Keine Frage, daß sich Männer, anders als viele Frauen, von der Bezeichnung »Herrenmahl« in keiner Weise angegangen fühlen: »Die Bezeichnung ›Herrenmahl‹ weckt in mir nichts Besonderes, ruft keine besonderen Assoziationen hervor ..., das bewirkt also bei mir nichts«[359]. –

Neben dem Moment der Gemeinschaft mit Christus/Gott und untereinander ist es der Aspekt der *Sündenvergebung*, der am häufigsten (10x) als für das Abendmahl bedeutsam genannt wird.[360]

1. Gemeinsam Abendmahl feiern

Die Erfahrung von Gemeinschaft beim Abendmahl beschränkt sich für Männer gleichermaßen wie für Frauen nicht auf die Gemeinschaft untereinander, von Gemeinschaft/Nähe/Verbindung mit Gott ist die Rede (10x)[361], anders aber als bei den meisten Frauen genauso oft auch auch von Gemeinschaft mit Jesus bzw. Christus[362].

Abendmahl feiern – in Gemeinschaft mit Gott

Die Aussagen stimmen weitgehend darin überein, daß Abendmahl in besonderer, ganz individueller Weise mit Gott verbindet:

* »Zeit der Ruhe, mit Gott in besonderer Weise im Gespräch zu sein und ihm auch meine Probleme darzubringen, zu denen er sich dann auch in besonderer Weise stellt. Das merk' ich dann z. B. sehr subjektiv, eben auch, wie ich es schon gesagt habe, eben an dieser Freude, die sich dann ausbreitet.« (Martin Ott, M 3)

---

355 Vgl. M 1.4.5.10.21. – M 11.19. – M 10: »mich stößt das Wort eher ab«.
356 Zitat: Hans Weiden (M 1), vgl. Rudolph Karstens (M 4): »der Kontakt zwischen Mann und Frau gehört doch dazu«.
357 Johannes Müller, M 21
358 So Kurt Maler (M 23) lachend.
359 Klaus Wege, M 7
360 Vgl. M 5.6.7.9.11.16.18.19.20.24
361 Vgl. M 2.3.5.6.7.10.11.12.15.22.
362 Vgl. M 6.7.9.15.16.17.20.21.23.24.

* »Vielleicht doch das Gefühl, von Gott in diesem Moment besonders angesehen zu werden, ja!« (Paul Kesselstein, M 22)

Was auffällt ist, daß dabei von der Gemeinschaft untereinander völlig abgesehen werden kann und die Gotteserfahrung sich ganz und gar zentriert auf die eigene Person bis dahin, daß gesagt werden kann: »daß ich mit ihm ganz allein bin in dem Moment«[363]. Von ganz anderen Erfahrungen ist marginal auch die Rede, auf die eigene Person bezogen:

E »Und wie stark nun Jesu Geist, oder wie doll die Leute da Gottes Nähe spüren sollen, oder so? Die Kirche muß sich doch dabei 'was denken! Wenn ich mich nach etwas sehne, dann vielleicht, daß es auch *deutlicher* wird, Gottes Nähe! Einfach, daß ich richtig spüre, das, finde ich, ist selten so.« (Norbert Jäger, M 2)

Oder, verbunden mit Kritik an der Abendmahlsgestaltung, auch grundsätzlich:

E »Wobei ich mir also durchaus vorstellen könnte, daß man diese Feier auch anders machen könnte, daß ich manchmal denke, daß Gott eigentlich nicht so richtig dabei ist, sondern da ziemlich weit weg ist.« (Christian Winter, M 10)

Nur in zwei Interviews wird die Gottes/Christuserfahrung auf ein *wir/uns* bezogen:

* »Aber das Zentrale ist wirklich das, was ich erlebe und woran ich mich erinnere in der Mahlfeier: Das, was Gott und Jesus an mir, wie an allen Menschen, getan haben ... Ja, ich erlebe die Abendmahlsfeiern immer als sehr festlich. Es ist sehr oft mit großer Freude und einem sehr tiefen Gefühl verbunden. Mir kommt fast das, so das Wort ›*Genugtuung*‹! Das ist so eine Erfahrung: Mir und allen, die teilnehmen, wird *genug* getan!« (Stephan Hoof, M 12)

* »Es ist vielleicht eine gewisse Verbindung oder daß einem wieder bewußt wird, daß man doch mit dem Göttlichen verbunden ist, daß dieser berühmte göttliche Funke *in* uns drin ist und daß ich mir dessen wieder *etwas* mehr bewußt werde ... – Und wenn dieser doch direkte symbolische Kontakt mit dem Göttlichen durch das Abendmahl, wenn das wegfallen würde, ojojojoj! Dann würde ich mir dann doch sehr klein vorkommen und dann *doch* nicht mehr sagen, daß ich in der Natur überall Gott sehe! Das würde für mich dann vermutlich doch einen tiefen Riß und einen großen Verlust geben!« (Erich Godewind, M 11)

Wobei es im letzten Zitat, im Unterschied zu den anderen Aussagen, um die eher esoterische Vorstellung der *Bewußtwerdung* der Verbindung *mit*

---

363 Detlev Dreyer (M 6, Zitat s. o. unter Stimmen)

dem Göttlichen geht und nicht um *Bezogensein auf* Gott. Deutlich wird hier aber auch, welch besondere Bedeutung dem Abendmahl, trotz allem, beigemessen wird.

Abendmahl feiern – in Gemeinschaft mit Christus

Die Gemeinschaft mit Christus kann zum einen ähnlich auf die eigene Person hin verstanden werden wie die Gemeinschaft mit Gott:

* »Ich denke, das Abendmahl ist ein Ausdruck, wie ich das vorhin gesagt habe, von ganz, ganz tiefer Gemeinschaft mit meinem Herrn.« (Norbert Roth, M 9)

Zum andern wird in dem christologischen Zusammenhang in spezifischer Weise auf die Gegenwart/das Lebendigsein des Christus verwiesen:

* »Natürlich ist Christus ... leiblich gestorben und das kommt mir auch immer wieder in den Sinn. Aber da ich mich mit Christus sehr verbunden fühle im Abendmahl, kann ich sagen, daß ich mich mit einem *lebendigen* Christus sehr verbunden fühle, einem Christus, der nicht mehr im menschlichen Leib existiert, aber der für mich *lebendiger* ist, ich würde mal fast sagen, lebendiger als je zuvor, worüber ich auch sehr glücklich bin!« (Detlev Dreyer, M 6)

* »Wir glauben ja an ihn, also ist er auch da. Der Leib ist nicht zu fassen, der ist tot, aber die Seele ist da!« (Karl Kreling, M 17)

* »Es ist nicht Christi Tod allein, sondern es sind drei Elemente: Tod, Auferstehung und dann das, was ich so ganz unbestimmt als Gegenwart beschreiben kann. Das, was ich vorhin als die *Mächtigkeit* der *Gegenwart* Christi bezeichnet habe! Das ist eigentlich der Aspekt, um den es geht. Das ist eine Möglichkeit, die dann auch sozusagen, wenn ich dann vom Abendmahl weggehe, mit mir geht, bei mir bleibt. Es ist *nicht* etwas, was *nur* in dem Moment geschieht, sondern das ist eine Möglichkeit, an die ich wieder erinnert werde, und die für mich wieder gegenwärtig ist.« (Johannes Müller, M 21)

Abendmahl ist Ausdruck der Christus-Beziehung, der Gemeinschaft mit Christus bis hin zu der an dieser Stelle singulären Vorstellung einer Vereinigung mit Christus:

* »Weil ich glaube, daß man Abendmahl auch wirklich *alleine* nehmen muß, weil hier eine enge Beziehung mit dem geknüpft wird, ja, der mir das *letztendlich* gibt, in diesem Falle Christus. Wir Menschen sind so, wie wir dazu gemacht sind, alleine zu leben, immer wieder in unserem Tiefsten danach ausgerichtet, uns mit einem anderen Menschen zu vereinigen. Wir suchen *Kontakt*, Hautkontakt, und der letztmögliche ist ja wohl der geschlechtliche Kontakt – in einer bestimmten Weise des absoluten Denkens von Vereinigung. Und die *Mahlzeiten* der Menschen

miteinander haben sehr *starke* Kontaktmöglichkeiten, ohne daß man unbedingt den anderen küßt oder berührt oder … Da passiert also mehr, als daß man da nur satt wird. Da *passiert* etwas zwischen den beiden. Und genauso ist das letztendlich auch beim Abendmahl!« (Gerhard Baum, M 20)

Auffällig ist, daß »Auferstehung« nur in einem Interview erwähnt wird[364] und von Überwindung des Todes als Lebens- und Hoffnungsperspektive nur in *drei* Äußerungen die Rede ist[365]. »Im Blick auf die Toten« spricht der Älteste der interviewten Männer vom Abendmahl als »Hoffnungsmahl« und nimmt das für ihn »ganz wichtige Bild« aus einer Gedichtzeile von R. A. Schröder auf: »am Tisch des Meisters sein«, das ihn seit Kriegszeiten begleitet.[366] Bei einem anderen klingt Gewißheit an: »Daß ich den verwundeten Leib Jesu empfange, aber weiß und dessen gewiß bin, daß das nicht das letzte Wort ist, die Verwundung«[367].

In Erinnerung an das letzte Mahl Jesu

Die meisten Männer (13) knüpfen weitaus selbstverständlicher als die Frauen an das letzte Mahl Jesu im Kreise der Jünger an[368], vielleicht, weil sie sich als Männer dabei nicht schon von vornherein ausgeschlossen vorkommen müssen:

* »Zu Abendmahl fällt mir weiter ein, daß das zum Gedächtnis an das letzte Mahl, das Jesus mit seinen Jüngern hatte, mit seinen zwölf Jüngern hatte … Und daß ich eben in diesem Zusammenhang das Gefühl habe, wie ich schon sagte, Gott und auch *Christus* sehr nahe zu sein, und daß es bei mir ein *sehr* gutes Gefühl auslöst.« (Detlev Dreyer, M 6)

* »… daß ich beim Abendmahl eigentlich sehr oft diese Situation damals, wie sie in der Bibel beschrieben worden ist, dann in Gedanken nachvollziehe und, ja, daß ich mich einfach dran freue, daß ich dadurch *mit Jesus Christus verbunden* bin.« (Norbert Roth, M 9)

* »Und da wird einem das ja auch nochmal richtig bewußt gemacht und, ja, dann denkt man daran, daß dann auch, naja, man ist kein Jünger, damals waren's ja seine Jünger, die er um sich versammelt hat, aber dieses wird ja nun wieder nachvollzogen. Und, ja, es ist einfach ein *schönes* Gefühl, daran teilnehmen zu dürfen.« (Karl Kreling, M 17)

---

364 Vgl. M 21, Zitat s. o.

365 Vgl. M 12.20 (Zitat s. o. unter Stimmen).24.

366 Theodor Martens (M 24), er zitiert: »jetzt naht sie spiegelweise uns hier in Brot und Wein, wie wird‹ s erst nach der Reise am Tisch des Meisters sein!«

367 Stephan Hoof, M 12; Vgl. B.II.2.3.1./Zu den Einsetzungsworten, S. 174ff

368 M 1.2.6.8.9.10.11.14.17.20.21.23.24

Ein besonderer Akzent wird mit folgendem Hinweis auf die *zwölf* Jünger gesetzt:

* »Wichtig ist für mich, daß Judas dabei ist. *Judas ist dabei!* Judas ist dabei, denn der kriegt es auch. – Dieses Pauluswort: ›Wer unwürdig ißt‹, das lehne ich ab!« (Theodor Martens, M 24)

Das letzte Mahl Jesu mit den Jüngern wird hier, aber nur hier, ausdrücklich auf *alle* hin verstanden.

In Erinnerung an seinen Tod[369]

Für die Hälfte der Männer ist die Bedeutung des Abendmahls auch mit der Bedeutung des Todes Jesu verbunden.[370] Und von den meisten Männern wird dabei die Sühne- und Opfervorstellung aufgenommen[371]:

* »Und daß man vielleicht auch noch *Vertrauen* gewinnen kann, indem man einfach immer wieder daran *erinnert* wird, ja, daß Jesus nach der Bibel ja für die ganze Menschheit starb, als Opfer sozusagen, und erreichte, daß die Schuld der Menschen vergeben wurde, daß, wie gesagt, sein Blut und sein Leib für uns gegeben wurde.« (Norbert Jäger, M 2)

* »Ja, es ist so, daß Christus sich geopfert hat. Und das ist auch in dem Abendmahl festgehalten: ›dieses tut, so oft ihr's tut, zu meinem Gedächtnis‹.« (Detlev Dreyer, M 6)

* »Für mich gehört das Abendmahl zu dem Wesentlichsten des Gottesdienstes überhaupt. Es ist, wie ich schon sagte, das *Gedenken* an Karfreitag, den Höhepunkt, den tragischen Höhepunkt der Biographie Christi und unsere Anteilnahme im Gedenken daran ... Mittelpunkt dessen, was wir glauben, wenn wir das erste Abendmahl als Vorbereitung des Sühneopfers Christi sehen.« (Kurt Maler, M 23)

Einen sehr anderen Ton schlägt ein Mann an, der als einziger den Tod Jesu ausdrücklich als Konsequenz seines Lebens sieht. Er ist es auch, der von der Bedeutung des verwundeten Leibes Jesu spricht[372] und von einer Erfahrung berichtet, die eben diese Bedeutsamkeit für ihn unterstreicht:

E »Also, das letzte Mal weiß ich noch sehr genau, das war auf der Männertagung in N. Eine sehr eindrucksvolle Abendmahlsfeier ..., wo wir am Vorabend ein Versöhnungs-, ein Heilungsritual gefeiert hatten. Da haben alle Männer einen roten Streifen für die Verwundungen getragen, da, wo bei jedem einzelnen auch die Verwundungen anzusie-

---

369 Im einzelnen dazu s.o. B.II.2.3.3./ Zu Opfer und Sühne grundsätzlich
370 M 1.2.3.5.6.7.9.12.16.18.20.23.
371 Vgl. M 2.3.6.7.9.16.18.23.
372 Zitat von Stephan Hoof s. o.

deln waren. Und am letzten Abend war die Abendmahlsfeier, und da hatten die Kelche mit dem Blut, also mit dem Wein, dem Blut Jesu, diese Streifen. Das hat mich *sehr* beeindruckt, und das war auch noch 'mal eine starke Erinnerung an das Erlebnis am Abend vorher.« (Stephan Hoof, M 12)
Beides, seine eigene Akzentsetzung wie der konkrete Erfahrungshintergrund, bringt das Ungewohnte und Unübliche zur Sprache, zieht Abendmahl ins Leben, ins Männerleben.

In Erinnerung an sein Leben
Auf das *Leben Jesu* kommen insgesamt gesehen nur *sechs* Männer zu sprechen, drei von ihnen verweisen auf Lehre und Verkündigung, einer allgemein auf »die ganze Geschichte Jesu«.[373] Darüberhinaus geht es um das Leben Jesu unter dem Aspekt der Lebendigkeit und Menschwerdung:
* »Das ist eher mit dem Leben Jesu verbunden, mit Lebendigkeit, mit Neuwerden. Das Abendmahl ist ja auch eingesetzt *vor* Jesu Passion, vor der Kreuzigung.« (Joachim Gerster, M 5)
* »Und weil ich Fleisch und Blut sagte, da legt sich ja sehr schnell auch Passion und Kreuz, das Blutvergießen nahe. Aber es ist ebenso nahe für mich die *Menschwerdung*, daß Jesus *unser* Fleisch und Blut angenommen hat, daß ich mich bei der Abendmahlsfeier daran erinnere und daß es für mich gegenwärtig wird, also das *Heilsame* daran auch gegenwärtig wird.« (Stephan Hoof, M 12)
* »Im Abendmahl wird nur konkret, daß Jesus, daß er wirklich als Mensch hier war, indem wir wirklich materiell was kriegen, was wir schmecken können, was nicht nur geistlich ist, sondern was eben konkret anfaßbar ist.« (Friedhelm Fischer, M 18)

Abendmahl feiern – in Gemeinschaft untereinander
Auch Männern, die seit Jahren nicht mehr an einem Abendmahl teilgenommen haben, ist der Gemeinschaftsaspekt des Abendmahls positiv in Erinnerung geblieben, als eigene Erfahrung: »Zusammengehörigkeitsgefühl, das war für mich daran das einzig Wichtige«[374] oder als allgemeine Beobachtung:
* »Und ich könnte mir auch vorstellen, daß eigentlich einer der wesentlichen Kerne überhaupt eines Abendmahles das *Verbindende* ist. Wer das zu sich nimmt, hat Gemeinschaft untereinander.« (Eberhard Holl, M 16)

---

373 Vgl. M 1.14.18 (s. o. Stimmen) – M 21
374 Rudolph Karstens, M 4;

* »Ich will mal so sagen, eine gewisse *Gemeinschaft* natürlich der Personen, die doch aneinandergerückt sind im Prinzip. So habe ich es eigentlich immer empfunden, daß sich da vorne eine kleine Gruppe befindet, die auch nach *vorne* gewandt ist. D. h., die auch rein optisch im Prinzip einiges hinter sich läßt und zwar den eigentlichen Kirchenraum. D. h. man löst sich im Prinzip.« (Enno Rosenau, M 8).

Inwieweit damit auch eine Loslösung aus der Gemeinschaft »der anderen« verbunden sein könnte, ist für den letztgenannten Mann die Frage, ohne Frage ist für ihn, daß es eine gemeinschaftliche Hinwendung »nach vorne« ist:

* »Auch darüber müßte man vielleicht mal nachdenken, ob durch das nach-vorne-Treten vielleicht auch ein gewisses Lösen aus der anderen Gemeinschaft verbunden ist, das kann ich so nicht beurteilen. Aber das Hinwenden nach vorne, hm, zu Jesus Christus oder stellvertretend da zu einer anderen Person, die vorne steht«. (Enno Rosenau, M 8)

Die Gemeinschaft bleibt hier wie selbstverständlich sowohl frontal wie auch hierarchisch auf die eine Person ausgerichtet. Daß diese Zentrierung aber auch von Männern, und nicht nur von Frauen, kritisch gesehen werden kann, dafür spricht die Anmerkung des jüngsten Mannes, der aus der Distanz seine Beobachtungen macht:

* »Eigentlich wäre es besser, wenn man sich das untereinander weitergibt, weil, ja, der Pastor kriegt dann immer so eine übergeordnete Rolle. Er steht ja eigentlich nicht über den Menschen, finde ich!« (Hans Weiden, M 1).

Wie die Erfahrungen eines anderen jungen Mannes, für den die Teilnahme am Abendmahl ein jeweils zentrales Erlebnis ist:

E »Ich hab es mal erlebt, daß ein riesiger, also ein Zweimeter-Mensch von Pastor mir Abendmahl gab, als ich kniete, und es war so, es war schrecklich, das war wirklich schrecklich! Also etwas Bedrohliches! Und ich hatte eben das Gefühl, ich würde mich klein machen vor diesem *Menschen,* und darum geht es für mich nicht! ... Also häufig meint der Pastor ja das wirklich allein machen zu müssen ... Ich hab's neulich erlebt, daß das ein Pastor völlig allein gemacht hat ... Er hat sich überhaupt niemanden dazu genommen ... Das finde ich nicht gut.« (Joachim Gerster, M 5),

und auch die Feststellung eines Mannes mittlerer Generation, für den das Abendmahl fern gerückt ist[375], wohl nicht zuletzt auch aufgrund seiner Erfahrungen:

---

375 Wie fern zeigt u. a. sein wiederholter Versprecher »Abendblatt« statt »Abendmahl«; als Hamburger liegt ihm das »Abendblatt« nahe.

E »Per Saldo bleibt der Eindruck des Ernsten, Unfröhlichen, Sakralen!
Die totale Abwesenheit von Heiterkeit, in des Wortes bester Bedeutung.
Eher traurig denn fröhlich. Alle von mir erlebten *Handlungen* wirken
in meiner Erinnerung unnatürlich, nicht modern, vielleicht auch
beeinflußt durch die auf mich so gewirkt habende ›*Wichtigkeit*‹ des
Pastoren. Zu steif, zu *altmodisch*.« (Edzard Petersen, M 15)
Auf die Nachfrage, wer mit »Pastoren« gemeint sei, bemerkt der Jüngere,
ohne dies weiter zu erläutern: »Mit Pastorinnen habe ich da eher positive
Erfahrungen gemacht. Es sind tatsächlich Pastoren, mit denen ich negative
Sachen erfahren habe.«[376] –
Zehn Männer sprechen von positiven Erfahrungen mit der *Kreis*form und
dem untereinander Weiterreichen von Brot und Kelch[377], nur *drei*
Männer aber ausdrücklich von *Gleichheit*, die sie im Abendmahl gegeben
sehen[378], und nur *einer* von ihnen von der Chance eines Miteinanders
jenseits hierarchischer Strukturen:
* »Es gibt so einen Aspekt, der mir eigentlich ganz gut gefällt: Daß
  eigentlich alle Leute, die zum Abendmahl gehen, in irgendeiner Weise
  gleich sind. Keiner ist also besser oder schlechter. Das hat mir
  eigentlich gut gefallen ... Und eine grundlegende Änderung im
  Konzept des Zusammenlebens zwischen Menschen, wo eben jetzt nicht
  mehr irgendwie so'ne Hierachie da ist und wo irgendwie ein strafender
  Mensch andere Leute unter sich hat, sondern wo eigentlich dann *tatsächlich* irgendwie so'n Umkehrpunkt ist, wo eben Vergebung oder das
  Geben einer neuen Chance usw. eine große Rolle spielt. Also, mehr
  versöhnliches Miteinander als irgend so'ne Herrschaftsstruktur!«
  (Christian Winter, M 10)
Gefragt nach den Möglichkeiten, die das Abendmahl auf dem Weg zu
einer *neuen Gemeinschaft* von *Frauen* und *Männern* beinhalten könnte,
wird dies von *einem* der genannten Männer ausdrücklich unter Verweis auf
den Aspekt der Gleichwertigkeit im Abendmahl bejaht: »Sie stehen alle
im *gleichen* Kreis, sie stehen alle *nebeneinander*, sie erhalten alle *das
gleiche* zugesprochen, in jeglicher Weise, da ist kein Unterschied«[379].
Konsequenz ist für ihn zum einen die paritätische Beteiligung von Frauen
bei der Austeilung des Abendmahls, aber auch Veränderungen in der
Sprache scheinen ihm notwendig: »In einem der Gebete wird für die

---

376 Ähnlich ›männerkritisch‹, aber in weitreichenderem Sinn äußert sich auch Stephan Hoof
  (M 12), s. u. B.II.3.3/Zu der These von Jutta Voss.
377 Vgl. M 1.2.5.6.7. (nur das Brot, aus hygienischen Gründen).10.12.14.20.22.
378 VGl. M 10.18.21
379 Johannes Müller, M 21

›Diener‹ der Kirche gebetet. Da kommen die ›Dienerinnen‹ nicht vor. Insbesondere wird dann aber unter Namensnennung anschließend noch für ›den Bischof‹ gebetet, und das stört mich (lacht). Sprache ist wichtig!«[380] Ähnlich überzeugt von der besonderen Bedeutsamkeit des Abendmahls für das Miteinander von Männern und Frauen zeigen sich *zwei* andere Männer, die ebenfalls von Erfahrungen herkommen, zugleich aber wesentlich *weitreichendere* Überlegungen anstellen:

E »Das halte ich für sehr wichtig, weil ich glaube, daß das eine ganz große Chance hat! ... Ich weiß von Frauen und von Freundinnen, daß sie teilweise nicht zum Abendmahl gehen, weil sie damit nur Probleme bekommen, so mit ihrem Gefühl. Und das möchte ich ernst nehmen ... Und wie sich da auch durch eine andere *Sprache* etwas verändern kann, auch durch eine weniger festgelegte Sprache, also schon innerhalb einer liturgischen Sprache, aber einer, die sich freier bildet und formuliert! Also, ich hab da keine konkrete Vision, wie Abendmahl ganz anders gefeiert werden kann, um Frauen auch anders mit hineinzunehmen, aber ich kann mir vorstellen, daß auch da wieder Gespräch und Austausch an erster Stelle stehen sollten. Und –, ja, Abendmahl ist ein Thema, an das man sich nicht so gerne heranwagt, scheint mir.« (Joachim Gerster, M 5)[381]

* »Das scheint ... mit fast so eine männliche Domäne zu sein, weil viele traditionelle Theologen ja auch behaupten, daß gerade das, was mit Sakramentalem zu tun hat, daß das im Glauben den Männern vorbehalten sein sollte. Das kann ich *überhaupt* nicht vertragen! Für all das, was gerade im Abendmahl, aber auch im Glauben insgesamt, für mich wichtig ist, haben Frauen viel mehr Qualität und auch Autorität, darüber etwas zu sagen ..., das Intuitive und Leibliche auch ... Und ich wünsche mir sehr, daß es viel verbreiteter wird, daß Frauen das Abendmahl einsetzen. Daß es auch in der *Sprache* sehr zum Ausdruck kommt, daß halt das Abendmahl nicht ausschließlich darauf basiert, daß Jesus in einer *Männer*gemeinschaft das Abendmahl begründet oder nach dem Passamahl neu gedeutet hat.« (S. Hoof, M 12)

---

380 Ders.

381 Auch Detlev Dreyer (M 6) zeigt sich offen, aber: »Ich bin nicht der Meinung, daß es nicht möglicherweise Dinge geben kann, die Frauen als sehr wichtig empfinden. Ich *sehe* sie momentan *nicht*, möglicherweise weil ich zu sehr in patriarchalischen Strukturen eingebunden bin, daß ich sie nicht *erkennen* kann. Das kann ich sehr wohl sein, und ich bin auch gerne bereit, darüber zu reflektieren, daß ich vielleicht eben in Strukturen drin bin, die mich *nicht* erkennen lassen, *daß* bzw. *wo* Frauen mit dem Abendmahl Probleme haben.«

Ganz anders sieht dies ein anderer Mann. Obwohl er die Realität kirchlicher Abendmahlspraxis sehr deutlich anspricht, sieht er keinerlei Grund, irgend etwas zu ändern – im Gegenteil:

E »Also ich meine, das hängt ja nun nicht so unbedingt mit dem Abendmahl zusammen! Karfreitag, naja, da sind dann auch ein paar Männekens dabei, aber es sind eigentlich, ich würde mal über den Daumen gepeilt sagen, naja 70 oder 75% Frauen und, wenn überhaupt, 20–25% Männer, die daran teilnehmen. Über das Abendmahl zueinander zu finden, sehe ich überhaupt, wüßte ich nicht wieso, weshalb! Nur – andererseits, ich meine, es hat sich, naja gut, *Christus* war ein *Mann*, Christus hatte seine *Jünger*, der ganze Glauben, auch in den anderen Religionen, wie im Islam usw., ist immer *ein* Gott, obwohl Gott für mich männlich und weiblich vereinheitlicht. Aber, mein Gott, es hat sich nun mal über Jahrtausende so eingebürgert! Und warum muß man denn eigentlich alles immer auf den Kopf stellen! Warum müssen Frauen sich überalll reindrängen?!« (Erich Godewind, M 11)

Warum sollte man(n) etwas ändern, schlimm genug, daß »Frauen sich überall reindrängen«! Deutlicher kann die Unwilligkeit gegenüber Veränderungen zugunsten der Frauen wohl kaum artikuliert werden. Allein steht er damit nicht. Was ein anderer als Reaktion auf Jutta Voss äußert, klingt ähnlich: »Christus war ja nun mal ein Mann (lacht), da jetzt irgendwelche weiblichen, femininen Komponenten reinzubringen, ich weiß nicht, ob das richtig ist, ob das die ganze Sache nicht verwässern würde! Ist es nun schlecht, wenn ich als männlicher Zeitgenosse da sage, ich würde dabei bleiben, ich würde nicht versuchen, da eine weibliche Komponente mit reinzubringen, weil das auch wieder einen Zwiespalt geben könnte. Wir haben uns an eine Form gewöhnt, was nicht heißen muß, daß sie richtig ist«[382]! Für *neun* Männer stellt sich die Gemeinschaft von Frauen und Männern (allerdings nie in dieser Reihenfolge) im Kern noch unproblematischer dar: Das Abendmahl gilt Frauen und Männern gleichermaßen, längst teilen auch Frauen das Abendmahl mit aus[383], und: ob Mann oder Frau »das ist mir völlig wurscht!«[384]

Einige wenige (3) sehen zumindest den *Handlungsbedarf*[385], und einem Mann kommen dabei die Frauen in den Sinn, die sich ganz offensichtlich von Kirche nicht mehr angesprochen fühlen:

---

382 Eberhard Holl, M 16
383 Vgl. M 1.4.10.13.14.17.18.20.24.
384 Gerhard Baum (M 20)
385 Vgl. M 2.22.23.

E »Tja, das Abendmahl hat ja in der Form seinerzeit stattgefunden ausschließlich unter Männern. Oder hat es Jüngerinnen gegeben? Hat es nicht! Bei mir sind auch nur Pastoren präsent, insofern denke ich schon, daß es da ein gewisses Defizit gibt. Ja, okay, ja es *ist* sehr männlich, ja, da ist ein gewisser Umbruch wohl nötig. Ich denke mal, ja, aber ich wüßte nicht, wie man das praktizieren sollte. Generell bin ich allerdings der Meinung, ja, vielleicht sind Frauen, *heutige* Frauen, die sich so zwischen zwanzig und vierzig, nee, zwischen fünfzehn und vierzig bewegen, von der Kirche so gut wie gar nicht angesprochen!« (Enno Rosenau, M 8)

Von notwendigen *Veränderungen* in Inhalt und Form ist über die anfangs genannten Interviewaussagen hinaus nur noch in *drei* Interwiews, mehr oder weniger andeutungsweise, die Rede[386]:

* »Ob man ein unverkrampftes, will ich's mal nennen, Verhältnis zwischen Frauen und Männern im Rahmen des *Abendmahls* erreichen könnte, weiß ich nicht, ich hielte es allerdings für denkbar. Allerdings *müßten* dann ja irgendwelche Texte gesprochen werden, die irgendwelche Anregungen in diese Richtung geben, und auch eine Gemeinsamkeit, die ja ohnehin da ist, also dies Geschwisterliche als Kinder Gottes, hervorgehoben werden! Wie man es ja auch sonst hat, also dieses, wovon ich immer viel gehalten habe: Sich beim Vaterunser *anzufassen*, daß man so dies *Geschwisterliche* – und *auch* Menschen anzufassen, sogar die, die einem vielleicht nicht ganz appetittlich sind, sag ich mal so (lacht), im Extremfall also der Penner auf der einen Seite und, sagen wir mal, der Universitätsprofessor auf der anderen.« (Paul Kesselstein, M 22)

Selbst hier entpuppen sich aber die »Kinder Gottes« zum ›guten Schluß‹ wieder als Männer unter sich. *Vier* Männern fällt zur Gemeinschaft von Frauen und Männern vor allem oder ausschließlich die Gemeinschaft in der *Paar*beziehung ein, für die das Abendmahl ihrer Meinung nach *durchaus* von Bedeutung sein kann[387]:

* »Beide tun das gleiche, beide empfangen das gleiche, beide sollten dann auch das gleiche empfinden ... Ich finde das ganz bedeutsam für die Partnerschaft, für Mann und Frau! Und damit sind die eigentlich auch wieder *eins* und unterscheiden sich nicht innerhalb der Geschlechter. Für mich ist das dann eine Einheit, eine ganz *besondere* Einheit.« (Eberhard Holl, M 16)

---

386 Vgl. M 2.22.23.
387 Vgl. M 7.9.10.16.

* »Ich denke schon, daß im Rahmen dieser Feier auch Versöhnung stattfinden kann oder – das Beseitigen von, ja, von Ärgernissen, von Streit und all diesen Dingen, daß das unter, wie es immer so schön heißt, unter dem Kreuz Jesu beigelegt werden kann und dadurch auch ein neues und besseres Miteinander von Mann und Frau zustandekommt.« (Klaus Wege, M 7)

Ein anderer Mann hält es potentiell für möglich, daß das Abendmahl generell die Gemeinschaft zwischen Frauen und Männern »bestärken« könnte, *wenn* das Abendmahl eine entsprechend hohe Bedeutsamkeit für die einzelnen haben sollte: »Und diese hohe Bedeutung sehe ich bei vielen gar nicht mehr!«[388] – Voraussetzung aber bleibt wohl in jedem Fall, was einer der beiden Jüngsten anspricht: »Es muß auch *Interesse* daran da sein, *daß* die Gemeinschaft bestärkt wird, wenn es da wirklich viele Ungleichheiten gibt und andere Denkrichtungen ... Sicher müßte man die Texte ändern oder die Sprache ..., radikal was Grundfestes ändern. Das aber, glaub ich, könnte vielen Menschen nicht gefallen, weil die es einfach nicht gewohnt sind, daß da irgendwas ihnen bisher Vertrautes geändert wird«[389]. – Die Abendmahlsgemeinschaft hat für die allermeisten Männer mit der Gemeinschaft von Frauen und Männern eh nur ganz am Rande zu tun. Wesentlich sind *andere* Gesichtspunkte:

Abendmahl als Ausdruck gemeinsamen Glaubens

Von drei Männern wird dieser Aspekt besonders betont:
* »Daß die Glaubensgemeinschaft als solche sich darin und sich dort stärker vorstellt und darstellt.« (Lothar Gutmann, M 13)
* »Daß diese Gemeinschaft der Christen beim Abendmahl also besonders stark ist, daß man das Gefühl hat, daß man mit Leuten zusammenkommt, die gleichen Glaubens sind, die also auch die Lehre von Jesus nicht für Spinnkram halten.« (M 18)
* »Die Glaubensgruppe zusammenzuschweißen, unter diesem Aspekt sehe ich das heute überwiegend.« (Dieter Ginsterbusch, M 19)

Ob die eigene Einstellung zum Abendmahl eher distanziert ist, ob man potentiell am Abendmahl teilnimmt oder sich seit Jahren woanders ansiedelt, Abendmahlsgemeinschaft ist für sie Glaubensgemeinschaft. Für einige andere ist es auch oder vorrangig das grenzüberschreitende Moment, was diese Gemeinschaft ihrer Ansicht nach ausmacht:

---

388 Dieter Ginsterbusch, M 19
389 Norbert Jäger, M 2

Über Grenzen hinweg Abendmahl feiern

»Alle sind eingeladen, keiner wird ausgeschlossen ... ›Auf daß sie alle eins seien‹, das kommt für mich beim Abendmahl noch viel mehr zum Ausdruck als beim gemeinsam gesprochenen Glaubensbekenntnis.«[390] Sechs Männern gehen in ihren Interviewaussagen auf diesen Aspekt ein.

Konnotationen sind:

Beisammensein auch in schwierigen Situationen:	M 10
Auch jenseits von Sympathie:	M 18.20.
Mit allen Christen/aller Konfesssionen:	M 10.24
Tischgemeinschaft weltweit:	M 14
Zukunftsbild über den Tod hinaus:	M 14
Auch mit den Verstorbenen:	M 24

Während ein Mann von entsprechenden Erfahrungen auf zwischenmenschlicher Ebene spricht:

E »Positive Erfahrung ist für mich: Vertiefen von menschlichen, gemeinschaftlichen Situationen, Nähe über sympathische Grenzen hinweg, Wissen, daß auch mit dem, den ich nicht mag, hier mehr Nähe erlebbar ist und Einordnung ist in menschliche Gemeinschaft.« (Gerhard Baum, M 20),

wird bei zwei anderen deutlich, daß die Wirklichkeit so ganz anders aussehen kann, daß *Abgrenzung* und *Ausgrenzung* noch immer an der Tagesordnung sind, mißtrauisch machen und mit Bedeutungsverlust des Abendmahls insgesamt verbunden sein können, wie bei einem von ihnen aufgrund der Streitigkeiten auf ökumenischer Ebene:

E »Diesen mystischen Dingen gegenüber bin ich *zunehmend* äußerst mißtrauisch geworden, weil ich darin nicht nur mir gegenüber, sondern auch anderen gegenüber die größte *Mißbrauchs*möglichkeit sehe. Und allein dieser theologische Streit, den ich in meinem kleinen Bereich erlebt habe, um die Frage, ob man gemeinsam dahin gehen kann, wenn man ein anderes Verständnis hat, hat mich also noch mißtrauischer gemacht. Und von daher ist dann eigentlich die Bedeutung für mich immer geringer geworden.« (Dieter Ginsterbusch, M 19),

oder auch erschreckend hautnah erlebt werden können, wie bei dem homophil lebenden Mann:

E »Da war eine sehr, ja, *bösartige* Erfahrung für mich, daß zwei von diesen fünfen, also von dieser kleinen Gruppe, sofort sagten: Für sie wäre es eine furchtbare, ein furchtbarer Schock gewesen, daß auch homosexuelle Männer hier wären. Und sie sähen sich *nicht* in der Lage,

---

390 Herwig Siebel, M 14

mit ihnen das Abendmahl zu feiern! Und das war so *furchtbar* für mich! Ich habe dann auch sofort gesagt, daß mich das fast *umbringt* ... Abendmahl hat ja mit *Blut* zu tun, und *Homosexuelle* werden ja sehr leicht mit Krankheiten oder Kriminalität in Verbindung gebracht. Die Sache mit *Aids*, daß Menschen einfach Furcht haben, mit Homosexuellen zusammen zum Abendmahl zu gehen. Das war wirklich ein Schock für mich, das *so* massiv und gleich von zwei Männern in so einer kleinen Gruppe so zu hören!« (Stephan Hoof, M 12)

Für *einen* Mann hat die weltweite Abendmahlsgemeinschaft ausgesprochenermaßen auch *sozial-politische* Konsequenzen: »Die ganze Frage der dritten Welt, da sollten wir aus dem Abendmahl immer die Anstöße mitnehmen, auch daß *viele geladen* sind, und wir dafür sorgen müssen, daß für die auch Brot und Wein bereit steht, jetzt im großen, umfassenden Sinne, daß sie eben auch an den Ressourcen dieser Welt beteiligt werden müssen!«[391]

Sich aufeinander beziehen

Nur *fünf* Männer gehen näher auf die Beziehung der am Abendmahl Teilnehmenden *untereinander* und ihr Verhalten *zueinander* ein.[392] Von *Blickkontakt* ist in *vier* Interviews die Rede.[393] Ein Mann, der öfter das Abendmahl mit austeilt, sagt: »Das gibt mir eine recht intensive Beziehung zu all den Menschen, die da im Kreis stehen, von denen ich ja jeden einzelnen anspreche und auch versuche, Blickkontakt aufzunehmen, das gehört für mich einfach dazu.«[394] Singulär bleibt die Aussage, in der das gegenseitige Erleben verbunden wird mit der grundsätzlichen Bedeutung des Abendmahls:

* »Daß wir unsere Menschwerdung, unser Menschsein feiern in dieser Abendmahlsfeier und daß es unmittelbar dazugehört, daß ich den Menschen neben mir auch direkt ansehe, dann auch direkt erlebe.« (Stephan Hoof, M 12)

Ebenfalls zwei Männer erwähnen als ihnen wichtig, daß im Zusammenhang mit dem Friedensgruß Gemeinschaft untereinander auch mit anderen *Sinnen* erlebt werden kann: »Körper, Berührung, Tastgefühl, so irgendwie«[395]:

E »Sich die Hand zu geben oder wenn man sich besser kennt, auch in den Arm zu nehmen und sich zu sagen: ›Der Friede Gottes sei mit dir‹, find

---

391 Herwig Siebel, M 14
392 Vgl. M 5.12.14.18.21.
393 Vgl. M 10.12.20.21.
394 Johannes Müller, M 21
395 Herwig Siebel, M 14

ich eine sehr schöne Geste, auch für Kreise, die sich untereinander überhaupt nicht kennen.« (Joachim Gerster, M 5)[396]

Beiden entspricht aus diesen Gründen auch die Form, Brot und Wein untereinander weiterzureichen, mit der auch ein anderer Mann positive Erfahrungen gemacht hat:

E »Ich erinnere mich an Situationen, wo das Abendmahl in anderer Form gereicht wurde, wo durch das Weitergeben von Brot und Wein mir die Gemeinschaft, sagen wir ruhig mal die *Gemeinschaft der Heiligen,* doch sehr viel eindrücklicher vermittelt wurde als in den Augenblicken, wo jetzt jeweils der Austeiler die Dinge reichte und dann dem Nächsten gab.« (Herwig Siebel, M 14)[397]

Von einem der jüngsten Männer wird dagegen gerade dies, in der Art und Weise, wie er es erlebt hat, als äußerst problematisch geschildert:

E »Sonst find ich das manchmal einfach zu *starr,* das ist immer das gleiche, immer in der gleichen Form. Irgendwie ist das merkwürdig, wenn man so'n fremden Nachbarn hat, und dem muß man das nun 'rüberreichen und ihm also sagen: ›Blut für dich vergossen‹, oder wie auch immer. Einige sagen auch gar nichts, geben's einfach weiter und so. Das ist manchmal sehr peinlich. Das ist immer irgendwie so gespannt.« (Norbert Jäger, M 2)

Vielleicht ist es bei ihm die Scheu, das Ungeübte, vielleicht ist es auch eine Frage des Inhalts der Spendeformel. Festzuhalten ist, daß nur für einige wenige der interviewten Männer die Abendmahlsgemeinschaft ›lebendige Züge‹ hat, d. h. die Beziehung untereinander von besonderer Wichtigkeit ist. So ist in den Interviewaussagen auch an keiner Stelle ausdrücklich von Beziehungslosigkeit untereinander die Rede, sehr dezidiert aber von Anstellen und Warten und Gedrängel zum/beim Abendmahl, was als »enttäuschend und befremdend« erlebt wird:

E »daß es ja geradezu einen Dauerlauf oder einen Massenaufbruch aus den Bänken gibt ..., wie ein Vordrängeln« (D. Dreyer, M 6)[398]

E »mein Eindruck, daß da also auch eine gewisse Scheinheiligkeit

---

396 Gerhard Baum (M 20) äußert Bedenken: »Problematisch wird es für mich auch, wenn zu starke emotionale Effekte eingebaut werden: Der Friedensgruß z. B., da muß man vorsichtig sein, er kann auch Menschen ausgrenzen, die nicht die Möglichkeit haben, sich dauernd zu umarmen.«

397 Vgl. Joachim Gerster (M 5): »Für mich sind Abendmahlsfeiern besonders schön, bei denen der Kelch und das Brot weitergegeben werden ... nicht von vorne ..., sondern man sich in der Gemeinschaft untereinander Worte sagt ... im Kreis um den Altar«. Vgl. M 7.9.18.21.

398 Ähnlich Friedhelm Fischer (M 18): »Das *einzige,* was mich manchmal stört beim Abendmahl, wenn da die große Runde gebildet wird, daß ein Gedrängel entsteht«.

mitschwingt. Wir kennen ja auch alle die Menschen, die sich geradezu, ich sag mal, auf eine anormale Art und Weise zum Abendmahl drängen.« (Paul Kesselstein, M 22)

E »Die anderen Male, an die ich mich jetzt erinnere, da war es mir offen gestanden lästig, in einer Reihe zu stehen und irgendwann dran zu sein, so mit diesem Warteeffekt oder - syndrom! – Also hier wird ja meine ehrliche Meinung erbeten!« (Edzard Petersen, M 15)[399]

Es scheint, als wäre das Problem für manche Männer eher die ›Masse‹ Mensch beim Abendmahl und deren Verhalten, als, wie für viele Frauen, die Gemeinschaft der am Abendmahl Teilnehmenden und ihre Beziehung bzw. Beziehungslosigkeit untereinander, die Austeilenden eingeschlossen. So finden Männer Warten und Anstehen auch nur »lästig«, während Frauen es beklagen, vor lauter Abendmahlsroutine »als einzelner Mensch« nicht »beachtet« zu werden.[400]

Miteinander essen

Wie oben bereits erwähnt, ist dieser Aspekt des Abendmahls für nur *vier* Männer von Belang, für zwei von ihnen ist es das Element, was sie am Abendmahl am ehesten anspricht: »Das wirklich Positive daran: Daß jemand auf die Idee kommt, Leute um sich zu versammeln, um schlicht und einfach mit ihnen zu essen, weil das schön ist«, so der eine von ihnen, dessen Meinung nach kirchliche Abendmahlspraxis aber das »buchstäblich direkte Gegenteil von einem gemeinsamen Mahl« widerspiegelt: »eigentlich geht jeder für sich alleine dahin und wieder allein weg!«[401]. Eine Sicht, die keiner der anderen interviewten Männer ausdrücklich teilt.

2. SÜNDENVERGEBUNG ERFAHREN

Im Unterschied zu den Frauen ist für fast die *Hälfte* der Männer Sünden-vergebung im Zusammenhang des Abendmahls wesentlich, für einige ausdrücklich in Verbindung mit Sündenbekenntnis:

---

399 Vgl. auch M 1.7.
400 Vgl. M 15 – F 24
401 Christian Winter, M 10; Ähnlich Dieter Ginsterbusch (M 19): »Daß diese Abendmahls-feier eben mehr als ein gemeinsames Essen angesehen wurde, diese Auffassung war mir eigentlich die sympathischste.«; Vgl., wenn auch in der Akzentsetzung anders, M 14.20. Wenn Gerhard Baum (M 20) sagt: »Und die Mahlzeiten der Menschen miteinander haben sehr starke Kontaktmöglichkeiten … Da passiert mehr, ich denke, das wissen so die wenigsten, das ist etwas oder Animalisches oder sogar auch Sexuelles. Da passiert mehr, als daß man nur satt wird. … Und genauso ist das letztendlich auch beim Abend-mahl« (Zitat s. o. unter 1.2. Gemeinschaft mit Christus), bleibt vom Kontext her gesehen uneindeutig, auf wen sich die Gemeinschaft bezieht. Es spricht viel dafür, daß sie vor allem christologisch zu interpretieren ist.

347

* »Ich denke mal, daß eine Voraussetzung darin besteht: Ich muß einfach bekennen, daß ich Sünden begangen habe ... Es muß eine Offenheit da sein ..., ich habe da etwas falsch gemacht.« (Eberhard Holl, M 16)
* »Ich hoffe, daß, so wie die Kirche es bringt mit dem Abendmahl und so wie sie es verkündet und lehrt, daß also wirklich eine Sündenvergebung *stattfindet*! Und mir persönlich gibt es dann doch immer wieder etwas Kraft, zu *versuchen*, etwas weniger zu sündigen.« (Erich Godewind, M 11)
* »Häufig ist es auch so, daß ich während des Abendmahls Gott ganz still um Vergebung bestimmter Sachen bitte, für die ich mich schäme, daß ich sie gemacht habe.« (Detlev Dreyer, M 6)
* »Sündenvergebung – auch nachdenken, was ist gelaufen, wie ist es gelaufen, was hast du falsch gemacht oder wo bist du anderen Menschen gegenüber schuldig geworden, was mußt du bereinigen.« (Klaus Wege, M 7)
* »Für mich ist das Schuldbekenntnis so der wichtigste, oder ähnlich wichtig wie die Einsetzungsworte. Ja, mir Schuld, auch so eine grundsätzliche Schuld, einzugestehen, das halte ich für sehr entscheidend. Und es wird nicht immer konkret, sondern es ist oft so, daß ich, ja, eine Grundschuld bei mir weiß und von da ausgehend versuche, in meine Tiefe zu gucken und mich da berühren zu lassen ... Trennung von Gott und auch Trennung von mir passiert immer wieder, und das meine ich mit Grundschuld.« (Joachim Gerster, M 5)

Dazu kommt, daß in den Interviewaussagen der Männer nur vereinzelt in dieser Hinsicht von Negativerfahrung mit kirchlicher Abendmahlspraxis die Rede ist. Der Älteste erinnert sich an entsprechende Abendmahlsfeiern in seiner Jugend:

E »Vergebungsmahl – da hab ich eine schlimme Erinnerung von früher: Meine erste Erinnerung an das Abendmahl war ja die Konfirmation. Und nachher bin ich nicht wieder zum Abendmahl gegangen, weil das so eine Art Bußfeier war, dunkel, still und dadurch bedrückend.« (Theodor Martens, M 24)

Anders als in den Interviewaussagen von Frauen wird aber auch hier nichts von unmittelbar eigener existentieller Betroffenheit, von Schuldgefühl und Selbstwertproblematik, von Angst und Scham erkenntlich. Vergleichbares kommt nur bei einem einzigen Mann zum Ausdruck:

E »Das Abendmahl ›sich selbst zum Gericht‹ einzunehmen, solche Worte bedeuten *heute nichts* mehr für mich, aber *damals* haben die mich doch sehr erschüttert und sehr ins Nachdenken und auch Zweifeln gebracht. Es war z. B. so, wenn ich meinen Freund oder einen Mann mal geküßt hatte oder auch, also Sexualität hatte, mit einem Mann geschlafen hatte, daß ich mich dann *unwürdig*, geradezu vergiftet fühlte, dann das Abendmahl einzunehmen, weil ich dachte, ich kann es dann unmöglich tun, gerade auch bei der Form des sich gegenseitig Weitergebens, daß ich einen anderen noch durch mich gefährden könnte.« (Stephan Hoof, M 12)

Ist es in diesem Fall die Homosexualität, so ist es bei den Frauen ihr Sosein als Frau an sich, das sich mit dem Gefühl verbindet, unwert, unwürdig zu sein. D. h. auch dieser Vergleich macht offenbar, in welch umfassendem Sinn Frauen dazu neigen, sich schuldig zu fühlen bzw. in welchem Maße sie davon geprägt sind, für schuldig erklärt zu werden, und daß es von daher fast zur Überlebensfrage für viele geworden ist, sich davon zu befreien, auch im Blick auf das Abendmahl.

Und nicht zufällig ist es m. E. auch der schwule Mann, der sagt: »daß Abendmahl mit ... Schuld und Schuldvergebung zu tun hat, ist mir bis heute eher fremd geblieben« und der als *einziger* im Abendmahl vor allem die *Mensch*werdung Gottes feiern möchte und das Aufgerichtetwerden durch Gott. Statt Schuld und Vergebung spricht er von Versöhnung und in diesem Sinn von Neuanfang:

* »Im Zusammenhang mit Abendmahl wird ja von Verrat erzählt, daß Jesus von einem seiner Jünger verraten worden ist ... Aber angesichts dieses Furchtbaren, daß ein Mensch, eben auch ich, *verraten* kann, meinen liebsten Mann verraten kann, wird dieses Mahl als Versöhnungsmahl gefeiert, daß Gott uns Menschen einen Neuanfang schenkt und die verratene Liebe in der Abendmahlsfeier wieder heilt.« (Stephan Hoof, M 12)

Insgesamt gesehen gilt: auch da, wo der Vergebungsaspekt für die eigene Person nicht im Vordergrund steht, bleibt es wichtig, daß das Abendmahl »auch Vergebungsmahl ist oder sein kann«. So erinnert sich z. B. der Seelsorger an eine ganz konkrete Situation, in der es ihm unmittelbar nahelag, auf das Abendmahl als Vergewisserung der zugesprochenen Vergebung hinzuweisen: »so gewiß, wie Sie ein Stück Brot essen und einen Schluck Wein trinken, so gewiß ist das weg!«[402] Und selbst wenn das Bedürfnis nach Sündenbekenntnis und Vergebung im Blick auf die eigene Person nicht gegeben ist, sicher ist sicher:

* »Ja, jetzt müßte man da noch zusätzlich sagen, daß es ja zur Vergebung der Sünden ist. Und das setzt aber immer voraus, daß man auch Sünden bekennt und daß man sich da auch bewußt ist, gesündigt zu haben und das Bedürfnis hat auf Vergebung. Und ich wüßte jetzt kein konkretes

---

402 Theodor Martens, M 24

Erlebnis, wo ich jetzt schuldbeladen dahingegangen bin und das Abendmahl mich da richtig erlöst hat. Sondern es ist, wenn ich jetzt ganz ketzerisch sage, wie 'ne *Schutzimpfung*, wo man so sagt: Man hat bestimmt Sachen gemacht, die nicht in Ordnung sind, und wenn man an die Bergpredigt denkt, sind da sicher 'ne ganze Menge dabei, – daß es also nicht schadet!« (Friedhelm Fischer, M 18)

So ist es auch alles andere als eine grundsätzliche Anfrage an das Verständnis des Abendmahls im Sinne von Sündenbekenntnis und Vergebung, sondern eine Absage im Blick auf die eigene Person, wenn einer der Männer abschließend anmerkt: »Mir *persönlich* würde nichts fehlen, nichts fehlen! Weil ich der Auffassung bin, ich kann mit Gott auch auf meine Art ins reine kommen, durch Gebet, durch Bekennen. Dazu brauch ich nicht 'ne seelische Krücke, so will ich es mal bezeichnen, um mir Mut zu machen, etwas zu vollziehen, etwas mitzumachen, vielleicht auch mit zu gestalten.«[403]

3. MIT ALLEN SINNEN SELBST BETEILIGT SEIN

Für ein *Drittel* der Männer ist von Bedeutung, daß beim Abendmahl alle Sinne angesprochen werden[404], daß etwas *greifbar* wird:
* »Es ist etwas Objektives, man kann es anfassen. Die Liebe Gottes kann man nicht immer anfassen. Man vermißt sie manchmal, weil man sie nicht so in seinem Inneren findet. Aber das Abendmahl ist etwas Objektives, und das braucht man manchmal.« (Martin Ott, M 3):
* »Was ich heute damit verbinde ist im Prinzip, daß Glauben auch greifbar gemacht wird, daß er nicht nur im Kopf existiert, sondern daß auch etwas Körperliches, Physisches vorhanden ist.« (Enno Rosenau, M 8),

Daß es um *ganzheitliche* Erfahrung geht:
* »Ich bekomme gerne den Wein, oder ich nehme gerne einen Schluck Wein und kann mit der intinctio nicht so viel anfangen, weil es für mich auch um *Schmecken* und um *Gerüche* und um Fleisch geht oder um *Fleischliches* oder in's Fleisch Kommen oder, ja, daß es wirklich nicht nur um Geistliches geht!« (Joachim Gerster, M 5)

Für einige ist es die Möglichkeit, selbst *aktiv* werden zu können, die sie im Abendmahl gegeben sehen: »Nicht abgefrühstückt werden, die Hostie, den Kelch selbst in die Hand nehmen«[405], »der einzige Moment im Gottesdienst«, wie betont wird von einem der 17 Jährigen, der, mit dem Verweis darauf, einen Gleichaltrigen zum Abendmahl einladen würde:

---

403 Eberhard Holl, M 16
404 M 3.5.8.12.14.15.18.20.
405 Dieter Ginsterbusch, M 19

* »Auf jeden Fall würde ich ihn versuchen, dazu zu überreden, weil es einfach ein besonderes Erlebnis ist, weil es der einzige Moment im Gottesdienst ist, wo man wirklich etwas aktiver ist als immer nur zu singen und zuzuhören!« (Norbert Jäger, M 2)

Das Essen und Trinken ist für ihn auch *nur* insofern von Bedeutung:

* »Essen und Trinken ist für mich eigentlich, naja, es muß ja was gemacht werden beim Abendmahl, daß man sich das besser vorstellen kann, so als Unterstützung vielleicht, als Erinnerungshilfe« (Ders.),

denn »sonst ist die Teilnahme am Gottesdienst ein bißchen sehr passiv«[406]:

* »Das ist sicherlich einmal eine der Handlungen, wo ich *miteinbezogen* bin. Es ist nicht nur so wie bei der Predigt, anhören oder weghören«. (Herwig Siebel, M 14)

4. ABENDMAHL ALS DAS BESONDERE

Für einige wenige Männer verbindet sich mit dem Abendmahl auch die besondere Erfahrung, dies zum einen auf *frühe* Erfahrungen bezogen:

E »Wie ich Jugendlicher war, war das Abendmahl noch mit Knien und Wein. Und da war das noch was Neues und hatte eben auch einen sehr starken Symbolcharakter für mich, so daß es sehr in mein Innerstes reinging, also sehr große Bedeutung hatte« (Friedhelm Fischer, M 18)[407],

zum andern aber auch auf die Abendmahlserfahrungen in der *Gegenwart*:

* »Es ist auch das Geheimnis, das Zeichenhafte, das Sakramentale an diesem Abendmahl, was eine Tiefe hat, die 'ne Predigt überhaupt nicht haben muß, und wenn, dann auch auf einer ganz anderen Ebene. Insofern kann das Abendmahl nicht ersetzt werden durch andere Teile im Gottesdienst, überhaupt nicht! ... Das ist nichts Greifbares für mich, das meine ich mit Geheimnis und mit heilig ..., nicht ganz dahintersteigen können und doch erfahren, daß was mit dir passiert, daß was geschehen ist!« (Joachim Gerster, M 5)

Die besondere Bedeutung bezieht sich für diesen Mann aber ebenso unmittelbar auf die eigene Person, auf die Selbsterfahrung:

* »Mir ist noch wichtig zu sagen, daß ich beim Abendmahl *klein* sein darf, klein sein, mich ganz klein machen, mich ganz klein fühlen, mich

---

406 So Lothar Gutmann (M 13), für den es mit dem Abendmahl um das aktive Bekennen geht: »Okay, ich gehöre dazu.« Der aber sofort hinzufügt: »Das könnte auch in einer anderen Form geschehen.«

407 Vgl. auch Lothar Gutmann (M 13): »... nachher schwächt sich das sicherlich sehr stark ab. Und es gehört halt eben dazu«.

auch manchmal ganz beschissen fühlen und nicht mehr groß spielen muß, selbstbewußt auftreten muß, etwas produzieren muß an Gedanken, Fragen, sondern einfach so sein kann, wie ich bin!« (Ders.)

Eine vergleichbare Äußerung findet sich in den Interviewaussagen der anderen Männer nicht. Aber auch hier muß der Unterschied zu den Aussagen von Frauen in's Auge fallen, nicht von klein-sein *dürfen* ist dort die Rede, sondern von der Erfahrung, klein *gemacht* zu werden, sich klein vorzukommen und eben *das* nicht (mehr) wollen.[408] – Für einen anderen hat sich das Wunderbare der Ersterfahrung mit dem Abendmahl durchgehalten:

E »Und da hab ich gemerkt, was auch so geblieben ist, daß Abendmahl für mich mit sehr viel Wunderbarem zu tun hat. Und daß diese Lehre oder dieses Geheimnis, daß Wein und Brot sich verwandeln, wie auch immer, – ich weiß, daß es da viel theologischen Streit auch gibt –, aber daß es verwandelt wird, das hat mich so erschüttert! ... Es muß gerade durch Gott und von Gott her und eben besonders durch das Abendmahl, vom Abendmahl her etwas von Verwandlung des Menschen, des Mensch-seins auch, geben! ... Ich habe das eigentlich sehr häufig so in dieser Weise wiedererlebt.« (Stephan Hoof, M 12)[409]

Für ihn und einige – wenige – andere hat Abendmahl immer auch *Fest*charakter, ist schön[410] und Grund zum Dank, wie einer von ihnen betont: »Das Ganze ist für mich Eucharistie, Dank, weil Gemeinschaft, darum Dank!«[411]

Darüber hinaus nennen manche auch das Moment der Stärkung durch das Abendmahl[412] und den persönlichen *Zuspruch*[413] beim Abendmahl als sie besonders tangierend:

* »daß der Pastor, oder wer auch immer da spricht, mich irgendwie noch *näher* anspricht als im Gottesdienst, da wendet er sich immer so allgemein an die Gemeinde.« (M 2)

Ein Mann, der als Erwachsener konfirmiert wurde und zum ersten Mal am Abendmahl teilnahm, kommt am Ende des Interviews ausführlich darauf zu sprechen:

E »Das war für mich, ich kann das gar nicht beschreiben, deswegen versuchte ich vorhin auch immer das Beispiel ›eine Eidesformel

---

408 Joachim Gerster (M 5), s. o.
409 Zu »Verwandlung« vgl. Joachim Gerster (M 5), der aber nicht im einzelnen darauf eingeht.
410 Vgl. M 5.12.20.21.24.
411 Theodor Martens, M 24
412 Vgl. M 2 (Zitat s. o. unter Stimmen). 3.5.11.24.
413 Vgl. M 2.21.22.

sprechen‹ heranzuziehen, da ist man ja auch irgendwo berührt: Mensch, jetzt mußt du aber vorsichtig sein, was jetzt anschließend kommt. Und ähnlich erging es mir dort auch. Das war ein ganz, ganz *seltsames* Gefühl, was ich später *nie* wieder so erlebt habe: Aber als er nach dem Abendmahl die *Hand* auf meinen Kopf legte, wir knieten da, fünf oder sechs Hanseln, nicht auf jeden, ausgerechnet bei mir, und dann ließ er einen aus oder, weil er dann so stehen konnte mit den ausgestreckten Händen. Das war für mich ein ganz seltsames Gefühl. Ich fühlte mich *berührt*, ja!« (Eberhard Holl, M 16)

Daß auch Männer mit dem Abendmahl ganz konkrete Erwartungen im Blick auf die eigene Person und den eigenen Alltag verbinden können und wie sehr auch ihnen die *Enttäuschung* zu schaffen machen kann, bringt *einer* von ihnen zur Sprache:

* »Für mich liegt eigentlich der *Kern* des Abendmahls, das ist er sicher nicht nach allgemeinem theologischen Verständnis, in der *Sendung*, mit der das Abendmahl abschließt. Das dauert aber immer nur, das hält nicht an. Und das ist mein ganzer Kummer (weint).« (Paul Kesselstein, M 22)

Im Zusammenhang damit ist sicherlich auch die grundsätzliche Skepsis zu hören, die von dem selben Mann an anderer Stelle des Interviews geäußert wird:

E »Aber ich möchte noch sagen: Daß das Abendmahl doch, ich sag jetzt mal bewußt, eine Veranstaltung ist, die eigentlich nur für den ›*inner circle*‹ der Gemeinden und der Kirchen, zwar nicht da ist, aber sich wohl doch nur dem *erschließt*. Denn Menschen, die ein bißchen ferner stehen oder nicht ganz eingebunden sind in die Kirche oder in den Gottesdienst, also, nicht ganz regelmäßige Besucher des Gottesdienstes sind, da macht man ja auch die Beobachtung, daß sie sich fernhalten vom Abendmahl. Das Abendmahl ist so ein bißchen der *Prüfstein*, sage ich mal, wer so *ganz* dazugehören will und wer da *irgendwo Vorbehalte* hat!« (Paul Kesselstein, M 22)

Etwas davon klingt auch in der Schlußbemerkung eines jungen Mannes an, der seit langem nicht mehr an einer Abendmahlsfeier teilgenommen hat:

E »Da, wo es mir hätte erklärt werden müssen mit dem Abendmahl, ich denke mal, daß das zu früh war, im Konfirmandenunterricht. Ich bin damals zu jung gewesen. Wesentlich später wäre die Auseinandersetzung damit sinnvoller. Die Problematik ist für mich: Ich bekomme es erklärt – Ich bin noch zu jung, ich trenne mich von der Kirche! Später wieder Zugang zur Kirche zu finden, ist *sehr* schwer! Es läuft ja doch alles über den Gottesdienst. Wie man in die Gruppen und Kreise reinkommen kann, weiß ich nicht. Die kommen mir vor wie *Geheim-*

logen. Ich müßte mich selbst intensiv bemühen. Die Kirche selbst macht es mir schwer. Wo ist denn unser Pastor im alltäglichen Leben? Er ist nicht präsent!« (Enno Rosenau, M 8)
Eine Stimme, die innerhalb von Kirche nur selten gehört wird, vielleicht weil tatsächlich zu selten der kirchliche Binnenraum verlassen und nach draußen gegangen wird. Die Interviews stellen insofern eine Chance dar, drinnen und draußen zu überschreiten, hinzuhören.

4.4. Vergleichende Zusammenfassung und Kommentierung der Aussagen von Frauen und Männern

Abendmahl feiern heißt für *Frauen*, es gemeinsam feiern, – über Grenzen hinweg und auf einer Ebene. Abendmahl feiern heißt, das empfangen und miteinander teilen, was befreit leben läßt und Hoffnung gibt. Abendmahl ist Gemeinschaftsmahl. Und diese Gemeinschaft mit möglichst vielen Sinnen erleben zu können, ist für viele Frauen ebenfalls ein wesentlicher Gesichtspunkt. Grundlegend aber ist dabei für die überwiegende Mehrzahl die *Gottes*erfahrung: Abendmahl als Konkretion und Intensivierung der *Gottesbeziehung*, grenzüberschreitend, lebensbejahend und lebenser-möglichend.[414]
Dementsprechend geht es auch um den Rückbezug auf die konkrete Geschichte des konkreten Menschen *Jesus von Nazareth*, sein Leben, seinen Tod und seine Auferstehung. Ob jesuanisch oder christologisch ausgerichtet, die Aussagen der einzelnen Frauen stimmen darin überein, daß die eigene Erlebensebenc von entscheidender Relevanz ist für das, was von Bedeutung ist. Das eigene Leben in diese *Lebens*-Geschichte *aus-sichtsreich* hineinverwoben zu sehen, darin liegt für die meisten Frauen die sinnenfällige Bedeutung des Abendmahls. Und auch für vier der fünf Frauen, für die die Geschichte Jesu von Nazareth nur relativ von Bedeu-tung ist, ist es der Lebens- und Auferstehungshorizont, der im Abendmahl als Begegnung mit Gott und Göttlichem im Vordergrund steht.[415]
Insgesamt gesehen fällt auf, daß von der Heilsbedeutung des Todes Jesu

---

414 Wie sehr dieser theologische Aspekt im Vordergrund stehen kann, zeigt sich z. B. darin, daß Theodora Adam (F 4) den Bekenntnischarakter, den das Abendmahl für sie auch hat, so zusammenfaßt: »Diese Schritte nach vorne zu gehen und irgendwo dann auch aufzufallen da vorne, das ist mir wichtig. Ähnlich wie ich in anderen Situationen sage: Ja, ich glaube an Gott!«; Ähnlich wichtig ist das nach vorne Gehen auch für Elisabeth Ammerstein (F 24): »Ich trete ja heraus aus der Gemeinde, ich treffe eine Entscheidung, nochmal meinen Glauben zu bekunden. Deswegen ist es mir auch wichtig, daß es vor dem Altar ist.«; Vgl. auch F 18
415 Vgl. dazu den Tenor der Aussagen in F 7.11.12.15., Zitate s. o.

in keinem einzigen Interview losgelöst von Auferstehung und/oder Leben Jesu die Rede ist und die Opfer- und Sühnevorstellung in diesem Zusammenhang nur für zwei Frauen von Belang ist.[416] So vielfältig die Aussagen sind, eindeutig ist, daß es für die interviewten Frauen der *Lebens-, Hoffnungs-* und *Auferstehungshorizont* ist, der von Bedeutung ist, und die *Leibhaftigkeit* der Erfahrung hier und jetzt.

Daß es die Beziehungsebene ist, die Leibhaftigkeit der Erfahrung, die schöpfungstheologische wie befreiungstheologische Akzentsetzung, stimmt überein mit wesentlichen Anliegen Feministischer Theologie: »Abendmahl als Gemeinschafts-, Erinnerungs-, Schöpfungs- und Sinnenmahl und als Zusage unseres endlichen und endgültigen Heil-Seins«[417], wie mit der Intention frauenliturgischer Entwürfe, wenn dort z. B. davon ausgegangen wird: »Es ist das Anliegen vieler Frauen, diese ganzheitliche Form der Mahlfeier Jesu wieder zu entdecken und zu gestalten, um das Fest der Hoffnung und der Freude Gottes wirklich ›mit allen Sinnen‹ feiern zu können«[418]. *Anders* aber als in manchen oben dargestellten feministisch-theologischen Re-Visionen des Abendmahls bleibt die Geschichte Jesu von Nazareth für die meisten Frauen von *einzigartiger* Bedeutung und umfaßt der Rückbezug auf sein Leben für viele auch die Dimension von Auferstehung *über* den Tod hinaus. Auch hier zeigt sich damit, daß wohl von – wechselseitigen! – Auswirkungen die Rede sein kann, nicht aber von einseitiger Beeinflussung der Frauen durch Feministische Theologie. Aufgrund der Bedeutung, die das Abendmahl für die interviewten Frauen hat, spricht für die meisten von ihnen alles dafür, Abendmahl zu *feiern,* für viele gerade deshalb aber auch, es *unbedingt anders* feiern zu wollen. Mit den Worten einer der jungen Frauen gesagt: »Der Begriff der ›Feier‹ ist mir sehr wichtig, weil es ja etwas *Schönes* sein soll, etwas *Befreiendes,* vor allem etwas *Beglückendes,* was in allem ja zu kurz gekommen ist«[419].

Daß über die Hälfte der Frauen (17) auf bedrückende oder enttäuschende *Erst*erfahrungen mit dem Abendmahl zu sprechen kommen, die ihnen immer noch nachgehen, und fast alle Frauen (27) auch von *gegenwärtigen* negativen Erfahrungen berichten, die sich für 18 Frauen auf die inhaltliche Ebene beziehen, unterstreicht dies. Dazu kommt, daß 23 von ihnen von

416 Vgl. F 2.28.; Vgl. Zum Themenkomplex »Opfer und Sühne«
417 Elisabeth *Moltmann-Wendel*, Mein Körper, S. 75f; Vgl. u. a. A.V.3.1./3.2.
418 So Brigitte *Enzner-Probst*, S. 125; Vgl. auch Heidi *Rosenstock*/Hanne *Köhler*: »Die Nähe Gottes in Brot und Wein zu erfahren und die geschwisterliche Gemeinschaft im Teilen zu erleben, dazu laden wir mit Gebet und Meditation ein«, S. 151.
419 Theodora Adam, F 4

positiven Erfahrungen mit *anderen* Formen berichten (16 Frauen *betont*[420]), während sich die Negativerfahrungen, bis auf zwei Ausnahmen[421], ausschließlich auf die herkömmliche Abendmahlspraxis der Ortsgemeinde beziehen.[422] Von daher bestätigen die Äußerungen der Frauen auch in dieser Hinsicht, was feministisch-theologisch, so oder ähnlich, im Blick auf Abendmahl angemerkt wird: »Ein Grauschleier von Tod, Abschied, Opfer – Bilder, die nicht aufrichten, sondern bedrücken, Schuldgefühle wecken und den Menschen klein halten – ist für eine wachsende Zahl von Menschen mit diesem wichtigsten Ritual der Christenheit verbunden«[423]. Umso bemerkenswerter ist es, daß Frauen *trotzdem* Abendmahl feiern wollen und es auch *tun*. Daß dies für viele aber mit einem hohen Maß an hermeneutischer Leistung verbunden ist, im Sinne von: »Ich bin eine Frau! Und meine eigene Dolmetscherin! In wie vielen Gottesdiensten habe ich schon gesessen und in Gedanken übersetzt«[424], hat sich immer wieder gezeigt und damit auch, in welchem Maße sich Frauen von Theologie und Kirche alleingelassen fühlen, – in welchem Maße sie von Theologie und Kirche alleingelassen *werden*.

Für die meisten *Männer* ist dies anders. Fraglos trifft für die meisten zu, was einer von ihnen vermutet: »wer in die Kirche geht oder gerade zum Abendmahl, der sucht ja doch irgendwie, – vielleicht gibt er es auch nicht so gerne zu oder nicht so offen zu oder nicht so *ganz* zu, wie ich –, aber man sucht ja doch irgendwie Hilfe und Gemeinschaft! Und ich meine, ansonsten wäre man Atheist, dann brauchte man das Ganze gar nicht.«[425]. Erstaunlich daran ist, daß selbst Männer, die seit langem *nicht* mehr am Abendmahl teilnehmen, sich von seiner Bedeutung so überzeugt zeigen, daß sie entweder keinerlei Bedarf äußern, in Abendmahlsverständnis und Abendmahlspraxis auch nur irgend etwas zu verändern[426] oder einer von ihnen sich »die Möglichkeiten dieses highlights kirchlicher Aktivitäten« nur »einfach moderner, schöner ..., besser verkauft«

---

420 Vgl. F 4.5.7.10.11.12.13.14.16.17.18.20.21.24.26.28.

421 In F 16.28. ist davon die Rede, daß das Feierabendmahl auf Kirchentagen als zu »salopp«, bzw. »lässig« erlebt wurde.

422 Vgl. F 1.3.5.7.8.10.13.14.15.16.17.18.19.20.23.24.26.

423 Elisabeth *Moltmann-Wendel*, Mein Körper, S. 74f; Vgl. u. a. Luise *Schottroff*, Das Kreuz, S. 25f;

424 Susanne *Hiller-Richter*, in: Britte Enzner Probst/A. Felsenstein-Roßberg (Hg.), S. 15

425 Erich Godewind, M 11

426 Vgl. Enno Rosenau (M 8): »Ich meine, in der Form, wie es stattfindet, ist es eigentlich schon sehr deutlich« oder Eberhard Holl (M 16): »Also, ich denke mal, so wie ich es kenne, ist es nach meinem Dafürhalten auch ausreichend. Ich könnte mir nicht vorstellen, was man dort noch verändern sollte.«

wünscht[427]. Ähnliches gilt aber auch für Männer, die *regelmäßig* zum Abendmahl gehen. Grundsätzlich gesehen besteht auch für sie keine Notwendigkeit für Veränderungen, und wenn, dann nur in Gestaltungsfragen: »Inhaltliche Änderungen eigentlich nicht«[428], aber »eine gewisse Freizügigkeit in einem Rahmen«[429] oder mit den Worten eines der jüngeren Männer: »wo inhaltlich die Sachen, die in der Agende vorgegeben sind, schon enthalten sind, aber in einer lockereren Form gefeiert werden«[430]. Nur vereinzelt wird auch anderes laut, so in der unverblümten Äußerung eines der beiden Siebzehnjährigen: »Manchmal verstehe ich nicht so ganz, warum das überhaupt noch gemacht wird ... Also, ich weiß manchmal selber nicht genau, was das Abendmahl bei mir bewirken soll und bewirkt«[431]. Er ist auch der einzige, der davon spricht, daß Abendmahl erklärt werden müßte: »daß man nicht immer nur einfach so einen formelhaften Text runtersagt, wo viele nicht mehr so viel von haben«.[432] Und singulär ist auch der Wunsch, der den Aussagen vieler Frauen am nächsten ist: »Daß dieser ganze Themenkomplex Opfer und Sühne und Tod usw., daß der ein bißchen zugunsten des Lebens in den Hintergrund gedrängt wird«[433].

Aber auch hier ist nur von einem »bißchen« die Rede, während in den Äußerungen der Frauen der Wunsch nach Lebensbejahendem im Abendmahl etwas Unbedingtes hat: »Ich möchte es lebensvoller, ich möchte es bejahender, nicht so demütig sondern mehr aufrichtend haben, das ist es!«[434]. – Daß die von Männern und Frauen genannten Bedeutungsaspekte bei aller individuellen Unterschiedlichkeit grundlegende Gemeinsamkeiten aufweisen, die sich geschlechtsspezifisch zuordnen lassen, hat die Auswertung der Interviewaussagen oben im einzelnen gezeigt.

Überblickartig ist an je *eigener* **Akzentsetzung** von **Frauen** und **Männern** festzuhalten:

1. Für Männer wie Frauen ist Abendmahl mit konkreter, subjektiver *Gotteserfahrung* verbunden, wobei die Aussagen weitgehend geprägt sind von einer personalen Gottesvorstellung. *Nähe* ist die Kategorie, die in

---

427 Edzard Petersen, M 15

428 Herwig Siebel, M 14

429 Johannes Müller, M 21

430 Klaus Wege, M 7; Zu dem Wunsch nach mehr Ungezwungenheit vgl. auch M 2.4.5.11.15.22.; wobei Paul Kessselstein (M 22) einschränkend betont: »nicht so ganz frei ... und nicht so ganz locker«.

431 Norbert Jäger, M 2

432 Auf seiten der Frauen wird auf diesen Erklärungsbedarf verwiesen in F 2.28.

433 Christian Winter, M 10

434 Sophie Mangold, F 25; Vgl. F 4.5.11.12.17.19.20.26.27.

diesem Zusammenhang für beide gleichermaßen zutrifft, gleichermaßen auch mit Gott als Genitivus subjectivus wie objectivus. Verbindet sich diese Nähe für Frauen im Sinne von Gemeinschaft mit Gott eher mit Begegnung und *Bezogensein*, geht es für Männer stärker um Nähe im Sinne von *Verbindung* und Verbundensein. Während Männer die Nähe Gottes in diesem Sinn fast ausschließlich selbst-bezogen, solitär, er-fahren[435], beziehen Frauen stärker von vornherein die Gemeinschaft untereinander mit ein. Dazu kommt die Beobachtung, daß Männer mehr oder weniger ausdrücklich auf das situative Erleben konzentriert blei-ben[436], während sich für Frauen die Gotteserfahrung mit den ihnen genuinen Kategorien:»Reich Gottes, Schöpfung, Leben« über die konkrete Abendmahlssituation hinaus auf Alltag und Zukunft hin entfaltet.

2. Die *christologische* bzw. *jesuanische Rückbindung* des Abendmahls halten die meisten Männer wie Frauen für essentiell von Bedeutung, und im Unterschied zu den Frauen wird die Ausschließlichkeit dieser Rückbindung von keinem der *Männer* in Frage gestellt. Während Abendmahl für die meisten von ihnen in erster Linie *Rückblick* ist und *Erinnerung*, vor allem an das letzte Mahl Jesu mit den Jüngern und seinen Tod, ist Abendmahl für *Frauen* stärker mit dem Blick auf das *Leben Jesu* verbunden und dem Ausblick über den Tod hinaus auf die *Auferstehung*. Sehen die meisten Frauen von vornherein von einer Deutung des Todes Jesu und einem Abendmahlsverständnis im Sinne traditioneller Sühne- und Opfertheologie ab, nehmen viele Männer sie wie selbstverständlich für ihr Abendmahlsverständnis auf.

Darüber hinaus fällt auf, daß die Kategorie »*Gemeinschaft*« im Sinne von Bezogensein/Beziehung, die für Frauen *theo*-logisch von Belang ist, bei Männern *christo*-logisch gesehen von Bedeutung wird. Daß hier Ge-schlechtsspezifisches insofern eine Rolle spielt, daß Männer noch stärker als Frauen dazu neigen, vom Mannsein Jesu bewußt oder unbewußt auf ein Mannsein des gegenwärtigen Christus zu schließen[437], was für Männer bedeutet, daß sie in einer personal verstandenen Beziehung zu dem gegenwärtigen Christus imgrunde doch ›bei sich bleiben‹ können, ist

---

435 Bis hin zu der Aussage von Detlev Dreyer (M 6): »daß ich mit Gott ganz allein bin in dem Moment« oder Norbert Roth (M 9), der von Abendmahlsformen erzählt, »die mir persönlich sehr gut getan haben ..., daß wir halt einfach miteinander beten und jeder, dem zu einem bestimmten Zeitpunkt danach ist, der geht zu einem kleinen Altar ... und nimmt selbst Brot und Wein«.

436 Vgl. Konnotationen wie: »Jetzt ... in diesem Moment ... in dieser Situation«.

437 Daß von zwei Männern in fast identischer Formulierung gesagt werden kann:»Christus war ja nun mal ein Mann« (M 11.16), ist m. E. nicht zufällig.

eine Vermutung, die sich m. E. in diesem Zusammenhang aber durchaus naheliegen kann. – Insgesamt gesehen verbindet sich die sakramentale Bedeutung des Abendmahls christologisch gesehen für Frauen eher mit dem Leben Jesu und der Auferstehung als Überwindung des Todes und für Männer eher mit der Heilsbedeutung des Todes Jesu und der Gegenwart Christi.

3. Für fast alle interviewten Frauen und Männer ist die *Gemeinschaft untereinander* von Bedeutung. Während sie in den Aussagen der Männer aber eher als Gegebenheit, als Zusammengehörigkeit an sich konstatiert wird, konkretisieren Frauen, was sie unter Abendmahlsgemeinschaft verstehen, was sie vermissen und wie sie sich die Gemeinschaft beim Abendmahl wünschen. Daß die Gemeinschaft beim Abendmahl grenzüberschreitend ist, ist Konsens in den Aussagen von Frauen wie Männern, wie auch der Verweis darauf, daß ein wesentlicher Ausdruck der Gemeinschaft beim Abendmahl das gemeinsame Tun ist. Von *Frauen* wird dabei aber das Moment der Kommunikation und die *leibhafte Interaktion* in den Vordergrund gestellt, das ganzheitliches Gemeinschafts*erlebnis,* während die meisten *Männer* die *eigene* Aktion und das Gemeinschafts*verhalten* betonen.

Von wesentlicher Bedeutung ist für viele Frauen, was für die meisten Männer gar kein Thema ist: die Gleichwertigkeit aller Teilnehmenden, die jede Hierarchie, auch die des Amtes, ausschließt.[438] Und damit zusammenhängend ist die *neue Gemeinschaft* von Frauen und Männern für sehr viel weniger Männer als Frauen im Zusammenhang des Abendmahls von Belang.

4. Abendmahl ist von Bedeutung für Glauben und Leben, ganz *individuell* und subjektiv, das gilt für die Mehrheit der Frauen wie der Männer. Für Frauen wie Männer verbindet sich Abendmahl mit *Gabe:* konkret etwas zu hören, zu schmecken bekommen, was gut tut, hilft, löst, neu anfangen läßt. Und es geht Männern wie Frauen um ein Betroffensein mit allen Sinnen, wobei aber die sinnliche, leibhafte Erfahrung für *weit* mehr Frauen als Männer von Bedeutung ist.[439] *Genuine Kategorien* in den Aussagen

---

438 So hält auch nur *ein* Mann es ausdrücklich für vorstellbar, das Abendmahl ohne Ordinierte auszuteilen: »Von Jesus aus gesehen ist, glaube ich, wenn Abendmahl stattfindet, die Anwesenheit eines Pastors oder einer Pastorin nicht essentiell. Aber das ist eines Tabus, was noch existiert. Es gibt eine Scheu der Laien, untereinander Abendmahl zu feiern. Ich halte diese Scheu für überflüssig«, so Johannes Müller, M 21.

439 So beschreiben 13 Frauen (F 6.7.10.11.12.14.16.19.20.21.22.24.27. ausdrücklich *Gesten,* die für sie wichtig sind, – vom Brotbrechen bis zum leibhaften Friedensgruß und der Segensgeste– dagegen aber nur drei Männer (M 5.12.16.): Leibhaften Friedensgruß – Einladende Geste, »Die Herzen in die Höhe« begleitend – Handauflegen.

von *Frauen* sind »*Leben*« und »*Befreiung*«, in den Aussagen der *Männer* »*Sündenbekenntnis*« und »*Vergebung*«. Und während von Männern nur ganz vereinzelt Abendmahl ausdrücklich mit Hoffnung und Zukunft in Zusammenhang gebracht wird, ist dieser Aspekt für viele der Frauen, unabhängig von ihrem Alter, von ausschlaggebender Bedeutung.

5. Daß diese Akzentsetzungen nicht zuletzt auf dem Hintergrund der je spezifischen *Erfahrungen* mit dem Abendmahl zu verstehen sind, gilt für Frauen wie Männer. Entsprechen sich die positiven Erinnerungen an frühe Abendmahlserfahrungen noch in etwa, sind die Negativerfahrungen von Frauen eklatant anders und existentieller als die der Männer.[440] Wenn sich auch feststellen läßt, daß es vor allem die Frauen der mittleren und älteren Generation sind, deren frühe Abendmahlserfahrungen sich mit Gefühlen von Minderwertigkeit, Schuldbewußtsein und Angst koppeln, so ist doch zu bemerken, daß Männer vergleichbaren Alters, d. h. angesichts vergleichbarer Akzentsetzungen kirchlicher Abendmahlspraxis, bis auf eine Ausnahme[441], *nichts* Entsprechendes äußern. Auffallend ist auch, daß die Erfahrungen jüngerer Frauen, in denen von Erwartungen und Enttäuschungen die Rede ist, bei Männern vergleichbaren Alters keinerlei Entsprechung finden.

Die *Erst*erfahrung von Männern läßt ihnen das Abendmahl eher »merkwürdig«[442] vorkommen, als bedrohlich und desillusionierend. Und auch für ihre negativen Erfahrungen in der *Gegenwart* gilt, daß sie zum einen wie viele der Frauen die Abendmahlsgestaltung als zu steif und starr und ernst erleben, zum andern aber anders als viele Frauen, bis auf zwei Ausnahmen[443], nicht mit Angst/Enttäuschung/Demütigung/Klein sein, – gemacht werden/Scheu[444] oder mit Ärger/Wut/Abwehr/Widerstand ver-

---

440 Ein auffälliger Unterschied ist, daß nur *acht* Männer (M 2.4.9.12.19.14.21.24.) auf *negative* frühe Erfahrungen mit dem Abendmahl verweisen, aber 17 Frauen! S. o.

441 Nur die Erfahrungen von Stephan Hoof (M 12) lassen Vergleichbares anklingen, s. o.

442 Vgl. die Konnotationen: »merkwürdig, nicht zeitgemäß, altfränkisch, mystisch, rätselhaft«.

443 Vgl. Stephan Hoof (M 12); Joachim Gerster (M 5) kommt auf ein Erlebnis zu sprechen, das für ihn »bedrohlich« und »schrecklich« war, insofern er sich einem sehr viel größeren Pastor gegenüber sah, der das Abendmahl austeilte, und er den Eindruck hatte, er »würde sich klein machen vor diesem Menschen«. Bezeichnend für das unterschiedliche Selbstverständnis von Männern und Frauen scheint mir, daß hier das Kleinmachen als eigene *Aktion* erfahren wird, während eine junge Frau (Ulrike Jeremias, F 6) ungefähr gleichen Alters das gleiche völlig anders erlebt und deutet, nämlich als *Passion*: »Der es mir so vor Augen stellt, daß ich davor ganz klein werde ..., da muß ich in den Boden versinken«.

444 Vgl. F 7.17.24.4.18.28.6.17.12.26.

bunden[445]. Vielleicht suchen Männer auch von daher weniger nach anderen, offeneren Formen von Abendmahlsfeiern, jedenfalls sprechen nur acht davon[446] und kein einziger Mann so, daß sie für ihn das einzig mögliche an Abendmahlspraxis darstellen.

Fazit: So individuell verschieden die Aussagen von Frauen und Männern auch sind, es lassen sich Tendenzen und Akzente aufzeigen, die sich, insofern sie generationenübergreifend und unabhängig von Lebenshintergrund und kirchlicher Sozialisation sind, am ehesten geschlechtsspezifisch verstehen und deutlich werden lassen, daß und in welcher Weise Männer und Frauen das Abendmahl unterschiedlich erleben und deuten. Insgesamt gesehen läßt sich im Blick auf die Aussagen zur Bedeutung des Abendmahls auf dem Hintergrund der Erfahrungen mit dem Abendmahl sagen: *Männer* zeigen sich unabhängiger von dem, was sich um sie herum tut, sie bleiben unbeirrter bei sich und bei der Sache und fügen sich Vorgegebenem eher ein. *Frauen* äußern sich eindeutig beziehungsorientierter und existentiell betroffener. Sie zeigen sich stärker in ihrem Sosein wie dem Miteinandersein tangiert und deshalb auch störbarer und weniger geneigt, sich abzufinden. *Männer* brauchen die Veränderung nicht so unbedingt. Sie haben sie aber ganz offensichtlich auch weniger nötig, weil sie mit ihren Aussagen eindeutiger an Inhalte tradioneller kirchlicher Abendmahlspraxis anknüpfen können.

Das aber heißt wiederum, *daß* die traditionellen Inhalte kirchlicher Abendmahlslehre und die gängige Form kirchlicher Abendmahlspraxis in der Tat eher dem entsprechen, was für Männer von Bedeutung ist, als dem, was Frauen für wesentlich halten. So ist die vehemente Äußerung einer Frau dem Tenor nach durchaus im Sinne vieler interviewter Frauen zu hören, aber kaum denkbar als Äußerung auch nur eines einzigen interviewten Mannes: »Ich möchte eigentlich immer mehr weg von der herkömmlichen Abendmahlspraxis. Also, wenn es nach mir ginge, dann würde man das möglichst ausfallen lassen oder fast gar nicht mehr passieren lassen, weil ich finde, daß das, – es ist geradezu tödlich! Also, so darf Abendmahl nicht sein, weil das Leute reihenweise dazu bringt, wegzulaufen und zu sagen, damit wollen sie nichts am Hut haben. Das ist zum Abgewöhnen und fürchterlich und schlägt dem auch in's Gesicht, was es wohl eigentlich sein soll und sein kann!«[447].

---

445 Vgl. F 4.11.12.13.16.19.22.28.
446 Vgl. M 5. (Urlaubserfahrungen), 6. (Nachtgebet), 7. (Kirchentag), 10. (Kirchentag), 14. (allgemein), 21 (allgemein), 22. (Feierabendmahl), 24. (Kirchentag).
447 Sabine Eck, F 20

Die je spezifische Bedeutung, die das Abendmahl für Frauen und Männer hat, ihre je spezifischen Erfahrungen mit Abendmahlslehre und Abendmahlspraxis und ihre je spezifischen Wünsche an Abendmahlslehre und Abendmahlspraxis lassen deshalb *auch* im Blick auf Abendmahl zu dem Schluß kommen: »Erst wenn die Stimme der Frauen in aller Ohren ist, kann über wirkliche Gleichberechtigung beider Geschlechter nachgedacht werden«[448]. Gefragt ist im buchstäblichen Sinn des Wortes ein *Nach*denken, das um der Gerechtigkeit[449] willen der Stimme der Frauen *nach*denkt und sich von der Illusion befreit, Abendmahlsverständnis und Abendmahlspraxis in der Gegenwart seien über ›*Vor*denker‹ und deren Entwürfe jenseits von Dialog zu gewinnen. Nicht ›frauengefälliger‹ Abendmahlslehre und Abendmahlspraxis soll damit das Wort geredet werden, sehr wohl aber einer männer- wie *frauengerechten* Abendmahlslehre und Abendmahlspraxis.

5. Ergebnis der Auswertung

Die Auswertung der Interviewaussagen von Frauen und Männern zu den drei Themenkomplexen: »Opfer und Sühne« – »Blut« – »Bedeutung des Abendmahls« hat im einzelnen die mit meiner Arbeitshypothese anstehenden Fragen[450] beantwortet. Auch wenn die Interviews im Sinne qualitativer Sozialforschung nicht als repräsentativ gelten können, ist das Ergebnis signifikant[451]. *Gezeigt hat sich*:
1. *daß* es einen geschlechtsspezifischen Zugang zum Abendmahl gibt, ohne daß dieser absolut zu setzen wäre, und ein Abendmahlsverständnis, das von Frauen und Männern geschlechtsspezifisch unterschiedlich akzentuiert wird;

---

448 Vgl. Susanne *Hiller-Richter* in B. Enzner-Probst/A. Felsenstein-Roßberg, S. 17
449 Gerechtigkeit nicht juridisch sondern als Beziehungsbegriff verstanden.
450 S. o. »Intention«, S. 3. und B.I.1.
451 Vgl. u. a. Monika *Maaßen*: »Die Erfahrungen einzelner und von Gruppierungen als Subjekte dieses Lebens lassen Rückschlüsse zu und bieten den interessierten ForscherInnen reichhaltiges Material«, aaO S. 92; oder Stephanie *Klein*: »Vage Vermutungen über die Glaubenspraxis helfen ebensowenig weiter wie unreflektierte Verallgemeinerungen und Rückschlüsse aus der eigenen Erfahrungswelt. Wenn die theologische Reflexion sich mehr ... mit eigenen menschlichen und kirchenstrukturellen Problemen oder mit vage vermuteten oder projizierten Problemstellungen der Menschen beschäftigt, als sich auf deren konkrete Problem- und Fragestellungen vor Ort zu beziehen, verliert sie nicht nur ihre Relevanz und Aussagekraft, sondern auch ihre wissenschaftliche Stringenz«, aaO S. 70.

2. *daß* die opfer- und sühnetheologische Deutung des Todes Jesu und ein von daher bestimmtes Abendmahlsverständnis auf seiten der Frauen erheblich mehr Irritationen auslöst und auf Ablehnung stößt als auf seiten der Männer;

3. *daß* Frauen, anders als Männer, aufgrund ihres Soseins genötigt sind, sich traditionelle kirchliche Formeln und Formen zu übersetzen, um beim Abendmahl dabei sein – und bleiben – zu können;

4. *daß* die Erfahrungen und Ansichten von Frauen in vielem den Anfragen und Anliegen Feministischer Theologie entsprechen, sich von ihnen in manchem aber nicht unwesentlich unterscheiden;

5. *daß* Frauen bemerkenswert selbstverständlich und bemerkenswert eigenständig, in Abgrenzung zu bestimmten traditionellen wie feministischen Positionen, ihre eigenen Erfahrungen, Ansichten und Deutungen äußern;

6. *daß* Männer es eher bei dem Gehabten belassen – und belassen können, sich weniger existentiell herausgefordert sehen durch die Akzentsetzungen traditioneller Abendmahlslehre und Abendmahlspraxis, aber entsprechend empfindlich reagieren auf eine feministische Provokation, die auf radikale Veränderung zielt;

7. *daß* die gängige kirchliche Abendmahlspraxis die religiösen Bedürfnisse von Männern und Frauen *nicht* gleichermaßen wahr- und aufnimmt, *daß* sie in der Tat eher männlichen Vorstellungen und Erwartungen entspricht und damit indirekt die Entäuschungen und Befürchtungen von Frauen perpetuiert.[452]

---

452 Vgl. dazu u. a. die Beobachtungen und Anmerkungen der Gemeindepfarrerin Cornelia *Eberle*, aaO

C. Ausblick: Konsequenzen für Abendmahlslehre und Abendmahlspraxis in der Gegenwart

Vorbemerkung: »Für euch gegeben«, die Einladung zum Abendmahl gilt Frauen und Männern gleichermaßen, ist in Abendmahlslehre und Abendmahlspraxis Männern wie Frauen gleichermaßen nahezubringen. Das Auswertungsergebnis der Interviews hat den Nachweis dafür gebracht, daß und inwiefern es notwendig ist, Abendmahlslehre und Abendmahlspraxis in der Gegenwart unter diesem Blickwinkel neu zu überdenken. Das *Ziel* der vorliegenden Arbeit ist damit im wesentlichen *erreicht*. Wenn als Ausblick am Schluß praktisch-theologische Konsequenzen benannt werden, sind die thetischen Anmerkungen und der liturgische Entwurf als *Mosaiksteine* zu verstehen, die als solche noch kein (neues) ›Abendmahls-bild‹ ergeben – wollen und können.

I. Konsequenzen

1. Im Blick auf inhaltliche Akzentsetzungen

1. In der blutigen Opfer- und Sühnevorstellung die zentrale oder gar ausschließlich zutreffende Deutekategorie des Todes Jesu und des Abendmahls zu sehen, läßt sich in der Gegenwart mit nichts rechtfertigen: Weder läßt es sich angesichts der Vielschichtigkeit und Vielstimmigkeit der neutestamentlichen Überlieferung exegetisch begründen[1], noch angesichts der Interviewaussagen von Frauen und Männern praktisch-theologisch, etwa auf verhaltenswissenschaftlicher Grundlage, legitimieren. Die gegenwärtige gesellschaftliche Situation, mit ihrem Klima zuneh-

---

1 S. o. A.II.2.1.6., u. ö.; Nach I. U. *Dalferth* ist »von zwei kaum zu bestreitenden Sachverhalten auszugehen: ›1. Die Heilsbedeutung des Kreuzes wird im Neuen Testament mittels der Kategorie des Opfers ausgesagt, und zwar nicht nur auf eine, sondern – bei Paulus, Johannes, und im Hebräerbrief – auf differenzierte Weise. 2. Die Heilsbedeutung des Kreuzes wird im Neuen Testament auch durch andere Kategorien auf mannigfache, nicht immer säuberlich getrennte und auch nicht in jder Hinsicht übereinstimmende Weise ausgesagt‹«, S. 178.

mender Gewalt und Gewaltbereitschaft, um zu Lösungen zu kommen, politisch wie privat, und eine damit verbundene gewachsene Sensiblisierung für die Frage nach den Opfern und Tätern/Täterinnen, ist zudem dazu angetan, eine Deutung des Todes Jesu mit Hilfe blutiger Opfervorstellung notorisch mißzuverstehen oder gar nicht mehr zu verstehen.[2]

2. Die Bedeutungsbreite des Abendmahls ist wiederzuentdecken, die Vielfalt neutestamentlicher Aspekte wie seine gesamtbiblischen und jüdischen Bezüge.

3. Das, was biblisch vorgegeben bleibt, ist unter Einbeziehung der Frauenperspektive für die Gegenwart neu zu über-setzen.

4. Die Anfragen und Re-Visionen feministischer Theologie sind zu bedenken und aufzunehmen[3], es sei denn aus der Re-Vision des Abendmahls wird jenseits neutestamentlicher Vorgaben, und auch jenseits anderslautender Stimmen vieler Frauen, das ganz andere Ritual. Entwürfe feministischer Vordenkerinnen, jenseits von Dialog und Nach-denken, mögen zwar in eine andere Richtung führen, aber für's Leben kaum weiter als die Entwürfe so vieler gehabter Vordenker.[4]

5. Unter Aufnahme o. g. exegetischer Orientierungspunkte[5] und o. g. feministisch-theologischer Gesichtspunkte scheinen mir in der Gegenwart folgende Bedeutungsaspekte des Abendmahls wichtig:

In gesamtbiblischem Horizont[6]
und auf dem Hintergrund jüdischer Mahlzeiten

☐ ist Abendmahl Ausdruck dafür, daß wir Gott, Gottes schöpferischer Geistesgegenwart das Leben verdanken, unser Menschsein und unsere Menschwerdung, das Alltägliche und das Besondere;

☐ ist Abendmahl mit Gott als Gastgeber/in lebensspendend und lebenserhaltend, Feier der Lebens-mittel, Feier der Möglichkeiten, die Gott uns zukommen läßt, die wir mit allen Sinnen, eigenleiblich aufnehmen können; als Tisch, den uns Gottes Geistesgegenwart deckt, ist Abendmahl deshalb aber auch der Tisch, den niemand geistlos nach eigenem Gutdünken decken, abdecken oder anderen vorenthalten kann;

---

2 S. o. A.III.1.
3 Im einzelnen dazu s. o. A.V.4. »Thetische Schlußfolgerungen«
4 S. o.
5 S. o. A.II.3.
6 Im Zusammenhang z. B. der *Schöpfungspsalmen,* der *Speisungs-, Errettungs-* und *Überlebensgeschichten,* vgl. u. v. a. Ps 104, Gen 21,9ff; Ex 16; 1. Kön 17,8ff; Ps 23; Vgl. auch die ntl. Speisungswunder/Brotvermehrungsgeschichten (s. u.)

◻ ist Abendmahl Verweis auf das Leben Jesu: Jesus bricht in der Rolle des jüdischen Hausvaters das Brot, versteht sich damit als den »Mittelpunkt und die Autorität dieser als Familie/Haus vorgestellten geschwisterlichen Gemeinschaft«, er »ist die Mitte des gemeinsamen Mahls«, schon vorösterlich und nicht nur beim letzten Mahl[7], sondern überall da, wo er Brot teilt und Brot wunderbar vermehrt. Nicht zuletzt gilt deshalb im Blick auf das Abendmahl: »An dem Bild von Jesus, das wir haben, entscheidet sich denn auch unsere Wahrnehmung von Wirklichkeit – inklusive der Nöte des Nächsten«[8]; ◻ Auf dem Hintergrund der Sophia-Vorstellung der Hebräischen Bibel und ihrer Anklänge im Neuen Testament ist Abendmahl Einladung an den Tisch der Weisheit, die sich in Christus Jesus dergestalt auf der Seite der Armen und der Opfer zeigt, daß sie für Torheit Gottes gehalten wird (1. Kor 1,18ff)[9];
◻ Im Rahmen des Passamahles und der Geschichte der Errettung durch Gott »aus dem Sklavenhaus« ist Abendmahl Station in der Befreiungsgeschichte Gottes aus Bedrückung und Unterdrückung.

Im Horizont des Lebens Jesu

◻ ist Abendmahl zu feiern als offene Tischgemeinschaft, die alle einbezieht, auch die am Rand stehen und die, die, – aus welchen Gründen auch immer –, scheinbar eindeutig nicht dazugehören.
◻ ist Abendmahl Zeichen der zuvorkommenden Liebe Gottes, jenseits von Leistung und Vorgabe, mit den Sinnen wahrnehmbares Zeichen der Wirklichkeit des Reiches Gottes mitten unter uns;
◻ ist Abendmahl Einladung und Herausforderung, zu teilen, was dem Leben dient, und dies nicht nur beim Abendmahl.

Im Horizont der Passion und des Todes Jesu

◻ konfrontiert Abendmahl bleibend mit dem, was nicht gefällt und nicht ›schmeckt‹, mit dem. was nicht aufgeht, weder an Gottesvorstellung noch Menschenbild; konfrontiert Abendmahl mit den »dunklen Seiten Got-

---

7 Zitate: Klaus *Berger*, S. 100. Für Berger ist die Tatsache, daß Jesus beim Abendmahl wie auch sonst (vgl. Mk 6,41; Mt 14,19; Lk 9,16 u. ö.) das Brot bricht (= teilt!, d. h. der Ausdruck ist nicht mit dem Tod in Verbindung zu bringen), höchst bedenkenswert »und stellt so etwas wie einen wohl zweifelsfreien vorösterlichen Ausdruck christologischer Würde dar: die Rolle Jesu als des Hausherrn, der das Brot beim Mahl segnet, teilt und austeilt, ist ein zu Unrecht vernachlässigter impliziter christologischer ›Titel‹«, ebd.
8 K. Berger, S. 126
9 Vgl. A.V.3.4. »Abendmahl und Weisheit«

tes«[10] und der dunklen Seite an uns selbst; spart das Leid nicht aus, nennt Verrat und Gewalt mit Namen, das, was tödlich ist, von Gott trennt, von uns selbst und voneinander.

☐ stellt Abendmahl vor Augen, daß Jesus den Tod auf sich nimmt, um mit dem Leben dafür einzustehen, daß Gottes Reich nicht mit Gewalt zu beseitigen und nicht mit Gewalt zu verteidigen ist, daß auf Gottes Liebe, Zuwendung und Vergebung Verlaß ist, trotz Sünde, Schuld und Tod: »Gut ist für mich die Leidenschaft Gottes, die in Jesus sichtbar wurde ... Die Erlösung ist die Standhaftigkeit der Liebe, die sich nicht aus unserem Tod vertreiben läßt«[11].

Im Horizont der Menschwerdung Gottes in Jesus von Nazareth

☐ bringt Abendmahl leibhaftig nahe, daß Gott nicht bei sich bleibt, nicht jenseits zu denken ist, sondern hautnah kommt, Anteil nimmt, in Jesus unser menschliches Los teilt, unser Todeslos, und Gewalt und Tod von innen heraus überwindet: »Gott selbst tritt in die Gewaltverhältnisse der Erde hinein und setzt seine Gottheit in ihnen aufs Spiel. Er tritt in Gestalt seines menschlichen Zeugen, seines *Sohnes* Jesus an den Ort, an dem das Lebensrecht seiner Geschöpfe durch Gewalt bedroht wird. Er *vertritt* ... unsere von Gewalt gezeichnete und durch Gewalt entstellte Identität«[12]; ☐ gründet uns das, was im Abendmahl zu hören und zu schmecken ist, im *Leben* »gegen das Meer von Tränen und Foltern, von Grausamkeit und gegen das Meer der eigenen Schuld«[13].

Im Horizont der Gegenwart und Wiederkunft des auferstandenen Christus

☐ ist Abendmahl Feier und leibhaftige Vergewisserung der Christuspräsenz mitten im Leben, eine Präsenz des Pneuma[14] Christi, Aus-

---

10 So die Überschrift des Buches von Walter *Dietrich* und Christian *Link*, die im Blick auf den Tod Jesu sagen: »Der Lebensweg Jesu endet auf dieser Erde als Passionsgeschichte, und diese Geschichte ist in ihrer Spitze, dort, wo als ihr Ertrag das *Heil* für alle Menschen verkündigt wird, die Geschichte einer gewaltsamen Tötung, eine Mordgeschichte, noch dazu eine, die unter Gottes Zulassung geschieht«, S. 218.

11 D. *Sölle*, Träume, S. 109f

12 W. *Dietrich*, Ch. *Link*, S. 219

13 D. *Sölle*, Träume, S. 110

14 Zum neutestamentlichen Verständnis von Pneuma vgl. *Christine Gerber*: »Pneuma ist nach der Darstellung des Neuen Testament nicht identisch mit Gott, kein Drittel Trinität, nicht identisch mit dem Erhöhten, auch nicht die Opposition des menschlichen

druck der Nähe Gottes, wie sie in Christus Jesus Gestalt angenommen hat.

☐ läßt sich die Wahrheit des Abendmahls nicht materiell binden, festmachen an den Substanzen Brot und Wein, sondern *geschieht* in der Geistesgegenwart Christi, wo gemeinsam das Brot geteilt und aus dem einen Kelch getrunken wird und die Geistesgegenwart Christi leiblich erfahrbar wird. Insofern gilt m. E. auch in diesem Zusammenhang: »Dem Schmecken und Genießenkönnen (was etwas anderes ist als Schwelgerei auf Kosten der Mehrheit) muß deshalb Vorrang vor der Bedenkenträgerei eingeräumt werden, weil die letztgenannte immer nur von Sollen, Müssen und Nicht-Dürfen ausgehen kann, daher ohne (auch ohne religiöse) Faszination bleibt ... Materielles wird durch Teilen weniger, Leben dagegen sowie Geist, Freude, Liebe und heiliger Geist werden durch Teilen und Austeilen gemehrt«[15].

☐ ist Abendmahl Tischgemeinschaft derer, die in Christus ein Leib sind und als Glieder eines Leibes nicht gleichartig, aber gleichwertig, gleich wichtig sind, nicht nur beim Abendmahl. »Das Vorstellungsbild des Paulus vom ›Leib Christi‹ lädt ein zu ... einer in Leibern realisierten brüderlichen und schwesterlichen, Raum und Zeit umfassenden Körperschaft spirituellen Rechts und spiritueller Güte – eine Möglichkeit, aus der Atemnot, aus der Enge und Isolierung herauszukommen und dabei den Leib nicht zu verlieren, nicht im politischen oder geistigen Rausch zu verdunsten oder verdunstet zu werden«[16].

☐ ist Abendmahl Lebensmittel, um aufzustehen und einander aufzuhelfen, Stärkung, gemeinsam unterwegs zu bleiben auf Gottes Reich hin, in dem Gerechtigkeit wohnt, und all das, was das Leben nimmt, endgültig überwunden ist.

Zusammengefaßt

Abendmahl ist Lebens-mittel in umfassendem Sinn, gibt zu schmecken und zu hören, was stärkt und zum Leben befreit, einzeln und gemeinsam. Abendmahl ist Gabe, die allen mitgeteilt wird und mit allen geteilt werden

---

›Fleisches‹. Es ist überhaupt nicht definierbar, sondern nur in seinem Wirken für die Welt benennbar. Pneuma schenkt Beziehung, Bewegung aufeinander zu. So ist die Rede von der Gabe des Geistes ... Ausdruck der Nähe Gottes zu den Menschen ... leiblich erfahrbar, es wohnt den Menschen als ganzen inne, bewegt sie mit Leib und Seele«, S. 53.

15 So K. *Berger* im Zusammenhang der neutestamentlichen Brotvermehrungsgeschichten, S. 126f

16 Gerhard Marcel *Martin*, S. 409

will, stärkend und befreiend. Abendmahl ist das Besondere im Alltäglichen, Lebensbrot für den Alltag und Anteilgabe an dem, was erlöst über den Alltag hinaus. Abendmahl ist Gottes Einladung in die Tischgemeinschaft Jesu Christi, wo wir empfangen, was wir uns nicht selbst geben können: Anteil an dem Leben, das in Jesus erschienen ist. Abendmahl ist und bleibt darin *Sakrament*, Geheimnis der lebensschaffenden Geistesgegenwart Gottes mitten unter uns und in uns, über den Tod hinaus. Als Geheimnis aber läßt sich Abendmahl bleibend nicht ausloten und entzieht sich Festschreibungen jedweder Art. Das aber heißt für Abendmahlslehre und Abendmahls-praxis, daß neue Erfahrungen und Erkenntnisse *nie* auszuschließen sind: »Wer das Abendmahl verstanden hat, der hat alles verstanden. Und: Wer das Abendmahl verstanden hat, der hat nichts verstanden«[17].

2. Im Blick auf Sprache und Gestaltung

2.1. Sprache

Die liturgische Sprache neu bedenken, heißt vor allem, auf ihre latenten oder sehr direkten Androzentrismen aufmerksam zu werden und sie zugunsten einer inklusiven Sprache, die Frauen und Weibliches zum Vorschein kommen läßt, zu verändern. Dies beginnt bei den Einsetzungsworten, die auf die ausdrückliche Nennung der »Jüngerinnen« hin zu erweitern sind, nicht nur, weil dies frauengerecht, sondern weil dies im Gesamtkontext der neutestamentlichen Abendmahlsüberlieferung angezeigt ist.[18]

Daß es bei den Texten/Gebeten/liturgischen Formulierungen um die Berücksichtigung inklusiver Formulierungen gehen muß und die Aufnahme der Frauengeschichte(n) innerhalb der Heilsgeschichte, darüber besteht mittlerweile weitgehend Konsens und spiegelt sich in manchem auch bereits in neueren liturgischen Entwürfen, wenn auch oft eher durch ein Unterlassen exklusiver Sprache und Themenwahl als durch ein bewußte Hervorhebung des Weiblichen.[19]

Eine Herausforderung, die noch immer kaum aufgenommen wird, ist die Umsetzung inklusiver Sprache auch auf der *theo*logischen Ebene. Daß dies keineswegs »als Zugeständnis an den neuzeitlichen Feminismus abqualifiziert« werden kann, »sondern (auch) als Aufnehmen ureigenster und alter

---

17 M. *Josuttis*, Hermeneutik, S. 411
18 Es sei denn, man setzt auf den Buchstaben und nicht auf den Geist!
19 Vgl. dazu die aufschlußreichen Beobachtungen von Teresa *Berger* zu »Versuchen mit neuen ›Frauen-gerechten‹ Eucharistiegebeten in den Kirchen«, aaO.

christlicher Traditionen zu verstehen« ist, betont *Teresa Berger* in ihrer kritischen Darstellung ›frauengerechter‹ Eucharistiegebete: »Gerade die Feier der Eucharistie hat ja in der Geschichte der Kirche auch weiblich-mütterlichen Gottesbildern Vorschub geleistet (verwiesen sei in diesem Zusammenhang nur auf das altkirchliche Theologumenon von der Eucharistie als Gottes Milch und Christus als den Brüsten des – hier mütterlich gedachten – Vaters sowie auf den in einigen Kirchen geübten Brauch eines Milch-Honig-Kelches, der bei der Taufeucharistie in der Oster- und Pfingstnacht benediziert und den Täuflingen neben Brot und Wein gereicht wurde)«[20]. Weiterführend auch im Sinne sprachschöpferischer Möglichkeiten scheint mir die Wiederentdeckung der weibliche Dimension des Geistes Gottes[21] und die Wahrnehmung, das Vertrauen in die Immanenz der Geistesgegenwart Gottes, die sich im Abendmahl Frauen wie Männern mitteilt, Leib und Seele bewegt und Veränderung möglich macht.

Daß im Blick auf die liturgische Sprache in vielfacher Hinsicht von feministisch-theologischen Entwürfen zu lernen ist, steht m. E. außer Frage[22], außer Frage steht aber auch, daß kurzschlüssige Fertigkeiten eine inklusive Sprachfindung eher hindern, als auf den Weg bringen, – zu viel steht auf dem Spiel, theologisch wie anthropologisch.[23]

2.2. Gestaltung

Aus den genannten Bedeutungsaspekten wie den konkreten Wünschen von Frauen und Männern ergibt sich an Konsequenzen für die Abendmahlsgestaltung (stichwortartig):

☐ Von der liturgischen Kompetenz der Laiinnen und Laien ist nicht nur zu reden, sie ist auch entsprechend wahrzunehmen d. h., möglichst viele

---

20 Ebd. S. 14 unter Aufnahme der Arbeiten von Balthasar Fischer bzw. Johannes Betz
21 S. o. A.V.4. Vgl. u. a. Erika *Godel*: »Die Voraussetzungen dazu scheinen mir im Bezug auf die dritte Person der Trinität denkbar günstig zu sein, weil ich mich dabei auf eine reiche Tradition der von Männern ausgesagten Feminität des Heiligen Geistes stützen kann«, S. 154 (mit konkreten Verweisen S. 154f). Zu den historischen Ansätzen und Beispielen aus der zeitgenössischen Systematischen Theologie vgl. *Lucia Scherzberg*, Was nützt, S. 125ff
22 Vgl. u. a. Brigitte *Enzner-Probst*/Andrea *Felstenstein-Roßberg*, S. 126–142; H. *Rosenstock*/H. *Köhler*, S. 151–172.
23 Vgl. auch hierzu die kritische Anmerkung von Isolde *Karle*: daß »das Bemühen, die Eigenwertigkeit des Weiblichen zu betonen, notwendig paradoxe Effekte hervorruft« (aaO S. 31) und es so gerade nicht zu einer Übereinstimmung der traditionellen Geschlechterdifferenz führen kann.

sind in die Vorbereitung und Gestaltung der Abendmahlsfeiern miteinbeziehen, besonders auch Frauen. Hierarchische Strukturen sind abzubauen, das Amtsverständnis gilt es daraufhin zu hinterfragen.

☐ Es gilt, vielgestaltig Abendmahl zu feiern, öfter auch mit einem gemeinsamen Essen verbunden, – mit unterschiedlichen Bedeutungsschwerpunkten, evt. auch Bezeichnungen. Nicht eine Einheitsform der Einsetzungsworte scheint mir von daher gefragt, sondern ihre unterschiedlichen Akzentsetzungen, und statt einer engführenden reformatorischen Konzentration auf die Einsetzungsworte die Einbeziehung ökumenischer Traditionen wie der Lima-Liturgie mit ihrem heilsgeschichtlich weitreichenderen Horizont eucharistischer Feier.

☐ Bei der Austeilung sollte möglichst oft im Kreis und auf einer Ebene Brot und Kelch untereinander geteilt und weitergegeben werden.

☐ Im Gespräch mit Laiinnen und Laien sind neue Formen von Abendmahlsfeiern zu entwickeln und zu wagen, die ein Mehr an Kommunikation und Begegnung ermöglichen, vor dem Abendmahl und während des Abendmahls.

☐ Die Bedeutung des Atmosphärischen darf nicht unterschätzt werden, das Festliche und Schöne ist zu betonen und der Einladungscharakter des Abendmahls.

☐ Raum ist zu geben und Zeit ist zu lassen, das Abendmahl mit allen Sinnen aufnehmen zu können: zu kauen und zu trinken, zu schmecken, zu sehen, sich umzusehen und zu hören, sich vom Platz bewegen können, berührt zu werden und berühren zu können. Die Abendmahlsfeier sollte so gestaltet werden, daß Menschen die Chance haben, einander wahrzunehmen, füreinander offen zu sein, und nicht eher dazu verleitet werden, voneinander abzusehen.

☐ Weil sich Abendmahl immer weniger von selbst versteht, ist es wichtig, öfter innerhalb der Abendmahlsfeiern und Abendmahlsgottesdienste über die Bedeutung des Abendmahls zu sprechen, zu predigen, liturgische Texte zu paraphrasieren.

☐ Wichtig scheint mir aufgrund der Interviewaussagen auch, daß Abendmahl nicht nur und vor allem im Kirchenraum gefeiert wird und innerhalb der sonntäglichen Gottesdienste, sondern als Einladung auch mitten im Alltag wahrgenommen werden kann, d. h. öfter auch wochentags gefeiert werden sollte, in Gemeinderäumen oder auch in Hauskreisen.

☐ Im Blick auf das Abendmahlsverständnis ist nach Bildern und Symbolen zu suchen, die in der Gegenwart die Bedeutung des Abendmahls erschließen können, und danach zu fragen, wen oder was die Liturgie vor Augen stellt, was ihre Bilder und Vorstellungen heute auslösen, ob sie (noch) an der Zeit sind. Und dies gilt auch für die Christusbilder: »Es ist bekannt und muß doch immer wieder erinnert werden, daß es in den ersten Jahrhunderten der christlichen Bild-Geschichte gar keine Christus-Bilder gab, allenfalls und öfter das Bild des Hirten; in späteren Jahrhunderten stand dann der Auferstandene mit den Wundmahlen frei *vor* dem Kreuz. Erst im 10./11. Jahrhundert tauchen die riesigen Kreuze mit dem gemarterten, fixierten Corpus auf[24]. Nicht um Bildersturm geht es hier und Negation, aber um ›De-fixierung‹[25], damit im Abendmahl z. B. auch der *leibhaftige* Jesus wiederentdeckt werden kann, der das Brot teilt und wunderbar vermehrt, der wohltut und heilt, der berührt und sich berühren läßt, »Jesus, der so in seinem Leibe ist, daß angesichts Jerusalems aus seinen Augen Tränen fließen (Lk 19,41) und nicht nur Blut und Wasser aus der Seite seines gemarterten und getöteten Körpers«[26].

☐ Es ist so (nach menschlichem Ermessen jedenfalls): »Von der Gestaltung der Abendmahlsfeier hängt ab, welche Inhalte und Bezüge erlebt werden«[27]. Und deshalb trifft auch immer noch zu: »Entwurf und Einübung, die Umsetzung einer Idee in Sprache und Bewegung, die Anknüpfung an traditionelle Formen oder die Erfindung neuer, der Umgang mit Raum und Zeit, mit Zeichen und Symbolen, Vollzug und Reflexion der Erfahrungen, das sind Arbeitsschritte einer praktischen liturgischen Theologie, wie wir sie brauchen«[28], hinzugefügt sei im Kontext dieser Arbeit: einer frauengerechten wie männergerechten und darin menschengerechten praktischen liturgischen Theologie.

II. »Für euch gegeben«:
Unterwegs zu einer neuen Gemeinschaft von Frauen und Männern Abendmahl feiern. Ein liturgischer Entwurf

Vorbemerkung: Der Entwurf ist der Versuch, einige der oben skizzierten Konsequenzen in die Praxis umzusetzen. Wenn die Liturgie an dieser Stelle auch nicht direkt aus dem Gespräch mit Frauen und Männern erwachsen ist, so auf dem Hintergrund der Interviews doch indirekt.

---

24 Gerhard Marcel *Martin*, S. 405
25 Vgl. ebd. S. 411
26 Ebd. S. 412f
27 P. *Cornehl*, Abendmahlspraxis (1983!), S. 48
28 Ebd. S. 49

1. Rahmen

Wann: Monatlich Samstagabend: Zum Wochenschluß und als Einstimmung auf den Sonntag. Im Blick auf den Alltag der Gemeinschaft von Männern und Frauen und in der Hoffnung auf eine neue Gemeinschaft von Frauen und Männern.

Zeitlicher Rahmen: Ca. 2 Stunden

Wie: In Verbindung mit einem gemeinsamen Essen (alle bringen etwas mit, – im Sinne von Grundnahrungsmittel, nicht von Überfluß), mit Gespräch und Austausch, Singen und Bewegung. Im Wechsel von vorformulierten, feststehenden, rituell wiederkehrenden Gebeten/Texten/Liedern (z. B. unter Anknüpfung an Elemente der Lima-Liturgie) und offenbleibenden Elementen, die je nach thematischem Schwerpunkt zu verändern sind oder auch ganz spontan, je nach Situation, Konstellation und Atmosphäre gestaltet werden können.

Vorbereitung/Durchführung: Team, z. B. drei Frauen, drei Männer.

Raumgestaltung: Tischgruppen mit der Möglichkeit, um die Tische herum einen großen Kreis zu bilden; einen Tisch innerhalb des großen Kreises als Altar decken; die mitgebrachten Lebensmittel stehen auf einem Tisch neben dem Altar.

Raumschmuck: Bilder, Symbole, Blumen, Zweige, Kerzen, je nach Jahreszeit und thematischem Schwerpunkt.

Abendmahlselemente: Brot (wenn möglich selbstgebacken), heller Traubensaft.

2. Liturgie

Teil 1: Kennenlernen, Begegnung und Austausch (in Tischgruppen)

Empfang der Gäste bei Tischmusik

Begrüßung (zu zweit), mit Hinweis auf den Ablauf und den jeweiligen thematischen Schwerpunkt des Abends.

Wort zu Beginn (zu dritt):
Nicht wir laden ein, Gott läßt bitten,
Frauen wie Männer gleichermaßen.
Gott lädt uns ein an den Tisch Jesu Christi.

Wir sind willkommen, so, wie wir sind
und werden beschenkt mit dem, was wir zum Leben brauchen.

Wir können offen sein, offen für Gott und füreinander,
offen für das, was geschieht
im Vertrauen auf die Geistesgegenwart Christi mitten unter uns.

Kanon: »Ausgang und Eingang, Anfang und Ende liegen bei dir, Gott, füll du uns die Hände.« (Vgl. EG Nr. 175), mit Bewegung.

Austausch – Thematischer Schwerpunkt (z. B.): Gespräch in Tischgruppen über Bilder, Symbole (z. B. Brot, Trauben, Wasser, Kelch, Kreis), Texte, die die verschiedenen Aspekte des Abendmahls beleuchten. Möglich sind u. a. Texte, die das Abendmahl unter besonderer Berücksichtigung der Frauenperspektive in einen gesamtbiblischen Horizont stellen[29]:

Gen 18,1–33 (Sara und Abraham haben Gott zu Gast, bewirten Gott auf je eigene Weise und werden beschenkt auf je eigene Weise);

Gen 21, 9ff (Sara, Abraham, Hagar: Auswegslosigkeiten in der Beziehung zwischen Frauen und Frauen, Männern und Frauen; Wüstensituationen des Alleinseins – mit dem Kind; Gesehen werden, Gott erfahren, einen Brunnen finden, Zukunft haben);

1. Kön 17,8ff (Die Witwe, die es wagt, mit dem Propheten das letzte Essen zu teilen und so überlebt, mit dem Sohn); –

Joh 4,5ff (Die Begnung am Brunnen, Jesus, der Durst hat, die samaritische Frau um Wasser bittet und ein Gespräch mit ihr beginnt, das ihr die Augen öffnet für den eigenen Lebensdurst und die Möglichkeit, ihn zu stillen);

Mk 14,3ff / Lk 7,36ff (Frauen, die von Jesus berührt sind und Jesus berühren und damit die Tischgemeinschaft von Männern empfindlich stören; Jesus, der sich diese Art von Zuwendung der Frauen nicht nur gefallen läßt, sondern sie in ihrem Verhalten zum Vorbild macht);

Lk 15,8ff (Die Frau, die verliert und sucht und findet – der Groschen, der verlorengeht, gesucht wird und gefunden wird – als Glcichnis Jesu für Umkehr, die im Himmel Freude auslöst.)

(Methodischer Vorschlag:

1. Sich über das austauschen, was die Texte auslösen, dies mit der Frage, ob Männern und Frauen Ähnliches in den Sinn kommt, wo die Unterschiede liegen, was die eigene Sicht weitet, was bereichert oder befremdlich ist.

2. Die Texte, Bilder und Symbole, die eigene und andere Sicht, auf Abendmahl hin bedenken: Was beleuchten sie neu oder ganz anders, in welcher Hinsicht bleiben Fragen, was läßt auf diesem Hintergrund gemeinsam Abendmahl feiern?

3. Den Extrakt des Austausches zusammenfassen in Form einer kurzen Tischrede unter der Überschrift: »Gemeinsam mit Frauen und Männern Abendmahl feiern ...« (ca. 1–2 Min), – die während der folgenden

---

29 Vgl. die Anmerkungen und Anregungen von Christine *Knoll*, aaO, S. 35ff

gemeinsamen Mahlzeit gehalten werden kann –, oder in Form eines gemeinsam gemalten Bildes, eines Standbildes, einer kurzen Szene oder einer gemeinsamen Bewegung, eines Tanzes, vor oder nach der Mahlzeit, o. ä.)

Lied/Musik/Tanz

TEIL 2: ABENDMAHL FEIERN – DAS BROT DES LEBENS TEILEN (im Kreis)

(eine/r irgendwo im Kreis stehend):
   Gott läßt bitten, Gott schenkt uns, was wir zum Leben brauchen.

Gebet: (zu dritt, Altartisch)
   Gepriesen seist Du, Gott, Du hast die Welt erschaffen.
   Du schenkst uns das Brot,
   Frucht der Erde und der menschlichen Arbeit
   Laß uns das Brot zum Brot des Lebens werden.

   Gepriesen seist Du, Gott, Du hast die Welt erschaffen.
   Du schenkst uns die Trauben,
   Frucht des Weinstocks und der menschlichen Arbeit.
   Laß uns den Kelch zum Kelch des Heiles werden.

   Wie die Körner und die Beeren
   jetzt auf diesem Tisch vereint sind in Brot und Kelch,
   so laß alle, die Dir vertrauen und Dich suchen,
   versammelt werden von den Enden der Erde in Deinem Reich.

Kanon: »Es werden kommen vom Osten und vom Westen,
   es werden kommen vom Norden und vom Süden,
   die zu Tische sitzen werden im Reich Gottes.«

Gebet (zu dritt, irgendwo im Kreis stehend):
   Gut ist es und heilsam,
   Dich, Gott, zu loben und Dir zu danken.
   Durch Dein lebendiges Wort hast Du alles erschaffen
   und für gut befunden.
   Du hast uns Menschen, Männer wie Frauen, nach Deinem Bild erschaffen,
   daß wir an Deinem Leben teilhaben und Deinen Glanz widerspiegeln.

   Als die Zeit erfüllt war,
   hast Du uns aufgesucht in Jesus von Nazareth, dem Sohn Marias.
   Sein Leben, seine Passion, und seine Auferstehung
   sind uns Weg, Wahrheit und Leben.

Mit Deinem Lebensatem und Deiner Geistesgegenwart
erfüllst Du alle Welt
und gibst der Liebe Raum, auch über den Tod hinaus.
Das läßt uns singen und Dich loben:

Gloria (EG 644.2)

Gebet (eine/r irgendwo im Kreis stehend):
Gott, Heilige Geistin,[30]
schenk uns Anteil an dem Leben, das in Christus Jesus erschienen ist,
wenn wir das Brot miteinander teilen
und aus dem gemeinsamen Kelch trinken.

Einsetzungsworte/Brotwort: (eine/r, Altartisch)
In der Nacht, in der er verraten wurde,
nahm Jesus Christus das Brot, dankte,
teilte es, gab es seinen Jüngern und Jüngerinnen und sprach:
Nehmt, eßt, das ist mein Leib, der für euch gegeben wird.
Tut dies zu meinem Gedächtnis.

Vaterunser (eine/r, irgendwo im Kreis stehend):
Eingeladen an den Tisch der Weisheit und der Liebe Gottes,
beten wir zu Gott mit den Worten,
die Jesus Christus uns geschenkt hat:

---

30 Daß von *Gottes Geist* auch *weiblich* gesprochen werden kann, mag befremden und ist
deshalb im Gespräch mit Frauen und Männern vorher gemeinsam zu bedenken. Zum
Grundsätzlichen vgl. die exegetischen Erörterungen von Helen *Schüngel-Straumann* zur
biblischen ruah-Vorstellung (aaO), die bis auf wenige Ausnahmen weiblich bestimmt ist:
Wenn ruah »für lebenschaffende, kreative, schöpferische Aussagen im Zusammenhang
mit Jahwe gebraucht wird, steht es *immer* in der femininen Form«, aaO S. 36. Zur
Intention der Wortbildung »Heilige Geistin« vgl. E. *Moltmann-Wendel*: »wo Geist wieder
mit ursprünglichem, vitalem Leben zusammengesehen wird, können wir uns nicht mehr
hinter der Tradition *des* Geistes verschanzen. Wir müssen offensiv werden, nicht um
irgendeiner Weiblichkeit willen, sondern um des Lebens willen, das hier in Ruach seinen
Ursprung und seinen Fortbestand hat. *Sie* ragt über unsere Geschlechterproblematik hinaus
... könnte die Enge und Virilität unserer Tradition öffnen und uns einlassen in eine Welt
neuer Lebensmuster, neuer Lebenszugewandtheit, für die wir ... eine neue Sprache brauchen. ›Geist‹ sollte nicht das Monopol behalten. ›Geistin‹ – eine Wortbildung, für die es
in anderen Sprachen keine Parallele gibt, wäre das dafür notwendige Korrektiv und eine
dringende Herausforderung«, Die Weiblichkeit, S. 13.

Friedensgruß (zu zweit, Altartisch):
Jesus Christus hat seinen Jüngerinnnen und Jüngern Frieden zugesagt:
»Frieden hinterlasse ich euch, meinen Frieden gebe ich euch.
Euer Herz erschrecke nicht und fürchte sich nicht.«

Im Vertrauen darauf laßt uns als Frauen und Männer aufeinander zugehen,
mit einem Zeichen des Friedens und der Versöhnung einander zusprechen:
»Friede ist mit dir«.

Austeilung (eine/r, Altartisch):
Das Brot, das wir miteinander teilen,
läßt uns teilhaben an dem Leben,
das in Jesus Christus erschienen ist:

(Austeilung in Kreisform; Brot einander weiterreichen; mögliche Spendeformel u. a.: Nimm und iß vom Brot des Lebens; Brot des Lebens für Dich; Christus schenkt sich dir im Brot[31]. Während der Austeilung singen oder Musik.)

Zuspruch (eine/r, Altartisch):
Das stärke dich und bewahre dich im Glauben
zum ewigen Leben.

TEIL 3: ABENDMAHL FEIERN – TISCHGEMEINSCHAFT HABEN
(in Tischgruppen)

Mit kurzen Tischreden o. ä. zum Themenschwerpunkt des jeweiligen Abends (s. o.); Nach dem gemeinsamen Essen wieder Kreisform; Zeit der *Stille.*

TEIL 4: ABENDMAHL FEIERN – AUS DEM KELCH DES HEILS TRINKEN
(im Kreis)

(eine/r, irgendwo im Kreis stehend):
Gott schenkt uns, was wir zum Leben brauchen.

Einsetzungsworte/Kelchwort (zu zweit, Altartisch):
Nach der Mahlzeit nahm Jesus Christus den Kelch,

---

31 Vgl. dazu C. *Eberle*: »Das »Christus für mich« ist leibhaftig, sinnlich zu erfahren … Wir bekommen leibhaftig Anteil an Christus, an seiner Vitalität, an seiner Kraft«, aaO S. 25f.

dankte, gab ihnen den und sprach: Trinkt alle daraus.
Dieser Kelch ist der neue Bund in meinem Blut.
Dieses tut, so oft ihr daraus trinkt, zu meinem Gedächtnis.

Der Kelch, aus dem wir gemeinsam trinken,
gibt uns Anteil an der Liebe Gottes,
die in Christus Jesus Trennung und Tod überwindet.

Austeilung
(Den Kelch untereinander weitergeben. Mögliche Spendeformeln u. a.:
Trink aus dem Kelch des Heils. Der Kelch des Heils für Dich. Während
der Austeilung singen/Musik)

Zuspruch: (eine/r, Altartisch)
Ein biblisches Wort (im Zusammenhang der jeweiligen Thematik)

Dankgebet (zu dritt, irgendwo im Kreis stehend):
Gott, Du Quelle des Lebens und Grund aller Hoffnung,
so handgreiflich und leibhaftig
wie wir gemeinsam das Brot teilen
und aus dem gemeinsamen Kelch trinken,
teilst Du Dich uns mit,
nimmst Du Anteil an uns,
setzt Du Dich dem aus, was uns zusetzt,
und veränderst unser Leben von innen heraus.

Wir danken Dir,
daß Du uns schenkst, was wir zum Leben brauchen,
Gemeinschaft mit Dir und untereinander,
Gemeinschaft, unter Frauen und Männern,
Nähe und Verbundenheit, Versöhnung und Neuanfang,
Herausforderung und Aufgabe.
Wir danken Dir für das, was uns nährt und hoffen läßt:
das Brot des Lebens und den Kelch des Heils.

Gott, Du schenkst uns genug,
um miteinander zu teilen, was wir zum Leben brauchen
mitten im Alltag und angesichts von Leid und Schrecken.
Wir danken Dir, daß Dein Tisch für alle gedeckt bleibt.
Schenk uns Deinen Geist, den Geist Jesu Christi,
daß wir als Frauen und Männer zu teilen wagen,
was uns nährt und was uns hoffen läßt,
damit Gerechtigkeit werde. Amen.

Lied:
> »Suchet zuerst Gottes Reich in dieser Welt, seine Gerechtigkeit, Amen.
> So wird euch alles von ihm hinzugefügt. Halleluja«. (EG 182,2)

Segen: (eine/r, Altartisch)
Gott segnet dich und Gott behütet dich.
Gott läßt ihr Angesicht über dir leuchten und ist dir gnädig.
Gott erhebt sein Angesicht auf dich und schenkt dir Frieden. Amen.

Lied: »Halleluja« (EG 182,1)

Literatur

Allgemein

Beck, Ulrich: Plädoyer für eine andere Moderne, Interview, in: EvKomm 4/1994, S. 222–226

Berger, Peter L.: Der Zwang zur Häresie. Religion in der pluralistischen Gesellschaft, Freiburg im Breisgau 1992

Ege, Konrad: Blut soll fließen, in: DAS Nr. 45, 11. November 1994, S. 20

Gerl, Hanna-Barbara: Nach dem Jahrhundert der Wölfe. Werte im Aufbruch, Zürich 1992

Flick, Uwe u. a. (Hg.): Handbuch qualitative Sozialforschung. Grundlagen, Konzepte, Methoden und Anwendungen, München 1991

Fausto-Sterling, Anne: Gefangene des Geschlechts? Was biologische Theorien über Mann und Frau sagen, München 1988

Gutmann, Hans-Martin: Die tödlichen Spiele der Erwachsenen. Moderne Opfermythen in Religion, Politik und Kultur, Freiburg i. Br. 1995

Haug, Frigga: Ethik und Feminismus – eine problematische Beziehung, in: Sei wie das Veilchen im Moose ... Aspekte feministischer Ethik, hg. v. Nicole Kramer, Birgit Menzel, Birgit Möller und Angela Standhartinger, Frankfurt a. M. 1994, S. 19–44

Heinzelmann, Herbert: Der Fremde als Sündenbock. Über die mythischen Wurzeln der Gewalt, in: EvKomm 6/94, S. 349–351

Herzog, Frederick: Deal der Wahrheit. Mit christlicher Verbindlichkeit gegen die Gewalt, in: EvKomm 1/1994, S. 33f

Hieber, Astrid / Lukatis, Ingrid: Zwischen Engagement und Enttäuschung. Frauenerfahrungen in der Kirche, Hannover 1994

Hörisch, Jochen: Brot und Wein. Die Poesie des Abendmahls, Frankfurt 1992

Hoff, E.-H. (Hg.): Qualitative Forschung in der Psychologie. Grundfragen, Verfahrensweise, Anwendungsfelder, Weinheim/Basel 1985

Holzer, Jenny: Zyklus »Lustmord« und Interview, Süddeutsche Zeitung MAGAZIN No. 46, 19.11.1993

Hurrelmann, Klaus: Gestörte Kommunikation. Gewalt ist eine »soziale Krankheit« der ganzen Gesellschaft, in: EvKomm 6/94, S. 345–349

Jäger-Sommer, Johanna: Braucht der Christengott das Menschenopfer? Der blutige Kreuzestod – das Sühneopfer für die sündige Menschheit.

Was ist christlich an dieser Theologie?, in: Publik-Forum Nr. 12, 28. Juni 1996, S. 50–52

Jonas, Hans: Der Gottesbegriff nach Auschwitz, in: Otfried Hofius (Hg.), Reflexionen finsterer Zeit, S. 63–86

Köhler, Lotte / Sauer, Hans (Hg.): Hannah Arendt Karl Jaspers Briefwechsel 1926–1969, 2. Aufl. München Zürich 1987

Krummacher, Jo: Nähe in einer Zeit zerrissener Vorgänge. Traktat über die geistige Situation der Postmoderne. In: Das Plateau (hg. v. Wolfgang Erk) 1, Stuttgart Oktober 1990, S. 4–23

Küenzlen, Gottfried: Feste Burgen: Fundamentalismus und die säkulare Kultur der Moderne, in: Materialdienst der EZW 11/1992, S. 313–323

Merz, Martin / Rückert, Sabine: Wer nur den lieben Gott verwaltet, in: DIE ZEIT Nr.7, 11.2.1994, Dossier, S. 13ff

Nestmann, Frank / Schmerl, Christiane (Hg.): Frauen – Das hilfreiche Geschlecht. Dienst am Nächsten oder soziales Expertentum? Hamburg 1991

Nitsch, Hermann im Gespräch mit *Roswitha Siewert* St. Petri/Lübeck am 22. April 1991: Kunst ist Religionsausübung. In: Kunst Pro St. Petri. St. Petri Lübeck, Hermann Nitsch: Passionen 1960–1990. Aktionsmalerei und Relikte, 15. Juli bis 31. August 1991, Druck, lim. Auflage.

Northrup, Christiane: Frauen Körper Frauen Weisheit, 2. Aufl. München 1995

Opaschowski, Horst W.: Einführung in die Freizeitwissenschaft, 2., völlig neu bearbeitete Auflage, Freizeit und Tourismusstudien Band 2, Opladen 1994

Polednitschek, Thomas: Die Götzen der Scham, in: DAS Nr. 21, 27.5.1994, S. 15

Schmauch, Ulrike: Wie kommt Gewalt in den Mann? In: Norbert Sommer (Hg.), Überall Haß. Krisen, Kriege und Gewalt – Gründe und Auswege, Berlin 1994, S. 317–328

Schubart, Walter: Religion und Eros, herausgegeben von Friedrich Seifert, ungekürzte Sonderausgabe München 1966

Schultz, Hans Jürgen: Kräfte gegen die Einsamkeit, DAS Nr. 17, 29.4.1994, S. 19

Schwarzer, Alice: Warum starb Angelika B.? In: Pusch, Luise F. (Hg.), Handbuch für Wahnsinnsfrauen, Frankfurt 1994, S. 235–244

Sichtermann, Barbara: Wer ist Wie? Über den Unterschied der Geschlechter, Berlin 1987

Sommer, Norbert (Hg.): Überall Haß. Krisen, Kriege und Gewalt – Gründe und Auswege, Berlin 1994

Steffensky, Fulbert: Autorität – wieder gefragt? Zur Orientierungskrise in Gesellschaft und Kirche, in: Norbert Sommer (Hg.), Überall Haß.

Krisen, Kriege und Gewalt – Gründe und Auswege, Berlin 1994, S. 135–142

Strauss, Anselm L.: Grundlagen qualitativer Sozialforschung. Datenanalyse und Theoriebildung in der empirischen soziologischen Forschung, Übergänge. Texte und Studien zu Handlung, Sprache und Lebenswelt, Bd. 10, hg. v. Richard Grathoff / Bernhard Waldenfels, München 1991

Struck, Peter: Veränderte Kindheit – Gewalt und zeitgemäße schulische Antworten. In: Norbert Sommer (Hg.), Überall Haß. Krisen, Kriege und Gwalt – Gründe und Auswege, Berlin 1994, S. 272–286

Thürmer-Rohr, Christina: Aus der Täuschung in die Ent-Täuschung. Zur Mittäterschaft von Frauen, in: dies., Vagabundinnen. Feministische Essays, 3. Aufl. Berlin 1987, S. 38–56

Weber, Doris: »Da hab ich einfach zugeschlagen« – Hilfen für gewalttätige Jugendliche, in: Norbert Sommer (Hg.), Überall Haß. Krisen, Kriege und Gewalt – Gründe und Auswege, Berlin 1994, S. 416–426

Wilson Schaef, Anne: Weibliche Wirklichkeit. Frauen in der Männerwelt, 3. Aufl. München 1994

Witzel, A.: Verfahren der qualitativen Sozialforschung, Überblick und Alternative, Frankfurt/New York 1982

Exegetisch

Becker, Jürgen: Die neutestamentliche Rede vom Sühnetod Jesu, in: ZThK Beiheft 8: Die Heilsbedeutung des Kreuzes für Glaube und Hoffnung der Christen, 1990, S. 29–49

Ders.: Jesus von Nazareth, Berlin 1996

Berger, Klaus: Manna, Mehl und Sauerteig. Korn und Brot im Alltag der frühen Christen, Stuttgart 1993

Bornkamm, Günther: Herrenmahl und Kirche bei Paulus, in: Studien zu Antike und Urchristentum, Ges. Aufsätze Bd. II, 2. verbesserte Auflage, München 1959

Fiedler, Peter: Jesus und die Sünder, BET 3, Frankfurt 1976

Gese, Hartmut: Psalm 22 und das Neue Testament. Der älteste Bericht vom Tode Jesu und die Entstehung des Herrenmahls (1968), in: Ders., Vom Sinai zum Zion. Alttestamentliche Beiträge zur biblischen Theologie, München 1974, S. 180–201. Zit.: Psalm 22

Ders.: Die Sühne, in: ders., Zur biblischen Theologie. Alttestamentliche Vorträge, Tübingen 1989, S. 85–106. Zit.: Sühne

Ders.: Die Herkunft des Herrenmahls, in: ders., Zur biblischen Theologie. Alttestamentliche Vorträge, Tübingen 1989, S. 107–127. Zit.: Herkunft

Hahn, Ferdinand: Vorwort, EvTh 35. Jg., Heft 6, 1975, S. 479f. Zit.: Vorwort

Ders.: Zum Stand der Erforschung des urchristlichen Herrenmahls, in: EvTh 35. Jg., Heft 6, 1975, S. 553–563. Zit.: Zum Stand

Ders.: Das Verständnis des Opfers im Neuen Testament, in: ders., Exegetische Beiträge zum ökumenischen Gespräch, Ges. Aufsätze Bd. 1, Göttingen 1986, S. 262–302. Zit.: Verständnis

Hofius, Otfried: Herrenmahl und Herrenmahlsparadosis. Erwägungen zu 1. Kor 11,23b–25, in: ders.: Paulusstudien, WUNT 51, Tübingen 1989, S. 203–240. Zit.: Herrenmahl

Ders.: Sühne und Versöhnung. Zum paulinischen Verständnis des Kreuzestodes Jesu, in: ders.: Paulusstudien, aaO, S. 33–49. Zit.: Sühne

Janowski, Bernd: Sühne als Heilsgeschehen. Studien zur Sühnetheologie der Priesterschrift und zur Wurzel KPR im Alten Orient und im Alten Testament (WMANT 55), Neukirchen-Vluyn 1982

Ders.: Stellvertretung. Alttestamentliche Studien zu einem theologischen Grundbegriff, Stuttgarter Bibelstudien 165 (Hg. v. Helmut Merklein und Erich Zenger), Stuttgart 1997

Jeremias, Joachim: Die Abendmahlsworte Jesu, 4. durchges. Auflage, Göttingen 1967

Käsemann, Ernst: Anliegen und Eigenart der paulinischen Abendmahlslehre, in: Ders., Exegetische Versuche und Besinnungen, Bd. I+II, Göttingen 1964, S. 11–34. Zit. Anliegen

Ders.: Das theologische Problem des Motivs vom Leibe Christi, in: Ders., Paulinische Perspektiven, Tübingen 1969. Zit.: Das theologische Problem

Klauck, Hans-Josef: Herrenmahl und hellenistischer Kult. Eine religionsgeschichtliche Untersuchung zum ersten Korintherbrief, Münster 1982

Kollmann, Bernd: Ursprung und Gestalten der frühchristlichen Mahlfeier, Dissertation, Göttingen 1990

Lampe, Peter: Das korinthische Herrenmahl im Schnittpunkt hellenistischrömischer Mahlpraxis und paulinischer Theologia Crucis (1. Kor 11,17–34), in: ZNW 1991, S. 183–213

Lang, Friedrich: Abendmahl und Bundesgedanke im Neuen Testament, in: EvTh 35. Jg., Heft 6, 1975, S. 524–538

von Meding, Wichmann: 1. Kor 11,26: Vom geschichtlichen Grund des Abendmahls, in: EvTh 35. Jg., Heft 6, 1975, S. 544–552

Müller, Ulrich B.: Der Christushymnus Phil 2,6–11, in: ZNW 79, 1988, S. 17–44

Patsch, Hermann: Abendmahl und historischer Jesus, Calwer Theologische

Monographien Reihe A (Leonhard Goppelt und Klaus Westermann, Hg.), Bd. 1, Stuttgart 1972

Pesch, Rudolf: Das Abendmahl und Jesu Todesverständnis, Freiburg/Basel/Wien 1978

von Rad, Gerhard: Theologie des Alten Testaments, Band I, 5. Aufl. München 1962

Rau, Eckhard: Mahlgemeinschaft bei Jesus und im Urchristentum. Exegetische Überlegungen zur Arbeit mit Konflikten beim Abendmahl, in: PTh 72. Jg., Heft 3, 1983, S. 106–119. Zit.: Mahlgemeinschaft

Ders.: Tischstreit und Abendmahlsgemeinschaft im Urchristentum. Eine biblische Besinnung, in: R. Christiansen/P. Cornehl, Alle an einen Tisch. Forum Abendmahl 2, Gütersloh 1981, S. 61–74. Zit.: Tischstreit

Schramm, Tim: Bibliodrama und Exegese: Anmerkungen zum Gleichnis vom gütigen Vater (Lukas 15,11–32), in: Kieler Entwürfe für Schule und Kirche 11, Kiel 1990, S. 21–51. Zit.: Lukas 15

Ders. / Löwenstein, Kathrin: Unmoralische Helden. Anstößige Gleichnisse Jesu, Göttingen 1986. Zit.: Unmoralische Helden

Schürmann, Heinz: Gottes Reich – Jesu Geschick. Jesu ureigener Tod im Licht seiner Basileia-Verkündigung, Freiburg/Basel/Wien 1983. Zit.: Gottes Reich

Ders.: Jesu ureigener Tod. Exegetische Besinnungen und Ausblick, Freiburg/Basel/Wien 1975. Zit.: Jesu ureigener Tod

Schweizer, Eduard: Abendmahl im NT, in: RGG I, 3., völlig neu bearb. Aufl., Tübingen 1986 (1957), S. 10–21

Stuhlmacher, Peter: Das neutestamentliche Zeugnis vom Herrenmahl, in: Jesus von Nazareth – Christus des Glaubens, Stuttgart 1988, S. 65–105

Theißen, Gerd: Soziale Integration und sakramentales Handeln. Eine Analyse von 1. Cor. XI,17–34, in: ders., Studien zur Soziologie des Urchristentums, WUNT 19, 3. erweiterte Aufl. Tübingen 1989, S. 290–317

Wagner, Volker: Der Bedeutungswandel von b*e*rit chadaschah bei der Ausgestaltung der Abendmahlsworte, in: EvTh, 35. Jg., Heft 6, München 1975, S. 538–544

Wendebourg, Dorothea: Die alttestamentlichen Reinheitsgesetze in der frühen Kirche, ZKG 95, 1984, S. 149–170

Wengst, Klaus: Ostern – Ein wirkliches Gleichnis, eine wahre Geschichte. Zum neutestamentlichen Zeugnis von der Auferstehung Jesu, München 1991

Winter, Urs: Frau und Göttin. Exegetische und ikonographische Studien zum weiblichen Gottesbild im Alten Israel und in dessen Umwelt, OBO 53, Göttingen 1983

Wilckens, Ulrich: Der Brief an die Römer, EKK VI/1, 1978

Berger, Teresa: »Wie eine Mutter ihre Kinder zärtlich um sich schart ...«. Zu Versuchen mit neuen ›Frauen-gerechten‹ Eucharistiegebeten in den Kirchen, in: BThZ 10, 1993, S. 2–14

Carter, Candace: ›Frauenaltar‹, in: Arbeitsgruppe »Frauenzentrum beim Kirchentag in München« (Hg.), Frauen im Zentrum. Begegnen – auseinandersetzen – verabreden. Dokumentation zum Evangelischen Kirchentag 1993 in München, München 1994, S. 72f

Eberle, Cornelia: Eingeladen in Gottes Gegenwart. Gegen die Verkürzung des Abendmahls auf Sündenvergebung, in: Frauenarbeit der Evangelischen Landeskirche in Württemberg (Hg.), Wir Frauen und das Herrenmahl. Ein Beitrag zur ökumenischen Dekade »Solidarität der Kirchen mit den Frauen 1988–1998, Stuttgart 1996, S. 21–26

Enzner-Probst, Brigitte / Felsenstein-Roßberg, Andrea (Hg.): Wenn Himmel und Erde sich berühren. Texte, Lieder und Anregungen für Frauenliturgien, Gütersloh 1993

Frettlöh, Magdalene L.: Wider die Halbierung des Wortes vom Kreuz. Feministisch-theologische Kritik und Revision der Kreuzestheologie kritisch ins Bild gesetzt, in: Glauben und Lernen, 11. Jg, S. 107–112

Frauenarbeit der Evangelischen Landeskirche in Württemberg (Hg.): Feministische Theologie. an-stöße stich-worte schwer-punkte, Stuttgart 1990

Dies.: Wir Frauen und das Herrcnmahl. Ein Beitrag zur ökumenischen Dekade Solidarität der Kirchen mit den Frauen 1988–1998, Stuttgart 1996

Fritsch-Oppermann, Sybille: Frauengerechte Sprache in einer Praktisch-Theologischen Hermeneutik, in: Dietrich Zilleßen u. a. (Hg.), Praktisch-Theologische Hermeneutik. Ansätze – Anregungen – Aufgaben, Rheinbach/Mersbach 1991, S. 411–422. Zit.: Sprache

Gerber, Christine: »Das Pneuma weht, wo es will.« Neutestamentliche Hilfen zum Wiederfinden der Freiheit des Pneuma, in: Elisabeth Moltmann-Wendel (Hg.), Die Weiblichkeit (s. u.), S. 38–53

Gilligan, Carol: Die andere Stimme. Lebenskonflikte und Moral der Frau, 3. Aufl. München 1988

Gnanadason, Aruna: Die Zeit des Schweigens ist vorbei. Kirchen und Gewalt gegen Frauen, Luzern 1993.

Godel, Erika: Wenn die Geistin Gast in Mutter Kirche ist, in: Elisabeth Moltmann-Wendel (Hg.), Die Weiblichkeit (s. u.), S. 149–157

Haas, Erika: Welche feministische Theorie führt zu welcher weiblichen

Moral?, in: Sei wie das Veilchen im Moose ... Aspekte feministischer Ethik, hg. v. Nicole Kramer, Birgit Menzel, Birgit Möller und Angela Standhartinger, Frankfurt a. M. 1994, S. 96–118

Halkes, Catharina J. / Meyer-Wilmes, Hedwig / Schönherr, Annemarie / von Wartenberg-Potter, Bärbel: Feministische Theologie, in: WBFTh, Gütersloh 1991, S. 102–111

Heschel, Susannah: Jüdisch-feministische Theologie und Antijudaismus in christlich-feministischer Theologie, in: Leonore Siegele Wenschkewitz (Hg.), Verdrängte Vergangenheit, die uns bedrängt. Feministische Theologie in der Verantwortung für die Geschichte, München 1988, S. 54–103

Janowski, J. Christine: Theologischer Feminismus. Eine historisch-systematische Rekonstruktion seiner Grundprobleme, in: Elisabeth Moltmann-Wendel (Hg.), Weiblichkeit in der Theologie. Verdrängung und Wiederkehr. Gütersloh 1988, S. 149–185. Zit.: Theologischer Feminismus

Dies.: Feministische Theologie – ein Synkretismusphänomen? Versuch einer systematisch-theologischen Klärung, in: Volker Drehsen/Walter Sparn (Hg.), Im Schmelztiegel der Religionen. Konturen des modernen Synkretismus, Gütersloh 1996, S. 143–192; Zit.: Synkretismusphänomen

Dies.: Zur paradigmatischen Bedeutung der Geschlechterdifferenz in K. Barths »Kirchlicher Dogmatik«, in: Wilfried Härle/Reiner Preul (Hg.), Sexualität. Lebensformen. Liebe, Sonderdruck aus Marburger Jahrbuch Theologie VII, Marburg 1995, S. 13–60. Zit.: Geschlechterdifferenz

Jost, Renate / Valtink, Eveline (Hg.): Ihr aber, für wen haltet ihr mich? Auf dem Weg zu einer feministisch-befreiungstheologischen Revision von Christologie, Gütersloh 1996

Dies. / Schweiger, Ulrike (Hg.): Feministische Impulse für den Gottesdienst, Stuttgart/Berlin/Köln 1996

Kalsky, Manuela: Vom Verlangen nach Heil. Eine feministische Christologie oder messianische Heilsgeschichten? In: Doris Strahm/Regula Strobel (Hg.), Vom Verlangen nach Heilwerden. Christologie in feministisch-theologischer Sicht, Fribourg/Luzern 1991, S. 208–233

Karle, Isolde: »Nicht mehr Mann noch Frau«. Die Form »Geschlecht« im Gottesdienst, in: Renate Jost / Ulrike Schweizer (Hg.): Feministische Impulse für den Gottesdienst, aaO, S. 25–35

Kassel, Maria: Tod und Auferstehung, in: Dies., Feministische Theologie. Perspektiven zur Orientierung, 2. veränderte Aufl. Suttgart 1988, S. 191–226

von Kellenbach, Katharina: Plädoyer für die Überwindung von Androzentrismus und christlichem Triumphalismus, in: Leonore Siegele (Hg.),

387

Verdrängte Vergangenheit, die uns bedrängt. Feministische Theologie in der Verantwortung für die Geschichte, München 1988, S. 116–146

Knoll, Christine: Fremder Ritus, in: Frauenarbeit der Evangelischen Landeskirche in Württemberg (Hg.), Wir Frauen und das Herrenmahl, aaO, S. 34–38

Kohn-Roelin, Johanna: Antijudaismus – die Kehrseite jeder Christologie?, in: Doris Strahm/Regula Strobel (Hg.), Vom Verlangen nach Heilwerden. Christologie in feministisch-theologischer Sicht, Fribourg/Luzern 1991, S. 65–80

Kuhlmann, Helga: Das Verhältnis feministisch-theologischer Ethik zur Ethik Dietrich Bonhoeffers, in: Sei wie das Veilchen im Moose ... Aspekte feministischer Ethik, hg. v. Nicole Kramer, Birgit Menzel, Birgit Möller und Angela Standhartinger, Frankfurt a. M. 1994, S. 119–138

Dies.: Solus Christus? Zur feministisch-theologischen Kritik am christologischen Exklusivitätsanspruch, in: Renate Jost/Eveline Valtink (Hg.), Ihr aber, für wen haltet ihr mich? Auf dem Weg zu einer feministisch-befreiungstheologischen Revision von Christologie, Gütersloh 1996, S. 42–63. Zit.: Solus

Kutter-Linßner, Erni: Der Weisheit eine Wohnung bereiten. Liturgie für Frauen, in: Arbeitsgruppe »Frauenzentrum beim Kirchentag in München« (Hg.), Frauen im Zentrum. Begegnen – auseinandersetzen – verabreden. Dokumentation zum Evangelischen Kirchentag 1993 in München, München 1994, S. 74–83

Leistner, Herta (Hg.): Laß spüren deine Kraft. Feministische Liturgie. Grundlagen – Argumente – Anregungen, Gütersloh 1997

Maaßen, Monika: Biographie und Erfahrung von Frauen. Ein feministisch-theologischer Beitrag zur Relevanz der Biographieforschung für die Wiedergewinnung der Kategorie der Erfahrung, Münster 1993

Meyer-Wilmes, Hedwig: Rebellion auf der Grenze. Ortsbestimmung feministischer Theologie, Freiburg i. Br. 1990

Moltmann-Wendel, Elisabeth (Hg.): Frauenbefreiung. Biblische und theologische Argumente. 2. veränderte Auflage von »Menschenrechte für die Frau«, München 1978. Zit.: Frauenbefreiung

Dies.: Das Land, wo Milch und Honig fließt. Perspektiven einer feministischen Theologie, Gütersloh 1985. Zit.: Das Land

Dies.: Gibt es eine feministische Kreuzestheologie?, in: Eveline Valtink (Hg.), Das Kreuz mit dem Kreuz, Hofgeismarer Protokolle 273, Hofgeismar 1990, S. 74–93. Zit.: Gibt es

Dies.: Zur Kreuzestheologie heute. Gibt es eine feministische Kreuzestheologie?, in: EvTh 50/ 1990, S. 546–557. Zit.: Kreuzestheologie

Dies.: Beziehung – die vergessene Dimension der Christologie. Neutestamentliche Ansatzpunkte feministischer Christologie, in: Doris Strahm/-
Regula Strobel (Hg.), Vom Verlangen nach Heilwerden. Christologie
in feministisch-theologischer Sicht, Fribourg/Luzern 1991, S. 100–111.
Zit.: Beziehung

Dies.: Wie leibhaft ist das Christentum? Wie leibhaft können wir sein?, in:
EvTh, 52. Jg., Heft 5, 1992, S. 388–401. Zit.: Wie leibhaft

Dies.: Mein Körper bin Ich. Neue Wege zur Leiblichkeit, Gütersloh 1994.
Zit.: Mein Körper

Dies. (Hg.): Die Weiblichkeit des Heiligen Geistes. Studien zur Feministischen Theologie, Gütersloh 1995. Zit.: Die Weiblichkeit

Dies.: »Ich, ich und meine Sünden«, in: Frauenarbeit der Evangelischen
Landeskirche in Württemberg (Hg.), Wir Frauen und das Herrenmahl,
Stuttgart 1996, S. 13–17. Zit.: Ich, ich

Dies.: Das Abendmahl bei Markus, in: Frauenarbeit der Evangelischen
Landeskirche in Württemberg (Hg.), Wir Frauen und das Herrenmahl,
Stuttgart 1996, S. 50–55. Zit.: Markus

Dies.: Abendmahl aus feministischer Sicht – Abendmahl als Problem.
Vortrag auf dem Württembergischen Pfarrertag 1995 in Esslingen, in:
Amt für Information der Evangelischen Landeskirche in Württemberg
(Hg.), Abendmahl in der Diskussion. Dokumentation, Stand: 22. März
1996, S. 3–9. Zit.: Abendmahl als Problem

Dies.: Opfer oder Hingabe? Wie können wir den Tod Jesu für uns heute
verstehen? (Manuskript, veröffentlicht in: Offene Kirche, Stuttgart
19.10.1996)

Mulack, Christa: Ist das Kreuz heilsnotwendig – Hat es sündenvergebende
Kraft? in: Eveline Valtink (Hg.), Das Kreuz mit dem Kreuz, Hofgeismarer Protokolle 273, 2. Aufl. Hofgeismar 1991, S. 52–73

Neu, Diann: Unser Name ist Kirche. Die Erfahrungen mit katholisch-femi-
nistischen Liturgien, in: Concilium 18. Jg., Mainz, Febr. 1982, S.
135 144

Praetorius, Ina: Anthropologie und Frauenbild in der deutschsprachigen
protestantischen Ethik seit 1949, Gütersloh 1993

Pissarek-Hudelist, Herlinde / Schottroff, Luise (Hg.): Mit allen Sinnen
glauben. Feministische Theologie unterwegs, Festschrift für Elisabeth
Moltmann-Wendel, Gütersloh 1991

*Dies., Herlinde / Sinclair, Jane / Epting, Ruth / Fritsch-Oppermann,
Sybille / Goodman-Thau, Eveline:* Liturgie, in: WBFTh, Gütersloh 1991,
S. 251–261

Rosenstock, Heidi / Köhler, Hanne: Du Gott, Freundin der Menschen.
Neue Texte und Lieder für Andacht und Gottesdienst, Stuttgart 1991

Ruether, Rosemary R.: Sexismus und die Rede von Gott. Schritte zu einer anderen Theologie, Gütersloh 1985. Zit.: Sexismus

Dies.: Unsere Wunden heilen, unsere Befreiung feiern. Rituale in der Frauenkirche, Stuttgart 1988. Zit.: Unsere Wunden

Schaumberger, Christine / Schottroff, Luise: Schuld und Macht. Studien zu einer feministischen Befreiungstheologie, München 1988. Zit.: Schuld und Macht

Scherzberg, Lucia: Sünde und Gnade in der Feministischen Theologie, Mainz 1992. Zit.: Sünde und Gnade

Dies.: Was nützt die Rede vom Heiligen Geist der Feministischen Theologie? Systematisch-theologische Untersuchungen, in: Elisabeth Moltmann-Wendel (Hg.), Die Weiblichkeit (s. o.), S. 117–136. Zit.: Was nützt

Schmidt-Biesalski, Angelika (Hg.): Befreit zu Rede und Tanz. Frauen um-schreiben ihr Gottesbild, München 1989

Schottroff, Luise: Die Kreuzigung Jesu. Feministisch-theologische Rekonstruktion der Kreuzigung Jesu und ihrer Bedeutung im frühen Christentum, in: Eveline Valtink (Hg.), Das Kreuz mit dem Kreuz. Feministisch-theologische Anfragen an die Kreuzestheologie – Ansätze feministischer Theologie, Hofgeismarer Protokolle 273, 2. Aufl. Hofgeismar 1991, S. 7–28. Zit.: Kreuzigung

Dies.: Die Crux mit dem Kreuz. Feministische Kritik und Re-Vision der Kreuzestheologie, in: Ev.Komm 4/1992, S. 216–218. Zit.: Crux

Dies.: Lydias ungeduldige Schwestern. Feministische Sozialgeschichte des frühen Christentums, Gütersloh 1994. Zit.: Lydias ungeduldige Schwe-stern

Dies.: Kreuz, Opfer und Auferstehung Christi. Geerdete Christologie im Neuen Testament und in feministischer Spiritualität, in: Renate Jost/Eveline Valtink (Hg.), Ihr aber, für wen haltet ihr mich? Auf dem Weg zu einer feministisch-befreiungstheologischen Revision von Christologie, Gütersloh 1996, S. 102–123. Zit.: Kreuz

Dies. / von Wartenberg-Potter, Bärbel / Sölle, Dorothee: Das Kreuz: Baum des Lebens, Stuttgart 1987. Zit.: Das Kreuz

Schroer, Silvia: Jesus Sophia. Erträge der feministischen Forschung zu einer frühchristlichen Deutung der Praxis und des Schicksals Jesu von Nazaret, in: Doris Strahm/Regula Strobel (Hg.), Vom Verlangen nach Heilwerden. Christologie in feministisch-theologischer Sicht, Fribourg/-Luzern 1991, S. 112–128. Zit.: Jesus Sophia

Dies. / Henning, Irene / Moltmann-Wendel, Elisabeth: Liebe, in WBFTh, Gütersloh 1991, S. 245–251. Zit.: Liebe

Dies.: Die Weisheit hat ihr Haus gebaut. Studien zur Gestalt der Sophia in den biblischen Schriften, Mainz 1996

Schüssler Fiorenza, Elisabeth: Brot statt Steine. Die Herausforderung einer feministischen Interpretation der Bibel, 2. Aufl. der deutschen Ausgabe Freiburg/Schweiz 1988

Schüngel-Straumann, Helen: Zur Dynamik der biblischen ruah – Vorstellung, in: Elisabeth Moltmann-Wendel (Hg.), Die Weiblichkeit des Heiligen Geistes. Studien zur Feministischen Theologie, Gütersloh 1995, S. 17–37

Schulenberg, Andrea: Feministische Spiritualität. Exodus in eine befreite Kirche?, Stuttgart/Berlin/Köln 1993

Siegele-Wenschkewitz, Leonore (Hg.): Verdrängte Vergangenheit, die uns bedrängt. Feministische Theologie in der Verantwortung für die Geschichte, München 1988

Sölle, Dorothee: Das Fenster der Verwundbarkeit. Theologisch-politische Texte, Stuttgart 1987. Zit.: Fenster

Dies.: Träume mich, Gott. Geistliche Texte mit lästigen politischen Fragen, Wuppertal 1994. Zit.: Träume

Dies.: Der Erstgeborenen aus dem Tod. Dekonstruktion und Rekonstruktion von Christologie, in: Renate Jost/Eveline Valtink (Hg.), Ihr aber, für wen haltet ihr mich? Auf dem Weg zu einer feministisch-befreiungstheologischen Revision von Christologie, Gütersloh 1996, S. 64–77. Zit.: Dekonstruktion

Sorge, Elga: Religion und Frau. Weibliche Spiritualität im Christentum, Stuttgart 1985

Strahm, Doris: Christus der Erlöser und die Erlösung der Frauen. Zur Problematik traditioneller Christologie – Ansätze feministischer Theologie, in: Eveline Valtink (Hg.), Das Kreuz mit dem Kreuz Hofgeismarer Protokolle 273, 2. Aufl. Hofgeismar 1991, S. 94–116. Zit.: Christus

Dies.: »Für wen haltet ihr mich?« Einige historische und methodische Bemerkungen zu Grundfragen der Christologie, in: Vom Verlangen nach Heilwerden. Christologie in feministisch-theologischer Sicht, Fribourg/Luzern 1991, S. 11–36. Zit.: Für wen

Dies. / Strobel, Regula (Hg.): Vom Verlangen nach Heilwerden. Christologie in feministisch-theologischer Sicht, Fribourg/Luzern 1991. Zit.: Verlangen

Strahm Bernet, Silvia: Die größten Ungerechtigkeiten hat man im Namen eines schönen Heilskonzeptes begangen (Inge Merkel). Universale Erlösungsvorstellungen und ihr Hang zum Totalitären, in: Doris Strahm/Regula Strobel (Hg.), Vom Verlangen nach Heilwerden. Christologie in feministisch-theologischer Sicht, Fribourg/Luzern 1991, S. 81–99. Zit.: Ungerechtigkeiten

Dies.: Jesa Christa, in: ebd., S. 172–181. Zit.: Jesa Christa

Strobel, Regula: Dahingegeben für unsere Schuld. Feministisch-theologische Bemerkungen zum Kreuz-Schuld-Sühne-Modell in der christlichen Tradition, in: Eveline Valtink (Hg.), Das Kreuz mit dem Kreuz, Hofgeismarer Protokolle 273, 2. Aufl. Hofgeismar 1991, S. 29–51. Zit.: Dahingegeben

Dies.: Das Kreuz im Kontext feministischer Theologie. Versuch einer Standortbestimmung, in: Doris Strahm / Regula Strobel (Hg.), Vom Verlangen nach Heilwerden. Christologie in feministisch-theologischer Sicht, Fribourg/Luzern 1991, S. 182–193. Zit.: Das Kreuz

Dies.: Feministische Kritik an traditionellen Kreuzestheologien, in: Ebd. S. 52–64. Zit.: Feministische Kritik

Dies.: Versöhnt uns vergossenes Blut? Feministisch-theologische Einwände gegen eine Opfertheologie, in: Schritte ins Offene 4/1993, S. 6–9. Zit.: Versöhnt

Taube, Roselies / Tietz-Buck, Claudia / Klinge, Christiane: Frauen und Jesus Christus. Die Bedeutung von Christologie in den Erzählungen protestantischer Frauen, Stuttgart 1995

Valtink, Eveline (Hg.): »Das Kreuz mit dem Kreuz. Feministisch-theologische Anfragen an die Kreuzestheologie – Ansätze feministischer Theologie, Hofgeismarer Protokolle 273, 2. Aufl. Hofgeismar 1991

Voss, Jutta: Das Schwarzmond-Tabu. Die kulturelle Bedeutung des weiblichen Zyklus, 2. Aufl. Stuttgart 1990

Wegener, Hildburg / Köhler, Hanne / Kopsch, Cordelia (Hg.): Frauen fordern eine gerechte Sprache, Gütersloh 1990

Wöller, Hildegunde: Ein Traum von Christus. In der Seele geboren, im Geist erkannt, Stuttgart 1987

Wodtke, Verena (Hg.): Auf den Spuren der Weisheit. Sophia – Wegweiserin für ein weibliches Gottesbild, Freiburg 1991

Praktisch-Theologisch

Albertz, Heinrich: Unterwegs zum Leben – Mahl der Befreiung, in: Rolf Christiansen/Peter Cornehl, Alle an einen Tisch. Forum Abendmahl 2, Gütersloh 1981, S. 14–23

Böhme, Wolfgang u. a. (Hg.): Die Gestaltung der Feier des Heiligen Abendmahls in unserer Zeit. Offener Brief an die evangelischen Gemeinden, in: Zeitwende 5, 1984, S. 44–46

Cornehl, Peter: Josuttis, Manfred: Der Weg in das Leben. Eine Einführung in den Gottesdienst auf verhaltenswissenschaftlicher Grundlage.

(Rezension) in: Theologische Literaturzeitung 117. Jg. 1992 Nr. 12, Sp. 939–942. Zit.: Rezension

Ders.: Der Gottesdienst – Kontinuität und Erneuerung christlichen Lebens. In: Rendtorff, Trutz (Hg.): Charisma und Institution, Gütersloh 1985, S. 160–173. Zit.: Gottesdienst

Ders.: Wiederentdeckung des Gleichnisses von der Sündenvergebung (Aus einem Abendmahlsgottesdienst), in: ZGP 3, 1985, Heft 1, S. 17–21. Zit.: Wiederentdeckung.

Ders.: Evangelische Abendmahlspraxis im Spannungsfeld von Lehre, Erfahrung und Gestaltung. Ein Beitrag zum Gespräch zwischen den Generationen. In: H. M. Müller und D. Rössler (Hg.): Reformation und Praktische Theologie. Festschrift für Werner Jetter, Göttingen 1983, S. 22–50. Zit.: Abendmahlspraxis

Ders.: Hineinwachsen in Spannungen. Eine theologische Zwischenbilanz der Abendmahlsbewegung, in: PTh 72, 1983, Heft 3, S. 120–132. Zit.: Spannungen

Ders.: Brot brechen – Leben teilen. Elemente der Kirche von morgen, in: R. Christiansen / P. Cornehl (Hg.): Alle an einen Tisch. Forum Abendmahl 2, Gütersloh 1981, S. 128–137. Zit.: Brot brechen

Christiansen, Rolf / Cornehl, Peter (Hg.): Alle an einen Tisch. Forum Abendmahl 2, Gütersloh 1981. Zit.: Alle an einen Tisch

Christiansen, Rolf: Erneuerung der Gemeinde aus dem Abendmahl, in: PTh 72, Heft 3, 1983, S. 83–96. Zit.: Erneuerung

Ders.: Alle an einen Tisch! Einladung zum Feierabendmahl, in: ders. / P. Cornehl (Hg.), Alle an einen Tisch. Forum Abendmahl 2, Gütersloh 1981. Zit.: Alle

Greinacher, Norbert: Im Angesicht meiner Feinde – Mahl des Friedens, in: R. Christiansen / P. Cornehl (Hg.), Alle an einen Tisch. Forum Abendmahl 2, Gütersloh 1981, S. 42–60

Gutmann, Hans-Martin: Symbole zwischen Macht und Spiel. Religions-pädagogische und liturgische Untersuchungen zum »Opfer«, Arbeiten zur Religionspädagogik Bd. 12, Göttingen 1996

Jörns, Klaus-Peter: Der Sühnetod Jesu Christi in Frömmigkeit und Predigt. Ein praktisch-theologischer Diskurs, in: ZThK Beiheft 8: Die Heilsbedeutung des Kreuzes für Glaube und Hoffnung der Christen, 1990, S. 70–93. Zit.: Sühnetod

Ders.: Problemlösung als Erlösung. Tendenzen auf dem Büchermarkt zum Thema Gottesdienst, in: DtPfrBl. 81/ 1981, S. 350ff. Zit.: Problemlösung

Josuttis, Manfred: Der Weg in das Leben. Eine Einführung in den Gottes-dienst auf verhaltenswissenschaftlicher Grundlage, München 1991. Zit.: Der Weg

Ders.: Zur Hermeneutik des Abendmahls, in: Dietrich Zilleßen u. a. (Hg.), Praktisch-Theologische Hermeneutik. Ansätze – Anregungen – Aufgaben, Rheinbach/Merzbach 1991, S. 411–422. Zit.: Hermeneutik

Klein, Stephanie: Theologie und empirische Biographieforschung. Methodische Zugänge zur Lebens- und Glaubensgeschichte und ihre Bedeutung für eine erfahrungsbezogenen Theologie, Praktische Theologie heute Bd. 19, Stuttgart Berlin Köln 1994

Kruse, Martin: Abendmahlspraxis im Wandel, in: EvTh 35. Jg., Heft 6, 1975, S. 481–497. Zit.: Abendmahlspraxis

Ders.: Christi Leib für dich gegeben – Mahl der Vergebung, in: R. Christiansen / P. Cornehl (Hg.), Alle an einen Tisch. Forum Abendmahl 2, Gütersloh 1981, S. 117–125. Zit.: Christi Leib

Kugler, Georg (Hg.): Forum Abendmahl, Gütersloh 1979. Zit.: Forum

Ders.: Bilanz einer Anstiftung, in: R. Christiansen / P. Cornehl, Alle an einen Tisch. Forum Abendmahl 2, Gütersloh 1981, S. 30–41. Zit.: Bilanz

Ders.: Grundzüge einer Didaktik der Abendmahlserneuerung, in: PTh 72. Jg., Heft 3, 1983, S. 96–105. Zit.: Grundzüge

Schmidt-Lauber, Hans-Christoph: Die Eucharistie, in: Hans-Christoph Schmidt-Lauber / Karl-Heinrich Bieritz (Hg.), Handbuch der Liturgik. Liturgiewissenschaft in Theologie und Praxis der Kirche, 2. korr. Auflage Leipzig/Göttingen 1995, S. 209–247

Lindner, Herbert: Feierabendmahl, in: Hans-Christoph Schmidt-Lauber / Karl-Heinrich Bieritz (Hg.), Handbuch der Liturgik. Liturgiewissenschaft in Theologie und Praxis der Kirche, 2. korr. Auflage Leipzig/Göttingen 1995, S. 874–884

Luther, Henning: Religion und Alltag. Bausteine zu einer Praktischen Theologie des Subjekts, Stuttgart 1992

Nitschke, Horst / Zippert, Christian (Hg.): Abendmahl. Liturgische Texte, Gesamtentwürfe, Predigten, Feiern mit Kindern, besondere Gestaltungen, Besinnungen, Gütersloh 1977

VELKD/EKU: Erneuerte Agende. Vorentwurf, Hannover/Bielefeld 1990

Zimmermann, Petra: Das Wunder jener Nacht. Religiöse Interpretation autobiographischer Weihnachtserzählungen, Praktische Theologie heute Bd. 5, Stuttgart/Berlin/Köln 1992

Zippert, Christian: Unmut, Hoffnungen, Aufgaben. Die Hamburger ›Denkzettel‹ zum Abendmahl, in: PTh 72. Jg., Heft 3, 1983, S. 72–82. Zit.: ›Denkzettel‹

Systematisch-Theologisch

Barth, Hans-Martin: Stellvertretendes Opfer? Wilfried Joest zum 80. Geburtstag, in: Una Sancta 49/1/1194, S. 29–36

Baur, Jörg/Slenczka, Notger: Hat die Kirche das Evangelium verfälscht? Jutta Voss und ihr Buch »Das Schwarzmond-Tabu«, Stuttgart 1994

Brocke, Michael / Jochum, Herbert (Hg.): Wolkensäule und Feuerschein, Gütersloh 1993 (1982)

Dalferth, Ingolf U.: Die soteriologische Relevanz der Kategorie des Opfers. Dogmatische Erwägungen im Anschluß an die gegenwärtige exegetische Diskussion, in: JBTh 6/1991, S. 173–194

Dietrich, Walter / Link, Christian: Die dunklen Seiten Gottes. Willkür und Gewalt, Neukirchen 1995

Ebeling, Gerhard: Der Sühnetod Christi als Glaubensaussage. Eine hermeneutische Rechenschaft, in: ZThK, Beiheft 8, Tübingen 1990, S. 3–28

Gestrich, Christof: Die Wiederkehr des Glanzes in der Welt. Die christliche Lehre von der Sünde und ihrer Vergebung in gegenwärtiger Verantwortung, Tübingen 1989

Gollwitzer, Helmut: Krummes Holz – aufrechter Gang. Zur Frage nach dem Sinn des Lebens, 3. Aufl. München 1971

Jüngel, Eberhard: Tod, Themen der Theologie Bd. 8, Stuttgart 1971

Ders.: Unterwegs zur Sache. Theologische Bemerkungen, BzEvTh Bd. 61, München 1972. Zit.: Unterwegs

Ders.: Das Opfer Jesu Christi als Sacramentum et Exemplum, in: Als Boten des gekreuzigten Herrn (FS W. Krusche), hg. v. H. Falcke u. a., Berlin 1982, S. 25–46

Klappert, Berthold: Vgl. Art. Herrenmahl, in: Theologisches Begriffslexikon zum Neuen Testament II, 2. Aufl. Wuppertal 1970, S. 667–678. Zit.: Herrenmahl

Ders.: Die Auferweckung des Gekreuzigten. Der Ansatz der Christologie Karl Barths im Zusammenhang der Christologie der Gegenwart, Neukirchen 1971. Zit.: Auferweckung

Martin, Gerhard Marcel: Körperbild und »Leib Christi«, in: EvTh 52. Jg., Heft 5, S. 402–413

Moltmann, Jürgen: Theologie in den Erfahrungen gelebten Lebens, in: Herlinde Pissarek-Hudelist, Luise Schottroff (Hg.), Mit allen Sinnen glauben. Feministische Theologie unterwegs, FS für Elisabeth Moltmann-Wendel, Gütersloh 1991, S. 151–161. Zit.: Theologie in den Erfahrungen

Ders.: Christus – das Ende der Folter. Gefolterte, Folterer und christliche Hoffnung, in: EvKomm 1/1991, S. 24–27

Ders.: Gott in der Schöpfung. Ökologische Schöpfungslehre, 3. Aufl. München 1987. Zit.: Schöpfung

Ders.: Trinität und Reich Gottes. Zur Gotteslehre, München 1980

Müller-Fahrenholz, Geiko: Erwecke die Welt. Unser Glaube an Gottes Geist in dieser bedrohten Zeit, Gütersloh 1993

Sölle, Dorothee / Steffensky, Fulbert / Mettner, Matthias (Hg.): Wider den Luxus der Hoffnungslosigkeit, Freiburg. Basel. Wien 1995

Vögtle, Anton: Grundfragen der Diskussion um das heilsmittlerische Todesverständnis Jesu, in: ders., Offenbarungsgeschehen und Wirkungsgeschichte, Freiburg. Basel. Wien 1985, S. 141–167